SECCIÓN DE OBRAS DE POLÍTICA Y DERECHO

LAPIDARIA POLÍTICA

Para María Méndez, de luminosa presencia y duro juicio, de ausencias largas y terribles, con mi cariño inconmovible

Rafael

RAFAEL SEGOVIA

LAPIDARIA POLÍTICA

FONDO DE CULTURA ECONÓMICA

MÉXICO

Primera edición, 1996

D. R. © 1996, Fondo de Cultura Económica
Carretera Picacho-Ajusco, 227; 14200, México, D. F.

ISBN 968-16-4730-0

Impreso en México

Para
MARICARMEN PARDO, ALBERTO ARNAUT Y CARLOS ARRIOLA,
por tres dedicatorias y por todo lo demás

AGRADECIMIENTOS

No puedo recordar con exactitud quién me propuso por primera vez publicar estos artículos. Creo, sin estar seguro, que fue Joel Hernández. Quería hacer una de las publicaciones patrocinadas por el Senado de la República. Yo, en aquel entonces, estaba convencido de la inutilidad de los artículos de prensa e incluso de los otros, de los aparecidos en las revistas llamadas abusivamente científicas.

Años después de la generosa petición de Joel Hernández, Héctor Aguilar Camín me volvió a sugerir que reuniera y diera a la imprenta un trabajo acumulado a lo largo de 25 años. La deuda de amistad que con él tengo es de las que no se pueden pagar. Mi cartera vencida supera a la de El Barzón: en uno de los momentos más amargos de mi vida intelectual dio prueba de una generosidad y de una elegancia sin falla, raras en el mundo de los intelectuales. Me dirigí, pues, a don Miguel de la Madrid, quien aceptó de inmediato publicarme. El nombre del Fondo de Cultura Económica es para mí y para cualquier escritor en lengua española el máximo halago que se puede recibir si va estampado en la portada de una obra.

Un libro como éste, sin ser un trabajo colectivo, tiene no sólo deudas mayores, como la mía con Héctor Aguilar, sino una multitud de deudas de todos los tamaños. Por un lado, con cuantos autores he leído ya sea en tratados, manuales y monografías, o en periódicos, revistas y publicaciones de partidos, sindicatos, gobiernos nacionales y locales; por otro, las conversaciones son una fuente inagotable no sólo de información sino de ideas, de perspectivas y de orientaciones nuevas tomadas de mis amigos, mis colegas, mis estudiantes de El Colegio de México y de otras universidades, que podrán encontrar aquí palabras y juicios de los que quizás no se acuerden pero que les pertenecen. Lo aprendido al escuchar a Luis González recorre cuanto he escrito de punta a punta, como están presentes en todas las páginas la palabra, las ideas y los análisis de Manuel Bartlett, con quien no he dejado de hablar desde 1960. Y también me he ido enriqueciendo en conversaciones con Fernando Pérez Correa, Abraham Talavera, Carlos Bazdresch, Francisco Gil Villegas, Carlos Arriola, Marisol Loaeza, Fernando Escalante, Rogelio Hernández, Fernando Serrano, Luis Medina, Blanca Torres, Mario Ojeda, Javier Garciadiego, Ulises Beltrán, Maricamen Pardo, Humberto Garza y —otra vez aparece— con Héctor Aguilar. Dejo para el final el nombre de Alberto Arnaut.

Sin la ayuda, voluntad y entrega de Laura Valverde, Alberto Arnaut y Marisol Loaeza, nunca hubiera aparecido este libro. El trabajo dedicado por estos tres amigos excepcionales a recoger, clasificar, seleccionar y revisar estos materiales supera cuanto pueda yo expresar. Sepan, eso sí, de mi admiración, de mi agradecimiento y de mi incondicional cariño.

México, enero de 1996

PRÓLOGO

Si Maurice Joly hubiera conocido a Rafael Segovia seguramente lo habría invitado a terciar en el diálogo en el infierno que imaginó entre Maquiavelo y Montesquieu.[1] Nadie mejor que Segovia hubiera podido replicar a uno y otro sin comprometerse con ninguno, ni buscar falsos equilibrios que traicionaran su propia visión del mundo. Con el primero comparte la idea de que el temor y la fuerza tienen mayor imperio sobre el hombre que la razón, constata siempre que la política nada tiene que ver con la moral y que el poder tiene una lógica propia que se impone inclemente a la ingenuidad del neófito y a las buenas intenciones de los moralistas. Pero Segovia coincidiría con Montesquieu en la admiración hacia las grandes instituciones, que son las que aseguran el reino de la libertad, y está convencido como él de que el desarrollo de las sociedades es consecuencia del movimiento que se opera en las ideas antes de traducirse en los hechos.

No hay en este juego entre naturaleza humana y creación humana zigzagueos. Quizá haya contradicciones, ambigüedades, equívocos y confusiones, pero esto es así porque leyendo a Rafael Segovia entramos de lleno en la ciencia política, y así de accidentada es —como él mismo lo escribió en 1965— la topografía del terreno que laboriosamente se ha dedicado a desbrozar desde hace tres décadas. El esfuerzo no ha sido de ninguna manera vano. Sus análisis e interpretaciones de la vida y las instituciones políticas mexicanas son una referencia obligada para cualquiera que quiera entender los muchos planos de rompimiento, los *clivages* —término de la cristalografía— que atraviesan y por los que ha discurrido la historia del poder en México en el último tercio del siglo, y que son, como Segovia lo pinta en 1990, como los planos de un cristal, en algunos casos nítidos, en otros enmarañados, fracturados u oscurecidos por carbones que apagan su transparencia.

Segovia ha sido el joyero más acucioso en la revisión de los cristales que pueblan el universo político mexicano. Los ha identificado, los ha observado y nos ha entregado cartas de interpretación de momentos, tendencias, tiempos, gracias a los cuales hemos podido seguir los cursos encontrados de un sistema político que en los últimos 30 años ha busca-

---

[1] Maurice Joly, *Diálogo en el infierno entre Maquiavelo y Montesquieu,* Prólogo de Jean François Revel, Barcelona, Muchnik Editores, 1974.

do sobrevivir autorreformándose, y ha logrado transformar su naturaleza a través de cambios propuestos desde el poder, pero impuestos también por la sociedad.

Esta transformación del sistema político mexicano ha sido producto de un va y viene entre el poder y la sociedad. En todo este tiempo ambos han estado movidos por crisis que desde 1970 parecen repetirse inexorablemente cada seis años, o que son una crisis que no cesa —como diría Segovia—, y que a ojos de los historiadores del siglo XXI seguramente aparecerán como un largo periodo de inestabilidad y cambio. Pero es indiscutible que movimientos y transformaciones también han ocurrido bajo el influjo de ideas. De entre ellas la civilidad de las relaciones políticas ha sido el valor dominante en un periodo que, por lo menos hasta 1988, estuvo marcado por el trauma de la violencia estatal que simboliza el 2 de octubre de 1968. De ahí arranca el reformismo mexicano del último tercio del siglo, de la búsqueda de acomodos, primero, de cambios legislativos después, para conjurar una amenaza que pende sobre toda lucha por el poder, pero que en ciertos momentos y lugares adquiere una clara inminencia.

Probablemente por razones biográficas Rafael Segovia ha sido uno de los más importantes defensores del reformismo mexicano. A través del periodismo y de una intensa participación en el debate público ha aportado su conocimiento de la historia, sus reflexiones y su capacidad de observación, al entendimiento y a la construcción de un proceso de reformas que es la única alternativa posible a un colapso institucional. Sus textos, que algunos leen como una defensa del poder, en realidad son con mucho la advertencia de alguien que ha conocido y vivido en carne propia los costos de evadir las instituciones o de estirar la cuerda hasta que se rompe. De ahí su terca insistencia en la importancia de los partidos, de ahí su desesperación ante los obstáculos, reales y ficticios, que han aparecido en el proceso: ya sea la debilidad de las organizaciones, los conflictos de la izquierda, la pobreza de espíritu de la derecha, la pérdida de rumbo del partido oficial, el marginamiento del Estado. El cambio ha de ser, dice Segovia, pero la única manera como puede ser es a través de las instituciones —el Estado en primer lugar—, la negociación y los comportamientos civilizados. Nunca a través de la violencia. Todavía menos en una sociedad atravesada por los más diversos y contradictorios *clivages*.

Este volumen recoge una selección de los textos de Segovia, muchos de ellos pioneros, por ejemplo, en materia de socialización, cultura política, autoritarismo mexicano, comportamientos electorales. Pero sirven a más de un propósito. Algunos buscan orientar a la opinión pública en una determinada coyuntura, otros son propuestas analíticas de mayor alcance.

Todos son estimulantes, muchos de ellos son casi una provocación que punza el ánimo, la imaginación o el amor propio de los lectores.

El atractivo más poderoso de esta selección es que así reunidos todos estos textos también cuentan una historia, la de un pensamiento crítico y propositivo a la vez, que se fue haciendo a contrapunto de la historia. Al mismo tiempo los textos son un recuento del largo y azaroso proceso civilizatorio que ha sido el cambio político mexicano, lo que los más optimistas gustan de llamar la democratización mexicana. Por esta razón partidos y elecciones son la materia privilegiada de estas reflexiones, incluso más que los sindicatos en los que Segovia siempre reconoce la esencia autoritaria.

Cuando todavía nadie se ocupaba de estudiar seriamente las elecciones en México, Segovia se sumergió en un análisis del voto y de los comportamientos electorales que entonces parecía superfluo a quienes todavía creían que la Revolución era la única vía salvadora. "La reforma política: el Ejecutivo federal, el PRI y las elecciones de 1973" pone al descubierto la naturaleza corrosiva del voto —del cual nos dice "es al mismo tiempo un juicio y un acto de fe"— en un régimen autoritario que le niega su valor, pero que al mismo tiempo reconoce en él la muerte menos dolorosa, lenta quizá, pero menos destructiva y desgarradora que cualquier otra. Este artículo es fácilmente identificable como el punto de partida de los estudios electoralistas que son con mucho la columna vertebral de una ciencia política que es hoy en México, de entre las ciencias sociales, la más vital y la más provocativa. En este trabajo aparece claramente la gran virtud de la obra de Segovia que ha sido la de señalar largas líneas de investigación. Lo ha hecho poniendo al descubierto tendencias, reconstruyendo las continuidades, los patrones y los rasgos de una sociedad que se considera a sí misma moderna, que exige más modernidad y que encuentra en el comportamiento político los perfiles que la economía achata.

Politólogo empapado de historia, Segovia es —como su admirado Raymond Aron— el historiador del presente que no solamente observa e interpreta para nosotros una realidad que de otra manera tal vez permanecería inescrutable, sino que también nos enseña a leer la política en México y nos enseña a estudiarla. En sus análisis están siempre presentes Max Weber, desde luego, pero también Aron, Gabriel Almond, François Bourricaud, Bertrand de Jouvenel, Jean-Baptiste Duroselle, Juan J. Linz, Seymour Martin Lipset, Robert Michels y Sidney Verba. Como interlocutores adivinamos la sombra de Daniel Cosío Villegas y de Jesús Reyes Heroles.

El libro está organizado en cinco partes. En la primera ("Formas y reformas del sistema político mexicano") se ordenan cronológicamente ensayos largos que ofrecen visiones generales del sistema político y de algunos aspectos centrales de la cultura política, elaborados en distintos momentos a lo largo de casi tres décadas. Lo más notable es que, aun cuando están atentos siempre a la coyuntura, los referentes centrales de análisis no cambian —el Estado, el Partido Revolucionario Institucional, las élites políticas, los sindicatos, los partidos de oposición—; tampoco se modifica el sentido de la propuesta reformista que, por otro lado, se vio confirmado en los hechos que estos mismos ensayos mencionan. La segunda y tercera partes ("Reformas en busca de un reformismo, 1974-1982" y "Cambio de piel, 1983-1987") nos permiten reconstruir el difícil y accidentado levantamiento de una alternativa reformista para el desmantelamiento del autoritarismo mexicano. Las líneas de reflexión que guían los artículos que recoge esta sección le prestan un sentido claro al proyecto político del Estado mexicano que se inició por la vertiente electoral de 1973, y que adquirió los tintes de una democracia otorgada en los años de la prosperidad petrolera. La Ley Federal de Organizaciones Políticas y Procesos Electorales de 1977 es el gran catalizador del cambio político mexicano. Esta gran reforma cristaliza el reconocimiento de que el tiempo agota toda legitimidad, incluso la legitimidad revolucionaria, de ahí la importancia de que ésta se renueve periódicamente en elecciones claras, transparentes, efectivas. Pero este paso propicia también un cambio de piel del autoritarismo mexicano, que se opera durante el gobierno de Miguel de la Madrid, cuando la violenta crisis económica modifica algunos de los datos centrales sobre los que se había apoyado históricamente el monopolio de iniciativa política que mantuvo el Estado mexicano desde que la dinastía sonorense se instaló en el poder en 1920.

A lo largo de estas páginas transcurren cambios tan significativos como el debilitamiento, hasta la agonía —que hoy en día se ha convertido en estacionaria—, del sindicalismo mexicano que en el periodo anterior parecía uno de los mayores obstáculos a la vía partidista y electoral. Desaparece el abstencionismo, el Partido Comunista Mexicano se transforma en Partido Socialista Unificado de México, en un efímero Partido Mexicano Socialista hasta que se fija en el Partido de la Revolución Democrática. Desaparece el Partido Socialista de los Trabajadores, mientras que el Partido Revolucionario de los Trabajadores se eclipsa y el Partido Mexicano de los Trabajadores se funde en el PRD. Segovia registra el ascenso de la derecha, las victorias inesperadas del PAN, los conflictos en el interior del PRI, las divisiones entre políticos y tecnócratas.

La cuarta parte ("Lapidaria política, 1988-1994") contiene los artículos publicados entre 1988 y 1994. El título es el de un artículo publicado en 1990 que observa las rupturas en el interior de los tres grandes partidos, el PAN, el PRI y el PRD, y las compara a los planos que vemos en los cristales. A partir de esa observación compara al PAN con un cristal de sal, cuya ruptura es nítida, mientras que las del PRI son tan complejas y enrevesadas que "ofrecen la vista de un jardín que sería la envidia de la mejor esmeralda colombiana". En esta línea el PRD es un diamante amarillo con una fractura interna impresionante y puntos negros de carbono que le restan su valor. Sin embargo, los ensayos que integran este apartado tratan muchos más temas que los problemas internos de los partidos. La idea del universo político mexicano como una colorida lapidaria nos pareció particularmente apropiada para evocar el múltiple desdoblamiento que ha sufrido el sistema político mexicano en el último periodo. La diversidad de planos, los *clivages*, las rupturas internas, la mutiplicidad de actores que durante décadas contuvo el autoritarismo y que ahora forman el complejo caleidoscopio de fuerzas y presiones políticas que es necesario integrar en instituciones bien probadas, como un sistema de partidos efectivo y vigoroso. Finalmente, en la quinta parte ("Intelectuales y universidades") se reúne un grupo de artículos sobre intelectuales y educación superior que ha sido otro de los terrenos de reflexión en los que Segovia ha incursionado con originalidad e imaginación.

Muchos somos los que hemos caminado los senderos que Rafael Segovia ha señalado a lo largo de su carrera como maestro y como líder de opinión. Todavía más son los que repiten como axioma muchas de las observaciones que ha soltado descuidadamente, así nada más al paso, y que luego se convirtieron en materia de complejas hipótesis y sesudas y prolongadas investigaciones. Este volumen ahora sistematiza algunas de sus ideas más brillantes y de sus propuestas más provocativas. A Segovia entonces se le conocerá por estos sus frutos y por los muchos más que seguramente dará la lectura de sus ensayos.

SOLEDAD LOAEZA

Junio de 1995

PRIMERA PARTE

FORMAS Y REFORMAS
DEL SISTEMA POLÍTICO MEXICANO

CAMBIOS ESTRUCTURALES (1968)

Uno de los hechos más importantes aparecidos como consecuencia de la segunda Guerra Mundial es la independencia de los países y territorios que formaban los antiguos imperios europeos. Gran Bretaña y Francia, Holanda y Bélgica van a conceder, unas veces por las buenas y otras obligadas, la vida libre a los países sometidos a su tutela. Desde el momento de acceso a la independencia se plantea el problema *político* de estas naciones, y debe tenerse presente la autonomía de la política evitando encontrar explicaciones a través de la economía, o de la sociología, o de la etnografía, a los problemas políticos. La independencia de la mayor parte de África y de Asia ha permitido ver y estudiar, como en un laboratorio, el proceso político de los países no desarrollados y, con las observaciones hechas, comprender y, en la medida en que es posible, explicar la vida política de lo que se puede llamar el grupo de las "antiguas nuevas naciones", grupo en el que cabría prácticamente toda América Latina. A pesar de que los países latinoamericanos son independientes en su casi totalidad desde el primer tercio del siglo XIX, muchos autores se empeñan en introducirlos dentro del mismo grupo o categoría de las naciones africanas o asiáticas que llevan apenas 15 o 20 años de vida independiente y, si bien es cierto que hay una multitud de problemas comunes, hay también una serie de rasgos diferenciales, casi todos ellos de orden político. Por ejemplo, en América Latina no se discute ya cuál ha de ser la forma de la organización del Estado; la república es algo universalmente aceptado y no hay, como en Vietnam hace apenas 15 años, la duda de ser una monarquía o una república. Dentro de ese grupo heterogéneo a más no poder, llamado con toda la vaguedad posible "Tercer Mundo", hay una serie de escalones o categorías que separan, sobre todo en los fenómenos de orden político, a unas naciones de otras hasta el grado de indicar esta falta de comunidad entre ellas.

Este primer punto conduce a un segundo más difícil de ceñir y aclarar. Antes de la segunda Guerra Mundial, los países colonizados, independientemente de su estatuto jurídico dentro de su imperio respectivo (colonia propiamente dicha, protectorado, territorio bajo mandato, etc.) eran considerados países atrasados respecto a las metrópolis, situación que los grupos deseosos de alcanzar la independencia negaban para aceptarla tan pronto como la independencia había sido lograda. Ahora bien, ¿atrasados en qué? En la economía, el atraso era obvio;

en la organización social, también; en la vida política, el problema era mucho más complicado. Todas las naciones nuevas han empezado por querer revitalizar una cultura muerta o en estado agónico como consecuencia del dominio colonial y han tratado de sacar de esa cultura una organización política propia, original, en algunos casos única.[1] Todo ello no fue sino una ilusión y con cierta renuencia han ido aceptando la necesidad de instalar las instituciones políticas occidentales, porque éstas les parecían el medio más eficaz para llegar a la sociedad de abundancia que resulta ser, confiésese abiertamente o no, el ideal de toda sociedad. Hay muchos problemas derivados de esta afirmación y el más grave quizá sea el que, como dicen los franceses, han puesto el arado delante de los bueyes, o, dicho de otra manera, no han tenido la mayor parte de las veces en cuenta cómo se llegó en Europa occidental y en los Estados Unidos a la sociedad industrial, preludio de la sociedad de abundancia. Ha existido una suposición errónea al creer que las instituciones crean la riqueza y no lo contrario, que *grosso modo*, sin una cierta riqueza, ciertas instituciones no son viables ni efectivas. Debe insistirse en el carácter autónomo de la política y para ello basta tomar varios países que tienen un ingreso *per capita* idéntico y que sin embargo tienen instituciones fundamentalmente diferentes. En cualquier caso, el trasplante de instituciones no ha dado hasta ahora ningún resultado alentador.

Se necesita utilizar una serie de indicadores (ingresos *per capita*, urbanización, alfabetización, escolaridad, exposición a los medios de comunicación, etc.) para situar primero al país en un contexto preciso y, una vez hecho esto —que dará su ubicación respecto a otras naciones—, al estudio de su política que radicará de manera principal en el estudio del *poder*, de sus formas y distribución.

En 1919 Max Weber escribía: "hay que concebir al Estado contemporáneo como una comunidad humana que, dentro de los límites de un territorio determinado —la noción de territorio siendo una de sus características—, reivindica con éxito para sí el *monopolio de la violencia física legítima*".[2] Si el poder y la violencia física legítima son la misma cosa o al menos coinciden en tantos puntos que es casi imposible separarlos, habrá de concederse que la primera obligación de un Estado es recuperar ese poder o hacer aceptar por la mayor parte de la población la legitimidad de su violencia. Unos lo harán apoyados en la tradición, otros en una ideología que mira sobre todo al futuro, otros sobre el

[1] Uno de los autores que han negado la imitación de los modelos occidentales es Pablo González Casanova en *La democracia en México*, México, Era, 1965.
[2] Max Weber, "Le Métier et la vocation d'homme politique", en *Le savant et la politique*, París, Plon, 1959, pp. 108 y ss.

bienestar presente. La recuperación del poder frente a los grupos que pretenden compartirlo es la primera obligación de un Estado para ser moderno y, sencillamente, para ser. Puede decirse, con una sola excepción —y aun ésta podría discutirse—, que los Estados modernos como todos los de la Europa occidental o los de la Europa socialista son Estados centralistas, con una tendencia cada vez mayor a eliminar, en función de una modernización todavía más adelantada, los obstáculos que las costumbres, la tradición y la tendencia a la disgregación (como el regionalismo) les oponen. El caso de los Estados Unidos, donde los poderes locales y estatales son inmensos, parecería contradecir esta regla, pero por un lado los Estados Unidos han vivido una historia propia y complicada por su sencillez (pudieron formarse sin tener enemigos en sus fronteras durante más de un siglo) y por otro lado su salida al mundo les ha llevado a conferir al Estado federal (de hecho central) unos poderes que aumentan día a día. Además, la complejidad de las tareas del Estado moderno liquida toda capacidad de supervisión de los poderes particulares sobre la obra del Estado a menos que se emita una simple impresión sobre el conjunto de la política. En cuanto a su elaboración, ése es otro problema que abordaremos más adelante.

Si los Estados modernos marchan hacia la concentración del poder, los Estados no modernos (¿son siquiera Estados?) tienen que hacer frente a una amenaza constante de disgregación. Baste abrir un diario de 1967 para advertir que Nigeria está a punto de saltar en pedazos, que las tribus moi se niegan a obedecer al gobierno de Saigón o que tal o cual sindicato de la República Centroafricana pone en duda el derecho de mantener los salarios en su nivel actual y que en Argelia la obediencia de los cabilas al coronel Bumedien es puramente formal. La condición primera de todos estos Estados es crear un poder central, capaz de liquidar las fuerzas centrífugas: caciquismo, regionalismo, feudos de este o aquel jefe, pero también es igual de importante terminar con parlamentos locales, gobiernos regionales. En resumen, el poder central una vez creado se enfrenta a los poderes regionales *ilegales* y *legales*.[3]

La marcha hacia la centralización no es producto de una simple idea o voluntad, sino que es resultado de la organización burocrática del Estado. El primer paso en este segundo caso es el poner en pie una administración moderna racional, o sea, efectiva, impersonal y profesional.[4] Muy pocas naciones surgidas de los imperios coloniales han logrado esto; uno de los peores vicios de la colonización ha sido precisamente la subadministración y el respeto obligado de estructuras admi-

---

[3] Samuel P. Huntington, "America vs Europe", en *World Politics*, XIII (3), abril de 1966, traza un cuadro completo de la modernización en Europa.
[4] Max Weber, *Economía y sociedad*, México, Fondo de Cultura Económica.

nistrativas no racionales y sin efectividad. En cuanto a otros aspectos de la administración como el ejército y la policía modernos (efectivos, impersonales y profesionales, conviene insistir) es absurdo pensar en ellos dentro del marco de la descolonización.

La tercera necesidad es la incorporación de las masas a la vida política. Es quizá el factor más delicado de todos los que intervienen en el proceso de la modernidad, entre otras razones porque es en sí la idea más moderna. Si la necesidad de un poder central fuerte es casi vista al iniciarse la historia y la administración en su corolario, meter a todo el mundo en la vida política, llevar a la participación a lo que se llamó con un nombre colectivo bastante confuso *el pueblo*, hasta que fue sustituido por uno aún más confuso, *las masas*, es algo patente en la historia de los Estados Unidos desde su nacimiento y en la de Inglaterra desde principios del siglo XIX; los demás, o sean todos, han tenido que sufrir revoluciones por haber sido incapaces de entender el problema desde su principio. Los Estados Unidos e Inglaterra tienen una historia constitucional y electoral; Francia, Alemania, Italia, Argentina, sin olvidar a todos los países socialistas y a los latinoamericanos, todos los demás, tienen una historia de cambios revolucionarios.[5] En los casos norteamericano e inglés, su genio histórico radicó en saber entreabrir las puertas a tiempo: ni demasiado pronto —dando entrada a la demagogia— ni demasiado tarde —haciendo que las abrieran desde afuera y por la fuerza— las reformas electorales del siglo XIX (principalmente las de 1832 y 1867) van a incorporar a los grupos cuya presencia resulta indispensable en la vida de la nación. Los ingleses impusieron limitaciones fincadas en la propiedad y en los impuestos para conceder el voto; los americanos inventaron las pruebas de alfabetismo *(literary test)*. No quiere decir esto que el sistema anglosajón sea perfecto: quiere significar sencillamente que el sistema anglosajón ha funcionado durante casi dos siglos sin una sola revolución armada. Gran parte del mérito corresponde a las élites de estas naciones, al saber aceptar su papel conductor y al saber ceder: reformar para no revolucionar. No merece la pena insistir sobre los fracasos contemporáneos, no hay caso más funesto que la imitación por la imitación: tratar de implantar el régimen de gabinete en el Tchad va en contra de la lógica más elemental.

La revolución del Tercer Mundo se lleva a cabo en una fase de disparidad muy acentuada. Hay países africanos y asiáticos con 90% de analfabetos que en el siglo XIX hubieran estado —y de hecho estu-

---

[5] J. B. Duroselle, *L'Europe de 1815 á nos jours, Vie politique et relations internationales*, París, Presses Universitaires de France, 1964, Col. Clío, especialmente el capítulo "Les révolutions qui n'ont pas lieu".

vieron— fuera de toda vida política. La ruptura del marco de vida tradicional, las luchas de independencia, el adelanto en las comunicaciones, el radio, la televisión, todo las llevó a incorporarse a un Estado... ¿de qué tipo? No hay poder central, no hay aparato administrativo, no hay unidad racial, ni lingüística, ni cultural. En general, hay masas y lo que Raymond Aron llamó, con una frase tan justa como cruel, "nacionalismos en busca de naciones".[6] En este mundo, después de un periodo de confusión, de complicaciones nacionales e internacionales, se llega al primer factor —el poder central— y tras él empieza la larga marcha hacia la modernidad.

Con una serie de peculiaridades culturales, la historia del México del siglo XIX puede asimilarse a la de los nuevos Estados: las querellas ideológicas de principios de siglo, la lucha entre el poder central (llámese federalista o centralista) contra las fuerzas disgregativas; la resistencia de los cuerpos constituidos heredados de la Colonia al gobierno, y, caso curioso planteado de manera muy inteligente por Raymond Vernon,[7] cuando el Estado pretende ser un simple gendarme, vigilante de la obra de los particulares, no tarda en verse obligado a intervenir, llamado por la necesidad de llamar a los capitales desconfiados para crear obras de infraestructura como los ferrocarriles.

Con el general Díaz, quizá por la longitud de su estancia en el poder, encontramos al primer gobernante capaz de emprender la marcha hacia la creación del México moderno. Durante el Porfiriato se crea un ejército profesional, se crea un embrión de administración, se utilizan los ferrocarriles para empezar a remembrar físicamente al país. En cuanto a régimen liberal tipo siglo XIX, el porfirismo es perfecto; pero es un liberalismo de élites, desconfiado en grado extremo de la organización de las masas (puede verse de paso que en México, en 1900, por ejemplo, no hay masas porque no ha habido aún una revolución industrial), como algunos dicen, o, más exactamente, desconfió de la capacidad política de una parte de la clase media urbana, o de las élites rurales. Discutir si tuvo razón o no carece de sentido; el caso es que después de sus éxitos modernos y liberalizadores de sus principios, el porfirismo niega toda participación real y efectiva a quienes se sienten con capacidad para integrarse al proceso político. Francisco I. Madero sería un caso típico de individuo marginado por el sistema. Sus élites (y sobre todo el grupo llamado científico), tan inteligentes y capaces en tantas cosas, no supieron entender el problema político de su momento.

Para el estudio de la modernidad, el periodo revolucionario llamado

[6] Raymond Aron, *La societé industrielle et la guerre*, París, Plon, 1959, p. 143.
[7] Raymond Vernon, *The Dilema of Mexico's Development*, Cambridge, Harvard University Press, 1963, pp. 28 y ss.

de "lucha armada" tiene poco interés excepto en la medida en que moviliza a masas gigantescas no impulsadas por un interés político. La atención iría más bien hacia la obra constitucional, y expresamente a los problemas de 1917. Lo primero en llamar la atención es la similitud del cuadro constitucional con el del porfirismo. Es más, el poder federal (central) sale reforzado en la nueva Constitución y los locales (estatales) disminuidos. El tan discutido artículo 130 sobre la Iglesia no es más que una afirmación de un gobierno sobre todo cuerpo que pretende sustraerse a su soberanía. Este artículo, al parecer escandaloso, es tibio si se considera la legislación inglesa de la misma época sobre los católicos y otros disidentes, o la ley Combes en Francia (1902), o en España, en pleno reinado de Alfonso XIII, la llamada "ley del candado" que expulsaba a una infinidad de congregaciones religiosas. El conflicto es en ese momento un conflicto de época y de circunstancia. Se agravará después.

El segundo rasgo es la legislación obrera constitucional. Se nos dice: la más adelantada de su época. Es cierto, como también es cierto que en ese momento no hay una clase empresarial mexicana importante, capaz de rivalizar con la extranjera. Es un acto nacionalista y una puerta abierta hacia el futuro. El Estado, tercera certeza, tampoco es aún un patrón importante, como lo será con el tiempo. Finalmente, podemos encontrar un intento más marcado por integrar la mayor cantidad posible de hombres a la vida política al establecer el sufragio universal directo. Mas en la elección presidencial de Venustiano Carranza sólo votaron 795 000 mexicanos y no existe una ley electoral federal efectiva, aunque el propio Carranza haya hecho votar la primera de todas.

A partir de 1920, ningún gobierno federal ha sido desplazado en México por la violencia; van 47 años de estabilidad política. En Latinoamérica —y con excepción de los Estados Unidos, Inglaterra y la URSS— es un "récord". Si se ve sin apasionamiento la obra del Estado mexicano revolucionario, se encuentra una obra modernizadora: lucha contra el analfabetismo, por las inversiones de infraestructura, industrialización. Desde un ángulo político resalta sobre todo su obra de restructuración social.

Surgen, con Obregón y Calles, los partidos. Estas organizaciones políticas son, en cualquier régimen no tradicional, absolutamente indispensables: son las encargadas de mediar entre el Estado y el individuo. Sin organizaciones secundarias y voluntarias no hay posibilidad de contacto entre el hombre de la sociedad industrial —o preindustrial— y urbana y el Estado administrador y burocrático. Lo mismo podría decirse de los sindicatos, o más exactamente del sindicato, puesto que entre 1920 y 1936 sólo la CROM va a tener importancia. Su función, la función sindical, es muy diferente, pero genéricamente es la misma, es una organización que mal que bien recoge, uniforma y transmite las peticiones y deseos de los individuos y de los grupos.[8]

En los años 1920-1934 a 1936 existe en México una multiplicidad de partidos (liberal, constitucionalista, cooperatista, nacional, agrarista, laborista) llamados *nacionales* sin serlo, pues no cubren la nación y viven dependientes del destino de un solo hombre.[9] Pero son un primer marco de discusión y de confrontación de intereses (de los exclusivamente revolucionarios, claro está) y la defensa de estos intereses los conducirá en algunos casos a perecer (por ejemplo el caso del Partido Liberal Constitucionalista, liquidado por haber querido defender e imponer el parlamentarismo). Poco, por no escribir nada, se sabe de su organización, alcances, membresía, origen de sus fondos, etc.; son considerados *partidos personales,* pues la sombra de los caudillos es en esta época poderosísima.

En la reforma de las instituciones políticas, el hecho decisivo es el asesinato de Obregón, el maximato y la fundación del PNR (1929). La figura del general Elías Calles y su presidencia se han identificado de manera exclusiva con el conflicto religioso, o más claramente, con los conflictos religiosos, pues uno es el conflicto en las ciudades entre el Estado por un lado y la jerarquía eclesiástica por otro, y un problema distinto es la revolución cristera. Dejando de lado el caso de la religión, Calles es quien más adelanta en la obra modernizadora y centralizadora: el ejército revolucionario empieza a ser sometido —ya se conocen los procedimientos para arrancar sus tropas a los generales o, más exactamente, los generales a sus tropas—, liquida a los partidos que se le oponen y los sindicatos son simplemente instrumentos en sus manos. Calles durante el maximato estará de hecho en favor de la clase patronal, en contra de las organizaciones sindicalistas; se adelanta sobre todo la reorganización administrativa: fundación del Banco de México, fundación de la Comisión Nacional de Caminos, fundación de la Comisión Nacional de Irrigación y, en 1929, fundación del Partido Nacional Revolucionario.

La creación de una organización política de escala nacional va a cambiar el sentido de la política. Si los dos primeros años el PNR transige con los intereses políticos individuales y con el regionalismo, la reforma

---

[8] William Tucker, *The Mexican Government Today*, Minneapolis, University of Minnesota Press, 1957.

[9] Vicente Fuentes Díaz, *Los partidos políticos,* y sobre todo Robert Scott, *Mexican Government in Transition*, Urbana, University of Illinois Press, 1964, son los dos mejores libros que se han escrito sobre la historia de los partidos políticos contemporáneos en México.

de 1932 y la creación de los sectores liquida los particularismos y afirma el poder del centro, del Comité Ejecutivo Nacional, sobre los poderes de las confederaciones y partidos locales. La organización estatal de México al terminar el maximato recuerda sobre todo a la del fascismo italiano de los años veinte, es decir, antes de que Mussolini se lance a su política imperialista y proalemana: partido único, supresión del sindicalismo libre, nacionalismo económico, apoyo a la clase empresarial, lucha contra los intereses locales o particulares, conflicto con la Iglesia, diferencia entre el poder institucional y el real. El cambio surge en 1936 con Lázaro Cárdenas; en este año se produce el único cambio a la izquierda habido en toda la Revolución mexicana. Se pasa a la agitación obrera, a la reforma agraria (que Calles había declarado terminada), a la ruptura del sindicato prácticamente único; se reforma el partido, al cual se limpia de sus antiguos cuadros. El inclinarse a la izquierda no evita la obra modernizadora; es más, en muchos casos se avanza en ese camino. El general Calles, al igual que el general Díaz, consideran durante sus gobiernos terminadas las reformas, quieren entrar en una fase de asentamiento, de institucionalización. Cárdenas, al romper con esta institucionalización, avanza en la incorporación de una cantidad inmensa de hombres a la vida política efectiva. Debe señalarse que la participación no se logra exclusivamente a través del respeto del voto; se puede lograr a través de los sindicatos, de los partidos, de la prensa, radio y cine, de las movilizaciones en mítines, conferencias y otro tipo de actos. La reforma del partido en 1938, es en este sentido importante, puesto que va a ser el canal para oír a estas masas movilizadas. Y este doble interés —mantener y acrecentar la autoridad del Estado al mismo tiempo que oír y tratar de armonizar los intereses conflictivos— se puede ver en la organización de las cámaras de comercio, pues al mismo tiempo reciben una organización impuesta desde arriba y el privilegio de ser los únicos portavoces oficiales de los empresarios. Con Cárdenas este mismo fenómeno se extiende a los burócratas (1938); organización desde arriba, pero en compensación un estatuto que los separa de la "política de despojos"; o sea, dejan de ser clientes particulares de tal o cual funcionario.

La burocracia puede no ser aún muy eficiente ni muy profesional, pero sí es más impersonal que en 1924, cuando un nuevo secretario despedía desde el oficial mayor hasta el portero para instalar a los suyos.

Después de Cárdenas no encontramos más reformas institucionales, con excepción de una que lo es sólo de nombre: la del PRM, llamado a partir de entonces PRI. Las institucionalizaciones de Obregón y Calles, las reformas cardenistas fueron una modernización acelerada de donde sale el México actual. Políticamente es un Estado en transición, lleno de contradicciones y por ello de un futuro político difícilmente previsible. Pero se puede concluir: *i)* el Estado mexicano tiene una constitución y forma democráticas, pero el contenido de una gran parte de sus instituciones es autoritario; *ii)* el partido oficial permite la vida de otros partidos, pero éstos tienen un valor político muy bajo; *iii)* la participación política voluntaria y libre es muy escasa, pero la participación a través de las organizaciones estatales y paraestatales es cada vez más amplia, y *iv)* los intentos de liberalizar la vida política son escasos y en muchos casos terminan en el fracaso.

"Cambios estructurales en la vida política de México", en *Conciencia y autenticidad históricas*, UNAM, 1968.

EL NACIONALISMO MEXICANO (1968)

Las investigaciones sobre el nacionalismo y especialmente las del nacionalismo mexicano han padecido "del contorno frecuentemente ambiguo del fenómeno nacionalista".[1] Ello ha llevado a que bajo una sola palabra —nacionalismo— se adunen los contenidos más variados y disímbolos, llegándose a las conclusiones más opuestas sobre lo que se estima una sola materia. Esta imprecisión del vocabulario le permite a Gerhard Masur considerar al nacionalismo mexicano posrevolucionario un "nacionalismo integral",[2] mientras que Whitaker[3] lo considera *contained*, es decir, refrenado o contenido.

A pesar de esta disparidad de apreciaciones los historiadores norteamericanos han coincidido en varios puntos. Siguiendo las ideas sobre todo de F. Tannenbaum, admite que: *i)* el nacionalismo en México es principalmente consecuencia de la Revolución de 1910, llegando a considerar a la Revolución como el único agente del fenómeno nacionalista; *ii)* los artículos constitucionales 27 y 123 son la manifestación más clara y elevada de dicho fenómeno; *iii)* el arte (sobre todo la novela revolucionaria y el muralismo) es la expresión más lograda; *iv)* la expropiación petrolera fue el punto culminante de una corriente ascendente que se origina en la época carrancista; y *v)* todo fenómeno social, político, económico, educativo o religioso es, entre 1910 y nuestros días, un acto nacionalista.[4]

Los estereotipos de los investigadores norteamericanos coinciden plenamente con una versión "oficial" y también estereotipada mexicana. Los escritores mexicanos no suelen, por lo contrario, participar de esas ideas[5] y sus apreciaciones distan mucho de ser unívocas o unitarias: su

---

[1] Raoul Girardet, *Étude comparative des nationalismes contemporains*, Serie núm. 1, *Rapport introductif*, p. 1. Association Française de Science Politique (mimeografiado).

[2] *Nationalism in Latin America*, Nueva York, The Macmillan Co., 1966, p. 76. Resulta de verdad difícil buscar un punto cualquiera de contacto entre el nacionalismo barresiano, o sea, el auténticamente integral y fundado en el culto del ejército, de la revancha, del territorio amputado, de la religión y de los caídos por la patria, con el nacionalismo mexicano, tan comedido en el manejo de esos símbolos.

[3] Arthur P. Whitaker y David C. Jordan, *Nationalism in Contemporary Latin America*, Nueva York, The Free Press, 1966.

[4] Estando ya en prensa este trabajo aparece el libro de Frederic C. Turner, *The Dynamic of Mexican Nationalism*, Chapel Hill, The University of North Carolina Press, 1968, que se enfrenta al nacionalismo mexicano utilizando por primera vez fuentes que no son las asendereadas por sus predecesores.

nacionalismo —en la medida en que son nacionalistas— varía con las familias políticas a las que pertenecen o con su temperamento. Aunque la forma revolucionaria expresada por el Estado sea la dominante, hay otros tipos de nacionalismo disidentes y aun opuestos.

En el presente trabajo sólo vamos a seguir —y de manera incompleta— algunas de las manifestaciones nacionalistas de los programas revolucionarios, dejando intencionalmente de lado la historia y evolución del sentimiento nacional (patriotismo). Nuestro interés radica, pues, en el presente y en el pasado más inmediato, que situamos de manera arbitraria en la fundación del Partido Nacional Revolucionario.

Si se busca en los programas, planes y plataformas políticas de los partidos mexicanos como se enfoca a los elementos constitutivos de la nación, territorio, pueblo y lengua,[6] resulta significativo el no encontrar mención alguna del primero de ellos.

Las fronteras actuales son aceptadas como fronteras fijas, permanentes y seguras. Las desviaciones del curso del río Bravo son motivo de una inquietud que no trasciende más allá de las puertas de la Secretaría de Relaciones Exteriores y que muy de vez en vez es tema de la prensa periódica. El Chamizal, Belice, no han levantado entusiasmo alguno con su adquisición o con la renuncia a posibles derechos. En la República Mexicana no existen irredentismos y las amputaciones territoriales del siglo XIX son admitidas como un hecho histórico irreversible. El culto a los héroes de la guerra contra los Estados Unidos no esconde —como sucede casi siempre en Europa, en Asia o en África— una posible revancha o un expansionismo larvado.

Los programas de los partidos revolucionarios de 1929 a nuestros días (PNR, PRM, PRI) guardan silencio sobre este problema; el PAN pide, en un documento muy reciente,[7] que el Golfo de California sea considerado un mar interior y, por lo mismo, nacional. Es la única mención en-

---

[5] Véase, por ejemplo, el ensayo de don Daniel Cosío Villegas, "Nacionalismo y desarrollo", en *Ensayos y notas*, México, Hermes, 1966; vol. I, pp. 387-409, donde rechaza los modelos utilizados para el estudio de los nacionalismos europeos y norteamericanos, por inservibles para la comprensión de los nacionalismos latinoamericanos. Creo que, siendo en términos generales admisible este rechazo, debe hacerse una excepción tanto con los trabajos de la Asociación Francesa de Ciencia Política (desgraciadamente aún no publicados) como con las guías de investigación de K. H. Silvert y Frank Bonilla, publicadas en el apéndice de *Expectant Peoples: Nationalism and Development*, Kalman H. Silvert (comp.), Nueva York, Random House, 1963.

[6] *Patriotism and Nationalism*, New Haven, Yale University Press, 1964, pp. 24-37. En esta obra Doob estudia un caso extremo de nacionalismo (Bolzano o el Tirol del Sur) y, por tratarse de una minoría alógena y separatista, puede evitar, al analizar el nacionalismo desde el ángulo de la psicología social, uno de los elementos esenciales, si no el fundamental, para otros autores: la soberanía nacional.

[7] Plataforma electoral, 1963.

contrada en los programas políticos que pudiera ser considerada, forzando a la letra y al espíritu, como un amago expansionista.

El segundo elemento constitutivo de la nacionalidad, el pueblo, es parte constitutiva de las ideologías políticas. En él ya no se encuentra el silencio unánime, visto en el punto anterior. Con el pueblo se aparejan dos problemas: el de las clases sociales y el de la raza o razas.

El general Calles, en el discurso donde anuncia la creación del Partido Nacional Revolucionario,[8] habla de los representantes "del trabajador del campo y de la ciudad, de las clases medias y submedias, e intelectuales de buena fe". De inmediato se advierte la ausencia de una clase —la alta— y de todos los empresarios y de los condicionantes que deberán cumplirse para la admisión de los intelectuales: "que sean de buena fe". Sobre estas líneas van a insistir los programas del PNR y los discursos de sus líderes. En marzo de 1929, en la primera convención de Querétaro, el general Pérez Treviño ataca a la reacción y sitúa por encima de todos los intereses, incluso de los políticos, "los intereses de las grandes masas explotadas y expoliadas a través de los tiempos, cuando ellas significan el factor social de mayor vitalidad y el más importante y respetable de la colectividad mexicana".[9] Casi todos los discursos pronunciados en Querétaro exaltan al proletariado y atacan a una reacción multiforme, tradicional e inasible. ¿Quiénes son los reaccionarios? ¿Los terratenientes? ¿Los empresarios nacionales? ¿Los extranjeros? ¿Los bancos? A nadie se señala por su nombre, apenas algún embate a los "clericales" y la afirmación de la lucha de clases. Los convencionistas constituyentes del PNR no pueden ser más abiertos en lo que se refiere a su antipatía por la Universidad y la *intelligentsia*. Uno de los hombres fuertes del callismo —en la medida en que Calles permitía hombres fuertes—, Luis L. León, dijo:

> Los gobiernos de casi todos los países sostienen universidades propias en las que se impone siempre la tendencia filosófica, social o jurídica que prive en el Gobierno, y en cambio, hasta la fecha, en México hemos visto con tristeza que los conocimientos superiores que se imparten en la Universidad Nacional distan mucho, ya sea por el cuerpo docente de ella, ya sea por la falta de orientación de la misma o por otras causas, de conseguir ese objeto.[10]

El vasconcelismo será una de las razones fundamentales de la ruptura entre los intelectuales —o al menos un gran sector de ellos— y la Revolución o, por reducir el conflicto a sus proporciones exactas, con el maxi-

---

[8] *La democracia institucional*, México, Talleres Tipográficos El Nacional Revolucionario, 1930.
[9] "Historia del Partido Oficial: Primera Parte; El Partido Nacional Revolucionario; Los primeros años: 1929-1932", en *Política*, 15 de mayo de 1963.
[10] *Idem*.

mato y el cardenismo. El pueblo tiene sus eximidos. Desde un principio el nacionalismo tiene otros objetivos.

El programa y los estatutos del PNR (1929)[11] contienen algunas afirmaciones de nacionalismo económico: en lo referente a los artículos 27 y 123 consideran una obligación del Partido cuidar "que las leyes reglamentarias que de ellos se expidan no desvirtúen el espíritu altamente nacionalista y humano de las doctrinas que encierran", o cultural: "Definición y vigorización del concepto de nuestra nacionalidad, desde el punto de vista de los factores étnicos e históricos, expresando claramente los caracteres comunes de la colectividad mexicana. Procurará [la educación], en este orden de ideas, la conservación y la depuración de nuestras costumbres y el cultivo de nuestra estética en sus distintas manifestaciones", o propiamente político: "El PNR declara que el constante e indeclinable sostenimiento de la soberanía nacional debe ser la base de la política internacional de México... Desconocimiento de cualquier doctrina extraña que se trate de aplicar a los derechos nacionales e internacionales de México".

Un rasgo común a todos estos postulados nacionalistas es su timidez y su forma alusiva. No se menciona directamente el conflicto petrolero, ni la Iglesia, ni la doctrina nacional. Los programas del PNR van dominados por una contradicción insoluble que se va a perpetuar durante décadas en los partidos llamados revolucionarios de México: considerar, por un lado, la presencia de un conflicto de clases, y por otro, declarar terminada la lucha armada y abierto el periodo de reconstrucción nacional, cuya responsabilidad recae sobre todo en el gobierno. En resumen, sólo hay una solución: el arbitraje del Estado y, en los casos graves, no su arbitraje sino su voluntad: "No creo que sea necesario decir que nunca aconsejaría, ni aun movido por un criterio de ciego, respeto a la legalidad, legalidad que en sí misma y dentro de un terreno abstracto de olvido de los hechos o de las necesidades nacionales, sería sólo cosa formal y hueca...", dice el general Calles en el discurso donde anuncia la fundación del PNR. No pudo ser más claro ni indicar de manera más abierta que la voluntad del Estado y de la nación son una sola y la misma cosa, y que sólo el Estado puede expresar esa voluntad, situada incluso por encima de la ley. Las fricciones con los intelectuales, especialmente con la Universidad, venían produciéndose desde la época de la lucha armada, pero con el discurso de 1928 y el antilegalismo del general Calles habría de acelerarse el momento de la ruptura entre la Universidad (1929) y el régimen, y posteriormente entre una fracción

[11] *Proyecto de programa y de principios y de estatutos que el comité organizador del Partido Nacional Revolucionario somete a la consideración de las agrupaciones que concurrirán a la gran convención de Querétaro*, México, 1929.

muy importante de los intelectuales y el régimen: el vasconcelismo. Max Weber, en su conferencia sobre el sabio y el político,[12] analizó los tipos de "verdades" utilizados por cada uno de estos dos géneros de hombres y la moral derivada de su uso, concluyendo en la inmoralidad del sabio que pretende utilizar las verdades del político y viceversa. Los intelectuales y los políticos de 1929 eran dos mundos mutuamente irreductibles y mutuamente excluyentes.

A la ideología de Calles y del PNR se opone, pues, de manera natural, la de los "sabios" de la época. La crítica se basará sobre todo en la brecha que se abrió entre los programas y lo realmente conseguido. Es un tipo de crítica a la que la actividad política se presta con suma facilidad y donde el intelectual encuentra la satisfacción de sus instintos contenidos y de su inacción obligada. Los ataques de un revolucionario, Cabrera, en contra de la Revolución, evidencian el resentimiento inteligente y lúcido del intelectual desplazado e ignorado, pero es, cosa hoy rara, un intelectual aferrado a su trabajo y a su misión, a la crítica no comprometida o, al menos, no asalariada.

En la conferencia pronunciada en la Biblioteca Nacional el 30 de enero de l931,[13] dos años después de la fundación del Partido —de la primera institucionalización de la Revolución—, Cabrera va a insistir en dos puntos: en el no cumplimiento de los programas revolucionarios y en que esto se debe a la tibieza del nacionalismo de los revolucionarios, tibieza impuesta por una situación internacional: ruptura de los Estados Unidos con Obregón, dificultad de las pequeñas nacionalidades en el mundo y sobre todo

> la revolución económica iniciada en Rusia que se conoce con el nombre de comunismo, la cual ha influido desfavorablemente sobre México, porque siendo los Estados Unidos la nación que ha asumido la jefatura contra el comunismo, y siendo esta nación, al mismo tiempo, vecina nuestra y la que internacionalmente ejerce más influencia sobre nosotros, México se ha visto en situación desfavorable para defender todos aquellos aspectos de su Revolución que pudieran considerarse emparentados con la Revolución rusa.

Si se justifica, pues, la desviación de la Revolución mexicana por una coyuntura internacional adversa, en lo que se refiere al problema nacional, o sea a la formación de la nacionalidad —y por ende al nacionalismo posible—, Cabrera parte de su ausencia. Como podemos señalar desde ahora, arrancando de la inexistencia del racismo, se va a plantear el problema nacional como un problema de razas de donde derivan los problemas sociales y políticos.

[12] *Le savant et la politique,* París, Plon, 1959.
[13] Reproducida en *Política,* 15 de abril de 1963.

La identificación de raza y cultura es para Cabrera evidente, y sólo en el mestizaje se logrará una homogeneidad étnica capaz de llevar a la democracia y en última instancia a la igualdad. En ella desaparecerán tanto el indígena analfabeto como el empresario extranjero, desvinculado de la nación.

A la par que insiste en la ausencia de prejuicios de raza, insiste en que "la proporción de sangre negra y asiática es insignificante y no constituye un problema nacional aunque es motivo de preocupación local en nuestras costas de Veracruz y Sonora". Dicho de otra manera, no hay racismo porque no hay un estímulo que lo provoque; la actitud racista es obvia en, por lo menos, este autor.[14]

Las ideas de Cabrera sobre el problema racial, en la medida en que son suyas y no de una tradición casi inexplorable, donde Vasconcelos es un exponente muy importante, van a ser dominantes a partir de ese momento, tanto en la ideología gubernamental como entre la oposición: lucha en contra del racismo, necesidad de mestizaje, exaltación "oficial" del indio y de su cultura; pero todo ello culmina en pedir su absorción por el cuerpo nacional. Su salvación lleva a su desaparición. Esto no debe extrañar, pues toda nación exige la igualdad —cuanto mayor, mejor— de sus nacionales y la homogeneidad de éstos. La mejor manera de evitar el racismo es eliminar el problema al hacer desaparecer "las razas"; son raros los escritores mexicanos del siglo XX que no han aceptado esta posición.

El punto de coincidencia entre los revolucionarios callistas y la ideología de Cabrera está en la necesidad de lograr una cultura homogénea, sólo posible de obtener a través de la lengua. Y si el primer programa del PNR pedía la "conservación y depuración de nuestras costumbres y el cultivo de nuestra estética en sus distintas manifestaciones", Cabrera considera un error "la moderna tendencia de resucitar ciertas costumbres y artes indígenas, como sería un error pretender el predominio social y la hegemonía política del indio sobre el mestizo y el criollo". En esto el ataque va más en contra de los intelectuales unidos a la Revolución que en contra de los programas revolucionarios, pues éstos esperan encontrar un vínculo nacional en el castellano. Sobre este tema no quita el dedo del renglón y no olvida que "casi todas las familias acomodadas que tienen hijos o hijas que educar los han enviado a colegios

---

[14] La preocupación por los grupos raciales es una constante de la literatura política y social de México. Desde el opúsculo de Alberto María Carreño, *El peligro negro*, hasta el racismo y especialmente el antisemitismo de S. Borrego hay una línea continua en la que aparecen hombres tan importantes como Bulnes, Molina Enríquez, E. Schulz, Vasconcelos, Chávez Heyhoo, etcétera. El problema racista adquirió una acuidad marcada en los años 1910-1920.

norteamericanos, lo cual ha aumentado mucho la cantidad de personas que en México hablan el idioma inglés, sin haber conservado una base suficiente de español para afirmar el uso de éste como lengua madre", y advierte cómo el estudio del inglés está motivado por la "empleomanía comercial".

Inútil señalar la posición de Cabrera en lo referente al rescate de los recursos naturales, "que la Revolución no ha podido nacionalizar", ni el hecho de que en México "no llevamos trazas de tener una industria nacional". Recomendará, finalmente, "fijar las respectivas situaciones del capital y del trabajo en condiciones tales que puedan desarrollarse las industrias mexicanas y competir con los artículos de importación".

Si consideramos esta censura como un resumen de la posición de los intelectuales ajenos al maximato —y la violencia de las réplicas nos autoriza a suponerlo— la separación entre el programa político y la acción política, el no querer aceptar abiertamente la situación de la nación, el enmascarar los problemas tras la retórica revolucionaria y partidista, es el pecado mortal de la Revolución.

Es claro que tras los Acuerdos de Bucareli, la ayuda norteamericana para aplastar la revuelta escobarista y el apoyo del embajador Morrow a Calles, el camino más sencillo para atacar al maximato y a sus hombres era acusarlos de entreguistas o de poco o nada nacionalistas. Por vez primera desde la Intervención, la izquierda —considerando que había una izquierda en el siglo XIX— está en una postura desventajosa frente a la derecha, en lo que toca a "pureza nacionalista". La permanencia en el poder desgasta a los hombres y a los partidos; los argumentos de la oposición son cada vez más violentos, y la violencia aumenta con el afianzamiento de la Revolución y, especialmente, de Calles. A pesar de esto, durante los años del maximato (1928-1936) las discusiones sobre el nacionalismo van a pasar a un segundo plano: la forma de gobierno, la democracia teórica del PNR y su no cumplimiento pasan al primer plano y la escisión se manifiesta entre quienes exigen una democracia plena, absoluta y sin cortapisas, y los que consideran imposible su gobierno democrático en una nación obligada a hacer frente al analfabetismo, la industrialización, la reforma agraria y la variedad racial. Es un caso claro: para el maximato lo importante es lograr lo que entonces se llamaba la constitución de la nacionalidad, para la oposición —Cabrera siendo un opositor es revolucionario después de todo— la forma de gobierno, la democracia debe ser el punto fundamental. ¿Nación o Estado?

A quienes reclaman el respeto absoluto de los derechos individuales en la segunda Convención Nacional del PNR (1935),[15] Luis L. León contesta:

[15] *Memoria de la segunda convención nacional ordinaria, efectuada en la ciudad de Querétaro del 3 al 6 de diciembre de 1933*, México, 1934.

combatimos y relegamos para siempre al pasado la doctrina que declare intocable al individuo; la doctrina individualista que en nombre de una libertad teórica establece la base para la explotación de las masas [...] Esa doctrina —insiste—, la de la no injerencia del Estado, ha sido la de los conservadores y la Revolución mexicana declara a la faz de la nación... que nuestro gobierno, el Estado mexicano, se organiza para orientar esas luchas económicas, organizar la producción y presidir la distribución de la riqueza en forma de alcanzar una mayor equidad, facilitando la vida a las mayorías que se debaten en la pobreza...

Los debates sobre el primer plan sexenal van a recalcar el tono socialista, a veces falsamente sovietizante de los programas gubernamentales, como, por ejemplo, en los ataques incesantes en contra de la cultura aristocratizante de las minorías.

En el periodo cardenista, el nacionalismo, sobre todo el económico, va a llegar a su punto máximo en el periodo revolucionario. Se llegó a él por dos razones: por los cambios en la estructura económica llevados a cabo en los periodos anteriores y por la crisis económica mundial. "Ante la actitud mundial, que se caracteriza por la tendencia a formar economías nacionales autosuficientes, el PNR considera que México se ve obligado, a su vez, a adoptar una política de nacionalismo económico, como un recurso de legítima defensa, sin que contraiga por ello ninguna responsabilidad histórica", reza el texto del primer plan sexenal (1933),[16] pero la "política económica nacionalista", añade, no debe llevar al aislamiento de nuestro país. El punto 1º del capítulo sobre la economía nacional es: se hará efectiva la nacionalización del subsuelo; y, con la prudencia y dosificación acostumbrada, en el 4º se pide, en lo referente al petróleo, "la mayor participación posible de las riquezas que se explotan".

En este primer periodo que va de 1928 a 1940, del maximato a la presidencia del general Ávila Camacho, la visión que de la nación tienen los hombres del régimen podría asumirse así: México es un país agrícola, falto de homogeneidad étnica, poco industrial, las luchas de clases dividen a los mexicanos y para adelantar el interés nacional el Estado debe imponerse, aun reconociendo los conflictos de clases, como árbitro supremo, y sus decisiones no pueden ser resistidas por nadie: ni por la ley. Hay, pues, un interés nacional representado y defendido por el Estado, y exclusivamente por el Estado. La oposición se aferra a un solo principio: debe volverse al juego democrático. Apenas más tarde dará a conocer cómo ve a la nación y cómo piensa reorganizarla.

Una segunda coyuntura internacional, la Guerra Mundial, produce un cambio, éste sí verdaderamente revolucionario, en algunos aspectos:

[16] *Plan Sexenal del PNR*, México, 1934.

a la lucha de clases reconocida como fundamento de la vida de la nación, sucede el tema de la unidad nacional, que no se volverá a abandonar. Carlos Samaniego, en las discusiones en la Cámara de Diputados con motivo de la declaración de guerra al Eje,[17] habla de "la férrea unidad del pueblo de México —la unificación como todos los mexicanos la queremos—, una unidad en que las creencias no serán obstáculo para dedicarnos con todas nuestras fuerzas a la defensa de la patria...", añadiendo: "...En esta unidad nacional... nadie útil debe ser excluido; ni creencias, ni oposición deben oponerse a ella. Una unidad nacional con agresiones o recelos internos no sería fuerza suficiente para cumplir su misión histórica". También, por primera vez en muchos años, aparecen declaraciones abiertas en favor de los Estados Unidos. El tema de la unidad nacional va asociado a la presidencia de Ávila Camacho, pero antes, desde la constitución del PRM, en 1936, Lombardo Toledano[18] pide un nuevo partido no sectario, no sólo para beneficio de la clase obrera sino "para todo el pueblo de nuestro país". En la declaración de principios del nuevo partido aparecía en tercer lugar. Reconoce la existencia de la lucha de clases, "como fenómeno inherente al régimen capitalista de la producción", corrigiendo al final: "Las diversas manifestaciones de la lucha de clases, sujetas a los diferentes tipos de su desarrollo dialéctico, estarán condicionadas por las peculiaridades del medio mexicano".

A la unidad nacional de Ávila Camacho también la precedieron los llamados de la oposición, en el mismo sentido. En la sucesión presidencial de 1940 la oposición interna revolucionaria suscita el mismo tema de la unidad de clases, aunque difieran en los demás puntos programáticos. Por primera vez la oposición se pronuncia por un programa político. El candidato opositor a Ávila Camacho, el general Juan Andreu Almazán, va a adoptar la postura contraria a la del maximato y del cardenismo. En su plataforma electoral sólo una oración está subrayada: *El estricto apego a la ley por gobernantes y gobernados*,[19] es decir, la vuelta del juego democrático, donde los hombres de la Revolución veían de hecho un peligro, aunque se sintieran obligados a saludar al régimen democrático

[17] "México y la segunda Guerra Mundial, 3. Dictamen y discusiones en la Cámara de Diputados", en *Política*, 1º de agosto de 1964.

[18] Discurso ante la Convención constituyente del PRM, "Lo que el sector obrero espera del PRM", en *Política*, 1º de enero de 1964, y Manuel Ávila Camacho, *Unidad nacional*, 1945, y *La ruta de México*, México, Secretaría de Educación Pública, 1946. Cosa curiosa, el Partido Comunista también insistió sobre la unidad nacional, aunque con un sentido completamente distinto. Véase Dionisio Encina, *Unidad nacional para triunfar en la guerra y en la paz*, México, 1943, donde, aprovechando la disolución del Comintern, defiende un nacionalismo proletario y antifascista, solicitando incluso la colaboración de las clases medias.

[19] *Excélsior*, 29 de julio de 1939.

en todas sus declaraciones de principios. El general Almazán va a insistir en uno de los temas tradicionales, en ese momento, de la derecha: "no hemos conseguido formar una verdadera nación", y en los de la izquierda: "debemos incorporar al indio a la civilización", para concluir en un racismo abierto: "también necesitamos encauzar corrientes migratorias, seleccionadas, de verdaderos trabajadores principalmente del campo, con fines estudiados y bien definidos de superación racial", y llama también a los grupos dejados fuera por la Revolución, principalmente a los intelectuales. Da un toque antiyanqui: "En el río Bravo los norteamericanos primero toman el agua para sus riegos y después dan cuenta a las autoridades, mientras que en México nuestros nacionales pierden cosechas en razón de que necesitan una interminable tramitación para poder disponer del agua que les hace falta". La culpa es del Estado centralizado y se debe proceder a descentralizar al Estado, otro tema favorito de la derecha.

La nación mexicana va a ser presentada por los revolucionarios poscardenistas, no ya como un campo donde se dirime una lucha de clases bajo la autoridad del Estado, sino como una nación unida y revolucionaria. Aunque ya se ha vaciado a la palabra Revolución del contenido inicial: capitalismo, opresión y lucha de clases, o sea de su significado 1928-1940, y, por otra parte, no se ha entrado en la fase de revoluciones nacionales que aparecerán después de la segunda Guerra Mundial; en éstas la justificación está en la creación de la nación, en la independencia frente a la antigua metrópoli y en la lucha contra el imperialismo, todo lo cual justifica el Estado fuerte, autoritario y no democrático.

A partir del gobierno de Ávila Camacho la nación queda por encima de las facciones y de la lucha de clases: Javier Rojo Gómez, hombre representativo de ese régimen, escribe, en 1945: "Hablamos de industrialización, sin pensar en que su nervio motor, que es la iniciativa particular, está aherrojado por los líderes; por las huelgas que por motivos inconfesables ellos provocan; por los recargos arbitrarios y la inmoralidad multiforme. La inseguridad ata las grandes oportunidades de México".[20] Su lema será "una patria nueva y libre, dedicada a producir la abundancia, los altos salarios, la seguridad económica". Si el nacionalismo del maximato es ambiguo en su signo político, el posterior a Ávila Camacho es claramente un nacionalismo autoritario que, sustentado por la ideología política de la derecha, empieza por negar la diferencia entre la izquierda y la derecha. Pero el programa del futuro presidente Miguel Alemán irá aún más lejos en este aspecto:

De la misma manera que frente al peligro de la patria reconocimos toda la primacía de los intereses nacionales y humanos, ahora proclamamos que la unidad

[20] *Excélsior*, 10 de junio de 1945.

en la paz es la igualdad. En el mantenimiento de la fraternidad y de la unificación nacional fincamos la fe de que nuestro pueblo será grande, libre de la miseria. No debemos tolerar ninguna pasión, ninguna actitud, ninguna idea que tienda a debilitar nuestra nacionalidad.

Las ideas exóticas deben, por tanto, ser erradicadas. Siguen siéndolo y, como siempre, autoridad del Estado y desarrollo para forjar una nueva patria.[21]

El paso final aparece en 1963, al redefinirse los objetivos del PRI en la primera reunión nacional de programación. El liberalismo resurge como ideología dominante, aunque se presente envuelto en condicionantes y distinciones, y se siga defendiendo la libertad del Estado para intervenir en la vida económica, no sólo como árbitro sino como agente regulador de la economía. Pero, por vez primera, se reconoce en el desarrollo económico la meta de la Revolución, y este desarrollo económico es la afirmación nacional y, con palabras de Reyes Heroles, la Revolución, por ello "estaba imbuida de un gran nacionalismo". Reconocido y aceptado el desarrollo económico como meta esencial revolucionaria, la lucha de clases —al menos en su acepción clásica— da paso a "la solidaridad de clases en proseguir el crecimiento económico; hay lucha pacífica de clases al tratarse de la distribución del ingreso nacional". Como todo partido nacionalista y autoritario, el PRI no será ya un partido de clase sino un partido de clases, "ejidatarios, pequeños propietarios, trabajadores manuales e intelectuales, los cooperativistas, la clase media mexicana y el sector de empresarios pequeños y medianos".[22] Sólo queda fuera, si echamos cuentas, la Asociación Nacional de Banqueros y la Coparmex.

En las conclusiones seremos breves y, en parte, contradiremos el tono y la intención aparente de lo dicho.

Primero: hemos visto unas fluctuaciones, unos cambios y unas contradicciones flagrantes en los programas revolucionarios que sólo se atenúan por la vaguedad doctrinaria de la Revolución y su carencia de una ideología sistematizada.

Segundo: la Revolución mexicana, desde la época de la dinastía sonorense, elige el camino del desarrollo económico. En su primera fase, el sistema político obliga al régimen a apoyarse en los grupos obreros y campesinos, pues la clase media y alta le son hostiles, al igual que una parte muy grande de la *intelligentsia*.

Tercero: la Revolución mexicana origina, en el terreno ideológico, un nacionalismo refrenado, contenido y silenciado. Todo nacionalismo

---

[21] *El Universal*, 30 de septiembre de 1945.
[22] "Estado, programa, partido", en *Memoria de la primera reunión nacional de programación*", México, Talleres Gráficos de la Cámara de Diputados, 1963.

desemboca tarde o temprano en la xenofobia y cristaliza en un enemigo exterior; los revolucionarios se ven, por tanto, obligados a optar entre el desarrollo o el enfrentamiento con los Estados Unidos: cuando éste se produce ceden la primera vez (Bucareli), no la segunda (nacionalización del petróleo). El nacionalismo es en este segundo caso alimentado de manera principal por la crisis económica de 1929 y por las autarquías que se desatan en todo el mundo.

Cuarto: a partir de la segunda Guerra Mundial el nacionalismo adopta los *slogans* y la ideología de la derecha tradicional: interés nacional, unidad nacional, sumisión al Estado, olvido de la lucha de clases, primeros síntomas de xenofobia encarnada en las "ideologías exóticas" y en la defensa de una tradición hasta entonces motivo de sospecha.

Quinto: ha habido un desplazamiento paulatino de los vagos programas políticos por una ideología nacionalista, globalizante y totalizadora dentro del partido político dominante. Las diferencias programáticas entre los dos grandes partidos nacionales —en el sentido técnico-jurídico— se han reducido hasta el grado de confundirse más que oponerse.

Finalmente, y esto no puede ser considerado como una conclusión, parece difícil —por no decir imposible—, que el nacionalismo actual del PRI pueda seguir siendo durante mucho tiempo una ideología común a la mayoría de los grupos socioeconómicos mexicanos. El fraccionamiento ideológico-político parece inevitable y las grandes familias políticas volverán a adjetivar —izquierda, centro, derecha— un nacionalismo que se pretende único y sólo adjetivado por el desarrollo económico.

"El nacionalismo mexicano. Los programas políticos revolucionarios (1929-1964)", *Foro Internacional*, núm. 32, El Colegio de México, abril-junio de 1968.

PABLO GONZÁLEZ CASANOVA, DANIEL COSÍO VILLEGAS Y RAFAEL SEGOVIA: LOS TEMAS DE LA DEMOCRATIZACIÓN MEXICANA
(1965,1973)

EN MÉXICO, el estudio de la realidad política nacional suele ser obra de los historiadores y de los *politólogos* extranjeros. De las últimas 20 obras que revisten cierta importancia, apenas si podemos distinguir una o dos escritas por autores mexicanos, siendo éstos siempre miembros de la oposición, por lo que sus escritos tienen un carácter estrictamente polémico, cuando no agresivo. La respuesta al porqué de la carencia de espíritu crítico entre la "inteligencia" mexicana la ha dado, mejor que nadie, Octavio Paz. Inútil, pues, insistir sobre el tema, dado que la situación no ha variado; en todo caso se han agravado ciertas características de los intelectuales mexicanos ("Preocupados por no ceder sus posiciones —desde las materiales hasta las ideológicas— han hecho del compromiso un arte y una forma de vida"): en estos últimos años muestran más facilidades para ceder en las posiciones ideológicas que en las materiales. Afortunadamente el libro de Pablo González Casanova es un primer síntoma de la corriente contraria que por múltiples razones parece ha de imponerse. *La democracia en México* es el primer análisis político de México que aparece desde *Extremos de América*. Romper 20 años de silencio es un mérito; olvidarse de las posiciones materiales, otro.

González Casanova ha dividido su obra en dos partes: la primera, interpretativa y expositiva, ocupa las 165 primeras páginas; la segunda, compuesta por cuadros estadísticos, va hasta la 261.

No vamos a entrar más que muy de vez en cuando en el análisis de este o aquel punto del libro. Lo interesante, a nuestro modo de ver, es la concepción global de la obra, o mejor, el pensamiento político en ella implícito, pues González Casanova no nos da sólo un análisis político, económico y social, sino una filosofía política y, más allá aún, un programa político.

Es sorprendente, en primer lugar, que un investigador cuya formación es de manera principal histórica, evite tan cuidadosamente el recurrir a la historia. La explicación de la política mexicana, las formas de su proceso de desarrollo, su estructura social, son puramente analíticas, empleando de manera exclusiva las técnicas sociológicas, y buscando dentro de éstas siempre la cuantificación. Así, desde las primeras páginas surge un primer esquema explicativo que, reducido aún más, quedaría de la manera siguiente: Poder, Nación, Estado, Grupos macrosociales. Este punto de partida se explica de inmediato por la finalidad pragmática de la obra, pronto confesada: "descubrir y aumentar las fuerzas nacionales, y ver cuáles son los obstáculos que se les oponen y cómo pueden salvarlos" (p. 8).

En la primera parte se exponen las relaciones entre los diferentes factores del poder, dilucidando previamente las diferencias existentes entre los modelos ideales y la realidad: de la exposición que se hace del Ejecutivo, el Congreso, la Suprema Corte, la Federación y los estados, los municipios y el gobierno local, se desprende una realidad que es el dominio absoluto del Ejecutivo sobre los otros poderes y de la Federación sobre los estados. Una de las características esenciales de la "democracia" mexicana es, pues, la ausencia de un sistema de *check and balance*, de "frenos y contrapesos". La primera consecuencia es la disimilitud entre los modelos clásicos de la democracia europea y norteamericana y el tipo de "democracia" existente en México.

Si no hay una democracia formal, o, mejor dicho, una correspondencia entre la democracia formal o ideal y la realidad, es claro que González Casanova ha de buscar los elementos reales del poder, que resultan ser cuatro, aparte de los que han surgido en la primera parte —Ejecutivo y Federación—. Los cuatro *factores del poder* (caudillos y caciques locales, ejército, clero, latifundistas y empresarios locales y extranjeros), en cuanto factores reales, son dinámicos y, por lo mismo, sujetos a cambio. Los caciques y caudillos locales están en vía de desaparición (no nos explicamos cómo no utilizó el libro de Scott, que proporciona el mejor análisis de este fenómeno); el ejército pierde también su poder, lo que González Casanova demuestra a través de la disminución de los gastos militares en el presupuesto nacional. No nos parece, por lo contrario, satisfactorio el intentar reducir el eclipse de la fuerza política de las fuerzas armadas a la desaparición de los latifundios. Y en donde disentimos completamente es en su enfoque del problema religioso y de su incidencia en la vida política nacional. Aquí, en este caso particular, se ven los peligros por los que nos vemos amenazados todos cuantos nos dedicamos a estos estudios, peligros que González Casanova quiere evitar y así lo manifiesta. Al estudiar el papel de la Iglesia y de la religión en México, en *La democracia en México* se pueden destacar dos puntos fundamentales: *a)* hay una disminución de la religiosidad o, por decirlo con palabras de J. Iturriaga, citadas por González Casanova, "el estrato irreligioso se ha ampliado en el curso de las cuatro primeras décadas del presente siglo..." Esta afirmación rotunda se funda en unos *cálculos y suposiciones* (presiones sociales) que conducen a aceptar una disminución de las adhesiones a una Iglesia determinada; sin embargo, las propias cifras dadas por el censo de 1960 indican que la irreligiosidad ha disminuido en 57%; *b)* González Casanova no puede aceptar que "la tasa de los no creyentes disminuyó precisamente en el periodo de industrialización, urbanización y modernización del país (1940-1960)", añadiendo unas líneas más abajo que "en cualquier sociología de la religión se señala como una tendencia natural el aumento absoluto y relativo de la irreligiosidad conforme las sociedades se urbanizan e industrializan" (p. 37). En ambos casos hay, por parte del autor, más una voluntad que una demostración en torno a la religiosidad de los mexicanos, porque *a)* si no acepta las cifras sobre la religiosidad que arrojan los censos, deben rechazarse todas las cifras dadas por el censo, pues si hay presiones para ocultar un crecimiento de la religiosidad, también debería haberlas lógicamente para esconder otros resultados no muy favorables a estos o aquellos intereses, y *b)* que en las sociedades haya una tendencia a la disminución de la religiosidad en la misma medida que se urbanizan e industrializan es un fenómeno estudiado por LeBras en Francia y Hyman en los Estados Unidos, donde las condiciones generales de la sociedad no son las de México y, por lo tanto, el fenómeno no tiene por qué producirse ineluctablemente aquí.

El estudio que hace sobre los empresarios, si bien en él expone claramente la fuerza que como grupo poseen, deja un vacío bastante grande, al omitir exponer la ideología de estos grupos empresariales, llegando en cambio a una conclusión extraordinariamente importante y es la democracia que reina en el interior de estos grupos, que junto con las comunidades indígenas son los únicos realmente democráticos en México, entendiendo democracia en el sentido de respeto a la voluntad expresada por la mayoría. ¿Se trata de los únicos grupos dominados por un equilibrio interno verdadero?

"El poder nacional y el factor de dominio" es uno de los ejes en torno a los que gira la comprensión de la realidad política mexicana. Pero si

> el Estado mexicano y el tipo de instituciones que ha ido formando cuidadosamente han sido un buen instrumento —dentro del sistema capitalista— para frenar la dinámica externa de la desigualdad, para enfrentarse a las grandes compañías monopólicas y negociar con ellas y con las grandes potencias, en planos cada vez menos desiguales, y han sido un excelente instrumento para el arranque del desarrollo nacional (pp. 60-61),

también surge, de inmediato, la imagen, la sociedad plural, la presencia de los grupos no integrados ni social, ni política, ni económica, ni culturalmente a la República. Es, a nuestro modo de ver, la justificación de la obra, pues por primera vez se estudian de manera sistemática los problemas del colonialismo interno y de su consecuencia inevitable, el marginalismo integral. Pero para quien se interesa por la ciencia política, es aún más interesante la parte dedicada al marginalismo político y sobre todo a uno de los problemas que más han interesado e intrigado a los politólogos extranjeros, el del abstencionismo. Demostrar, a partir de las cifras lamentables que hasta ahora se han publicado, cómo sí hay un abstencionismo y cómo este abstencionismo está disimulado por el fraude, es obra de un indiscutible *esprit de finesse*. Sin embargo, y aquí entramos en lo medular de la parte programática de la obra de González Casanova, no hay simplemente un análisis, sino una serie de recomendaciones que, aplicadas, llevarían a la democratización de la vida política de México (p. 80). Escribe:

> El sistema en este, como en otros terrenos, obedece a la estructura social y política del país y teniendo un sentido funcional como parte de la política de "unidad nacional" dentro de una cultura y un régimen político en transición, es también la base del embotellamiento político nacional, el freno del desarrollo político nacional, la fuente de toda una cultura paternalista y providencialista que dificulta el avance del país hacia formas más avanzadas de gobierno (p. 111).

Lo desconcertante radica en que González Casanova no pide o propone una liberación de las fuerzas políticas de la nación (nadie, por lo demás, se atreve a pedirlo en México), sino que espera "una imaginación política especial" y, lo que a nuestra manera de ver es en verdad grave,

> la transformación exige *idear* formas de democracia interna dentro del propio partido gubernamental, instituciones parlamentarias en que obligatoriamente se controle el poder económico del sector público, instituciones representativas para la descolonización nacional, instituciones que incrementen la manifestación de ideas de los grupos minoritarios políticos y culturales, incluidos los grupos indígenas; instituciones que fomenten los periódicos de partido y la representación indígena; instituciones que fomenten la democracia sindical interna y las formas auténticas de conciliación y arbitraje, es decir, formas de gobierno nuevo que aprovechen la experiencia nacional y la lleven adelante en un acto de creación política, *cuya responsabilidad queda en manos de la propia clase gobernante* y sobre todo de los grupos políticos e ideológicos más representativos de la situación nacional" (pp. 123-124, cursivas nuestras).

Dicho en términos que no le son extraños pues él ha trabajado el tema, González Casanova se inclina por una nueva forma de *despotismo ilustrado:* las *instituciones,* para el pueblo, se crean desde arriba y éste, el pueblo, no participa en la creación, o participa en una creación *orientada*. Cualquier persona al tanto de las ideologías dominantes en México sabe de la nostalgia cardenista que domina a los grupos liberales, a la izquierda reformista. Y el cardenismo fue una forma de paternalismo y sobre todo de reafirmación del Estado-providencia. No vamos a ultrajar a González Casanova suponiendo que él también cae en la solución de comodidad del Estado-providencia; sólo queremos indicar la imposibilidad que tiene hoy la izquierda mexicana de hallar una ideología que no sea revolucionaria y que al mismo tiempo sea operante.

Todas las contradicciones señaladas son las que se pueden encontrar en cualquier obra que trate de temas políticos, pues la política es en sí contradictoria: es un arte en el que interviene el compromiso, la concesión y aun la componenda. Sólo las obras que se esquematizan hasta descarnarse o que se atienen más a una teoría que a la realidad, son capaces de ofrecer ese carácter sistemático y lógico que las inmuniza frente a las contradicciones: lo grave es que o son inocuas o son demagógicas. Aceptar lo ambiguo, lo equívoco y aun lo confuso es una prueba de haber entrado de lleno en la ciencia política. Pablo González Casanova ha escrito una obra que debe ser el punto de arranque de todas las que sigan —aunque sea exclusivamente para impugnarla—. Esperemos que este libro no sea devorado por el silencio, prueba palpable de la cobardía de nuestro medio intelectual.

Las crisis económicas y políticas traen aparejada por lo menos una ventaja: obligan a las mejores cabezas de la sociedad donde se producen a abandonar tareas de largo aliento para adentrarse en el espesor del presente y tratar de dilucidar las causas de las crisis. Con frecuencia, estas obras, producto de las coyunturas, son las más duraderas. Del abate Sieyes sólo perdura su ensayo sobre el Tercer Estado y los escritos más difundidos de Max Weber son su conferencias.

En estos intentos de síntesis suelen aflorar con mayor precisión y claridad lo que en obras mayores se disuelve a lo largo de análisis complejos y exposiciones prolijas. El talento de un escritor, su agudeza y profundidad sufren una prueba decisiva al verse reducidos a trabajar con una documentación mínima, heterogénea y mal decantada; en el diálogo con sus lectores debe recurrir más al convencimiento que a la prueba fehaciente; además, el punto de vista del analista se da de un golpe y, por ello, su compromiso no puede esconderse tras un aparato crítico.

El nuevo libro de Daniel Cosío Villegas cae dentro de este tipo de obras. En la edición de Joaquín Mortiz se advierten bastantes cambios y dos capítulos nuevos —para el autor "es bien distinto" del publicado por la Universidad de Texas—, y estos cambios son resultado de haber seguido sobre el tema, de no haberse olvidado de su materia, de continuar día a día una paciente observación de la vida política de México.

El sistema político mexicano es esencialmente un libro histórico, porque para don Daniel un fenómeno político sólo adquiere sentido si se le examina en una dimensión temporal primero y se diseca después en un plano institucional. De ahí, pues, la primacía del historiador sobre el politólogo. En segundo lugar, en el inmenso campo de la política, su atención se detiene casi siempre en las instituciones, quizá porque no se ha desembarazado del todo de su formación jurídica, pese a su antipatía por los *licenciados*. La vida política, expresada frecuentemente a través de la opinión pública, es la menos tratada. Añadamos que hoy es casi imposible hacerlo: mucho ha de trabajar la ciencia política empírica para que en México se pueda saber qué piensan los mexicanos.

La Presidencia de la República y el Partido son las dos instituciones en torno a las cuales se centra este ensayo. Detenerse en la primera es obvio: pocos son quienes prescinden de su estudio, y quienes lo hacen carecen de una instancia firme donde sentar su trabajo. Dejándole al lector de esta nota, y esperamos de *El sistema político mexicano*, el cuidado de enterarse de los puntos fundamentales donde descansan según don Daniel el poder presidencial, conviene, para la inteligencia de la situación presente, destacar uno de ellos, sacado del terreno de la psicología social, y es que "basta que la gente crea que un hombre es poderoso para que su poder aumente por ese solo hecho". Quienes se preocupen por la vida política de México y la sigan a través de los ensayos cada vez más abundantes en periódicos, revistas y libros, encontrarán en ello un elemento por lo general poco advertido: la erosión del poder presidencial se debe en gran parte a no creerse ya, al menos en ciertos grupos sociales vagamente delineados, en el poder omnímodo de una persona. Pero hay otras explicaciones menos satisfactorias de la reducción o limitación de este poder. Si la no reelección y los grupos de presión, aunque de manera muy diferente, son valladares de contención innegables, la desaparición de los caudillos militares en la Presidencia y la creación de la Secretaría de la Presidencia no parecen haber afectado mayormente el poder de los presidentes. Calles, de claro origen militar y sin Secretaría de la Presidencia, vio su poder limitado por rebeliones militares, cívicas y campesinas que jamás conoció Ruiz Cortines, cuyo autoritarismo corría fácilmente por la Secretaría de la Presidencia y por la Defensa, a pesar de no haber tenido la menor filiación castrense. Sea cual sea el poder de contención de estos valladares, queda aparentemente intacto el poder presidencial sobre el personal político y, al menos hasta la última elección, la capacidad para designar al sucesor sin que se presenten interferencias insuperables.

No deja de extrañar la postura de don Daniel ante el misterio que rodea las decisiones políticas y el proceso que las precede. No creemos que se pueda citar un solo país donde una decisión política fundamental sea pública. La liberalísima Inglaterra mantiene la feroz ley sobre los libelos que castiga duramente cualquier manera de dar a conocer una decisión política que el gabinete no haya hecho pública, el *credibility gap* que media entre el pueblo de los Estados Unidos y su gobierno es un lugar común donde caben los 47 volúmenes de los *Pentagon Papers* y otros muchos miles que aún no se han publicado y sólo se publicarán dentro de 25 años... si es que se publican. Y la lista de ejemplos sería interminable. Claro es que estos países tienen parlamentos fuertes —aunque su fuerza disminuye día a día— y que estas asambleas populares actúan en nombre de la opinión pública, a la cual sustituyen cada vez que así lo consideran necesario para el interés nacional: ahí está el ejemplo de la adhesión de la Gran Bretaña a la Comunidad Económica Europea, pese a la clara y manifiesta oposición de la opinión pública, y también están las iniciativas del partido dominante en Francia —en todas partes se cuecen habas— para evitar la publicación de encuestas de opinión, cuando éstas no le son favorables y ponen en peligro su posición electoral. Un gobierno, ejerciendo su acción de cara, no digamos ya al público, sino a sus electores, franco y leal con los diputados de su mayoría, no se ha dado jamás y nuestro pesimismo nos lleva a pensar que no se dará nunca. Desde Gracián a De Gaulle no hemos oído hablar más que de la soledad del político y de su silencio: observadores y observados están, por una vez, de acuerdo. Queda ese fenómeno, tan mal estudiado, que los franceses llaman *movimiento de fondo* y que en algunos momentos parece imponerse sobre la política y los políticos. Por ejemplo, el pacifismo sin límite, el horror indecible a un nuevo conflicto armado que cubrió a Francia y a la Gran Bretaña entre las dos guerras mundiales y llevó a sus políticos a seguir una política de apaciguamiento, que después se les reprochó agriamente.

Todo esto no le quita lo absurdo al misterio que rodea al *decision-making process* en México. El vocabulario utilizado en torno a las decisiones importantes —tapado, tapadismo, auscultación, designación— agranda la distancia entre el ciudadano y el gobernante. "Si la sucesión presidencial se ventilara a la luz del día, democráticamente, pues entonces los perdidosos no podrían alegar mala suerte, ingratitud y mucho menos traición"; y este deseo de claridad podría extenderse a la designación de los candidatos para la elección de diputados y senadores, pero dislocaría por completo el sistema político actual y a la cada vez más precaria estabilidad política y, tras ella, al injusto sistema económico. La primera pieza del sistema que perdería toda utilidad sería el partido dominante.

Al hacer la historia de la *necesidad* de su partido dominante, don Daniel descubre uno de los ejes del México revolucionario. El partido adolece de un vicio radical. Si la función de un partido es la conquista del poder, el Partido Nacional Revolucionario nace para cumplir una función distinta, su institucionalización. Respondiendo a una necesidad evidente desde la época de Carranza, Calles funda el partido para "contener el desgajamiento del grupo revolucionario; instaurar un sistema civilizado de dirimir las luchas por el poder y dar un alcance nacional a la acción político-administrativa para lograr las metas de la Revolución mexicana". Más claramente no puede exponerse la función administrativa que preside sobre los jefes de grupos y facciones, de organizaciones y banderías locales, e incluso de partidos, que se reunieron al llamado de Calles en 1929. El poder, concentrado teóricamente en las manos de un jefe revolucionario, no tenía la maquinaria burocrática indispensable para su ejercicio, y mal que bien, allá, en Querétaro, se creó. Ahora bien, se creó una burocracia, una incipiente maquinaria electoral, se establecieron de manera laxa las reglas del juego de la familia revolucionaria; todo esto condujo inevitablemente hacia la defensa del poder establecido, hacia la desmovilización de las masas y su mediatización por los jefes revolucionarios.

Desde un punto de vista técnico el Partido Nacional Revolucionario es un partido de cuadros, todo lo revolucionarios que se quiera, pero cuadros. Lógicamente sus funciones deberían haberse detenido allá, mas el paréntesis cardenista introduce los sectores y tras ellos a las masas: "el punto inicial y decisivo del segundo periodo (el poscardenista) fue la importancia que dentro de estos sectores se dio al 'popular' como freno a un 'partido de masas', objetivo éste que se le achacó a Cárdenas y que se juzgó tremendamente desquiciador por revolucionario". Es probable que los *callistas* y obregonistas, y toda la familia, no fueran expertos en teoría de los partidos, pero sabían de ellos lo bastante para prever las consecuencias de estas reformas. La primera era crear un híbrido, al meter a las masas en una estructura pensada para otra cosa; la segunda era desplazar el poder del centro en que había descansado hasta entonces. La división sectorial del partido se mantiene después de Cárdenas, pero la burocracia se refuerza frente a un *rank-and-file* cada vez más apático y dócil. La misión del PRI en nuestros días es sobre todo electoral —"auscultar", designar y tratar de llevar al pueblo a las casillas—, más una serie de misiones secundarias como la racionalización, hecha siempre *a posteriori*, de las decisiones del gobierno, las movilizaciones cívicas de apoyo al mismo, etcétera.

Dejando de lado aspectos fundamentales de nuestro sistema político estudiados por don Daniel, vamos a cerrar esta nota con una preocupación que corre a lo largo de esta obra: ¿cómo democratizar la vida política de México? Para nuestro autor el problema parece residir en los cambios de estructura que el partido necesita. En varias partes señala su carácter conservador, y la necesidad de una representación obrera y campesina real y efectiva. Por la estructura misma del PRI, esto resulta totalmente imposible, y no se hace ilusión alguna.

A través de una aritmética no muy convincente trata de poner en duda la capacidad legitimadora del partido por no igualar el número de sus afiliados al de sus votantes. El llamar sabihondos a quienes impugnaron una idea insostenible no le confiere mayor legitimidad a la idea en el plano de la ciencia política. Sería por lo contrario mucho más provechoso darse al estudio de la abstención electoral, pues en ella se encuentra el rechazo completo al sistema tan pacientemente creado por la Familia. Que en julio de 1970 haya votado 93.96% —bella cifra digna de un país socialista— de los empadronados en Quintana Roo y sólo 46.77% de los que figuraban en el registro de Sonora, permite operaciones aritméticas mucho más provechosas y le abre camino a hipótesis nada del agrado de los familiares del partido, entre otras la de la erosión del poder legitimador de la maquinaria electoral.

En alguna ocasión le señalamos a don Daniel la ausencia de un modelo político en su análisis. La segunda lectura de *El sistema político mexicano* nos reveló un modelo histórico —tan válido, y en algunos sentidos más válido aún que el político— del desarrollo político del México posrevolucionario. De Obregón a Díaz Ordaz, el autoritarismo ha venido asentándose y consolidándose; además, el aparato estatal ha venido cerrándose, acrecentando su autonomía, encontrándose finalmente en un diálogo con los grupos de presión financieros, industriales y de grandes intereses agrícolas frente a los cuales cada vez tiene mayores dificultades para defenderse... si es que quiere defenderse.

La democratización de México pasaría, pues, por la opinión pública, dado el fracaso no sólo del Partido Revolucionario Institucional, sino también el de los llamados partidos de oposición. Pero don Daniel confía poco en ella —y se hace, a nuestro modo de ver, ilusiones sobre las de los Estados Unidos o Inglaterra, tan indiferentes y mal informadas como la de México—. Por eliminación llegaríamos a su modelo ideal: una democracia plural, constitucional —clara separación de los poderes—, nacionalista, donde las élites gobernantes no fueran cooptadas a través de procedimientos misteriosos y con frecuencia negativos, de participación popular real pero constitucionalmente contenida —aborrece el asambleísmo—, y que tuviera un ilimitado respeto por las libertades individuales. En resumen, su modelo es la democracia liberal, que en algún momento pareció poder echar raíces en México. Pero "entre todos la mataron, y ella sola se murió".

González Casanova, Pablo, *La democracia en México*, reseña publicada en *Foro Internacional*, v. 3, enero-marzo de 1965; y Daniel Cosío Villegas, *El sistema político mexicano*, reseña publicada bajo el título "¿Controversia?", *Plural*, núm. 18, 1973.

LA CRISIS DEL AUTORITARISMO MODERNIZADOR
(1974)

UNA de las ventajas aportadas por la utilización de los modelos políticos es el poder aislar, desprender y analizar las líneas y los elementos que los componen. La cabal comprensión y dominio de estas líneas y elementos autoriza la predicción y por ende, en algunos casos, la acción racional sobre la realidad estudiada a través del modelo. En caso de no poderse actuar, queda al menos la posibilidad de prever el comportamiento futuro de la realidad observada.

Varios modelos han sido utilizados para adentrarse en el sistema político mexicano. Almond y Verba,[1] en 1963, explican su funcionamiento con una nueva categorización de la cultura política; Roger D. Hansen[2] desprende su modelo político del desarrollo económico y de la cultura política, principalmente de las formas de socialización; Vincent Padgett,[3] a su vez, vuelve, como ya lo había hecho Robert Scott,[4] a disecar los elementos propiamente políticos y se detiene en las relaciones partido dominante-gobierno. Todos ellos fueron influidos por su coyuntura o, más exactamente, por la coyuntura política mexicana. Presidencialismo, partido, escuela revolucionaria, ajuste permanente y casi automático y, en última instancia, o consenso, eran las líneas de alta tensión del sistema.

La coyuntura adversa a la que hubo de enfrentarse el régimen actual llevó a la búsqueda de nuevos modelos, capaces de explicar el funcionamiento del sistema mexicano en una situación adversa, en el momento en que el consenso parecía estar al borde de la ruptura. Susan Purcell[5] y Lorenzo Meyer,[6] aunque aplicándolo a situaciones diferentes, han recurrido al modelo de sistema autoritario creado por Juan Linz.[7] Aun-

---

[1] *The Civic Culture*, Princeton, Princeton University Press, 1963.
[2] *The Politics of Mexican Development*, Baltimore, John Hopkins Press, 1971.
[3] *The Mexican Political System*, Boston, Hougton Mifflin, 1966.
[4] *Mexican Government in Transition*, Urbana, University of Illinois Press, 1964.
[5] Decision-Making in an Authoritarian Regime: Theoretical Implications from a Mexican Case Study (mimeografiado).
[6] "El Estado mexicano contemporáneo", en *Historia Mexicana*, México, El Colegio de México, vol. XXII, núm. 4, abril-junio de 1974, pp. 722-752.
[7] "An Authoritarian Regime: Spain", en Erik Allardt e Yrjo Littuhen, *Cleavages, Ideologies and Party Systems: Contributions to Comparative Political Sociology*, Turku, Finlandia Abo Eidnings oct Tryeher Aktiebolag, 1964, pp. 291-341.

que pensado para un régimen diferente, el esquema de Linz se puede adaptar con cierta facilidad a los llamados regímenes revolucionarios mexicanos. Explicado de manera muy escueta, un régimen autoritario tendría, de acuerdo con el autor citado, las características siguientes: instituciones políticas poco específicas y un pluralismo limitado; co-optación de los líderes; ausencia de ideología, que es sustituida por un cierto tipo de "mentalidad"; carencia de movilización popular; partido autoritario; formas permanentes de control social, sobre todo en lo que se refiere a la comunicación; posición privilegiada del ejército y presencia de una élite política compuesta por individuos que en muchos casos no son políticos profesionales —como es el caso de los regímenes totalitarios y democráticos— y que con frecuencia rechazan la apelación de "políticos" y se proclaman "expertos". Todos estos rasgos distintivos pueden caracterizar al sistema mexicano y, si se tratara de un modelo estático —todos los modelos son estáticos, por lo demás—, bastaría con llenar el molde con elementos tomados de nuestra realidad política para tener una visión de su funcionamiento. El caso es que se trata de una realidad fluctuante y, como señala Linz, el régimen autoritario tiende ya sea hacia la democracia o hacia el totalitarismo: su inestabilidad natural le lleva a la búsqueda de formas naturalmente más estables.

Dejando a un lado cosas como el papel desempeñado por la Iglesia en el sistema español, y las formas de cultura política y cívica mexicanas y españolas, se hallan de inmediato profundas diferencias como la renovación del liderazgo nacional, la función del partido, las bases de legitimación del sistema, la amplitud del pluralismo, etc. Puede, por lo tanto, convenirse en los rasgos autoritarios del sistema mexicano, pero no debe perderse de vista que el *estilo* —llamando estilo en este caso al conjunto de elementos mal observados y oscuros que constituyen la imagen popular de un régimen— difiere de todos los regímenes autoritarios conocidos.

La renovación sexenal de la Presidencia de la República, los cambios del gabinete y de las legislaturas, las elecciones de gobernadores, legislaturas estatales y municipalidades se adaptan mal a un sistema puramente autoritario, porque una parte de la oposición escapa a las normas que rigen al aparato estatal y porque el Estado debe contar con ella para "maximizar el apoyo" que se busca obtener a través del proceso electoral.[8] Lo mismo puede escribirse sobre la función desempeñada por el partido dominante en México, que si bien está sometido parcialmente al Estado, se encuentra con la obligación de articular un conjunto de demandas

---

[8] Barry Ames, "Bases of Support for Mexico's Dominant Party", en *A. P. Sc. R.*, vol. XLIV, 1º de marzo de 1970, pp. 153-167.

procedentes de sus sectores y que no siempre son compatibles: una decisión autoritaria puede llevar a una fractura interna que puede producir, a su vez, una solución de continuidad en la cadena de transmisión de la decisión, llegando incluso a encontrarse el poder frente a un rechazo de la decisión adoptada. La aceptación, por parte de los regímenes revolucionarios mexicanos, de la pluralidad ideológica de la población, se evidencia en los procesos de socialización, que siguen en términos generales las líneas de separación de las clases sociales, pese a la base común sobre la que se sustentan.

Conviene, pues, en más de un sentido analizar el sistema político de México partiendo de la imagen de F. Bourricaud,[9] según la cual todo sistema es una constelación de élites que compiten por el poder. Estas élites no se mueven caprichosamente sino que, hasta ahora, las atracciones y rechazos, combinaciones o dispersiones se han dado en un marco previamente establecido —también modificado por la subida o la caída de una de las élites— capaz de reordenar el sistema pero no de destruirlo.

Al hablar de élites se piensa en los individuos más organizados, con mayores y más fuertes vínculos entre sí, con capacidad para orientar e imponer su voluntad a quienes pertenecen a su subsistema. Son, claro está, quienes obtienen mayores beneficios —no por fuerza material— de una ordenación precisa. Puede hablarse entonces de élites en cualquier grupo social de contornos definidos; la fuerza de estos individuos radicará en primer lugar en su capacidad para autogenerarse y mantener su independencia, concretada en la formación de un grupo de interés que controlan tanto interna como externamente. La fuerza, en este caso, pasa por la independencia, en la capacidad de resistir tanto a las presiones externas como a las internas; en una palabra, en ser autónomos y saber cooptar a quienes acepten las reglas establecidas.

Esta situación de constelación puede generar un desbalance general que sólo puede ser corregido por el conjunto de normas reguladoras establecidas por el Estado; de ahí que la élite política tenga dos obligaciones fundamentales; la primera, mantener este poder regulador del Estado; la segunda, evitar su destrucción, ya sea por la acometida de un grupo de presión, de un partido o de un movimiento general disruptivo, externos todos ellos a lo que constituye propiamente las estructuras estatales; o por la modificación violenta de estas estructuras desde dentro. Las revoluciones de palacio han sido, frecuentemente, las precursoras de la revolución en la calle.

En la historia de México el triunfo del conjunto de grupos llamados la

---

[9] *Esquisse d'une théorie de l'autorité*, París, Plon.

Familia Revolucionaria se ha debido al cuidado en los procesos de cooptación y socialización de las élites políticas, procesos que como ningún otro han coadyuvado a la preservación y perduración del sistema político, o sea que, en todos los casos, las instituciones han prevalecido sobre los individuos.

La institución, en el México contemporáneo, ha ido aparejada con la modernidad. Al aparecer un sector empresarial no tardan en brotar las formas institucionales que lo acompañan; la CNC no nace de la casualidad sino de la necesidad de organizar a los campesinos —se trata de una institución exógena—; la CTM aparece con la voluntad de introducir a la élite obrera, representante del sector del trabajo organizado, en la vida política. Ambas organizaciones llevan la penitencia en el pecado de origen: nacidas a la sombra del Estado, no pueden sino seguir bajo su sombra tutelar; abandonar su ayuda y amparo equivale a buscarse un conflicto con fuerzas que hoy las superan por mucho. La función del Estado mexicano ha venido por ello creciendo incluso en contra de su voluntad; la multiplicación y diversificación de los grupos sociales y económicos ha dejado a lo largo del camino modernizador una teoría de residuos institucionales engastados en el aparato estatal. Tratar de librarse de ellos equivale a arrancar una planta trepadora que sostiene el viejo edificio que en parte ha destruido.

El Estado mexicano no sólo ha generado las instituciones más importantes de la nación; ha secretado incluso una ideología difusa que hoy se vuelve en su contra. Ansioso de modernizar, ha creado a los sectores más poderosos de nuestro momento, y que hoy se revuelven contra una autoridad que los sostuvo y sostiene, impidiendo el reordenamiento de un sistema anquilosado. La iniciativa privada —identificada con el sector industrial y comercial— insiste en la no modificación de un sistema fiscal ridículamente envejecido y grotescamente injusto, sabiendo la imposibilidad de su subsistencia; las instituciones de enseñanza superior desean conducir al mismo paso sus privilegios y la democratización de la educación; el sector obrero reclama aumentos salariales de por sí justos pero inaceptables para la economía del país. Estos tres sectores —los más visibles en el panorama político mexicano— y tres de sus actores políticos más importantes parecen haber pasado a la acción directa, a la presión inmediata sobre el Estado, mostrando una falta de solidaridad absoluta tan pronto como un logro de grupo está en juego.

Modernizar trae aparejado diversificar, admitir nuevos intereses, liberalizarse, aceptar —dentro del marco estatal— la competencia primero limitada y, después, libre.

En una situación como la padecida por el Estado mexicano en 1974, caben una casi infinidad de explicaciones para entender la mengua de su poder. Dejando por un momento de lado la inevitabilidad de la modernización y la caída del poder estatal, lo que sería un fenómeno de larga duración, se dan situaciones coyunturales que, por serlo, no son fatales. Modernización y autoritarismo son dos caras de la misma moneda. Con la excepción de los Estados Unidos —que se moderniza en su espléndido aislamiento y con una frontera occidental tras la cual no había en realidad nada— todas las naciones han pasado por fases autoritarias en el momento del arranque de la modernización, sobre todo de la modernización política.[10]

El tema central de la coyuntura actual sería pues el nuevo dilema —marcha hacia el autoritarismo o marcha hacia la democracia— del sistema político. Un refuerzo de los aspectos autoritarios radicaría en: *i)* reconcentración del poder y personalización del mismo; *ii)* construcción de nuevas instituciones exógenas —tal o cual grupo social encuadrado en una organización creada por el poder político para controlar o liquidar su acción—; *iii)* aceptación de las normas de juego en vigor, o sea, libre movimiento de los actores de origen endógeno (agrupaciones patronales, industriales, comerciales, grupúsculos políticos, etc.); *iv)* aplicación del poder para el simple mantenimiento del *statu quo*, y *v)* obliteración de los canales de ascenso, socialización y profesionalización políticas para preservar las ya generadas por el Estado.

Por lo contrario, la evolución del sistema hacia formas más democráticas implicaría: *i)* transferencia del poder hacia las instituciones y demarcación de éste; *ii)* no intervención del Estado en el proceso institucionalizador; *iii)* hacer del Estado un regulador externo de las instituciones endógenas, encargado de mantener el equilibrio dinámico de todo el sistema donde un actor no puede aplastar a otro, y *iv)* libre juego y renovación parcial y permanente de todas las élites a través de canales abiertos.

Si en México, como todo parece indicar, se están reordenando actores políticos, éstos no pueden hacerlo libres de todo marco de referencia sin producirse simultáneamente un movimiento disruptivo que dé al traste con todo el equilibrio interno y externo del sistema. El papel del Estado no puede por ello disminuir: en el mejor de los casos puede modificarse y esto en límites bastante estrechos. Ahora bien, el Estado no puede tampoco actuar directamente sin orientarse hacia formas totalitarias: el Estado sólo puede llevar a cabo sus decisiones a través de las instituciones, porque éstas son un lugar de encuentro entre los agentes estatales y las organizaciones voluntarias (partidos, sindicatos, asociaciones pro-

---

[10] Samuel P. Huntington, *Political Order in Changing Societies*, New Haven, Yale University Press, 1968.

fesionales, grupos de presión, etc.). La destrucción de un orden institucional lleva al enfrentamiento directo del Estado-agente con los agentes de intereses particulares e incluso individuales, fuera de toda norma o marco institucional. Los resultados de esta situación han llevado, hasta el momento, al triunfo del agente más fuerte y a la imposibilidad de articular primero y agregar después los intereses en pugna. Sólo por medio de la articulación y agregación institucional puede elaborarse un plan de acción común —una orientación del equilibrio del sistema hacia un nuevo tipo de relaciones— por el Estado.

La garantía esencial del individuo se encuentra pues en las instituciones, en su inserción voluntaria en organizaciones libres. La institución limita al hombre pero a la par le protege contra actos de violencia muy superiores a su capacidad individual de resistencia. El orden institucional libre es equivalente del orden democrático, a condición de que el Estado regule los modos de conflicto y garantice la existencia de los actores reales.

"La crisis del autoritarismo modernizador", *Plural*, núm. 36, septiembre de 1974.

TENDENCIAS POLÍTICAS EN MÉXICO (1976)

Los TÉRMINOS que la ciencia política ha utilizado para designar los cambios que se suceden en los sistemas políticos —términos como desarrollo, evolución, modernización— están en crisis desde hace aproximadamente 15 años. Un libro que tuvo en su momento una influencia gigantesca, *El hombre político* de S. M. Lipset, ha dejado, no digamos de ser leído, pero sí de ser considerado una especie de *summa politica*. El reparto claro e inequívoco de las naciones entre industriales y subdesarrolladas, de los comportamientos políticos en modernos y tradicionales, ver la armonización de los intereses como opuesta a las ideologías, se presenta como algo, hoy día, casi inoperante. La política se ha impuesto, como era de esperarse, sobre la ciencia política y los modelos han seguido, o han pretendido seguir, a la realidad. Ideas semidesechadas como Tercer Mundo, revolución e ideología han vuelto al primer plano de los estudios; los sistemas socialistas han dejado de ser considerados simples aberraciones históricas y la conquista del poder por las armas interesa más que los procedimientos parlamentarios. Este cambio de énfasis ha sido quizá excesivo y, por lo mismo, se presta a más de un equívoco, puesto que los partidos no revolucionarios, el sufragio, el sindicalismo, los parlamentos y la prensa siguen siendo, en cuanto instituciones, operantes, y en cuanto instancias explicativas, de gran valor para entender el funcionamiento, al menos de los sistemas políticos occidentales, e incluso de los sistemas del Tercer o del Cuarto Mundos. Por ello un libro como *El hombre político* sigue siendo un libro clásico —es decir, actual— frente a la *Crítica de las armas* de Régis Debray. Y los modelos políticos creados por la ciencia política europea y norteamericana siguen conservando su utilidad analítica, aunque en conflicto insoluble con el materialismo histórico. En estas páginas nos vamos a referir precisamente a uno de los modelos tradicionales de la ciencia política, y a tratar de ver en qué medida el sistema político mexicano se acerca o se distancia de él.

El modelo político que puede expresar un sistema democrático, plural y representativo ha tenido y tiene en México una vigencia decisiva. La Constitución Política de los Estados Unidos Mexicanos establece todas las premisas necesarias para dar vida a este tipo de régimen: libertad de opinión y de asociación, independencia de los poderes, sufragio universal, bicameralismo, federalismo, etc. En sus grandes líneas no se distinguiría de una constitución política europea, pero bien leída aparecen rápidamente los elementos que sólo pueden explicarse por un proyecto político que responde a la realidad concreta de la nación. La libertad de asociación está claramente limitada por la Ley Federal Electoral; la independencia del Poder Legislativo se enfrenta con una comisión permanente cuyo valor constitucional ha sido puesto en entredicho en múltiples ocasiones; el Presidente y la Cámara de Diputados pueden legalmente declarar desaparecidos los poderes de un Estado que han sido elegidos directamente por los ciudadanos; la igualdad jurídica de todos los mexicanos entra en conflicto directo con el artículo 130 constitucional.

Estas limitaciones al modelo de democracia plural y representativa no han sido producto del azar: la pulverización de los partidos antes de 1929 obligó a tomar disposiciones para que se reagruparan; los conflictos estériles y violentos dentro del Parlamento forzaron en cierta manera su supeditación al Ejecutivo; la fuerza de la Iglesia y de los terratenientes obligó a que se limitara la acción de la primera y la propiedad de los segundos; las tendencias centrífugas de los jefes militares convertidos en gobernadores explican la lucha del centro contra la periferia. Las razones históricas de esta situación son casi infinitas y puede decirse que los aspectos contradictorios de nuestra legislación no han sido nunca resultado del capricho, sino que surgieron como prerrequisitos para la construcción del Estado nacional y para crear un sistema político capaz de englobar a la mayor parte de los mexicanos y situarlos en condiciones que no fueran de desventaja total para unos y de favor escandaloso para otros. El Estado se convirtió así en juez y parte, en agente de desarrollo y en legislador económico, en representante y policía de grupos sociales antagónicos. En su poder intersticial se encuentra la historia de México como nación independiente.

Las diferencias económicas, culturales y sociales que imperan aún en nuestro país acarrearon por fuerza una expresión política. La respuesta o respuestas, ofrecidas por el sistema político a las demandas de estos grupos, ha dado lugar a desajustes a veces graves que han llegado con frecuencia en nuestra historia al conflicto abierto, y se han resuelto en algunos casos por medio de la violencia ilegítima, o sea por la revolución, y en otros por la legítima, que es monopolio del Estado.

Este crecimiento general de México sólo pudo conseguirse sacrificando parcialmente las libertades formales —y a veces las reales— establecidas por el texto constitucional. Libertad y necesidad no pueden vivir en una armonía perfecta. El Estado mexicano se ha separado con frecuencia de su Constitución Política para ofrecer respuestas flexibles, intentando con ello aislar los conflictos y darles una solución aceptable para los más, a veces con olvido total de lo que hubieran sido las respuestas legales ideales. La casuística es pues una norma permanente de nuestra vida política. México manifiesta con ello lo que aún arrastra de *ancien régime*.

Dentro de este marco, para llegar a una comprensión de los problemas políticos actuales, debe partirse siempre de la voluntad organizadora del Estado mexicano y de su ambivalencia. Partidos, sindicatos, asociaciones empresariales, universidades y, en general, todos los cuerpos intermedios han sido creados a través de la voluntad del Estado que deseaba tener un interlocutor, o, cuando han surgido independientemente de su voluntad, ha sido aceptando las reglas que él previamente —y en algunos casos *a posteriori*— estableció. Tómese, por ejemplo, el caso de los partidos. Dejando de lado el nacimiento del Partido Nacional Revolucionario en 1929 que, a través de múltiples metamorfosis, resulta en el actual Partido Revolucionario Institucional, creación directa del gobierno, se ve que hasta 1939 no surge un partido de oposición parlamentaria. El Partido de Acción Nacional nace como una manifestación de la derecha dispuesta a combatir algunos puntos de la organización política de México por la vía exclusivamente parlamentaria, o sea que acepta la legalidad y la legitimidad del grupo revolucionario que había conquistado al Estado. Desde su fundación a su crisis actual, jamás se ha separado de la legalidad y, en conjunto, es el mejor garante de ésta. El Partido Popular Socialista, que aparece en 1947 como partido abiertamente marxista, va abandonando lentamente sus principios ideológicos para identificarse hasta confundirse con el PRI. El Partido Auténtico de la Revolución Mexicana, creado por el presidente Ruiz Cortines para algunos militares que manifestaban un vago descontento, sale armado de su cabeza como Minerva de la de Zeus. Para estos dos últimos partidos se habrá de legislar en dos ocasiones, buscando mantenerles su precaria existencia y no atentar contra las posiciones electorales del PRI. Quienes por lo contrario, como la Unión Nacional Sinarquista, se empeñaron en atentar directamente contra el sistema político, puesto que su finalidad principal era su destrucción, no tardaron en verse destruidos por el poder del Estado. En el presente régimen aparecen dos partidos minúsculos a la izquierda del espectro político: el Partido Mexicano de los Trabajadores (1974) y el Partido Socialista de los Trabajadores (1975). Baste decir que a la fundación del primero asistió el propio hijo del Presidente de la República como "delegado fraterno", aunque esta fraternidad no pudo ser la causa eficiente del registro electoral de este partido y quedara, por tanto, al margen de la campaña electoral que en este momento se lleva a cabo. El PST, situado más a la izquierda, declara hace unos días que el PRI es necesario para la vida política de México.

Ante este panorama cabe preguntarse sobre la necesidad real de una oposición partidista, puesto que el papel desempeñado por estos partidos no ha servido sino para consolidar al partido oficial dentro de un sistema al menos en principio pluralista. Su función real no es competir por el poder, ni siquiera compartirlo, sino ayudar a hacer frente a una crisis nacional que se manifiesta en todos los terrenos. Y uno de los terrenos donde más claramente se ha manifestado ha sido el de la legitimidad del Estado, fundada y asentada en la Revolución mexicana. Esta legitimidad mítica no pareció inquietar a la clase política hasta terminar el gobierno del general Lázaro Cárdenas. Pero a partir de ese momento la idea de asentar la legitimidad en algo más firme, como el sufragio universal, va abriéndose lentamente paso hasta la crisis de 1968, cuando se percibe de manera inequívoca la erosión total del mito revolucionario, capaz de ser una justificación para las clases populares, e incluso para las clases medias, pero que no encuentra ya más que un eco muy mitigado entre los intelectuales mexicanos, quienes en su momento fueron sus principales defensores y, también hay que señalarlo, sus principales críticos. Dada esta situación el gobierno pareció querer jugar la carta electoral en 1973.

En las elecciones para renovar la Cámara de Diputados, que se llevaron a cabo en julio de 1973, se advirtió una subida alarmante para el gobierno del voto de protesta, pues no se puede considerar el voto en favor de los partidos de oposición como un voto de manifiesta orientación partidista. En el Distrito Federal los resultados logrados por la oposición son francamente alarmantes para el partido oficial, entre otras cosas porque se abandonan en gran medida las actitudes abstencionistas y el sufragio se vuelca por la oposición. Con un módico 51.7% de los sufragios emitidos, el PRI escucha el zumbido del obús. En las ciudades importantes, como Guadalajara, León, Ciudad Juárez, Cuernavaca y Toluca, la presencia de la oposición panista se convierte en un hecho con el que el PRI debe contar. En Puebla se produce una debacle del partido oficial y los dos distritos electorales que la componen presencian triunfos arrolladores del PAN.

La búsqueda de una legitimidad electoral, que implica por fuerza el reconocimiento y el respeto de la oposición, se antoja, para el personal político, demasiado peligrosa. Lo sorprendente es que los triunfos de la oposición han colocado a ésta al borde del colapso.

Acción Nacional en estos momentos atraviesa por un desajuste que puede dar al traste no sólo con la vida de este partido, sino con toda la vida partidista de México, por ser la única organización política de oposición que, independientemente de las limitaciones señaladas, tiene una existencia real. Su problema es el haber caído en la ilusión parlamentaria, en creer que toda su actividad se podía reducir a su acción entre los cuatro muros de la Cámara de Diputados, y en no haber sabido renovar sus cuadros directivos, y también en no haber luchado por ampliar su base de implantación y en no haber renovado su reglamento interno para hacer frente a una campaña electoral donde su fuerza podía haber alcanzado proporciones insospechadas. Dominado en sus instancias directivas por un grupo de figuras venerables (siempre son los mismos apellidos los que suenan en la jefatura nacional), este grupo tradicional se enfrenta con una corriente renovadora, ideológicamente de extrema derecha, apoyada por grupos como YUNQUE, GUIA y MURO, que no reconocen más acción que la directa, violenta e ilegal. El caso se hace insoluble por la popularidad y habilidad innegables de los jefes de esta corriente: el hecho de haber ganado 72% del voto de los delegados a la convención es el testimonio más elocuente de su fuerza dentro de las federaciones. No haber podido lanzar un candidato a la Presidencia de la República modifica el panorama general de las elecciones de este año, porque en México, desde los años cuarenta, cuando no ha habido una oposición ha sido preciso inventarla. Envueltos en las cerradas mallas de una ley electoral que impide la proliferación de los partidos, las elecciones de julio del año en curso, en lo que hace a la renovación del Poder Ejecutivo, no serán unas elecciones sino un plebiscito. Y todo el mundo sabe el desastre que para la vida democrática de una nación representan los plebiscitos. El hecho de haber un candidato del PCM no registrado, o sea que en ningún caso puede ganar, así tenga la mayoría de los votos, subraya lo incongruente de la situación.

La oposición y el partido en el poder han sido víctimas de la ilusión de 1973, de la creencia en las elecciones libres y en el también libre juego de los partidos, pues no sólo el Partido Comunista sino también el PMT y el PST agitaron durante un año la necesidad de reformar la ley para que cualquier partido fuera un contendiente en el proceso electoral. Ante la negativa del gobierno a modificar la ley, el espectro que se perfila en el horizonte es el del abstencionismo masivo y el de unos resultados que al público le costará trabajo creérselos.

La situación no es sólo confusa en lo referente a los partidos, sino que los mecanismos utilizados para designar al candidato del PRI también actuaron al margen de los reglamentos internos de este partido. Sería inútil debatir aquí las razones que impulsaron a esta designación: no se podría salir de un plano puramente hipotético, pero cabe suponer, por los datos empíricos de que se dispone, que estamos ante una reordenación muy importante de las fuerzas políticas y ante una renovación parcial del juego político.

Al cambiar en octubre de 1975 los dirigentes del PRI, se advierte la voluntad del presidente Echeverría de mantenerse en el pleno ejercicio del poder hasta el momento de expirar el mandato presidencial. Tres de los miembros más importantes de su gabinete abandonan sus cargos para ocupar los tres puestos directivos más importantes del Partido y quedan, por tanto, como los hombres más destacados de la campaña electoral, detrás, naturalmente, del candidato. La designación de candidatos a senadores y a diputados indica, igualmente, la permanencia del personal político afecto al presidente Echeverría: cinco subsecretarios de Estado, dos secretarios de Estado y ocho directores de la Secretaría de la Reforma Agraria pasan de manera casi directa del gobierno a las cámaras. La dosificación entre los sectores del PRI se mantiene, pues no se puede considerar un cambio profundo las pequeñas pérdidas del sector popular en la Cámara de Diputados, pérdida compensada con creces por su avance en el Senado; lo importante son las declaraciones de los gobernadores que se quejan amargamente de no haber sido consultados para la confección de las "listas", lo que quiere decir en claro que los poderes locales quedan al margen de la construcción del futuro Poder Legislativo. De hecho es un ataque directo al caciquismo, a los hombres que utilizan su implantación y fuerza locales para acceder al poder nacional. Los interrogantes que esta acción abre no pueden recibir una respuesta inmediata, pero no debe perderse de vista cuál será la actitud de estos feudos puestos en entredicho. La llegada de cinco militares al senado puede indicar cuáles serán los mecanismos de control político que se empleen en el futuro.

El presidente Echeverría es el primer jefe del Ejecutivo de origen civil (dejando de lado a Francisco I. Madero) que no ha ocupado ningún cargo de elección popular antes de ser postulado a la Presidencia de la República. Su gabinete ha tenido las mismas características, pues sólo dos de sus secretarios de Estado habían pasado por las cámaras antes de alcanzar un cargo de nivel ministerial. Es también el gabinete más joven desde el de Miguel Alemán. Estos dos hechos levantan desde un principio la sospecha de tratarse de un gabinete fuertemente tecnocrático, sospecha que se convierte en tema de debate cuando José López Portillo es designado candidato del PRI, y se ve obligado en múltiples ocasiones a rechazar abierta y públicamente cualquier intención tecnocrática. Pero su carrera política tampoco ha tenido que pasar por las elecciones populares y se ha desarrollado entre la Universidad y los cargos administrativos y técnicos dentro del gobierno federal. La nueva tendencia parece ser la de un *cursus honorum* diferente para acceder ya sea a la Presidencia de la República, ya sea al gabinete. Es natural que los políticos de viejo cuño, alertas ante las nuevas perspectivas que se abren ante el personal político, se muestren tan alarmados como los caciques y que, consecuencia de la amenaza que se cierne sobre su futuro, hayan manifestado su descontento y que la disciplina partidista se haya resentido en algunos momentos.

Otra amenaza que se alza frente al personal político es el lento surgimiento de tecnoestructuras dentro del Estado mexicano. La más evidente es la constituida por el Banco de México y la Secretaría de Hacienda, es decir, por el sector financiero del Estado a través de sus dos organismos más importantes. Si esta tecnoestructura es la más visible y quizá la más importante, la tecnificación y la burocratización progresiva e inevitable del Estado conduce hacia el desplazamiento de la clase política tradicional, limitada día tras día a funciones que se alejan de los auténticos centros de decisión.

Los cambios estructurales que aparecen dentro del sistema político mexicano y de manera especial en el aparato del Estado se antojan irreversibles. Las instituciones políticas no cambian, pues, sólo de función, sino que pueden cambiar de naturaleza. El tecnócrata vive a disgusto en el campo político y entiende mal o simplemente desprecia las instituciones de naturaleza estrictamente política: para él es infinitamente más fácil entenderse con los grupos de interés o de presión que con los partidos y los sindicatos; prefiere enfrentarse a los intereses que a las ideologías; a los empresarios y no a los caciques o a los políticos.

Como resultado del crecimiento general del país y de manera muy especial como consecuencia de la explosión demográfica, el Estado mexicano se ve asediado por una infinidad de conflictos: invasiones de tierras por parte de campesinos reducidos a la miseria extrema, control sindical puesto en peligro por la insurgencia sindical, enfrentamientos abiertos con el sector empresarial, demandas crecientes por parte de una juventud que ve en la educación superior la única vía para escapar de su condición social. Las respuestas, como se señalaba al principio de este trabajo, han sido flexibles y diferentes en cada situación. No se puede decir que hay una política agraria aplicada en todos los casos a lo largo y a lo ancho del país; si se acepta la existencia de una insurgencia sindical y de grupos obreros opuestos a las grandes centrales, estos grupos no han podido ganar aún una huelga importante; los empresarios, que manifiestan su disgusto desde el principio del gobierno del presidente Echeverría, a pesar de su fuerza organizativa no han podido anular una decisión importante ya tomada por el gobierno; la autoridad central ha decidido el resultado de algunas elecciones locales.

La naturaleza autoritaria del Estado mexicano le permite resolver los problemas a nivel de los grupos organizados, pero no encuentra un interlocutor real cuando se trata de decidir sobre los intereses de la nación en su conjunto, y esta representación no existe por los procedimientos que presiden a la formación de la representación nacional, pues si la ley señala que un diputado representa no sólo a su distrito, sino a toda la nación, de hecho es, en el mejor de los casos, el representante de un grupo de interés, y por importante que sea éste no puede identificarse ni de lejos con el interés nacional.

Es cierto que un gobierno autoritario no puede permitir la existencia de una representación que empezaría por poner en duda su monopolio del poder y que los mecanismos de solución de conflictos deberían cambiar drásticamente, corriéndose el peligro de que en la escalada de un conflicto se tendría que recurrir a una respuesta general que, en el peor de los casos, se transformaría en una represión generalizada. Pero el autoritarismo corre otro peligro de igual magnitud y es el olvidar a grandes sectores de la nación frente a los que no hay respuesta convincente, como fue el caso del movimiento estudiantil de 1968. La decisión, al menos en el corto plazo, sobre la reordenación del sistema político mexicano, está en manos del Estado y él será quien decida si se concede una mayor representación a la nación en su conjunto o si, por lo contrario, se refuerzan las tendencias autoritarias.

"Tendencias políticas en México", *Foro Internacional,* vol. XVI, núm. 4, El Colegio de México, 1976.

EL MÉXICO ELECTORAL EN 1982

Existe un acuerdo casi perfecto acerca del principal problema de México: la explosión demográfica. Los 15 millones de habitantes que poblaban un país agrario en 1910, cuando se iniciaba la Revolución, no son más que 14 300000 en 1921 como consecuencia de la lucha armada y de la emigración que ésta acarreó. Pero a partir de 1940 la tasa de crecimiento de 1.09% del año 1910 salta a 1.72% e inicia una carrera que se antoja incontenible: 2.72% en 1950, 3.13% en 1960 y 3.43% en 1970, cuando los gritos de alarma que se venían dando en los medios especializados en el tema se convierten en preocupación gubernamental y nacional. En 1980 se estima que hay 67 383 000 mexicanos y las proyecciones de población para el año 2000, teniendo en cuenta que la tasa de crecimiento se ha reducido a 2.7% y que se espera una caída constante de ésta hasta estabilizarse en 1% a fin de siglo, oscilan entre 100 y 109 millones.[1]

Este crecimiento de la población se refleja en todos los órdenes de la vida nacional e internacional de México. Así, 45% de la población tiene menos de 15 años y 27% se encuentra entre los 15 y 29. Inútil, pues, añadir que México es un país joven, extremadamente joven. No hay, como consecuencia de la pirámide de edad, casi clases pasivas, pero la demanda de educación, salud, empleo, habitación, alimentos y, en general, de satisfactores vitales adquiere un carácter explosivo. Las cargas que debe soportar el Estado se antojan ciclópeas e intolerables.

Si la escolaridad promedio no alcanza los cuatro años, la concentración de la misma deja aún 20% de analfabetos en la población de más de seis años de edad —entre ocho y nueve millones—, cosa que incide de manera directa, como se verá más adelante, en todos los órdenes de la vida política, pues los ocho o nueve millones de analfabetos contrastan con los 900 000 estudiantes de educación superior y casi 20 millones en todo el sistema educativo nacional.

Las demandas sociales, como la transformación del agro, han conducido al crecimiento desorbitado de las ciudades. En las urbes se

---

[1] El mejor trabajo que existe sobre la población en México es de Francisco Alba, *La población de México: evolución y dilemas*, México, El Colegio de México, 1979, 2ª ed. Para actualizar las cifras, *México demográfico, Breviario 1979*, México, Consejo Nacional de Población, 1979, además de las publicaciones periódicas de la Secretaría de Programación y Presupuesto.

amontona 65% de la población total, con los inevitables problemas de marginación, contaminación, abasto y decaimiento general de los centros urbanos. La ciudad de México pasa de cinco millones en 1960 a 8.5 millones en 10 años. Monterrey y Guadalajara siguen un paso parecido.

El crecimiento del PIB, sostenido alrededor de 7% en los años sesenta y que se sitúa más allá del 8% en los últimos tres años como consecuencia del *boom* petrolero, ha podido correr al parejo con el crecimiento de la población, incluso superar a éste en la carrera. Los primeros síntomas de cansancio aparecen en este preciso momento y se estima que el crecimiento en 1982 será cero. A la caída de la tasa de crecimiento de la economía se debe añadir, para terminar de ennegrecer el panorama —oscurecimiento voluntario, para alejarnos del optimismo no siempre justificado que algunos economistas mantenían hasta hace poco—, que merece la pena detenerse un momento en la distribución de la riqueza dentro del país.

El cuadro siguiente es más ilustrativo que cualquier descripción antropológica o económica.

Distribución relativa del ingreso total familiar[2]

Deciles de familias	Porcentaje del ingreso total (sin ajuste)	(ajustados)
I	1.14	1.17
II	2.29	2.37
III	3.32	3.41
IV	4.50	4.57
V	5.81	5.86
VI	7.27	7.27
VII	9.29	9.32
VIII	12.22	12.21
IX	17.40	17.26
X	36.76	36.56
TOTAL	100.00	100.00

A la desigualdad por deciles debe sumarse la desigualdad regional, pues si el ingreso familiar fue de 9 120 pesos mensuales en la ciudad de México, en Tabasco no alcanzó sino 2 950 pesos. Desde un ángulo que a

[2] Juan Díaz-Canedo R. y Gabriel Vera, *Distribución del ingreso en México, 1977. Análisis estructural*, cuaderno I, México, Banco de México, 1981, p. 41.

la postre va a resultar político y que muestra las demandas que pesan sobre el sistema, se advierte la influencia de la educación en la injusta distribución de la riqueza nacional. La educación del jefe de familia parece decidir todo:

Ingreso medio familiar por nivel de educación del jefe[3]

Nivel de educación	Ingreso promedio
Sin instrucción	2 887
Primaria incompleta	4 043
Primaria completa	6 340
Nivel medio incompleto	7 139
Nivel medio completo	9 102
Medio superior incompleto	9 352
Medio superior completo	11 231
Universitario incompleto	13 319
Universitario completo	19 232
Posgrado	27 770
No especificado	5 668
MEDIA TOTAL	5 397

La concentración excesiva en todos los aspectos (nacional, regional y municipal) muestra unas distorsiones tales que las amenazas se dirigen hacia el sistema político en cuanto tal. Tengamos presente que la desigualdad se ve subrayada por una inflación que en 1981 se situó en los alrededores de 30%[4] y que este año, como consecuencia de la devaluación, alcanzará cifras imprevisibles.

El petróleo no puede ser una solución para todos los problemas que hemos expuesto, y menos en la coyuntura actual. Al fin y al cabo el petróleo no es más que una materia prima y su precio en el mercado internacional depende del estado de las economías de los principales países industriales. La crisis actual lo viene a probar en todos los aspectos. Pero aun teniendo en cuenta esta premisa, el desarrollo de esta industria y las reservas gigantescas que subyacen en México se puede esperar que una recuperación de las economías principales del mundo arrastrará, en caso de ser debidamente utilizados estos recursos, a las economías que dependen de esta exportación.

[3] *Ibid.*, p. 47.
[4] *Informe anual 1981*, México, Banco de México, 1981, p. 29.

Las reservas probadas en México aumentaron en 151% en 1978, en 14% en 1979 y en 31.2% en 1980, cuando se establecen en 60 000 millones de barriles.[5] Pero estas cifras son conservadoras comparadas con las que ahora utiliza la CEPAL. Como consecuencia no sólo del aumento de las reservas sino de la explotación de éstas, en 1980 se exportaron más de 14 000 millones de dólares de petróleo y gas.[6] Sin embargo, estas exportaciones, como consecuencia de la crisis mundial, cayeron notablemente en 1981, planteando la crisis por la que ahora atraviesa México.

El desarrollo económico ha exigido un creciente endeudamiento externo, que ha situado a México a la cabeza de todos los países de América Latina, posición poco envidiable, hasta hace poco ocupada por Brasil. Los 60 000 millones de dólares que México debe son, por el servicio de la deuda, una carga cada vez más difícil de soportar y que pesarán sin duda alguna en el futuro desarrollo. El peligro se extiende del campo de la economía a todo el sistema político, empezando por la política exterior mexicana.

La política exterior

Con frecuencia se ha pensado que la política exterior mexicana era una justificación de la política doméstica.[7] En efecto, frente a un sistema autoritario se manifestaba un notorio progresismo en las posiciones defendidas por México en el campo internacional. El tercermundismo de la presidencia de Luis Echeverría (1970-1976), el multilateralismo defendido siempre frente al bilateralismo, el alineamiento y apoyo a la Unidad Popular del presidente Allende y de la consiguiente ruptura de relaciones diplomáticas con el gobierno del general Pinochet, se constituían en un relevo de los casos de Etiopía, España y Cuba que, en diferentes momentos, habían sido los hitos decisivos de una política exte-

---

[5] *México: notas para el estudio económico de América Latina, 1980*, México, Naciones Unidas, Consejo Económico y Social, Comisión Económica para América Latina, 1981, (mimeografiado), pp. 29 y ss.

[6] "Sin embargo, y como ocurrió en 1979 y 1980, el incremento en el valor de las ventas externas se explica fundamentalmente por las exportaciones del sector petrolero. Al haber aumentado casi 40% y sumado 14 563 millones, éstas representaron 75% de los ingresos de la balanza comercial". *Informe anual 1981*, Banco de México, p. 77.

[7] Para todo lo referente a la política exterior de México, véase Mario Ojeda, *Alcances y límites de la política exterior de México*, México, El Colegio de México, 1981, 2a. ed. Para conocer la posición mexicana frente a Centroamérica, una obra aún no publicada: René Herrera, *Las relaciones México-centroamericanas*, y René Herrera y Mario Ojeda, "The Central American Crisis and Mexican Foreign Policy", en Richard Freinberg (comp.), *International Aspects of the Crisis in Central America*, Wilson Center, Washington, D. C.

rior que para el gusto de los diplomáticos y congresistas de los Estados Unidos resultaba siempre *highly juridical*. Frente a las presiones políticas, la política exterior de México se aferraba en todos los casos a la ley internacional que venía a cubrir y defender una debilidad en el terreno de la violencia dentro o entre las naciones.

Las posiciones quizá excesivas del presidente Echeverría fueron en cierta manera paliadas en los tres primeros años del gobierno del presidente López Portillo (1976-1979). La situación centroamericana ha sacado a México de su tradicional reserva y comedimiento, dado que los problemas internacionales se dan ahora en sus propias fronteras terrestres y que ya no pueden ser considerados ajenos a la vida interna del país. No sólo son un problema internacional; se está ante un caso de seguridad nacional. Pero Centroamérica no es una sola nación y las posiciones han variado de manera decisiva cuando se encara cada una de ellas.

El apoyo dado a la Revolución sandinista busca consolidar un régimen que si bien recibe un apoyo decidido de Cuba no se ha manifestado como una revolución alineada ni con el castrismo ni con los países socialistas europeos o asiáticos. La situación nicaragüense, dado el rechazo casi unánime que padecía el gobierno de Anastasio Somoza, no hubiera provocado las tensiones actuales de no mediar la insurgencia salvadoreña, que de hecho se ha convertido en una guerra civil, como guerra civil es también la lucha en Guatemala, punto de anclaje de la política exterior norteamericana en Centroamérica y campo de inversión privilegiado en los Estados Unidos.

La posición de México dista del inmovilismo que el Departamento de Estado desea ver en los países centroamericanos. Puede ser que una confianza excesiva en el modelo político mexicano haya llevado a suponer que tal modelo pueda ser reproducido en condiciones que históricamente no podrían ni asimilarlo ni reproducirlo, pero que de todos modos impondrían una distancia entre éste y el modelo castrista. Esta posición, expresada en la declaración conjunta francomexicana y el acuerdo de San José firmado por México y Venezuela para proveer a los países centroamericanos de petróleo otorgando créditos preferenciales, ha ido en ese sentido y, sin embargo, la declaración francomexicana ha sido objeto del rechazo de la mayoría de los gobiernos latinoamericanos.

Cuanto suceda en el Caribe y en Centroamérica afectará no sólo a las relaciones entre México y esa región sino que se interpondrá en las relaciones de México con los Estados Unidos. El temor de ver afectada la seguridad de la frontera sur es preocupación del gobierno mexicano dada la proximidad y vulnerabilidad de la zona petrolera, lo que conduce de manera inevitable al acrecentamiento y modernización de las fuerzas armadas.

El papel que México jugará en las próximas dos décadas en América Latina y, de manera especial, en Centroamérica y el Caribe, se antoja superior al que desearía y los costos y peligros que dicho papel encierra no pueden ser minimizados.

El modelo político

Pese a las negativas de la clase política, al menos de su discurso, el sistema político mexicano reproduce algunos de los rasgos de los sistemas autoritarios definidos por Juan Linz.[8] Las determinantes fundamentales expuestas por este autor *(A.* Pluralismo político no responsable y limitado; *B.* Ausencia de una ideología elaborada; *C.* Falta de movilización política intensa y extensa; *D.* Presencia de un líder o de un grupo pequeño que ejerce el poder dentro de límites más definidos pero previsibles) aparecen parcialmente en México, pues Linz elaboró su modelo derivándolo de la realidad del franquismo y entre el franquismo y el sistema político mexicano son mayores las diferencias que las analogías. Con todo, no es ocioso seguir, así no sea sino por razones metodológicas, los pasos analíticos de este autor.

La comparación de los distintos programas, plataformas electorales, modificaciones constitucionales y legislativas, reglamentos y estatutos del partido oficial nos señala cómo ha ido variando y adaptándose el pensamiento "oficial" de los gobiernos mexicanos posteriores a 1929. Entre la ideología dominante durante el gobierno del general Elías Calles (1924-1928) y los años de indiscutida influencia (el maximato, 1928-1934) y la ideología actual media un abismo zanjado por la maleabilidad de las formas ideológicas que se han ido sucediendo. De éstas pueden despejarse algunas constantes —nacionalismo, modernización, justicia social— que en un plano puramente ideal e ideológico se ha venido transmitiendo de sexenio en sexenio. En primer lugar debe advertirse la vaguedad de los términos y la multiplicidad de significados que encierran. No ha sido esta ambigüedad resultado de la casualidad. Los gobiernos revolucionarios y posrevolucionarios no se han encerrado nunca en un mundo rígido, de teorías e ideas férreamente encadenadas,

---

[8] Juan Linz, *Spain: An Authoritarian Regime.* A pesar de las discusiones y rechazos que provocó este trabajo, se sigue utilizando en América Latina como el paradigma del autoritarismo, al menos en México, donde ha sido el origen del libro de José Luis Reyna y Richard S. Weinert, *Authoritarianism in Mexico,* Institute for the Study of Human Issues, Filadelfia, 1977.

en un cuerpo doctrinal frente al cual fueran contrastados momento tras momento.

La oportunidad, más que el oportunismo, ha marcado, por ejemplo, las formas de participación política y popular. Si el marco global está determinado por la fuerza y extensión del PNR-PRM-PRI, la determinación de los espacios dados a la oposición se confunde con la historia política de este siglo. El control ejercido por el Estado sobre la participación se refleja con toda nitidez en las leyes electorales que determinan no sólo el modo de elección sino también la vida de los partidos.[9] Por ejemplo, a la ley electoral de 1946, que por primera vez establece la diferencia entre partidos nacionales (los que pueden participar en las elecciones federales) y las asociaciones políticas (que no pueden legalmente participar en estas elecciones), se van a añadir infinidad de modificaciones hasta llegar a la reforma de 1962, cuando se crea una representación de los partidos nacionales minoritarios. Nueva modificación en 1973 (primera reforma política) y nueva ley en 1977, que reforma todo lo anterior y concede 100 de los 400 representantes populares a la oposición a la par que elimina casi todos los obstáculos que impedían el registro de los partidos de oposición. La reforma de la Cámara de Senadores no tardará en producirse.

El registro legal del Partido Comunista y de todos los partidos de izquierda que en la mayoría de los casos no tienen representatividad alguna es, de hecho, una reforma pactada con la izquierda, manera de enfrentar —como se verá más adelante— a una derecha cada vez más amplia en el plano social y menos combativa en el político-electoral.[10]

Las fluctuaciones del movimiento sindical, que han corrido desde una izquierda filomarxista hasta un anticomunismo exacerbado sin haber remuda del liderazgo, son consecuencias de los meandros seguidos por los gobiernos mexicanos en los últimos 40 años y, pese a los periodos de enfriamiento de las relaciones, el pacto entre los obreros y el Estado no ha sido nunca abiertamente violado. Si las grandes centrales obreras (CTM, CROM, CROC) se unifican en el Congreso del Trabajo, las llamadas centrales independientes (UOI) no son admitidas en el juego electoral, y en caso de un conflicto mayor entre las centrales afiliadas al PRI y las independientes se puede tener la seguridad de que el fallo de los tribunales del trabajo se inclinará por las primeras. Participación y protección, clientelismo del Estado, se confunden en un todo donde esta par-

---

[9] Luis Medina, *Evolución del sistema electoral mexicano*, México, CFE, 1978.
[10] Sobre la reforma política de 1977 se produjo una literatura inacabable y fue motivo de un debate en la Comisión Federal Electoral, la Cámara de Diputados, el Senado y la prensa recogido en *La Reforma Política*, México, Secretaría de Gobernación, 1977-1979, 7 vols.

ticipación queda limitada por lo que se podría considerar el pacto original cardenista entre el Estado y los sindicatos.[11]

Limitaciones se encuentran también en las asociaciones patronales, en la prensa y en los medios de comunicación masiva, en la educación, en las organizaciones cívicas. La participación encuentra su principal obstáculo —si obstáculo es— en la voluntad organizadora del Estado. Si, como señala Raymon Aron, en los países nuevos el Estado precede a la nación, en México esta situación no ha dejado de darse y el Estado sigue siendo el principal agente modernizador. Pero modernización y participación chocan en casi todos los momentos, lo que se convierte en un problema real cuando se debe acudir a la movilización política o a la movilización para el desarrollo.

Lo que se conoce como movilización extensa ha sido medido a través de una sola variable: la participación electoral. Las cifras arrojadas por las últimas elecciones no pueden ser más desfavorables para la legitimación del sistema político por las tasas alarmantes de abstención. Es cierto que una sociedad donde existen más de siete millones de analfabetos y donde la escolarización no llega a los cuatro años no puede ser una sociedad participativa del mismo tipo e intensidad que una sociedad industrial o posindustrial. El fenómeno presenta pues otros caracteres: hay una correlación inversa entre el grado de desarrollo de un distrito electoral y la participación electoral. Los estados más desarrollados de la República Mexicana son los que menos acuden a las urnas. El caciquismo y el control político pueden darse con mayor facilidad en las regiones más desfavorecidas del país, pues es allí donde se encuentra la población más dócil ante los poderes locales. Eso no quita que en las últimas elecciones la participación a nivel nacional no sea más que de 50%, y que se encuentren en los estados del norte distritos donde los electores que acuden a las urnas no llegan a 25% de los registrados, siendo el norte la parte más desarrollada del país. Las pérdidas del PRI son para éste serio motivo de preocupación y pueden ser un indicador de la protesta, aunque quizá se trate de una protesta contra todo el sistema de partidos, pues si de las elecciones de 1976 a las de 1979 el PRI pierde 24.6% de su electorado, los otros partidos no salen mejor librados.[12]

Para situar este problema en un marco que le confiera su verdadero significado, es necesario señalar que gran parte de la abstención existía antes de 1976 y que su visibilidad es resultado de los cambios introduci-

---

[11] Manuel Camacho, *El futuro inmediato en la clase obrera en la historia de México*, México, Siglo XXI, 1980.
[12] Rafael Segovia, "Las elecciones federales de 1979", *Foro Internacional*, El Colegio de México, vol. XX, núm. 3, 1980.

dos en la ley electoral que da a los partidos una plena vigilancia sobre todo el proceso electoral, lo que dificulta las prácticas fraudulentas hasta hacerlas imposibles allá donde los partidos están representados. La escasez de cuadros, la regionalización de las organizaciones políticas y la ausencia de voluntarios lleva a dejar exclusivamente en manos del PRI una parte más que sustancial de las casillas electorales.

De los puntos fundamentales establecidos por la Revolución de 1910 quizá el crucial sea la rotación de las élites que se presentó bajo el lema "Sufragio efectivo no reelección", que se ha entendido hasta nuestros días en lo que se refiere a la Presidencia de la República, gubernaturas de los estados y al Senado, dificultándose la reelección de los diputados tanto federales como locales. Pese a no tratarse más que de un aparte de las élites políticas mexicanas la rotación, junto con la coopción y las nuevas formas de meritocracia y tecnocracia, han mantenido abiertas las entradas del sistema para las clases medias urbanas, componente mayoritario de las élites políticas. Una rotación superior a 40% en cada sexenio da paso a las nuevas y ascendentes cohortes, limitándose el bloqueo que se encuentra en otros sistemas políticos.[13]

El voto y la movilidad señalan los conflictos que se dan entre la participación, la legitimación y la modernidad. Si una plena modernización exigiera el establecimiento de un servicio civil profesional, reclutado por medios legalmente establecidos, la seguridad del sistema y el fuerte clientelismo aún imperante se opondrían a la creación de una meritocracia absoluta que no tardaría en romper con el partido oficial y el populismo labrado de éste. Por lo demás, este partido sigue siendo la maquinaria capaz de generar una legitimación popular a través del voto, pese a los defectos que pueda tener.

Más que una ausencia total de participación, en México se encuentran formas complejas y hasta donde cabe generalizadas en América Latina. Universidades y sindicatos ocupan el lugar de los partidos. Por tratarse de vías de participación no reglamentadas por texto alguno, las fricciones y conflictos son constantes en el caso de los establecimientos de educación superior, considerados por los partidos de oposición como "territorios liberados", proyectos *universidad-pueblo* y, al margen de denominaciones más o menos simplistas o bien intencionadas, feudos de los sindicatos universitarios independientes a quienes se les transfieren instrumentos de control de sus agremiados mientras se atienen a las reglas del juego general. Una de ellas es el no convertirse en un sindicato nacional capaz de intervenir en el juego político que está en manos del gobierno federal. Es un caso y ejemplo más de participación limitada.

[13] Peter Smith, *Los laberintos del poder*, México, El Colegio de México, 1980.

El actor político en México es, pues, una creación del Estado. Si alguno de estos actores es plena y abiertamente rechazado por el Estado, tiene unas posibilidades casi nulas de intervención, incluso de proposición. El peligro que entraña esta situación no puede ser minimizado, como tampoco sería exagerado señalar los riesgos que correrían todos los grupos y clases sociales en caso de darse un juego completamente abierto, análogo al que se da en las sociedades que han alcanzado un pleno nivel de desarrollo.

Pocos presidentes, monarcas o dictadores gozan de un poder similar al del Presidente de la República Mexicana. Jefe del Estado, presidente del gobierno, jefe de las fuerzas armadas con una capacidad casi ilimitada para nombrar, promover o remover a cualquier funcionario federal o local; sus capacidades metaconstitucionales le confieren también poderes y autoridad para intervenir en cuanta organización cívica o profesional existe dentro de las fronteras de México, no encuentra ante él casi nunca una oposición explícita. Pero las encuentra reales y su papel de árbitro supremo le obliga a no utilizar la fuerza más que en las situaciones límite. Pese a las definiciones que sobre el sistema político mexicano se han dado (dictadura limitada en el tiempo, monarquía sexenal, etc.) la amplitud de sus poderes constitucionales y metaconstitucionales le conducen a la no intervención directa. No se puede, con todo, hablar de un ejercicio solitario del poder: la multiplicidad de tareas y la forzosa representación de los intereses sociales conduce por fuerza a la formación de un equipo de gobierno donde se pueden leer y prever los planes de gobierno mejor que en los programas o plataformas electorales del partido oficial. La presencia de la oposición de la Cámara de Diputados ha creado una situación paradójica: más que un poder legislativo independiente ejerce una labor de vigilancia, reflexión y asesoramiento del Poder Ejecutivo federal que sigue manteniendo la iniciativa real de la legislación decisiva, misma que puede ser modificada, adecuada o adaptada pero en ningún momento rechazada o anulada por la Cámara. El Poder Legislativo es, de todas maneras, un reflejo poco distorsionado de las fuerzas políticas reales y su composición pone en evidencia una de las limitaciones que el Presidente encuentra en sus seis años de ejercicio del poder. No encuentra, por lo contrario, fuerza alguna ante él que le pueda obligar a cambiar el nombramiento de su sucesor.

Resulta, por lo expuesto, difícil hablar en México de un autoritarismo de tipo franquista, así no fuera más que por una diferencia crucial que separa los dos modelos: la existencia de un partido, que en México es, junto con el Presidente de la República, la clave de la bóveda política. De todos modos, los rasgos autoritarios están presentes por todos los ámbitos y quizá el rasgo más autoritario se presentaría en la cultura política dominante.[14]

Los sistemas políticos autoritarios tienen la ventaja sobre los totalitarios de que existe la posibilidad de una transformación del sistema que desemboque en formas democráticas, lo que no se puede lograr en los totalitarios, donde es necesaria la destrucción total de las estructuras y de la cultura para recrear un sistema democrático. El problema a examinar sería pues las oportunidades que se dan en México para hallar una distribución del poder y de la riqueza más acorde con las pautas democráticas que siguen siendo una vocación y una aspiración para grupos decisivos.

Por haber sido la construcción del Estado revolucionario y hoy nacional obra de una élite surgida durante la Revolución de 1910, no parece factible que sean los herederos de los creadores y consolidadores los autores de una reforma integral del sistema político y no sólo del Estado. Y, sin embargo, la única posibilidad real aparece en ellos, en los políticos profesionales.

El proceso de modernización, obsesión de la clase política nueva, puede, en los años por venir, llevar a una agudización de las diferencias que median entre el México moderno y el México tradicional y que se manifiestan en todos los campos: regional, educativo, laboral, económico, etc. Las consecuencias serán vistas en un aumento de las tensiones dentro de la sociedad mexicana.

De mantenerse la tendencia actual, la participación —reverso del pluralismo limitado— se ampliará a pesar de lo que parecen indicar las cifras, sobre todo al ampliarse la educación, lo que parece un hecho cierto, pues es poco probable participación sin información y escolaridad.

No existe la menor información sobre la afiliación a los partidos nacionales o a las asociaciones políticas. El reconocimiento constitucional de su utilidad es una señal de una voluntad de modernización del sistema político. Cabe de todas maneras preguntase si la participación real pasa en nuestros días por los partidos, sus oligarquías y su espíritu antidemocrático. Las divisiones internas de los partidos mexicanos, su fraccionamiento y fraccionalismo destruyen su valor simbólico y expresivo y los convierten en una sucesión de grupos casi siempre incapaces de dialogar con el ciudadano o con el Estado. Es probable que el diálogo ciudadano-Estado se dé al margen de las organizaciones políticas formales, lo que acarrea un innegable riesgo de dar en el populismo y caer en las formas plebiscitarias.

[14] Rafael Segovia, *La politización del niño mexicano*, México, El Colegio de México, 2a. ed., 1972.

Un paso de consecuencias imprevisibles se dio con la reforma política de 1977. La eliminación de las formas más obvias del fraude electoral ha reducido efectivamente el fraude. En los distritos donde las nuevas reglas han sido aplicadas aunque sea en proporciones mínimas, ha quedado al descubierto la auténtica participación que, es cierto, se refugia en las ciudades y en las clases medias. En torno a éstas deben brotar los problemas más agudos de los próximos 10 años.

El pacto tácito que se da entre las clases medias urbanas y el Estado no tiene demasiadas posibilidades de mantenerse, pues si la subvención económica a las ciudades es un hecho real, también lo es el no aceptar la organización política de las clases medias, el no aceptar la constitución de un partido que pudiera convertirse en un reto para los gobiernos construidos sobre el PRI y que reclutan a su personal más importante precisamente en estas clases medias. La inflación (que se situará el presente año en torno a 50%) no es sólo una amenaza para la clase obrera y los campesinos, sino también un ataque directo al estilo de vida de la clase media, consumista y americanizada.

Si las clases medias sólo han entrado en el campo político a través de la coopción, de la especialización y de la tecnocracia, su foco de resistencia no ha sido, hasta fechas recientes, el PRI, y no puede esperarse que lo sea, sin producir una crisis interna en el partido oficial. Por consiguiente y contra lo esperado, puede ser en el PRI donde se produzca la primera crisis.

El proceso de modernización actúa contra un partido dominante y sectorizado, al introducir una diferenciación de intereses y una clara distinción entre los grupos y clases. Si el movimiento obrero ya muestra su particularismo, el llamado sector popular no encuentra un eje en torno al cual hace girar una política propia. Varias razones, todas de clase media, han creado esta situación.

Día a día es mayor la tendencia de los grupos profesionales a refugiarse en sus propias organizaciones. Los colegios de médicos, abogados, ingenieros, odontólogos, economistas, etc., son una auténtica expresión de los grupos profesionistas. Los conflictos mantenidos por los sindicatos médicos con el Estado han sido de los más graves que se han dado en México. El conflicto estudiantil de 1968 fue un conflicto de clase media.

La disposición actual de las fuerzas políticas, manifestadas sólo de manera parcial por los partidos políticos, puede ser modificada por la fuerza de los sindicatos obreros que se ofrecen actualmente como una auténtica y válida alternativa dado su papel crucial. No afectará esto, de todos modos, a la lucha triangular PAN-PRI-PCM que manifiesta tanto el equilibrio como el protagonismo del partido oficial, aunque se verá alterada y modificada por el poder de los grupos empresariales y profesionales, además de los otros grupos cívicos que, dependientes directamente de su diálogo con el Estado, llegan a constituirse en auténticos subsistemas.

Dada la dependencia económica y legal de estas asociaciones parapolíticas respecto del poder público, no puede esperarse, a menos que sobreviniera una crisis económica generalizada, una ruptura con el Estado. Queda una serie de conflictos parciales para reordenar las reglas del juego de las cuales la política sólo es una expresión: el auténtico conflicto es la distribución del ingreso nacional de una manera más justa que la actual. El Estado debe despolarizar la sociedad y revertir la tendencia actual, empezando por liquidar en la medida de lo posible la marginación: el PRI es para esta operación un instrumento de control que mantiene los conflictos encapsulados, pero de ninguna manera tiene capacidad para resolverlos.

Las fisuras, por ahora rápidamente cerradas, que aparecen en la clase política son más el resultado del clientelismo y de las ambiciones personales que de una real diversificación de tendencias ideológicas. Aunque ya quedó atrás el monolitismo de las presidencias de Ruiz Cortines, López Mateos o Díaz Ordaz, las divisiones actuales entre técnicos y políticos son más un resultado de la modernización y especialización que, así introduzcan fricciones en la clase política considerada como un todo, no se pueden considerar como una posible división de esta clase.

La vida política nacional y las instituciones que ésta ha generado han batido, por su estabilidad, un récord latinoamericano y casi mundial: 53 años. Los ajustes, transformaciones y modificaciones pudieron sortear las crisis; la maleabilidad del sistema permitió la continuidad. Pese al desgaste del modelo, a la crisis económica internacional y a las convulsiones latinoamericanas y de manera muy especial a las centroamericanas, no se vislumbra un factor que pueda cambiar radicalmente la situación actual.

"Ante las elecciones", *Vuelta*, núm. 68, julio de 1982.

LA VIDA POLÍTICA DE MÉXICO DENTRO DE 25 AÑOS (1987)

UNA persona semisensata se negaría a hacer cualquier pronóstico sobre el futuro de México o de otros países. La política, o más exactamente el estudio político, prohíbe cualquier tipo de vaticinio. La cantidad de variables que intervienen en el menor fenómeno político, las interrelaciones que entre éstas se dan, la imposible ponderación de lo político, envían al desván de las fantasías todas aquellas ideas, apreciaciones y juicios que pretenden lidiar con el futuro. Los estudios políticos no son una ciencia ni exacta ni natural y, por lo mismo, carecen de todo valor predictivo. Especulamos, suponemos y, más que nada, deseamos, de acuerdo con nuestro leal saber y entender, cuando no de acuerdo con una serie de presuposiciones rígidas y de dudoso valor que proyectamos al futuro con un entusiasmo digno de mejor causa.

Si, como dice Carlos Marx, "el hombre hace su historia, pero no sabe qué historia hace", en este momento estamos, por lo menos aquellos que tienen mayor energía, haciendo una historia de la que no sabemos nada y que los historiadores del mañana nos reprocharán con la misma violencia y mala fe que hoy cargamos todas las culpas en una serie de villanos, que van de Hernán Cortés a López Portillo, y que cada quien haga su selección. No es pues al estudioso de la política, al politólogo, a quien hay que preguntar por lo que viene, sino al político o al empresario, al arzobispo o al líder obrero, a quien pueda capturar y modificar el presente, dado que un estudioso no puede sino observar lo que ocurre bajo sus ojos y equivocarse, por más agudo y penetrante que sea, pues su visión es siempre parcial, escasa y deformada. El hombre de Estado, el político y, más que nadie, el tecnócrata, por lo común se embaraza poco con las ideas generales y se atiene a lo posible, sufre sus limitaciones y yerra en la intención, como todo el mundo. Su limitación es la que, en primerísimo lugar, le lleva a hacer una historia que no sabe cuál es su destino final.

Parecería, pues, que el hombre de estudio y el hombre de acción se encontraran ante la misma impotencia, se hallaran sometidos a la misma fatalidad. La verdad, creo que no es así. Bien mirado, lo que con el título tan rimbombante como inmerecido se llama ciencia política, tiene la posibilidad de predecir siempre el pasado y no siempre el futuro. De ser una auténtica ciencia, sabríamos al menos practicar autopsias infalibles, perfectas y evidentes. Ustedes saben que hay tantas explicaciones del pasado como historiadores, y que la menor interpretación política es objeto de controversia cuando nos decidimos a leer la obra de algún colega. Para bien o para mal, la acción política no deja la realidad política como la encontró: siempre introduce algo nuevo, así lo que aparezca nuevo sea, de hecho, repetitivo.

En lo que hace a esta charla, me sentiría más a gusto de darla el 12 de enero del año 2000. Para empezar, me equivocaría menos. Empecemos, no me queda de otra, por lo evidente: de acuerdo con nuestra fecha de nacimiento, todos tendremos 14 o 15 años más el 12 de enero del año 2000, por lo menos así lo deseo. En segundo lugar, y de acuerdo con los desacuerdos de los demógrafos, seremos 100 o 125 millones de mexicanos. No nos dicen cuántos habrá en los Estados Unidos. Si viviremos aún en una crisis económica o, por lo contrario, nadaremos en la abundancia, es algo que los economistas no se atreven ni a mencionar, porque la "coherencia interna" tan alabada por quienes se dedican a la economía falla con más frecuencia —pero eso sí, con una seguridad impresionante— que las especulaciones de los politólogos. Hay algo serio, sin embargo, en lo anterior: la brecha que separa a los países ricos de los pobres será mayor que en nuestros días. El retraso que tienen los países pobres —estén en el lugar 14 o 16 en lo que hace a la industrialización— en materia de tecnología, se antoja irrecuperable. Frente a la guerra de las galaxias nos encontramos, de hecho, en el paleolítico superior. Negarlo es tratar de tapar el sol con un dedo, y de aquí podemos partir para aventurarnos en el futuro inmediato.

La primera consecuencia que genera el desnivel existente entre México y los países de la revolución industrial, es la agudización de las diferencias internas. Hoy, a consecuencia de las crisis económicas, las diferencias entre los mexicanos pobres y los ricos son mayores que hace 15 años. La política de nivelación y, en lo posible, de igualación de las clases sociales, se ha venido al suelo. No quiero tirar piedras hacia atrás, ya lo dije. Me limito, pues, al hecho escueto y me atrevo a decir que cuanto más dure la crisis mayores serán las diferencias sociales dentro del país. Sería utópico, a mi modo de ver, pensar que estas diferencias abismales van a engendrar cambios convulsivos, revoluciones o conmociones sociales y políticas incontrolables. Todos sabemos que, en las situaciones más críticas, la apatía social campea por sus respetos y los egoísmos se exacerban. El temor a perder el empleo es más fuerte que la degradación al nivel de vida. La conservación, así sea en la precariedad, de lo que garantiza mínimos en salud, educación, alimentación y casa, domina o anula la solidaridad de clase. Puede pensarse en *jacqueries*, en movimientos milenaristas, en explosiones locales, pero no en una revolución política, menos aún en una social.

Trasladándome a un terreno donde el pesimismo es de rigor, no he hallado en ningún lado una solución a los problemas agrarios del país. Desde la época colonial, México vive una situación imposible en el campo. No me refiero tanto a la producción agrícola como a la tenencia de la tierra. Las buenas intenciones de todos, de los ilustrados en la última fase de la Colonia, de los liberales que los sucedieron, de los agraristas que desplazaron a los liberales, han creado una situación sin salida. Nadie puede pensar siquiera en un cambio radical en el campo, a menos que el cambio radical se imponga en todo el país. La socialización de la tierra, que algunos ven como una forma perfecta de su explotación, no sirve —la historia lo ha probado— más que para hacer unas películas insoportables en donde se exalta la alegría de trabajar en un koljós o en un sovjós. La manera segura de reducir drásticamente la producción pasa por la socialización, y ahí están los soviéticos, rumanos, polacos y vietnamitas para probarlo. La asociación integral queda, a mi modo de ver, relegada al museo de curiosidades que se puede visitar en la Facultad de Economía de la UNAM.

Autorizar un mercado libre de la tierra es igualmente absurdo. Los intereses creados son demasiado fuertes y demasiado antiguos. Pero no se trata sólo de campesinos y de terratenientes, de ingenieros de Chapingo y de delegados agrarios. La tenencia de la tierra es uno de los factores más seguros del control político en México. Permitir la enajenación de las tierras de labor, dar entrada a una explotación capitalista y racional del suelo es atentar directamente contra esa estabilidad. Estamos ante un pecado histórico, casi un pecado original, que no vamos a borrar por más actos expiatorios que hagamos. En el año 2000 veremos los mismos problemas, agravados por una presión demográfica que se acercará al límite de lo intolerable, pero mientras llega, saludemos a nuestros futuros kulaks.

La contaminación que ahoga a nuestras ciudades, consecuencia de la industrialización acelerada y del lamentable desarrollo de los servicios urbanos tanto como de la inconsciencia de sus moradores, ha pasado también a envenenar la figura idílica del mundo rural. Ríos y tierras están, de hecho, tan contaminados como las ciudades. La destrucción de los bosques, y haber hecho de las costas un vertedero de inmundicias y desperdicios industriales, tarde o temprano se paga. El hecho central del subdesarrollo radica precisamente en la introducción de los descubrimientos del mundo desarrollado de manera parcial e incompleta. Las vacunas, el agua potable, los antibióticos, acaban con la mortalidad infantil y alargan la vida de manera prodigiosa, pero no multiplican los recursos naturales de igual manera. Mientras que la creación científica y la innovación tecnológica sigan siendo productos de importación, nos hallaremos ante el mismo dilema: crecer a cualquier precio o depender del exterior. Sabemos ya cuál es el precio del crecimiento y los costos de la dependencia; queda el optar. ¿Habrá una política definida en el año 2000? Lo dudo, pero puede haber una nueva secretaría de Estado, ya no de ecología sino abiertamente de la contaminación.

Siguiendo el orden sectorizado del PRI, detengámonos un momento en el movimiento obrero, que de movimiento tiene poco en este momento. Podríamos señalar las escasísimas posibilidades de que las organizaciones de trabajadores desaparezcan o se transformen hasta no poder ser reconocidas, si se tiene como modelo su imagen actual. Sin caer en la consabida "columna vertebral" del sistema político mexicano, la existencia de una industrialización —quizá distorsionada— asegura la persistencia de los sindicatos en los 15 años por venir. Quizá las mayores dificultades aparezcan en la conquista del poder sindical y en la unidad del mismo. La brutal crisis que vive la izquierda, que muestra ser más estructural que coyuntural, es y será, en los años inmediatos, un alivio para la vida de los sindicatos agrupados en el Congreso del Trabajo, al probarse que la alternativa de izquierda es puramente imaginaria. Las relaciones, con frecuencia tensas, entre el PRI y el sector obrero, la organización del Partido Revolucionario Institucional que se pretendió bajo la presidencia de Carlos Sansores, pueden agravarse de perdurar la crisis. De todos modos, resulta difícil imaginar una ruptura entre el PRI y el Congreso del Trabajo.

Si aceptamos que campesinos y obreros, al menos a través de sus organizaciones, son una de las bases de este sistema político, el sistema no se agota en ellos, y menos aún sus organizaciones son consideradas por el resto de la población representativas del país en conjunto. La estructura semicorporativa impuesta por el PRM es cada vez menos aceptada, y la pluralidad resultante de este resquebrajamiento parece originar un cuestionamiento que desafía, en primer lugar, a la legitimidad revolucionaria en cuanto base del sistema político y, en segundo, al monopolio que el partido revolucionario ejercía en nombre de esta legitimidad. En contra de todo cuanto se ha dicho, el pluralismo político, consecuencia de un más acusado pluralismo social, ha crecido en México de manera impresionante y es, por lo demás, un movimiento irreversible. Puede considerarse, en más de un aspecto, a nuestra democracia como una democracia otorgada. En el forcejeo que se observa entre la sociedad —o, si se quiere, lo social— y el Estado, en la vida de la nación, el paso ha sido impuesto casi siempre por el Estado, pero el avance se ha dado.

Tenemos pues una crisis que presenta dos caras: por un lado una crisis de legitimidad, y, por otro, una crisis de representación, que se confunden en una sola moneda, la de la estabilidad del sistema político. La representación no es un problema obrero y campesino. El mundo del trabajo manual y asalariado está más atento al problema de la justicia. Los sindicatos, por su propia naturaleza, no han sido nunca ni democráticos ni representativos. Las democracias más alabadas del mundo poseen los sistemas sindicales más corruptos en lo que hace al modo de elección de sus líderes, y con todos estos defectos son apoyados por los obreros en la medida en que cumplen un mínimo de funciones. El problema inherente a la representación está, pues, al margen de estos sectores. La representación política es un problema de las clases medias y de la *intelligentsia*. La falta de encuadramiento político, el rechazo instintivo de los partidos, el gusto por la teoría y la repulsión que en estos grupos produce el ejercicio del poder y su servidumbre, las adentran día tras día en una crítica de la autoridad, frente a la cual no proponen un nuevo programa, nuevas formas de organización de la sociedad o una nueva forma de ejercicio del poder, sino, de hecho, la negación del mismo. Basculan, dentro del ejercicio político, alianzas a primera vista incomprensibles, casi contra natura. Sus ambigüedades, cruzadas con una crisis económica de magnitud hasta ahora desconocida, han planteado las posibles soluciones en el terreno electoral más que en el propiamente político, y no parece que vayan a desplazarse de él en los tres lustros por venir. Con ello, regresamos al problema de la democracia otorgada.

Las demandas —que en este momento se llaman exigencias— de la sociedad civil (que a veces no lo es tanto) se caracterizan por su abundancia más que por su calidad. Tomemos las páginas culturales, sociales o políticas de cualquier periódico o revista que se considere a sí mismo progresista, de izquierda o revolucionario, y nos encontraremos con la exigencia de que se apoye, es decir se subvencione, a un escultor modernista que nadie conoce, a un dramaturgo que ha visto todas sus obras rechazadas, a un pintor que no ha podido colgar sus cuadros en ninguna parte, a un alpinista que quiere escalar el Cerro de la Estrella. Las exigencias van dirigidas al Estado, como al Estado se dirigen las peticiones de todos los grupos, de los científicos hasta los ciclistas, no digamos nada de los empresarios, comerciantes e industriales. La lista sería interminable, porque es todo el país quien ante cualesquiera problemas mira hacia el Estado; los hay que son de su competencia, pero otros no lo son para nada. Esto nos lleva al deseo de un Estado gigantesco y carente de voluntad; de ahí veremos cómo se disuelven las alianzas y acuerdos contra natura, que ni siquiera son articulaciones, así sólo fueran pasajeras, de intereses de clases.

Pero demandas y exigencias existen, no pueden ser ignoradas de plano, y aquí entra lo que podríamos llamar la filosofía del Estado mexicano, misma que seguirá con mayores o menores énfasis. Ante presiones populares (o aparentemente tales), el Estado ha sabido reaccionar a través de un procedimiento que incluye tres fases: *i)* la negación pura y simple; *ii)* la negociación, y *iii)* la aceptación disminuida, pulida, edulcorada, de la petición. Al no retener más que esta última fase en los análisis políticos, aceptamos sin mayores distinciones que vivimos una forma de democracia graciosamente concedida, y por este sesgo volvemos al caso de la representación, que es y será el campo que se extiende, sobre todo, ante nosotros. La representación política se halla empantanada en México por la falta de representatividad de las organizaciones políticas. Nadie en el PAN, algunos de sus dirigentes lo han confesado públicamente, cree que los millones de votos recibidos en las elecciones entraran en las urnas en apoyo de un programa, entre otras cosas porque este programa no existe. Basta ver la caída vertical de los partidos de izquierda para que uno se pregunte en nombre de quién hablan. Cuando en un periódico o en una revista se pronuncia el nombre de la opinión pública, no se puede reprimir una sonrisa de escepticismo, y da lo mismo que se hable del pueblo que de las clases medias o de los sectores empresariales. Olvidemos, incluso, por un momento, las dificultades —a veces insolubles— que la teoría de la representación nos indica. Pensemos sólo, por un lado, en lo que existe, y, por otro, en lo que se puede hacer.

Quienes menos hablan en México de representación son, precisamente, los que están representados: obreros y campesinos, con las dificultades antes señaladas, tienen los canales trazados para transmitir sus demandas, en este momento reducidas al mínimo. El caso es que los canales existen. Los cuerpos profesionales —sus organizaciones gremiales— son poseedores de una presencia que seguramente no tiene nadie más en México; su influencia sobre las decisiones políticas y económicas no tiene comparación con ninguna otra; de ahí su alejamiento de partidos y asociaciones ajenas a su poder corporativo. Esto representa una doble situación, ventajosa y desventajosa, para el Estado. Es ventajosa porque las negociaciones pueden darse ante grupos competitivos, aislados y, por lo mismo, con una capacidad de negociación muy reducida. Presenta, en cambio, desventajas cuando el Estado se ve obligado a componer el rompecabezas de sus concesiones e imponerlas al conjunto del país. De aquí se desprende la necesidad de la representación parlamentaria y de los partidos, pero ya hemos visto que los partidos, cuando existen, no representan a nadie.

En los dos últimos sexenios, por lo contrario, hemos visto no sólo una reforma política, sino un nuevo estilo crítico en los medios de comunicación. Las deficiencias parlamentarias y partidistas han sido suplidas por una ampliación de los espacios libres de la información. Si van a crecer, o por lo contrario a retraerse, es algo que depende del mundo de la universidad, de la *intelligentsia* y de la respuesta general que los mexicanos den a quienes les informan.

El optimismo no puede, en las circunstancias presentes, formar parte de un panorama del futuro. México, dentro de 15 años, se parecerá sorprendentemente al México de 1986, tanto como éste se parece al de 1970. El mundo desesperado que salió de 1968 fue superado, lentamente y con ganancias políticas. Estamos en el espesor de un presente sin seguridad. Vivimos en una crisis de la que tarde o temprano saldremos, como salimos de la de 1968. Siempre se sale de los conflictos, lo que importa es salir antes del año 2000. Así lo esperamos.

"La vida política de México dentro de 25 años", *Foro Internacional*, núm. 107, El Colegio de México, enero-marzo de 1987.

LA DEMOCRACIA MEXICANA (1987)

Dentro de dos años va a conmemorarse el segundo centenario de la Revolución francesa. Hecho nacional y universal a la vez, sus consecuencias no dejan de advertirse y su presencia no parece extinguirse. De alguna o muchas maneras, la historia nacional de México aún resiente los principios enunciados en la Declaración de los Derechos del Hombre y del Ciudadano. En efecto, el considerar a todos los hombres iguales ante la ley fue una idea que jamás abandonó al siglo XIX. Idea noble, generosa, en ella se encuentran los principios del liberalismo pero no los de la justicia, y esto sería un hecho crucial para nuestra historia y nuestro presente.

Tan pronto como un principio así queda enunciado, no se puede renunciar a él. Hacerlo supone aceptar una sociedad estamentaria, desigual, con hombres superiores e inferiores, aristocrática por naturaleza; en suma, una sociedad donde el pueblo o parte de él queda excluido de la vida política. Los hombres de la independencia no tenían más remedio que aceptar esta pretendida igualdad, sabiendo mejor que nadie la falacia implícita. El país no era igual y el acto mágico de la independencia no podía transformar una sociedad donde la desigualdad era su mismísimo principio constitutivo. Diferencias abismales, de riqueza, de poder, de raza y de *status* no quedaban abolidas por un acto constitucional. Los fueros —eclesiástico y militar— seguían presentes; abolirlos llevó décadas y guerras civiles sin cuartel. Así pues, la pretendida igualdad, aceptada como principio constitucional, no se podía ver en las relaciones sociales y políticas. El liberalismo se aferró a esta idea de origen francés, suponiendo una superioridad de la idea sobre la realidad, suponiendo también los efectos benéficos seguros de la primera sobre la segunda. Igualdad legal, pues, y desigualdad real. Pero una desigualdad muy superior a la que se daba en los países adentrados en la primera revolución industrial, a pesar de la brutal ley del mercado que en ellos dominaba.

A nadie le asombran las consecuencias siniestras de este liberalismo primario y despiadado, que en México terminaron por quebrar una parte de la sociedad, la cual, más bien que mal, marginada de la organización nacional incipiente, llevaba una existencia ajena a la historia.

Como todo o casi todo en el mundo del siglo XIX, la democracia era un término de plano rechazado por el grupo conservador y aceptado por los liberales sólo en la medida en que se tratase de una democracia limitada y contenida por un sistema electoral censatario y, cuando no, deformada por un sufragio en varios grados, capaz de transformar la voluntad popular, cuando existía, en voluntad de grupo dominante. La libertad liberal así lo exigía y lo imponía. El formalismo político chocaba con la realidad social cotidiana: no quedaba sino mantener los principios de igualdad y vaciarlos de cualquier contenido real. La igualdad, por ejemplo, permitía quitar las tierras a los pueblos y vendérselas a quienes tenían dinero para acapararlas. Todo en nombre del sacrosanto liberalismo y su intangible principio igualitario.

Hoy es casi una moda suponer que la Revolución no cambió nada realmente sustantivo del porfirismo, que fue una simple continuación de las estructuras y modos políticos con diferentes hombres y grupos sociales. La obra, por otro lado fundamental, de Francisco Javier Guerra, *Le Mexique de l'ancien regime a la Révolution,* apunta en ese sentido. Hay más y mayor interés hoy en estudiar las continuidades que las rupturas, lo que significa que estamos ante una historiografía profundamente conservadora. Partiendo de otra idea igualmente conservadora, creo ver resultados opuestos a los enunciados por Guerra.

Si un autor tan conservador e inteligente como Von Hayek nos dice que la democracia es sólo una forma de constitución del poder opuesta a la coopción y que el poder se ejerce en una dimensión liberal totalitaria, podríamos decir que la democracia, al menos como la conciben los gobiernos revolucionarios, es una forma de ejercicio del poder, pues esos gobiernos partieron, por primera vez en nuestra historia, de una base sana y real: la desigualdad implícita en la sociedad que encontraron. Revolucionario, montado sobre una legitimidad revolucionaria, el poder se apoyaba en las armas y en un nuevo proyecto de sociedad. El Estado liberal quedaba olvidado y se buscaba, en medio de la lucha armada, la concentración del poder y el adelanto de un nuevo tipo de sociedad. Por fuerza había que aumentar el ámbito y las responsabilidades del Estado. Entre éstas se hallaba —y halla— la larga marcha hacia la democracia, pues un Estado revolucionario no suele ser un Estado democrático en el momento de nacer como tal.

Podemos decir que el artículo 27 y el ejido que de él nace son poco democráticos y nada liberales, al prohibir la enajenación de ciertas tierras y limitar la propiedad del suelo. Pero es una visión y una voluntad que parten de la realidad; es decir, de la desigualdad absoluta entre el terrateniente y quien le labra la tierra. Democrático es, pues, proteger a quien está desvalido, a quien no tiene posibilidad alguna de defender sus derechos ante la ley, pues la justicia no es tan gratuita como se quiere suponer y, quien sea dueño del capital, lleva todas las de ganar.

Nace una reforma agraria con una constitución liberal; todos sabemos que es imposible. Las reformas agrarias o son revolucionarias o no son, pues la expropiación es necesaria, y la indemnización justa y rápida no puede ser cubierta en ningún caso. Lo democrático, en este caso, es ignorar el sagrado principio de la propiedad.

El Estado revolucionario fue el elemento central de la reforma agraria. Era un Estado con unas bases electorales más que endebles. Pero era aceptado y apoyado, como se vio en más de una ocasión. El apoyo popular, con armas o sin ellas, es siempre un apoyo democrático, o la palabra democracia no significa nada. O significa contenidos diferentes de acuerdo con la cultura política, la geografía, los recursos naturales, la historia y la religión. Hablar de democracia sin adjetivos es hablar, me parece a mí, de democracia anglonorteamericana. La democracia va siempre calificada y la nuestra lleva una cauda histórica imponente, y un condicionamiento ineludible. Suponer que la democracia debe sólo ser la correspondiente al modelo anglonorteamericano nos lleva de la mano al caso de la igualdad formal imaginada e impuesta por la Revolución francesa.

Pero la reticencia que se mostró frente a un modelo democrático de dudoso éxito en caso de tomarse sin mayores cuidados, no llevaba aparejado un rechazo de la democracia. Es más, después de la lucha armada se planteó, a través de una oposición inconcreta y multiforme, el problema de la formación del poder; legalidad y legitimidad entraron en conflicto. El respeto irrestricto a la ley obligaba a detener las reformas revolucionarias; cumplirlas llevaba a echarse en brazos de la legitimidad revolucionaria, que ignora la ley aún no creada. El caso de la democracia no se plantea como un problema central hasta la década de los treinta. En 1920, 1923 y 1929 el poder se había transmitido por la fuerza de las armas, que no es precisamente un modo democrático de transmitirlo.

La guerra mundial, el crecimiento económico, el desarrollo de las ciudades y de la cultura, la superación de los golpes militares y la consolidación del poder presidencial, así como el triunfo de las democracias —y de una potencia totalitaria— en la primera década de los cuarenta, hacen de la democracia un modelo nacional y universal. Nadie se atreve, desde entonces, a poner en duda su necesidad y su validez. ¿Pero, otra vez, cuál democracia?

En México, la creación del primer partido de oposición permanente y sólidamente organizado, el PAN, va a introducir un cambio en el enfoque dado al poder: haberlo conquistado por las armas no bastaba ya para justificar su monopolio; no se podía ya seguir gobernando en nombre del pueblo, la participación del pueblo se hacía indispensable para legitimarlo. Legitimidad y legalidad se presentaban como formas complementarias.

Este nuevo planteamiento, aunque envuelto en la idea de lo nacional, presentaba inconvenientes difíciles de superar. El monolitismo del partido oficial sufrió los peores desgajamientos de su historia en 1940, 1946 y 1952. El juego político se abría de manera hasta entonces insospechada, dentro de lo que se llamó la familia revolucionaria. Los golpes militares, las asonadas y rebeliones se transformaron en luchas electorales, encerradas dentro de todo y pese a todo en la cúpula política nacional. La violencia política se redujo de manera drástica.

Con todo, puntos discutibles quedaban. La ley electoral de 1946 eliminaba al Partido Comunista del juego electoral. Ningún periódico ni revista del mundo occidental puso el grito en el cielo ante tan antidemocrática medida. El principio de Saint-Just de 1793: "no hay libertad para los enemigos de la libertad", se adaptaba maravillosamente a la filosofía democrática del momento que, de alguna manera, fue la nuestra.

Olvidemos los detalles e incluso los gruesos errores políticos. Vemos, entre el gobierno del presidente Ruiz Cortines (1952-1958) y nuestros días, un avance constante del sistema electoral mexicano. Con Ruiz Cortines se concede el voto a la mujer; con López Mateos se crean los diputados de partido; la primera reforma política, enfocada a introducir a los jóvenes en la vida política, es propuesta y votada con Echeverría, y la que conocemos como Reforma Política, con mayúsculas, es cosa de López Portillo.

Con esta última cualquier partido político, con tal de cubrir una serie de requisitos rebajados respecto a las leyes anteriores, puede registrarse, la vigilancia electoral de los partidos de oposición aumenta en todos los niveles: la representación proporcional de la oposición llega a ser la cuarta parte de la Cámara de Diputados y se extiende a las legislaturas locales. En resumen, era una toma de conciencia de la vida nacional que se abría paso en el terreno político desde 1973 o, si se prefiere, desde 1968. Hubo una sorpresa, y de qué tamaño.

La Reforma Política de 1986 fue ideada para —y pactada con— la izquierda, pero fue capitalizada por la derecha. Lo que aparecía en las primeras elecciones de la Reforma Política como una lucha triangular, mostró pronto la debilidad de la izquierda en México y la subida de la clientela electoral del PAN. Digo con toda intención clientela electoral, pues el PAN no muestra una auténtica fuerza partidaria ni formas de organización, agitación y propaganda, de movilización y vigilancia que correspondan a la imagen que proyecta. ¿Qué ha pasado? ¿Por qué esta situación?

No quiero usar la idea de democracia otorgada o concedida, aunque hay mucho de ello. El papel central del Estado mexicano, el haberse visto obligado a cumplir funciones económicas que repugnaban al espíritu liberal de un Benito Juárez, como mostró Raymond Vernon; ser el creador de la clase empresarial nacional y el organizador del movimiento obrero, el impulsor decisivo y casi único de la cultura mexicana, le hizo también el punto donde se concentraba el poder político. Lo que creo, con el tiempo, se convirtió en una miriada de agentes políticos que son hoy la crítica fundamental de moda. La prensa, sostenida por sus subsidiarios, critica con o sin justicia; los empresarios son en nuestros días un sector demandante, que en los últimos 15 años utilizó la amenaza abierta o velada en vez del diálogo; los sindicatos buscan el mantenimiento del pacto social pero se independizan y en algunos de ellos la defensa de la corrupción manifiesta o escondida se confunde —o se pretende confundir— con la libertad de las organizaciones obreras; la cultura no es aceptada si no es crítica, es decir: crítica del Estado y del gobierno en turno. No hay en todo esto una posición moral por parte mía: intento, nada más, ver una nueva situación donde la democracia se ha impuesto como nadie lo esperaba. O, de esperarlo alguien, lo tuvieron que esperar los políticos que lanzaron a los partidos y las elecciones a la palestra. Se buscaba así, en parte, el cumplimiento de un programa y de un proyecto; y también, en parte, de adelantarse a una posible caída de la legitimidad, desgastada por casi 60 años de ejercicio del poder.

El elemento democrático más importante (y también el más moderno) es la voluntad de contener y eliminar la violencia, voluntad evidenciada por el Estado. Ejemplos tenemos: las conflictivas elecciones de Chihuahua y Sinaloa, el movimiento estudiantil de este año, con sus manifestaciones y ocupación del *campus* universitario, las huelgas de electricistas y telefonistas, no acarrearon la menor intervención violenta.

La negociación permanente con los agentes y organizaciones políticas o de otro tipo ha sido permanente. Negociación siempre pacífica, donde los resultados no están establecidos de antemano: negociación abierta, pues.

Puede decirse que la negociación, la apertura y el respeto a la regla democrática ha variado con los actores y su correspondiente fuerza. Empresarios, clases medias urbanas, grupos intelectuales o industriales han visto sus demandas atendidas con mayor claridad que otros. Su fuerza —reconocimiento de hecho a la estructura de la sociedad civil— se impone con frecuencia y es reconocida. El Estado y su forma de acción, el gobierno, no ha renunciado con esto a su autoridad, a su papel de árbitro y motor. No podemos precisar que esto vaya a desaparecer, nadie lo quiere en verdad, al menos en México.

"La democracia mexicana", *Nexos* 119, noviembre de 1987.

Segunda Parte

REFORMAS EN BUSCA
DE UN REFORMISMO (1974-1982)

LA REFORMA POLÍTICA: EL EJECUTIVO FEDERAL, EL PRI Y LAS ELECCIONES DE 1973

En el sistema político mexicano, las elecciones federales, estatales y municipales, además de ser un procedimiento legal para la renovación de las élites políticas, son uno de los asientos de la legitimación del propio sistema. La movilización electoral y la participación resultante de la movilización son interpretadas como un apoyo a determinados partidos y candidatos, y más allá de las organizaciones y personas, como un apoyo difuso al sistema político.

Desde el gobierno del general Ávila Camacho (1940-1946) se ha buscado una nueva forma de legitimación en el pluralismo político y, por tanto, se hallaron los gobiernos posteriores con la necesidad de encontrar uno o varios partidos de oposición, capaces de justificar a un partido mayoritario pero no totalitario. El pluripartidismo, con la multiplicación de las opciones que forzosamente presenta, señalaba la vocación más que la naturaleza democrática del sistema político mexicano, pues se quería que la oposición política no llevara ni a la destrucción del dominio del partido mayoritario ni al fraccionamiento del personal político.

La desigual atribución del voto y los triunfos aplastantes del Partido Revolucionario Institucional han sido, a su vez, uno de los elementos de constante fricción entre un sistema electoral democrático y un sistema político de partido dominante. Estos triunfos, como señala Vincent Padgett, si bien rara vez se ha podido comprobar que eran el resultado de fraudes, carecen en general de credibilidad.[1] Este mismo autor, si bien sitúa en una opinión difusa y mal localizada, "los mexicanos", el convencimiento de prácticas electorales corruptas, también explica la presencia omnipotente del PRI por la inexistencia de la oposición en algunas regiones del país y la debilidad institucional de los partidos opositores.

Para Pablo González Casanova,

> en tanto que canales cívicos y políticos los partidos reflejan, a lo más, la inconformidad de las facciones de la clase dirigente y de los estratos más avanzados, en particular los urbanos.

[1] *The Mexican Political System:* "Los mexicanos explican la supremacía ininterrumpida de la coalición revolucionaria de una sola manera de dos posibles. La primera explicación es negar simplemente la posibilidad de contar [los votos] exactamente", p. 82.

Para probar su afirmación, González Casanova se remonta a las elecciones de 1929 y examina los resultados electorales en los estados más pobres de la República, donde el voto de la oposición es prácticamente nulo. Este panorama electoral ha cambiado poco desde 1929: oposición en los centros urbanos —donde esta oposición empieza a levantar cabeza hacia 1940—, triunfos arrolladores del PRI en las zonas rurales y económicamente deprimidas, búsqueda de la participación masiva del electorado, etcétera.[2]

Las crisis políticas que sacudieron a México durante el sexenio del presidente Díaz Ordaz (1964-1970), los conflictos y enfrentamientos entre el gobierno y la clase media urbana —huelga de médicos, problemas universitarios de 1966 y 1968— plantearon la necesidad de reforzar y hasta donde fuera posible ampliar la participación ciudadana institucionalizada. Estos canales y esta institucionalización se quería que se realizara a través de los partidos, los cuales no habían podido o querido desempeñar un papel mayor en la solución de esos enfrentamientos.

Las disposiciones legales y las declaraciones del gobierno del presidente Echeverría son indicadores bastante exactos de la dirección y sentido que se quiere dar a la reforma política lanzada plenamente desde 1970, aunque deben considerarse también dentro de esta reforma los cambios constitucionales introducidos por los presidentes López Mateos y Díaz Ordaz.

En apariencia se trata de lograr una reforma legal, limitada, contenida por los propios límites del sistema político vigente. No se intenta, como se verá más adelante, lograr una redisposición total de las fuerzas en el interior del sistema, de manera tal que cambie la naturaleza de éste, sino reordenar algunos de los elementos disfuncionales y conferirles de manera exclusiva la función que deben ejercer en un régimen pluralista democrático y representativo, pero teniendo siempre presente que se trata de un régimen de partido dominante. Por primera vez se pasa, o se intenta pasar, de un régimen de partido dominante sin oposición parlamentaria y partidista efectiva, a un régimen donde esta oposición pueda desempeñar un papel en el recinto parlamentario y pueda organizar libremente partidos minoritarios dentro del marco de la Constitución y de la Ley Federal Electoral. La intención fundamental parece ser, pues, encontrar vías de expresión indispensables más para los sectores ideológicos de la oposición que para los conflictos de grupos económicos o clases sociales, pese a ser las clases medias urbanas quienes motivaron con sus protestas el inicio de las reformas.

---

[2] Pablo González Casanova, *La democracia en México*, México, Era, 1965, p. 105.

La reforma política

Al ser proclamado candidato del PRI para la Presidencia de la República, Luis Echeverría indicó su deseo de lograr un fortalecimiento de la oposición institucional y legal, que pasa —según sus propias palabras— forzosamente a través de los partidos y de las elecciones; lo que se anhela es la "expresión de las diversas tendencias ideológicas y que los naturales conflictos de pensamiento y de intereses, propios de una sociedad en evolución como la nuestra, se encaucen en términos democráticos".[3] A lo largo de sus discursos, primero como candidato del PRI y después como Presidente de la República, aparecen constantemente expresiones como "corrientes significativas de la vida nacional", "expresión legítima de la disidencia ideológica". Por lo demás sus referencias van en forma permanente a encontrarse con los partidos y las ideologías. El secretario de Gobernación también abunda en el tema. Para él,

> los partidos encuadran la opinión, facilitan la cohesión de lo que sería una expresión caótica y dispersa de aspiraciones personales, reducen a proporciones comprensibles para el pueblo los términos de la contienda ideológica, y con base en un común denominador, coordinan la acción política.[4]

Resulta pues evidente la intención de encauzar la reforma política hacia dos puntos esenciales: *a)* encerrar los conflictos en el terreno ideológico, y *b)* canalizar estos conflictos a través de los partidos. La necesidad de acompañar esta intención de una serie de medidas que posibilitara su aplicación concreta era igualmente evidente. Por tratarse de un campo acotado de antemano, las principales y más importantes medidas reformistas se manifestaron en las enmiendas constitucionales y en la promulgación de una nueva ley electoral. Aunque de carácter estrictamente jurídico, eran indispensables para posibilitar un nuevo tipo de actividad política.[5]

---

[3] *Excélsior*, 16 de noviembre de 1969.
[4] Comparecencia del C. secretario de Gobernación ante la Cámara de Diputados, 11 de noviembre de 1971, *La reforma política del presidente Echeverría*, México, Cultura y Ciencia Política, s. f., p. 21.
[5] No se pretende en este trabajo examinar toda la actividad política del actual gobierno. Desde 1970 hubo una serie de medidas que afectaron no sólo la "reforma política" sino a toda la vida política del país y que aquí dejamos voluntariamente a un lado a pesar de su innegable importancia.

Las reformas

Las principales reformas introducidas entre 1970 y 1973 son: *a)* conferir, por medio del decreto presidencial del 29 de enero de 1970, la calidad de elector a los mexicanos mayores de 18 años de edad; antes de este decreto se necesitaba, para ser elector, tener 21 años si se era soltero y 18 si se estaba casado; *b)* reducir la edad de elegibilidad para ser diputado a 21 años y a 30 para poder ser elegido senador, en lugar de los 25 y 35 anteriores (reforma de los artículos 55, fracción II, y 58 de la Constitución); *c)* rebajar el índice de 2.5 a 1.5% de la votación total para que un partido nacional pueda estar representado en la Cámara de Diputados y ampliar a un máximo de 25 el número de diputados de un partido minoritario (reforma del artículo 54, fracciones I, II, y III de la Constitución); *d)* ampliar a 250 000 habitantes o fracción que pase de 125 000 los distritos electorales, creando 16 nuevos distritos para llegar a un total de 194 (reforma del artículo 52 de la Constitución).

Fortalecer a los partidos y dar más rápidamente entrada a los jóvenes en el sistema político (cooptarlos), son acciones que caen de lleno en la intención expresa de la reforma. La intención no es nueva pero los métodos son más flexibles. Desde la reforma del presidente López Mateos destinada a dar cabida en la Cámara Baja a los partidos de oposición, se ha buscado la manera de permitir a estas organizaciones una vida más segura, aunque su existencia parlamentaria —con la clara excepción del PAN— se ha debido, hasta las enmiendas aquí examinadas, a la obra y gracia del Colegio Electoral y, más allá de él, del Ejecutivo federal. Entre 1964 y 1970 la presencia de sus representantes en la calle de Allende corresponde con el espíritu y no con la letra de la reforma constitucional lopezmateísta. En ese periodo los gobiernos tienen la posibilidad de elegir entre el bi y el pluripartidismo. Pueden quedarse en un *tête-à-tête* con la oposición de derechas, o sea, a solas con el PAN, que forzosamente hubiera empujado al PRI hacia la izquierda, aunque no fuera sino en un puro plano ideológico, o dejar reforzarse, también en un plano ideológico, a una izquierda parlamentaria y de tendencias centristas, impotente en el terreno electoral, pero capaz de cumplir una función simbólico-ideológica. El PRI decide buscar una posición ampliamente centrista y mayoritaria, capaz de desbordarse por todos los campos, con un endeble y muy lejano valladar a la izquierda y otro, al menos electoralmente, más sólido y cercano, a la derecha.

La debilidad del Partido Popular Socialista y la del Partido Auténtico de la Revolución Mexicana fueron abiertamente reconocidas y expuestas por el propio Presidente de la República: "la experiencia de tres elecciones sucesivas revela que la obtención del 2.5% de la votación, [...], resulta difícil para algunas de ellas".[6] Para Moya Palencia, secretario de Gobernación, bajar el índice electoral era una "medida de racionalidad política".[7] La elección del Ejecutivo se antoja obvia: se quiere un sistema pluripartidista y no uno bipartidista, pese a ser ésta una opción en principio restringida, pues "el Gobierno de la República no piensa facilitar la proliferación de partidos extralógicos".[8] La nueva Ley Federal Electoral vendrá a confirmarlo.

El ordenamiento de los partidos parece dispuesto de manera casi definitiva, y en este ordenamiento se desarrollaron las elecciones de 1973 para renovar la Cámara de Diputados y es probable que también los comicios de 1976 se lleven a cabo dentro de esta situación, dada la voluntad manifestada por el Ejecutivo. El *four-corner fight*, la lucha cuadrangular empieza a inscribirse en la tradición política.

La intención de reducir la vida política a proporciones manejables se trasluce también en la ampliación del número de habitantes por distrito electoral. El crecimiento demográfico mexicano no ha permitido multiplicar el número de distritos por la tasa de crecimiento de la población. La creación de tan sólo 14 nuevos distritos electorales, atribuidos a los puntos de mayor crecimiento demográfico, no pasa de ser un paliativo. Por otro lado, ampliar el número de distritos en las proporciones del crecimiento demográfico hubiera conducido a un control político de la Cámara de Diputados más complicado y más difícil, tanto en lo que se refiere al partido mayoritario como especialmente a los minoritarios. La tendencia a la regionalización de todos los partidos,[9] la creciente concentración de la población y el desarrollo incontenible de algunos centros urbanos de la República, habría llevado forzosamente a crear sobre todo nuevos distritos urbanos donde se encuentra la fuerza relativa de las oposiciones, y habría acarreado un fuerte desequilibro entre la representación parlamentaria de las zonas rurales y la de las urbanas.

Cabe señalar cómo esta reforma se adapta mal al doble papel atribuido a los diputados, representantes de toda la nación por un lado y

[6] Iniciativa de reformas y adiciones a la Constitución Política de los Estados Unidos Mexicanos, 11 de noviembre de 1971, *La reforma política*, p. 13.
[7] Comparecencia del C. secretario de Gobernación ante la Cámara de Diputados, 11 de noviembre de 1971, p. 27.
[8] *Ibid.*, p. 37.
[9] Moya Palencia, en la ya citada comparecencia, señalaba: "Es notorio el hecho de que en nuestro medio los partidos minoritarios muestran clara tendencia a reducir su acción o circunscribirse a zonas o regiones determinadas, perdiendo con esto su carácter nacional que es necesario reafirmar y robustecer", p. 39.

gestores de sus distritos por otro: función legislativa y función articulativa no siempre son compatibles, y chocarán fácilmente de acuerdo con el origen geográfico de los representantes. La idea expresada por el secretario de Gobernación sobre la posibilidad de compensar la ampliación del número de habitantes por distrito con la utilización de los medios de comunicación masiva se aplica seguramente a los distritos urbanos —poseedores de una red comunicativa de mallas mucho más estrechas que las redes de comunicación rurales, mucho más laxas, además de las diferencias político-culturales del mundo urbano y el rural—.

La Ley Federal Electoral de 1973

La Ley Federal Electoral de 1951, promulgada por el presidente Miguel Alemán, fue reformada y adicionada en 1963 y en 1970. Para adecuar reformas constitucionales y ley electoral, y de manera muy especial para dar paso a la reforma política del presente régimen, en 1973 se expidió una nueva ley.

Conviene destacar dos puntos. El primero es la representación concedida a los partidos políticos nacionales para estar representados en todas las instancias y niveles donde presenten candidatos a las elecciones federales: comités locales, distritales y mesas de casilla. Hasta ese momento las representaciones de los partidos habían tenido voz pero habían carecido de voto en esos organismos. Su presencia en un plano de igualdad con los representantes de la Comisión Federal Electoral entrega a los partidos una posibilidad de vigilancia y una fuerza legal de consecuencias tan amplias como profundas. Uno de los puntos más débiles del proceso electoral mexicano, el fraude, puede desaparecer en caso de que los partidos ejerzan las facultades que les concede la ley. La situación política, en este sentido, será alterada y alterada de manera irreversible, y muy particularmente en aquellos distritos urbanos donde los partidos de oposición tienen al menos un embrión de organización.

La segunda aportación, también decisiva, de la nueva ley, es el acceso de los partidos a los medios electrónicos de comunicación. La posibilidad de utilizar el radio y la televisión para las campañas electorales abre inmensas posibilidades a los partidos minoritarios. Es probable que esta influencia se manifieste más que nada en las zonas urbanas, pero en un segundo paso entrará de igual manera en las zonas rurales, hasta ahora sometidas a la pura propaganda priísta.

El PRI y la reforma política

Las ideas manifestadas por el Ejecutivo federal acerca de la necesidad de una reforma política y los pasos encaminados a lograrla van a tener una repercusión inmediata sobre el Partido Revolucionario Institucional y de manera muy especial sobre su Comité Ejecutivo Nacional (CEN). El presidente de éste, Jesús Reyes Heroles, va a exponer durante la campaña electoral 1972-1973 una nueva visión no sólo del partido mayoritario, de la organización y del papel deseados, sino que además va a insistir, como ya lo había hecho el Ejecutivo federal, sobre la necesidad de aceptar la reforma política. Por tratarse de un jefe de organización partidista y no de un miembro del gobierno, su expresión es más clara, más directa y con frecuencia más violenta.

Reyes Heroles sigue fielmente los lineamientos generales de la política del Ejecutivo: "Buscamos un régimen pluripartidista que responda a la sociedad ideológicamente plural que vivimos y en que queremos seguir viviendo, que no incurra en la proliferación de partidos temporales personalistas y anarquizantes".[10] Se necesita, para él, la presencia de partidos permanentes, orgánicos, es decir, insiste en la institucionalización de los conflictos y en su reducción a los términos ideológicos.[11] Frente a una vida política cada vez más agitada y turbulenta, la canalización del conflicto, su contención por las instituciones y de modo muy especial por el Parlamento, se antoja la solución ideal y la manera, si no la más factible sí la más deseada, de evitar las formas anómalas de violencia, pues una de las metas buscadas es "realizar cambios planeados, dispuestos y no impuestos por la necesidad, ordenados y compensados, no arbitrarios y desmedidos; queremos, dentro del derecho y por la vía institucional, construir una sociedad regida por normas y ordenada en instituciones".[12]

Para que estos deseos se cumplan, la oposición —en los términos descritos— aparece como un elemento indispensable. El temor dominante del PRI es encontrarse en un vacío institucional, el no hallar partidos con quienes debatir. "Lo que resiste apoya", se complace en clamar constantemente el presidente del CEN.

---

[10] Mexicali, 15 de marzo de 1973. Los discursos y declaraciones del licenciado Jesús Reyes Heroles han sido casi siempre reproducidos por la prensa nacional y de manera especial por el diario *El Día*, además de haber sido editados por el PRI en los llamados *cuadernos negros*. Éstos han aparecido con varios títulos. Las citas que aquí se hacen sólo refieren la ciudad y la fecha. Todas las citas vienen de los *cuadernos negros*.
[11] San Luis Potosí, 8 de diciembre de 1972.
[12] Monterrey, 29 de diciembre de 1972.

Los apoyos no se van a encontrar tan fácilmente durante la campaña electoral. De los tres partidos de oposición legal uno amenaza con retirarse de la contienda,[13] y los otros dos, el PPS y el PARM, no apoyan porque no resisten. Por si esto fuera poco, la táctica del PAN viene definida por su intención manifiesta de no asentarse en ninguna plataforma rígida, capaz de enajenarle su posibilidad de absorber la mayor parte del voto de protesta. Entrar en una confrontación ideológica, afincarse en una postura inflexible sería para el PAN una actitud suicida en lo que se refiere a las elecciones. Acción Nacional se confina a la crítica del régimen y echa mano de una defensa flexible de sus tesis más generales. "El pensamiento del PAN —dice Reyes Heroles— en el transcurso del tiempo no representa una línea que se amplía sino una serie de líneas que se contraponen."[14] Resulta curioso que habiendo censurado, y a veces muy acremente, el oportunismo de la oposición derechista, al enfrentarse a un partido no registrado —no nacional, en términos legales— el Partido Comunista Mexicano, éste sí, como todos los partidos marxistas, aferrado a una ideología, se le considere

> conducido por un pequeño catecismo al cual debe sujetarse la vida de la sociedad, poseedor de unos cuantos dogmas elementales e infalibles, viviendo con otros grupos que dicen seguir su misma ideología, que trata de compensar su falta de miembros con acciones peligrosamente divisionistas, resarciéndose de la carencia de número con la actividad premeditada hacia la perturbación.[15]

El ideal priísta radica pues en identificar las reglas del juego político con la Ley Federal Electoral, donde se señala de manera taxativa cuáles deben ser las actividades de los partidos. La vida política de una nación rara vez ha podido vivir estrictamente en los límites legales, y éstos son y han sido con frecuencia desbordados. En México, y Reyes Heroles lo señala con sobrada razón, esta actividad se ha vertido por encima de los límites legales para surgir bajo la forma de "grupos que influyen o tratan de influir en la opinión pública, que actúan con tendencias políticas contradictorias, al margen de la vida política nacional y de las responsabilidades que ésta implica".[16]

Para el presidente del CEN, el partido que preside acepta las reglas del juego impuestas por la Constitución y la Ley Electoral; pero cuando

---

[13] Véase el artículo de Soledad Loaeza, "El Partido Acción Nacional. La oposición leal en México", *Foro Internacional*, vol. XIV, núm. 3, enero-marzo de 1974.
[14] Teatro Metropolitan, Ciudad de México, 9 de junio de 1973.
[15] *Ibid.*
[16] *Ibid.*

mire hacia el interior del PRI su postura va a variar. Si bien niega que el PRI quiere ayudar a la oposición, reducida antes de julio de 1973 en el plano [electoral y parlamentario] al Partido Acción Nacional,[17] y desea fervientemente un pluripartidismo, esto se debe a que para un país es igualmente negativo el "unipartidismo absorbente y autoritario", tanto como el pluripartidismo "excesivo, disgregante y anarquizante".[18]

La organización política más importante del país, el PRI, mayoritario pero no autoritario según su presidente, adolece, según éste, de una serie de vicios internos. Destaca en primer lugar el caciquismo, o por seguir el término en boga, el neocaciquismo, resultado de la alianza del poder político con el económico. El vicio no es nuevo; es más, sus orígenes se confunden con las propias bases establecidas para la fundación del Partido Nacional Revolucionario. Su consecuencia más evidente ha sido la despolitización del país, manifestada por el abstencionismo electoral. Por ser la participación en las urnas, cualquiera que sea su signo u orientación, el factor fundamental de legitimación del sistema y el apoyo necesario para lograr la reforma política, Luis Echeverría declaraba al aceptar su postulación a la Presidencia de la República: "Preferimos un voto en contra a una abstención", mientras algunos grupos, principalmente estudiantiles, insistían en la llamada abstención activa.

El Comité Ejecutivo Nacional del PRI va a hacer dos ofertas para combatir este alejamiento e indiferencia de la vida política: *a)* respetar el voto en las contiendas electorales,[19] y *b)* seleccionar mejores candidatos, con la ayuda de métodos más modernos.[20] En estas dos ofertas el CEN va a encontrarse con lo que han sido obsesiones de los gobiernos mexicanos desde la Independencia: el temor al regionalismo, la lucha constante contra las fuerzas centrífugas y las autoridades paralelas, los caciques, sustraídos a las formas y vías legales del poder. Reyes Heroles pide pues la subordinación de los poderes políticos locales a la vida política nacional,[21] recogiendo, de paso, la idea de la doble función de los diputados, representantes nacionales y gestores locales.

Reforma política, intento reformista de los procedimientos del PRI y campaña electoral van a coincidir. Tácticamente no era, para el partido oficial, la mejor manera de organizar una coyuntura política. Enfrentar tres problemas simultáneamente llevaba a una dispersión de las fuerzas y a una multiplicación de los frentes; se presentaba un flanco abierto a

---

[17] Tanto el PPS como el PARM venían participando en las elecciones y estaban representados en el Parlamento, pero esto sólo se debía a interpretaciones de la reforma electoral y no a haber recogido el número de votos necesario.
[18] Aguascalientes, 6 de diciembre de 1972.
[19] *Ibid.*
[20] Monterrey, 29 de diciembre de 1972.
[21] Querétaro, 4 de marzo de 1973.

la oposición, manifiesta en las zonas urbanas y dispuesta a orientarse hacia la abstención o hacia los partidos de oposición, de manera especial hacia el PAN, *all vote catcher,* aunque mantenedor de una difusa imagen de derecha, atractiva de manera muy especial para las clases medias, amenazadas por la recesión económica, el desempleo y la inflación, y temerosas de verse alcanzadas por las clases populares de continuarse una política de redistribución del ingreso en favor de las clases populares a expensas de la clase media.

La oposición electoral

La identificación que media entre el partido oficial y el gobierno mexicano, la sumisión del primero al segundo, induce a confundir dos estructuras en principio distintas, que complican el análisis de los resultados electorales.[22]

Por no existir ninguna evidencia empírica sobre los factores que determinan al votante mexicano, en este trabajo se partirá de un *a priori* basado en un conocimiento muy limitado y directo de algunas intenciones de voto. Se estima que cualquier voto que no se dirija a un candidato del PRI es un voto en contra del Revolucionario Institucional, pero no un voto en contra del sistema político, siempre y cuando no se trate de un voto nulo, cuya significación requiere un análisis más completo.

La oposición más consistente y duradera al partido dominante se originó con la fundación del Partido Acción Nacional, y esta oposición se ha venido acentuando elección tras elección. En cierta manera se puede decir que el ciudadano mexicano ha aprendido a votar por una oposición no disruptiva y también que el sistema político, y dentro de él los grupos en el poder, eligieron el camino de una apertura lenta y gradual favo-

[22] Los datos electorales han sido obtenidos de las fuentes siguientes: Comisión Federal Electoral, Registro Nacional de Electores, *Memoria general de las labores desarrolladas por la Dirección del Registro Nacional de Electores con motivo de los comicios para diputados federales efectuados el 2 de julio de 1967,* México, 1968, mimeografiado; Comisión Federal Electoral, Registro Nacional de Electores, *Memoria de las actividades desarrolladas por la delegación en el Distrito Federal, 1966-1967,* mimeografiado; Comisión Federal Electoral, Registro Nacional de Electores, *Memoria general de labores, 1969-1970,* México, 1971, mimeografiado; *Resultado de la votación correspondiente a las elecciones ordinarias del 5 de julio de 1970,* mimeografiado. La Comisión Federal Electoral no ha publicado aún los resultados de las elecciones de 1973 y, por lo tanto, éstos han sido reconstruidos a través de datos que amablemente nos comunicó el PAN, de los publicados por los diarios *Excélsior, El Día, El Heraldo, Novedades* y *El Sol,* así como la revista *La Nación.* Por no tener estos datos una validez absoluta han sido redondeados. Es probable que en algunos casos se separen de los de la Comisión Federal Electoral, pero la urgencia del trabajo no permite esperar durante un plazo difícil de calcular.

rable al partido más importante de oposición y a las formaciones políticas que manifestaron la voluntad de acatar las normas del juego. Como puede verse en el cuadro siguiente, el crecimiento del PAN ha sido lento pero sostenido desde 1952. Las elecciones federales para Presidente de la República[23] arrojaron los resultados siguientes:

Año	Porcentaje del voto total	Año	Porcentaje del voto total
1952	7.82	1964	10.98
1958	9.42	1970	13.83

Este aumento del voto panista puede originarse tanto en su postura ideológica, como señala Soledad Loaeza, como en el hecho de que constituye la única formación política mexicana de oposición que ha concurrido desde 1952 a todas las elecciones presidenciales con un candidato propio y sin alianza electoral alguna, contrariamente a los otros dos partidos nacionales de oposición, PPS y PARM, que han conferido casi siempre su apoyo al candidato del PRI a la Presidencia de la República, limitando sus ambiciones a los candidatos de partido y a algún azaroso e hipotético triunfo mayoritario en un posible distrito conflictivo.

PARTICIPACIÓN Y ABSTENCIÓN

La misma falta de evidencia empírica imposibilita identificar de manera global la abstención con la oposición. Deben sin embargo tenerse en cuenta varios factores capaces de señalar vagamente la orientación y sobre todo la localización del abstencionismo.

La Constitución Política hace del voto un derecho y un deber de los ciudadanos. No acudir a las urnas puede ser castigado hasta con seis meses de cárcel y una multa de 300 pesos.[24] Deberían, en consecuencia, ser los ciudadanos de las regiones más desarrolladas del país quienes participaran con mayor intensidad por ser, en principio, los mejores informados de sus obligaciones. Contrariamente a las tendencias que sobre participación y abstención se observan en casi todos los países, en México no se da una correlación positiva entre participación y desarrollo, sino que en cierta medida se advierte, en las cifras oficiales, la ten-

[23] Kenneth Ruddle y Philipp Gillete (comps.), *Latin American Political Statistics*, Los Ángeles, University of California, 1972, p. 92.
[24] Ley Federal Electoral, título VII, capítulo II, art. 188.

dencia contraria: a mayor desarrollo menor participación. El corolario de este fenómeno es una una regionalización del abstencionismo.

En los mapas (pp. 267-275) se advierte claramente el reagrupamiento de la participación en la región del Istmo y en el sureste del país, donde vota más de 70% de los empadronados. En 1967, en el centro de la República sólo Tlaxcala, Hidalgo y Querétaro tienen un comportamiento análogo. En la región situada entre el Istmo y una línea que pasaría por el norte de Veracruz, San Luis Potosí, Zacatecas y Jalisco se sitúan las entidades federativas donde la participación oscila entre 60 y 70% del padrón electoral. Al norte de esta línea la participación declina, observándose una subida aún más pronunciada de la abstención en los estados del Pacífico Norte.

El abstencionismo ha sido sin embargo estacionario tomando las cifras globales de la República Mexicana, pero como se señalaba anteriormente, abstencionismo y participación se acentúan en determinadas regiones. Así, por ejemplo, en 1970 Oaxaca pasará a formar parte de los estados con una participación superior a 70% de los inscritos y esta participación se extiende hacia Tabasco, Quintana Roo e Hidalgo, para, por lo contrario, disminuir en Campeche, Chiapas, Tlaxcala y Querétaro. Con la excepción de Quintana Roo (12.4% de aumento) y Oaxaca (7.1%), los cambios en el sufragio emitido son pequeños y, en conjunto, esta estabilidad se manifiesta en casi toda la República, sobre todo en el centro y occidente donde sólo Michoacán (–3.6%) y Guanajuato (–8%) se alejan del participacionismo. El norte se mantiene alejado de las obligaciones electorales en las mismas proporciones que en 1967.

Los comicios de 1973, llevados a cabo en circunstancias diferentes —nueva Ley Electoral, propaganda y movilización políticas con ayuda de los medios de comunicación electrónicos— van a introducir cambios en el mapa de participación-abstención de la República. Las cifras globales no varían pero la tendencia a la concentración de la participación se manifiestan con bastante claridad. Quintana Roo, Tlaxcala e Hidalgo siguen imperturbables en su manera masiva de acudir a las urnas; en primer lugar el Distrito Federal y el Estado de México —sobre todo en zonas urbanas— se sitúan entre las entidades donde el voto rebasa 70%. El Distrito Federal muestra un comportamiento electoral bastante extraño pues la participación de 64.5% de los electores en 1967, o sea, en unas elecciones para renovar sólo la Cámara de Diputados, va a caer a 59.7% en 1970 cuando se trata de elegir en primer lugar a un Presidente de la República, lo que siempre acarrea una movilización de los partidos muchísimo más fuerte que en las elecciones de medio periodo, y finalmente en 1973 sube a 84.3%, prueba innegable del éxito de las campañas electorales y de la presencia del radio y de la televisión. El Estado

MAPA 1. *Participación, 1967*

MAPA 2. *Participación, 1970*

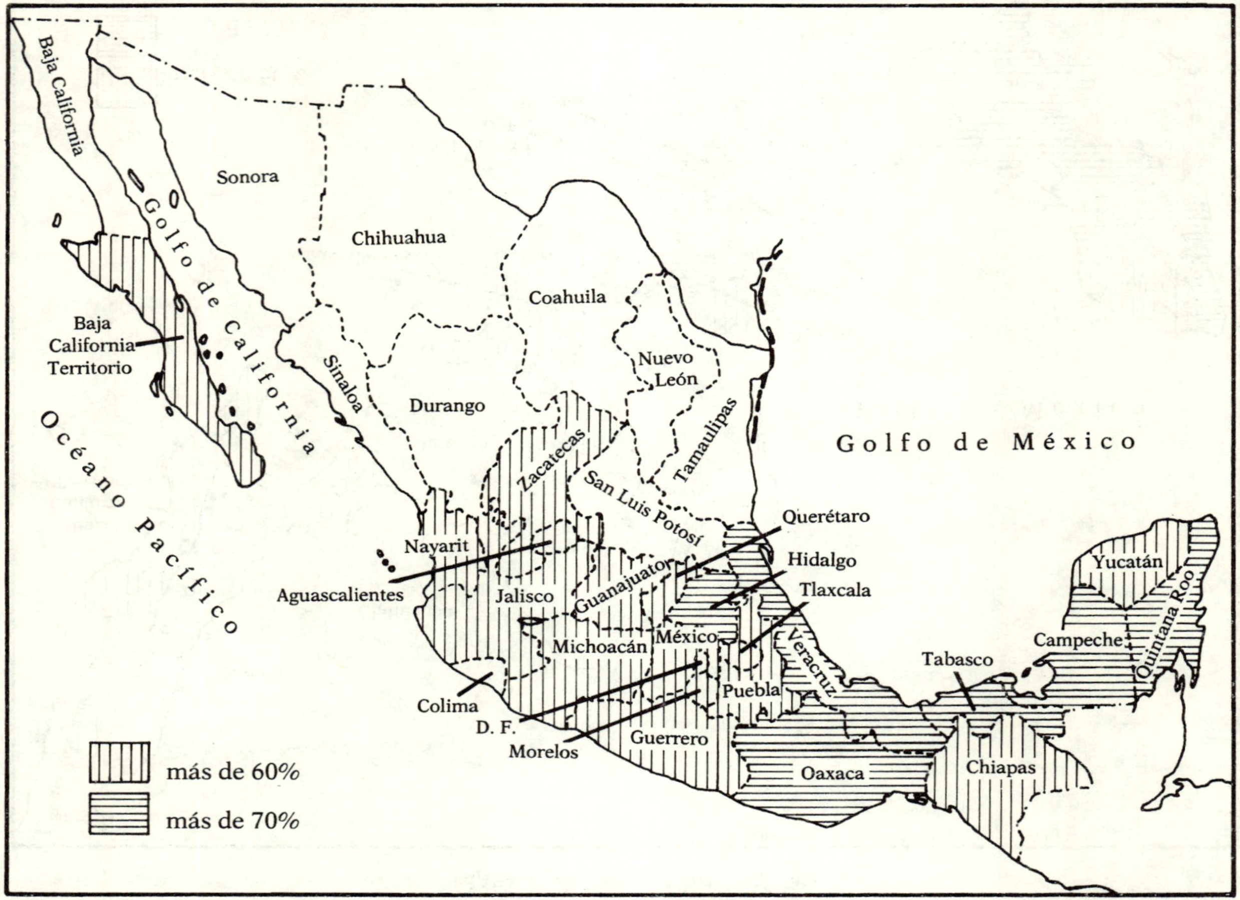

MAPA 3. *Participación, 1973*

MAPA 4. *Elecciones, 1967. Voto por diputados del PRI*

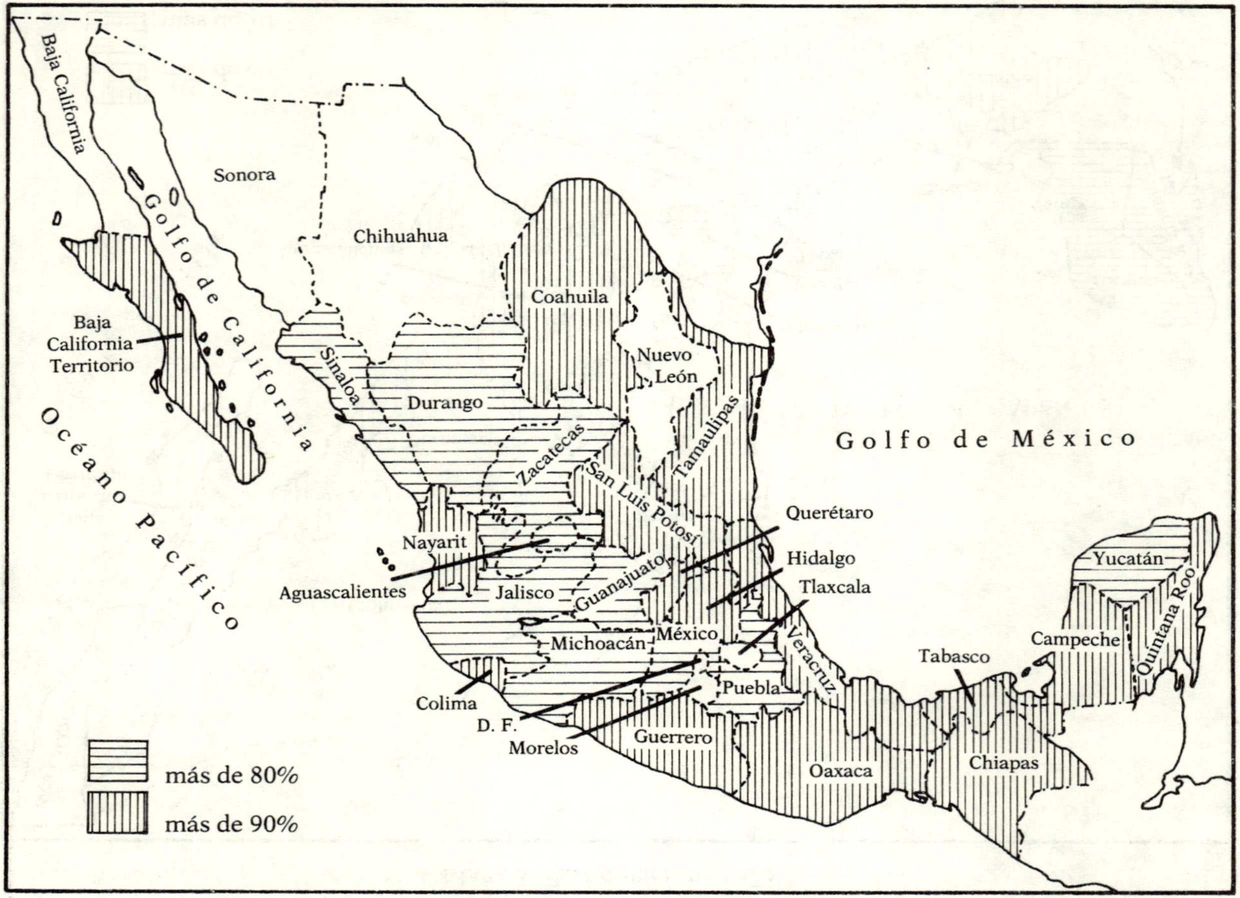

MAPA 5. *Elecciones, 1970. Voto por diputados del* PRI

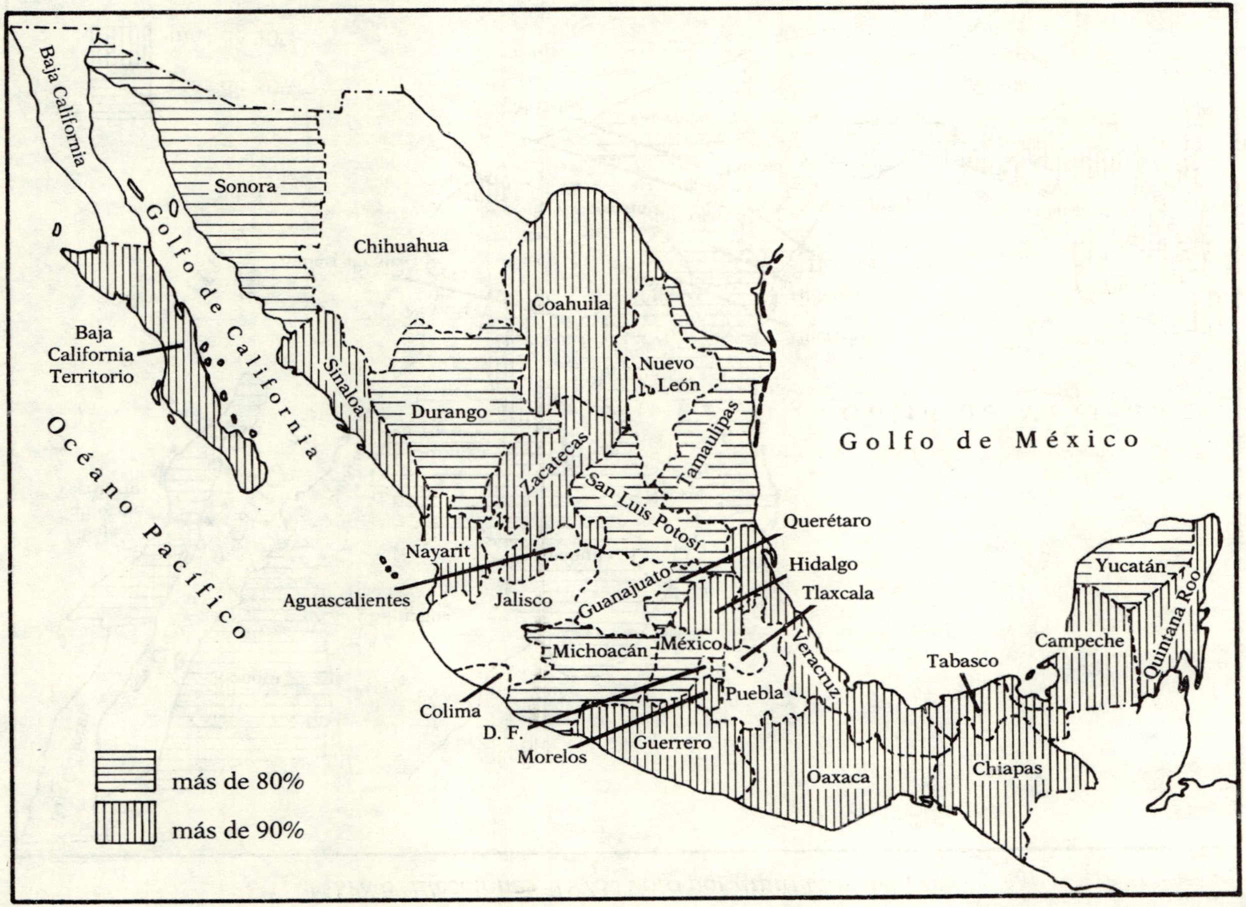

más de 80%

más de 90%

MAPA 6. *Elecciones, 1973. Voto por diputados del* PRI

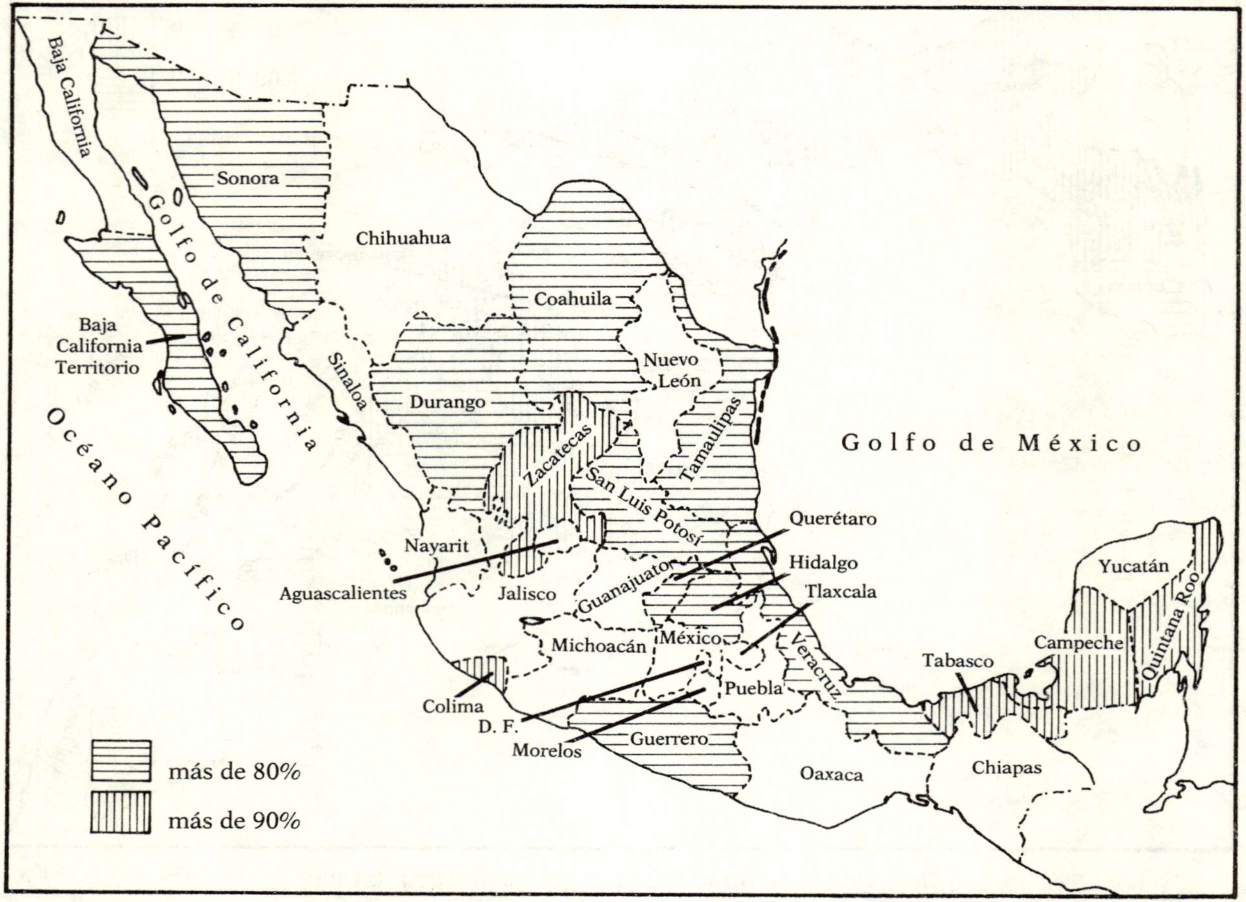

MAPA 7. *Elecciones, 1967. Voto por diputados del* PAN

MAPA 8. *Elecciones, 1970. Voto por diputados del* PAN

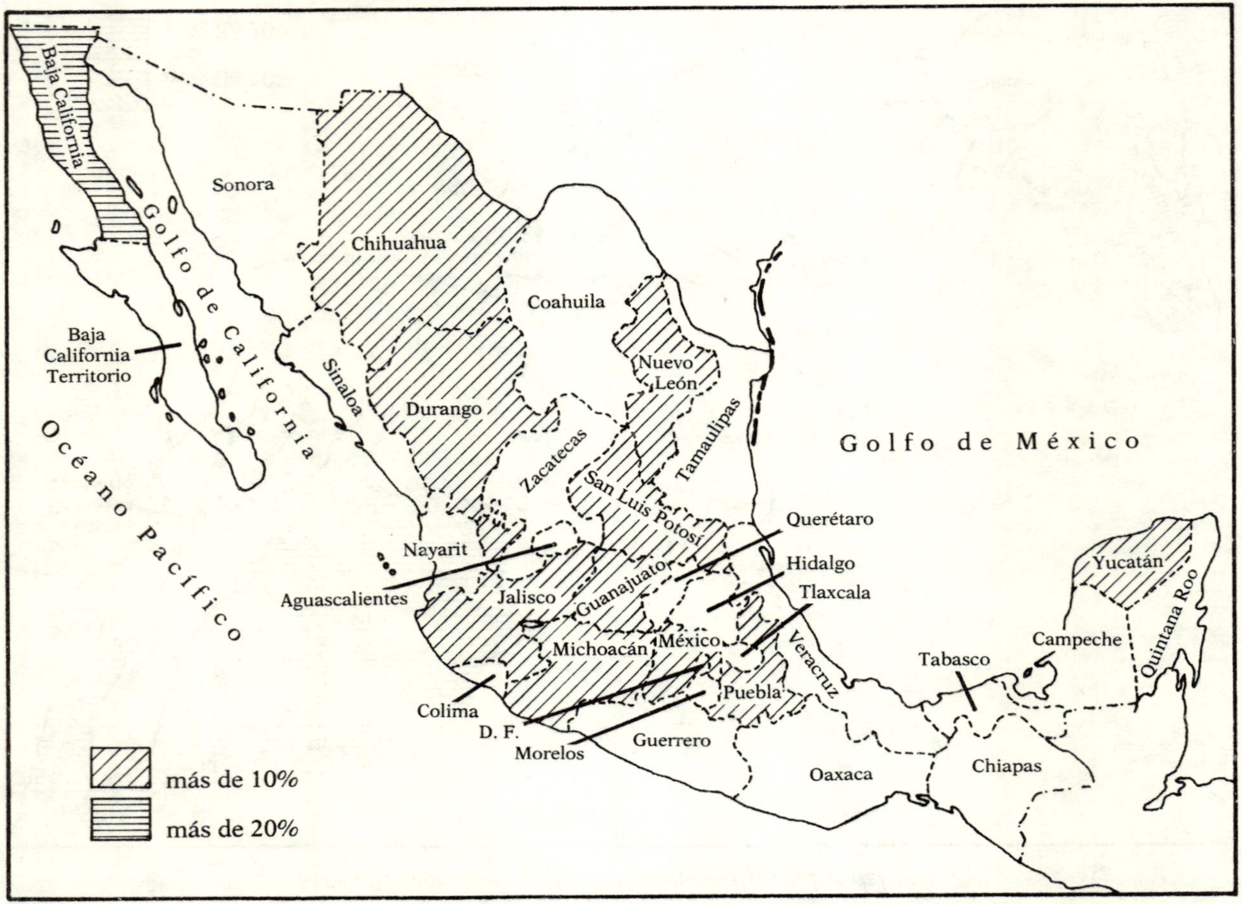

MAPA 9. *Elecciones, 1973. Voto por diputados del* PAN

más de 10%
más de 20%

de México, que en sus zonas limítrofes con el Distrito Federal tiene un comportamiento parecido al de éste, empuja de manera acelerada hacia las urnas: 60.4, 62.3 y 87.9% en 1967, 1970 y 1973, respectivamente. La concentración de la población en el Valle de México, que representa 21% de los empadronados, hace que cualquier cambio en su comportamiento electoral repercuta en las cifras globales.

Las actitudes en el Distrito Federal y en el Estado de México caen dentro del orden normal de la politización que acompaña a la urbanización; por lo contrario, el brutal ascenso del voto en Yucatán (de 66.2% en 1970 a 91.4% en 1973) sólo puede justificarse por las prácticas "electoreras" que mencionara en sus discursos el presidente del PRI.

La abstención tiende a reforzarse en algunos estados. En 1973 se encuentran niveles mínimos de sufragio en Sonora (34.3%), Durango (35.6%) y Nayarit (32.6%), donde se bate un récord nacional. Pero no son sólo estos estados donde los ciudadanos se abstienen de votar, sino que todo el norte de la República subraya su indiferencia ante el juego electoral, y esta actitud baja desde Tamaulipas, a lo largo de Veracruz, hasta encontrarse con un Tabasco donde los votantes caen de 79.2% en 1970 a 49.3% en 1973.

La contienda electoral, vista desde una perspectiva muy amplia, se polariza en una región subdesarrollada —la península yucateca y los estados del Istmo— y en una muy desarrollada, el área urbana de la ciudad de México, sin que las cifras de votación global oscilen de manera apreciable, 62.5% en 1967, 64.3% en 1970 y 63.8% en 1973.

El voto por el PRI

Los votos por los candidatos postulados por el PRI han padecido un constante declinar desde la elección del presidente López Mateos, como se puede ver en la subida del voto por los candidatos panistas. En julio de 1973 el PRI sufre, en términos absolutos, una pérdida de 683 500 votos con respecto a los obtenidos tres años antes, pese a haber aumentado el padrón electoral en casi medio millón de ciudadanos entre las dos elecciones. El 77.4% logrado en 1973 resulta una cifra en parte engañosa, pues en su cálculo no han intervenido los votos anulados. De contarse éstos y calcularse sólo sobre los votos emitidos en favor de los partidos, el porcentaje obtenido por el partido mayoritario se reduce a 70%, lo que vendría a ser una caída de 9.8% respecto a 1970, cuando los candidatos a diputados del PRI obtuvieron 79.8% de los sufragios emitidos —contando los votos anulados—, proporción que subiría a 83.3% si no se computan los votos anulados. Esta caída se va a repartir de manera no uniforme, dado que en algunos estados el partido mayoritario no sólo mantiene sus posiciones anteriores, sino que incluso progresa.

Como era de esperarse es en la zona norte del país donde la posición priísta raya en la debacle. En Sinaloa pierde 49 900 votos, 63 300 en Coahuila, 14 700 en Sonora, 15 100 en Nuevo León, 23 600 en Tamaulipas y en el noroeste se enfrenta a una catástrofe: en Nayarit la caída suma 76 700. Este retroceso del PRI no sólo beneficia a la abstención pues el PAN va a retroceder en proporciones semejantes en todos estos estados, excepto en Sinaloa, donde se mantiene prácticamente estacionario. En los estados donde la oposición panista se encuentra afincada, como Jalisco y Puebla,[25] los retrocesos del Revolucionario Institucional son francamente aparatosos, como también lo son en Hidalgo, Oaxaca y Tabasco, donde los distritos electorales eran, además de plenamente priístas, altamente participacionistas. Con todo, en ningún lugar correrá el PRI peores peligros que en el Distrito Federal, pues aquí no sólo pierde 110 000 votos con respecto a la elección de 1970, sino que este voto va a caer ya sea en los partidos de oposición, ya sea en el voto nulo.

Resulta sorprendente ver cómo el PRI avanza en distritos abiertamente opositores hasta 1970. Se ven ganancias sustanciales en Baja California (20 500 votos más que en 1970), en Guanajuato (112 900 votos más) y en Yucatán (57 700). El hecho de coincidir la elección de diputados con la de gobernador de Guanajuato —presidente de la Comisión Permanente de la Cámara de Diputados hasta el momento de iniciarse la campaña electoral— puede ser sólo una explicación local de esta participación masiva, pues en Nuevo León y Sonora, donde también se elegían nuevos gobernadores, ambos funcionarios del más alto nivel, ya se han visto los resultados adversos.

El Distrito Federal y la ciudad de Puebla fueron el talón de Aquiles del Partido Revolucionario. En estas dos ciudades va a perder cuatro de los cinco diputados que caen por mayoría lograda por la oposición. Dejando a un lado los votos anulados, que suman 439 400 en el Distrito Federal, la oposición avanza en la capital de la República, y el PRI se ve reducido a 51.7% de los sufragios emitidos, o sea frente al 1 254 900 votos por los candidatos del Revolucionario Institucional, los tres partidos de oposición van a obtener 1 145 700, quedando por consiguiente un estrecho margen de 110 000 votos entre ellos. Además sigue en pie la amenaza del voto anulado, capaz de volcar la decisión en cualquier momento hacia el Partido de Acción Nacional, pues de los 27 distritos electorales del Distrito Federal, sólo en 14 obtiene el PRI más de la mitad de los

---

[25] El PRI obtuvo 102 000 votos menos en 1973 que en 1972 en Jalisco, y perdió 69 300 en Puebla, donde el PAN ganó los dos distritos electorales que componen la capital de este estado.

sufragios emitidos por los partidos, no quedando más que siete distritos electorales en el Distrito Federal, donde el PRI conserva un margen lo suficientemente amplio para resistir una reorientación opositora partidista del voto hasta ahora anulado. La debilidad priísta es igualmente visible en la corona azul de la ciudad de México, o sea en los distritos del Estado de México que colindan con el Distrito Federal donde la subida panista es también amenazante, aunque sin alcanzar la magnitud que tiene en la ciudad de México, porque en aquel estado el PRI sigue avanzando aunque con dificultades, o sea, en proporciones inferiores a las del PAN (87 300 votos más para el PRI y 161 100 más para el PAN, respecto a las elecciones de 1970).

Los *strongholds* del PRI tienden a reducirse y a regionalizarse. Ya sólo Campeche, Quintana Roo, Tabasco, Colima y Zacatecas le dan a este partido más de 90% de sus sufragios. En 1967, esto —obtener más de 90% del voto— se había producido en 17 entidades federativas y en 1970 se habían conservado estas fortalezas del partido mayoritario. De todos modos, en 1973 hay 10 estados donde obtiene entre 80 y 90% pero, como puede verse en el mapa de la abstención de este año, se trata de estados de baja participación (menos de 60%) o de estados donde, por lo contrario, la participación alcanza cifras gigantescas (Hidalgo, Veracruz, Tabasco, Oaxaca, Campeche y Quintana Roo). El centro y el occidente, con una participación que oscila entre 60 y 70%, son lugares donde el PRI pierde fuerza relativamente.

La fuerza real del PRI está en función directa del carácter rural de los distritos. Sus apabullantes victorias en los distritos de Tlapa (99.2%), Calkini (98.5%), Comitán (98.6%), Etla (96.5%), Tlaxiaco (98.5%), Chetumal (98.2%), Zimapán (96%) carecen de significación real electoral y sólo permiten pensar en un fenómeno de control político y en la advertencia del licenciado Jesús Reyes Heroles, quien en su discurso del 6 de diciembre de 1972 en Aguascalientes se refería a los

> compañeros detenidos, estacionados, congelados en viejas prácticas "electoreras", que no electorales —que nosotros, por elemental higiene política, rechazamos, y nos sorprende que sean acogidas con entusiasmo por nuestros adversarios—, intentan recurrir al fraude: relleno de ánforas, votos de laboratorio, y al hacerlo cometen un crimen contra la democracia y una evidente tontería. Cuando se ha podido, se ha evitado.

En estos casos no parece que se haya podido evitar. Y a esto debe sumarse la debilidad intrínseca de la oposición en tales plazas.

Muy diferente ha sido el voto en las localidades urbanas, especialmente de aquellas que cuentan con más de 150 000 habitantes: se ve una reducción tan clara del voto del PRI que en ellas, en estas 35 ciudades, sólo es de 63.1%, sin contar los 833 200 votos anulados en estas plazas.

En resumen, la fuerza del PRI en las urnas se refugia en el sureste y en la región del Istmo donde encuentra mayorías apabullantes, disminuye en los centros urbanos y, en conjunto, mantiene un confortable margen de seguridad en casi todo el país, si se olvida a la ciudad de México.

El voto panista

La oposición panista, como la mayoría priísta, tiende también a concentrarse y a regionalizarse. En 1967, el PAN obtiene más de 10% de la votación en 13 entidades, y mantiene esta implantación en 1970. Para julio de 1973, a pesar de su adelanto, el Partido Acción Nacional reduce sus fortalezas, por lo demás sólo relativamente fuertes, al centro y al occidente de la República, con dos avanzadas en Chihuahua y en Nuevo León. Lo que fueron sus baluartes, Baja California y Yucatán, ceden, el primero por no presentar candidatos y el segundo por causas inexplicables y que necesitarían un estudio especial.

Como ya se ha indicado en varias ocasiones, la fuerza del PAN, y no sólo la del PAN sino la de toda la oposición, es casi puramente urbana, como lo señalan los resultados obtenidos por Acción Nacional en Puebla (59.5%), en la ciudad de México junto con los distritos colindantes del Estado de México (39.3%), Guadalajara (36.7%), León (29.5%), Cuernavaca (33.7%), Toluca (28.3%) y Ciudad Juárez (27.4%). En las 35 ciudades más importantes de la República el PAN logra 28.7% de los sufragios válidos, o sea, calculados sobre el sufragio emitido menos el voto anulado. En estas ciudades, frente a los cuatro millones 28 700 votos del PRI, la oposición de derecha obtiene un millón 835 200.

Donde se encuentre una ciudad importante subirá el voto panista, aunque esto no impedirá los triunfos a veces aplastantes del PRI en el conjunto del estado. Sólo en ocho estados se da más de 10% del voto en favor del PAN, y en cuatro entidades este voto rebasa el 20%, pero no debe perderse de vista que estas entidades (Distrito Federal, Jalisco, Estado de México y Puebla) por su posición central y su nivel de desarrollo pueden tener un peso decisivo en la vida política y especialmente electoral de la República.

Los partidos menores

La voluntad reformadora del Ejecutivo federal parece haber logrado un éxito innegable en su intención de reforzar a los partidos menores.

Tanto el PPS como el PARM salen de la contienda remozados electoralmente. Por primera vez entran en la Cámara de Diputados sin que el Colegio Electoral tenga que apelar a la filosofía de la ley y no a su letra. El Popular Socialista obtiene en 1973 sólo 3.4% de los votos emitidos y el Auténtico de la Revolución Mexicana 1.8%. Tanto en términos relativos como absolutos tienen un crecimiento para ellos alentador, si se tienen en cuenta los niveles ínfimos que ocupaban en 1970. El PPS obtiene, en términos absolutos, una ganancia de 328 300 votos, superior incluso a la del PAN —319 500— y el PARM logra encontrarse con 163 100 sufragios más en su favor, que significa una ganancia de 173% para el PPS respecto a 1970, y de un 145% para el PARM. Esto permite suponer que mordieron abiertamente en la clientela opositora, hasta entonces coto de caza del PAN.

Pese a haber asegurado su presencia en la Cámara, las victorias de los partidos menores parecen en algunos casos teñidas de inconsistencia, porque el voto por la oposición menor se da también en las 35 grandes ciudades de México (326 600 de los 517 500 del PPS y 170 000 de los 275 000 del PARM), y en estos centros urbanos deben enfrentarse no sólo al PRI sino también al PAN. La oposición se fracciona y parece orientarse hacia una sola clientela, opositora pero voluble. Por ejemplo, en Mexicali y Tijuana las cosechas del PPS (10.9 y 11.8%, respectivamente) y las del PARM (7.6 y 6.5%) no encuentran más explicación que la ausencia de candidatos panistas. Los inverosímiles 33.7% de Tepic y 19.7% de Santiago Ixcuintla se originan en la lamentable actuación del PRI en esa región, pero también en la presencia de un líder del PPS a la par nacional y regional, así como la memoria de Lombardo Toledano acarrea hacia el Popular Socialista a 21.4% del electorado de Teziutlán. En Ciudad Madero la falta de oposición panista permite a los populares socialistas subir a 12.9%. En Tampico, la oposición combinada de los tres partidos de oposición lleva al partido mayoritario a triunfar con 49.1%, pero esto no bastará para derrotarlo, pues como en el caso del Distrito Federal, el voto se fracciona y el PRI triunfa por mayoría relativa. El único triunfo de mayoría obtenido por el PARM —el PPS no obtuvo ninguno— donde logra 55.3%, se debió a haber postulado a un miembro del PRI local contra un candidato del PRI sin arraigo en el distrito.

Los partidos menores resultan, pues, aunque en términos muy relativos, los grandes vencedores de la contienda al lograr legalizar su situación en la Cámara y asentarse en los centros urbanos.

La reforma política del actual gobierno ha obtenido éxitos parciales innegables que se reflejan en las elecciones de 1973. Su meta fundamental, afirmar un pluripartidismo tambaleante, se ha logrado, al encontrar los partidos menores, el PPS y el PARM, legalizada su presencia en la Cámara de Diputados, gracias a la nueva Ley Federal Electoral y a las reformas constitucionales. En lo que se refiere al PAN, se confirman sus avances y su inevitable presencia en el juego electoral mexicano. Sin embargo, todo esto no a va poner en un plazo previsible en peligro la posición hegemónica del PRI.

No se ha conseguido todo aquello que se proponían lograr tanto el gobierno federal como el Comité Ejecutivo Nacional del PRI, y los resultados de julio de 1973 señalan algunas de las graves fallas del sistema político.

La vida política muestra tendencias hacia la regionalización. La voluntad de participar —o la participación obligatoria— se da en el centro de la República, con especial énfasis en la Ciudad de México, en el área urbana del Estado de México y en algunos estados aledaños. El sur y el sureste, por seguir siendo la tierra de promisión de los caciques, sufragan de manera tan aplastante por el PRI que este voto carece de credibilidad y, por consiguiente, de un peso real en la vida democrática de la nación. No son sino una manifestación del llamado control político.

Por no traducir el voto rural la verdadera situación política del campo mexicano, en las zonas urbanas, donde la clase media tiene un peso muy superior al que posee en las rurales, el sufragio magnifica, quizá involuntariamente, la fuerza de esta clase. Los dos distritos perdidos por el PRI en la ciudad de México, más la pérdida en Puebla, son mucho más significativos en el campo electoral que los 12 diputados ganados por abrumadora mayoría en Yucatán, Chiapas, Campeche y Quintana Roo.

Las regiones de gran desarrollo situadas en el norte de la República se obstinan en su indiferencia frente a las elecciones. Su peso económico, infinitamente superior al del sur y al del sureste, introduce un nuevo factor de desequilibrio en el juego político, que confirma la posición suprema del centro.

La situación creada por la reforma política es, de todos modos, irreversible. La nueva Ley Federal Electoral, al introducir representantes de los partidos, con voz y voto, en todos los niveles del proceso electoral, imposibilita el fraude allí donde las organizaciones políticas tienen una estructura permanente y sólida. Por ahora sólo en las ciudades, y no en todas, se encuentran los afiliados y funcionarios de los partidos capaces de cumplir con las facultades que la ley les concede, y allí donde estuvieron presentes las consecuencias fueron inmediatas y palpables.

En breve plazo —en 1976— el PRI y su maquinaria electoral habrán de enfrentarse nuevamente a la oposición. Ésta ya conoce la magnitud y la localización de sus fuerzas, a la par que sabe hasta qué grado se ha convertido en una pieza indispensable del tablero electoral y en un factor indispensable también en la creación de la legitimidad del sistema. Que concentre, por ello, sus fuerzas en las zonas urbanas, de manera especial en aquellas donde los márgenes que las separan de un triunfo mayoritario son relativamente estrechos, es lo más probable; que la oposición se fraccione entre los partidos y el voto voluntariamente anulado, es igualmente probable —lo que permitirá al partido mayoritario mantener sus posiciones con relativa facilidad—. Sólo crisis agudas y violentas como la de 1968 o acontecimientos imprevisibles volcarían el voto de manera decisiva hacia la oposición, y esto, además, sólo se produciría en puntos aislados. Para el PRI, la posibilidad de una derrota electoral real, capaz de cambiar el contenido de las instituciones políticas, es casi inexistente. Sólo una fractura interna del aparato político podría terminar con un dominio de 43 años. Y hasta nuestros días el PRI ha sabido imponerse frente a las disidencias y soldar sus fracturas.

Finalmente la implantación de una democracia electoral plena depende tanto del partido hegemónico como de los partidos de oposición, cuya debilidad organizativa no se puede esconder. Sólo consolidando su disciplina interna, ampliando sus funciones socializadoras y pensando en términos más cuidadosos su imagen pública y su propaganda, saliendo de sus posturas puramente críticas y proponiendo alternativas políticas reales, podrán atraer a los ciudadanos que, hasta ahora, prefieren anular su voto que entregárselo a cualquiera de los cuatro contendientes.

"La reforma política: el Ejecutivo federal, el PRI y las elecciones de 1973", *Foro Internacional*, vol. XIV, núm. 3, enero-marzo de 1974.

LA POLÍTICA NACIONAL

Una de las ideas más extendidas entre los politólogos mexicanos es la de la inutilidad de los estudios electorales para tratar de explicar el sistema político de México. Algunas razones de peso pueden aducirse para confirmar esta idea y, entre ellas, la más importante sea quizá el que los resultados de las elecciones publicados por el gobierno federal contradicen punto por punto las conclusiones que la sociología y la geografía electorales han obtenido en los países de sistema democrático.

Las elecciones

Se ha convertido en un lugar común de la sociología electoral contemporánea que cuanto mayor es la alfabetización, la urbanización, el ingreso, la escolarización, o sea las variables independientes que miden la modernidad, mayor es la participación electoral. En México se da el fenómeno contrario: a mayor modernidad menor participación. Cuando más desarrollada económica y culturalmente es una entidad federal, menor es el número de ciudadanos que acuden a las urnas.

En el territorio de Quintana Roo se da la más alta participación del país. Vota 88.10% de los ciudadanos empadronados. Todos los votos van al candidato a diputado postulado por el PRI por no haber candidato de la oposición. En esta misma entidad, donde por fuerza sí había un candidato de la oposición para la Presidencia de la República, el voto sube hasta 93.64% de los ciudadanos registrados en las listas electorales; el candidato de la oposición obtiene sólo 1.67% del total. Campeche sigue con una participación de 83.01% en el voto para diputados, que se reparte de la siguiente manera: PRI, 81.86%; PAN, 1.11%; PPS, 0.02%; el PARM no presentó candidato. Siguen en orden de participación Tabasco, con 79.25%; Hidalgo, con 78.12%, y Oaxaca, con 75.65 por ciento.

Si cambiamos el sentido de la participación y nos fijamos en el abstencionismo, vamos a encontrarnos con que éste tiene una virulencia insospechada en Sonora, donde no vota 54.48% del padrón electoral; en Colima el abstencionismo llega a 54.73%, y siguen Durango, 50.60%; Chihuahua, 49.21%; Sinaloa, 48.01%; Nuevo León, 45.89%; Nayarit, 44.76%. El abstencionismo, marcado en toda la República, es aún más pronunciado en el norte y en el noroeste. Con la excepción de Colima y

Nayarit, todos ellos son estados de primera línea en lo que se refiere a su situación de desarrollo.

El voto de oposición, y tomamos sólo en cuenta el voto en favor del Partido de Acción Nacional, se manifiesta casi exclusivamente en la zona central y en el Bajío, además de las dos penínsulas. En términos muy generales se trata de un voto urbano.

No se poseen datos de elecciones a nivel de casilla, pero los datos referentes a las elecciones a nivel de distrito electoral son suficientes para probar cómo la urbanización y el desarrollo económico son dos factores que juegan en favor de la oposición, o de la abstención, en cualquier caso, en contra del PRI.

El abstencionismo no obedece nunca a una sola causa; de la misma manera que la participación y las preferencias políticas, tiene una gran cantidad de factores tras él. Desde el abstencionismo *conformista*, el del ciudadano acorde con la situación política imperante, hasta el abstencionismo voluntario y de protesta contra el sistema político en todos y cada uno de sus aspectos, las causas que impiden acudir a las urnas representan una gama tan amplia que resulta casi imposible encerrarlas en unas cuantas categorías. Los bajos rendimientos electorales no tendrían mayor importancia si no fueran los propios partidos quienes señalaran las causas de la falta de cumplimiento del deber ciudadano. El caciquismo manifiesto en todos los niveles, la ausencia de una oposición orgánica, el fraude escandaloso que se practica en las zonas rurales, la postulación por la oposición de caciques eliminados por el aparato del partido oficial y el convencimiento de la inutilidad del voto son vistos como las causas del abstencionismo en algunos casos por el PRI y en otros por los partidos de oposición. A esto debe añadirse un elemento más: la severidad de la Ley Federal Electoral que reglamenta de manera más que estricta la participación de los partidos y condena de manera gratuita —jamás se aplica, y más vale— el abstencionismo. La participación esperada debe producirse en los estrechísimos marcos establecidos por el Estado; recuérdese cómo el presidente Díaz Ordaz señalaba en su informe de gobierno de 1968 la existencia de cuatro partidos nacionales, entre los cuales podían elegir los estudiantes. Si grupos muy importantes de mexicanos se niegan a cumplir con los preceptos constitucionales, el gobierno tampoco cumple con la Constitución al permitir el ingreso en la Cámara de Diputados a partidos que no tienen los requisitos necesarios para formar parte de ella.

Recordemos que siendo aún candidato del PRI el actual Presidente de la República declara en su campaña: "Prefiero un voto en contra que una abstención". El licenciado Luis Echeverría no se equivocaba al pedir de manera tan insistente la participación, pues su larga experiencia en la agencia electoral más importante del país le debió indicar cómo la participación, independientemente de su signo partidista, es la base legitimadora del sistema político mexicano. La respuesta fue una abstención de casi 40% de los ciudadanos y, ya lo hemos señalado, de los más urbanos, escolarizados, ricos. En una palabra, de los beneficiarios principales, prácticamente de los únicos beneficiados por el desarrollo del país.

Los partidos

El segundo punto importante es la quiebra de los partidos. No sólo del Revolucionario Institucional, sino de todos. No digamos nada del 0.87% ganado por los diputados del Popular Socialista y del 0.52% del Auténtico de la Revolución Mexicana, a quienes forzando no sólo la letra y el espíritu de la Constitución, sino incluso el sentido común, se les dieron unas curules en la calle de Allende. La quiebra del PAN fue también evidente a pesar de un éxito indiscutible en el Distrito Federal.

El Partido de Acción Nacional demostró varios aspectos poco lúcidos en las elecciones federales de 1970. En primer lugar, el no ser un partido nacional, a pesar de cumplir con los requisitos de la Ley Federal Electoral. Los resultados desastrosos obtenidos en muchos estados de la República indican claramente su regionalización: está, al menos geográficamente, identificado con el México colonial, si dejamos de lado el caso de Baja California. Y no creo que esta identificación sea puramente accidental; el PAN no ha podido desprenderse de sus antecedentes católicos y, al mismo tiempo, no ha sabido abrirse a las nuevas corrientes ecuménicas, cosa de la que no ha sido capaz, en algunos casos, la Iglesia mexicana. En segundo lugar, desde la muerte del más ilustre de sus jefes nacionales, Christlieb, no ha podido encontrar una unidad interna real y el faccionalismo y las banderías campean entre sus líderes, cosa que se refleja, aunque esto viene desde lejos, en su ausencia de programa. Por ahora se limita a la crítica del PRI, del *establishment*, como les ha dado por decir, y sus plataformas electorales se han ido acercando paulatinamente hacia las del PRI para llegar casi a confundirse con ellas, dejando el problema del municipio y el de la libertad de enseñanza —este problema es absurdo pues la libertad de enseñanza en México es total— para distinguirse en algo. En tercer lugar es el recipiente del voto de protesta y esto le condena al inmovilismo total, al no querer lesionar ninguna corriente o tendencia.

El problema del PRI es aún más grave. Su función principal, la electoral, rueda sin que pueda detenerla más que el *stuffing ballot*, digámoslo únicamente en inglés, hacia el precipicio en cuyo fondo se encuentra el judas abstencionista. (Se puede reconocer que, aunque involuntariamente, la imagen es certera.) Sigue el hecho de que su función articulativa, acordar a los sectores entre sí, pasa por sus peores momentos, como se lo recuerda día tras día el señor Fidel Velázquez con sus guiños de ojo. Finalmente, cualquier intento de democratización, de descongelamiento del aparato es detenido por quienes forman los cuadros medios y bajos, e incluso algunos de los altos.

México, en resumen, carece de un auténtico sistema de partidos. Los cuerpos intermediarios entre el Estado y el individuo no pueden cumplir su función articulativa, transmisiva y representativa de las demandas populares por la burocratización, la rutina y los principios de selección negativa de los líderes presentes en los partidos. Sólo los sindicatos en algunos casos y las organizaciones formales de la iniciativa privada suplen la función de los partidos, aunque su representación está por fuerza limitada tanto en número como en calidad. La proliferación de los grupos de presión cada vez mejor institucionalizados y con más expeditos canales de acceso a las instancias de decisión política le confieren al régimen político de México un vago sabor corporativo y, también es cierto, una mayor flexibilidad. Su intención manifiesta es lograr una *política de concertación* semejante a la ideada por el ex primer ministro de Francia, Jacques Chaban-Delmas. El gobierno busca un entendimiento, por encima o al margen de las instituciones político-formales, con los grupos de presión más representativos o más poderosos.

La eliminación de hecho de las instancias formales y la concertación directa ha modificado el papel desempeñado por el Presidente de la República, hasta ahora también de manera formal, árbitro entre las diferencias de sus colaboradores y de los conflictos del sector público con el sector privado. La centralización de todas las actividades del Ejecutivo en sus manos, su intervención visible en la formulación de todas las decisiones, su exposición permanente actúan de manera tal que la erosión del carisma presidencial ha entrado en proceso de erosión permanente.

En 1970, al asumir el licenciado Echeverría la Presidencia, lo hace arrastrando todas las consecuencias de 1968. Una nación dividida, un personal político desacreditado y desmoralizado, un partido que aún no se repone del conflicto madracista, universidades casi desintegradas, grupos sociales ya no sólo enajenados sino abiertamente hostiles, una situación económica amenazadora. De todos modos, en medio de las dificultades se inaugura la llamada política de apertura.

El gobierno

El gabinete constituido por el presidente Luis Echeverría no constituye en sí una novedad, excepto el encontrar algunos hombres con escasa o nula experiencia de las actividades que les van a ser confiadas. Las secretarías de Estado son cargos políticos y no exigen por ello una habilidad especial; es más, confiarlas a hombres políticos y no a técnicos puede interpretarse incluso como una voluntad de concederle la primacía a los valores políticos y no a los puramente técnicos. Lo que sí llama la atención es la juventud de los cuadros intermedios, y esto sí ha sido y seguirá siendo una fuente de problemas. Todos sabemos del clientelismo que domina en la política mexicana, en la formación de grupos, capillas o mafia, donde se refleja la vinculación personal entre un jefe y sus seguidores: se tiene equipo o no se tiene. Pero hay más: en México existe un personal político profesional aunque rara vez técnico, dependiente esto de las dependencias donde se reclutan los cuadros intermedios del partido, del gobierno de los estados, del personal intermedio y alto de las secretarías y de las empresas descentralizadas, y de él también sale el personal político superior. Existe un *cursus honorum*, una carrera, una serie de pasos que se deben seguir antes de acceder a los puestos superiores. El hecho de haber sido nombrados en varias secretarías de Estado y en las empresas nacionalizadas jóvenes de ninguna carrera política y, por consiguiente, ajenos al aparato del partido y al del Estado, ha introducido una serie de soluciones de continuidad en las comunicaciones intragubernamentales y en la comunicación entre el personal político en general. El conflicto parece producirse entre los jóvenes tecnócratas, por un lado, y el aparato tradicional del partido y la burocracia del Estado, por el otro.

Parece ser una tendencia de los ejecutivos modernos el salirse de los cauces que ellos mismos se habían trazado. Una de las razones es escapar a la rutinización, a la pesadez de la máquina burocrática, a la necesidad de encontrar soluciones rápidas y de aplicación inmediata. El tecnócrata suele desesperarse ante la ineficacia, la lentitud, los procedimientos rutinarios y el papeleo; aunque también se desespera y desdeña la opinión pública y a sus manifestaciones que, a falta de otras mejores, siguen siendo los periódicos[1] y el Parlamento. Se impresionan más fácilmente y le prestan más atención a cualquier motín callejero que a una iniciativa de ley de la Cámara de Diputados, al fin y al cabo controlable.

[1] Otros medios de comunicación superiores por su alcance a la prensa, como la radio y la televisión, por estar en manos de grupos privados no son representativos de la opinión pública, aunque no por ello pierden su capacidad de movilización.

Otro rasgo fundamental del gobierno del presidente Echeverría, producto de la concentración del poder, ha sido tanto la confusión de las funciones secretariales como la formación de un gabinete presidencial en el sentido francés, o sea la creación de un cuerpo de consejeros, en principio anónimos, responsables sólo ante el propio Presidente y dotados de atribuciones establecidas por él. Aunque los consejeros presidenciales no son una novedad en el sistema político mexicano, sí lo es la extensión de sus funciones: han abandonado su papel de consultores para convertirse en creadores de políticas y con frecuencia han sido encargados de llevar adelante la política escogida. En otros casos han mostrado su fuerza al limitar, desviar o vetar el camino elegido por una secretaría de Estado o una dependencia.

Las decisiones políticas más graves son tomadas en secreto y sólo sus resultados finales, cuando se convierten en medidas administrativas, son conocidos por el público —la historia de México es la historia de sus secretos—. Dentro de esta práctica se habrán logrado establecer algunas pautas que eran formas de responsabilidad, existían cotos, como la hacienda, las relaciones exteriores, la defensa nacional, donde la delegación de la autoridad era tan amplia como firme. Por las propias declaraciones del Presidente de la República se advierte una concentración del poder de decisión, cosa que ya podía adivinarse por la confusión de las tareas secretariales, pues ya no se daba —desde el principio de este gobierno— la clara separación de funciones presente en los gobiernos anteriores.

Si bien un Presidente tiene pleno derecho a asesorarse de quien mejor le parezca y buscar la información donde le plazca, si los consejeros pueden informarle con un espíritu de libertad del que por lo general carecen los secretarios de Estado, el peligro se encuentra en que el poder, cuando no va dentro de las normas autorizadas, o es sometido por los frenos constitucionales o al menos consuetudinarios, o sea a la responsabilidad, se convierte en un arma de dos filos: es más efectivo, sólido y fuerte, pero es también más peligroso por incontrolado.

Una de las plagas que parecen hacerse endémicas en México es el recurso a la violencia para dirimir los conflictos. La carencia de vías expeditivas de justicia, de una burocracia competente y honesta, de canales de comunicación siempre abiertos, no son sino el aspecto más aparente de la causa de los conflictos. De hecho estos conflictos responden a causas estructurales más graves, como el cansancio de la economía, la desigual repartición de la renta nacional, el desempleo, etcétera.

La violencia

Merece la pena aislar dos de ellos para enfrentarse, aunque no sea sino de manera muy parcial, al problema político que acarrea cualquier decisión política. Sobre ella va a converger todo el cúmulo de fallas estructurales de nuestro sistema político. Tomemos por ejemplo el caso del llamado Día de Corpus. Inútil insistir sobre los detalles, presentes en todos nosotros. Ante lo que se presentó como un desacato de la autoridad presidencial, cometido por dos funcionarios públicos situados en la cúspide del gobierno uno y del partido otro, la única sanción consistió en destituirlos o, mejor dicho, en aceptar sus renuncias. Uno regresó tranquilamente a la gubernatura de su estado donde se ha caracterizado por los escándalos electorales; otro volvió a su estado natal para constituir un centro de poder de primera magnitud. La investigación sobre los sucesos del Día de Corpus no ha avanzado en nada que no sea declaraciones. Al asunto se le ha echado toda la tierra necesaria, pero un grupo estratégico de la sociedad —el estudiantil— ha terminado por separarse completamente y, sobre todo, su ejemplo sirve para negar cualquier validez o credibilidad a las declaraciones gubernamentales. O peor aún, se ha considerado al gobierno incapaz de dilucidar una responsabilidad conocida por todo el mundo menos por el propio gobierno. Solidaridad del personal político, chantajes, compromisos, todo puede atribuirse a una investigación que lleva dos años sin alcanzar el menor resultado; la investigación de los sucesos de Puebla parece tomar el mismo camino. A la inefectividad responde la violencia, y a la violencia, la represión: el círculo se cierra con la inefectividad de la averiguación de la responsabilidad de la represión. ¿Incapacidad del gobierno? ¿Compromisos? ¿*Realpolitik*?

Lo mismo podría escribirse sobre los conflictos dentro del sector obrero del partido o la política del DAAC. El primero es una lucha entre el Comité Ejecutivo Nacional y el sector obrero sin que haya, al menos públicamente, vencedores ni vencidos. Cada uno sigue con sus posiciones y la apariencia es la del punto muerto, la de una cristalización tal de las fuerzas en presencia que resulta imposible dirimir la contienda. El conflicto de los cañeros de Veracruz reviste el mismo carácter: el enfrentamiento sube rápidamente, y, súbitamente, desaparece de la actualidad. Ni vencedores ni vencidos. Los conflictos intrasindicales más conocidos —ferrocarrileros, electricistas— se resuelven desde arriba creando un equilibrio precario e inestable entre las facciones en pugna, independientemente de lo justo de sus causas. Sólo parece repararse la fuerza de los grupos enfrentados y una supersimplificación de M. Weber —"la política es el arte de lo posible"— se halla presente en las decisiones gubernativas.

En todos los casos el *mutual adjustment* parece jugar de manera admirable: los grupos en presencia ceden, se acomodan, encuentran el justo medio. Pero el justo medio suele ser el *statu quo ante* y, al menos en el nivel verbal, se pretende hacer una política de reformas, de distribución de la riqueza, de impulso social más que económico. De hecho, la política mexicana parece llevar una sola dirección y un solo sentido desde el gobierno del presidente Díaz Ordaz.

Los llamados se orientan hacia todas las clases y todos los grupos sociales; en la práctica sólo la clase media sale beneficiada con la nueva política. Si el aparato del partido se disgrega y las rivalidades entre los sectores son cada vez más palpables, si la inexperiencia de una gran parte del personal del Estado le lleva a quedar aislado de la base del poder, si el abstencionismo le resta día a día amplitud al asiento de su legitimidad, si el oportunismo de la oposición la somete a la voluntad del gobierno, sólo queda buscar una nueva base y ésta ha creído encontrarse en la clase media. Basta leer el *Análisis ideológico del PRI* para ver la intensidad del llamado y las ofertas que entre líneas se hacen a estos grupos. Pero estos grupos no responden y es dudoso que lo hagan en el futuro próximo. En primer lugar porque se sigue insistiendo en los temas revolucionarios, en las reformas y en el cambio, temas opuestos a la ideología de la clase media, más atenta a la moralidad del aparato administrativo, a la redistribución fiscal de la riqueza y no a las derramas, el buen funcionamiento de los servicios urbanos y, sobre todo, a la educación racional, eficiente y orientada hacia sus valores y comportamiento.

La política de apertura no ha puesto en peligro ni por un momento al sistema político. Pero el diálogo entre los grupos más importantes del país ha mostrado claramente la desigual capacidad y fuerza de éstos, y los beneficiarios se perfilan de manera clave: empresarios, obreros y clases medias son reconocidos como los únicos interlocutores posibles. Sus organizaciones no son sólo respetadas sino que gozan incluso de la protección del Estado, cuya capacidad de maniobra disminuye con las controversias que se desarrollan en su interior. Por ahora sólo una cosa parece clara: la intención de reformas, basada en una movilización popular imposible, toca a su fin.

"La política nacional", *Plural*, núm. 22, julio de 1973.

LA DIFÍCIL DISYUNTIVA POLÍTICA

El 22 de septiembre de 1975, cuando se da a conocer la candidatura del licenciado José López Portillo a la Presidencia de la República, apoyada por el PRI, una sola cosa queda clara: como partido, no había cumplido el menor papel en la decisión anunciada por la prensa, la radio y la televisión. Lo que hasta ese momento es una discusión más o menos académica —¿cómo se toma la decisión?, ¿quiénes intervinieron en ella?— queda cerrada. Queda confirmado también el papel desempeñado por los partidos únicos o dominantes en los sistemas autoritarios: necesarios en las fases de creación y consolidación de este tipo de sistemas, se convierten en un elemento indeseable en las fases posteriores, donde la desmovilización y despolitización son elementos indispensables para la supervivencia de los actores políticos. El hecho de ser las elecciones un ingrediente inevitable de la legitimación de los llamados gobiernos revolucionarios, obliga a la persistencia del partido revolucionario, aunque se la haya privado de todo cuanto puede darle una fuerza autónoma y política real. El PRI deja de ser un aparato de agregación y de comunicación entre el ciudadano y el gobernante, para convertirse en una maquinaria electoral bastante cansada. El partido carga con todo el *dirty work*, creándosele una imagen casi imposible de rescatar.

Si, como señala don Daniel Cosío Villegas, el partido revolucionario se creó como una palestra donde dirimir de manera civilizada los conflictos que desgarraban a las facciones revolucionarias, esa función sólo se cumplió cuando hubo de pactarse entre callistas y obregonistas. De 1929 para acá, sólo en los conflictos menores ha intervenido el partido revolucionario, pues en lo que hace a las decisiones mayores ha sido el Ejecutivo y el Ejecutivo solo, quien ha actuado, aunque con frecuencia no se haya "pronunciado", dejando esta función en manos o en boca de la organización partidista.

El monopolio del poder real, del poder legítimo en términos weberianos, no casa con la existencia de uno o de varios partidos; y los sistemas autoritarios (entre los que se cuenta el nuestro) rechazan cualquier intento de poder compartido: la unanimidad debe ser la regla, y la glosa de la expresión del Ejecutivo es el único hablar permitido a quienes componen el aparato del Estado. El partido-gobierno, término ya aceptado por los propios servidores del Estado, no tiene ni puede tener una expresión propia —magnifica, explica y trata de convencer—. Y carga con los pecados. Risible con frecuencia, vilipendiado incluso por los hombres en el poder, ridiculizado por quienes no han pasado por él y sin embargo se han escudado tras su fachada, su destrucción acarrearía la del otro miembro simbiótico del sistema: el gobierno.

Es de sobra conocida la intención que guió a don Jesús Reyes Heroles durante su presidencia del Comité Ejecutivo Nacional del PRI, o al menos una de sus intenciones, pues tuvo varias y la mayor parte de ellas las llevó a buen puerto. Pero en la más importante fracasó, o le hicieron fracasar. En los tres años de su presidencia luchó para que las decisiones clave, y de todas ellas la cimera era la sucesión a la Presidencia de la República, se tomaran dentro de los marcos legales y reglamentarios de su partido, o sea, para que independientemente de los factores reales del poder que determinan el hecho político legal más importante de la nación, se siguieran los pasos formales que este hecho implica.

La legislación electoral mexicana prohíbe a *todos* los partidos nacionales llevar a cabo elecciones internas para designar candidatos. Es uno de los muchos controles establecidos por el sistema para evitar los fraccionalismos, cosa natural si del partido revolucionario se trata, pero es también un ingenioso aunque burdo mecanismo para evitar la manifestación de la fuerza relativa de las corrientes de opinión latentes en el PRI o de los hombres que en él militan. De hecho es una medida —introducida por el entonces presidente Miguel Alemán— que quiere reservar de manera legal, al *inner circle*, cualquier decisión donde el partido debiera estar presente. Debe señalarse que los partidos de oposición, tan caciquiles y cerrados como el PRI, se han adaptado con todo gusto a un artículo que más parece tomado del libro de Roberto Michels y de su ley de bronce de las oligarquías de los partidos y sindicatos, que de un texto constitucional democrático.

Dada, pues, la imposibilidad de conocer por un procedimiento directo la opinión de los miembros de un partido, en México se recurre en todos los casos al sistema de convenciones y auscultaciones, donde la posibilidad de control es obviamente mayor. Ahora bien, las convenciones no se han respetado: la voluntad de las *mayorías* se dio a conocer por los medios de información antes de haberse reunido la convención del PRI —incluso antes de haberse reunido la asamblea—, en plena sesión del Comité Ejecutivo Nacional. Es curioso el silencio de los medios noticiosos gubernamentales y priístas sobre este particular. Las explicaciones que sobre él pueden darse caen de plano en el terreno de la hipótesis.

La primera hipótesis se afincaría sobre una voluntad manifiesta de autocracia: la decisión sobre quién ha de suceder en el poder no es compartida ni explicada. Hipótesis primera y primaria, pero congruente con un sistema general de gobierno donde las mediatizaciones quedan excluidas por principio. Su fuerza, comprensible sólo a través de la similitud con el despotismo ilustrado, no admite al cuerpo intermediario, principio de la democracia liberal. Todo para el pueblo pero sin el pueblo. El déspota ilustrado, por lo demás de origen divino —¿qué otra explicación si no?—, aunque añade, también muy a lo siglo XVIII, la sustitución de Dios por la Historia, puede encarnar y dar a conocer la voluntad de la nación mejor que cualquier mortal. Las *mayorías* no tienen por consiguiente sino una sola voz. Tamaña explicación no encuentra lugar en 1975, mecido entre el racionalismo intelectual y el irracionalismo revolucionario. Además, viene a desdecir el pretendido anhelo de participación popular, la esperada politización del país; el "Muchachos: ¡organícense!" de Cárdenas, donde se evidencia la hipocresía del sistema. Porque en México el sistema ha organizado todo.

La segunda hipótesis viene a negar, a su vez, el pretendido deseo de crear un México políticamente apto, y radica en negar de la manera más clara la validez del juego político. De los siete candidatos o precandidatos gubernamentales a la Presidencia seis fueron eliminados porque se dedicaron a la "política barata". Resulta imposible aceptar que dedicarse a formar grupos, aglutinar las opiniones, luchar y convencer, seducir y atraer, esté fuera de la política. Negar que la política sea en parte un juego de grupos, de camarillas, incluso de mafias, es ganas de negar que el sol se levanta todos los días. No hay nada más fácil que identificar la política con la *grilla*, o con la *polaca*, o con el *politiking*. Toda política suele ir acompañada de un matiz despectivo: en las naciones donde existe una vida política partidista abierta y aceptada, este tipo de actividad sigue cargada de tonos oscuros. En México, de manera muy especial, el político es un hombre visto con desconfianza, se le considera capaz de cuanta trampa, fraude y corrupción pasa por la imaginación porque, además de los casos de corrupción conocidos por el público, su actividad es siempre secreta, misteriosa, llevada de espaldas al público. Jamás se dan a conocer las causas *reales* de un acto de gobierno o de un hecho político. Se dejan siempre a la especulación de una prensa no siempre informada y también frecuentemente corrompida, e instrumento transmisor de las "verdades" gubernativas. En resumidas cuentas, la política se transforma en un ejercicio cerrado, opaco e incomprensible, quedando la impresión de perseguirse una sola meta: la exclusión de quienes no han encontrado vías de entrada especiales. La inmensa mayoría de los que están en edad ciudadana no suelen participar sino en actos de apoyo, que van de la asistencia más o menos obligatoria a un mitin electoral hasta un voto obligatorio que nadie se atreve a exigir.

Si bien es cierta esta exclusión sistemática del mexicano común y corriente de la elaboración de las decisiones políticas, también resulta igualmente cierto que, en el año que acaba de transcurrir, la vida política adquirió una intensidad desconocida desde hacía varias décadas. Durante varios meses se pudo advertir una lucha casi franca y casi abierta entre un grupo importante de políticos, contendiendo todos ellos por la Presidencia de la República. Las elecciones de 1973, las más limpias, a pesar de sus defectos, que haya conocido el México de la Revolución establecida e instituida, permitieron pensar en un juego entreabierto, donde se daban los primeros pasos hacia la apertura del juego político. El anticlímax —o los anticlímax— estuvieron a la vista de todo el mundo y se manifestaron, en primer lugar, al anticipar el "destape" del candidato a la convención, con lo que quedaba claramente establecida la nula importancia de los instrumentos políticos partidistas del sistema. Pero lo que traslucía era la debilidad y el temor de ver irrumpir al ciudadano en la vida política, porque la idea que ha presidido a la mayor parte de los gobiernos revolucionarios —y de los anteriores a la Revolución— ha sido la desconfianza absoluta hacia el hombre de la calle, a quien se ve como a un reaccionario en potencia, esencialmente clerical y enemigo de cualquier progreso. De ahí la necesidad "histórica" de marginar su actividad —de cooptarlo si puede causar demasiados problemas— y de sustituir al hombre concreto en nombre de unas "mayorías" metafísicas.

No debe caerse en la suposición absurda de que una democracia directa o de asamblea estaba a las puertas de la ciudad. Además de no haberse dado jamás tal forma de gobierno en México, el desarrollo político no lo hubiera podido aceptar. El juego político hubiera quedado todavía en un ámbito cerrado, exclusivo y, para llamar a las cosas por su nombre, parcialmente excluyente. Los actores políticos y los grupos participantes estaban señalados de antemano y sus formas de actuación también: de hecho era una lucha entre hombres de un solo partido, dentro de grupos de contornos imprecisos, bien controlados por la maquinaria del Estado a través de instituciones tan sometidas como la Cámara de Diputados, el Senado y el PRI. El conflicto, totalmente "encapsulado" para hablar en términos de la psicología social, era un conflicto entre élites políticas profesionales, donde la fuerza respectiva sólo podía medirse por su respectiva capacidad de movilización dentro del sistema. Un conflicto quizá más amplio, menos controlado, se perfilaba en el terreno electoral, donde la subida de la oposición urbana amenaza seriamente a las posiciones establecidas, como se pudo aquilatar en julio de 1973. En este caso se presentó, en Nayarit, el hueco de la ola, cuando los partidos contendientes acudieron a un arbitraje superior donde quedó en entredicho la esperanza electoral del país.

La falta total de imaginación política llevó a los profesionales de este campo a seguir insistiendo en la magnífica participación ciudadana en los actos electorales locales. La falta de imaginación también ha llevado a suponer que en unas elecciones locales o estatales la participación debe alcanzar los mismos niveles que en unas elecciones federales donde está en juego —es un eufemismo— la Presidencia de la República y donde se hace una propaganda tan extensa como intensa. De ahí las cifras inverosímiles que se dieron, por ejemplo, para Yucatán, donde el verdadero contendiente del PRI brilló por su ausencia, dejando a éste frente a dos fantasmas en una lucha por puestos secundarios.

El sistema político parece pues ajustarse mal a las nuevas realidades sociales y, por lo mismo, estar creando una serie de tensiones cada vez más fuertes. La principal causa de esta situación estaba en el papel omnipresente del Estado en todo cuanto se refiere a la organización popular y en el ambiguo papel desempeñado por el PRI en la escena política. Las críticas que se le pueden enderezar son infinitas, sus desajustes son evidentes y el desafecto por él resulta palpable. Ahora bien, ¿quién va a sustituirlo?, ¿cómo se van a cumplir las funciones —importantes o secundarias— que venía cumpliendo?

Una organización política de la magnitud del partido-gobierno no parece tener fácil cabida en el México de nuestros días, donde el crecimiento y la modernización del país han llevado a una diversificación de intereses que ya no responden a una elemental división entre mayorías y minorías. La urgencia de un parlamento fuerte, resultado de partidos autónomos y de un voto libre, es notoria, pues el Estado no puede constituirse a espaldas de una voluntad popular sin poner en peligro su legitimidad, hasta ahora ampliamente aceptada. Y, sin embargo, los síntomas premonitorios no permiten suponer que la consolidación del sistema político vaya a lograrse siguiendo los lineamientos de la democracia liberal. La magnitud gigantesca de los problemas presentes ha introducido un nuevo elemento que empuja contra las alternativas democráticas: sólo a través de las soluciones autoritarias puede darse respuesta a lo que a veces se antoja insoluble. El técnico revestido de todo el poder, es decir, el tecnócrata, se sitúa frente al político y quiere tomar en sus manos la organización política, reduciéndola a su mínima expresión. Su primer paso es marginar a los partidos que transmiten demandas y exigen soluciones frecuentemente vistas como demagogia químicamente pura. Quizá, en el plano de la racionalidad abstracta, política y social, y desde luego en el de la economía, el pensamiento tecnocrático sea más viable, pero adolece de una carencia fundamental que es la incapacidad absoluta de legitimar sus actos. Hacer fracasar a los partidos, o al partido, es condenarse al propio fracaso en un plazo brevísimo.

En resumen, México parece hallarse ante una disyuntiva cuyos términos resultan igualmente peligrosos para la estabilidad del sistema político, pues o bien da paso a una participación franca y clara donde nadie pueda arrogarse el derecho de hablar en nombre de unas mayorías que para nada han sido consultadas, y a las que sólo se les pide un asentimiento formal y ceremonial, o bien refuerza sus incipientes tecnoestructuras, eliminando los vestigios de participación popular y de las formas que, mal que bien, de ella emanan. Nadie puede garantizar que, en caso de ser libremente interrogadas, las verdaderas mayorías vayan a rechazar el tipo de gobierno, de régimen y de sistema que hoy tenemos. Es más, cabría apostar por su aceptación, al no presentarse nada digno de tomarse en cuenta en el horizonte de la oposición. La desconfianza, el faccionalismo y la arbitrariedad parecen ser los únicos enemigos reales del sistema político mexicano, que a veces se antoja empeñado en autodestruirse.

"La difícil disyuntiva política", *Plural*, núm. 53, febrero de 1976.

LA REFORMA NECESARIA

EN 1973 estuvimos ante una reforma política de méritos indiscutibles, que venía a prolongar, ampliar y consolidar las medidas tomadas por el presidente López Mateos para dar cabida en el Parlamento mexicano a los llamados partidos de oposición, o, al menos, a dos de ellos, el PPS y el PARM, pues el PAN ya estaba representado por sus propios méritos. Pero la reforma del presidente Echeverría no tuvo su cenit en sus aspectos técnicos legislativos, sino en los cambios que pudieron observarse en las elecciones celebradas ese mismo año, cuando hubo de renovarse la Cámara de Diputados. Si hoy se vuelve a plantear la necesidad de reformar —es decir, de cambiar parcialmente— nuestro sistema político, esto se debe, a mi modo de ver, a que los cambios introducidos en aquel entonces no bastaron para adecuar al país legal con el país real. Este desfase está a la vista de todo el mundo y el simple hecho de que estemos aquí, en este salón, es prueba de ello.

En cualquier nación democrática las modificaciones constitucionales corresponden, en primerísimo lugar, al Parlamento. No es éste el caso, aquí y ahora, pues ha sido la Comisión Federal Electoral la llamada a conocer del caso, aunque, no se me esconde, serán las cámaras legislativas las que en última instancia decidirán sobre la bondad de lo propuesto y aceptarán o rechazarán las iniciativas que ante ellas se presenten. Pero es por demás significativo advertir la ausencia de un proyecto de ley salido de una comisión de la Cámara de Diputados, siendo que ellos serán los más afectados por la reforma. No se trata de una situación puramente coyuntural, estamos ante un aspecto más de las carencias del Poder Legislativo. Es cierto que la decadencia de los parlamentos no es privativa de México y que el refuerzo de los ejecutivos y la reconcentración del poder se da en todo el mundo. No merece la pena, en este momento, entrar en las razones que llevaron a esta situación. Bástenos decir que México, el sistema político mexicano, se adelantó al resto de las naciones en la creación de un Ejecutivo que dominaba, y por mucho, al Legislativo y al Judicial, y que esta disposición de las fuerzas le permitió un crecimiento económico, una reforma agraria y una estabilidad política manifiesta en todos los campos, que hicieron de nuestro país el ejemplo y el modelo no sólo de América Latina, sino de todos los países en desarrollo.

Sobre los logros innegables del sistema se fundó, a la par, su legitimidad. Cuando se habla de legitimidad revolucionaria se está hablando de varias cosas a la vez, fenómeno nada raro en la política. En primer lugar se alude a una conquista y reconstrucción del poder por las armas; en segundo, a una reconstrucción de la economía nacional a través del esfuerzo conjunto de la nación, pero sabiendo que en este esfuerzo los gobiernos revolucionarios tuvieron su papel preponderante; en tercero, a una extensión —desigual, es cierto— de los servicios a los mexicanos con mayor capacidad política, es decir, con más probabilidades de influir sobre los centros de decisión. Y se creó algo más, que fue un consenso nacional donde la educación primaria y, en parte, la secundaria, fueron protagonistas excepcionales. Todo ello bastó para fundar una legitimidad donde las consultas populares desempeñaron un papel menor, por no decir nulo.

No hay legitimidad capaz de resistir al tiempo. La sociedad cambia, se diversifica, genera nuevos intereses que, por fuerza, ponen en duda la base legitimadora en un primer momento, y en un segundo momento la base legal, sobre las que descansa esta misma sociedad. Frente a la inercia social se erige la necesidad de acomodar las nuevas fuerzas sociales, y no se puede soslayar el reformar las instituciones existentes si se quiere conservar la fábrica.

Creo que hoy estamos ante una de las últimas ocasiones de poder hacer una reforma ordenada y realmente democrática, y, para mí, no hay sino un camino, que es el respeto absoluto de la voluntad popular, manifestada libremente a través del voto.

En este mismo lugar se ha dicho que la idea de "que las elecciones las maneja el gobierno es un lugar común de las mentes estacionadas en sus propios prejuicios".

"De la credibilidad de los resultados electorales hay por lo menos 500 mil testigos, mismos que fueron actores del proceso." Dejando de lado que la credibilidad no es problema de testigos, quiero señalar de inmediato precisamente la falta de credibilidad de los resultados electorales, si los confrontamos con los resultados obtenidos en todos los países democráticos. Las democracias socialistas y populares son capaces de lograr unanimidades para las cuales sólo encuentro un adjetivo: escandalosas. Pero dejando de lado, por razones de tiempo, estos casos extraños, en México se obtienen resultados que son en todo opuestos a las conclusiones más elementales de la sociología electoral. Los distritos rurales votan más que los urbanos; los menos desarrollados más que los desarrollados; los analfabetas más que los alfabetizados: Oaxaca más que Nuevo León, y Tabasco más que el Distrito Federal; el aumento de la participación no trae consigo la diversificación del voto sino unanimidades sorprendentes. Pongamos algunos ejemplos capaces de introducir ciertas dudas en el espíritu de los 500 000 testigos que se pretenden presentar.

Si tomamos las cifras de la última elección de diputados veremos que los porcentajes de participación más altos se logran en Campeche (88.50), Quintana Roo (88.46), Tlaxcala (83.96), Guerrero (70.66), Tabasco (70.32), o sea en estados francamente subdesarrollados, donde el analfabetismo, la pobreza y el desempleo causan auténticos estragos. Es allí, sin embargo, donde el Revolucionario Institucional recibe maravillosas cantidades de votos. En cambio en el Estado de México (72.65), Distrito Federal (62.83), Sonora (50.84) y Nuevo León (50.74) la abstención es francamente alarmante. No estamos pues ante un problema de credibilidad o escepticismo; estamos ante cifras que nos señalan cómo en México la participación política elemental —el voto— actúa en relación inversa con el desarrollo social, económico y cultural. Pueden presentarse datos aún más extraños en lo que hace a la elección de los senadores, pues el candidato número uno del PRI por el estado de Campeche arrastrará una participación de 93.80% de los empadronados y el número dos de Sinaloa apenas alcanzará 20.24%. Son, de hecho, dos récords nacionales e inexplicables, sobre todo si se tiene en cuenta que en Campeche no había oposición y sí la había en Sinaloa, y que cualquier estudio nos enseña cómo con la existencia de una oposición sube la participación electoral.

Así, pues, a medida que aumenta el desarrollo, aumenta el escepticismo sobre el proceso electoral y disminuye la fuerza de las presiones legales y no legales que se pueden ejercer sobre el ciudadano. No cabe duda de que quien se abstiene de votar está infringiendo abiertamente la Constitución y que, por tanto, fueron admirables y dignos del mayor respeto los 909 489 ciudadanos que acudieron a las urnas para depositar un voto anulado, al no encontrar, entre los candidatos a diputado en presencia, ninguno en el cual confiar. ¿Pero qué podemos decir sobre la actitud de los casi 10 millones que, estando empadronados y debiendo votar, no lo hicieron? No creo que estemos ante una campaña de desobediencia cívica, pues en esa ocasión no hubo la menor incitación para que los ciudadanos se abstuvieran de participar. Para mí, insisto en ello, fueron la apatía, la indiferencia, la incredulidad, las causas fundamentales de la abstención. El gobierno, con el mejor tino, cerró los ojos ante el hecho porque, entre otras cosas, no se puede sancionar a 10 millones de personas, muchas de las cuales pueden ignorar todo el proceso político.

El primer paso de esta reforma política debe ser el devolver al ciudadano una confianza plena en el valor de su participación, y el gobierno que lo dé habrá logrado un avance gigantesco en su propia legitimación, por no decir nada ante la Cámara que salga de unas elecciones donde un voto sea un voto y una abstención una abstención.

Las fallas del proceso electoral no tienen por qué caer exclusivamente del lado del gobierno. Los partidos políticos de oposición fueron el escenario privilegiado de la crisis del sistema electoral, destacándose en el espectáculo sus directivas nacionales. Las elecciones de Nayarit y la Convención Nacional del PAN no pudieron sino alejar a los ciudadanos del proceso electoral y reforzar la peor clase de cinismo, la del cinismo originado en la ausencia de alternativas, la desesperanza ante la posibilidad, no digo de cambiar, sino de modificar mínimamente la vida política de México.

Los partidos son instituciones públicas y, por tanto, responsables ante el público. Pero su organización y su línea deben estar establecidas exclusivamente por ellos, sin interferencias de ningún tipo, no teniendo más límites para su actividad que los señalados por la Constitución. El Estado tuvo en México un papel muy señalado en la organización de la nación —yo diría que hasta en su creación— y lo mantiene aún en nuestros días. Pese a las virtudes y méritos que se pueden aducir en favor de la acción del Estado mexicano, no parece que esta capacidad organizadora justifique su presencia avasallante el día de hoy. El desarrollo político y cultural del país exige grados de libertad y autonomía individual y colectiva superiores a los actuales. La acción rectora del Estado no puede o, más precisamente, no debe ir más allá de los preceptos legales. A él le corresponde, a través de las representaciones populares, establecer los principios del juego legal de los partidos y de las organizaciones políticas. Entrometerse en la vida de partidos y organizaciones equivale a destruirlos y, de paso, a retrasar el proceso del desarrollo político nacional.

Nadie puede reclamar una actividad política no regulada por la Constitución, pues para un sistema político resulta imperativo asegurar su sobrevivencia y mantener abiertas las posibilidades de cambio e incluso de transformación dentro de la ley. Exigir la desaparición de cualquier regulación de los elementos constitutivos del sistema político resulta, pues, utópico. Ahora bien, el nudo se hace cuando se tratan de señalar los límites de la vida política, de marcar las fronteras entre lo legal o lo ilegal, lo permitido y lo prohibido. Cuando la ley es absurda, cuando no puede cumplirse, se cae en situaciones análogas a las producidas por la obligatoriedad del voto. ¿Qué puede hacer el Estado ante 10 millones de infractores? Una ley no respetada por 40% de quienes deben obedecerla, es una ley inexistente en términos reales. Algo semejante ocurre con los partidos nacionales. La crisis de la oposición vino a comprobar la estrechez de los límites de nuestro sistema partidista.

Debe reconocerse que el capítulo sobre los partidos tenía una finalidad única, aceptada tácita o expresamente por los cuatro registrados: no permitir la participación de posibles competidores que habrían por fuerza de restarles fuerza electoral. Y, lo que es más grave, de los cuatro partidos registrados dos de ellos, a todas luces, no cumplirían, de exigírseles, con los duros requisitos establecidos por la Ley Federal Electoral.

Sin querer entrar para nada en la teoría de los partidos, es de sobra sabido la existencia de partidos ajenos al reclutamiento masivo. Hay partidos puramente electorales y hay partidos de masas. ¿Por qué entonces el requisito de tener 65 000 afiliados directos? La prueba más violenta a que puede someterse un partido político en un sistema democrático son las elecciones. La historia reciente nos ha enseñado la inanidad del doble juego —revolucionario o parlamentario, o revolucionario y parlamentario— de los partidos que habían elegido destruir directamente al Estado. La conquista de éste, ya se intente desde la izquierda o de la derecha, no puede ser legítima si no es confirmada por el sufragio. Los regímenes más despóticos y tiránicos han acudido, como los democráticos, al voto del pueblo. La diferencia entre unos y otros ha radicado en los sistemas electorales adoptados, en las reglas del juego establecidas. Los autoritarismos han cerrado hasta el límite mínimo la participación del individuo y de las organizaciones no controladas por el Estado, los sistemas democráticos las han llevado hasta los límites más amplios posibles. Agravar las reglas de la participación revela la desconfianza no sólo de un gobierno, sino del Estado todo, en su legitimidad, pues una elección tiene siempre una doble vertiente: por un lado se juzga al gobierno que sale, por otro se entrega un caudal de confianza al que triunfa. Y no sólo se juzga a un gobierno, sino, también, a su oposición legal.

Muchas de las disposiciones de la Ley Federal Electoral obedecieron a la necesidad de establecer un control sobre el personal político gubernamental u opositor, así como sobre las organizaciones donde éste se agrupaba. De ahí el número tan bajo de diputados de nuestra Cámara, sobre todo si se compara con la proliferación —con frecuencia innecesaria— de las comisiones. No hay, en las condiciones actuales, posibilidad de trabajo serio en éstas, de no aumentar de manera considerable la cantidad de representantes populares. Cuando un diputado pertenece a un distrito con 200 000 habitantes o más, dada además la pobreza de los medios de que dispone, no tiene capacidad para imponerse de la situación de sus electores. Así, pues, aumentar el número de diputados y entregarles los medios de cumplir con la tarea para la que fueron elegidos, parece necesario y saludable para reforzar la vida parlamentaria del país. Un segundo punto de difícil solución estriba en la doble naturaleza que se da en la Cámara Baja. Entre diputados de mayoría y diputados de partido surge a primera vista una diferencia: habiéndose presentado en un mismo distrito, uno es el vencedor y el otro el derrotado, y ambos gozan, teóricamente, de la misma situación y privilegios. Teóricamente, nada más, pues de hecho entre ellos esto introduce modificaciones sustanciales. El sistema proporcional evitaría desde luego estas diferencias humillantes para una parte de la representación popular. No se me escapa que el sistema mayoritario ha sido consustancial con nuestra historia parlamentaria, pero tampoco hubo diputados de partido —e incluso hubo un momento en que no había siquiera partidos— y hoy unos y otros figuran en la Constitución. El sistema proporcional no introduciría mayores variaciones —subrepresentaciones o sobrerrepresentaciones— en la fuerza de los partidos en la Cámara. Es más, si hoy no se ha producido una ausencia total de la oposición en la Cámara de Diputados, esto se ha debido a la introducción de la proporcional bajo la forma de diputados de partido. ¿Qué pensaría el propio PRI después de haber ganado absolutamente todas las curules? ¿Qué haría en la soledad que representa la mayoría sin falla?

Los inconvenientes formales del reparto proporcional son superados, y por mucho, por sus ventajas. En primer lugar por la equidad implícita a este sistema y por la cohesión que introduce en los partidos. Si se trata de lograr un sistema de partidos capaz de ofrecer una gama amplia y variada al elector, éste está siempre más confiado en los partidos fuertes y estables que en aquellos donde las fracturas internas puedan dar al traste con la organización política. Tal fue el caso de dos partidos de oposición antes de las elecciones de 1976, cuya consecuencia fue, en primer lugar, el haber habido distritos sin candidato alguno de la oposición.

En un sistema presidencialista como es el sistema político mexicano, no afecta a las relaciones entre el Ejecutivo y el Legislativo la existencia de una Cámara de Diputados donde los partidos tengan una presencia, en lo que se refiere a la vida parlamentaria, superior a la del representante popular aislado.

Queda, además, que cuando un partido se hace responsable de una campaña electoral las alternativas son más claras. En el reparto proporcional, al ser los partidos responsables del establecimiento de las listas, el elector puede confiar en una política que sabe será mejor controlada por las instancias superiores de la organización partidista y, por tanto, tiene mayores posibilidades de verse cumplidas.

Se puede advertir un inconveniente importante en la ruptura del vínculo que media entre el elegido y su distrito. Puede aducirse, en contra de esta idea, el debilitamiento progresivo de los lazos directos que unían al diputado con sus electores. Además también puede observarse el caso de la elección de los senadores, donde la idea de distrito está ausente. ¿Qué inconveniente había, pues, para que esos diputados fueran elegidos por el reparto proporcional utilizando como marco electoral la entidad federativa? Y, de quererse conservar la vinculación del diputado con un distrito electoral, puede recurrirse a un método mixto, como el alemán, donde se da de hecho un doble voto. El reparto proporcional individualizado presenta la ventaja de respetar la selección del votante y representar con gran precisión la fuerza de los partidos.

En resumen, la reforma política debe tener, desde mi punto de vista, dos aspectos: en primer lugar, un compromiso del gobierno y de los partidos para respetar el voto popular y obtener así una consolidación de la legitimidad de todas las instituciones políticas del país; en segundo lugar deben abrirse, a través de la reforma, los cauces a la participación y a las demandas populares expresadas ya no sólo por el sufragio, sino por sus resultados inmediatos, es decir, por una Cámara de Diputados y una Cámara de Senadores con capacidad suficiente no sólo para articular legalmente las demandas, sino para cumplir su auténtica misión, que es ser los vigilantes del bien de toda la nación.

"La reforma necesaria", *Gaceta Informativa de la Comisión Federal Electoral*, t. I, junio de 1977.

LOS PARTIDOS INEXISTENTES

EL GOBIERNO mexicano se enfrenta, una vez más, con la necesidad de llevar a cabo una reforma política. No es un don gratuito, no se trata de una carta otorgada, tampoco es una reforma pactada, aunque sería esta figura la que mejor pudiera expresar el fenómeno político actual. Contrariamente a cuanto ha sucedido hasta ahora, no ha sido por medio de un sorpresivo decreto presidencial como se ha informado a los ciudadanos de la ampliación o restricción de sus derechos políticos: se ha buscado la participación de una oposición que había sido, desde el periodo presidencial de Miguel Alemán, enviada al Aventino o, al menos, se había excluido del sistema político.

La reforma política del presidente Echeverría había entreabierto las puertas del sistema a la oposición. Partidos como el Mexicano de los Trabajadores, el Socialista de los Trabajadores y el Demócrata Mexicano —sin olvidar al Comunista Mexicano— pudieron actuar a la luz del día, sin recurrir a clandestinidades ni formas extralegales de vida. Quizá se advirtió la necesidad de ofrecer soluciones viables y no disruptivas a los grupos revolucionarios surgidos del conflicto de 1968, muchos de los cuales optaron abiertamente por las formas extremas del comportamiento político, como el terrorismo y otros medios de acción directa en contra del Estado. Con todo, la clandestinidad, el terrorismo y la guerrilla siguieron produciéndose, manifestando con su propia existencia el rechazo de las opciones legales planteadas en el sexenio anterior.

Las razones de este rechazo se pueden encontrar por todas partes, y puede ser que la más importante se halle en la carencia de efectividad, autonomía y representatividad de la inmensa mayoría de las instituciones mexicanas.

Nadie cree en el valor de las elecciones municipales, estatales o federales, limitándose la opinión pública a aceptar el hecho mayoritario del PRI en el país y el carácter apendicular de los llamados partidos de oposición. La mediatización de las dos cámaras por el gobierno federal y la de las legislaturas locales por los gobernadores no son un misterio sino para los legos totales. Otro sería, pese a los gritos desesperados de la clase media y de algunos órganos de información, el papel desempeñado por los sindicatos obreros o de empleados: uno de estos organismos tendrá siempre una capacidad de negociación infinitamente superior a cualquiera de los partidos legales o extralegales.

El punto por resolver es, pues, en primerísimo lugar, como señaló el Presidente de la República en su discurso inaugural, el de la representatividad de los representantes. En más de una ocasión, durante los debates que se produjeron en el seno de la Comisión Federal Electoral, el problema se presentó de manera por demás complicada y en algunos casos absurda. Algunos portavoces de la oposición exigieron no sólo una reforma de la ley electoral federal o de las leyes electorales locales, sino una reforma del PRI. Cuesta trabajo comprender por qué es la oposición quien ha de preocuparse por la democratización, la mejor selección de candidatos o las finanzas internas del partido dominante. Sólo puede entenderse esta postura partiendo de un axioma: el PRI no es sólo el partido-gobierno sino que, además, no hay reto posible frente a su atrincheramiento en el poder. Exigir la neutralidad del Estado en los problemas políticos presupone remontarse a la mejor tradición de los clásicos del liberalismo, cosa que extraña aún más en hombres que se reclaman de una manera u otra de la tradición marxista. Ni en México, ni en la Unión Soviética, ni en Francia ni en cualquier Estado constituido, el Estado es o puede ser neutral. Menos aún en un país en desarrollo donde las carencias de la sociedad civil son siempre suplidas por el Estado y sólo la extrema reacción reclama la neutralidad, o aparente neutralidad —económica, no política—, de la autoridad civil. La oposición parte, pues, de la idea de una reforma otorgada, donde se le concedería una serie de ventajas que hasta ahora no han sabido conquistar, y está por verse si encuentra fuerzas para dominar así sea la menor fracción del poder nacional.

No es por consiguiente el PRI lo que debe modificarse para hacer de él, desde el gobierno, un instrumento democrático: la reforma sólo puede atañer a las reglas —las constitucionales y las consuetudinarias— que regulan la vida política de la nación. Dicho en términos más claros, el Estado podrá apoyar al PRI con toda su alma y su dinero —que, por lo demás, no es suyo—, pero no podrá recurrir al fraude electoral si quiere mantener su legitimidad. Y este último punto sólo puede ser resuelto cuando los partidos políticos, todos los partidos, decidan actuar como tales, sin hacer de los conflictos internos el tema mismo de su juego político. Pedir la democratización del partido oficial cuando ninguno de ellos acepta la menor regla democrática en su manejo interno; pedir la neutralidad financiera del Estado cuando no hay partido en México que pueda declarar públicamente sus fuentes de financiamiento, es volver a la parábola de la paja en el ojo ajeno, y es ignorar de modo radical la historia de cuanta reforma política se ha dado en el siglo pasado y en el presente. El Estado puede y debe abrir el juego político, y atenerse a las reglas establecidas; lo que resulta absurdo es reclamarle el establecimiento de la democracia interna *sólo* en el PRI. De hacerlo debería también vigilar los procesos que se dan dentro del Partido Comunista Mexicano, pues el centralismo democrático no es precisamente un modelo a seguir en lo que hace a la expresión de la voluntad de los afiliados. Quede claro, cabe añadir, que el PCM jamás exigió tal cosa, pero sí el PST, que se dice marxista.

La reforma política será, por tanto, en sus líneas fundamentales, una reforma electoral, dadas las limitaciones que por todos los lados se erigen y, cosa aún más importante, es reclamada por una parte de la nación, aunque si sólo es una parte, quizá sea la políticamente más visible y la que mayores posibilidades tiene de influir en la vida de la nación.

Ahora bien, ¿a quién va precisamente dirigido todo este proceso de cambio? Sólo parece haber una contestación: *de momento*, a las clases medias urbanas, las únicas realmente interesadas en el proceso electoral, como lo han demostrado las últimas elecciones federales y algunas locales. No cabe duda de que la protesta ante el fraude, los desaguisados de que ha sido víctima el PRI y el abstencionismo real —casi se podría decir consciente— es un fenómeno urbano y, más que urbano, de las grandes ciudades de la República; Monterrey, Guadalajara, León, Puebla, el Distrito Federal han sido los núcleos de resistencia y oposición tanto en los comicios federales como en los locales. Su voto ha sido un voto de protesta y su abstención ha tenido el mismo sentido y ha obedecido a la misma voluntad. No quiere esto decir que haya la menor credibilidad sobre el voto de Chiapas, Tabasco, Campeche o Tlaxcala, pero las razones del abstencionismo, en estos estados, obedece a causas que poco o nada tienen que ver con el del electorado urbano. La reforma puesta en marcha tiene, como intención primera, tratar de llevar a las clases medias a las urnas y convencerlas del valor real de su voto.

Pese a las reclamaciones de algunos partidos ante la Comisión Federal Electoral, éstos no gozan de la simpatía del común del pueblo mexicano. Encastillados en sus derechos, manipulados por sus oligarquías, dispuestos a cualquier componenda con el gobierno, no son agentes activos ni de educación ciudadana, ni siquiera símbolos de una actividad política. El voto, por ello, se dirige a opciones políticas que poco tienen que ver con lo que un partido puede expresar ante el votante, máxime que los programas partidistas siguen apegados a ideas rancias, vagas y demasiado elementales. Pese a esta situación, la reforma política puede favorecer más a los partidos que a los electores.

El elector —elector urbano, se entiende— pierde ante todo el respeto a su voto y la igualdad formal de los candidatos; los partidos llamados de oposición solicitan la supresión de las trabas a su participación y, también, el respeto del voto. Entre estas demandas se da pues un punto de coincidencia, que es el recuento honesto y exacto de los sufragios emitidos. Las formaciones políticas de izquierda han pedido, además, la introducción del reparto proporcional que, de modo indiscutible, es una ventaja para ellas, amén de ser infinitamente más equitativo que el mayoritario. Pero aquí es donde vuelve a plantearse el problema de las carencias y defectos de los partidos. El sistema proporcional se justifica y adquiere un sentido pleno allí donde existen partidos políticos grandes y con una implantación profunda entre los ciudadanos. Donde, por lo contrario, los partidos carecen de arraigo y de arrastre, la proporcional puede dividir en exceso a un electorado inseguro por falta de situaciones claras y trasladar la fuerza electoral del Parlamento a unos partidos que no sabrían qué hacer con ella.

Por el momento no hay más partido en México que el PRI. Su reinado absoluto va a encontrarse, sin embargo, ante una difícil disyuntiva cuando los nuevos partidos entren en el terreno electoral, pues si quiere conservar su fuerza se verá obligado a cambiar el tono ambiguo de sus campañas y estará obligado a dar un contenido concreto a sus programas electorales. El llamado a la unidad nacional, su pretendida representación de todos los estratos sociales y su identificación con el progreso del país han ido perdiendo fuerza. Cuando se atraviesa una crisis económica como la actual resulta casi imposible convencer al pueblo de que han sido unos cuantos malos mexicanos los culpables de una situación que afecta al conjunto de la nación y que partido y gobierno son ajenos a los problemas nacionales. La carencia del Parlamento, en un caso como éste, es más llamativa aún, y la abdicación de su papel en beneficio de una prensa manejada desde el poder señala la ausencia de una crítica real.

La Cámara de Diputados está formada por una colección de desconocidos semiilustres, en la cual apenas destaca su presidente. ¿Culpa de los diputados o de los partidos? La causa real de su incompetencia y de su oscuridad debe más bien buscarse en una Ley Electoral que se empeña en cerrar el juego político al prohibir la menor participación ciudadana en la designación de los candidatos de *cualquier* partido. Resulta evidente que la introducción del sistema proporcional dará aún más fuerza a las formaciones políticas y restará la poca aún en manos de los candidatos. Pero las ventajas que se presenten, de introducirse el sistema proporcional, superan los inconvenientes: los partidos serán los responsables únicos de la suerte de sus candidatos al establecer ellos las listas y, cosa aún más importante, al borrarse la persona en beneficio de la organización, pues el elector votará cada vez más por un partido y menos por una persona. Con ello, las opciones se harán infinitamente más claras para quien asista a las urnas.

Todo esto no concretará en un hecho positivo a menos que sacuda la indiferencia de los ciudadanos. Una encuesta reciente del IMOP, limitada de manera exclusiva al Distrito Federal, señala cómo 67.2% declara no participar en política y 89.4% considera que no hay libertad para participar.[1] El autoritarismo del sistema político es el principal culpable de esta indiferencia al haber hecho cuanto estaba en sus manos para mostrar lo ajenas que las actividades de la vida política son al hombre común y corriente; al gobierno le corresponde convencer a sus gobernados de las bondades de la reforma. De ganarse la apuesta, el Estado y el pueblo saldrán beneficiados; de perderse, la legitimidad del Estado se encontrará con la cuenta.

"Los partidos inexistentes", *Vuelta,* agosto de 1977, y *Gaceta Informativa de la Comisión Federal Electoral,* t. II, agosto de 1977.

[1] Dada a conocer a la Asamblea General del X Aniversario de ACOMAC, 30 de junio de 1977.

LAS ELECCIONES FEDERALES DE 1979

Desde el inicio de la reforma política, la atención pública interesada por la vida política de México se centró en el problema de la abstención, olvidando, en la medida de lo posible, los demás puntos planteados por la reforma política. La abstención quedó planteada —de manera muy hábil, por cierto— por los partidos de oposición como un voto de desconfianza al sistema político mexicano, quedando en apariencia una oposición unida —cuando en realidad se trata de dos oposiciones: una de derecha, mayoritaria, y una de izquierda, minoritaria—, a la cual podría sumarse la abstención como voto pasivo e inerte en contra de la vida e instituciones políticas.

Vista desde este ángulo, la oposición logró un triunfo que, con toda razón, no ha querido explotar: la abstención afecta tanto al partido en el poder como a los partidos opositores; todos carecen de fuerza movilizadora electoral. La despolitización surge, pues, como un hecho que daña tanto al PRI como a los partidos minoritarios. Además, las pérdidas relativas se distribuyen equitativamente entre todos los contendientes. No se estaría ante la crisis del PRI, sino ante una crisis del sistema de partidos imperante.

Algunas razones de la abstención

Las cifras que se han usado como modelos de participación —tomadas principalmente de los países europeos— no pueden ser un contraste para la pauta participativa mexicana. El ingreso *per capita*, la escolarización, la difusión de la prensa escrita, la comunicación electrónica de los países industriales, superan en tal modo a los mismos indicadores mexicanos que cualquier comparación se antoja imposible; la naturaleza del sistema político mexicano, el autoritarismo que le caracteriza y la competencia limitada de grupos y partidos, le separa también de la organización de las instituciones políticas de los países industriales. Sólo en unas elecciones plebiscitarias, de tipo socialista, donde la maquinaria del Estado prueba su capacidad de movilización y de control de *toda* la población puede conseguirse una asistencia a las urnas de más de 99%. En México, la caída del número de votos es más un signo de una posible pluralidad y de un inicio de respeto por el recuento exacto y preciso —cosa que aún está lejos de conseguirse— que una señal de decrepitud o caída del sistema político. Reconocer el abstencionismo puede ser —quizá lo sea— un primer paso hacia la aceptación del pluralismo político y de la enorme brecha que se abre entre los distintos grupos sociales. La voluntad de no "inflar" las votaciones es señal alentadora para el sistema político, aunque venga cargada de amenazas para el PRI.

A una voluntad de mantener el proceso electoral dentro de los márgenes más correctos posibles, puede añadirse una serie de razones técnicas.

La primera es el padrón electoral. Las prácticas "electorales" lo inflaron de manera desaforada, operación en la que participaron los partidos contendientes. Así, en 1973, de los 197 distritos electorales en que se hallaba dividida la República, 52 registraban a más votantes que ciudadanos, batiendo todos los récords Mexicali con 122% de electores inscritos. En 1976 esto aún se daba en 32 distritos. Curiosamente tal práctica se producía en estados como Chihuahua, Coahuila, Colima y Sonora, donde las tasas de abstencionismo no encuentran rival.

El abultamiento del padrón, entre otros factores, condujo a votaciones a todas luces falsas y manipuladas. Por ejemplo, en las elecciones de 1973, se encuentran 12 distritos con una participación superior a 80% de los empadronados, llegando —y rebasando— el límite superior, Nezahualcóyotl (distritos IX y X del Estado de México) donde depositaron su voto 100.92 y 105.76% respectivamente de los ciudadanos registrados. Y esto sin contar con los votos anulados.

En las elecciones del 1º de julio de 1979 ya sólo se encuentran cinco distritos con una participación superior a 89%, que, lógicamente, se encuentran en el Estado de México (el XXXII, con 81.33% y el XVII, con 81.60%), Baja California Norte (el IV, 87.96%), Guanajuato (X, 83.37%) y Morelos (IV, 87.97 por ciento).

La nueva Ley Federal de Organizaciones Políticas y Procesos Electorales ha sido un aporte decisivo para la deflación de los resultados. La presencia de todos los partidos en el proceso electoral (aun sin tener voto en las decisiones los partidos de registro condicionado), el tener acceso a la documentación electoral, ha impedido las mayorías aplastantes del pasado que, conviene insistir, aún siguen dándose en las casillas o distritos donde los partidos de la oposición no habían podido —por voluntad ajena o por la imposibilidad propia— situar a un representante. La depuración del padrón existente o la creación de uno nuevo son la base de futuros comicios donde se llegue a la máxima de "un ciudadano, un voto".

Reconociendo el peso de la realidad, la LOPPE suprimió las penas para los abstencionistas. Si la Constitución hace del voto un deber y una obligación de los ciudadanos mexicanos, las viejas sanciones —por lo demás, jamás cumplidas— eran motivo de irritación y antipatía para el conjunto de la población. Otro problema y muy diferente es la presión ejercida por el PRI y los sindicatos a él afiliados para llevar a los ciudadanos a las casillas. Presiones también ejercidas por el PAN en algunos distritos.

Los resultados del PRI

Todo esto no le evita al PRI una caída muy pronunciada de los votos obtenidos. Si el número de empadronados mantiene un incremento constante —pasa de 24 890 261 en 1973, a 25 913 215 en 1976 y a 27 912 953 en 1979— el voto global obtenido por los candidatos postulados por el Revolucionario Institucional es de 10 458 618 en 1973, 12 869 992 en 1976 y cae a 9 699 454 en 1979.

Pero esto no puede presentarse como una victoria de la oposición: los demás partidos también bajan, y en proporciones muy claras. Así, si el PRI pierde 24.64% de su electorado de 1976 a 1979; el PPS también se ve abandonado por 19.27% del suyo y el PARM por 24.65%, sin tener en cuenta el forzoso aumento del padrón. Sólo el PAN aumenta los votos recibidos, subiendo de una elección a otra en casi 10%, pero se da después de la debacle de 1976, cuando perdió 38.39% de sus electores.

Comparar los resultados de 1976 con los de 1979 tiene el inconveniente de la desigualdad de las elecciones que se llevaron a cabo en estas dos fechas. La elección de un Presidente de la República, siempre precedida por una campaña tan larga y de una amplitud tal que en pocas partes se da algo semejante, personaliza la actividad política hasta el grado de que el candidato del PRI termina por desaparecer como candidato de un partido y se presenta como el candidato de la nación. Pero en su campaña arrastra de todos modos al partido y a sus candidatos tras él. No puede extrañar, por consiguiente, la caída de la participación —incluso para votar por los diputados— en los comicios. Conviene señalar, pese a los inconvenientes citados y para destacar la distancia que media entre el Presidente y los representantes populares, la brecha que se abre entre el voto por el primero y el voto por los segundos. El licenciado José López Portillo obtuvo 16 767 210 sufragios, como candidato de tres partidos y 15 466 098 como candidato del PRI, lo que viene a decir que el PRI —sus aspirantes a diputados— perdió 5 766 643 votos de 1976 a 1979, en términos absolutos.

Manteniéndose como el primer partido de la República, 1973-1979, las pérdidas absolutas o relativas se reflejan en casi todas las entidades federativas: en 22 de ellas tiene una caída en términos reales y sólo en diez se elevan las cifras reales. En Guerrero pierde, de 1973 a 1979, 174 421 votos; 110 818 en Oaxaca; 111 466 en Jalisco; 100 921 en Guanajuato;

94 902 en Tamaulipas; 93 426 en Michoacán. Pero si estas pérdidas se reflejan en la caída de sus porcentajes en 15 estados, en 17 va a subir la proporción de votos obtenidos por el PRI. En Nayarit pasa de 58.21 a 76.92%; en Puebla de 63.85 a 79.49%; en Quintana Roo de 77.79 a 95.29%; en Yucatán de 79.14 a 89.24%; en Chiapas de 89.05 a 94.75 por ciento.

La primera observación que se presenta es la deflación de las cifras dadas por las computadoras distritales y locales, dado que las condiciones de las elecciones de 1973 y 1979 fueron bastante similares o, de haber diferencias cualitativas, éstas se darían en favor de las de 1979, con la presencia de tres nuevos partidos, de los cuales al menos uno —el PCM— mostró una repercusión innegable. Puede observarse que donde se dan las alteraciones más importantes, se trata de los estados donde hay mayor analfabetismo, pobreza y, en general, subdesarrollo y donde la "cocina electoral" se daba sin límites, lo que no evita que los estados más desarrollados del país muestren la misma tendencia a la abstención —que no quiere decir indiferencia política—.

Si los resultados muestran una marcha hacia un recuento más exacto de los votos, sobre todo en los estados feudos del PRI, éste sigue manteniendo distritos —e incluso estados— donde la oposición no ha podido penetrar: 87% logrado en Campeche; 94.75% en Chiapas; 95.29% en Quintana Roo; 82.83% en Tabasco; 90% en Hidalgo y 89.24% en Yucatán, revelan el carácter rural y subdesarrollado de estas entidades —como lo señalan también el 82.78% en San Luis Potosí y el 82.14% en Oaxaca—. La resistencia al PRI y la implantación de la oposición aparece sobre todo en el Distrito Federal, donde el PRI sólo logra 46.73% (con lo cual se mantiene en el mismo nivel de 1973). La oposición está también presente en Baja California Norte (55.48% para el PRI), el Estado de México (60.28%), Jalisco (61.76%) y Nuevo León (66.04%). En general, el desarrollo económico y cultural introduce el desarrollo político, manifestado en este caso como pluralidad y lucha políticas.

El voto por el PAN

El desastre electoral padecido por el PAN en 1976, consecuencia de las escisiones producidas durante la convención nacional convocada ese mismo año, no sólo no ha sido superado plenamente, sino que ha cambiado en parte la localización de este partido. Asentadas sus fuerzas en la capital de la República, el Bajío y occidente —que coinciden con la zona de máxima influencia del catolicismo— extendía su influencia a Baja California y Yucatán. Su ausencia era notoria en toda la costa del Golfo, en el sur y en el sureste. Después de haber tenido alguna presencia en Chihuahua en la década de los cincuenta, el norte de la República le fue, en conjunto, hostil, con la excepción de Monterrey. Las elecciones de 1973 le confirieron una victoria resonante: cuatro distritos ganados por mayoría (dos en la ciudad de México y dos en Puebla), 14.70% de los votos de toda la República y 32.25% de los del Distrito Federal. No ha tenido, en toda su historia, una fuerza electoral como ésta. Pero, en ese mismo momento, empezó su declinar.

Su campaña electoral de 1979 muestra un desplazamiento hacia el norte de la República. Ya en 1978 se había apoderado de la alcaldía de Monclova y había mostrado su nueva pujanza en Torreón. La candidatura de José Ángel Conchello a la gubernatura de Nuevo León, hizo de ese estado el foco de la atención panista, olvidando parcialmente y dando señales de evidente desgano en la campaña electoral en el resto de la República. Nuevo León se convirtió en la prueba de su nueva situación.

De hecho el PAN se presenta ahora con dos líderes: Abel Vicencio Tovar, jefe nacional en principio, y José Ángel Conchello, su auténtico inspirador y jefe del ala derecha —extrema derecha— del partido. Esto le ha llevado a correr su posición política a la derecha del espectro, pues de permanecer Vicencio Tovar en la posición centro-derechista del PAN tradicional, hubiera dejado abierto un espacio que, de seguro, Conchello habría cubierto. El registro condicionado del Partido Demócrata Mexicano, de nítidos antecedentes sinarquistas, creaba también un nuevo polo de atracción a la derecha. Así, pues, el PAN, al menos en el plano verbal, se sintió obligado a alejarse del lugar que ocupaba justo a la derecha del PRI.

Esta nueva posición no elimina la presencia panista en el centro de la República. Pero aquí es también donde mejor se observa su caída relativa y absoluta, tomando como punto de comparación 1973, pues en 1976, por las razones presentadas, no puede plenamente serlo. Se advierte cómo su ocaso se antoja, por ahora, incontenible.

Distrito Federal

	1973	1976	1979
Votos PAN	917 768	604 229	443 912
Porcentaje	32.25	21.27	17.23

Puebla ofrece un panorama bastante parecido: después de haber ganado los dos distritos urbanos en 1973, pasa a un lugar segundón en 1979.

Puebla

	1973	1976	1979
Votos PAN	152 142	96 461	74 908
Porcentaje	21.00	12.65	11.65

Lo mismo puede decirse de Jalisco, pese al ligero repunte que ha tenido, tanto en cifras absolutas como en porcentajes, y el Estado de México donde pierde 98 514 votos entre 1973 y 1979. El porvenir cambia por completo para este partido al examinarse sus resultados en el norte del país. Sin haber presentado candidatos en 1973 en Baja California Norte, su clientela se mantiene fiel y en 1976 le ofrece 54 078 sufragios (15.6%), que suben a 68 314 (18.76%) en estas últimas elecciones. El mismo caso se da en Baja California Sur, donde pasa de 6.79% en 1973, a 15.66% en 1979; Sonora va a manifestar, en medio de su abstencionismo, una presencia panista innegable al pasar de 13 802 a 30 379 votos (6.75 y 16%), como lo hace también Coahuila que salta de 19 680 a 44 275. En conjunto, 12 estados se sitúan por encima del promedio nacional (10.73%): Baja California Norte, Baja California Sur, Coahuila, Colima, Chihuahua, el Distrito Federal, Guanajuato, Jalisco, el Estado de México, Nuevo León, Puebla y Sonora, mientras que en 1973 sólo siete se situaban por encima del promedio nacional entonces obtenido (14.70%), lo cual se debe exclusivamente a las pérdidas padecidas por el PAN en el Distrito Federal y en el Estado de México.

LAS RAZONES DEL NORTE

El PAN, decadente en su terreno electoral de predilección, se mueve hacia el norte. Varias causas deben haber contribuido a ello, aún no estudiadas y, por tanto, materia en este momento de simple reflexión u opinión.

Los conflictos internos tuvieron por fuerza que desempeñar un papel crucial en la organización y estrategia de las elecciones, pero el votante medio, por lo general informado de la vida de los partidos, no debió sentirse afectado por tales querellas. Más importante es lo que se refiere a Acción Nacional como receptor del voto de protesta. Hasta estas elecciones, era la única alternativa seria ofrecida al ciudadano que se oponía al PRI como partido de gobierno. Su tradición, la seriedad de sus líderes, llevaba al PAN a convertirse en el *all-vote catcher*, vinieran los sufragios de donde viniesen y lograba que en las urnas se mezclaran los votos a su favor procedentes de las clases medias y de las obreras, pero todos urbanos. El surgimiento, en el campo electoral, del PCM, ofreció una posibilidad igualmente importante al voto urbano de protesta, aunque, en este caso, colocado a la izquierda del espectro político. Es seguro que muchas boletas destinadas al PAN en esta ocasión se cruzaron por el PCM, y que quienes así lo hicieron fue por encontrar un espacio político conforme con su ideología. Debe sumarse la campaña electoral desdibujada y apática de los panistas del centro de la Repúbica.

La coincidencia de las elecciones locales del estado de Nuevo León con las federales le permitió al PAN hacer de aquellos comicios un caso de prueba y, de paso, maximizar sus gastos y su campaña electorales. La presencia de José Ángel Conchello como candidato del PAN a la gubernatura de Nuevo León, añadió un elemento de más fuerza a la posición panista; las divisiones entre los diferentes grupos del PRI neoleonés y la controversia desatada sobre Alfonso Martínez Domínguez y su candidatura priísta a la gubernatura, deben tenerse también presentes para entender el avance de las posiciones de la oposición de derecha. Un tercer factor importante es la carencia de fuerza del PCM en aquella entidad, donde el electorado de oposición se mantiene homogéneo en su orientación derechista. No debe perderse de vista el anticomunismo militante de los medios de comunicación locales.

Pero el PAN, regionalizado en este caso hasta el máximo, se convierte, de paso, en un receptor del voto de protesta contra el centro y lo que, con justicia, se considera su brazo electoral, el PRI. El voto por el PAN no parece ser un apoyo ideológico definido para una política también definida. No se puede pensar en el ciudadano de Monterrey, Monclova, Torreón o ciudad Obregón, apoyando a un partido político cuya vocación no es acceder al poder inmediato, sino educar lentamente al pueblo para llegar al poder en un futuro tan hipotético como improbable. La amplitud del voto panista en todo el norte del país —con excepción de Tamaulipas— sólo puede, pues, comprenderse como una actitud de enfrentamiento con el centro, en quien se ve a un defensor de los estados subdesarrollados de la República, considerados, de una manera a todas luces injusta, un lastre para el desarrollo y la pujanza norteños. Del mismo modo, la pérdida del distrito VII de Sonora por el PRI puede ser considerada como una contestación a la expropiación de tierras que se produjo en 1976 en aquel municipio. La inconformidad local se expresa en una protesta regional.

El caso del PCM

El partido más antiguo de México volvió a participar en las elecciones de 1979. De hecho venía a tapar un hueco abierto en la izquierda del espectro político que el PPS, desgarrado desde las elecciones de renovación de los poderes locales de Nayarit, no podía ya llenar. La división de este partido en dos fracciones, una encabezada por Cruikshank, manteniendo el lema de la vieja legalidad lombardista, y otra, dirigida por Gascón Mercado, cada vez más radical y cercana al PCM, impedía la presentación de una izquierda electoral aceptable. La negativa del PMT de participar en las elecciones, le dejó el campo libre al partido comunista, que tuvo una capacidad a todas luces importante para presentarse como la única alternativa seria al PPS y, también, para el voto de protesta. Sin poseerse una certeza absoluta sobre una transferencia de voto, es muy posible que una cantidad importante de los votos que eran recogidos por el PAN ahora se dirigieran al PCM —la coalición de la izquierda, en cuanto tal, no se dejó ver—, sin perder por ello su carácter de voto de protesta y, por tanto, sometidos a la misma movilidad e incertidumbre que los recogidos por Acción Nacional.

Hablar del PCM exige señalar, en primerísimo lugar, a un partido estrictamente regional y urbano, localizado principalmente en ciudades donde existen universidades controladas en mayor o menor medida por sindicatos dominados a su vez en mayor o menor medida por el PCM. La excepción es Culiacán. Como muestra basta un botón: entre el Distrito Federal y el Estado de México, obtiene 62.63% de su votación. Sólo en cinco entidades logra superar su promedio nacional de 5.09%: Distrito Federal, Estado de México, Nayarit —donde hereda la influencia de Gazcón Mercado—, Chihuahua y Guerrero. Como confirmación de la hipótesis antes expuesta —el PCM le resta una parte del voto de protesta al PAN— se encuentra una caída de Acción Nacional allá donde los comunistas logran una apertura electoral; así pues, a las cinco entidades federativas antes mencionadas deben añadirse estados como Jalisco, Morelos y Puebla, donde el PCM tiene resultados aceptables.

La presentación electoral del PCM como "coalición de la izquierda" ha sido llamativa en más de un aspecto. Los 700 000 votos obtenidos han sido una victoria importante y dan cuenta de la organización, disciplina y seriedad de esta coalición política encabezada y dominada por el PCM. Desde un punto de vista estrictamente electoral tiene una ventaja en la juventud de su electorado y en la calidad de éste —cerca de la mitad son estudiantes—, pero queda una duda sobre la motivación última del voto comunista —¿en qué medida es también manifestación de una protesta y no un voto por el socialismo?— que puede llevar a la misma fragilidad e inconsistencia del sufragio panista, pregunta que desborda el estrecho marco electoral y se inscribe de lleno en la vida política de la nación.

El gran éxito del PCM es haberse constituido en la tercera fuerza política organizada de México. Saltar de la ausencia electoral a tal lugar es un hecho poco común, que prefigura un combate triangular PRI-PAN-PCM en la próxima Cámara de Diputados, donde la homogeneidad y la disciplina de la minoría comunista puede terminar por borrar al resto de la oposición de izquierda y atraer a una parte de su electorado en las elecciones de 1982.

Los otros partidos minoritarios

Prensado entre el PCM y el PRI, el Partido Popular Socialista se halla en la peor situación de su vida política, al deber compartir tan exiguo espacio con una nueva formación, el Partido Socialista de los Trabajadores.

La vida electoral del PPS se antoja estacionaria en porcentajes aunque su caída en votos recibidos muestra una tendencia a la desaparición. Los 541 833 votos de 1973 se convierten en 479 426 en 1976 y no son ya más que 387 036 en las últimas elecciones. Es probable que la abstención lo haya herido como a todos los demás, aunque no deben olvidarse las querellas internas, las escisiones y la ambigüedad y equívocos de sus actuales dirigentes, sobre los cuales aún pende la espada de Nayarit.

La historia de la caída del PPS es aleccionadora en más de un sentido. Como todos los partidos, aquello que más le daña son las divisiones internas, causa de la paralización y dispersión del aparato político electoral y origen de la fraccionalización de la directiva. Pero esta historia también revela la equivalencia del voto de protesta mexicano y el papel secundario desempeñado por los partidos minoritarios en la captación de este voto: la protesta existe y se refugia en cualquier lugar, no es un voto por un partido del que se espera una actuación parlamentaria o de otro tipo, es un voto contra el PRI, sin más. Pero, por ser el voto un acto de compromiso mínimo, no puede ser considerado un voto antisistema; quien va a votar, de una u otra manera está aceptando la validez del sistema político o, al menos, su capacidad de coacción.

Si el voto del PPS es una caída continua desde 1973, la observación de los estados donde mostró alguna capacidad demuestra lo antes apuntado. En 1973 en Baja California Norte, el PPS se halló ante 42 213 sufragios (13.82%), porque el PAN no presentó candidatos. Al volver a participar este partido en 1976, la parte del PPS se reduce a un nuevo 3.09% (10 658 votos), no alcanzando los resultados de 1973 en 1979, donde queda varado en 4.4% (18 004 votos). Exactamente la misma situación aparece en Oaxaca: 27 334 votos (4.25%) en 1973 y 38 586 (6.11%) en 1976, cuando el PAN sólo presenta tres candidatos en el estado, dividido entonces en nueve distritos. En las elecciones del 1º de julio de 1979, vuelve a caer con sólo 29 490 (6.38%). Las ilusiones de 1976, cuando el mayor partido opositor, el PAN, no solicitó el voto antiPRI, apareció una leve esperanza para el PPS, pronto desvanecida. Pero sus males no terminaron ahí. Veracruz acogió al PPS para dirimir los pleitos regionales del PRI, pero la desorganización de aquél hizo de su voto una auténtica piel de zapa: 62 234 votos en 1973 (5.70%); 42 729 (3.63%) en 1976; 28 864 (2.46%) en 1979. La historia se repite en cuanto lugar tuvo un asomo de implantación. Incluso el Distrito Federal, tierra de promisión de cuanto partido existe ahora en México, lo rechaza de manera paulatina pero firme: los 163 656 votos que se contaron en su favor en 1973, apenas rebasaron los 110 000 en 1979. Más de 30 años de existencia parecen entrar en una crisis lamentable: el PPS ni crece ni muere, sólo vegeta.

La tendencia a regionalizarse también encuentra apoyo en el PARM. Agotado por las crisis internas presentes en todos los partidos —aunque en el caso del Auténtico son más visibles—, sin encontrar su lugar preciso en el campo ideológico (¿situarlo entre el PRI y el PAN?), halló una justificación para su existencia al convertirse en el refugio de los priístas inconformes de algunos estados, principalmente los de Tamaulipas, Sinaloa, Jalisco y Veracruz, lugares donde el PAN era de hecho inexistente. Su papel político fue importante en las elecciones locales; así en el sur de Jalisco logró arrebatarle algunas presidencias municipales al PRI, al acoger en su seno a algunos disidentes. Su apoyo sin desmayo al PRI en la Cámara de Diputados le hizo indistinguible de la mayoría, y, con ello, deshizo cualquier posible imagen electoral distintiva. De ahí, la imposibilidad de crear una imagen nacional y su necesidad de regionalizarse al no poder tener una directiva medianamente obedecida. De ahí, también, el refugiarse en los estados donde no hay un partido de oposición claramente percibido, como puede ser el PAN. Último punto, el PARM se inscribe en la zona de protesta regional en que se ha convertido el norte.

La generosidad de la ley electoral no pone en peligro la vida de este partido ultraminoritario: el más minoritario de todos, sin lugar a dudas. El mínimo de 1.5% de la votación nacional exigido por la ley para seguir manteniendo el registro, lo alcanza con trabajos indecibles: 1.82% en 1973; 2.52% en 1976 —cuando el PAN atraviesa la peor de las crisis— y 2.21 en 1979. La ley electoral de 1962 fue reformada en 1973, con la sola intención de mantenerlo presente en el juego electoral, pues de haberse mantenido la exigencia de 2.5% —que por lo demás ya no había alcanzado— su desaparición estaba de hecho asegurada. Quizá el mantener un voto favorable al PRI en la Comisión Federal Electoral llevó a esta consideración.

Ante el descenso ininterrumpido de sus cifras, su regionalización resulta aún más llamativa. Rápidamente en Tamaulipas —6.41% en 1973; 12.40% en 1976 y 16.84% en 1979— y muy lentamente en Veracruz —1.44% en 1973; 2.43% en 1976 y 4.70% en 1979— el PARM se asienta y manifiesta como una fuerza local en el noreste de la República. Es posible que su muy relativo poder en aquellas regiones dependa de su gesto de mal humor más del norte hacia el centro, aunque en este caso sin caer en la derecha, sino manteniéndose en la tradición revolucionaria encarnada por el PRI. El PARM aparece pues como un PRI sin PRI, es decir, sin idea nacional, sin disciplina y con una capacidad política que raya en lo inexistente.

La dispersión de los votos de oposición fue acentuada por la presencia del PST en la izquierda y el PDM en la derecha. Ninguno de los dos partidos tuvo capacidad para abrirse camino. Como siempre, los votos de la ciudad y del Estado de México los salvaron del colapso y les concedieron el registro definitivo, que no es visto con simpatía por ningún partido de la oposición. Dado que votos y partidos de oposición son fácilmente intercambiables, estas dos miniorganizaciones políticas se presentaron para morder en las clientelas electorales de la izquierda y la derecha. Un reparto proporcional —que más adelante se examina— a todas luces injusto e introducido con el único objeto de mantener una apariencia numérica de vida al PARM, confiere tanto a este partido como al PST una importancia numérica en la Cámara de Diputados que introduce una nueva distorsión en una representación popular ya de por sí distorsionada.

Los candidatos presentados por el PARM para las elecciones por mayoría relativa tuvieron resultados erráticos. El 42.65% obtenido en el distrito I de Tamaulipas y el 34.98% logrado en el VII de Oaxaca, se ven compensados por el 0.10% del distrito VII de Coahuila y el 0.04 del I de Campeche: un récord casi sin precedente en la historia de las elecciones mexicanas, que viene a poner en duda la apelación de nacional conferida a este partido.

Un problema decisivo: el voto urbano

El voto en las elecciones mexicanas no se manifiesta sólo por la cantidad —que expresaría una hipotética igualdad— sino por la calidad. El peso específico del voto de un ciudadano urbano supera con mucho al sufragio masificado del campo, que no es la expresión de una voluntad individual sino del control y fuerza de un partido. Las dificultades encontradas por el PRI en las ciudades son, en más de un aspecto, tan alarmantes para él como el abstencionismo. Cuando estos dos factores se conjugan puede hablarse de crisis. Y las elecciones de este año han manifestado claramente esta crisis en tres ciudades al menos: Monterrey, Ciudad Obregón y Torreón.

Para examinar esta situación no se pueden aceptar los índices de urbanización elaborados por la Dirección General de Estadística que proponen considerar urbana cualquier conurbación superior a los 2 500 habitantes. Al hacer un análisis electoral conviene tomar como parangón urbano las ciudades de más de 100 000 habitantes, pues entonces se tiene la seguridad de hallarse ante aglomeraciones humanas que no solo deben enfrentar los problemas propiamente urbanos (servicios públicos, educación —pública o privada—, cultura moderna, etcétera) sino que se ven obligadas a encararlos desechando los modos tradicionales y buscando, en la medida de lo posible, la innovación en todas las esferas de actividad. En las grandes aglomeraciones el control político no puede ser ejercido por uno o varios partidos, a menos de tratarse de un régimen totalitario, que no es el caso, ni con mucho, del régimen imperante en México. El voto urbano es, por principio, libre, con la excepción de algunos sectores cautivos de los partidos y, aún así, éstos no tienen la posibilidad de ejercer una vigilancia rigurosa del comportamiento electoral de aquellos sectores.

De los distritos de reciente creación, 128 de 300 pueden considerarse urbanos, pese a que, al ser rediseñados, algunos de ellos pasaron a una categoría ambigua —mitad urbana, mitad rural— que desvirtúa parcialmente la precisión del análisis. Tales fueron los casos de Puebla y Culiacán, a quienes se dividió en varios distritos (la ciudad de Puebla pasó de dos a cuatro, a los que se añadieron municipios rurales). La creciente e incontenible urbanización del país hace este tipo de operaciones cada día más difíciles e improbables. Debe, pues, tenerse presente este elemento para pensar en las elecciones por venir.

En los 128 distritos urbanos, las dificultades que ante el PRI se alzan revisten un carácter de gravedad que no se puede disimular. A los 3 200 000 votos, en números redondos, logrados por el Revolucionario Institucional, se oponen 1 140 000 —también en números redondos— obtenidos por Acción Nacional, debiéndose tener presente que para el PRI no sólo representan un tercio de su votación pero para el PAN son más de las dos terceras partes de su cosecha electoral. Y eso pese al retroceso que ya se ha visto del PAN en el Distrito Federal y el Estado de México, que no puede ser compensado, en términos globales, por su avance en el norte. Pero el desfallecimiento del PAN fue compensado —en contra del PRI— por la presencia comunista y de la izquierda en general, cuyos resultados se deben de manera exclusiva al comportamiento de las ciudades.

En 63 distritos urbanos el PRI no logra alcanzar 50% del sufragio (35 de estos distritos pertenecen al Distrito Federal) y sólo en 20 rebasa 60% del voto en su favor y esto se da casi siempre en distritos híbridos, urbano-rurales.

Un caso especial es Monterrey, donde la oposición panista mostró una fuerza insospechada hasta el día de las elecciones. Después de haber perdido dos distritos, la plaza fue conservada por el PRI por un estrecho margen: 121 183 votos contra 110 649. Los números son de por sí reveladores y encierran una enseñanza y una amenaza para el futuro. Contrariamente a cuanto se dio en el Distrito Federal y en los distritos urbanos del Estado de México donde la oposición se convirtió en oposiciones, o sea, se dividió en dos alas, la derecha algo más robusta que la izquierda, no poniendo en peligro real a ningún candidato postulado por el PRI, en Monterrey la lucha se bipolarizó desde el primer momento, desechando cualquier veleidad del PCM, el PARM, el PPS o cualquier otro partido de oposición, amenazando así el PAN en todos los distritos. En los dos distritos perdidos por el PRI, la oposición sin el PAN sólo logró 4.36% en el I, donde sólo hubo 1.51% de votos anulados, y 1.67% en el X, donde sí apareció 9.51% de anulados. La misma situación se produce en el II de Coahuila, donde la oposición menos el PAN sólo alcanza 3.08%, con 1.36% de anulados y en el VII de Sonora, donde, de nueva cuenta, la oposición sin el PAN se queda anclada en 4.58 por ciento.

Este comportamiento revela en primer lugar la existencia de una oposición unificada pero, en segundo, muestra una intención de votar últimamente. No es probable que Monterrey y Ciudad Obregón o Cajeme sean tan panistas como los números parecen indicar. Es cierto que son centros urbanos con una clase media asentada, segura, en vía de expansión; una clase media exigente en términos políticos, sin encontrar las estructuras políticas que piden y esperan para poder expresarse. La naturaleza y objetivos de su clase les impide mezclar sus votos con los de procedencia obrera y campesina; su situación geopolítica los aleja e incluso opone al centro. Es lógico, pues, que se oriente hacia una oposición de derecha —lo que que no quiere decir que se identifique ideológicamente con el PAN—, aunque ésta sea, hoy por hoy, el mejor instrumento para externar la protesta latente.

Así, por lo expuesto, en la medida en que se presenta una sola oposición —de derecha sobre todo— en las zonas urbanas, el PRI corre hacia las peores dificultades. La izquierda, por lo demostrado hasta ahora, tiende a restarle votos a la derecha y no al PRI, conviertiéndose así en un aliado involuntario de éste. Sola, la izquierda no parece ser un reto para el partido en el poder.

La representación proporcional

De los dos procedimientos ofrecidos por la LOPPE para distribuir las 100 curules entre los partidos que no hayan alcanzado 60 o más por elección mayoritaria, se eligió aquel capaz de preservar la vida de los más pequeños. Introducir el cociente rectificado era asegurarle la supervivencia al PPS, al PARM y al PDM, pues no se esperaba una actuación electoral tan desastrosa del PST. Y era también quitarle algunos diputados al PAN y al PCM, cosa que en efecto sucedió. De haberse establecido una proporcional integral al cociente en la República, los resultados hubieran sido:

PAN	PCM	PPS	PARM	PST	PDM
43	20	11	9	9	8

La introducción de las tres regiones —de una desigualdad evidente— y el juego previsible del cociente rectificado y el resto mayor, dio el siguiente resultado:

PAN	PCM	PPS	PARM	PST	PDM
39	18	11	12	10	10

La ventaja de los minipartidos es obvia, lo que ha llevado a protestas parcialmente justificadas por parte del PST, que se siente afectado sin tener en cuenta hasta qué punto fue favorecido por este método.

No existe un método de distribución proporcional absolutamente justo, con la excepción de la proporcional integral, que lleva aparejado el gravísimo problema de destruir las mayorías o coaliciones estables, entregarle todo el poder a los partidos y fraccionar los parlamentos hasta pulverizarlos. Cualquier tipo de reparto lleva también una intención que, tarde o temprano, se revela: en este caso fue mantener en vida a los menores de la minoría, lo que, por lo demás, no necesitaban de acuerdo con los resultados vistos y sí, en cambio, introdujo distorsiones, no graves, pero distorsiones al fin y al cabo, en la atribución de las curules.

El *split-tiket*, o voto dividido, no se ha dado de manera significativa si bien sí está presente. Muy pocos votantes eligieron a un partido en la elección mayoritaria y a otro diferente en la proporcional. El método proporcional está por completo fuera de los usos electorales mexicanos y no es fácil de comprender por los ciudadanos en sus mecanismos aritméticos. Tampoco se percibió el principio democrático que el doble voto entraña: elegir a la mayoría y, a la vez, a la oposición que se desea ver frente a esta minoría.

"Las elecciones federales de 1979", *Foro Internacional*, vol. XX, núm. 3, enero-marzo de 1980.

LA SUPERVIVENCIA DEL SISTEMA

Consecuencia o no del movimiento estudiantil de 1968, la oposición de izquierda ha vuelto a presentarse en México, primero en el terreno electoral y, después, en el universitario. El sistema político se halla ante la necesidad de reacomodar sus elementos más importantes para poder hacer frente la nueva situación —no cuesta demasiado preverlo— que va a determinar la década de los ochenta. De la capacidad de respuesta del sistema político dependerá la vida sindical, la universitaria, la parlamentaria y, más allá, la propia supervivencia del sistema político y de la organización actual de la sociedad mexicana. Quienes se juegan su porvenir en esta situación son, en primer lugar, los componentes de la clase política que militan en la mayoría.

El pacto con la oposición

El desigual y heterogéneo grupo que, en términos de Max Weber, ejerce la política como vocación se encuentra, una vez más, alejado de una nación a la que representa o dice representar y, a veces, gobierna. Enredada aún en un confuso cuerpo doctrinario que se empeña en llamar filosofía de la Revolución mexicana, la práctica cotidiana de la política resulta en algunos momentos tan incomprensible que se antoja va contra el propio interés de la clase política o, más precisamente, en contra de la fracción que hoy usufructúa el poder. A pesar de los 50 años de poder institucionalizado no muestra capacidad para establecer de manera clara e inequívoca para qué quiere el poder, qué piensa hacer con él y cómo piensa conservarlo. Los gobiernos vienen cediendo de manera paulatina pero ininterrumpida su capacidad de decisión al Estado, a la maquinaria anónima e impersonal que sustituye a los hombres concretos. El burócrata ha desplazado al político, la inercia a la voluntad.

Para ampliar un espacio político intolerable por su estrechez, el gobierno actual pactó una reforma con la oposición, pero exclusivamente con la oposición de izquierda. No se puede considerar el reconocimiento del Partido Demócrata Mexicano como una concesión a la derecha, pues el PDM no existe más que en el papel y su actividad política no supera a la del PARM. Ahora bien, la reforma política se produjo en el momento en que el Partido Acción Nacional se había suicidado en la convención de 1976 y el Popular Socialista había sido destruido por su secretario general durante y después de las elecciones de Nayarit, un año antes. En 1976 el campo estaba libre para nuevos partidos, aunque no es seguro, ni mucho menos, que los que contra viento y marea habían dado su voto a los viejos partidos estuvieran dispuestos a seguir las piruetas de los nuevos actores políticos. Los gestos de buena voluntad del Partido Comunista Mexicano, en ese momento, prodigados hacia el PRI, fueron más que evidentes: el señor Valentín Campa aceptó simular una oposición no registrada y electoralmente inútil. Pero ayudó al sistema político-electoral en el trance difícil en que lo había situado el gobierno anterior. Hay favores que no se olvidan.

La intención del PCM y las asociaciones y fracciones de partidos destruidos que en 1976 le siguieron ofrecían, con todo, una imagen de seriedad, responsabilidad y disposición a aceptar las reglas del juego indispensables para participar en la vida parlamentaria del país. La escena política quedó lista para trocar una oposición de derecha víctima de su oligarquía y de sus carencias en la lectura de las situaciones políticas coyunturales, por una oposición de izquierda renovada y ajena a las ambigüedades que venía arrastrando el Partido Popular Socialista.

La reforma política resultó tanto de la voluntad del gobierno de encontrar nuevos interlocutores capaces, como de una vieja regla no escrita, y menos aún confesada, que ha dominado en la vida política mexicana: cuando un espacio político o social no puede ser cubierto directamente por el Estado, se busca una alianza, entre socios desiguales y asimétricos, con aquella parte de la oposición capaz de controlar dicho espacio. Si en el siglo XIX y en lo que va del XX los caciques cumplieron esta función, hoy son los partidos de oposición quienes reciben ese poder vicario del Estado y lo mantienen en la medida que se pliegan a las reglas del juego.

Al promulgarse la reforma política (reconocimiento de los partidos de oposición hasta entonces considerados simples asociaciones políticas, nueva ley electoral, ampliación del número de diputados, amnistía parcial de los perseguidos políticos) se intentó, por parte del gobierno, no una redistribución del poder real sino una relocalización de los conflictos en el parlamento y en los medios de comunicación masiva, quedando las universidades —sede de la izquierda comunista o no— situadas en una zona de ambigüedad y claroscuro. Frente al proyecto político global del Estado, que intentaba volver a vincular al país real con el legal, sobre todo con la representación popular, las oposiciones tanto de derecha como de izquierda se refugiaron en políticas fragmentarias. La universidad se ha convertido así en un absceso de fijación y en su recinto quedan encerrados y son visibles todos o casi todos los problemas nacionales.

Del pri-pan al pri-pan-pcm

Pese a la nueva disposición de las fuerzas políticas y a la intención del gobierno, las elecciones de julio de 1979 vinieron a comprobar, con las cifras en la mano, cómo el PAN, es decir, la derecha, seguía siendo el partido número uno de la oposición, cosa que se esconde en una prensa sesgada pero de juego traslúcido, si es que no transparente. El PAN no sólo sigue siendo un partido colocado a la derecha del espectro político nacional a pesar de sus negativas, sino que se obstina en dejar abiertas las heridas de 1976 y no encuentra manera de soldar sus fracturas internas. Es posible que sus triunfos en el norte y su incontenible caída en sus baluartes tradicionales le abra el camino a la fracción del señor José Ángel Conchello, representante de las posiciones más duras, conservadoras y combativas. No se puede aceptar que el país, el país abiertamente opositor en el plano parlamentario, esté a la izquierda. La derecha, hasta ahora, ha mostrado tener más electores, aunque sus partidos den señales de debilidad y desconcierto.

La posibilidad de un bipartidismo reflejada en el binomio PRI-PAN aparece, después de las elecciones de julio de 1979 como un sistema triangular PRI-PAN-PCM. La situación del PRI se complica al no encontrar entre su ala izquierda y el PCM un partido colchón; el PST quiere desempeñar ese papael sin tener mayor éxito. Este colchón quizá hubiese sido posible de haberse presentado el Partido Mexicano de los Trabajadores a las elecciones. Pese a las facilidades proporcionadas a la oposición de izquierda, ésta no logró, ni de lejos, lo que se había propuesto. Para el Comité Central del PCM,

> la importancia de estas elecciones (1979) trasciende a otros asuntos de la vida nacional, debido a que en ellas se pondrá a prueba la efectividad de la reforma política realizada por el gobierno actual, *y se revelarán las tendencias del electorado* en un momento de elevación del descontento popular y de ascenso de las acciones reivindicativas de los trabajadores.*

Los 700 000 votos logrados por la Coalición de Izquierdas que encabezó el PCM representó 5.09% del voto emitido, lo que vino a aguar ciertas esperanzas y a despertar los viejos demonios. Además, no debe olvidarse que 62.63% de sus sufragios los obtiene en el valle de México, lo que

---

* Informe de la Comisión Ejecutiva al 13 Pleno del Comité Central del PCM, presentado por el C. Arnoldo Martínez Verdugo, secretario general del comité Central, 14 de mayo de 1979. Las cursivas son mías.

hace de esta coalición la formación política más estrechamente regionalizada y más socialmente localizada: universitarios, profesionistas, algunos obreros especializados son su clientela electoral. Está lejos, muy lejos, de tener los rasgos de los partidos comunistas europeos: el PCM es, sin lugar a dudas, el partido de élites más perfilado de México. Y es, sus directivos son los primeros en reconocerlo, un partido comunista sin masas, a lo que se puede añadir que su clientela más firme en México es mayoritariamente de clase media.

Los partidos determinan su presencia y su fuerza en el tablero político ya sea por su fuerza electoral y sus afiliados, o por sus élites, su disciplina y su capacidad ideológica. Al caer lleno en esta última categoría, el PCM se ha visto obligado a replegarse a sus bastiones —los sindicatos universitarios— y a buscar alianzas coyunturales, tanto con los diputados como con el Congreso del Trabajo. La capacidad de respuesta de las universidades y del movimiento obrero no son términos comparables y los problemas a los que se enfrentan varían de grado, de magnitud y, en más de una ocasión, de naturaleza, aun teniendo en cuenta la presencia de cuestiones laborales en ambos. Que la universidad es el eslabón más débil no puede ni discutirse. De ahí la concentración de los esfuerzos sobre los sindicatos universitarios, para intentar conquistar los centros de educación superior por la base.

Entrar en un conflicto directo con el movimiento obrero organizado significaba para el PCM firmar sus sentencia de muerte. Es más, el movimiento obrero parece haberle ganado la mano en un primer encuentro al publicar lo que se conoce como el Manifiesto a la Nación y hallan con él no sólo el apoyo entusiasta de la izquierda organizada sino de los escritores no encuadrados por el PCM pero que aceptan acompañarle en su largo peregrinar. La vía obrera esta cerrada por el momento y lo permanecerá mientras el Congreso del Trabajo y la CTM mantengan la cohesión que ha hecho de ellos los únicos interlocutores realmente escuchados tanto por el gobierno como por la empresa privada: no quedan expeditas, pues, más que las instituciones de educación superior.

LA CAÍDA DE LA UNIVERSIDAD DE ESTADO

Las universidades mexicanas fueron, hasta los años sesenta, centros fundamentalmente conservadores, tanto de la cultura como de la política. No encontraron ante ellas ni resistencia del Estado ni una oposición de clase alguna después del conflicto Caso-Lombardo —el presidente Cárdenas se limitó a fundar el Instituto Politécnico Nacional, abandonando a la UNAM a su suerte—. El crecimiento acelerado de las universidades, la falta de una planeación de la educación superior con la consiguiente ausencia de cuadros superiores capaces de guiar a las nuevas generaciones, y el haberse utilizado a los centros de educación superior y a los de instrucción media que de ellos dependen como receptáculos para esconder el desempleo, cambiaron la naturaleza y las metas de la universidad.

La autonomía fue un elemento más de la situación al no poder defenderse la universidad más que con la ley en la mano: el de 1972 fue claro ejemplo de lo que un grupo organizado y decidido puede lograr. Antes, en 1966, la salida del doctor Chávez de la rectoría, ante la indiferencia o beneplácito de las autoridades civiles de la nación, había señalado a las oposiciones el camino a seguir. Pero antes aún se había visto la primera reacción de los grupos empresariales mexicanos: la fundación de la Universidad Autónoma de Guadalajara y la del Instituto Tecnológico de Monterrey eran los primeros pasos para excluir a las clases medias inscritas en las universidades de los conflictos políticos que impedían el funcionamiento de la investigación y la docencia en los centros de educación superior.

La proliferación de las universidades privadas que desde entonces viene acelerándose es, de hecho, la misma respuesta que la burguesía media y las clases empresariales dieron a la educación socialista: retirar a sus hijos de las escuelas oficiales y refugiarlos en los establecimientos privados. Curiosamente, hoy hasta los vástagos de algunos miembros del Comité Central del PCM acuden a las escuelas particulares, quizá en espera de acudir a las universidades privadas.

Estas reacciones en cadena han producido una consecuencia que por fuerza afectará no sólo a la investigación y a la docencia, sino incluso a la clase política mexicana que muestra tales signos de cambio que puede pensarse en una mutación. El surgimiento de una tecnocracia —hasta ahora formada en la UNAM— ha modificado en sus cuadros intermedios la composición social y el sistema de valores de la clase política. La eficacia ha sustituido, en más de un organismo gubernamental, a las consideraciones de orden político y, cuando éstas son tomadas en cuenta, son analizadas como un costo, no como un factor ideológico o una exigencia social. Piénsese en cuáles serán las opciones políticas del Estado cuando las secretarías técnicas o económicas queden en manos de los egresados del ITAM, el ITM o de la universidad Anáhuac.

La violencia verbal y escrita de la universidad de Sinaloa ante el anuncio de la fundación de la nueva universidad de Occidente es clara señal de cómo el PCM —pues allí domina este partido— advierte el dilema inevitable: ante la caída de las universidades públicas se presenta la sustitución de éstas por las privadas en todos los niveles de la actividad nacional. Una universidad democrática, popular, crítica y revolucionaria, va a producir cuadros revolucionarios; la industria, la agricultura, la ciencia y, ¿por qué no?, las ciencias sociales van a alimentarse paulatinamente con los egresados de las universidades privadas. Y, además, los cuadros del Estado van a reclutarse en este tipo de establecimientos. Sólo la miopía y avaricia del sector privado nos ha salvado de estar ya en manos de sus establecimientos.

Proyectos incompatibles

¿Hay, pues, una clara conciencia, en el Estado y la izquierda, del papel desempeñado por la educación superior? ¿O cree el Estado que la universidad desempeña un papel secundario que no afecta el proyecto nacional por él propuesto y, hasta cierto límite, impulsado? La respuesta dada —a través de la reforma del artículo 3º constitucional— no aclara el panorama de la educación superior. En el mejor de los casos sólo disipa ciertas dudas planteadas hace años.

La politización de las universidades se consideraba una consecuencia inevitable de una vida política mínima que se enfrentaba a la barrera infranqueable de la inexistencia de partidos políticos que, en su triste vegetar, se mostraban indiferentes ante los problemas sociales. La oposición de izquierda se encerraba en las universidades por ser un espacio político abierto e indefenso, aprovechando las peores y más despreciables ocasiones para adelantar sus peones (la barbarie de que fue testigo la UNAM en 1972 es considerada por el señor Gerardo Unzueta "una victoria de los servidores manuales y administrativos de la UNAM").

La intromisión de la política partidista en la universidad fue vista por el Estado como un mal menor. Las diferentes fracciones del PRI, por lo demás, ya la habían utilizado en más de una ocasión para dirimir sus pleitos. Pero sin una presencia manifiesta de los partidos, sin capacidad para decidir por cuenta propia ninguna opción política, con una masa estudiantil ajena —con la clara excepción de la Facultad de Derecho— a las carreras político-burocráticas y con una enseñanza auténticamente plural a través de la libertad de cátedra, se creyó en la inanidad de la universidad como actor político.

El problema estaba —hoy se ve— mal planteado, pues si los centros de educación superior no intervenían directamente en el acontecer político, proporcionaban al Estado lo mejor de sus cuadros superiores y medios, previamente socializados y entrenados para el ejercicio político, quizá sin una orientación explícita, pero dentro de un amplio marco nacionalista y de los más gruesos postulados de la ideología dominante del Estado. El ya mencionado alud de estudiantes y la macrocefalia de la UNAM transformaron la naturaleza del cuerpo académico, el deber acudir a un nuevo tipo de profesor para hacer frente a un nuevo tipo de estudiante. Quienes llegaban a la universidad socializados de padre e hijo y frecuentemente de abuelo a nieto o bisabuelo a biznieto, fueron sustituidos por nuevas generaciones para quienes la universidad no era ya el paso obligatorio hacia las profesiones liberales, sino el camino hacia el empleo asalariado, ya fuera en la empresa privada ya en el Estado. La modernización, con la consiguiente expansión de la burocracia estatal, lo imponía y lo impone.

Por ello, el proyecto del Estado y el de la izquierda son, por fuerza, incompatibles: o la universidad es, además de la creadora de los cuadros sociales de la nación, la cantera del servicio público, o lo es de la revolución. A elegir. Es más, en México no se da la opción francesa, donde los altos funcionarios se forman en las llamadas grandes escuelas del Estado, abandonando la universidad a una función crítica y día tras día disminuida, generadora de empleos semicalificados y socialmente inoperantes.

No puede, el Estado mexicano, desentenderse de la universidad —es decir, entregársela a quien de manera manifiesta y sin rebozo pide su destrucción— sin saber que su suerte queda con ello sellada. Y no sería la izquierda la beneficiaria de la operación: la derecha, los grupos empresariales, tan pronto como se decidan a invertir seriamente en la educación superior, adquirirán una posición de fuerza incontenible y el Estado será conquistado por ellos desde dentro.

La reacción de las clases medias

Frente a la postura, hasta donde cabe cautelosa, del PCM, se alza una izquierda inorgánica, maximalista y violenta que será para los comunistas el principal enemigo a vencer dentro de la universidad. De poderlos neutralizar y, para ellos mejor aún, eliminarlos, no encontrarán enemigo enfrente en las universidades creadas y mantenidas por el Estado. A menos que no se cuente con un actor que curiosamente no se mencionó ni por asomo en los debates sobre la autonomía, a las clases medias, que son la clientela por excelencia del mundo universitario. Parecería como si la nación entera se avergonzara de la existencia de estos grupos sociales, empezando por el PRI, que fue incapaz de enfrentarse a este problema.

No cabe duda de que la clientela de los partidos políticos, sobre todo su clientela electoral, es urbana y de clase media. La de todos los partidos: de eso no se escapa ni uno, pues si el PRI cuenta con un electorado cautivo en las zonas rurales, de sobra conoce, como la Coalición de Izquierdas, el PAN y los partidos minúsculos, que el elector urbano tiene un peso decisivo a la hora de tomar las decisiones políticas de mayor importancia. Las clases medias están, por ahora, inarticuladas, sin medios de expresión ni de presión, pero no fuera más que su importancia numérica y su posición estratégica en la sociedad, pueden convertirse en breve plazo en un factor desestabilizador de primera importancia.

Una ruptura entre ellas y el Estado puede ser tan peligrosa o más que una ruptura entre el movimiento obrero organizado y este mismo Estado. No encuadradas, erráticas, políticamente desdeñadas y, en la presente situación, deslizándose lentamente hacia una semiproletarización, se hallan en la peor situación política: disponibles. Aferradas a su posibilidad meritocrática y buscando hacer carrera en los organismos del Estado, al entregar la universidad a la izquierda organizada o no, PCM o *gauchiste,* se las envía hacia las asociaciones de padres de familia, grupos empresariales y universidades privadas. Si es que no a algo peor.

"La supervivencia del sistema", *Razones*, núm. 1, 14-27 de enero de 1980.

DE LA REFORMA POLÍTICA
A LA "TRANSA" PARTIDISTA

Como era de suponer, la reforma política no podía demostrar su validez en la sola prueba de unas elecciones federales. Ni tampoco estaba sólo a prueba la actitud que asumiera el gobierno federal ante lo que las cámaras habían aprobado. Los medios de comunicación masiva, los partidos de oposición, los electores y las autoridades locales debían y deben probar la aceptación de unas reglas necesarias para introducir una forma de gobierno más democrático, más liberal y más representativo. Si la primera de estas pruebas fue vista y aprobada por todos los partidos, las elecciones locales que se han llevado posteriormente a cabo en Nuevo León, San Luis Potosí y Jalisco han arrojado una luz poco promisoria sobre la aplicación y consolidación de la reforma política tan pronto como ésta trasciende los límites del poder federal.

El caso de las elecciones municipales de Ciudad Valles es por más de una razón ejemplar. Son conocidas por todo el mundo las dificultades que han surgido cada vez que debe renovarse el ayuntamiento de aquella localidad, las escisiones que han sufrido los partidos y grupos contendientes, los cambios siempre sorprendentes de los candidatos. No es un problema que atañe sólo a Ciudad Valles; el cercano estado de Tamaulipas y el norte del estado de Veracruz se han visto siempre envueltos en situaciones similares. Puede decirse que el noroeste de la República tiene una vida política en ciertos aspectos distinta y diferente al resto del país.

Por ser la mayor parte de sus dirigentes oriundos de San Luis Potosí, no es de extrañar la presencia súbita del PDM en aquel estado, a pesar de su muy limitado éxito en las elecciones federales. El meollo del problema es la protesta del PDM ante los resultados, las manifestaciones públicas en contra de dichos resultados y el arreglo final que, como es de conocimiento público, terminó en una transacción entre los partidos —PRI y PDM— contendientes. La transa, más que transacción, consistió en entregar al PDM la policía, la tesorería y las obras públicas del municipio, o sea, todo menos la presidencia municipal.

Este acuerdo entre los partidos ha sido visto como un adelanto de nuestras costumbres ciudadanas y como un paso adelante de la reforma política. Lamento disentir de tales afirmaciones, pese a la validez de algunos argumentos. Se ha dicho, por ejemplo, que en el terreno político la intransigencia es inútil y perniciosa para la salud de la sociedad, que la negativa absoluta lleva a una oposición también absoluta que imposibilita no sólo el diálogo sino incluso la vida de los partidos, obligados a cerrarse en oposiciones a ultranza, eliminándose así del juego del poder.

En el caso de Ciudad Valles —los de Nuevo León y Jalisco son por completo diferentes, aunque algunas consecuencias sean muy parecidas— se planteó de manera inequívoca cuál debe ser la función de un partido, y la primera de todas es coadyuvar a la vida democrática, como reza en la Constitución. No hay opinión pública sin partidos y no hay posibilidad alguna de gobierno igualmente democrático sin pluripartidismo, es decir, sin oposición.

Para no alargar la necesidad de existencia de los partidos políticos, baste decir que no hay país independiente donde éstos no existan, así se trate de un partido único, solitario y monolítico. Pero estas organizaciones están sometidas, antes de actuar, al control de los electores, que determinan el tamaño de su representación y, con ello, establecen de manera parcial su fuerza en la vida política. No quiere decir esto, ni mucho menos, que el ciudadano extienda un cheque en blanco al partido para que éste le añada o quite ceros o se lo endose a quien mejor le parezca. El PDM, no habiéndose presentado en una coalición o lista común, no tenía más mandato de sus electores que ganar la lista completa y aún no se puede saber sobre qué reglamento, ley o decisión legal se pudo llegar a dividir los cargos municipales. Fue, pues, un arreglo económico —en más de un sentido— entre partidos que sustituyeron a los ciudadanos y sin mayor forma de consulta deciden repartirse los despojos de la elección.

En México, con raras excepciones, tan honrosas como raras, la distancia entre el ciudadano y el partido es gigantesca. No es un fenómeno exclusivamente mexicano. En todo el mundo la desconfianza hacia los partidos y su personal impera sobre cualquier otro sentimiento, y en el mejor de los casos se los considera un mal necesario. Ahora bien, cuando el partido o los partidos deciden tomar decisiones donde su interés se antepone a una voluntad expresa del electorado, empiezan a cavar su tumba. ¿Espera el PDM aumentar su fuerza electoral o sus simpatías después del arreglo? En la historia muy reciente encontramos un ejemplo aleccionador: Nayarit. El señor Cruikshank, tan contento hoy de ver a los soviéticos en Afganistán, aceptó, aunque para su beneficio personal, un compromiso parecido en una situación análoga, acabando así con un partido que por pequeño que fuera respondía a una tradición: y no hay nada más difícil que crear un partido nuevo. Lo que el general

De Gaulle llamaba las delicias y los venenos del sistema se encuentran hoy en la oposición.

El esceptismo se presenta cuando se nos habla de cambio de mentalidad, cosa que se asemeja a solicitar un cambio general de cultura. En este caso de cultura política. La introducción de los diputados de partido, las reformas electorales de 1973 y 1978, los pactos del gobierno con los partidos de oposición, fueron una lucha, quizá tímida, contra el abstencionismo, la indiferencia y el cinismo político, tan dañino para el poder como para la oposición. Que una vez puestas en marcha las reformas, tanto el PRI como el PDM busquen entendimientos al margen y por encima de los electores, es prueba de que los partidos y quienes están detrás de ellos no han entendido aún el alcance del instrumento que tienen en la mano.

"De la reforma política a la 'transa' partidista", *Razones*, núm. 2, 28 de enero-11 de febrero de 1980.

¿VA A TRIUNFAR EL REFORMISMO?

La Reunión de la República fue una prueba más de la reforma política o, si se quiere, un examen al que hubo de someterse la clase política del país. La distraída, escasa y dispersa atención que la opinión pública concede a los dichos y hechos de la vida parlamentaria cambió hacia las actividades del Poder Ejecutivo. Los poderes federal, estatal y municipal saltaron al proscenio que habían cedido en parte a diputados y senadores entre los meses de septiembre y diciembre del año pasado.

Es posible que los tres poderes de la Unión colaboren, pero es inevitable que uno de ellos acapare la atención si no del público, al menos de la prensa, el radio y la televisión. La comparecencia de secretarios de Estado y directores de empresas descentralizadas hizo de la Cámara de Diputados el escenario principal, y su presencia en el recinto de Donceles se consideró erróneamente una concesión graciosa del Ejecutivo al Legislativo o un juicio público de los éxitos o fracasos del primero.

De los pesebres de Donceles al ceremonial de Veracruz

Las comparecencias de los secretarios y la discusión de algunas iniciativas en que estaban comprometidas algunas de las instituciones más importantes y necesarias del país comprobaron, en parte, la ausencia de una vida parlamentaria, interrumpida desde hace casi 40 años. El desorden, la falta de un mínimo de respeto hacia la institución legislativa por parte de los propios diputados, la confusión en los debates y el ausentismo de parte de los representantes populares vinieron a comprobar —de haber sido necesaria una comprobación— que las reformas no cuajan de la noche a la mañana. Si el Parlamento quiere ser respetado, tiene que empezar por respetarse a sí mismo y, entre otras cosas, deben los diputados dejar de comer en sus curules, que a eso de las dos de la tarde parecen pesebres o un Boing 747 después de seis horas de vuelo.

La ausencia de rigor, disciplina y amor propio que se palparon en la Cámara de Diputados contrastaron con el estricto ceremonial y el ritual de Veracruz. La presencia del Presidente de la República tiende a estereotipar los actos que él encabeza: los asistentes se apegan a un protocolo hierático que remite al acto religioso —nadie, ni el más ateo, se ríe durante la misa—. El rito sirve para establecer los gestos y las palabras, los signos externos en que confían los fieles, al encontrar en ellos un aspecto mágico que los une e identifica. ¿Cuántos de los allí congregados sabían de verdad qué los había convocado?

Dejando de lado una disciplina de por sí significativa en el comportamiento externo, la obligación de hablar a que se vieron sometidos algunos de los participantes mostró los cambios que el país ha vivido. El primero es que dentro de la clase política ha brotado una élite política, un grupo que se distingue de su clase por virtudes o defectos, que no corresponden a todos los que se dan a la misma actividad —en este caso la política—. En segundo lugar vendrían las distinciones y diferencias que el lenguaje político —no la oratoria— revela.

Hoy es un lugar común la distinción entre políticos y tecnócratas dentro de nuestra clase política. Esta distinción no responde sólo al tipo de carrera seguida, a los cargos que el político y el tecnócrata han ocupado, a su estilo de vida y a sus orígenes sociales: sino a la voluntad de considerar la actividad política como una consecuencia de la tradición, o el resultado de un esfuerzo de la razón para imponerse sobre una realidad social y económica que parece escaparse a la voluntad.

La seguridad del político

El político se muestra cada día más seguro de su método, de su manera de actuar. Tiene en su haber la fuerza de lo que ha dominado durante siglos, el convencimiento de la bondad de lo probado y experimentado que, en pocas palabras, en México consiste en no exponerse, en plegarse a unas reglas tan seguras como establecidas y santificadas por el tiempo. Si su afán es llegar al poder, en pocas o ninguna ocasiones expuso qué hacer con el poder a que aspira, o del que disfruta. El catecismo se reza acompañado por las genuflexiones que la ocasión exige, aunque a veces se modifique la oración y se caiga en el dislate que, de todos modos, llegará adonde se quiere enviar. Por ejemplo, ¡pero qué ejemplo!: "A Hidalgo, en donde radicó Quetzalcóatl, supremo maestro de manos hacedoras, cuyas técnicas tendrían inconcebidas ramificaciones en la minería de Bartolomé de Medina, o en la puntería matemática de Felipe Ángeles", dijo en Veracruz el gobernador Hernández Ochoa.

Acudir de nueva cuenta a la Revolución mexicana, a la Constitución de 1917 o las tinajas de San Juan de Ulúa, es referirse de manera simultánea a hechos históricos concretos, que sólo de modo impreciso son del dominio público o a la mitificación de estos mismos hechos, con la agravante de que el mito, cuando pierde el misterio por repetirse constantemente y transformarse en un lugar común, pierde su poder mágico.

La verborrea del temor

No hay extrapolación extralógica, como puso de moda decir Antonio Caso, y menos aún una interpretación abusiva de Levi-Strauss. Se trata sólo de señalar por qué la clase política tradicional sólo acepta la reforma política de dientes para afuera, y se opondrá con todo lo que le venga a mano a que se abra paso en el México de nuestros días.

El intento racionalizador y modernizador de la reforma política se convirtió, tan pronto como empezó a discutirse, en una amenaza permanente —o al menos así lo cree él— para el político. El hecho de que algunos, en su oposición incondicional, se vieran expulsados del juego, llevó a los demás a entender y aceptar la necesidad de plegarse, aunque en el fondo de su corazón se aterren ante cualquier cambio en la situación prevaleciente. El juego cerrado, exclusivo y excluyente se considera aún la norma: el poder descansa en el mito, en el tesón y en la suerte; es una gracia y no un juego abierto; el poder se concede o se otorga: jamás se gana. La teoría de los dominós obsesiona: perder una alcaldía para el PRI se considera el principio del fin, sin detenerse a pensar cuál es la fuerza real del partido dominante y dónde radican las debilidades de la oposición. En resumen, la verborrea confiesa el temor y la impotencia, el miedo que no se quiere mostrar pero paraliza.

Sería absurdo pretender que todos los políticos actúan de cartabón. De ser así, hace tiempo que el sistema habría visto su fin. Y por lo mismo hay tecnócratas que fincan su supervivencia multiplicando hasta el infinito las citas del Presidente, sustituyendo la imaginación por las tijeras y el engrudo.

Del consenso nacional al parcial

La legitimidad de un gobierno reformador —si de verdad quiere reformar, así sea con toda la prudencia del mundo— debe cambiar de asiento. Los gobiernos revolucionarios se asentaron en una primera época en el poder de las armas, pero de inmediato supieron proponer un proyecto nacional que fue capaz de durar y de convencer, porque, aunque no haya sido sino de manera parcial, se cumplió y, mientras halló manera de movilizar al país, no hubo nunca un reto a la legitimidad del sistema político. Los fracasos y el agotamiento del proyecto posterior al gobierno avilacamachista fueron creciendo hasta obligar a replantear las propias bases del consenso nacional —que quizá ya no sea consenso general—. Si la reforma política es el primer paso para hacer de los electores la instancia decisiva de la organización del Estado, no se podrá evitar que el poder cambie no sólo de localización, sino incluso de naturaleza. Tal es el temor de una fracción de la oposición de izquierda... y de los políticos, aunque las razones del temor varíen.

Al aceptar y reconocer a la oposición y abrir la participación con todo y el monopolio que los partidos quieren ejercer sobre ella, comienza un proceso de modernización política, administrativa y fiscal, pese a las grandes zonas de actividad del Estado que deben ponerse en consonancia con el crecimiento de la nación. La resistencia de la clase política más tradicional no está pendiente del aire: encuentra apoyos firmes y seguros en una parte del país que no quiere oír de cambios y menos aún de responsabilidades, que no sólo se conforma con un Estado benefactor en la medida de sus posibilidades, sino que añora un Estado despótico pero siempre igual a sí mismo. El político, al saberse comprometido con una realidad que le sostiene y alimenta, trata de conservarla sin cambio alguno. La reforma es, para él, el suicidio.

Sin embargo, de todo esto el político profesional sigue siendo una pieza indispensable del sistema, porque si el técnico y el tecnócrata están obligados a proponer y cumplir con los programas nuevos, no pueden, en cambio, generar su propia legitimidad, así sea montándola en los proyectos de modernización del país.

Cualquier ruptura de una situación dada debe enfrentarse tanto con la inercia social como con una oposición activa de los grupos que pierden en el cambio. La modernización en México ha sido en la mayoría de los casos impulsada por el Estado y por el ala tecnocrática del gobierno: desde la implantación del seguro social obligatorio hasta la limitación de la natalidad, supieron predecir cuáles serían los problemas que se iban a presentar en un horizonte apenas visible. No viene al caso en este momento historiar la resistencia pasiva o activa que se hubo de vencer. Pero el tiempo le dio la razón al Estado, probablemente por haber sabido modificar una situación que al mismo tiempo la controlaba.

La ceremoniosa aceptación del paquete de reformas que se examinó en Veracruz marcó una vez más el abismo que media entre el gobierno federal, los gobiernos de los estados y los municipales. Todos los participantes se hicieron lenguas de la reforma política, de la administrativa y de la fiscal. Pero aún se puede preguntar ¿hasta qué punto va a triunfar el reformismo?

"¿Va a triunfar el reformismo?", *Razones*, núm. 4, 25 de febrero-9 de marzo de 1980.

AUTORITARISMO DE LA CLASE OBRERA

LA HISTORIA ha hecho de México un país autoritario. Sería inútil insistir en cómo se gobierna, cuáles son las actitudes de los mexicanos ante el poder y, en última instancia, por qué toda nuestra cultura, política o de otro tipo, está dominada por una actitud reverencial ante la autoridad. Bastaría interrogar al primer hombre, mujer o niño que pase por la calle para advertir hasta qué grado el autoritarismo domina en la familia, las relaciones sociales o la vida política. La identificación profunda entre nuestra cultura y las intenciones del Estado ha permitido seguramente llevar adelante la creación de un conjunto de instituciones capaces de garantizar una pasadera sociedad y una admirable consolidación nacional.

Si el Estado ha sido hasta ahora, pese a las denegaciones piadosas, el *deus exmachina* de la creación y vida de nuestro país, fue este mismo Estado quien en los últimos años emprendió una reforma cuyas consecuencias finales serán el cambio total de la cultura política nacional o el fracaso también total de la empresa reformadora. Un intento democratizador del sistema político sólo puede afirmarse cuando encuentre un eco firme y preciso en las creencias, actitudes y comportamiento del mexicano medio. No puede haber un Estado democrático frente a ciudadanos que no lo son.

La cultura es inerte, excepto en algunos segmentos de la sociedad donde la innovación, el cambio y la transformación son tanto una voluntad como un oficio. Esta actividad prometeica no suele ser bien vista y, peor aún, choca de lleno con la red de intereses creados que —es obligatorio decirlo— mantiene a la sociedad en pie y sobreviviendo: introducir un cambio, una alteración cualquiera, es entrar de lleno en la aventura y en lo imprevisible. Los actores sociales, tan pronto como ven modificados sus puntos de referencia, adoptan un comportamiento aberrante. Algo de esto ha sucedido con el sector obrero del PRI y, de manera muy especial, con el grupo parlamentario obrero elegido en 1979.

La clase obrera es, de cuantas componen cualquier sociedad, la más autoritaria en sus formas culturales. Esto no se debe a la casualidad. La fábrica, el sindicato, la escuela proletaria, sus publicaciones, todo transmina autoritarismo, relaciones jerárquicas e inconmovibles, responsabilidades ineludibles y un sistema de premios y castigos que nada tiene que ver con la buena o mala voluntad. No es culpa, desde luego, del obrero y del mundo deshumanizado donde vive, consecuencia de una revolución industrial que, nacida en el siglo XVIII, impuso sus normas, sus reglas y sus leyes que, hasta ahora, nadie ha podido poner en entredicho. De los Estados Unidos a la República Popular de China, pasando por la República Federal de Alemania y por la Democrática también, y no se diga nada de la Unión Soviética, el medio obrero y su cultura, con algunos matices que los distinguen, es el mismo —añadamos a esto el fracaso de la autogestión yugoslava—.

Resulta natural que la actuación del sector obrero en la Cámara de Diputados haya reflejado el desdén por unas libertades formales —sólo aparentemente formales— que otra vez, es necesario señalarlo, sólo de manera tangencial determinan su vida. El acuerdo entre la oposición de izquierda y el sector obrero para apoyar una iniciativa de ley que de hecho entregaba la universidad al PCM es la prueba fehaciente del desinterés obrero por este tipo de libertades.

Pero hay algo más. Se ha considerado que el sistema político mexicano dependía plenamente del pacto obreros-patronos-Estado, y que una modificación de este pacto acarrearía una alteración general del sistema. Esta idea —como todas— encerraba una parte cierta y, al mismo tiempo, un chantaje político mutuo: era una manera de mantener una situación donde los tres actores presentes ganaban a expensas de los ausentes: campesinos, clases medias, marginados, etcétera. Sobre esta premisa puede pensarse que la modificación introducida por la reforma política falseó el juego de todos al darle a la representación parlamentaria y al voto una fuerza que, por pequeña que aún sea, ha modificado los datos de la ecuación.

Si el movimiento obrero se veía obligado a manifestar su fuerza y su presencia a través del mantenimiento y la conquista de sus *posiciones* electorales, desentendiéndose del resto del proceso —pues se ganaban de todas, todas—, el surgimiento de una oposición que al menos teóricamente se dirige a su propia clientela, le lleva hoy forzosamente a buscar nuevas opciones y nuevas alianzas, y a reconsiderar cuál es su fuerza real dentro del sistema social y político.

La clase obrera no es mayoritaria en el país y, por consiguiente, no puede ser el elemento electoral y político decisivo: pero puede ser un factor de primera magnitud en cualquier alianza. Si, como sus coqueteos en la pasada sesión legislativa, le llevan a inclinarse por la oposición de izquierda, esto puede situarlo en una oposición generalizada donde abogue por un autoritarismo ilimitado puesto a su servicio, por un socialismo nacional o internacional que, tarde o temprano, refuerce su tendencia natural hacia la centralización de la autoridad, la supresión de las libertades que son el valladar contra la omnipotencia del Estado y de una política que, en nombre de la defensa de los intereses obreros, aplaste a toda la sociedad civil. Su otra alianza posible está a su derecha —a las situaciones reales hay que llamarlas por su nombre— y su primera característica es su amplitud, dado que el sector servicios no es sólo mayoritario ya, sino que va a crecer con más rapidez que el obrero.

En un momento en que la CNOP, híbrida y confusa, se repliega hasta el grado de la casi inexistencia y el sector campesino no tiene un líder digno de tal nombre, los obreros desempeñan un papel protagónico que, en parte y sólo en parte, pone de manifiesto el crecimiento industrial de México. Confundir esto —como lo hicieron en la Cámara— con una exclusividad política es el peor error en que pueden caer. Sólo el siglo XIX, por equivocaciones hoy a la vista de todos, pudo pensar en un mundo exclusivamente obrero. La trampa tendida por las organizaciones políticas de la izquierda es palpable desde la palabra *trabajadores* que, por un burdo y torpe equívoco intencional, quieren identificar con obreros fabriles... o especificar y desglosar cuando es necesario para la causa.

Las reformas emprendidas y sólo en parte logradas atienden a una sociedad plural y mucho más compleja de lo que hoy se quiere considerar. Romper con los tabús y mitos que vienen de la extrema izquierda y de la extrema derecha —igualmente autoritarias— es imprescindible si en verdad se quiere una sociedad más abierta, más liberal, más tolerante y más democrática. Inclinarse por unos u otros es condenarse a seguir en nuestra cultura autoritaria.

"Autoritarismo de la clase obrera", *Razones*, núm. 5, 25 de febrero-9 de marzo de 1980.

PARTIDOS QUE DEPENDEN DE SINDICATOS

Las tres manifestaciones que se llevaron a cabo el Día del Trabajo vinieron a comprobar lo que era un hecho conocido, pero no confirmado: los partidos políticos de México carecen de seguidores, afiliados o miembros; su capacidad de movilización es minúscula y su dependencia del Estado o de los sindicatos es total. En el mejor de los casos logran encontrar cantidades apreciables de votantes en el momento de las elecciones federales, para volver a mostrar su inanidad tan pronto como deben enfrentarse a la vida política local.

Cuando un partido quiere llevar a cabo un acto de masas debe pedir prestadas éstas a quien las tiene o controla, es decir, a los sindicatos o a las organizaciones estatales y paraestatales. Por ahora, y por fortuna, no han recurrido a la fuerza de movilización de las organizaciones religiosas, quienes sin haber participado directamente en la política han probado en fechas recientes cómo pueden sacar gente a la calle e incluso a las carreteras.

El PRI acude a la CTM, a la CROM o a cualquier otra central obrera cuando necesita llenar una sala o acarrearle un apoyo cualquiera a uno de sus candidatos; el PST recurre a la Secretaría de Estado que mayor contacto tiene con las organizaciones de masas; el PCM, al SUNTU.

El dominio real sobre los partidos

Así pues, los sindicatos se presentan como instrumentos de dominio real sobre los partidos. El papel de comparsa desempeñado por el licenciado Carvajal en el Congreso de la CTM fue la clara evidencia de la auténtica relación de poder que media entre el PRI y su sector obrero. Para desgracia de la mayoría de los partidos, esto puede correrse al terreno electoral y es posible que en elecciones futuras los partidos deban solicitar de la buena voluntad de los sindicatos el mínimo de votos que los mantenga con la cabeza fuera del agua.

La fuerza de los sindicatos no es algo que haya aparecido como por ensalmo en este gobierno. Una literatura tan equivocada como intencionalmente engañosa intentó mostrarlos como simples apéndices del Poder Ejecutivo, siempre dóciles, obedientes e incluso serviles.

La reforma política no pudo, como todas las empresas políticas, prever las consecuencias de la acción emprendida en la Comisión Federal Electoral. Para su auténtico creador e impulsor, el hecho más importante de todos cuantos habrían de acompañar a las reformas electorales, la rehabilitación de los partidos aparecería en primer lugar. La creación de un sistema de partidos, donde la oposición y el poder pudieran mantener un diálogo que tradujera las posiciones de fuerza respectivas, produciría inevitablemente nuevas formas de participación donde el PRI y el aparato gubernamental habrían de aceptar una redistribución de los factores de poder que determinan el sistema político mexicano, así como su manera de operar. Que los partidos no hayan sido los principales beneficiarios de la redistribución del poder, no ha sido culpa de la manera como se planteó la reforma política. Entre sus intenciones se advertía crear el espacio que hasta aquel momento les había sido mezquina y tímidamente negado. Los partidos políticos, pese a las ventajas que la reforma política les concedió, poco han logrado fuera del recinto legislativo.

Pero incluso allí se advierte cómo son los sindicatos quienes determinan la política de los grupos parlamentarios: la CTM se impone a la mayoría priísta y el SUNTU dentro de la Coalición de Izquierdas; el PST sólo existe por la actividad manifestada a través de minúsculos sindicatos campesinos y disidentes; los demás, no cuentan. Es, por ejemplo, sorprendente la caída vertical del PAN, debida en gran parte a la miseria intelectual de su liderazgo, a su fosilización ideológica y a la carencia de bases populares reales, que sus líderes pasados y presentes destruyeron. El cuidado, que no trasciende los límites de lo puramente verbal, por los problemas hoy en debate, ha colocado a la que fue la segunda organización política de México en un tercer o cuarto plano. Como el PAN no tiene un solo sindicato que sienta la menor simpatía por sus ideas, se desdibuja de manera acelerada de la Cámara y corre de manera ciega hacia un desastre electoral en 1982, al menos en lo que se refiere al Distrito Federal y a las zonas centro y sur de la República.

Los sindicatos ocupan el proscenio de la vida política o, más exactamente, hoy por hoy, son las grandes centrales, estén o no dentro del PRI, quienes desempeñan los papeles protagónicos. Las amenazas —que seguramente no pasarán de ahí— de formar una gran central obrera, independiente de todos los partidos y con *fuerza para negociar directamente un nuevo acuerdo con el Estado* es un aviso más a las formaciones políticas, donde se puede ver la relación inversa antes señalada: los partidos son los portavoces políticos de los sindicatos, y éstos ya no son el brazo armado de aquéllos.

La izquierda sin masas

La situación presente provocó el asombro y la ira de la izquierda parlamentaria y periodística, cuando contempló, desesperada e impotente, el trastrocamiento general del panorama político de la nación. Después de haber apoyado todas las acciones y reivindicaciones tanto del Congreso del Trabajo como de la Unidad Obrera Independiente, la exclusión simbólica y real de los contingentes trabajadores conducidos por los partidos de la Coalición de Izquierdas, se vuelve a insistir en el "charrismo" del Congreso del Trabajo y en los rasgos protofascistas de los sindicatos conducidos por Ortega Arenas. De hecho, lo acontecido el 1º de mayo es el corolario lógico de la política seguida por la Coalición, pues al jugárselo todo en una alianza con la diputación obrera en la Cámara de Diputados y apoyar las huelgas de la OUI —recuérdese las banderas rojinegras del SUNTU allá donde aparecían las de los Ortega Arenas— esperaba que centrales con una afiliación de millones de obreros iban a tratar de igual a igual con quienes no tienen un apoyo superior al de 40 000 o 50 000 trabajadores. Fue apostar no a la propia astucia o inteligencia, a la capacidad de convencimiento o a la razón, sino a la idiotez, miopía o ignorancia del rival-aliado. Fue, la prueba está a la vista, una apuesta absurda y mal intencionada con resultados lógicos. La izquierda en México no tiene masas. Ahora bien, ¿por qué?

Pese a las exageraciones que se han escrito sobre la situación desesperada de la clase obrera organizada (la que no está organizada, sí está en una situación en verdad crítica), aparece cada vez con mayor claridad cómo se constituyó y fortaleció una élite obrera tanto en el sector estatal como en el paraestatal y en el privado, que no está dispuesta a arriesgar su futuro en una aventura desesperada, sino que limitó su actividad a la defensa y, cuando fue posible, al adelanto de su bienestar, buscando las modificaciones políticas mínimas e indispensables que le permitían mantener sus lentas conquistas. Si ahora nos encontramos a los sindicatos sustituyendo en el terreno de la praxis política a los partidos, esto se debe a que han encontrado el vacío ante ellos. Los interlocutores están presentes y las declaraciones del nuevo presidente del Congreso del Trabajo, en las que exige respeto y acatamiento al Estado mexicano, revelan la intención de mantener las reglas del juego con actores diferentes.

El vacío peligroso

Los peligros inherentes a esta situación son mayores de lo que se puede pensar. La esfera de los intereses sindicales es tan limitada desde un punto de vista político que el Estado corre el peligro de hallarse sin un interlocutor válido. Sólo los partidos pueden presentar, defender e incluso imponer una visión global de la sociedad y de la nación, introducir los factores de equilibrio y equidad sociales capaces de mantener al conjunto nacional en marcha. El sindicato no tiene capacidad de socialización ni de reclutamiento fuera de ramas estrechas y muy limitadas de la actividad económica; un sindicato no puede generar más que en circunstancias de excepción un personal político nacional.

La relación partido-sindicato ha sido y es opuesta a la que aparece en México. Con raras excepciones, las grandes centrales sindicales europeas están dominadas por los partidos políticos y allá donde la relación se invierte —como sucede en la Gran Bretaña y, recientemente, en Suecia— la vida política se aleja de las vías normales de confrontación y diálogo para entrar en una fase de confusión y paralización, resultado de la acción directa. Es típico de los regímenes totalitarios y autoritarios, como las dictaduras militares latinoamericanas, el transformar a las centrales sindicales en interlocutores políticos no sólo privilegiados sino únicos, así queden después expuestos a no encontrar instancia de arbitraje alguna en caso de conflicto directo, como acaba de suceder en Brasil. Pero estos regímenes logran eliminar, con esta redisposición de las fuerzas políticas, no sólo a los grupos intelectuales más agresivos contra este tipo de Estados, sino que impiden cualquier tipo de colaboración que no siga estrictamente las fronteras de clase. La ideología sindical, encerrada en su simplicidad absoluta, carece de capacidad de articulación para las demandas o exigencias que desborden los límites de su grupo.

El Estado mexicano ha pretendido representar y gobernar a una sociedad policlasista; su voluntad de equilibrar los factores sociales y económicos ha tenido éxitos desiguales: los impulsos generosos —envueltos por lo general en un populismo comedido y mitigado— se han visto sucedidos por fases de endurecimiento contra el movimiento obrero. El pacto, pese a los escollos, se ha mantenido y el movimiento obrero no ha sido ni con mucho uno de los sectores sociales desfavorecidos. La luna de miel que los obreros organizados viven con el Estado puede redundar en detrimento político de toda la nación.

Los partidos, nacionales o no, han intentado disputarle al PRI el control o dominio de los sindicatos, bautizados con el nombre de masas para las necesidades de la causa. Frente al populismo del Estado, los partidos aumentaron los halagos teóricos y los ofrecimientos que no podían cumplir, los castigos y todo lo que se esconde bajo el galicismo control —que quiere decir pasar lista— para explicar este rechazo.

La evolución del PRI le llevó a *cetemizarse*, como acertadamente se ha escrito; el oportunismo de la izquierda le cortó de las masas (no se puede hacer una política doctrinaria de masas con votos de la clase media) y su focalización, en el sentido guevariano, en la universidad, tenía por fuerza que llevarla al aislamiento.

Los sindicatos no van a ser instrumentos de politización del país, entre otras razones porque ni quieren ni pueden. De no recuperarse rápidamente los partidos, que tienen la capacidad y los instrumentos necesarios para abrir los auténticos caminos de la participación directa e indirecta de las personas, grupos, gremios, asociaciones y sindicatos en la vida política, se corre el riesgo, más eminente de lo que una prensa libre pueda hacernos suponer, de ver reforzados en un plazo no muy corto los rasgos más autoritarios de nuestro sistema.

"Partidos que dependen de sindicatos", *Razones*, núm. 10, 19 de mayo-1º de junio de 1980.

CAÍDA LENTA PERO SEGURA

Después de ocho meses de receso parlamentario, los partidos, o al menos sus representantes, van a encontrarse de nuevo reunidos en la Cámara de Diputados. No sólo se enfrentarán en los plenos y comisiones apoyando o combatiendo leyes y decretos, sino que se verán obligados a confrontar qué han logrado y en qué han fracasado en estos ocho meses. Los frutos (si los hay) de la reforma política quedarán a la vista de todos.

Por lo pronto se puede asegurar la caída lenta pero segura de los partidos minúsculos. El escandaloso caso del PARM, su descomposición absoluta, su inexistencia parlamentaria y su obvia dependencia de la benevolencia gubernativa, añadida la presencia del señor Guerra Leal en las instancias superiores de los auténticos (¿auténticos qué?) bastaría para poner en evidencia la necesidad de encontrar un procedimiento capaz de eliminar las formaciones políticas fantasiosas del plano nacional. La presencia de núcleos permanentes de este partido en Tamaulipas y Oaxaca no invalida sus carencias en el resto del país, y no debe perderse de vista el horror que los partidos regionales producen en México.

El caso del PARM remite a otros partidos que se encuentran en situación análoga: un PPS dividido y desacreditado tras su actuación nayarita; un PST cuyos orígenes, financiamiento y programas no son sólo contradictorios sino que, examinados con un mínimo de cuidado, resultan de lo más turbio; un MAUS que no va más allá de la sola presencia del señor Sánchez Cárdenas. Resulta, pues, obligatorio preguntarse por qué la reforma política decidió protegerlos a través de una ley más que generosa.

El sistema político mexicano y quienes tienen capacidad de decisión en él muestran, como la física del siglo XVI, un horror al vacío. Allá donde no encuentran una organización que pueda ser incluida o cooptada en el sistema, crean de inmediato una estructura política que llene el aterrador vacío. Estos partidos intersticiales no responden a otro principio; entre el Partido Comunista y el Partido Revolucionario Institucional se sitúan el PPS, el PST, el PSR, para acoger en sus cuadros —ya sabemos que su afiliación y electores son escasísimos— a los políticos mostrencos —y vagamente identificados con la izquierda—. El PARM llama a quienes militaron en el PRI y se sintieron defraudados por razones por lo general personales, y el PDM intenta sacar a los antiguos y nuevos sinarquistas de su nostalgia y busca, de paso, introducirlos a su juego nacional.

Pero la disposición de estas fuerzas menores no afecta sino de manera muy superficial el triángulo PRI-PAN-PCM, que en proporciones diferentes llevan entre sí el juego político y más especialmente parlamentario. Su presencia no ha correspondido con el pronunciamiento electoral de 1979: el PAN, tratando todavía de cerrar sus cicatrices, no ha sido oído y menos aún escuchado. Su presencia parlamentaria ha sido cercana a la nulidad. Cosa que no se ha dado, por lo contrario, en el PCM, que a través de su dominio de algunos sindicatos universitarios, ocupó el proscenio durante el receso de las cámaras.

En esta velada de las armas el PRI no parece estar en la mejor posición. La crisis de liderazgo e ideológica que lo acompaña desde la llegada del señor Carvajal a la presidencia del CEN —y que no es sólo culpa de él— y su cetemización, resultado del aplastamiento del sector campesino y de los silencios del popular, hacen pensar en un partido no sólo desorientado sino dividido.

Los ataques contra la tecnocracia y los tecnócratas están a la orden del día por razones cada vez más evidentes. Resulta de todos modos difícil defender a los hombres políticos que, moviéndose en sus medios naturales, el parlamento y los partidos, no muestran la coherencia y seguridad que todos les exigen.

"Caída lenta pero segura", *Excélsior*, 29 de agosto de 1980.

PROBLEMAS DEL PRI

¿Estamos ante una crisis del sistema político mexicano? La primera contestación que se viene a la mente es no. Varias razones pueden aducirse para apoyar una respuesta tan taxativa, de las cuales la más importante es la crisis permanente de los sistemas políticos, entendiendo por crisis el reacomodo permanente de los elementos que los componen, para lograr un consenso lo más amplio posible o una aminoración de los conflictos más agudos. La crisis es, pues, consustancial a los sistemas políticos, siempre dinámicos.

El calendario político de México proporciona un elemento crítico más: a medida que se acercan las elecciones para la renovación de los poderes federales se advierten más claramente cuáles son los problemas insolubles, aquéllos con los que el sistema político se ha acostumbrado a vivir y también se puede ver cuáles son las piezas más desgastadas. Y, de todas ellas, la más erosionada ha sido el PRI.

No se puede suponer que estemos sólo ante un problema de personal político; el problema real es la situación del partido en el poder y las funciones que ha ido ganando y perdiendo. Lo que puede observarse al primer vistazo es la falta de atractivo para los hombres que desean hacer una carrera política: cualquier administración, incluso estatal, les ofrece más garantías de estabilidad y promoción que la carrera dentro del partido. A esto debe añadirse la total degradación de los salarios y sueldos ofrecidos por el Revolucionario Institucional, que vive casi en la indigencia, dependiendo de la buena voluntad de las administraciones y sindicatos para mantener al mínimo de funcionarios que cualquier organización partidista exige. Para terminar, aunque este análisis peque de somero por todas partes, el PRI ha perdido incluso la función generadora de ideología que mantuvo hasta hace unos años. Y para rematar, se advierten ya las primeras fisuras en lo que fue una estructura monolítica.

Todos estos signos son graves; señalan cómo la organización de lo que fue una maquinaria admirable por su flexibilidad y competencia ya no responde a lo que de ella se exige. La reforma política, al realzar al Parlamento frente al partido, no sólo ha expuesto las fallas de éste, sino que las ha exacerbado. Las últimas sesiones en la Cámara de Diputados han mostrado el predominio indiscutible de la diputación obrera al discutirse las reformas del artículo 123 y una disciplina partidista desorientada y torpe en los debates y voto de una posible reforma o municipalización del transporte público urbano. A la oposición no le costó nada avanzar su papel crítico: la incómoda posición de los diputados del PRI mostraba la desazón de su partido que aún sabe votar en bloque pero no sabe defender las razones que le impulsan a votar en uno u otro sentido.

Lo visto en la Cámara no era sino la consecuencia de la situación del PRI dentro del sistema. Carente de funcionarios, alejado de científicos, escritores y de los intelectuales en general, vive a remolque de lo que la administración quiera graciosamente concederle. El trabajo del PRI como instrumento de proposición es de hecho nulo. ¿Dónde tiene, a pesar del IEPES, su grupo de estudio, investigación o trabajo digno de ser escuchado?

Mucho se habla —y siempre en tono despectivo— de los tecnócratas y de la tecnocracia, nuevos molinos de viento del gobierno y partido. Pero lo que subyace en la tecnocracia es la competencia y la eficiencia frente a la abulia y fracaso de un partido que no supo modernizarse a su debido momento —o no lo dejaron modernizarse—. De cualquier manera que se vea el caso, la conclusión es la misma: no puede existir un sistema político de vocación democrática sin un partido capaz de actuar como una correa de transmisión entre el ciudadano y el poder. Él y sólo él puede generar la legitimidad y continuidad del sistema. Si cayera, se escindiera o fraccionara, entonces sí la crisis del sistema político mexicano sería de una magnitud tal que ya no podría llamarse crisis. Sería una catástrofe.

"Problemas del PRI", *Excélsior*, 24 de octubre de 1980.

UNA REFORMA TRASCENDENTE

Con el año terminan 12 meses más de vida política. El balance, para México, presenta lados positivos pese a los malos augurios bajo los que nació 1980 y las sombras que lo cubrieron durante varios meses. Maestros normalistas y sindicatos universitarios, elecciones locales y proceso legislativo parecieron romper los principios mínimos de la reforma que se propuso y logró abrir o entreabrir las compuertas del sistema político, cerrado hasta 1976 a cualquier influencia que no viniera de dentro. Por fortuna todos estos puntos quedaron resueltos o fueron pactados al no haber soluciones definitivas o inapelables.

La maquinaria política aprendió durante este año a trabajar en favor o en contra de la oposición, aunque en todos los casos trabajó con ella. Quizá el punto más grave para el futuro de esta reforma sigan siendo las resistencias provincianas, en el buen y en el mal sentido de la palabra, el temor mostrado por los gobernadores y presidentes municipales, por regidores y delegados del PRI a enfrentar una vida abierta, racional y aireada.

La mayor parte de las elecciones locales sigue arrojando un balance negativo, donde los resultados incongruentes y absurdos, increíbles, se tomen como se tomen, son una prueba más de los fraudes locales y localistas. La política de los estados de la República sigue debatiéndose en los marcos señalados por el caciquismo, las oligarquías tradicionales y el miedo a lo moderno, con una miopía total ante la participación y las formas de vida democrática.

Los cambios, pese a la obstinación retardataria del caciquismo, son quienes han consolidado al sistema político que, es necesario insistir en ello, no sólo no puede existir sin la oposición, sino que se vio obligado a llamarla para no ahogarse. Prueba de esto se pudo ver en la sesión de clausura del Congreso de la Unión. En esa última sesión los senadores no podían ocultar un malestar profundo ante una Cámara —la de diputados— auténticamente plural, con sus sesiones maratónicas, caóticas y gárrulas, pero donde se plantearon auténticos debates, se discutieron, modificaron y votaron leyes, comparecieron secretarios de Estado, Cámara donde la oposición habló y con frecuencia gritó, donde el partido dominante mostró sus tremendas fallas y su increíble fuerza. No hubo unanimidades ficticias y no hubo un opositor designado, como sucedió en la Cámara llamada Alta.

México, una vez más para su fortuna, se escapa de los patrones latinoamericanos y europeos. Al menos algunos de los vicios que están corroyendo la fundamentación de sociedades que hace 10 o 20 años eran democráticas, no están presentes aquí. No hay separatismos y nuestros localismos no tienen nada que ver con el retroceso que presentan fracciones europeas que añoran la vida pastoril en un marco socialista. El nacionalismo, pese a los discretos y simulados ataques de una fracción de la izquierda por haber sido una creación del Estado, logró imponerse. La nación tiene una vida unitaria, está convencida de que quizá la solidaridad real no exista, pero que romper un destino común sería más grave que vivir sin solidaridad. El nacionalismo es la ideología dominante y se plantea por encima de cualquier otro tipo de visión política, religiosa o económica.

Tan dominante es que la oposición se ve obligada a recurrir a él, a intentar rescatarlo para sus propósitos y apropiárselo al no encontrar nada donde asentarse que, como señala Jorge Hernández Campos, no sea el propio proyecto del Estado, enmascarado y modificado para las necesidades del caso. Pese a su esquematismo y su fuerza unitiva, el nacionalismo resulta múltiple, de izquierda y de derecha, del PRI incluso, pero siempre nacionalista.

Liberado de las angustias secesionistas y separatistas europeas, libre de la plaga militarista latinoamericana, con recursos económicos innegables, políticamente inseguro pero con una competencia innegable, México puede emprender la aventura de la libertad. Basta con que la reforma siga adelante, sin temores ante los excesos de una oposición que no sabe medir su capacidad real (es mucho menor de lo que quiere llevarnos a creer) ni el miedo que invade a los hombres políticos que suponen incompatibles libertad y poder. De mantenerse la voluntad reformadora, es posible que dentro de 50 años se considere la reforma política tan importante como hoy consideramos la fundación del PNR.

"Una reforma trascendente, *Excélsior,* 2 de enero de 1981.

OPOSICIÓN CONTAGIADA

Desgano, indiferencia o resignación, el caso es que la atonía política se ha impuesto en el país, pese a que sobran motivos de ocupación e interés. No cabe en ninguna cabeza medianamente sensata el que la visita de monseñor Lefebvre haya ocupado más espacio en la noticia que la entrevista de los señores López Portillo y Reagan. Las elecciones locales de Guerrero y Michoacán pasan como una llamarada de petate. La impresión de hastío cunde por todas partes.

El país no está despolitizado. Es más, los dos últimos años fueron de una actividad ininterrumpida, al menos dentro de los partidos y en la Cámara de Diputados. Pero, como siempre ha sucedido, no se ha encontrado la manera de llenar el hiato que se abre entre representantes y representados. Se vive la impresión de estar ante una política que no atañe más que de refilón al ciudadano. Es un error contemplar la actividad política desde este ángulo, dado que las medidas adoptadas en los últimos meses sí van a afectar a todo el mundo.

Si el país no está despolitizado y la atonía se impone es, pues, porque se espera algo distinto a cuanto se ha debatido. Y lo que se espera es la sucesión. Digamos que ésta tampoco es un juego abierto y participativo. Pero al menos es un espectáculo donde las fuerzas reales entran en juego y, por esta razón, la sucesión se convierte en algo apasionante. El arte adivinatorio se manifiesta en toda plenitud y aguza incluso a los espíritus más chatos. Fuera de su aspecto lúdico, la sucesión implica una renovación, así no sea más que parcial, de los cuadros del Estado, lo que obliga a los equipos en competencia a movilizar a sus fieles, simpatizadores y amigos. Mientras tal situación se produce, la tensión de la espera y la obsesión con el futuro conducen a un desentendimiento y olvido del presente. La atonía es más aparente que real. México, lo sabemos de sobra, no está despolitizado.

¿Se necesita, pues, distraer la atención política popular? También esto forma parte del juego. Si la sobrevivencia y buen funcionamiento de nuestro sistema político pide una anticipación limitada, algo así como una participación por eclipses, un periodo muy largo de desatención puede producir una inercia y una indiferencia muy difíciles de romper cuando la movilización se convierta de pronto en una exigencia.

La pregunta no es, pues, por qué el PRI parece estar sumido en sus actos rituales y ceremoniales que a nadie importan e incluso se transforman en un refuerzo de la atonía y de la apatía del momento. Digamos que dentro del calendario del PRI éste es un periodo muerto y hueco.

Lo curioso es el silencio de los partidos de oposición, pues si bien durante el periodo de sesiones de la Cámara de Diputados se abrieron heridas que se pensaban cerradas y se evidenciaron debilidades que se creían superadas, el largo receso que va hasta septiembre puede llevarlos a caer en una situación análoga a la del PRI, al mismo tipo de descanso y desgana, que el PRI, hasta ahora, y gracias a sus casi ilimitados recursos y a la renovación de sus cuadros, ha sabido sacudir llegado el momento de la sucesión. ¿Pueden permitirse lo mismo los partidos —especialmente los menores— de la oposición? ¿Están los grandes —el PAN y la Coalición de Izquierda— convencidos de poder echar a andar sus maquinarias? De no aprovechar el campo abandonado momentáneamente por el PRI, seguirán siendo uno de esos espejos que producen sólo imágenes virtuales e invertidas. Si pueden sacudir la apatía aparente y la apatía real del país, serían los primeros beneficiarios, en esta velada de las armas.

"Oposición contagiada", *Excélsior*, 16 enero de 1981.

DILEMA PARA OPOSICIONISTAS

Entre otras virtudes, la reforma política ha tenido la de colocar a los partidos de oposición ante problemas que, yendo más allá de los planteamientos teóricos donde los había confinado el ostracismo gubernamental, los obliga a plantearse ante la realidad política mexicana. En esta velada de armas que precede a las elecciones de 1982, el primer punto que deben resolver es precisamente electoral. Pese al desdén más aparente que real mostrado por algunos partidos por el proceso electoral, la prueba de fuego que se les acerca no deja de inquietarlos y los obliga a tomar las provisiones que el caso exige. El primer partido de la oposición, por su tamaño electoral y su implantación nacional es, sin lugar a dudas, Acción Nacional.

Su presencia en el norte de la República está lo suficientemente enraizada para alarmar al PRI; la recuperación de sus pérdidas en el Distrito Federal, Puebla y el Bajío, así como en Jalisco y Michoacán, será un *test* definitivo para su futuro. O crece o muere. Todo dependerá de la inteligencia que utilicen para fraguar su base, soldar sus fracturas y consolidar un liderato —el del señor Vicencio Tovar— que, carente de relumbrón y presencia, ha sabido de todos modos llevar la barca entre escollos plantados por los propios afiliados del PAN. Quizá la asamblea del PAN logre sacudir el marasmo que lo dominó después de la aventura conchellista y encuentre una base sobre la cual lanzar su campaña electoral. Para Acción Nacional el panorama es gris.

Negro, en cambio, está para las formaciones políticas de la izquierda, con excepción del PCM, que se ha afirmado como el único partido combativo, pese a la plaga de fracciones y a las confrontaciones ideológicas y estratégicas que en este momento le han llevado a encerrarse entre los muros de su exigua ciudadela. A pesar de los errores cometidos, el Partido Comunista presentó en la Cámara de Diputados una política coherente en varios puntos y se lanzó a problemas sin posible solución en otros, arrastrando en su estela a los demás partidos de izquierda que ahora sienten su falta total de presencia. Frente a las elecciones de 1982 su posición quedará determinada por la actitud que asuman respecto a lo que haga y diga el PCM.

Los resultados electorales logrados por estos partidos en 1979 indican las dos posibles vías: o se alían con los comunistas y pierden cualquier opción autónoma, o se enfrentan con él y su clientela electoral los irá abandonando lentamente. El PST, el PPS y los que ahora solicitan su registro no son proposiciones serias para el electorado. Además, ofrecer cinco o seis listas y varios candidatos a la Presidencia al votante de izquierda sólo puede llevar a la desaparición legal de la mayoría de estos grupúsculos que la ley se empeña en llamar partidos.

La vida política mexicana presenta un desfase cada vez más marcado entre sus organizaciones formales —los partidos— y lo que de ellos se exige. La simplificación brutal tampoco es una solución. Tener una izquierda, una derecha y un centro es de un esquematismo elemental, incapaz de reflejar la composición social e ideológica del electorado. Tener siete partidos para una cohorte de votantes que no representa ni 10% de la participación llevará por fuerza a una dispersión que sólo agravará las divisiones que la izquierda padece.

"Dilema para oposicionistas", *Excélsior*, 20 de febrero de 1981.

MIEDO A LA VIOLENCIA

La victoria electoral de la oposición en Juchitán se ha visto como un caso ejemplar y una confirmación más de la reforma política. Así lo es, desde luego, aunque la prueba sólo ha pasado por su primera fase y queda lo peor por venir.

Ganar una elección es difícil, cuando se tiene por adversario al PRI, al que se acusa en principio de toda clase de trampas y de echar mano de la violencia si tal cosa le resulta necesaria. No fueron ni el PRI ni el PCM quienes violentaron la situación en Juchitán, sino el COCEI, extraña fuerza local que ha dado de hablar de sí más de lo necesario. Sus afiliados y simpatizadores no parecen arredrarse ante nada. Desde las armas hasta la toma de embajadas, todo es bueno para imponerse. De ahí nacen las sombras que empañan su victoria.

Algo señala cómo fue el miedo a una violencia incontrolada lo que los llevó a la presidencia municipal, victoria pírrica en un estado como Oaxaca, plagado de miseria y de municipios. Oaxaca es una aberración administrativa heredada de un mundo colonial imposible. La pregunta que se plantea no puede ser más evidente: ¿qué va a hacer el COCEI con la administración municipal?

Se comprende que la pérdida electoral de una ciudad como Monterrey o Puebla inquiete y desazone al PRI, aunque sea capaz de reponerse, como se vio hace años en el caso de Mérida. Pese a la estrechez de las finanzas municipales, los citadinos son, en las grandes ciudades, capaces de aportar los recursos indispensables para mantener a las urbes andando. En municipios como Juchitán no podrán los nuevos administradores ni pagar al mozo, si lo tienen. Todo depende, para estas zonas desoladas del país, ya sea del gobierno del estado, ya del federal.

Nada difícil, pues, para cualquiera de estas dos últimas instancias, ahogar dulcemente a la municipalidad juchiteca. Pero esto será una prueba para todos. En primer lugar para el COCEI, que habrá de demostrar que, además de saberse echar a la calle, es capaz de poner orden en un municipio; en segundo, para las autoridades estatales y federales, que deberán dar pruebas de saber convivir y respetar a la oposición por destemplados que sean sus procedimientos.

No sólo el COCEI se juega su porvenir en el Istmo; el Partido Comunista también se halla implicado en esta situación. Es de sobra conocida la honestidad con que las administraciones locales en manos de los comunistas actúan en Europa, cómo saben dejar de lado las divisiones y rivalidades ideológicas y políticas para darse plenamente al manejo del dinero público para bien de los administradores. Más que los mítines, declaraciones y congresos, una administración ejemplar haría de ellos un partido capaz de ofrecer una confianza que, por ahora, casi nadie tiene.

"Miedo a la violencia", *Excélsior*, 6 de marzo de 1981.

COMO PANES Y PECES

Parece acercarse el momento en que la Comisión Federal Electoral decida qué partidos van a recibir un registro condicionado para participar en las elecciones federales de 1982. Todos los síntomas apuntan hacia el reconocimiento de seis partidos que vendrían a añadirse a los siete ya existentes. Se iría, pues, a las elecciones con un total de 13 partidos, lo cual complica el panorama político hasta el disparate.

La LFOPPE dejó abierta la posibilidad de registrar a cuanto partido existiera si cubría un mínimo de requisitos. Como de costumbre fue la izquierda quien con sus infinitas divisiones y sus juegos ideológicos empezó a engendrar organizaciones que de ninguna manera cubren los requisitos mínimos exigidos por la ley, pero, por ser prisionera de unos esquemas más intelectuales que políticos, se ha visto obligada a hacer un bloque para solicitar el registro de todos cuantos se sienten con la capacidad de competir en el terreno electoral. Ahora bien, ¿quién va a pagar el costo de esta postura?

De los seis partidos que al parecer se registrarán, cuatro son innegablemente parte del espectro político cubierto por la izquierda, uno probablemente se coloque a la derecha y otro no se sitúe en ningún lado y culebree por la Cámara de Diputados si, para desgracia de ésta, llega a entrar. Me refiero, es claro, en este último caso, al Partido Social Demócrata.

Entre estas formaciones, el PCM, el PPS y el PST tienen que distribuirse más o menos 10% de los votos que habrán de emitirse en julio de 1982, a menos que los electores mexicanos hayan cambiado sus preferencias políticas de aquí a entonces, lo que parece bastante aventurado suponer. Las matemáticas más elementales nos dicen que este monto de votos no es suficiente para mantener el registro de nueve partidos y que, para desgracia de la izquierda, habrá que esperar hasta 1985, cuando por necesidad unos cuantos salgan del juego político formal.

La apuesta es tan absurda que se ha de pensar contra lo que la lógica del juego político señala. Hay, pues, que suponer que la izquierda en conjunto piensa superar este 10% en el que está encerrada, al arrastrar a nuevas cohortes de electores hacia las urnas para su solo y exclusivo provecho, o sea que su apuesta es contra la abstención que, por ahora, es su caballo de batalla. Y es una apuesta suicida.

Ni más ni menos. Lo que toda la fuerza del aparato del Estado no ha podido lograr no lo van a lograr unos partidos que en muchos casos no pasan de ser una reunión de amigos o una tertulia. La vanidad de salir en las pantallas de televisión y el deseo de hallarse con unas toneladas de papel no pueden compensar el vacío de sus cuadros y la radical ausencia de afiliados. Se podría señalar desde ahora que de todos ellos no habrá uno solo capaz de tener representantes en una cuarta parte de las casillas del país, si hacemos abstracción del PMT que, pese al error de no haber aceptado el registro cuando se lo ofrecieron, parece mantener una implantación amplia y, en algunos lugares, profunda.

Si para el sistema electoral y, más allá de éste, para el Estado, resulta nociva esta sopa de letras, más tristes serán los resultados para la izquierda que se presenta en orden disperso y confuso. No será el Partido Nacionalista de la Revolución Mexicana quien le reste votos al PAN, de manera que la derecha aparecerá como una fuerza cohesiva, seria y consciente de las realidades electorales, mientras la izquierda se transforma en revistas que discuten entre ellas y mesas redondas de las que no sale nada en claro. El carácter lúdico del juego político de los "progresistas" y "demócratas" está ante todo el mundo. Mejor dicho, ellos quisieran que estuviera ante todo el mundo. Su desgracia es que está sólo ante ellos y la Comisión Federal Electoral. ¿Cree alguien que la Unidad de Izquierda Comunista, o el Partido Revolucionario de los Trabajadores es conocido por el 1% de los electores de Aguascalientes? De ser registrados todos estos grupos —la mayoría no son partidos—, ¡qué trabajo les va a costar repartirse los votos de izquierda de la ciudad de México y de los municipios aledaños a ésta del Estado de México!

"Como panes y peces", *Excélsior*, 12 de junio de 1981.

MUY TRISTE PANORAMA

LA PRIMERA movilización electoral ya ha empezado en los partidos de oposición, y el reciente e inexplicable registro a dos partidos que no se sabe qué espacio ocuparán, ha venido a dar a conocer las disposiciones de los grandes partidos opositores —el PAN y el PCM— para las próximas elecciones. Por primera vez en la historia reciente de México la oposición no irá a las urnas sólo a luchar contra el PRI y tendrá que hacer una campaña donde no habrá un solo enemigo o rival, sino que se presentará una serie de conflictos tanto a la izquierda como a la derecha del partido oficial.

Pese a sus declaraciones permanentes en defensa de la unidad de la izquierda, es seguro que el PRT se ofrece ante el elector como un rival del Partido Comunista. No sólo los separa la concepción de la sociedad y de la política, sino una larga tradición de enfrentamientos. Para ahondar estas diferencias, el PRT parece haber encontrado ya un candidato a la Presidencia de la República sin haber consultado con los otros miembros de la izquierda.

La ruptura se antoja, pues, más o menos inevitable entre estos dos partidos y, por si esto fuera poco, debe esperarse que el decadente PPS busque ser aceptado otra vez en el regazo del PRI, con lo que las fuerzas de izquierda —si el PPS es de izquierda— no presentarán ni un semblante de frente unido.

Frente a ellos la derecha encuentra unas dificultades análogas en los problemas internos del PDM, donde el resurgimiento y triunfo de los sinarquistas plantea una crisis de unidad difícil de superar. Además, su implantación en el centro de la República es un reto directo al PAN en una de las zonas donde mostró una fuerza innegable hasta 1973. Este último partido parece haber soldado las fracturas que se produjeron en 1976 y haber recuperado una unidad de liderato que le permitirá ir a las elecciones con una seguridad que le había faltado desde la aparición de Conchello. Como de costumbre, el problema sigue radicando en la indefinición y equívocos ideológicos que acompañan a sus definiciones programáticas.

Queda el caso del PRI que se inventa e impone el calendario electoral, dentro de sus ritos habituales. Nada más temible para él que la comprobación del estado de su aparato en la República. Más que nunca irá comprobando hasta qué grado sigue la suerte de los partidos dominantes en los sistemas autoritarios: su destino es reducirse a ser simple aparato electoral. El resurgimiento —así sea todo lo parcial que quiera— de la Cámara de Diputados le restó las funciones que desempeñaba como correa de transmisión entre el gobierno y la población. La necesidad de esfumarse ideológicamente ha hecho de sus programas un cajón de sastre; el plan que por fuerza habrá de construir antes de las elecciones repetirá mansamente a los anteriores y será olvidado tan pronto como el equipo del candidato a la presidencia se instale e inicie la redacción del programa real del futuro Presidente. El PRI sabe, pues, lo secundario y efímero de sus propuestas; conoce hasta el cansancio el papel ancilar que le corresponde en este sistema político. Todo ello es un grave error, pero así es y estas tendencias se agudizan y refuerzan para llevar al país hacia nuevas elecciones que caerán en las campañas interminables donde los candidatos, por imaginativos que sean, no podrán mantener —entre otras razones por no tener partidos— la atención de los electores durante seis meses.

"Muy triste panorama", *Excélsior*, 19 de junio de 1981.

PETRÓLEO Y SUCESIÓN

Los términos de la política mexicana han vuelto a cambiar. La crisis de las exportaciones petroleras y las secuelas que forzosamente se presentarán en el plano económico interno, deben replantear los términos de la sucesión presidencial. Por lo pronto, otro motivo —el encuentro Norte-Sur en Cancún— ha llevado a aplazar un mes la designación del candidato del PRI a la Presidencia de la República, lo cual no puede sino favorecer a todos los partidos que entrarán en liza, pues la campaña electoral se verá así acortada.

Es un lugar común decir que en México, de acuerdo con la situación económica interna, varía el tipo de candidato a la Presidencia. Cuando el país se encuentra en plena expansión, suele designarse a un hombre que administre el crecimiento y los bienes que éste produce; cuando, por lo contrario, se vive una contracción de la economía, el PRI postula a un político de la línea dura para que se haga cargo de la crisis. Es una simplificación pero, como todas las simplificaciones, encierra algo de verdad. Si, como es previsible, la bonanza empieza a disminuir, es lógico esperar una época de conflictos sociales que repercutirán de inmediato en el mundo político.

No se puede pensar en un acuerdo absoluto entre el mundo del trabajo, los industriales, los burócratas, los campesinos y, en general, de la nación toda, similar a los que se han venido dando. Cualquier contrato seguía a la inflación en lo que hace a los aumentos salariales, y el petróleo estaba ahí para cubrir los gastos de la operación. El caso, ahora, es que el petróleo no va a estar ahí, al menos con los mismos montos y, por consiguiente, alguien va a ser víctima de la crisis. No puede ser de otra manera. Y para empezar, en la clase política puede esperarse un serio desmoche.

Al acercarnos al informe presidencial se advierte una congelación de las actitudes de los hombres políticos: todos viven en espera de lo que será la política presidencial en el último año de gobierno. De ahora al 1º de septiembre se irá conociendo mejor cuál es la profundidad real de la crisis petrolera mundial y ella será la que dicte los términos reales de la política nacional e internacional a seguir.

Las actitudes silenciosas de la clase política no son, de todos modos, unánimes ni absolutamente homogéneas. Algunas medidas de gobierno se han tomado, y son quienes las han tomado los que se beneficiarán a la larga. No nos referimos, por supuesto, a las decisiones adoptadas frente a Francia que han caído en la indiferencia pública o han generado una sorpresa un tanto irritada. Señalamos de manera expresa las medidas orientadas a cortar el gasto, en un momento en que tal cosa tiene que chocar de manera inevitable con un conjunto de intereses aún no claramente especificados. Volver a la realidad era irremediable; quien más se acerque a ella será el mejor político porque tendrá menos miedo de una opinión pública que aún no se repone de la sorpresa y, por tanto, no muestra todavía señales de descontento. No tardarán en presentarse éstas, de eso podemos estar seguros. Y quien las enfrente con mayor decisión y sangre fría será quien más cerca esté de ceñirse la banda presidencial.

Pensar que en nuestro juego político lo mejor es el silencio, cuando no la cobardía, es uno de los errores decisivos en los tensos meses que preceden a la sucesión. El país exige hombres que sepan cumplir con su encargo ganen o pierdan en el momento decisivo. Se ha dicho y repetido que en la política y en la fotografía el que se mueve no sale. Pero ahora se añade, y con razón, que el que se agacha tampoco.

"Petróleo y sucesión", *Excélsior*, 17 de julio de 1981.

UN PARTIDO MALHUMORADO

Una sucesión presidencial es siempre una crisis política, es un momento en que se inflexiona la curva del gobierno y de la actividad política, es una situación donde aparece la naturaleza profunda del sistema político mexicano. La designación del licenciado De la Madrid no ha sido una excepción a la regla y ha permitido, así, presentar cuál es la disposición de fuerzas dentro de la clase política mexicana, lo que habrá seguramente de afectar a su gobierno.

La polémica que se venía arrastrando sobre el valor comparado de los políticos y los tecnócratas, pese a los errores de juicio y análisis, revelaba un conflicto dentro de la clase política mexicana, que es una sola clase: tan inmiscuido está en la actividad política el señor Fidel Velázquez como el licenciado Romero Kolbeck que sería, en principio, el *non plus ultra* de la tecnocracia. Dado que toda clase tiene siempre una élite, el conflicto apareció como una tensión dentro de lo que se había llamado —el término está cayendo en desuso— la familia revolucionaria. Pero dentro de esta familia se advierte que el *cursus honorum* varía grandemente en función de los diferentes desempeños que el personal político está llamado a cumplir.

Si repasamos el libro de Peter H. Smith, *Los laberintos del poder*, hasta dar con los ya archiconocidos 22 consejos que el autor da a un joven político que quiere hacer una carrera en México y los comparamos con el currículum del licenciado De la Madrid, a la primera advertiremos cómo este libro parece haberse inspirado en las actividades del precandidato. Lo curioso y lo que no se ha querido ver es que se trata de una carrera política y no de una carrera puramente administrativa.

En México, dentro de su proceso modernizador, los roles (perdón por el galicismo) políticos se han ido especializando y profesionalizando, los papeles desempeñados por un hombre perteneciente a la élite política de la nación no pueden ya ser intercambiables con los de otro individuo perteneciente a la misma élite. No podemos imaginarnos, por ejemplo, al secretario de Hacienda en la Secretaría de Marina o en la del Trabajo, donde los titulares llegaron a ocupar sus cargos después de años de rodarse en actividades muy parecidas o idénticas a las que ahora ejercen. Los líderes de los sindicatos son igualmente profesionales y especializados: tampoco cabe pensar en un líder que por arte de magia llegue a la secretaría general de la CTM o de la CROM.

Si las necesidades del sistema político impiden la reelección inmediata de los diputados, debemos como consecuencia conformarnos con una Cámara donde la improvisación y el error son la regla: el oficio de diputado también se aprende y resulta difícil aceptar que un legislador llegue a dominar su campo de acción en unas semanas. Cuando lo ha dominado se ve obligado a abandonar el puesto.

La palabra élite, como la de tecnócrata, son rechazadas con toda vehemencia por aquellos a quienes se les aplican. Poco importa este rechazo puesto que las élites seguirán existiendo quieran o no quienes a ellas pertenecen; pero sí importa y mucho las tensiones que se originan en el reacomodo traído por la modernización del Estado y de la sociedad.

Nadie supone —aunque algunos lo deseen— que el PRI vaya a desaparecer o que el personal político propia y especializadamente político vaya a languidecer hasta desvanecerse a la nada. Sin embargo, el malhumor demostrado estos días es muestra de un malestar generalizado. Sus declaraciones llevan a la conclusión de que se sintieron menoscabados en la sucesión y que de ahí deriva una amenaza contra su propia existencia.

¿Se violó alguna regla del código no escrito y secreto que determina las relaciones entre los hombres políticos? Que el furor del PRI se haya manifestado de manera críptica señala que los políticos que en él militan siguen conservando las reglas de oro del sistema, una de las cuales es no hundir el barco. Otra sería que contra la modernización no hay malhumor que valga.

"Un partido malhumorado", *Excélsior,* 9 de octubre de 1981.

LA LOPPE, INSTRUMENTO PERFECTIBLE

No hay leyes que nazcan perfectas; de ahí la necesidad de irlas afinando, haciéndolas acordes con la realidad política a la que han de regir. Tal ha sido y es el caso de la LOPPE, instrumento jurídico decisivo para el proceso electoral que se avecina.

Pese a ser la mejor ley que ha tenido México para organizar su vida política, existían algunos defectos que se han podido observar en el momento de su aplicación. El más grave de todos era el permitir una proliferación que en nada beneficiaba a nadie, excepto a unas cuantas camarillas que a duras penas se representaban a sí mismas. Esto no pudo ser paliado por las facilidades otorgadas a las coaliciones, que sólo han sido aprovechadas por la izquierda, mostrando con ello una capacidad política que no se encuentra para nada en la derecha. Con todo, se vio subsistir una pléyade de partidos menores que, sin tener una presencia electoral real, venían a confundir el panorama político con sus menudencias, reyertas internas y regionalismos mal dibujados. Las reformas propuestas por el Ejecutivo, de ser aprobadas por las Cámaras, serán la consolidación de la reforma política.

Contrariamente a cuanto sucede en los sistemas electorales democráticos, que intentan eliminar a los partidos no representativos, el sistema electoral mexicano se abrió excesivamente, con la esperanza de ver una mayor movilización de las organizaciones y partidos ajenos al PRI. Como consecuencia se bajó el porcentaje mínimo para estar representado en la Cámara de Diputados de 2.5 a 1.5%, dada la pobreza de los resultados obtenidos por el PARM y el PPS que, junto con el PAN, representaron a la oposición durante casi tres décadas. No es tal el caso en estos momentos. La presencia del PCM en el Congreso dio a la izquierda una fuerza y un empaque de los que carecía, aunque se encontrara con que debía contar con los partidos mínimos e ignotos que eran más un engorro que una ayuda en el plano organizativo, ideológico y electoral. Pese a la censura que el PCM hace a las reformas propuestas, en el fondo sabe que lo favorecerán y también de paso la disciplina del votante. Otro tanto puede decirse del PAN, que verá desaparecer de manera casi segura al PDM, epígono arcaizante del sinarquismo, plagado también por los conflictos internos.

Eliminar, pues, a todos los partidos incapaces de alcanzar 1.5% es una saludable obra política, resultado de una segunda fase de la reforma que viene a probar —pese al abstencionismo— por qué el sistema electoral ya no necesita solicitar la ayuda de quien no puede ayudar más que de una manera formal.

Más importantes, si cabe, son las reformas complementarias que vienen a depurar el proceso electoral en sí. Son, desde luego, pruebas de buena fe y muestran un deseo de eliminar las prácticas electoreras y corruptas que han plagado a los comicios en México, dando testimonio a los partidos de oposición y a los electores —lo que es todavía más importante— del deseo de llegar a la única verdad de las elecciones, que es un recuento limpio, donde un voto sea un voto, y no dos o tres.

El PRI se juega en parte los resultados de 1982, y se sabe del temor que cunde cada vez que hay una reforma del proceso de las elecciones. Son miedos carentes de sentido, pues los votos que pierda en las urnas son una ganancia para la legitimidad del sistema político mexicano en conjunto y para el futuro gobierno en particular.

"La LOPPE, instrumento perfectible", *Excélsior,* 23 de octubre de 1981.

FUERZA Y JUSTICIA

La realidad, política o no, termina por imponerse y darle una forma y un contenido al discurso. Tal ha sido el caso de los últimos pronunciamientos del candidato del PRI a la Presidencia de la República. Quizá excesivamente elaborados para un público que en última instancia se identifica con la nación, ha expuesto pese a ello la necesidad de un Estado fuerte y unitario. No es sólo en el plano retórico donde se ha manifestado esta necesidad, sino en planteamientos que traban y organizan desde el interior su concepción del Estado y el proyecto de nación que intenta llevar adelante.

El Estado se ha debilitado en algunos momentos al romper la clase política con lo que debería ser su más firme sostén: la moralidad. Es cierto, como ha señalado el propio De la Madrid en más de una ocasión, que reducir el problema de la corrupción a la pura administración pública no sólo es un error sino una injusticia, pues para que exista corrupción debe haber un corruptor y un corrompido, y resulta imposible que ambos sean funcionarios.

Así, pues, la corrupción y todas las actividades viciadas que la acompañan se han extendido al sector privado, a la tan traída y llevada sociedad civil, que cuando la ocasión lo amerita no duda en caer en algunos vicios vistos como exclusivos de los funcionarios.

Romper con la corrupción es dar un paso más, ¡y de qué tamaño!, en la adecuación del Estado al mundo moderno. Ahora bien, no hay paso más arriesgado ni temible, sus enemigos son mucho más abundantes que sus amigos y defensores, no en el cuerpo de la nación que en conjunto es moralmente sana, sino en algunos de sus órganos que, para complicar del todo la situación, son claves en el funcionamiento del organismo nacional.

La corrupción se puede explicar en función del desarrollo, de la subadministración, de una política de despojos, de un crecimiento más que acelerado. Se la puede ver como resultado de un movimiento revolucionario que acaba con la moral tradicional o como consecuencia del hundimiento de una clase administrativa que de pronto desaparece. Explicaciones las hay por docenas, lo que no existe es una justificación moral ni social ni individual. De todos modos, en México, se presenta una situación crucial en lo que a la administración hace: la impartición de la justicia.

El peso de la política sobre la justicia es uno de los vicios más desmoralizadores que existen. La mezcla de recelo y temor que el mexicano tiene tan pronto como se ve envuelto en un problema judicial tiene un efecto paralizador. Como no cree en una justicia ciega y de una ecuanimidad absoluta, la contempla como una mercancía más, como algo que se compra y se vende. Pero tras ella trasluce una debilidad del Estado que es el garante de la imparcialidad de los fallos de la magistratura y no el orientador de éstos. Nadie concibe que en un conflicto serio con el Estado la justicia pueda quitarle la razón al Estado. Pero aun esto sería menos grave que la intervención del Estado para favorecer a intereses particulares en contra de todo derecho, porque se alegan misteriosas razones de equilibrio e influencia.

Un Estado fuerte es siempre un Estado justo. No se puede recordar una nación donde la corrupción fuera práctica corriente y a la par fuera capaz de mostrar una capacidad política, social o cultural frente a naciones empeñadas en acabar con los vicios del dinero. Acabar con la corrupción es restaurar al Estado en lo que debe ser: la institución en la que se pueda confiar.

"Fuerza y justicia", *Excélsior,* 18 de diciembre de 1981.

LOS JUEGOS DEL PAN

Los compromisos voluntarios e involuntarios que la vida política lleva consigo no son siempre fáciles de resolver. Hay regalos envenenados, y el señor Pablo Emilio Madero los está recibiendo a carretadas. El PAN es un partido de protesta y lo prueba día a día en sus carencias; la más importante de todas es, desde luego, la incapacidad mostrada por sus dirigentes para situarse en el tablero político. No se trata de saber dónde los encasillan, sino dónde quieren verse, si en los cuadros blancos o en los negros. Solicitan una zona ambigua y equívoca donde todos los gatos son pardos. Rechazar el apelativo parlamentario de derechas los lleva a competir con otros partidos, de centro y de izquierda, que se han aposentado en ellos y por lo mismo se ven obligados a compartir el espacio político de la derecha, pese a su rechazo, con el Partido Demócrata Mexicano, al que aborrecen cordialmente. No importa que se nieguen el ser de derechas: ante la opinión pública lo son y más de uno de sus dirigentes no se atrevería a rechazar la posición, por lo demás parlamentaria.

Debe reconocerse una capacidad política innegable al señor Madero, al menos cuando se presenta ante su escaso público. Hay algo conmovedor en sus esfuerzos oratorios. Nadie puede acusarle de corrupto o de hombre de mala fe, lo que no podría hacerse extensivo a todos los hombres de su partido. Es la apariencia de su partido y, en ese sentido, hay más de un inconveniente cuando se trata de reconciliar la apariencia con la realidad y los olvidos de la realidad. Defender la empresa privada con la pasión que en ello pone el señor Madero cuando está aún palpitante el caso del Grupo Alfa lleva de cabeza al escepticismo; defender con una vehemencia absoluta la educación privada cuando sabemos los estragos que este tipo de formación produce, nos hace pensar de inmediato en la contradicción más profunda. La lista sería inacabable pero podría resumirse en lo siguiente: en su afán por distinguirse de la derecha el PAN, siguiendo en ella, ha dejado de tener un programa y casi una ideología. ¿Se han dejado convencer de que la moda del país está en la izquierda? ¿Hasta tal grado han perdido confianza en su tradición? Todo es posible y todo es revelador de la situación interna de Acción Nacional.

No puede dudarse de que el hombre fuerte dentro de Acción Nacional es el señor José Ángel Conchello. Es el líder natural porque representa y expresa en primer lugar a la derecha y, en segundo, al espíritu combativo que este partido siempre tuvo. Por si esto fuera poco, no ha necesitado desde su salida de la jefatura nacional exponerse demasiado al público. La estrategia electoral de los panistas viene dictada por él y, sin caer en la torpeza, encierra riesgos exagerados.

Concentrar toda la capacidad política de Acción Nacional en el Distrito Federal señala, aunque lo nieguen los panistas, una confianza en la reforma política, pues ésta no ha sido aplicada en toda su extensión más que en esta entidad donde el gobierno federal no debe luchar contra las resistencias que se encuentran en los estados. Es una garantía cierta y el PAN lo sabe. De ahí que concentre a sus tenores y a sus divas para dar la batalla electoral en un solo punto. Queda por saber cuál será la reacción de estos estados cuando adviertan que les están enviando candidatos de segunda, cuando no de tercera, por considerar aquellas plazas perdidas. Pongamos un caso ejemplar, el norte de la República.

En las elecciones federales de 1979 el norte le dio un apoyo sustancial al PAN que se tradujo en sus cuatro diputaciones de mayoría y en una presencia en la Cámara de Diputados que no soñaba hace 10 años. Dentro de lo que cabe era su baluarte. Cabe, pues, preguntarse qué cara pondrán los panistas de Monterrey, Monclova, Torreón y Ciudad Obregón cuando vean esta concentración de esfuerzos. En unas elecciones federales no cabe pensar *sólo* en una estrategia federal: el elector piensa en términos federales y en términos locales; supone, con toda razón y justicia, que su distrito es tan importante como el primero de la ciudad de México donde el señor Conchello, regiomontano de pies a cabeza, ha sentado sus reales.

El PAN ha cometido, además, otro grave error de juicio pues si bien es cierto que su segundo lugar en el Distrito Federal no parece estar en peligro, la competencia de los demás partidos de oposición será cerrada y su oportunidad quedará así diluida. Esta ciudad, con su real vigilancia electoral, con la representación plena de los partidos, con sus medios de comunicación y, forzoso es decirlo, con su bienestar relativo y su cultura, ha dado entrada al ejemplo que quiere ser y es la reforma política, así se desgañiten todos contra la gran reforma de este régimen. Jugársela aquí y perderla es perderla de verdad; puede ser un descalabro del que Acción Nacional no se levante en años.

El electorado de la ciudad capital de la República es más complejo que los electorados campesinos: educación, escolaridad, lecturas y en general lo que se llama la exposición a los medios de comunicación le han llevado a un sufragio refinado y complicado. El PAN, al buscar aquí una victoria deslumbrante, no competirá sólo con el PRI, que más que un rival es una obsesión, sino con la izquierda y los partidos indefinidos e indefinibles que por desgracia aún pululan. Minúsculos, a veces ridículos, son capaces de captar unos cuantos votos que les faltarán a los grandes de la oposición si en verdad son capaces de atraer a una parte sustancial del electorado. En resumen, Acción Nacional se juega la cabeza, y se la juega a una carta desesperada.

"Los juegos del PAN", *Razones*, núm. 54, 25 de enero-7 de febrero de 1982.

APATÍA DE LOS CANDIDATOS

El sistema político mexicano entra en una nueva prueba donde se medirá su capacidad para responder a las crisis económicas que pueden convertirse en sociales. Reducir el gasto público es, de hecho, una medida económica pero sus consecuencias serán políticas y sociales, y sus manifestaciones más aparentes exclusivamente políticas, pues la protesta no puede tomar otro camino.

Las medidas decretadas afectarán a todo el mundo y se trata ahora de ver cuáles son las instituciones que tienen una capacidad real de respuesta, empezando por las que se encuentran más directamente concernidas, los sindicatos. Éstos han podido mantener un liderazgo duradero y obedecido por haber podido, hasta ahora, continuar un largo proceso de conquistas obreras que parecen entrar en este momento en una fase peligrosa. En las crisis económicas el gasto social es el primero en ser disminuido y la clase obrera y la pequeña clase media son los principales beneficiarios del gasto social. ¿Podrán los sindicatos mantener la disciplina hasta nuestros días aprobada?

Uno de los rasgos de nuestro sistema político que se ha manifestado con toda claridad es la ausencia de una oposición capaz de darle la réplica al gobierno, de canalizar y encabezar la protesta. Los partidos de oposición han mostrado no sólo una sorprendente capacidad de disensión interna sino una nulidad rayana en el absoluto cuando se ha tratado de dialogar con el PRI.

Aferrados a concepciones ideológicas que más que ideológicas son ideales, se han limitado a presentar una visión casi idílica de una sociedad que saben no se va a dar en este mundo. De ahí que, de haber una oposición, ésta se da en el interior del PRI, sin que ello signifique un faccionalismo real, sino que este partido ocupa un lugar gigantesco dentro del sistema político.

En algunas coyunturas como la presente, donde la crisis económica desplaza a cualquier otro tipo de preocupación, el partido dominante está llamado a convertirse en el instrumento de explicación y de proposición para la solución de la crisis. Lo único que se ha podido advertir es un repliegue sobre él mismo y dejar explicación y proposición en manos del gobierno, limitándose a apoyar las declaraciones de éste. Con las elecciones en puerta, no parece ser este retraimiento la manera ideal de enfrentar no sólo el problema de la abstención, sino la defensa de un sistema político en el que es la pieza fundamental.

Se ha presenciado en los últimos meses una campaña electoral sin más eje ni tema que el candidato a la Presidencia de la República. Los candidatos a las diputaciones y senadurías no se han mostrado por ninguna parte. Pareciera que esperan ser remolcados por el voto que obtenga el licenciado De la Madrid, olvidando e incluso rechazando cualquier esfuerzo personal. En el Distrito Federal, por ejemplo, no hay campaña de ningún tipo, ni de la oposición ni del PRI. Pintar unas cuantas bardas no puede llamarse hacer una campaña.

Dada la profundidad de la crisis y el descontento que por todas partes brota, quienes hicieron de la política una profesión y lucharon para ser designados por las convenciones distritales o estatales no pueden ahora practicar una política de avestruces. Es cierto que en la actual coyuntura no es fácil y que los candidatos se van a encontrar ante auditorios escasos y agresivos, pero esos son los riesgos del oficio. Esperar que los elijan para sentarse tranquilamente en las poltronas de la nueva Cámara es un error garrafal. De seguir así, más de uno se quedará sin asiento.

"Apatía de los candidatos", *Excélsior*, 23 de abril de 1982.

CAMPAÑAS INTERMINABLES

Casi todos los partidos que participan en la actual campaña empiezan a dar muestras de agotamiento. No es posible mantener durante seis meses cautivada la imaginación del público, convocarlo y convencerlo de que se le va a decir algo nuevo. La reiteración es el tema de nuestros hombres públicos, sin tener ellos la culpa de repetirse hasta el cansancio. Como todos los sistemas políticos, el mexicano siente un temor reverente ante los cambios y las innovaciones, pese a las pruebas contra tal temor que se pueden aducir, empezando por la reforma política, que quedará como el mayor logro del presente sexenio. Imaginemos qué hubiera sido de la actual campaña si los contendientes hubieran sido sólo los cuatro partidos tradicionales.

Las campañas electorales, como todo, cuanto más breves mejores. La intensidad, la concentración, la auténtica agresividad política que se observan en las campañas políticas en las democracias europeas le confieren al enfrentamiento un tono lúdico, gladiatorio, donde los errores no pueden enmendarse y los aciertos pueden volcar al grupo de electores decisivo. Los aspectos rituales de la política adquieren en ese momento decisivo toda su significación: el líder, el programa, la plataforma y el discurso, el entusiasmo y el convencimiento borran cualquier otro aspecto de la vida. Por desgracia, nada de eso ocurre en México.

Se alegan multitud de razones para mantener a los candidatos de los partidos recorriendo al país de punta a punta, en una especie de movimiento perpetuo o baile de san Vito que termina por quitarle el carácter mágico que en los momentos culminantes debe tener la actividad política. Si bien es cierto que estos recorridos permiten a los candidatos conocer al país y sus problemas, a los grupos sociales, políticos, económicos y culturales, si les permite entrar en contacto con lo que en tiempos pasados se llamaban las "fuerzas vivas", también lo es que dada la existencia de la televisión y la radio, de la prensa y el folleto, del avión y del automóvil, carece de sentido el tiempo que se impone perder a partidos y candidatos. Parte de esta duración inexplicable se debe a la disminución de la vida política, a la mengua que sufre tan pronto terminan las elecciones. Pareciera como si la vida política sólo tuviera ocho meses de duración por sexenio, concentrados de septiembre a julio de algunos años faustos. Si los candidatos deben lanzarse a este frenesí, si deben conocer y dar la mano a medio mundo en ocho meses es porque antes no habían podido hacerlo, y no habían podido hacerlo porque se les hubiera considerado unos grillos, unos indisciplinados y unos ambiciosos. De ahí que al menos en el PRI, la primera obligación de un político es no tener más actividad política que la que se le ordena en momentos muy claramente establecidos.

Nuestro sistema ha llevado a que las presiones se hagan intolerables un año antes del cambio de poderes. Por septiembre u octubre ya se conoce al candidato del PRI y dada la inmensa fuerza de éste se conoce al mismo tiempo quién será el próximo Presidente de la República. Por tratarse siempre de un secretario de Estado, la figura no es desconocida ni mucho menos; antes bien, es ampliamente conocida, ha sido examinada por la prensa y los otros medios de comunicación hasta el último detalle. Pero su candidatura oficial implica, quiérase que no, el establecimiento de una diarquía durante un año.

Si nuestras elecciones son comicios sin misterio, sin angustias finales, si todo el país sabe que el candidato del PRI es el próximo Presidente de la República, resulta ocioso y contraproducente obligarlo a desgastarse durante ocho meses que, bien considerados y mejor aprovechados, podrían reducirse a dos.

"Campañas interminables", *Excélsior,* 30 de abril de 1982.

CARGOS Y DESCARGOS

La campaña electoral del PRI se ha cerrado con una evaluación de sus logros que en nada se asemeja a los triunfalismos que se observaron años atrás. Todo el mundo, poder y oposición, está convencido de las tremendas dificultades del momento y de las que apuntan en el horizonte. En esta coyuntura nadie puede prometer un futuro color de rosa y, por lo mismo, los temas electorales tropiezan con infinidad de obstáculos: no se puede prometer lo que los electores saben que no se podrá cumplir.

En algo debía encontrarse un aspecto positivo y éste ha sido un regreso a la realidad del país, a sus problemas de ahora y de siempre, a una confianza mitigada y a veces pesimista. No es el momento, pues, de los ajustes de cuentas. Menos aún de los ajustes de cuentas dentro de la clase política.

Es cierto que uno de los puntos más importantes de la campaña del licenciado Miguel de la Madrid ha sido señalar hasta qué punto la corrupción había invadido algunas esferas del gobierno y de las empresas del país. Señalar hasta dónde llega la corrupción no fue sólo un acto de valor y una estratagema electoral: todo el país mostraba su hartazgo ante el robo, el arreglo, la mordida y las mil y una formas que esta corrupción adquiría. El candidato del PRI no hizo sino recoger y expresar un deseo que se manifestaba por todas partes; queda por saber si no hay una parte de la clase política disgustada, ante las medidas que por fuerza habrán de tomarse al empezar el nuevo gobierno.

En más de una ocasión se ha dicho que la corrupción era una forma de comportamiento que cerraba la brecha que se abre entre la ley y la realidad. Si un funcionario importante tiene, por ejemplo, unos ingresos legales que no van mucho más allá del salario mínimo, se sabe que este funcionario o es compensado por el propio gobierno de manera casi ilegal o que habrá de corromperse. Sin embargo, la costumbre quiere que los sueldos de la administración pública y de los legisladores sean ridículamente bajos, que éstos ganen menos que los ujieres. Entre la realidad y la ley la corrupción entra como una tromba.

La visión popular, por la razón antes expuesta y por otras que no hay espacio para exponer, de los funcionarios es completamente negativa, como se ha podido advertir en el curso de la campaña en el Distrito Federal. Se desconfía de la autoridad en todas sus formas. El que debiera ser un servidor público es considerado un enemigo público contra el que no puede nada. Hay una parte de exageración típica de la clase media, pero hay un fondo de verdad, que no puede ser borrado por la existencia de funcionarios profesionales, honestos, corteses y trabajadores.

Si a esto se añaden los escándalos voluntarios o involuntarios, será difícil convencer al elector medio, hombre ajeno a los partidos pero dispuesto a sostener una situación y temeroso de las aventuras políticas, de acudir a las urnas para elegir a unos hombres que por el momento nada distingue de sus predecesores.

Desacreditar de manera tan violenta a los diputados y senadores que regresaban de los Estados Unidos sólo tenía sentido si se hubieran aportado pruebas irrefutables, se hubieran decomisado las mercancías que se querían introducir de contrabando y se hubieran exhibido ante el público. Acusar y retirar acto seguido los cargos es añadir una sombra más a la administración; es jugar con el descrédito, por razones que en el fondo no son claras y que, estamos seguros, no se van a aclarar por ahora.

"Cargos y descargos", *Excélsior*, 4 de junio de 1982.

ACTO DE CONCIENCIA

Nunca en las elecciones posteriores a la de Francisco I. Madero se había encontrado una unanimidad como la actual en lo que hace a la obligación de votar. No porque haya conciencia de la obligatoriedad del voto, sino porque los partidos —gobierno y oposición— han adquirido conciencia de lo que está en juego.

El hecho de que la *intelligentsia* mexicana se haya volcado solicitando a los ciudadanos que participen en las elecciones del domingo es también revelador de nueva situación y de la importancia de ésta. Lo que se va a decidir en esta ocasión es la modernidad política del sistema mexicano o su estancamiento y, por fuerza, su desaparición.

Nuestro sistema político se ha desarrollado hasta cambiar su propia naturaleza. Hoy podemos decir que estamos a un paso de la modernidad política, pero que ese paso hay que darlo. Me explico. Durante casi 70 años los gobiernos mexicanos montaron su legitimidad sobre la Revolución de 1910, sobre el poder de las armas: gobernaban legítimamente porque habían ganado una lucha armada y no había fuerza organizada en ningún terreno que pudiera oponerse a su voluntad. No hay posibilidad de que la legitimidad se asiente en las bayonetas y, de manera lenta, desesperadamente lenta, la legitimidad revolucionaria fue dando paso a la legitimidad electoral.

De una idea abstracta y puramente histórica se pasó a otra concreta y política, que es la democracia y su único sustento, que son las elecciones libres. No faltan en nuestros días quienes se opongan a esta explicación que no por esquemática deja de ser cierta. Regresar a la legitimidad revolucionaria equivaldría a refugiarse en el pasado y a negar los fundamentos mismos del sistema que todos quieren y apoyan cuando votan, sea por quien sea el voto.

No hay elecciones sin quejas y, con todo, nos hemos encontrado ante unas campañas donde las quejas han sido mínimas y la actitud de los candidatos y partidos de hecho irreprochable. Se sabe que el PRI es un partido mayoritario no sólo por el hecho de haber estado en el poder durante 50 años, sino porque durante este tiempo llevó al país a donde está, o sea, en un lugar envidiable políticamente en este continente. Los problemas que se alzan ante México son también, en gran medida, culpa del PRI. No cabe decir, por más convencido que se esté de las bondades del sistema, que los problemas pertenecen a un pasado histórico insuperable y los bienes y bellezas a un partido.

Como todas las organizaciones políticas, el PRI tiene un activo y un pasivo que es el que ha de juzgar el elector. Por eso, el hecho de votar es un juicio y un acto de fe, no completamente irracional, pues durante meses se pudo ver y oír a quienes luchan por el poder. Las elecciones son, por tanto, un fenómeno de conciencia general.

Ser moderno es ser participativo, es luchar no sólo por ver triunfar las ideas que se cree deben regir en la nación y a la nación, sino, además, saberse miembro activo de una comunidad y de una nacionalidad; es renunciar a la pasividad total y a la aceptación de un destino que se supone incambiable. No votar aquí y ahora para protestar mañana, para tratar de anular un resultado democrático es ser un revolucionario sin revolución, un revolucionario pasivo.

Cada quien tiene su conciencia y, en última instancia, ésta es siempre libre. Por lo menos así lo creemos, porque hasta ahora, en México lo ha sido. Debe mantenerse la libertad de conciencia y exigir que lo que hay en las conciencias se respete. Debemos, pues, votar.

"Acto de conciencia", *Excélsior*, 2 de julio de 1982.

INCÓGNITAS ELECTORALES

La actividad partidista que ha precedido a las elecciones muestra ahora una rara unanimidad: todos los partidos buscan la mayor afluencia a las urnas porque saben lo que les va en ello. Ya no se trata de obtener mayores o menores porcentajes de la votación sino de que ésta sea lo más alta posible, de que los electores no den la espalda a las urnas. Lo que se trata de defender ahora no es una posición ideológica o partidista sino un sistema de partidos y, más allá, un sistema político que a pesar de sus múltiples imperfecciones la historia latinoamericana contemporánea nos enseña que es uno de los muy raros sistemas que aún tienen una capacidad política sorprendente para resolver los conflictos que se dan dentro de la nación. Los ejemplos foráneos, por si fueran necesarios, nos confirman esa idea.

Las ventajas económicas que una nación puede tener se reducen a nada de no encontrarse todos aquellos componentes necesarios para la organización de la vida en común, de no darse las reglas dentro de las cuales actúan los grupos y las clases sociales, de no existir una autoridad legal y legítima que pueda resolver o al menos paliar los conflictos que por fuerza se dan dentro de cualquier sociedad. Argentina ha mostrado cómo una nación rica, liberada desde hace décadas del analfabetismo, con un sistema de salud eficiente y una actividad agrícola y ganadera envidiable, con energéticos y con una población casi estable, es decir, con todo lo necesario, se hundió en las crisis militares, económicas, culturales y sociales al haber sido incapaz de imaginar primero y construir después un sistema político que permitiera un funcionamiento aceptable de una sociedad que sólo puede unirse en los momentos catastróficos. Es posible que en determinadas situaciones geográficas sea imposible el desarrollo en los términos actuales de la distribución de la riqueza mundial; pero más que la riqueza, hoy sabemos que han sido los sistemas políticos los que han hecho que un país se desarrolle o no. No quiere esto decir que hay un modelo de desarrollo al que indefectiblemente se debe seguir: ni el socialismo, como se ve en los países del bloque soviético, es una panacea segura contra el atraso, ni el capitalismo, como nos lo muestra Argentina, ayuda cuando las condiciones políticas no han sido creadas. No es el caso de México.

Sería absurdo intentar tapar el sol con un dedo. Hoy México atraviesa una de sus peores crisis, la peor de cuantas ha conocido desde que los civiles llegaron al poder con don Miguel Alemán. Devaluación, inflación, desempleo, resultados de un optimismo desmedido y fincado en la arena, plantean una crisis profunda cuya salida va a ser mucho más costosa de lo que el mexicano medio supone. Eso sí, la salida no puede ser sino a través de las instituciones y las relaciones de éstas entre ellas —o sea, el sistema político—. Pensar que modificar las instituciones en plena crisis modificaría en sentido favorable la aceleración de la curación no puede justificarse ni defenderse a la luz de lo que vemos fuera de las fronteras de este país. ¿Defender, pues, las instituciones? Desde luego, pero, ¿para qué?, ¿qué resultados se esperan o deben esperarse?

Intentaremos contestar en otra ocasión a la necesidad de mantener el sistema político, pero, por ahora, limitémonos al punto crucial en este momento, o sea, a su sistema electoral.

La clase política —poder y oposición— está consciente de los problemas que ha suscitado, aunque está igualmente convencida de la necesidad de fincar cualquier acción precisamente en él.

Todos sabemos el golpe que para el PRI fueron las elecciones de 1973 y la vertiginosa subida de la oposición; hemos visto, en este sexenio, las primeras elecciones llevadas a cabo bajo la nueva ley electoral y cuáles fueron las consecuencias a mediano plazo, con la presencia de una oposición organizada en la Cámara de Diputados. No cabe duda de que la respuesta dada por el PRI a sus problemas en 1973 y 1979 no coincidió. En 1973 se buscó la eliminación del PAN en los comicios de 1976, cosa a la que el PAN, a través de sus querellas internas, coadyuvó. Resultado, el PRI hubo de presentar un candidato único a la Presidencia de la República, lo que, dígase lo que se diga, vino a restarle legitimidad tanto a ésta como al partido. Los candidatos únicos deben quedarse en otras latitudes.

La campaña actual se ha manifestado por la multiplicidad de las candidaturas para todos los cargos que han de renovarse. Se ha pasado de un extremo a otro de manera inconsiderada, aunque conviene añadir que más valen 50 candidatos que uno, así la multiplicidad de las candidaturas sea un inconveniente mayor para la oposición que desparrama sus votos y tras ellos sus capacidades, distrae la atención del elector y la suya propia. Quejas ha habido e información excesiva, sobre las quejas y sobre los partidos contendientes, que no han logrado presentar una imagen nítida e inequívoca sobre sus planteamientos políticos. La mayor parte de los electores ignora no digamos ya qué diferencias median entre el PSUM y el PRT, no sabe siquiera si se trata de partidos de izquierda o de derecha porque consciente de la poca simpatía que la izquierda despierta en México, han escondido cuidadosamente sus afiliaciones doctrinarias para caer en una vaga nebulosa de protesta y de queja. Es más, en la fase final de su campaña el PSUM se ha dedicado a dar consejos al PRI, al que sabe seguro ganador. El PRT, partido inexistente, tuvo la suerte infinita de encontrar en su camino a doña Rosario Ibarra de Piedra, señora en quien se escondía una auténtica Pasionaria —la palabra no tiene nada de despectivo, sino todo lo contrario— pero no es una Rosa Luxemburgo. Supo y sabe cómo hablarle a la gente, entre gritos, exageraciones y un convencimiento absoluto en la bondad de su causa, en la verdad de sus gritos. Es un candidato respetable que, de manera segura, dará la sorpresa. Es posible incluso que se adelante en la votación al señor Martínez Verdugo, si las encuestas preelectorales no nos engañan.

El caso del PAN raya en lo patético. Desde 1973 viene cuesta abajo, presa de sus luchas intestinas, en las que no se tiene en cuenta al partido para nada. El señor Madero ha sido abandonado por quienes debían haber sido sus más firmes sostenedores; además, equivocó los temas de su campaña al caer en la denuncia permanente, en lo que siguió a toda la oposición. La fuerza moral del PAN, por ello, se ha disuelto. Los dorados resultados de la década anterior no podrán ser alcanzados otra vez por este partido hasta que se reforme, suelde las fracturas y encuentre un liderato que supere las luchas facciosas.

De reaccionar el electorado en un sentido positivo general, o sea, teniendo confianza en las posibilidades de los partidos pese a los errores de éstos, es probable que algunos de ellos se queden en la cuneta para siempre. El PSD, el PARM, el PPS no tienen nada que hacer en la vida política nacional, como tampoco nada puede hacer el PRT tan pronto como desaparezca la candidatura de doña Rosario Ibarra, que desde luego se puede decir que para su fortuna no es trotskista. Pero poco sabemos de las intenciones del electorado, excepto de su ignorancia sobre la oposición. En ello me permito señalar algo bastante sorprendente. Dedicándome profesionalmente a la enseñanza de la política, buscando conseguir cuanta información sea posible, no he podido encontrar los nombres de los candidatos a diputados que la oposición presenta en mi distrito. ¿Existen?

Esto nos lleva a un último problema: todo voto por la oposición será un voto de protesta. La pléyade de partidos surgidos en la incubadora de la reforma política no se han asentado ni confirmado, no tiene estructura ni poder sobre sus afiliados, si nos olvidamos de unos cuadros semiprofesionales. Los partidos fuertes de antaño, PAN y PCM, se han desmoronado. Queda en pie el electorado, con lo que la elección se dicotomizará:

se votará por el PRI y el candidato a la Presidencia de éste o se votará en contra. Sólo, pues, un resultado será de verdadera importancia: el número de ciudadanos que el PRI pueda movilizar en su favor. El resto es un magma confuso de protesta pero que no puede expresar por qué protesta al no darle la oposición los puntos de referencia exactos y precisos.

Como siempre, la abstención posible sigue siendo un punto igualmente confuso, un río revuelto donde no hay pescador que pueda sacar nada. Pero quienes perderán todo de mantenerse la tendencia serán los partidos. Todos los partidos y el sistema que han formado.

"Incógnitas electorales", *Razones*, núm. 65, 28 de junio-11 de julio de 1982.

COMPROMISOS DEL PRI

Los triunfos acarrean compromisos superiores a las derrotas; traen aparejadas responsabilidades a veces intolerables. Tal es ahora el caso de la victoria del PRI. ¿Qué va a hacer con los millones de votos logrados? ¿Cuál va a ser su responsabilidad nacional?

Debe distinguirse ante todo que, como en el caso del PRT, hay una marcada diferencia entre el voto obtenido por el candidato del PRI a la presidencia de la República y el partido en cuanto a tal, lo que se refleja en las cifras alcanzadas por los candidatos a senadores y diputados. No cabe duda de que, como todas las elecciones presidenciales en México, ésta estuvo por completo personalizada; no cabe duda tampoco de que poco a poco el elector va aprendiendo un sistema de complejidad aberrante, con sus cuatro boletas y las posibilidades matemáticas que ofrecen al desconcertado elector. El triunfo priísta no es tan aplastante como el triunfo del licenciado De la Madrid.

Con todo, se estuvo ante la mayor presencia de diputados por mayoría que el PRI ha tenido desde la época del general Ávila Camacho: sólo dejó un distrito en manos de la oposición. Su presencia en las dos Cámaras será aplastante y, sin embargo, frágil. La oposición, se puede estar seguro, no va a perdonarle un solo error, una pifia o un desliz en un momento en que todo parece apuntar hacia una situación social conflictiva, donde la política habrá de pasar al primer plano de la vida nacional.

No se puede suponer en este momento en una solución puramente administrativa de los problemas económicos: la profundidad y extensión de la crisis, contra toda suposición, no será materia exclusiva de economistas y administradores. Las decisiones de las secretarías de Estado, por acertadas y necesarias que resulten, deberán ser aceptadas por el pueblo y por quienes no son el pueblo, y para ello se necesitará una actividad de los partidos, de los sindicatos, de la prensa y de la televisión, de los grupos profesionales y, en general, de todos cuantos pueden participar en una tarea de convencimiento y de comunicación. De no empezarse a gobernar con la verdad en el país del rumor se estará empujando hacia una situación explosiva.

Cuando la política llega a la calle los partidos ocupan el primer lugar de la escena, se convierten en el único vínculo seguro entre el gobierno y el ciudadano, en el único canal de comunicación posible. Que las Cámaras reflejen esta interacción es un problema diferente; que el gobierno analice, distribuya y conteste las peticiones populares es algo obligatorio e inevitable. Para algo carga con la responsabilidad.

¿Está el PRI preparado para esta tarea? Hasta ahora, pasadas las elecciones, el partido dominante ha entrado en una modorra prolongada, en una especie de hibernación de la que sólo despierta cuando se acercan nuevas elecciones. No ha sido siempre culpa del PRI: de la misma manera que se gobierna, en el corto plazo, más a gusto sin oposición, también se rige más tranquilamente a un país sin partidos. Es una de las tentaciones más fuertes del autoritarismo.

El próximo presidente ha señalado en multitud de ocasiones su deseo de gobernar por medio del consenso, del acuerdo general de la población, sin recurrir a una política declaratoria y hueca. Se dice que el Presidente de la República es el hombre mejor informado de México. Debería añadirse que esto depende del tipo de información deseada por él, pues en torno a la presidencia se teje una red de tupidos intereses que se afanan por hacer pasar su verdad. Una de las mejores maneras de romper esa lucha de facciones y de intereses creados es concederles a los partidos un papel que con frecuencia les ha sido regateado. Una auténtica vida y lucha de partidos indispensables si no queremos que el país se ahogue y un mal día estalle. Al PRI le corresponde una actividad protagónica y a la oposición luchar contra ese protagonismo. Y a todos decir la verdad y buscar el compromiso político real y no la componenda oscura.

"Compromisos del PRI", *Excélsior*, 6 de julio de 1982.

¿OTRA REFORMA DEL PRI?

Es TODAVÍA demasiado pronto para poder hacer un análisis de las elecciones del 4 de julio. Con todo, la subida de la oposición de la derecha urbana empieza a poner nerviosos a ciertos cuadros del PRI, lo que los lleva a hacer declaraciones bastante sorprendentes. Por ejemplo, las de los directivos del PRI del Distrito Federal, que tenemos la seguridad de que no pasarán de ser declaraciones.

No pasa un año sin que se hable de la necesidad de reformar al PRI. Si la intención no se origina en el propio partido, es la oposición la que exige que sus rivales cambien de forma de composición y de ideología. Todo el mundo ofrece panaceas, aconseja e incluso amenaza, pero nadie se propone para la tarea, propone un plan concreto de reforma y se olvida de diagnósticos que, por lo demás, son ya más lugares comunes que diagnósticos. El PRI debe cambiar, se nos dice. Bien: ¿por qué?

Digamos, antes de empezar a criticar, que un partido que ha sobrevivido a las peores crisis en los últimos 50 años no tiene razones imperiosas para transformarse en algo que no se sabe en qué concluirá. Los partidos se transforman en las derrotas, cuando pierden el poder o cuando son abandonados. No es el caso del Revolucionario Institucional, al menos por ahora, y quienes deben cambiar de arriba abajo, de querer mantenerse en el juego político, son los partidos de oposición de izquierda y de derecha, aunque los cambios obedecerían a causas por completo diferentes.

Si el PRI, como señaló hace ya muchos años don Jesús Reyes Heroles, no es un partido de clase sino de clases y, por lo mismo, es inclusivo y abierto, no puede de ninguna manera adoptar una posición clasista, pronunciarse en favor de una clase determinada con la cual se aliaría en contra de las demás.

No hay la menor posibilidad de emprender una política de tipo soviético de los años veinte de clase contra clase. De ahí que el PRI deba vivir en una zona gris de indefinición ideológica y usar un lenguaje político aún más indefinido. Las grandes mayorías —¿hay más de una mayoría?— y la sociedad más igualitaria —lo que viene a decir que la sociedad mexicana, pongamos, ya es igualitaria— y otras redundancias y equívocos no son sólo resultado de conocimientos gramaticales que dejan bastante que desear, sino que responden a la obligatoria oscuridad e inevitable equívoco de la comunicación con el pueblo.

Así ha sido y así será, al menos durante los años por venir. No se puede menos, pues, que espantarse ante los directivos del PRI del Distrito Federal cuando hablan de iniciar una campaña casa por casa y manzana por manzana. Esto, quiérase que no, responde sólo al modo de acción de los partidos totalitarios. La Unión Soviética, la Alemania hitleriana basaron su sistema policiaco en el encuadramiento de los individuos sobre la base de su habitación.

Es una tentación que todo partido tiene y algunos gobiernos comparten. Por lo demás, ya hemos visto el éxito que supusieron los comités de manzana en el Distrito Federal. Pocas veces se ha visto un rechazo más claro y abierto. Los habitantes de esta ciudad quieren ser libres, al menos en el interior de sus casas.

Otro de los planteamientos absurdos era hacer de la recolección de la basura, el suministro de agua, la vialidad y otros problemas urbanos tema del PRI local. Una ciudad que se encuentra en los 14 millones de habitantes presenta dificultades técnicas de una magnitud tal que los comités de vecinos no pueden sino protestar, convertirse en vagos grupos de presión: la solución de los problemas quedará por fuerza en manos de los técnicos. Una ayuda posible e importante sería una representación ciudadana auténtica, con el consabido peligro que encierran las administraciones municipales que en la Gran Bretaña, Francia, Alemania, los Estados Unidos o México son siempre un hormiguero de corrupción. Un cuerpo representativo —no consultivo— podría vigilar al menos aquellos aspectos más hirientes del mal manejo del dinero público.

El PRI del Distrito Federal debe estar atento a los problemas políticos de su localidad más que a los municipales, aunque éstos no sean despreciables. Pero ante todo debe ofrecer soluciones políticas y juzgar entre las soluciones técnicas que se propongan, que por su magnitud y complejidad se escapan a sus conocimientos. A menos que todos sean ingenieros en el PRI, se exponen a embrollar más aún una situación que sólo pocos parecen entender.

"¿Otra reforma del PRI?", *Excélsior*, 16 de julio de 1982.

SUBIDA DE LA DERECHA

Decir que un partido es una cosa y un gobierno otra es una vulgaridad y un lugar común, aunque se puede añadir que las grandes verdades suelen ser vulgares lugares comunes. Pasar, pues, de una política partidista a una gubernamental implica una serie de ajustes y de cambios que no siempre se pueden lograr al primer impulso, so pena de defraudar a quienes contribuyeron a establecer los hitos de las decisiones partidistas. Las políticas que se empiezan a diseñar no serán del agrado de todos, y es que un gobierno no puede agradar a todos: debe elegir sus alianzas, renovar, rescindir o crear nuevos pactos y establecer un nuevo proyecto.

No puede dudarse, después de las elecciones del 4 de julio, que ha habido un cambio decisivo en México. En primer lugar se rompió la tendencia abstencionista que, quizá mal observada y explicada, se venía dando. Pero se rompió en un sentido que nadie esperaba y de haberla previsto se guardó sus previsiones para él solo.

La participación masiva, en algunas localidades impresionante, es un elemento clave para cualquier explicación presente o futura de nuestro sistema político: la actitud del mexicano ante el voto es una consecuencia de la modernización política del país, por un lado, y el resultado de la crisis general de la economía y de la sociedad, por otro. Quizá haya habido otros factores que empujaron hacia las urnas y que aparecerán con más estudio y análisis, pero por el momento modernidad y crisis aparecen en el primer plano.

El segundo cambio no es de hecho tal: la subida de la derecha. Es cierto que el Partido Acción Nacional rechaza tal apelativo político; es más, rechaza todos, como, por lo demás, intentan hacerlo todos los partidos. Quedaría, pues, que ellos mismos se situaran en el tablero político mexicano y quiérase que no aceptaran una definición breve y sintética de su posición. El caso es que los cuatro y pico millones de votos obtenidos por el PAN y el PDM señalan una inclinación del electorado hacia la derecha. Si son votantes nuevos o antiguos abstencionistas recuperados por el sistema electoral no puede decirse por ahora. Sea cual fuera su origen, nadie pone en duda el movimiento conservador que en este desplazamiento se advierte.

La tercera observación sería la diferencia que media aún en México entre el partido y el elector. Las estructuras partidistas de Acción Nacional no son lo suficientemente sólidas ni amplias para acoger esa presencia del electorado conservador del país; no digamos nada de sus íntimas posibilidades de gobernar. No sólo porque son aún un partido minoritario, sino por no presentar un posible equipo de gobierno capaz de sustituir a los actuales. El gabinete hipotético que Pablo Emilio Madero dio a la prensa sería de por sí capaz de ahuyentar hasta el último centavo de los hombres y mujeres que votaron por él.

¿Qué es, pues, lo decisivo en esta elección? De importancia fundamental es que una reforma política pensada y creada para la izquierda fue capitalizada por la derecha. Las actitudes profundas de un país no cambian sino muy lentamente y las de México parecen tener una vida secular. De igual importancia es que una elección es tanto un voto de confianza sobre el gobierno por venir como un juicio sobre el que abandona el poder, y es posible que este último elemento sea más importante que el primero. De cualquier manera y en espera de una mucho mayor información, se puede decir que de ahora en adelante las elecciones en México han dejado de ser lo que fueron.

"Subida de la derecha", *Excélsior*, 23 de julio de 1982.

LA IZQUIERDA, EMPANTANADA

Los partidos de izquierda se encuentran en una situación mucho más complicada y difícil que los de la derecha, después de las elecciones del 4 de julio. Lo primero que salta a la vista es la división que impera entre ellos: por un lado se encuentra la izquierda independiente (PSUM y PRT) y por otro una izquierda oficialista (PPS y PST). No se puede sino aceptar la posición de la izquierda independiente en lo que se refiere a su rechazo total y absoluto de la izquierda dependiente. Mantener a fuerza de buena voluntad a los dos espectros que son el PPS y el PST para conservar dos votos en la Comisión Federal Electoral es un precio demasiado alto. Más aún cuando se ha visto cómo fue eliminado el PRT o, más exactamente, doña Rosario Ibarra de Piedra.

Dado que el PRT ha quedado fuera, el aislamiento del PSUM se hace aún más evidente frente a la fuerza mostrada por el PAN y el PDM. De hecho el PSUM se convierte en el único representante de la izquierda en la Cámara de Diputados, donde deberá desempeñar un papel difícil, pues tras él se observarán las actitudes del PMT, el PRT y otras agrupaciones que no han obtenido el pase a la Cámara. Su clara ideología marxista le impedirá ser el defensor de los intereses de los partidos de izquierda no marxista y es más que probable que se cierre frente a estos partidos, representándose sólo a sí mismo.

La clara subida de la derecha hace su posición todavía más incómoda, pues no le queda sino acercarse lo más posible a las posiciones del gobierno ante la amenaza que se cierne sobre la izquierda toda. En eso no hará más que repetir lo que es ya una historia que parece no encontrar alternativa: la alianza de la izquierda con el Estado o su desaparición, no pudiendo llevar por ello ninguna actividad seria en materia sindical o universitaria, que constituyen sus cotos predilectos. Una vez más se los verá orientarse hacia la política exterior de México en la que apoyarán las posiciones de la cancillería, sin poder influir mayor cosa excepto en el plano declarativo.

Con todo, la izquierda se hace indispensable. No sólo por representar el PSUM como partido una idea de lo que la clase obrera debe ser, sino por constituir un contrapeso —muy endeble, es cierto— de una derecha que ha crecido de manera inesperada. No será en este sexenio cuando se cierre la brecha inmensa que aún separa a los partidos de izquierda de las tan anheladas masas. De ahí la función simbólica y, en términos del profesor Georges Lavau, tribunicia que le cae encima al PSUM.

La LI Legislatura mostró cómo este partido tiene una capacidad parlamentaria indiscutible. A pesar de la llegada de algunos nombres a la Cámara, le faltarán mucho los hombres que el 1º de septiembre dejarán de representar al antiguo PCM o al PPM. Es cierto que la representación del PRI también llega con una calidad parlamentaria disminuida y en algunos casos se puede temer que esta falta de calidad equilibre la falta de calidad de la parte izquierda. Las posibilidades de la derecha resultan, pues, bastante inquietantes para todos.

El empantanamiento de la izquierda debe ser para sus partidos una lección. Mientras no adopten una política que pueda atraer a las clases medias urbanas no tienen posibilidad alguna de evitar los desastres electorales parecidos al del 4 de julio, donde los ciudadanos prefirieron tres veces más a la derecha que a la izquierda. Pero no será con su política actual con la que convenzan a estos electores.

"La izquierda, empantanada", *Excélsior*, 30 de julio de 1982.

BAILANDO EN EL VOLCÁN

SE SUELE decir que las crisis se atraviesan. Nadie puede pensar que nos vamos a instalar en la crisis y, sin embargo, no se oye por ninguna parte cuáles pueden ser las soluciones a la situación presente. Pareciera que el sentido común hubiera terminado por imponerse y después del alud de declaraciones que nos invadió en los últimos años, todos los que tienen capacidad para declarar hubieran optado por el silencio, vista la exactitud de sus precisiones declarativas. Si el gobierno no habla, hablan los particulares, y esto, que parecería normal, empieza a alarmar a todo el mundo.

Han sido de manera principal los hombres de empresa quienes se han adelantado en la predicación de las catástrofes que nos esperan a la vuelta de la esquina. Desde un principio han mostrado su espíritu de gremio, de clan o de tribu, atentos sólo a sus intereses, de los que dependen, nos dicen, los de la nación. No se duda de la importancia de los hombres de empresa, de los empresarios dentro de una nación, pero en México hay escasísimos empresarios y multitud de patrones.

Dentro de un mercado protegido al máximo, ayudados en todo y para todo por el Estado, han sido incapaces ya sea de aprovechar los momentos de bonanza —ahí está el ejemplo del grupo Alfa— o de dar pruebas de competencia y capacidad empresarial durante los inicios de la crisis. De lo que han dado más pruebas de las necesarias ha sido de su falta de solidaridad con una nación y un Estado sacrificados en aras de un desarrollo comercial e industrial de los que han sido los beneficiarios indiscutidos. ¿Qué propondrían, además de sus ataques en contra del populismo, los hoteleros que se han encargado, con la ayuda de distinguidos funcionarios, de arruinar el turismo extranjero?

Pero los patrones no han sido los únicos culpables del desastre. Se podría hablar de los funcionarios que no cesan de lanzar arengas patrióticas mientras vigilan las casas en el extranjero adquiridas. Dios sabe cómo. No se puede más que preguntarse qué clase de cinismo invade al funcionario o político que censura a sus conciudadanos sabiendo de manera pertinente que él ha hecho lo mismo que critica. Sería de lo más interesante poder conocer qué clase de razonamiento esquizofrénico, de discurso incoherente lo domina en su interior, porque el exterior ya lo conocemos hasta la saciedad.

Estos hombres no pueden justificarse ante ellos mismos más que a través del convencimiento de que la solidaridad social es un término hueco, apto para el consumo popular, seguros al mismo tiempo de que el discurso empieza a dar síntomas de desgaste. Miedo, hipocresía y cinismo, racismo larvado, egoísmo sin límites.

No hay clase que se salve, con la excepción de aquella que no tiene nada y, por lo mismo, no puede ejercer ningún afán de posesión. Hoy, tener trabajo es mucho, es prácticamente todo. Es la seguridad mínima de sobrevivir y, con un poco de suerte, poder educar a los hijos; es el convencimiento de que no es el momento de pedir nada, de que no está el horno para los bollos del señor Servitje.

El Congreso del Trabajo, con su sabiduría de años de combate, ha sido el primero en advertir a sus agremiados de la imposibilidad de llevar adelante cualquier lucha. Sabe mejor que nadie quiénes serán la víctimas de esta crisis y recorriendo de nueva cuenta el camino de su historia llega, quizá sin quererlo ni buscarlo, a encontrar una solución nacional y a la postre nacionalista.

Ha sido motivo de bromas y chistes sin cuento la reforma moral. El título es una auténtica desgracia, con su tufo decimonónico, sus relentes de sacristía y todo aquello que hoy acompaña a la palabra moral. Sin embargo, las cosas más necesarias se antojan un tanto ridículas cuando se abordan por primera vez. Para el doctor Johnson, en pleno siglo XVIII, el nacionalismo era el último refugio de los granujas y ya vimos el porvenir que les esperaba a los nacionalismos. Reírse de la moral resulta de buen tono en cualquier salón y, en el mejor de los casos, le dejamos la moral al pueblo, a falta de poderle dar otra cosa, siempre y cuando se entienda la moral como obediencia y comedimiento.

Lo que inquieta en este momento es verse en un espejo, hacer un examen de conciencia sin que el cura nos guíe u oriente, es decirnos que estamos bailando sobre un volcán y que el diluvio no vendrá después de nosotros sino el pleno baile. A menos que seamos lo suficientemente agudos para que nos pille en Houston, en la casa preparada de antemano. La moral será entonces haber sabido preservar nuestra fortuna para unos hijos a los que se quiere por encima de todo.

"Bailando en el volcán", *Excélsior*, 13 de agosto de 1982.

LAS CRISIS COMO SISTEMA

Excepto en el mundo de la fe, nadie se salva solo. Vivir en una sociedad equivale a decir que la salvación es colectiva e histórica, jamás individual. Es más, la salvación no puede identificarse con las clases o estamentos, así se den en el interior de la sociedad las más brutales diferencias. Pensar que una sola clase pueda salvarse no pasa de ser un egoísmo sin pies ni cabeza, una ignorancia total del funcionamiento de los sistemas. Todos tenemos una vaga intuición que nos dice cuál es nuestra dependencia de los demás, aunque en estos momentos sabemos que jamás escucharemos nuestra intuición para seguir un oscuro instinto de sobrevivencia. La consecuencia son los resultados, que están a la vista de todos. ¿Estamos aún a tiempo de corregir nuestra miopía social e histórica?

No parece el momento muy propicio para la meditación filosófica o sociológica y, pese a lo inoportuno, no nos queda ahora sino partir de premisas más sólidas que las ideas que nos han guiado.

Tenemos, no se sabe por culpa de quién, la costumbre de hablar del sistema político, del sistema económico, de la cultura y de la religión, como si se tratara de cosas independientes, de piezas separadas de un rompecabezas imposible de montar. La crisis nos ha enseñado que esas piezas se acoplan de manera perfecta, no dejando el menor intersticio entre ellas. Es más, la ausencia de una de ellas le resta por completo el significado a las demás. Todo lo que llamamos sistemas, pues, no son de hecho más que subsistemas: no habría un sistema político mexicano de no haber un sistema económico, no habría una cultura mexicana —o un sistema cultural— de no haber un sistema político y uno económico, sin establecer orden de prelación alguno. No existe más que un sistema social único que se puede analizar de muchas maneras y por muchos ángulos.

En la situación presente es inútil buscar un subsistema al que culpar de la crisis. El fallo se ha dado en la economía, en la cultura, en la política y en cuanta organización de fuerzas podamos encontrar, en la medida en que estas fuerzas hayan tenido una influencia real sobre la organización de los hechos sociales. Dicho de otra manera, lo que no funcionó ni parece funcionar es el sistema general, la sociedad en cuanto tal.

Es bien sabido que en México se trabaja y, en algunos casos, mucho. No se trata por lo mismo de culpar a éste o a aquel individuo en particular, sino a las relaciones que existen entre ellos, entre todos los hombres. Podríamos decir que el sistema ha establecido el egoísmo en la práctica y la generosidad y el altruismo en el discurso, por poner sólo un ejemplo. Entre la palabra y la vida media un abismo casi insalvable. Hay que volver a la verdad, por dura y amarga que sea, antes de poder pensar en otras formas de acción.

Queda, con todo, por resolver el problema de la imaginación. Los ejemplos de hombres imaginativos, tremendamente imaginativos no han faltado en este país. Nadie se atrevería a decir que la creación del subsistema político —partido dominante, presidencialismo, vinculación sindicatos y Estado— no fue un prodigio de equilibrio que duró más de 50 años por la imaginación y la voluntad que presidieron en su concepción. Duró lo que duró, que fue mucho. Se necesita ahora quién pueda repensar esta nación, y quien lo haga sabrá qué tipo de relaciones sociales, económicas, políticas, culturales y humanas pueden darse, qué tipo de creencias son las que se comparten y cuáles son las que se rechazan.

En resumidas cuentas, no se trata de inventar un nuevo país: la imaginación reside en descubrir lo que existe en potencia pero no en acto, lo que la mayoría quiere y busca quizá a ciegas, quedándole al político no imponer su voluntad, sino "leer" cuál es la voluntad hasta ahora recóndita de la nación. No se trata de reducir el papel del político —ni su gloria ni su servidumbre— sino de señalar el papel que el político debe cumplir en una nación situada en una de las crisis más graves de su historia.

"Las crisis como sistema", *Excélsior*, 27 de agosto de 1982.

LA IZQUIERDA QUE NO APRENDE

El Estado tiene la capacidad que le da la Constitución para nacionalizar todo aquello que considere de interés público. Bancos, industrias, propiedades muebles o inmuebles, todo está sujeto a una posible nacionalización. Sobre ello no hay la menor discusión y, las que se pretenden levantar en este momento, carecen de sentido desde un punto de vista constitucional. Que los decretos estén llenos de errores y omisiones no es, pese a parecer lo contrario, un problema esencial; el problema esencial es político. Es, quizá, el primer problema de este tipo que se da desde la reforma política.

Se ha escrito que la izquierda tiene ideologías y la derecha intereses. Por primera vez en muchos años se ha atentado directamente contra una posición, contra un interés de la derecha y, en ese sentido, la nacionalización de la banca mexicana es una medida de izquierda, lo que no implica que se trate de una acción que lleve a este país hacia el socialismo, pese a que la izquierda lo crea e intente disimularlo. Se nos habla incluso de cambios en la correlación de fuerzas dentro de la sociedad y del Estado.

Lo sorprendente es el momento en que ha llegado esta nacionalización. A los grandes males, los grandes remedios, señaló en su sexto informe de gobierno el Presidente de la República. Se necesitaba un gran remedio, una medicina brutal para enfrentar una crisis sin precedentes, de la cual el enfermo saldrá curado o muerto y, de tener suerte y darse el primer caso, la convalecencia será larga. Mucho más de lo que se espera.

Los bancos fueron nacionalizados menos de dos meses después de las elecciones, y no se puede perder éstas de vista para intentar comprender y explicar qué ocurrió. El 4 de julio se rompió la inercia abstencionista, vimos una votación sin precedentes... y una subida de los partidos de derecha, también sin precedentes: los 4 178 996 votos obtenidos por el PAN y el PDM sólo representan 19.84% de los sufragios emitidos y una quinta parte de los logrados por el PRI, pero se convierten en algo significativo al compararse con los 1 202 646 captados por el PSUM y PRT juntos, que sólo representan 5.6% de los electores que acudieron a las urnas (esperamos que no consideren al PPS y al PST partidos de izquierda dentro de la propia izquierda).

Una de las explicaciones que más éxito ha tenido para entender esta subida de la derecha ha sido el miedo provocado entre las clases medias mexicanas por la concentración del PSUM en el Zócalo, el famoso Zócalo rojo por una tarde. No se trata ahora de discutir el pasado, insiste la izquierda, pero no puede considerarse pretérita una acción política —las elecciones— que se llevó a cabo hace apenas dos meses. La mayor parte de los diputados del PRI están aún viviendo las angustias que les provocó el Colegio Electoral, donde no fue precisamente la izquierda la que los puso en un trance de muerte. La fuerza del PRI, debe repetirse una vez más, no está en las urnas sino en su capacidad de movilización, como lo mostró el viernes 3 de septiembre. Nadie puede mover a las masas sino la burocracia del PRI; acarreados o transportados, obedeciendo a una consigna o con toda libertad, las masas sólo obedecen a los líderes establecidos, que hasta el día 3 eran para la izquierda una colección de charros.

Política de izquierda, pues, pero llevada a cabo, *manifestada* por el PRI. Y entendámonos, en la medida en que la prensa, apabullada por la izquierda intelectual ha informado con precisión, el PSUM, escaldado por siglos de historia, no se ha mostrado en nada y para nada triunfalista. Es más, se ha advertido cierta reserva, un comedimiento de partido experimentado y que empieza a saber dónde pone los pies y mete las manos. Apoyó la medida y retiró su manifestación de apoyo. Nada de Zócalos rojos otra vez.

Un partido no podría caer nunca, so pena de desacreditarse, en la violencia verbal y escrita que hemos padecido en la última semana. Los comunistas mexicanos tienen demasiado presentes las épocas de furioso anticomunismo donde eran agentes al servicio de Moscú, vendepatrias, antinacionales, extranjeros y otras lindezas salidas del triste arsenal ideológico de la derecha, en el cual ha corrido a abastecerse la izquierda. Cualquier insulto es aceptado, las imágenes más descabelladas se antojan dignas de López Velarde, la difamación es una charla de buen tono. Todo está permitido, menos la tolerancia. El intelectual de izquierda ha ganado por el momento y saca a relucir sus décadas de frustración.

Da lástima el espectáculo que estos señores ofrecen. La necesidad de mezclarse con el pueblo, de gritar y de cantar con él, de verlo de cerca, es una manera transitoria de superar el malestar que el pueblo les produce cuando está presente. Nada, pues, como un símbolo —la expropiación bancaria— para latir al unísono durante una hora y después salir corriendo a recuperar el *status*.

"La izquierda que no aprende", *Razones*, núm. 71, 20 de septiembre-3 de octubre de 1982.

UNA HUELGA POLÍTICA

No hay huelga sin costo, cosa que no parecen haber entendido los responsables sindicales del STUNAM. En el caso de la que hacen los trabajadores de la Universidad Nacional aún no se sabe si el precio deberá ser pagado por las autoridades universitarias, por el cuerpo académico, por los estudiantes o por el Estado; la única suposición que ni por un momento se imagina es que los costos recaigan sobre los trabajadores. Suponer que, por ejemplo, no se pagaran los salarios caídos, resulta un factor que en ningún momento es tomado en cuenta: está más allá de la realidad y quienes así lo consideran no carecen de razón.

Sólo los movimientos huelguísticos que no cuentan con el apoyo de una central obrera o van directamente en contra de los intereses concretos del Estado pueden durar y culminar en un desastre para los obreros y los organizadores del movimiento. De no ser así, la avenencia final implica siempre el pago de 50% de los salarios caídos, cuando no del 100%. Las huelgas resultan, pues, hasta cierto punto fáciles y, en más de un caso, por completo injustificadas. El costo repercute en la productividad, es decir en todo el mundo.

En el caso que nos ocupa, el STUNAM sabía de antemano que las autoridades universitarias y más allá de ellas el Estado no podían, sin incurrir en un pecado mortal, ceder en el tope salarial. Nadie, obrero o no obrero, podría aceptar que los trabajadores de la UNAM tuvieran un tratamiento que se niega por razones obvias al resto de la clase obrera. Su fuerza sola no puede torcer la voluntad de un gobierno que sabe hasta qué punto la austeridad es inevitable y cómo debe ser compartida por todas las clases, así sea la clase obrera quien vaya a cargar con la peor parte. La huelga, por tanto, no es salarial, no es una huelga reivindicativa y laboral, estamos ante una huelga puramente política. Cabe, pues, preguntarse qué ha llevado a los líderes de los trabajadores universitarios a lanzar un movimiento que en las demandas concretas está perdido de antemano.

Hoy resulta un lugar común decir que la izquierda se ha quedado sin un tema real para los próximos cinco años. Hemos visto al final de este sexenio triunfar algunas de sus tesis más importantes, tesis que habían venido reclamando desde hace lustros —desde Lombardo Toledano—. No todo el mundo estuvo de acuerdo con la nacionalización de los bancos y con el control general de cambios y, sin embargo, se impuso esta política.

Una vez más aparece el problema de los costos: el gobierno se ha visto obligado a pagar los suyos, pero la izquierda no parece tener ganas de responder de su parte correspondiente. ¿Intenta ahora disociarse de las consecuencias de un acto que reclamó a gritos? La elección del terreno, los temas expuestos y los problemas internos del sindicato nos permiten suponer y más que suponer que lo que en verdad se quiere es recuperar un campo político perdido y que, como ya es costumbre, se buscó romper el hilo por lo más delgado, por la universidad.

Si los topes salariales se rompieran en beneficio de los trabajadores universitarios el alud de huelgas plenamente justificadas resultaría incontenible y el Congreso del Trabajo tendría todas las razones del planeta para lanzar un movimiento general. La pelota no está ahora en el terreno de la rectoría sino en el del STUNAM. A él le toca saber perder esta huelga.

"Una huelga política", *Excélsior*, 12 de noviembre de 1982.

SE INICIÓ LA PARTIDA

Cualquier acto de gobierno es un acto político y, en ese sentido, cualquier secretario de Estado es un político en la comprensión popular de la palabra. Pero, yendo un poco más allá del sentido popular del término, las designaciones hechas ayer por el nuevo Presidente de la República indican una clara intención política —por contraposición a tecnocrática— al formar su gabinete.

Algunos nombres no se prestan lo más mínimo a discusión: Jesús Reyes Heroles, Manuel Bartlett, Pedro Ojeda Paullada, han sido hombres que han ocupado los cargos más importantes del PRI y han hecho dentro de este partido la parte más sustancial de su carrera pública. Tan políticos son que no han tenido carrera privada, es decir, hicieron desde su juventud una profesión de la política. Son políticos profesionales, miembros de la clase política y, más allá, de la élite política mexicana.

Pero los políticos profesionales no se paran tras estos nombres. Guillermo Soberón, Arsenio Farell, Manuel Martínez Villicaña y Carlos Salinas pueden ser catalogados, en la dudosa división que en México se establece entre los políticos y los tecnócratas, junto a los primeros. Lo mismo puede decirse de Bernardo Sepúlveda si se considera, como debe considerarse, que la política exterior de una nación es antes política que exterior.

Que estos hombres sean políticos profesionales no quita la actividad política de los otros miembros del gabinete, pues no cabe pensar en que una decisión tomada en la Secretaría de Hacienda o en la de Comunicaciones sea estrictamente técnica, entendiendo por técnica libre de valores y de compromisos, puramente racional y, hasta donde el disparate lo permite, "científica". Hace tiempo que, por fortuna, nadie considera una decisión política ajena a la verdad que encierra la sociedad civil, verdad que por lo demás no puede ser apresada por medio de técnicas estrictamente cuantitativas y de acuerdo con principios indisputables.

La lectura de la realidad que el Presidente de la República parece haber hecho ha sido, pues, una lectura realista y en cierta medida pesimista. Su discurso de toma de posesión no escondió los aspectos oscuros de la situación del país y la contestación a esta lectura fue anteceder a los acontecimientos, ofreciendo las posibilidades de un campo político, de discusión, concesión y acuerdo. En una palabra, lo fundamental es lo político.

No se insistió en el mensaje en la pluralidad de las fuerzas sociales, políticas, económicas y culturales —tampoco en las religiosas— presentes. No es, por lo demás, obligación de un Presidente el hacerlo. El Presidente representa a toda la nación pero es también el jefe del Estado, lugar desde donde debe gobernar, o sea equilibrar y decidir, por lo que no le corresponde organizar la magnitud y sentido de dichas fuerzas. Las reformas que vengan se tomarán en función de la pujanza de los grupos sociales organizados y la capacidad que muestren para hacerse presentes en el campo de lo político. Decidir desde ahora la disposición de este campo sería ofrecer una solución tecnocrática, tomada en virtud de aprioris extraídos de la literatura especializada o de tradiciones equívocas que, con frecuencia, son un fracaso cuando se llevan a la práctica.

La partida está iniciada. Hay que esperar el próximo movimiento.

"Se inició la partida", *Excélsior*, 3 de diciembre de 1982.

TERCERA PARTE
CAMBIO DE PIEL (1983-1987)

ELECCIONES Y ELECTORES

Las diferencias de todos los tipos y clases que atraviesan a la sociedad mexicana, las desigualdades profundas que la dominan, hacen que la democracia no sea la preocupación fundamental de los gobiernos revolucionarios que desde 1920 se han sucedido sin interrupción. Hacer del desarrollo económico, social y cultural la prioridad absoluta y obligar al sistema político a adaptarse y seguir esta prioridad es quizá la razón de la duración del sistema. Ajeno a ideologías escolásticas concretadas en un cuerpo doctrinario, el pensamiento de los gobernantes e ideólogos revolucionarios ha mostrado un brutal pragmatismo que por fuerza ha chocado con los principios teóricos de la democracia, a la cual se exalta y defiende dentro de un sistema político que muestra paso a paso todos los rasgos de un sistema autoritario.

Al colocar a la modernización como eje de cualquier desarrollo, los gobiernos mexicanos han antepuesto la efectividad, y han debido aceptar incluso la desigualdad, a las formas democráticas de constitución del poder. Medir, pues, la democracia por una sola forma como es el proceso electoral, conduce de manera inevitable a conclusiones erróneas. Lo cual no quiere decir que las elecciones sean un elemento superfluo o añadido dentro de la mecánica política mexicana. Así parezca paradójico, las elecciones resultan indispensables tanto para el sistema político mexicano como para todos aquellos que se ven obligados a legitimar el ejercicio del poder.

No sólo el gobierno, sino la clase política mexicana *in toto*, se constituyen por coopción, de donde resulta que la socialización —la interiorización de las reglas del sistema— es, en cualquier *cursus honorum*, de una importancia mucho mayor que el refrendo popular de los aspirantes a los cargos gubernamentales. Es más, la polémica que desde la aparición del libro *The Dilemma of Mexico's Development* enfrenta a los políticos con los técnicos —hoy tecnócratas— no es sino una manera extrema de enfrentar dos procesos de socialización y, por consiguiente, de entrada en el mundo de la política, procesos que van a determinar no sólo el papel ejercido dentro del sistema, sino los límites de la carrera política. En ninguno de los dos casos las elecciones van a desempeñar un papel crucial: son importantes para el sistema en sí sin afectar, más que en casos marginales, la carrera de alguien en particular. La derrota electoral de un político de primera línea del PRI puede ser subsanada en la elección siguiente, sin que nadie recuerde el fracaso.

La literatura política ha tendido a identificar elección y participación. Si, en las democracias occidentales, tal afirmación puede resultar cierta, en los países en desarrollo las elecciones cumplen más un papel de legitimadoras del poder que de participación. De ahí la importancia que se les concede como acto de adhesión; de ahí también su intención plebiscitaria. Su función real, con todo, es otra, y las cifras encuentran una significación que sólo puede entenderse teniendo presente el nivel de desarrollo político de México.

La función de las elecciones en el sistema político mexicano

Elecciones no como las otras, elecciones diferentes, elecciones peculiares, elecciones semicompetitivas, pero elecciones al fin y al cabo. Como ya se ha señalado, tienen una primera función que es legitimar por un proceso en apariencia democrático una decisión autoritaria: la coopción recibe la bendición del voto popular. No queda aquí encerrada la significación del voto: es además un instrumento de diagnóstico y de auscultación que, con frecuencia, puede introducir una inflexión en la política del gobierno que alcanza el poder o, de tratarse de renovación parcial de los poderes, del gobierno en el poder.

El grado de desarrollo logrado por México ha transformado el sistema mexicano en un sistema de partido dominante y semicompetitivo. Del monolitismo se pasó gradualmente a un pluralismo restringido —típico del autoritarismo— donde la multiplicidad de las fuerzas de oposición sólo de manera parcial puede ser controlada por el Estado. Éste no puede cerrar las opciones de diálogo en todos los casos, como se vio, por ejemplo, en su oposición feroz al Partido Comunista, al que terminó aceptando dentro del juego político para balancear el empuje de una derecha proteica pero nunca desarmada. Si la ley electoral de 1946 eliminó al PCM de cualquier juego electoral y parlamentario, le entreabrió la puerta en las elecciones de 1976 para abrírsela de par en par —al menos legalmente— en 1979. El estudio de las diferentes leyes electorales es, para la comprensión del equilibrio interno del sistema político y los conflictos que se dan dentro de la "familia revolucionaria", tan importante como los propios resultados de las elecciones.

En más de una ocasión las elecciones han sido un indicador capaz de alterar las intenciones del gobierno mexicano. La reforma política de 1978, pactada con la izquierda y aprobada para sacarla de una semiclandestinidad capaz de convertirse en una actividad desestabilizadora, ha sido capitalizada por la derecha que, una vez más, se planteó como la única oposición popular amplia, así se halle completamente desarticulada y carezca de una auténtica voluntad de acceder al poder.

El desequilibrio que se da entre el PRI y todos los demás partidos de oposición es un elemento clave en México. Sólo teniendo presente este desbalance pueden entenderse los resultados electorales, al no resultar comparable una maquinaria política que cubre al país de punta a punta y pueblo por pueblo, capaz de movilizar a la nación entera —incluida la oposición— en el momento en que se lo propone y fusionada casi siempre con el aparato del Estado, con una serie de formaciones regionalizadas, por lo general urbanas, acurrucadas dentro de unas élites intelectuales comprometidas financieramente, de manera directa o indirecta, con el Estado o sus organismos. Los 40 000 afiliados que el PCM (ahora PSUM) dice tener no son vistos en el momento en que resultan indispensables para manejar una elección. Por lo demás, el lema del XIX Congreso del PCM fue: por convertirnos en un partido de masas. Hoy por hoy, las masas son del PRI. Así, pues, ya sea en las campañas electorales o en el Parlamento, incluso en los congresos de los partidos, el diálogo queda confinado a las élites cooptadas, profesionales y semiprofesionales de la política.

Si el PRI ha perdido preeminencia por la multiplicidad de opciones que se abren ante un joven político y decae como decaen los partidos únicos o dominantes en los sistemas autoritarios, su función electoral, interna y externa, se mantiene. No sólo es en su ámbito donde se lleva a cabo la selección de candidatos para los cargos electivos —una de las vías de la coopción—, sino que en esta operación se advierte la fuerza relativa de los políticos de los tres sectores (obrero, campesino, popular) que lo componen. Durante más de un año, de los seis que dura el gobierno de un Presidente de la República, el PRI ocupa el escenario nacional durante las dos campañas electorales. La participación en la coopción corre desde el Presidente de la República hasta los sindicatos de mediana importancia, hace que las etapas previas a las elecciones adquieran, en crudos términos políticos, una importancia superior al propio acto electoral, donde la vida política y la participación viven sus mejores momentos. El proceso de auscultación y la liberación de las fuerzas latentes en el PRI no serían advertidos de no ser seguidos por una consulta popular: el cortés diálogo que se mantiene con la oposición, con sus tonos paternales y tolerantes, se pierde dentro del PRI cuando se lucha para ser designado candidato para un cargo electivo, pese a que hoy no se los considere de primera magnitud.

Cabe añadir que la oposición es la primera en reconocer que en ningún caso cuenta con la mayoría de los votos emitidos y de antemano reconoce la justeza de los triunfos del PRI en las urnas. Su protesta es de grado, es una impugnación de los resultados arrojados por determinados distritos y no una impugnación general del proceso. La legalidad del gobierno y la legitimidad del Estado no han sido impugnadas globalmente por los partidos de oposición en los últimos 40 años, contrariamente a lo que ha sucedido en las elecciones locales, ya se trate de elecciones municipales o estatales.

Puede ser un rechazo del gobierno y del partido en el poder, cuando se trata de elecciones federales o un conflicto de hombres cuando hay que renovar los poderes locales. El voto que obtienen algunos partidos llamados de oposición, como el PPS, el PARM o el PST, es de hecho un voto por el PRI a través de mal disimuladas filiales —las descentralizadas—, como las llaman en broma los propios priístas. En cualquier caso el conflicto queda encapsulado y encuentra una vía de manifestación limitada por el marco electoral. Existen, desde luego, otras posibilidades de solución extraelectorales que no corresponde examinar aquí.

Confirmación de los procesos cooptativos, expresión de una protesta no concretada en partidos, acto de adhesión de carácter plebiscitario, medida de la capacidad de movilización del aparato electoral del PRI, las elecciones mexicanas son una función indispensable para el sistema político. Sus datos son, por tanto, reveladores de situaciones internas que no se ajustan al modelo creado por las democracias occidentales. La lectura de estos datos debe ser, pues, otra.

El análisis de los resultados electorales en México ofrece dificultades a veces insuperables. Los cambios en la legislación electoral, la redistribución de los distritos uninominales y de los plurinominales, la reforma del padrón electoral, el número de candidatos y partidos presentes en cada elección, así como las diferencias que median entre las elecciones donde se renuevan todos los poderes federales y las que sólo renuevan la Cámara de Diputados, hace que las comparaciones sean cada vez más complicadas. A esto debe sumarse la complejidad tanto del proceso en sí como del cómputo.

En un país que tiene un bajo nivel de escolaridad (cuatro años) el votante está obligado a debatirse con cuatro boletas (Presidente, senadores, diputados uninominales, diputados plurinominales), llegando al absurdo en las elecciones del 4 de julio de 1982 de encontrarse cada sufragante chiapaneco —Chiapas es el estado con mayor índice de analfabetismo— con nueve boletas en las manos, pues también se elegían nuevas autoridades estatales y municipales. En estas condiciones no es de extrañar que las cifras arrojen resultados inesperados que con frecuencia rayan en lo incomprensible.

La mayor dificultad que encuentran los partidos de oposición de izquierda o de derecha radica en la falta de cuadros profesionales o voluntarios que les lleva a no estar plenamente representados en las casillas electorales. Sólo el PRI puede estar presente en las 50 438 casillas; los demás tienden a concentrar a sus representantes en las zonas urbanas. Con raras excepciones regionales, los centros para la emisión del voto campesino quedan de arriba abajo en manos del Revolucionario Institucional. El número de quejas (distritos reservados) fue, por estas razones, sorprendentemente bajo en 1983: 181 sumando las representaciones hechas por todos los partidos. La aceptación o rechazo a través del voto de los representantes de los partidos en la Comisión Federal Electoral, no hubiera afectado en nada el resultado final de la elección. Ni qué decirse tiene que casi todas las quejas se centraron en el proceso que se llevó a cabo en las ciudades, como venía sucediendo en elecciones anteriores.

Entre el partido y el elector, en México, media un abismo. Raro es el voto auténticamente partidista: quien no vota por el PRI suele entregar un voto de protesta que sufre los más sorprendentes cambios, aunque suele concentrarse en la derecha, como se verá más adelante. La otra solución de protesta es la abstención, punto obsesivo del PRI dado que el proceso electoral se convierte no sólo en un acto público para mostrar la fuerza del partido dominante, sino en una forma de legitimación de todo el sistema político. La derrota de la abstención es así el punto clave de cualquier consulta electoral.

Las elecciones de 1983

Eje de todas las miradas, dueño de los titulares de los periódicos, de los noticieros radiofónicos y de las pantallas de televisión, los 1 500 discursos que el candidato del PRI a la Presidencia de la República pronuncia durante los nueve meses de campaña, acompañado todo esto por mítines incesantes, hace que este hombre sea el más conocido de México y se sitúe muy por encima de su partido. Los datos numéricos en ese sentido son claros: en 1983 Miguel de la Madrid obtuvo casi dos millones y medio de votos más que los diputados del PRI. No sólo la campaña del candidato a la Presidencia y las de los diputados no son términos comparables, sino que la intención de situarse en cuanto es posible como una figura nacional y no partidista hace que el voto se divida, además de ir apoyado por dos partidos dependientes del PRI que no presentan candidatos a la Presidencia y apoyan al de éste. El haber obtenido 70.99% del sufragio válido no es, pues, de extrañar.

Conviene, de todos modos, detenerse un momento sobre este porcentaje y su origen.

El crecimiento ininterrumpido de la población mexicana convierte al padrón electoral en un instrumento que debe ser revisado constantemente. Pasa de 21 millones y medio en 1970, a casi 26 en 1976 y sube a 31.5 millones en 1982: un crecimiento de 50% en 10 años, que indica de paso la juventud del electorado mexicano y el problema que esto representa para los partidos y para la organización de cualquier acto electoral. Los movimientos internos dentro de las cifras globales alcanzadas por los candidatos son difíciles de explicar debido a esta afluencia constante de jóvenes electores.

No sólo el padrón crece; también sube la participación relativa, que es de 64.95% en 1970, 69.16% en 1976 y de 74.85% en 1982. Este crecimiento en apariencia ininterrumpido es realmente en dientes de sierra: al renovarse la Cámara de Diputados en 1979 sólo votó 49.7% de los inscritos. Pero no sólo resulta imposible contrastar las elecciones presidenciales con las de diputados, incluso las elecciones presidenciales no son comparables entre ellas. En 1970 hubo sólo dos candidatos a la Presidencia de la República; en 1976 José López Portillo fue candidato único; Miguel de la Madrid hubo de contender con seis.

Los cinco millones de votos que el PRI perdió en las elecciones de diputados de 1979 son recuperados en 1982, pero no siempre donde se habían perdido. El PRI no vuelve a atraer a todos los ciudadanos que habían votado por él en 1976. Puede ser que hayan sido nuevos electores quienes colmaron la brecha, aunque esto es una simple hipótesis dado que los datos disponibles no permiten comprobar esta suposición.

La votación obtenida por Miguel de la Madrid en 1982 fue ligeramente más baja que la lograda por López Portillo en 1976: 16 748 005 contra 16 767 210, cantidad ridícula pero que se magnifica de manera sorprendente cuando se observan los porcentajes: 93.61 contra 70.99. Las pérdidas se produjeron en 18 entidades federativas, de las que conviene destacar las de Coahuila (–275 688), Jalisco (–132 002) y Michoacán (–123 612), compensadas por el aumento del sufragio del PRI en 11 estados, siendo las más importantes las de Veracruz (+443 172), Puebla (+377 461) y Nuevo León (+316 926). Estos movimientos no se corresponden en absoluto con el nivel de desarrollo de los estados ni con las elecciones anteriores. Sin entrar por ahora al diferencial que separa el voto urbano del rural, no deja de asombrar que en dos estados donde la oposición vivió sus días de gloria y el PAN obtuvo diputados por mayoría (Puebla y Nuevo León) se haya producido esta oleada priísta. Pongámoslo por cuenta de la "energía" de sus gobernadores. Lo mismo se podría decir del caso de Sonora.

Si el PRI obtiene la mayoría en todas partes, es en las zonas económica, social y culturalmente deprimidas donde obtiene sus resultados más impresionantes, dado que éstos se basan en las participaciones aplastantes, así tienda esta participación a equilibrarse, si se compara con las consultas electorales anteriores. Con 90.22% en Chiapas, en Tabasco 91.19%, 83.32% en Oaxaca, 90.90% en San Luis Potosí, 81.16% en Veracruz, 80.66% en Yucatán y 84.39% en Zacatecas el PRI, en 1982, comprueba una vez más que son los estados en que domina la población campesina donde su presencia barre con la oposición, cosa que sucede desde hace 60 años. No son, los arriba enumerados, siempre los estados más deprimidos (Veracruz, por ejemplo, dentro de sus inmensas desigualdades internas, es un estado rico), pero por razones históricas no ha habido implantación de los partidos opositores al PRI. En entidades donde hubo una resistencia organizada y aun violenta contra los gobiernos revolucionarios durante el siglo presente, como Michoacán y Jalisco, la participación baja y los resultados logrados por el PRI también, pese a encontrarse en un grado de desarrollo, en las zonas rurales, parecido al de los estados antes mencionados.

Por no haberse publicado aún las cifras sobre la elección presidencial por distritos no se puede conocer cuál fue el comportamiento de las ciudades en esta elección, cosa que, por tanto, debe estudiarse en las elecciones para diputados, donde sí se han dado a conocer estos datos.

La ley electoral federal ha llevado a los partidos de oposición a interesarse más, durante la campaña electoral, en la elección vista como un todo que en distritos a su alcance. Sus esfuerzos, cuando se concentran, lo hacen en un determinado y restringido número de ciudades, así encuentren un apoyo difuso en todo un estado. La falta de afiliados y de cuadros les impide mantener una propaganda sostenida y profunda en todo el país. Los 3 631 660 votos captados por el PAN en las elecciones para diputados por mayoría o los 905 058 conseguidos por el PSUM no afectan lo antes dicho, o más bien, lo confirman: las zonas rurales son abandonadas al PRI y la lucha se reduce a las ciudades. Con todo, el PRI sólo perderá un distrito de los 300 en que está dividida la República y recuperará a los cuatro que en 1979 había visto irse con la oposición panista.

Debe señalarse que el mapa electoral no favorece en nada a la oposición: sus baluartes urbanos fueron desmantelados por un evidente *gerrymandering*. Las ciudades quedaron recortadas y divididas y se añadieron zonas rurales a los municipios urbanos, neutralizando así el voto de la oposición. Puebla, con dos distritos urbanos en 1973, pasó a tener cuatro mixtos, mitad campesinos, mitad citadinos, que terminaron con las victorias del PAN. Hermosillo y Culiacán fueron pacientes sometidos a la misma operación. Así, de los 96 distritos donde el PRI obtiene más de 80% de los votos emitidos, todos menos tres son rurales; de los 28 donde logra más de 90% de la votación, no hay uno solo que no sea rural. Prácticamente todas estas victorias se producen en los estados de Tabasco, Yucatán, Campeche, Quintana Roo, Guerrero, Hidalgo, Zacatecas, Chiapas y Tabasco. Deben añadirse a esta lista del subdesarrollo Sinaloa —uno de los estados más conflictivos del país— y Colima, donde nació el candidato a la Presidencia y que votó de manera aplastante por él por razones obvias. Sólo el Distrito Federal se negará a darle una victoria absoluta al PRI: se quedará, aunque no pierda uno solo de los 40 distritos de la capital, con sólo 48.35% de los votos.

La oposición de derecha, presente en las ciudades, muestra su crecimiento paulatino y su fuerza relativa. En las 17 ciudades que cuentan con más de un distrito, el PAN consigue en 13 de ellas más de 25% de los votos, manifestando una fuerza indiscutible en León (40.94%), Guadalajara (35.16%), Ciudad Juárez (39.35%), Tijuana (35.97%), Monterrey (39.73%), Chihuahua (30.22%) y el Distrito Federal (27.30%). Lo mismo sucede en los distritos del Estado de México que forman parte de la conurbación capitalina, o de ciudades que cuentan con un solo distrito electoral como Monclova, donde el candidato panista alcanza 45.63 por ciento.

No puede decirse lo mismo de la oposición de izquierda, para quien las elecciones de 1982 marcaron un claro declive pese a sus esfuerzos unificadores. Si el Partido Comunista había logrado reunir a un amplio sector de la izquierda hasta entonces fraccionado y que se presentaba en orden disperso, la presencia de un partido trotskista, guiado por una mujer de extraordinaria personalidad, doña Rosario Ibarra de Piedra, que borró a todos los demás candidatos de la izquierda y le restó cerca de 150 mil votos en la elección presidencial al PSUM, marcó un declive de este partido que por el momento no se puede considerar una tendencia. Sólo en Guadalajara, el PSUM, aliado con la Federación de Estudiantes de Guadalajara alcanzó 13.27%, que le resultó un récord nacional. Por lo demás, sigue acantonado en las ciudades donde existe una universidad controlada por un sindicato de sus simpatías. Los demás partidos, de izquierda o de derecha, sólo consiguieron cantidades insignificantes de votos. Dos de ellos perdieron el registro al no alcanzar 1.5% de la votación nacional.

Una vez más quedó comprobada una situación que no tiene nada de halagüeña para el PRI. La oposición está regionalizada y su poder relativo se hace patente en el norte del país y, en esta región, en las zonas urbanas y, dentro de las zonas urbanas, en las ciudades fronterizas. Pero no sólo allá la derecha está presente: con la modernización —que para los fines de este trabajo se identifica con la urbanización— hay una muy clara subida de la derecha, o sea de una clase media que, pese a los esfuerzos del gobierno, no acepta una forma ideológica más que económica de administrar el bien público y, sobre todo, se manifiesta de vuelta la tradicional resistencia al centro.

El futuro electoral

Puede hablarse de un México moderno y de un México tradicional, de uno que se encuentra ya al borde de la industrialización y de otro que vive aún sumido en el subdesarrollo, pero, para los fines de un análisis electoral, no podemos hablar de pautas de comportamiento inalterables. La historia tiene un peso demasiado evidente para poder encontrar una correlación alta entre el desarrollo y la pluralidad política: en muchas ocasiones el subdesarrollo es opositor y el desarrollo priísta. A esto corresponde una cultura política nacional que, pese a los esfuerzos homogeneizadores de los gobiernos revolucionarios y centralizadores, aún manifiesta fuertes tonos regionalistas. Cualquier intento de explicar el comportamiento de un grupo social determinado frente a las urnas, se arriesga a dejar de lado la variable explicativa principal, a menos que se haga una historia del distrito y sus habitantes. No será el caso aquí y ahora, y, por consiguiente, la interpretación del significado del voto va teñida de parcialidad y es forzosamente limitada.

Los mexicanos se interesan poco por la política, al menos por la política *formal*. En una encuesta reciente, 62% de los entrevistados contestaron interesarse poco o nada por ella, cosa que puede comprobarse en el desconocimiento que existe sobre los partidos y sus líderes. Apenas 26% sabe el nombre del presidente del PRI en plena campaña electoral, 7% sabe el del secretario del Partido Comunista y sólo 2% puede señalar quién dirige al PAN. Los partidos son nebulosas que caen tan pronto en el centro como en la izquierda o la derecha, términos, es cierto, que dicen poco en la política mexicana. Así, 34% no conoce qué posible tendencia representan, aunque no deja de sorprender que 40% coloque al PRI a la derecha y 35% al PAN. El Partido Comunista es, como partido, el mejor visto, dado que 56% sabe que es de izquierda. Esto no oculta la realidad pues 95% de los entrevistados daba al PRI como seguro vencedor de las elecciones.

La política se concentra en los depositarios de la autoridad y del poder. El Presidente de la República es universalmente conocido (95%), seguido por el gobernador del estado (87%) y por el presidente municipal (76%). Los diputados o, más exactamente, los representantes de distrito suelen ser unos ilustres desconocidos (23%), si se los compara con los anteriores, así se sitúen por encima de los líderes de los partidos.

Un hecho político debe tener una magnitud decisiva para que cale en el público. Así, aproximadamente 50% pudo contestar correctamente cuatro preguntas sobre la reforma política, pese al desinterés generalizado por la política.

Dado que en México el voto es constitucionalmente un derecho y una obligación, las actitudes frente al sufragio son, a primera vista, incongruentes. La confianza en la participación electoral es muy baja: 30% declara que las elecciones expresan la voluntad del pueblo mientras que 61% lo niega, aunque sólo 36% crea que la mejor protesta es la abstención. Así haya fraude, 60% piensa que se debe acudir a lar urnas.

En un país de desigualdades sociales evidentes no se puede esperar un comportamiento y unas actitudes homogéneas del electorado. Las diferencias sociales y económicas, las culturales sobre todo, serán un factor determinante en el comportamiento político visto no ya globalmente sino en el individuo inmerso en su contexto social. Como en todas las culturas políticas, la participación aumenta notoriamente con la subida de la educación y del ingreso: quienes se han quedado a medio camino de la educación primaria o sólo han podido terminar este ciclo escolar votaron en las elecciones presidenciales en un 51%, los que terminaron el ciclo secundario en un 70% y los que lograron terminar en la universidad en un 85%. El mismo resultado se aprecia si comparamos la participación con el ingreso: los que ganaban menos de 10 000 pesos votaban en un 54%, los que estaban por encima de este límite en un 79%. Participar en un acto tan elemental como es el voto requiere de una habilidad (educación) y de una situación social (ingreso) que elimina, quizá involuntariamente, a una cantidad de ciudadanos muy superior a la esperable, lo que conduce una vez más a restarle importancia a la participación formal.

La igualdad del voto y la libertad que la elección implica no tienen, en México, un auténtico relieve político. Las formas reales de la participación no pasan por las urnas ni son, por consiguiente, un hecho capaz de crear un conflicto insoluble. Cómo los grupos y las clases se transmiten sus demandas es algo por ahora mal estudiado y, por tanto, resulta casi imposible explicar el origen y permanencia del consenso social y político de México.

Dentro de una sociedad profundamente diferente de la imagen que la acompaña por el mundo, se da una tolerancia conservadora sorprendente. Más, pues, que una presencia política y una capacidad de decisión, buscada por los grupos culturalmente superiores, el grueso de la población reclama una actitud moral. Plagados por el desempleo y la inflación, los entrevistados siguen situando a la corrupción como el primer problema del país.

"Elecciones y electores", *Diálogos*, septiembre-octubre de 1983.

LAS INSTITUCIONES POLÍTICAS ANTE LA CRISIS

Una crisis económica con la amplitud y profundidad de la que atravesamos en este momento implica una redefinición de la situación del sistema político. No se puede pensar en la inmovilidad como contestación a la crisis; por desgracia, o por fortuna, a las crisis no se les puede tratar con ignorancia o desprecio. Además, algo saldrá distinto respecto a la situación que imperaba en México hace menos de un año, y, por lo mismo, lo realmente importante es conducir la crisis y no dejarse conducir por ella. De ahí la importancia que, de manera paradójica, adquiere la política en las épocas críticas de la economía.

La crítica se ha centrado más en la transformación de una variable del sistema político mexicano, que en la naturaleza misma de los factores que indujeron el estado actual de la economía. El populismo parece haber dejado de ser el eje sobre el cual giraba la acción del gobierno; con este cambio, la vida política nacional quedó centrada en una nueva verdad rechazada por grupos que no carecen de importancia.

Medida amarga en muchos casos y de una trascendencia que, aun sin ninguna claridad total, es percibida como un cambio de la naturaleza del sistema político. No dejan de ser curiosos los ataques encaminados contra la muerte del populismo, cuando los mismos que lamentan su desaparición señalan con toda razón que su presencia en la vida política de México fue la causa principal de la catástrofe económica actual. La verdad que encierra se plantea sobre bases nuevas, apegadas a la realidad económica. Las relaciones entre el poder y el ciudadano son temidas, como es temido cualquier cambio capaz de afectar no sólo a la sociedad, sino al hombre en particular.

Las tareas que el Estado y la sociedad deben enfrentar son hoy un llamado a la imaginación y al valor. El papel que las organizaciones políticas están llamadas a desempeñar es sin lugar a dudas muy superior al que venían desempeñando en los últimos 30 años.

Se adivina, sin hacer mayor esfuerzo imaginativo, la necesidad de reformar unas estructuras que cumplieron perfectamente su papel en las épocas donde la paz social estuvo garantizada, pero que con el correr de un tiempo histórico, cada vez más acelerado, se convirtieron en la ruina del Estado.

Cuando algunos grupos quieren hoy un Estado fuerte y no un Estado grande, todos comprendemos que la fortaleza del Estado, absolutamente necesaria, impediría la acción semianárquica, *egoísta* y miope de esos mismos grupos hoy tan exigentes.

La liquidación del populismo no significa, si el Estado busca en verdad ser fuerte, el reforzamiento de grupos o facciones seudoelitistas, opuestas por principio a cualquier beneficio popular, pues una cosa es lo popular y otra el populismo.

La fuerza del Estado radica en presentar, en primer lugar, un proyecto nacional capaz de recoger a la mayoría de las voluntades expresas y no expresas en la nación. Si nadie puede negar la presencia de una opinión pública, tampoco pueden olvidarse las dificultades de ésta para expresarse. Ignoremos —aunque sería un error hacerlo— la fuerza de los hoy denominados comunicadores, representantes de la opinión pública, aunque tal cosa nunca ha sido probada. Se vive con la comunicación e información que se tiene, así no se esté de acuerdo con ellas. Algo diferente sucede con los partidos.

En una crisis de las proporciones de la actual, las organizaciones políticas adquieren una nueva dimensión. Como se decía del Estado, dejan de ser organizaciones grandes y se hacen organizaciones fuertes. Todos sabemos que las crisis —y las dificultades y derrotas que traen aparejadas— ahuyentan a gran número de antiguos afiliados y simpatizantes, para dejar a un grupo convencido auténticamente de su función: si la despolitización aumenta por un lado, la verdadera politización aumenta por el otro.

Sólo los partidos capaces de prever una situación difícil son capaces de atravesarla, pues sólo ellos están preparados para emprender las transformaciones internas y externas indispensables. La lectura, o sea la comprensión cabal de la nueva disposición de las fuerzas sociales y políticas, la rapidez de la misma, su precisión, la huida de la autosatisfacción y del autoengaño, en dos palabras: el realismo político, puede llevar a esta lectura precisa que debe preceder a la acción. Como el hambre, las crisis agudizan la inteligencia, o, al menos, deberían aguzarla.

Una lectura de la situación actual nos diría de inmediato: primero, el PRI sigue siendo el partido mayoritario del país, aunque una lectura somera de las cifras electorales de los últimos comicios, con la excepción de 1976, que es igualmente significativa nos dice: segundo, que en México se ha dado un crecimiento de significado indiscutible de la oposición y, tercero, que esta oposición electoral está anclada a la derecha del espectro político nacional.

Las primeras y también someras conclusiones que se pueden extraer serían las siguientes: *i)* si la derecha arrolla a la izquierda en las urnas; *ii)* la derecha no tiene el mismo grado de organización política que la izquierda, y *iii)* la izquierda por su organización y su emplazamiento en posiciones nacionales clave —los medios de comunicación, las universidades, el mundo artístico, o sea en el ámbito de la cultura—, desempeña un papel desproporcionado respecto a su capacidad electoral.

No me parece exacto repetir aquí y ahora el viejo paradigma político según el cual la derecha tiene intereses y la izquierda tiene ideologías. En nuestro caso, en el caso mexicano, ambas tienen intereses e ideologías; ambas se interesan por la conquista del dinero, por su disposición libre, no fiscalizada por el Estado y, a la par, buscan el reclutamiento de una inteligencia dócil capaz de ser socializada si no está ya previamente convencida. A quien se advierte debilitado —de ahí la necesidad imperiosa de reforzarlo— es al Estado, por haber cedido constantemente materia de su ámbito y competencia. El caso de la educación en cualquiera de sus niveles quizá nos resulte más obvio, al haber pasado de una escuela nacionalista y estatista a una escuela —no digamos nada de las universidades— violentamente opuesta a cualquiera de sus acciones. Pero como en la educación, encontramos infinitos campos más, reforzados por una crítica incesante de funcionarios también de todos los niveles. Nadie pide un Estado monolítico y totalitario, aunque sí se puede exigir un mínimo de solidaridad gubernamental y una obligación de reserva obligatoria en cualquier situación de la función pública.

Si de algo, por lo antes expuesto, debe cuidarse el Estado mexicano, es de la sinuosa idea presente en varios escritorios políticos, que pretende abrir una brecha entre el gobierno y el Estado. Por razones analíticas los distinguimos, pero en su operación son por principio una y la misma cosa. Señalar, como hoy se hace, que el Estado representa y cumple la voluntad de la Revolución mexicana, obedeciendo a su propio impulso, y que los gobiernos son un fenómeno transitorio de importancia disminuida, es introducir un principio de disolución de las instituciones nacionales. Buscar el refuerzo del Estado y el debilitamiento del gobierno, ya venga la intención de la izquierda o de la derecha, es una manera taimada de preparar la conquista de este Estado por medios no constitucionales. Un Estado fuerte, como lo reclama la derecha, implica forzosamente un gobierno fuerte —cosa de la que no quiere ni oír hablar— y un gobierno fuerte es un gobierno sólidamente vinculado con el Estado y la administración que lo forma, a quien incita y ordena en la consecución de unas metas establecidas precisamente por el gobierno que debe hacer honor a su nombre y a las razones por las que fue elegido.

Debe insistirse más que nunca en la importancia de dos instituciones indispensables en un sistema plural: el Parlamento —en nuestro caso el Congreso de la Unión— y los partidos. La representación popular no encuentra otras guías que no sean éstas. La representación directa, ya sean las manifestaciones callejeras, el asambleísmo espontáneo y autodesignado, la presión directa y otras formas extraparlamentarias, siempre cargarán con el pecado original de la parcialidad, que es connatural a los partidos, pero contrario a la representación constitucional.

En una época de crisis es necesario más que nunca el diálogo permanente; nadie acepta cargar con los costos de ésta y cualquier distribución de los sacrificios se antoja justa. En momentos como estos no se toman en cuenta los fines perseguidos y las miradas quedan congeladas en la situación cotidiana, que se convierten a medida de todos los sistemas. Movilizar a la opinión pública ahora no es un trabajo sencillo, pero con todo, ésta debe saber cuáles son las razones auténticas; las causas del desastre económico, legado al actual gobierno, culpas que deben ser repartidas con toda claridad y equidad, con una transparencia absoluta, si se quiere que sean aceptadas.

Muchos de quienes hoy votan contra el gobierno lo hacen llevados por un impulso casi irracional, donde se suman el miedo al pueblo y el terror a perder una posición que intuyen está injustamente privilegiada. ¿Cuántos con cuentas de dólares, francos suizos o florines aceptan al gobierno y, más allá del gobierno, a todo el Estado y a la nación en la crisis económica? ¿Entenderán algún día hasta qué grado llegaron a provocar la crisis?

La función de un partido es, entre otras, proponer explicaciones sencillas y claras, lo que no quiere decir supersimplificadas o demagógicas, inventadas para halagar los instintos más bajos de la gente. Estas explicaciones no están aún presentes. La lucha incesante de los partidos impide o al menos pospone la reflexión global; se atiende más a lo inmediato, a la necesidad perentoria y, por razón de esta misma lucha, se esconde la verdad. Se dice que por no darle armas al enemigo. Esto es una falacia, porque el rival, el enemigo y el opositor van a distorsionar la realidad en sentido contrario, van a magnificar las causas hasta la caricatura y se van a sentir libres de cualquier responsabilidad. El valor será decir la verdad completa: es la mejor garantía de los gobiernos.

Creo, señor director del IEPES, que aquí existe un espacio político donde reflexionar sin estar sometidos a las duras exigencias de la actividad política. Hacerlo es un problema de voluntad, hoy día, de oportunidad.

"Las instituciones políticas ante la crisis", PRI, Instalación del Consejo Nacional Consultivo, julio de 1983.

REACCIONES EN CONTRA

La política mexicana ha adquirido una intensidad tal que resulta casi imposible meditar sobre ella. Las grandes líneas del nuevo gobierno parecen haber sido establecidas desde la campaña electoral y el equipo que ahora ocupa el Ejecutivo federal se apega a ellas, pero es la aplicación —las reglas cotidianas, el comportamiento— lo que resulta imposible seguir paso a paso. El ojo del ciclón arrastra lo esencial y lo superfluo en un movimiento acelerado que agobia a quien se asoma a los problemas políticos del momento. Con todo, algunos puntos aparecen constantes en este espectro.

No puede dudarse de la intención modernizadora del Presidente de la República y, más que de su intención, de su voluntad. Pero el menor cambio encuentra también la mayor resistencia: las situaciones deben de seguir; las cosas son como son porque así fueron. Cualquier cambio afecta intereses y es natural que los afectados se defiendan, a veces en nombre de sus propios intereses, otras en nombre de la salvación nacional, en algunos casos en nombre de un pueblo que dicen representar, en nombre de una confusa y nunca analizada mística. El caso es que se han advertido reacciones de grupos y personas que no dejan de sorprender.

En política no vale medir sólo los instrumentos por su efectividad, con independencia de los costos que su utilización acarrea así haya momentos en que los costos que recaen sobre una nación deban ser aceptados y pagados. Distribuir las cargas es la principal tarea del gobierno y la máxima efectividad consiste en que estas cargas sean aceptadas.

Sólo un gobierno totalitario puede imponer decisiones que van en contra de la voluntad de todos, menos de aquellos que las imponen. No es el caso de México, pese a los fuertes tonos autoritarios de este país —manifestados tanto desde el Estado como desde la sociedad civil—, paliados por un populismo llamado a desaparecer, si de verdad se quiere la modernidad.

Resulta ahora que el Estado fue siempre populista y los gobiernos conservadores (al menos esa es la tesis en boga). Está por probarse que el Estado, como aparato, manifestó una orientación y una voluntad distinta a la de los gobiernos, o sea, que la burocracia estatal actuó por su cuenta, haciendo caso omiso del Presidente y del gabinete y que quienes escribieron páginas, volúmenes y tomos hablando de la preponderancia absoluta del Ejecutivo se equivocaron de medio a medio y fueron incapaces de observar cómo era la burocracia la depositaria real del poder. De seguir en esa línea se llegaría a la conclusión de que la nacionalización de los bancos fue consecuencia y se llevó a efecto por decisión de unos oscuros covachuelistas y no por la del ex Presidente.

Esta tesis no se tiene de pie no sólo en el campo de la teoría política, sino en el pedestre terreno del sentido común, que sólo es común en quienes no han alcanzado otros niveles de análisis o, habiéndolos alcanzado, prefieren esconderlos para defensa de su causa.

No hay mejor manera de combatir un nueva organización del Estado y de la sociedad que aferrándose a una teoría de la difusión del poder —de hecho es la defensa del gremio o de la corporación— donde éste no se localiza y, por lo mismo, no puede ser transformado más que por sí mismo o por la violencia, que no se justifica ante nadie.

Combatir al poder en México —no modificarlo o limitarlo, es una actividad democrática— es abrir las puertas a la aventura y en este país no faltan pescadores de río revuelto, algunos cómodamente instalados en un gobierno al que censuran y desprecian, al menos en las reuniones más o menos político-sociales. La palabra puede haber sido completamente infortunada, pero no hay gobierno e incluso Estado en el mundo que no exija a sus funcionarios una lealtad probada, más aún cuando se trata de mantener la estructura del Estado.

"Reacciones en contra", *Excélsior*, 7 de enero de 1983.

LIQUIDACIÓN DEL POPULISMO

Las declaraciones contundentes de dos secretarios de Estado, don Jesús Reyes Heroles y don Francisco Rojas, han señalado una vez más la intención de separarse del modelo populista que había dominado en la escena política mexicana. Las respuestas se dieron de inmediato, aunque no siempre de manera directa. Sólo algunos politólogos, como Lorenzo Meyer, atacaron directamente el problema, señalando la imposibilidad de romper con tal concepción, a menos de aceptar una crisis generalizada de nuestro sistema político. Y aquí está el meollo del problema, donde no carece totalmente de razón el último autor citado.

Un sistema político no es sólo, como se supone en la mayoría de los casos, una forma especial de organización de las instituciones políticas, que, en el caso mexicano, por la duración del PRI en el poder, se supone inmutable. Los sistemas, por lo contrario, son cambiantes pues las partes que los componen están en una relación de mutua dependencia y muestran una tendencia permanente al desorden y al reacomodo. No se puede suponer que la ordenación del sistema político mexicano de los años treinta es la misma que la del sistema actual. Y en ese ordenamiento es donde hay que intentar comprender la función del populismo.

Los gobiernos revolucionarios y posrevolucionarios mantuvieron una alianza no sólo con la clase obrera y con los campesinos —alianzas hasta donde es posible advertirlo divergentes—, sino también con los empresarios, los banqueros y las clases medias, donde las reglas del juego fueron variando. El Estado se supuso árbitro de los conflictos y redistribuidor de la riqueza nacional: si el primer papel lo cumplió, y con creces, en el segundo aceptó reveses aparatosos, hasta llegar a la trágica situación actual, quizá debido a sus instintos populistas, sobre los que supuso estaba montada la estabilidad del sistema. Si por un lado dejaba crecer de manera salvaje un capitalismo distorsionado por el proteccionismo sin límites y cubierto por todo tipo de subvenciones, exenciones de impuestos y constricciones salariales, por otro trataba de paliar la injusticia creciente subvencionando los alimentos, la salud y la educación de las llamadas clases populares, generando empleos con frecuencia improductivos, todo ello a cuenta de los empréstitos extranjeros o nacionales. Así hemos llegado a algo que se asemeja demasiado a una quiebra nacional. Los empresarios y los obreros —no digamos nada de los campesinos— están ahora frente a la triste realidad: el Estado no puede seguir sufragando la vida de la mayoría de los mexicanos y se debe partir de nuevas bases y de una concepción moderna de la economía.

Los resabios populistas están aún presentes; se camina hacia un plan de empleo que obedece a una razón política, humanitaria incluso, pero que no responde a una lógica y a una necesidad económicas; el gasto del Estado, aunque controlado, puede desbocarse en cualquier momento; la reforma impositiva no tiene la brutalidad que las circunstancias reclaman. Con todo y la necesidad apremiante, las oposiciones son más fuertes que los apoyos, y son los antiguos protegidos quienes se muestran más violentos en la crítica y en la oposición. La Coparmex solicita una mayor contención salarial y mayores créditos en dólares; la izquierda agrupada en los partidos pide la continuación de una política populista y una ampliación de la esfera económica del Estado, sin atender a la quiebra de varias empresas estatizadas entre las que sobresale Dina. Es cierto que muchas empresas privadas no están en mejor situación y la posición financiera del antes boyante grupo Monterrey es posiblemente el caso más importante.

Izquierda y derecha responden a finalidades análogas: aumentar su poder político, no en el presente inmediato, sino en un futuro no muy lejano. De crecer la participación del Estado en la economía, la lógica misma de este crecimiento acercaría la izquierda al poder; de llevarse una política claramente antiobrera la derecha se vería fortalecida. El caso es que ambas reclaman que tales acciones sean llevadas a la realidad por el Estado, ya no como árbitro sino como aliado de una de las dos alas políticas extremas, que por lo demás no pasan de ser alas de pollo, o sea que no sirven para volar.

En la reordenación de los elementos componentes del sistema político y económico mexicano el populismo no tiene ya una función, a menos que ésta sea el agravamiento de la crisis, fenómeno decisivo para la sobrevivencia del sistema. Replantear las relaciones sociales, económicas y políticas sobre una cimentación sana y duradera es un problema de imaginación y de realismo. Como reclamaban los estudiantes franceses en mayo de 1968, lo primero que se debe pedir es que la imaginación llegue al poder. La imaginación y no las ideologías encerradas en sus seculares corsés.

"Liquidación del populismo", *Excélsior*, 28 de enero de 1983.

ADIÓS AL DESPILFARRO

El optimismo, tanto en materia económica como en materia política, debe tener límites y se podría decir que no hay bien que por mal no venga, pues toda acción tiene una reacción. Así lo vemos en la caída de los precios del petróleo que, una vez más, habrá tomado a los economistas y gerentes estatales de los países en desarrollo desprovistos de respuesta y, desde luego, de ideas. "El mercado se impuso", dice George Shultz, para añadir de inmediato que esto es bueno para el mundo en general. Es probable que dentro de la estrategia económica del presidente Reagan esta caída de los precios petroleros llegue como una bendición en el corto plazo. No se puede estar seguro de que lo sea en el transcurrir del tiempo.

El abaratamiento del precio de los energéticos puede ocasionar un repunte de la economía estadunidense a expensas de los ingresos de los países productores, poniendo en entredicho el pago de las deudas externas más de lo que lo está. No se ve con qué podrán hacer frente a sus deudas países como México, Brasil o Venezuela, pese a las palabras de autosatisfacción del secretario de Estado.

Los insuperables problemas del mundo en desarrollo parecieron paliados por la subida brutal del precio del petróleo después de 1973. No se sabe si esta afluencia de divisas hacia quienes carecían de ellas fue debidamente aprovechada o si no vino a aumentar la corrupción y el dispendio, que son la plaga de unas naciones no acostumbradas a la abundancia de dinero. De cualquier manera y haya sido lo que haya sido de las divisas ingresadas —y sin querer establecer una relación causal inmediata— durante siete años hubo una acentuación del equilibro interno de las naciones favorecidas, un desarrollo ahora detenido y un crecimiento del empleo que mitigó los conflictos sociales y, aunque pueda suponerse lo contrario, los enfrentamientos internacionales, al no tenerse que distraer a los pueblos con formas hipersensibles de nacionalismos patológicos e inseguros. Todo volverá a resurgir. Los Estados Unidos pueden estar seguros de la campaña antinorteamericana que nunca ha dejado de existir y que cobrará nuevas fuerzas cuando los problemas nacionales y sociales adquieran un nivel intolerable.

La medalla tiene su anverso y en cuanto a México se refiere algo se ganará. En el proceso de modernización no quedará más remedio que regresar a una economía ajena al despilfarro y a la "arabización", a una modestia afincada en la capacidad productiva e inventiva nacional, a la conciencia de que la realidad existe y que sus limitaciones no se superan acudiendo a los empréstitos extranjeros, a que el gobierno sepa decir más veces no que sí. La crisis ha de recaer en primer lugar sobre el aparato del Estado, en su capacidad de contener y crecer en circunstancias desde cualquier punto de vista adversas, evitando la represión al máximo pero manteniendo la austeridad e imponiendo los sacrificios con la mayor justicia posible.

La tarea no corresponde sólo al Estado. Partidos, asociaciones, corporaciones y en general todas las formas de organización social deben tomar conciencia de la magnitud de la crisis y adentrarse en sus conciencias. Decir hoy *no* a la austeridad es más que una tontería; es quedarse fuera de toda posibilidad de acción política.

"Adiós al despilfarro", *Excélsior*, 25 de febrero de 1983.

VOLVER AL ESTADO

Los INCIDENTES, algunos de violencia inverosímil, que se presenciaron durante la manifestación del 1º de mayo y la agresividad del lenguaje de bastantes mantas y pancartas son de por sí alarmantes al revelar las diferencias irreconciliables que dominan en algunos sindicatos. Resulta, de todos modos, más importante el inicio de confrontación o, al menos, de alejamiento que se anuncia entre el Estado y las organizaciones sindicales. No les cuesta demasiado, ahora, a los patrones declarar que la alianza entre la clase obrera y el Estado no ha sido nunca un hecho consolidado y, menos aún, la piedra sillar sobre la que se ha asentado el sistema político mexicano.

En una situación de crisis económica es natural que las viejas alianzas entren en crisis a su vez al cambiar las relaciones sociales y económicas que mediaban entre los antiguos asociados, que, pese a una coyuntura casi insoportable, deberán seguirlo siendo si quieren mantener con vida la organización actual del país. La presencia de nuevos y minúsculos actores políticos como el SUTIN y el SUNTO, sindicatos violentamente politizados por su extracción social típica de clase media, no modifica para nada la correlación de fuerzas. El problema para nada radica en ellos.

No se puede decir que el sindicalismo mexicano carezca de liderato. Éste es experimentado, popular dentro de sus organizaciones, hábil en las negociaciones. Su duración le concede una ventaja nada despreciable frente al Estado, obligado a renovar constantemente sus cuadros y tener que soportar por ello algunas dosis de novatez y torpeza. El problema caería, para encontrar una solución, de este lado, del Estado.

Por razones casi siempre enmascaradas se insiste en la superación histórica del Estado, en la traba que representa para el libre desarrollo de la sociedad. Dejando aparte que ya se trate de regímenes marxistas, liberales o democráticos, nadie toma muy en serio la idea de que el Estado va a desaparecer por arte de magia; se advierte en muchos países un debilitamiento de las estructuras e incluso de la presencia del Estado. Esto se da sobre todo en las sociedades democráticas, pero las liberales no se libran de la situación.

La voluntad del presente gobierno mexicano, anunciada durante la campaña electoral, es la de disminuir su papel y permitir a las fuerzas sociales expresarse con mayor libertad que de la que disponían hasta ahora. La idea, liberal a ultranza, es en sí buena. No lo es tanto si se tienen presentes las condiciones actuales del país y su economía. El Estado se encontrará en las peores dificultades si se abre un mercado de fuerzas sociales, políticas, económicas o culturales donde no rija sino la ley del más fuerte. Su papel arbitral y mediador no puede ser abdicado por el Estado porque sería tanto como renunciar a su función principal. Pero hay más: no puede dejar de ser el principio en torno al cual se organiza la nación. Estado y gobierno deben recuperar su antigua situación, situación central entre las centrales.

Pese a los llamados a la cordura y al replanteamiento del problema toral —la función de la política— en México la seguimos considerando la protección desaforada a un grupo, al cual evidentemente se pertenece. Da lo mismo que sea artista, comerciante o funcionario, periodista o policía. De lo que se trata es de saberse protegido y aventajado. El Estado, máxima encarnación de la política, debe ser el que rompa esta situación.

"Volver al Estado", *Excélsior*, 6 de mayo de 1983.

CONSECUENCIAS DE LA CRISIS

HA SIDO una queja tradicional de los partidos y de la oposición la falta de una auténtica vida política en México. En efecto, el populismo imperante durante décadas impuso un modo de entendimiento autoritario y paternalista que ahogaba todo conflicto posible bajo el sacrosanto nombre de estabilidad. Los 55 años de reinado absoluto de un partido, la autoridad indiscutida del sistema —oposición incluida—, el entendimiento bajo cuerda de los representantes de las fuerzas sociales, culturales y económicas que conducía a una representación distorsionada de la realidad política nos llevó a un limbo que tenía algo de paraíso terrenal, o nacional al menos. La crisis terminó con tan idílica situación y la política con todo lo que puede tener de desagradable irrumpió en la escena para descontento de los más.

Los conflictos están presentes y los arreglos más o menos vergonzantes y más o menos elitistas se han venido al suelo. El conflicto es la dominante de la vida política nacional y hay que agradecerle al actual gobierno el haber osado encararlos a pesar de todos sus riesgos.

El ya añorado consenso absoluto es una figura retórica de un pasado inmediato, que no se presentará en los años venideros. Quienes más añoran tal situación, por el momento, son las organizaciones dominadas por la izquierda, las primeras que han sentido en carne propia las consecuencias del cambio de las reglas del juego y del valor de las cartas.

Al dar una entrada casi sin condiciones a la política en la escena nacional la apuesta del gobierno se antoja por demás riesgosa. Un proceso de modernización conducido en plena crisis obligaba a una redefinición de los actores políticos y a una potenciación de la negociación y el conflicto; manera de terminar con la política-ficción que hasta ahora había sido el decorado de la escena. Para hablar más claro, el PRI estará obligado a demostrar su fuerza y su valía en todos los terrenos, olvidándose de ese pacto que mantuvo congelada la vida nacional durante medio siglo, pacto propuesto por él y aceptado, por diversas razones, por toda la oposición.

El PNR fue, en el momento de su nacimiento, un partido minoritario si se considera el marco en que nació; igual, o quizá más grave, fue la postura del PRM pese a que la historia oficial se empeñe en mostrar que las masas estaban vinculadas en cuerpo y alma al cardenismo. PNR y

PRM triunfaron porque la clase política mexicana leyó mejor que cualquier otra clase cuáles eran los alcances y posibilidades de su actividad y poder de transformación. Que el PRI se halla hoy ante una situación análoga parece indiscutible y la tarea que recae sobre la clase política y sobre el gobierno se antoja sobrehumana.

Decía que quien más añora la situación ya liquidada es la izquierda. Es probable que en este momento esté en un proceso de autocrítica, labor que suele llevar a cabo con seriedad y honestidad.

Es más, ya se han podido leer algunos ejemplos de hombres de valor que han comprendido el error absurdo que cometieron al interpretar en la coyuntura presente una situación pasada: nadie les había regalado las universidades a cambio de una benevolencia neutral en el proceso político nacional. Ahora se verá obligada a enfrentarse, con un arsenal disminuido, al PRI y lo que este partido significa. Entenderá, espero, que el principal rival y quizá enemigo que tiene enfrente es una derecha cada día mejor organizada y no dispuesta a concesión alguna. Y el PRI deberá comprender su aislamiento en la escena política nacional y que ya no puede actuar sino como un partido. El más grande, el dominante, pero un partido.

"Consecuencias de la crisis", *Excélsior*, 1º de julio de 1983.

PÉRDIDAS Y GANANCIAS

El domingo 3 de julio, tan pronto como se conocieron los resultados de las elecciones en Chihuahua y Durango, no fue el desconcierto sino el terror lo que se apoderó de grupos enteros. Pasado el susto, los intentos de racionalización del "cataclismo" empezaron a apuntar aquí y allá, lo que ha venido a embrollar del todo una situación que no por prevista dejó de sorprender. El vilipendiado PRI se convirtió, por arte de magia, en la pieza indispensable de la vida cotidiana. Quizá por primera vez en sus más de 50 años de historia mostró hasta qué punto está infiltrado en la vida cotidiana de la nación. No sólo los burócratas —que le deben desde la credencial hasta la subsistencia— sino sus enemigos inveterados, que se habían reído de él hasta que les dolieran las mandíbulas, comprendieron que algo esencial había cambiado y que el cambio, para ellos, sería para empeorar.

La falta de razón, de observación de la realidad y el ideologismo ha llevado a la izquierda a suponer que el bipartidismo está en marcha, que es incontenible. Hay que tener una idea digna de Nikitin o de Marta Harneker de lo que el PRI es, para suponer que PRI y PAN son cantidades homologables, y que el PRI es ya un partido a la defensiva, llevado a la desesperación o dispuesto a rendirse. Ni que va a aceptar, pese a las pérdidas recientes, un diálogo en el plano de la igualdad con un partido que ha ganado cuatro capitales de estados y, fuerza es reconocerlo, logró cuatro millones de votos en las últimas elecciones federales. Nadie le niega sus méritos pero nadie puede suponer que el bipartidismo anglosajón ya está instalado en México. Si los voceros del PAN reconocen, con gran elegancia, el carácter coyuntural de sus victorias, no se puede adivinar por qué éstas son el prolegómeno de un futuro terremoto político, como anuncia la izquierda. Lo que sí pueden subrayar con todas sus fuerzas es su caída en el terreno electoral y su paso a un modesto tercer plano, que es el que le corresponde. Pensar que sus votos están entre los ciudadanos abstencionistas equivale a pensar en por qué no le toca a uno la lotería, a pesar de que el gobierno se las arregla para que su número saque siempre reintegro.

Más preocupante es la actitud de la burocracia, de la alta y mediana burocracia del Estado. Acostumbrada como estaba a actuar como un señor de horca y cuchillo, advierte de pronto que se ha abierto una rendija en su pétreo muro de orgullo e irresponsabilidad y, que esta fisura, si no la ha abierto el gobierno con toda intención, no ha dejado de alegrarse de su presencia y de la luz que por ella puede entrar.

Ningún partido, ningún régimen político puede reformarse por su propia voluntad. La falta de crítica, la autocomplacencia, los favores que deben fluir para mantener la moral de grupo y las concesiones necesarias para la oposición domada y servil, sólo pueden favorecer la corrupción. Una verdadera renovación moral no puede sino surgir de una oposición auténtica y vigorosa, ajena a cualquier compromiso y que, si en este momento y en los por venir no puede gobernar, sí puede convertirse en la fiel observadora y denunciadora de quienes están en el poder y de su comportamiento. La izquierda tuvo una oportunidad de oro con la reforma política: no supo aprovecharla. Un pasado reciente y remoto quiso que fuera la derecha la usufructuaria del regalo que se le hizo a la izquierda. Sólo puede culparse a ella misma de esta situación.

"Pérdidas y ganancias", *Excélsior*, 15 de julio de 1983.

UNA DEFENSA SORPRENDENTE

Las revoluciones pierden, con el tiempo y como todo en esta vida, su fuerza simbólica. El mito revolucionario tiene que ceder ante la cruda realidad de la política cotidiana, deja de envolver en los pliegues del heroísmo y de la violencia una acción sometida a un examen incesante y amargo. Todo esto se pudo advertir el 20 de noviembre y, si la Revolución mexicana no ha muerto, el sistema político que originó se sobrepone hoy al valor mítico de los viejos caudillos. De ahí que el hecho más importante de la conmemoración haya sido el discurso del secretario de Programación y Presupuesto, el doctor Carlos Salinas, que debió salir en defensa de la política actual del gobierno del presidente De la Madrid.

Digamos en primer lugar el valor del discurso, que supo huir de la ampulosidad característica de la oratoria política tradicional, eliminar la retórica, suprimir imágenes y metáforas, no echar mano de parábolas religiosas o profanas. La concisión, dígase lo que se quiera en su contra, tiene mayor valor que la pretendida palabra inflamada a que nos acostumbraron en años pasados y que, pasada la borrachera verbal, quedó en nada. O en algo peor que nada: en una estafa gigantesca.

No es sólo cómo se habló, sino lo que se dijo, lo que en verdad resulta importante. Al hablar sin tapujos se nos prometió la austeridad y la coherencia, se nos dijo que la medicina iba a ser tan amarga como la realidad y que debíamos estar preparados para soportarla al menos un año más. "La crisis —dijo el secretario de Programación— significa, para la inmensa mayoría de los mexicanos, carestía, riesgo de desempleo, escasez de viviendas y mayores dificultades para atender las necesidades básicas de la familia." Austeridad, realismo y, más allá, un llamado constante al nacionalismo y a la unidad. La apuesta política es grave, pero hay que ganarla si se quiere llevar adelante un programa tan austero y duro como el propuesto. No resulta fácil aceptar sin mayor crítica la seguridad del doctor Salinas sobre la inconmovilidad de las estructuras políticas: el país se mueve, y se mueve en el campo político con mayor velocidad que en el económico, donde la crisis se ha convertido en un freno brutal.

Programar es casi siempre un hecho tan político como económico, de ahí que el ataque frontal y justo, definido y claro al populismo haya sido uno de los ejes del discurso. No hay crisis sin costos, idea que a los populistas no se les mete aún en la cabeza. Atacar la austeridad es un recurso fácil porque no se va más allá del simple ataque. Frente a la política del gobierno no se ha leído ninguna alternativa; tanto izquierda como derecha mantienen un silencio extraño que indica dos cosas: una aprobación tácita y una voluntad de no comprometerse, de no desgastarse en la crisis y su remedio.

Como en todos los discursos políticos, puede leerse algún mensaje entre líneas. La defensa del populismo llevada adelante por el licenciado Echeverría ha sido sorprendente para quienes conocimos de cerca o de lejos su gobierno y sus consecuencias. El populismo de aquel sexenio ha dado los frutos que ahora vemos y consumimos. El antimperialismo, el populismo y la defensa de los intereses populares —todo ello en un plano retórico que resulta hasta cursi— no pueden esconder los orígenes del desastre actual. Además, un antiguo Presidente de la República está obligado a mantener reserva casi absoluta ante la política de quienes lo sucedieron. Es una lástima que se lo hayan tenido que recordar.

"Una defensa sorprendente", *Excélsior*, 25 de noviembre de 1983.

ASALTO A LA AUTORIDAD

La gravedad de la crisis actual no parece haber sido comprendida, por quienes la padecemos, en toda su profundidad y amplitud. Como los avestruces, metemos la cabeza en el suelo y decimos que lo peor ya ha pasado, que las cosas, de ahora en adelante, habrán de mejorar. No hay nada menos seguro: no sólo la situación presente puede agravarse dadas las condiciones internacionales, sino que nos podemos hallar un día ante una crisis generalizada de la que no escaparían ni los occidentales ni los socialistas; y cuando hablamos de crisis no nos referimos sólo a desorden y desigualdad económicos, sino que tenemos en mente un desbarajuste general de las sociedades y de las relaciones entre éstas. La crisis se manifiesta tanto en la balanza de pagos como en los principios de disolución de algunas naciones. No hay, por el momento, una teoría que indique por qué algunas naciones han entrado, en cuanto tales, en un periodo de inestabilidad y, menos aún, hay alguien que explique la decadencia de algunos Estados.

El Estado no suele ser una instancia muy apreciada en nuestros días. Dominación, superestructura, instrumento protector de intereses clasistas y específicos: por cualquier lado se le ve como una forma de opresión, al menos, una limitante de la libertad. Estas teorías tan de moda no suelen resistir la menor prueba empírica y vemos, contra lo que nos dicen, que los países donde la libertad en verdad existe, son países con Estados fuertes e instituciones sólidas y confiables dentro del Estado o fuera de él. Por eso, no deja de extrañar la situación que se crea en México... o fuera de México.

En la medida en que se puede establecer una relación de confianza entre los ciudadanos y las instituciones y personas que los representan y gobiernan, hay posibilidad de establecer y conducir una política. La naturaleza íntima del poder, dice Bertrand Jouvenel, es nuestra creencia en él. Basta que dejemos de creer para que la autoridad se convierta en poder puro, en coerción a secas, en represión, cosa que precede a la muerte de las instituciones y de la libertad.

No quiere esto decir que la autoridad sea un acto mágico, aunque algunos politólogos así lo han visto. No, la autoridad descansa en hechos concretos, cuyas ventajas o desventajas son padecidas por el ciudadano y, precisamente por creer en la autoridad, las acepta y asume. Destruir la autoridad confiriéndole un carácter ilegítimo es el principio del fin de cualquier organización social.

No hay nada más frágil que la autoridad, pues. Por estar a la vista de todos, el ataque frontal resulta difícil cuando no imposible. De ahí la utilización del rumor incontrolable e incontrolado de la calumnia, de las verdades a medias y de todo un arsenal psicológico ante el que no se encuentra posibilidad alguna de defensa.

En México ya estamos acostumbrados a estas campañas, habituales en los dos últimos años de cada sexenio; es en verdad insoportable que se presenten cuando un gobierno apenas ha llegado al poder. Tal cosa sólo puede tener una intensión: reducir al gobierno a una debilidad e incapacidad permanentes, casi estructurales, cosa que sólo puede favorecer a quienes beneficia una situación caótica. Y estas situaciones no benefician sólo a las corrientes revolucionarias.

Los progresos logrados en la representación y organización políticas de la nación desde la reforma de 1979, se vendrán abajo de continuar este ataque a la autoridad. La sudamericanización del país —tan temida por la mayoría— puede convertirse en una realidad. Todos sabemos cómo se acaba con la libertad; lo que muy pocos saben es cómo crearla o mantenerla. Nuestras clases medias, por ser en gran medida las portadoras de la cultura nacional, son las más capacitadas para la propagación del rumor. Deberían pensarlo dos veces antes de lanzarse a estas campañas, pues es posible que una mañana se encuentren ante la verdad de sus rumores, y entonces será imposible quejarse.

"Asalto a la autoridad", *Excélsior*, 14 de junio de 1984.

REGALO A PRIÍSTAS

La distribución de los partidos políticos mexicanos en el abanico electoral no responde al azar. Dos a la derecha, uno en el centro y cinco a la izquierda, señalan las eternas divisiones de esta última tendencia, casi siempre montada en divergencias ideológicas que pudieran ser fácilmente superadas de no tratarse de organizaciones dominadas por intelectuales que llegan a la política llenos de ideas claras e intenciones tan confusas que no les permiten aplicar una sola de esas ideas claras cazadas en meses y años de lectura.

La dispersión del voto popular entre los cuatro partidos de izquierda que compitieron en las últimas elecciones ha llevado a tres de ellos a iniciar conversaciones con miras a formar una coalición para 1985. PSUM, PPS y PST intentan ahora formar una alianza contra natura, pues el primero, pese a sus colosales errores, es un partido respetable, heredero de una tradición de sacrificio y combatividad, con sus héroes y mártires, con militantes activos capaces de alguna generosidad.

No es el caso de los otros dos: el PPS ya no tiene nada que ver con las intenciones originales de su fundador, en cuya memoria se ampara de manera fraudulenta, y el PST fue una creación de grupos cercanos al ex presidente Echeverría, que vieron en este partido una alternativa al ala izquierda del PRI. Han vivido estos dos últimos de la benevolencia y dádivas gubernamentales, atentos siempre a la mirada severa del poder, aterrados ante su posible enojo. El PSUM no tiene nada que ganar con tales compañeros de ruta.

Pero los problemas de la izquierda no terminan ahí. La coalición o alianza no puede ser completa: al PSUM y al PRT los separa una historia que se dio fuera de México, y que tuvo repercusiones constantes. La disidencia y oposición trotskista no será jamás perdonada por un partido comunista, a menos que éste acepte el fraccionalismo como táctica válida para manifestar el descontento.

El PMT, contrariamente a cuanto puede suponerse, será el más consistente rival del PSUM, de no caer en las actitudes imprevisibles que este partido, guiado, dominado y controlado por el ingeniero Castillo, suele manifestar cada vez que debe hacer frente a una situación nueva.

Tanto PSUM como PMT saben que compiten por una sola y única clientela, de elasticidad muy relativa. Hay una impresión, quizá mal afincada en la realidad, de que la izquierda ha recolectado el máximo de votos posibles y que, dentro de esta cantidad, se harán los repartos entre todas sus formas y tendencias. La generosidad no será el rasgo dominante en las relaciones intraizquierda.

Las intenciones de los partidos son aún más complicadas. Si el PRT —que sin doña Rosario Ibarra no es nadie— busca entrar en la coalición, el PMT ha mantenido un silencio prudente y ominoso sobre el tema. La coalición insiste, por su lado, en que en las próximas elecciones el enemigo a vencer es la derecha, o sea, el PAN. No podía esperar el PRI mejor regalo.

Es cierto que la reforma política quiso favorecer a la izquierda y ésta no supo qué hacer con el favor, capitalizado hasta el cansancio por el PAN, que no había pedido nada. El lanzarse contra el PAN le quita un peso de encima al PRI, siempre en mala postura cuando se ve obligado a combatir a los partidos de izquierda. Desde el momento en que éstos no lo atacan, el problema queda resuelto: todos contra la reacción.

La historia resulta aburrida de puro repetirse.

"Regalo a priístas", *Excélsior*, 27 de julio de 1984.

LA CRISIS DEL SISTEMA DE PARTIDOS

Cuando nos referimos a los partidos que actúan dentro del sistema político mexicano, y de manera especial a su actividad en la coyuntura presente, la primera duda que se nos presenta es si debemos hablar de una crisis de los partidos, de la inexistencia de un sistema de partidos o de una crisis de este sistema.

De cualquier modo hablamos de crisis y, en este caso y en otros muchos, una crisis es un mal funcionamiento o una interrupción de la relación entre las partes componentes de un sistema, o del sistema con el exterior, con lo que no forma parte de él. Pero este mal funcionamiento de la comunicación puede darse también dentro de un partido. En más de un caso se presentan obstáculos, interrupciones o distorsiones en la relación que media entre los afiliados y las directivas, o incluso dentro de las propias directivas. Lo primero, pues, es localizar la crisis.

El sistema —sería más exacto decir subsistema— de partidos en México está completamente desequilibrado. Construido histórica y empíricamente en torno a un partido dominante o mayoritario, originado éste desde el gobierno del general Calles y con una duración que desafía casi a la imaginación, el subsistema se ha ido conformando más como una respuesta a su dominio que en los términos clásicos descritos por Duverger o por Sartori.

El carácter híbrido del PNR-PRM-PRI ha sido el factor determinante de los equívocos y problemas que hoy plagan el sistema político. El PRI es un partido de masas y de cuadros a la vez; se afinca en el terreno electoral aunque mantiene una actividad que va mucho más allá de lo puramente electoral; es dominante en todas las cámaras legislativas del país pero ha dejado de ser el camino real de la política, así exija un tributo formal a quienes entren en el sistema y, cosa importante, mantiene intactos sus principios de coopción y control. Su desconcertante flexibilidad ideológica le ha permitido adaptarse a las fases históricas por él encabezadas, orientadas o justificadas. La organización sectorial terminó por convertirse en un pacto político insustituible y en conferir una estructura imposible de destruir a la sociedad civil.

Situado en el centro del abanico, los partidos de oposición se han definido respecto a su izquierda y su derecha. Cabe decir que si intentamos expulsar a la geometría política por la puerta, regresará por la ventana. Así, pues, hay una izquierda y una derecha —o, más exactamente, unas izquierdas y unas derechas— que se definen respecto a su posición frente o al lado del PRI. No todo el mundo lo acepta, pero algo debemos aceptar para poder entendernos.

Tenemos dos o tres partidos a la derecha del PRI y cinco o seis a su izquierda; primer desequilibrio. Pero hay uno peor: los dos o tres partidos de la derecha captan aproximadamente dos veces más votos que los cinco o seis de la izquierda. Si ignoráramos al PRI la situación sería aún más inestable, más distorsionada.

Añadamos un factor desequilibrante más. El debate ideológico más que pragmático resulta infinitamente superior en el ala izquierda, mientras nos encontramos una acción política más consistente, mejor mantenida y conservada en la derecha.

El debate sobre el mono, bi o pluripartidismo es, hasta cierto punto, un debate ocioso y hasta bizantino. No es una consecuencia de la ley electoral, que leída incluso con descuido muestra su intención pluripartidista, sino un problema de electores, sobre el que volveremos luego. Por el momento, contentémonos con decir que nuestro subsistema de partidos es asimétrico, de geometría variable y con pesos específicos mal repartidos.

Los desequilibrios han producido una ecuación política casi imposible de resolver.

Sólo estudios más completos podrán un día decirnos cuándo y por qué la derecha mexicana se hizo electoralista, puramente electoralista. Esto implicó un cambio más, al convertirse en el único interlocutor y rival del PRI en cuanto se refiere al voto popular. Su afán actual es la victoria en las urnas, con olvido de cualquier otra actividad educativa, socializadora u organizadora de la sociedad civil; su afán comprensible de victorias formales le ha llevado al terreno del silencio en la esfera doctrinal. Por primera vez en su historia la derecha tiene una capacidad de movilización. Reducida, pero una capacidad, y esto le ha llevado a cambiar incluso de naturaleza. Los desacuerdos internos aparecieron como aparecen en todos los partidos que se mueven en el campo político. Directivas y representantes populares no marchan siempre en la misma dirección, nuevos y antiguos militantes ventilan sus diferencias hasta en la prensa. Son, pues, partidos y no simples capillas o reuniones de amigos previamente convencidos. Hay más. La derecha mexicana no tiene un programa o, de tenerlo, está tan bien escondido que no se conoce por parte incluso de quién le da su voto. La presencia de un programa fundado en una doctrina política, social, cultural y económica llevaría a que nuestra derecha perdiera una parte del voto de protesta que ahora recoge por razones conocidas por todo el mundo y con un costo mínimo.

Se pueden ganar votos y se puede perder el alma. El alma del partido, claro. Un triunfo electoral siempre es importante para mantener la moral de los militantes, la confianza de los líderes y la seguridad de los electores. Queda, de todos modos, un hecho importante, a mi modo de ver. Los partidos fundados exclusivamente en la protesta y en la crítica son de vida efímera. Le acercan más al movimiento de Poujade en la Francia de los años cincuenta que al PAN de la misma época. La variedad de la clientela política, el estar llevados sólo por un sentimiento de rechazo, la aceptación de todo cuanto se opone, buscarlo, es condenar a cualquier partido a una división primero, al faccionalismo después y al olvido al final.

Si el PCM puede reclamar con toda justicia el decanato del subsistema de partidos en México, podemos pensar sin cometer una injusticia mayúscula que hasta 1968 no tenemos un ala izquierda constituida y, cosa normal, fraccionada. En la incubadora universitaria se crían la mayoría de los partidos parlamentarios y extraparlamentarios de izquierda. El otro origen se hallaría en publicaciones diarias, semanales, mensuales o trimestrales, es decir, en todas las que aceptan o llaman a la izquierda intelectual. Estas dos raíces determinan las formaciones políticas marxistas o simplemente revolucionarias aun en nuestros días.

Dominadas por un componente ideológico excesivo, dos rasgos van a aparecer en ellas: la querella interna y la tendencia a la transacción. Contra cuanto se ha dicho, la izquierda contemporánea señala una voluntad clara de gobernar o participar en el gobierno sin acudir previamente a la revolución. No se ha sacudido aún los demonios del leninismo y el estalinismo, aunque podamos decir que esto es más bien un hecho observable en los países industriales y no en los países en desarrollo.

El concederle el paso a la idea sobre la realidad, el afincarse en el voluntarismo, ha cortado a los partidos de izquierda del pueblo o, por utilizar su lenguaje, de las masas, causa de nuevos debates y disputas, y razón de su creciente dependencia del Estado y de los medios de comunicación controlados cuando no propiedad de sus peores enemigos, tolerantes y abiertos por razones puramente comerciales. Cumplen el viejo apotegma de "la derecha tiene intereses y la izquierda ideologías" al pie de la letra.

Las añejas doctrinas leninistas o simplemente revolucionarias —a veces hasta anarquistas— han evitado que el terreno electoral se convierta en el punto decisivo de su política. Pese a esta voluntad, el Estado ha sabido llevarla a él, de manera particular con la Reforma Política de 1976-1977.

La situación crítica de la izquierda en México se manifiesta por todos los lados. Llamados sus partidos a ser de masas, no las tienen; nacidos en las universidades, éstas ya no los siguen; orientados exclusivamente hacia los obreros, su clientela es universitaria, artística y, en general, intelectual; doctrinariamente revolucionarios, se empantanan en la tierra ignota de lo electoral.

El gran ausente es el partido socialdemócrata, a quien se daba por muerto hasta el momento mismo de advertir que es la única forma posible de supervivencia de la izquierda en un sistema económico capitalista. No se puede pedir a quien es marxista-leninista una abjuración de su creencia, es más, de su fe, pero debe señalársele la imposibilidad de acceder a cualquier forma de poder aquí y ahora. Creo que no es necesario señalarle nada pues lo sabe mejor que los no marxistas.

Entre el PRI y los partidos marxistas se abre un espacio inmenso donde se mueve la clase media reformista, no marxista y quizá católica sin dejarse por ello mover por el clero militante. Es una clase abandonada e incapaz de organizarse sola. Es una clase disponible.

La legitimidad revolucionaria no puede mantenerse sin cambio alguno durante tres cuartos de siglo. Al menos en su forma primigenia. Es cierto que los gobiernos herederos de la Revolución crearon nuevas maneras de legitimar el ejercicio del poder que no fueron el monopolio de la violencia legítima, pues esto es una definición del Estado y no una manera de expresar la legitimidad de éste. Crecimiento económico, redistribución a través de formas populistas de sucesivos gobiernos, incorporación del pueblo a la vida política con ayuda del partido dominante fueron sucedáneos de la conquista del poder por las armas. La legitimidad electoral, con todo, es insustituible. La tragedia para el PRI fue el haberse constituido ésta en algo indispensable cuando este partido llevaba medio siglo en el poder y, si no en el poder, en un factor constitutivo del mismo. Una capacidad proverbial para la conquista permanente de la legitimidad, su mantenimiento y su ejercicio fue erosionándose por los cambios introducidos por la sociedad civil en la naturaleza y formas del Estado.

La diversificación de los grupos sociales, la expansión de la clase media, la subida de la cultura y de la comunicación, la diversificación e incompatibilidad de los intereses inmersos en la sociedad mexicana llevaron a la necesidad de un multipartidismo. El enemigo o rival ya no es, como en los años veinte y treinta, la "reacción". Los partidos, con crisis o sin ella, son un hecho político concreto e irreversible. Que por el momento no sean una amenaza inmediata para el PRI, no quita los peligros latentes para éste.

Las leyes electorales sucesivas muestran el camino recorrido. La imposibilidad de crear un partido de izquierda fue un hecho durante décadas; el *numerus clausus* era una realidad inconmovible; el subsistema de partidos fue algo congelado. Hoy es relativamente fácil crear un partido y conseguir su registro. Imposible negar el avance político, la modernidad que la Reforma Política trajo. Se vio en su momento como una pura reforma electoral. No creo que nadie se atreva en julio de 1986 a seguir afirmándolo. Las provisiones, llámenseles obstáculos si se quiere, que mantiene para el registro son necesarias.

Puede quererse un sistema bi o pluripartidista; es imposible desear una fragmentación hasta el infinito. O puede desearse, si se quiere, un país ingobernable por absurdo.

La ley actual, matemáticamente, permite la existencia de 66 partidos. Me pregunto quién desearía verlos en la Cámara de Diputados. ¿Querría alguien ver sólo a dos? ¿Estaríamos ante una auténtica representación nacional? Los electores, en éste y en otros muchos campos, son quienes tienen la palabra. Basta votar por dos partidos para que nos hallemos en un sistema bipartidista puro que, como se sabe, no existe de hecho en ningún lugar, pues los sistemas bipartidistas puros (Alemania Federal, Gran Bretaña) se componen de dos partidos y medio. La discusión sobre el bi o el pluripartidismo esconde de hecho un problema político mucho más importante a mi modo de ver.

La oposición y el PRI se están disputando desde 1973 el voto de la clase media urbana —cada partido por razones diferentes—. Son raras las formaciones políticas capaces de partir en busca del voto rural: se le considera propiedad absoluta del PRI. Su conquista es difícil, onerosa, incluso peligrosa. En cambio el voto urbano de las clases medias es asequible: la propaganda penetra con toda facilidad en grupos de elevada escolaridad y expuestos a la comunicación; sumar la protesta implícita en estos grupos sociales resulta un juego político cómodo por ser sus demandas o muy abstractas (cambiar el sistema político) o concretas hasta la simplificación (terminar con la corrupción). Las negociaciones con obreros y campesinos se complican hasta el infinito, son un auténtico mercado político. No digamos nada de la conquista del voto popular urbano no organizado. Los partidos políticos sin excepción se han fijado en este voto. Se llega a considerarlo el único válido, el portador indiscutible de la legitimidad.

Dejando a un lado lo profundamente antidemocrático de esta posición, hay una falacia no claramente percibida. En un país con la estructura social de México, la voz de la clase media es por fuerza minoritaria cuantitativamente y las elecciones son siempre cuantitativas; todos los votos son iguales. Si un partido ha sabido monopolizarlos no se le puede acusar de acaparamiento sino de competencia. Donde se está solo se gana. Esto es inevitable.

Aceptemos, al menos en su plano teórico, la superioridad electoral de la clase media y la fijación de los partidos en ella. Nos encontraremos, de todos modos, ante un repudio general del sistema o subsistema de partidos, y ahí está la abstención para demostrarlo. Poner la abstención en la cuenta del Estado es cómodo e incluso elegante; ponerla en la despolitización general del país es ponerla en la cuenta de los partidos, pues su obligación es politizar en el buen sentido o en el malo a los ciudadanos.

¿Cómo puede el votante común discriminar entre los partidos de izquierda? Seguramente esta pregunta puede escandalizar a los afiliados y a los comités directivos, a quienes siguen sus publicaciones y a quienes hacen de la política una profesión, pero de ninguna manera al hombre de la calle, incapaz de trazar los más vagos límites entre cinco o seis formaciones políticas. Lo mismo se podría decir de la derecha. La sociedad es refractaria a los partidos, al sistema de partidos: se está en favor o en contra del PRI y eso, en todo los casos, va en contra de la consolidación de la oposición.

Estamos, pues, ante una crisis generalizada del subsistema de partidos y ante una crisis de todos y cada uno de ellos. Desear y luchar por mayores espacios democráticos, romper la apatía y disminuir el abstencionismo está en los partidos y en ningún lugar más. Democracia y partidos son una sola cosa. La clase media, su voto, es sólo un componente parcial de cada partido. Pensar lo contrario es encerrarse sin esperanza en la crisis política actual.

"La crisis del sistema de partidos", *Vuelta*, núm. 119, octubre de 1986.

EL FASTIDIO ELECTORAL

¿Tienen las elecciones, en México, realmente importancia? De tenerla, ¿por qué fueron ignoradas durante tanto tiempo y pasaron en unos años al primer plano? Finalmente, ¿al primer plano de quién o de quiénes?

No es mi intención explicar otra vez el sistema político mexicano y su peculiar manera de funcionar. Lo que intento entender aquí es cuál es el papel que desempeñan las elecciones y la manera de insertarse en un conjunto de actividades políticas que, en principio, deberían depender de los resultados electorales. Todos sabemos, sin embargo de lo anterior, el papel secundario que para la oposición representa la actividad electoral: la política mexicana, insisten los partidos, no se decide en las urnas; las decisiones que afectan a toda la nación no dependen de los electores; la renovación y cambio del personal político ignoran la voluntad colectiva. Con todo esto y más, la competencia electoral se sitúa en ese primer plano que sólo ahora empieza a examinarse.

El primer plano

Llama la atención que en los conflictos electorales se conceda una importancia mucho mayor a los enfrentamientos locales que a los nacionales. Pareciera como si el elector medio diese la espalda a la elección del Presidente de la República, del Senado y de la Cámara de Diputados y, en cambio, prestara una atención casi desmedida a cuanto sucede en San Luis Potosí, Nuevo León o Chihuahua.

Podría suponerse una aceptación fatalista del destino de la República, un desinterés tradicional por los partidos contendientes o el temor de intervenir en materias que resultan incomprensibles para el común de los mortales. La "gran política" es ajena al elector, como lo prueba lo escaso de la protesta y la actitud temerosa de los partidos de oposición.

La política —la electoral como una subespecie entre otras— es materia de prensa y televisión —aunque menos de esta última—, o de conversación. Esto último puede hacernos suponer que la política es la actividad de todos, puesto que todos hablamos. Pero no todos hablamos de política. Ésta necesita al menos unos conocimientos y unas actitudes previas para poder ser materia de intercambio verbal. Saber nombres, carreras, empleos, situaciones, afinidades, simpatías y diferencias, nos da la posibilidad de intervenir en una plática.

Para participar necesitamos estar "socializados" —haber aprendido un mínimo de reglas y normas de un mundo determinado— y estar informados. Estos dos requisitos pueden formar parte del bagaje que acompaña al hombre común, pero pueden también ser el centro de todo el bagaje, el factor decisivo de la vida de una persona. Pueden estar en primer plano.

La familia, la escuela, la prensa y los medios electrónicos son indispensables para socializarse e informarse, no pudiéndose distinguir qué es anterior, socialización o información, aunque en un plano analítico digamos que no puede haber formación de actitudes sin un mínimo de información.

El político en México es el hombre de la información, sobre todo de una información que no está al alcance de todos; es la persona que maneja conocimientos no reservados pero sí restringidos, compartidos con quienes también comparte una cultura común. Es también el poseedor del código que le permite interpretar no sólo la noticia sino incluso el rumor. En resumen, es un líder de opinión capaz de infundir un mínimo de credibilidad al mensaje político, que se extenderá de acuerdo con su posición dentro de la red de relaciones personales que debe haber construido y mantenido.

Las elecciones son parte del conocimiento político de los políticos, independientemente de otras actividades específicas, pues en ellas puede leer las intenciones del gobierno, la posición relativa de los contendientes por la sucesión presidencial y la fuerza comparada de los grupos en presencia. Las elecciones son, para él, ante todo un indicador más que un factor de poder.

Junto con los políticos, la prensa —diarios y revistas— es otro foro electoral. Primero porque es difícil distinguir entre los políticos y los periodistas políticos, dada la relación desigual que se da entre ellos: los segundos no pueden vivir sin los primeros. No sólo el dinero, sino la información, también fluye del mundo político al periodístico. El columnista y el articulista tienen en la punta de su pluma una parte nada despreciable del prestigio del político. Un gobernador que haya alcanzado su cargo con ayuda de unos comicios desastrosos tratará de esconderlo, de evitar cualquier mención del asunto y, de darse ésta, que sea en la página menos leída de la publicación. El prestigio, en este y en todos los sentidos, tiene precio y es indispensable.

Pero hay más. En la comunicación entre los políticos las relaciones frente a frente no pueden darse en todos los casos, así sean las más preciadas. La columna política, con su lenguaje elusivo y alusivo cuando no secreto, es un medio tan incontrolable como eficaz. La letra impresa se impone siempre sobre la palabra, aunque no sea más que por su posible radio de acción.

Políticos y comunicadores son hoy dos grupos interesados, por razones diferentes en parte, en el proceso electoral. Los primeros no aspiran a alcanzar un cargo nacional a través de una elección, o sólo en muy raros casos, no siempre los más afortunados. Las elecciones son unos lentes especiales que les permiten una lectura particular de la realidad política. Pero esta realidad escondida se halla en la letra impresa en primer lugar y en la información del periodista.

El fondo del espejo

Las elecciones nunca han sido populares en el medio político. En primer lugar resultan caras. Los costos de una campaña han aumentado de manera vertiginosa en los últimos decenios. No siempre el partido acarrea con los gastos en que incurre el candidato, ni las aportaciones amistosas llegan a cubrirlos; el político tiene que comprometer una buena parte de su fortuna personal, de tenerla; en otras ocasiones incurre en deudas que pueden colocarlo en una situación comprometida, de no poder hacerles frente. En segundo lugar, una campaña electoral lo expone peligrosamente. El político se siente acechado en cualquier circunstancia, en lo que dice y en lo que calla, en cualquier gesto carente de importancia en una coyuntura distinta. Tercero, un nombramiento presidencial o secretarial es, desde un punto de vista legal, intachable, lo que no ocurre con un cargo electoral, siempre sujeto a la discusión y al análisis, a la crítica y a las acusaciones de fraude. Tener la seguridad casi completa de mantenerse en el cargo tres o seis años no compensa la tranquilidad anímica otorgada por el nombramiento. Quien sabe de unas elecciones es un hombre o una mujer acosados, así la memoria colectiva no sea demasiado larga. Cuarto, las carreras municipal, gubernativa y parlamentaria no son ya la antigua "vía real", el prerrequisito obligado para alcanzar los puestos más altos del Estado. Valen más tres años en *Harvard*, la *London School of Economics (and Political Science)* e incluso la Sorbona que tres años en la Cámara de Diputados; cualquier doctorado en el extranjero es superior a una elección municipal, así se trate de Monterrey o Guadalajara.

La necesidad electoral lleva al político a desear una campaña rápida, barata y poco expuesta. Su máximo deseo es pasar inadvertido fuera de su distrito, ser ignorado por la prensa nacional y no tener fama de ningún tipo entre quienes no forman parte de su electorado. La campaña no sólo no es la "vía real", es un auténtico "vía crucis".

La agitación política promovida incluso de manera involuntaria durante el tiempo que precede a las elecciones es algo deseado por la prensa e incluso por la televisión. Los espacios muertos desaparecen, la información adquiere un tono más concreto, el comadreo reviste tintes personales más acusados, las comitivas hierven de noticias. El dinero se vuelve más fácil; restaurantes, hoteles y transportes están abiertos de par en par; la elección se impone sobre todos los demás tipos y órdenes de información. El periodista es, en ese momento, más leído. No se sabe si aumenta la circulación de la prensa, pero sí se sabe que es más comentada.

La profesionalización de la política ha aislado al político; la poca atención prestada a la vida parlamentaria ha reducido las clientelas de senadores y diputados; su trato con el mundo exterior a su acción particular se ha reducido notablemente. La campaña es un campo ideal para encontrarse con el empresario, el intelectual, incluso con los políticos de menor jerarquía. Pueden ser fuentes de información aunque en los dos primeros casos suelen serlo más de opinión, lo que reduce la dependencia de la fuente escrita, radiada o televisada. Es quizá una de las raras ventajas concretas obtenidas por la campaña. Por un momento permite hasta olvidar la obsesiva posibilidad del error.

En resumen, las elecciones son una necesidad vista con temor por el político incluso cuando no arriesga ni su cargo ni su prestigio en el juego electoral. Si en la conversación personal los diputados mucho más que los senadores son vistos con condescendencia cuando no con desdén por los profesionales —léase tecnócratas—, en el momento crucial del voto unos y otros saben que las apuestas cubren todo el sistema político. El tecnócrata será juzgado por sus resultados —aunque con frecuencia lo sea más por sus actividades personales— pues vive en el pleno conocimiento de su dependencia del político que se arriesga en las urnas para conseguir la legitimidad necesaria para el ejercicio del saber técnico o tecnocrático de otros.

Los ansiosos de fuera

Resulta casi imposible imaginar unas elecciones sin partidos. Es más, la Constitución los reconoce como necesarios. La simbiosis en que viven partidos, políticos y elecciones, hace reverdecer a los primeros tan pronto como se anuncia en el horizonte el proceso electoral. La vida vegetativa que arrastran los partidos en México revive aunque sólo sea parcialmente: el partido encuentra una causa inmediata de actuar, su existencia queda de inmediato justificada, incluso algunos adherentes despiertan de su letargo, oficinas y permanencias se animan. Mas es de nueva cuenta la atención de los medios de comunicación la que será determinante, al tener la capacidad de aumentar la importancia de las apuestas y señalar cómo se manejan las reglas del juego.

Cuesta más que trabajo advertir cuáles han sido los cambios sufridos más que queridos o aceptados alegremente por el PRI. De asumirse los principios descubiertos por Juan Linz sobre el papel del partido dominante o único en los sistemas autoritarios, se puede inferir una caída relativa del PRI en México al reducirse una actividad de por sí menor, la electoral, y por tener que compartirla, debido a su desgaste, con instituciones propiamente gubernamentales. De todos modos, la función electoral del PRI sigue siendo el fundamento mismo de su existencia.

La transformación del PAN iniciada a principios de los años setenta y sus nuevos planteamientos electorales van actuando como un acicate dentro del PRI. Acción Nacional no sólo se ha regionalizado, extrayendo su fuerza electoral real del norte —antes la encontraba en el viejo México colonial, suplantando en parte a los viejos sinarquistas y cristeros—, sino que encara las elecciones, y en un sentido más amplio al sistema político, buscando capitalizar la protesta generada por la crisis. Su terreno de preferencia para enfrentar al PRI sería lógicamente el de las elecciones. Pero es una lógica que falla: las derrotas sucesivas proclamadas victorias incluso antes de los comicios se pueden resumir en un "¡Triunfo o fraude!" que le sitúa en una postura difícil de ser aceptada. Negándose a considerar la posibilidad de ser vencido en los por él proclamados baluartes (Chihuahua, Nuevo León, Sonora, Sinaloa), la movilización de protesta se inicia incluso antes de las elecciones, con resultados pobres cuando no contraproducentes tan pronto como se llama a la manifestación callejera. Su capacidad de movilización va muy atrás de su fuerza electoral. Es una evidencia más de su carácter de *all-vote catcher* y de lo endeble de su aparato.

Deben también señalarse los peligros de escisión y de faccionalismo que acompañan a las derrotas y la impotencia para superarlos, y de la dependencia externa, no partidista, que estos conflictos ponen en evidencia. Las críticas internas y externas no cejan hasta que el olvido de la elección cierra la herida y deja una cicatriz.

El PAN ve acercarse las fechas de los vencimientos electorales con una actitud ambigua. Si por un lado puede consolidar sus filas y lograr resultados numéricos cada vez más importantes, las derrotas que le acechan le llenan de angustia y de temores más que justificados. La exaltación de la campaña no puede esconder la desazón que las elecciones le producen. Y más aún los resultados. La opción electoral parece estar cerrada, tanto por la fuerza de la maquinaria priísta como por la debilidad general del PAN.

Ignoremos el papel de la izquierda en las jornadas electorales. Cuando del norte se trata debe vivir una auténtica situación de terror.

La verdad del asunto

El personal político mexicano ha sido reclutado *siempre* por coopción. No es una novedad para ningún sistema político: la coopción precede siempre a la socialización electoral. Los partidos proponen —en este caso el gobierno— y los electores asienten. Friedrich von Hayek tiene razón. Y vuelve a tenerla cuando afirma que el reclutamiento por coopción o democrático no implica un ejercicio liberal o totalitario del poder. Llevar una política populista o liberal en el campo económico no quita que los gobiernos mexicanos hayan sido liberales en el campo político y que el respeto a las llamadas libertades formales haya sido cada vez mayor.

La conservación del poder, punto esencial para quienes lo ejercen en un momento dado, es puesta en duda en cada elección. De los equipos contendientes, el que se presenta como heredero del equipo saliente carga no sólo con sus errores, sino con los de sus predecesores, por ser toda elección no sólo una renovación, confirmación o cambio de un partido y su programa sino, además, un juicio político del equipo anterior. Cuando, por razones constitucionales inescapables, las elecciones se presentan, es natural que los titulares del poder las acepten de mala gana e invadidos de temores, y sólo se someten a ellas porque las *formas* democráticas del poder son hoy inevitables. Los regímenes totalitarios, con todo y su capacidad de manipulación e imposición, pese a la presencia de un solo partido o de partidos satelizados al máximo, no pueden ignorar el principio democrático.

En la realidad política del México actual, el nuevo personal político —no hacemos en este caso distinción alguna entre políticos y tecnócratas— está por una reforma de la sociedad, empezando por el establecimiento de una economía liberal. Las tensiones que este cambio produce entre Estado y movimiento obrero son conocidas de todo el mundo, pero, pese a las tensiones, los principios del liberalismo económico se siguen imponiendo. La movilización electoral de los obreros se antoja cada vez más difícil: el tan traído y llevado pacto Estado-movimiento obrero se va quedando sin contenido.

La organización sindical, también asentada en un proceso electoral, se halla ante los mismos problemas que el gobierno: unas elecciones pueden ser el origen de una crisis de legitimidad. De ahí las elecciones en varios grados —justificadas siempre por la estructura federal o confederal del sindicato— y las auténticas soluciones tomadas en los niveles directivos. La coopción es aún más abierta y manifiesta que en el resto del sistema político nacional. Exactamente lo mismo puede escribirse sobre las organizaciones patronales o profesionales: la elección es un trámite que debe cubrirse no sólo para dar con un mínimo de legitimidad, sino para tener una apariencia de respetabilidad y de modernidad.

Es rara cualquier organización social mexicana dominada por un poder originado en unas elecciones libres y abiertas (transparentes, como está de moda decir) y el fenómeno no es exclusivamente mexicano. Quizá con la excepción de las elecciones generales, federales o nacionales, aquellas donde está en juego un poder político general, global o nacional, son contadas las ocasiones donde el "arreglo", el compromiso y la transacción no precede a un acto electoral puramente ritual. Sindicatos, asociaciones profesionales o empresariales, instituciones de educación públicas y privadas, órganos de comunicación, empresas del Estado o de particulares, organizaciones religiosas y laicas, partidos de izquierda, de centro y de derecha, la sociedad civil en su totalidad no acepta la realidad de la elección como principio y forma de su organización del poder, cuando poder hay. Las inevitables élites, la jerarquización de los individuos y la profesionalización creciente de las funciones por ejercer se oponen y niegan el principio electoral.

Estas mismas organizaciones y estructuras tan opuestas a ser elegidas y que, sin embargo, se sienten perfectamente legítimas y legales, son las primeras en demandar un poder político originado de un modo radicalmente distinto al que las creó y sostiene. Una sociedad autoritaria y jerárquica exige en la medida de sus fuerzas la constitución de un poder político democrático. Basta mirar las corrientes políticas dominantes para comprender que no es un ejercicio democrático del poder lo solicitado, sino formas democráticas de acceso al poder para ejercer éste, una vez conquistado, puede ser que de una manera democrática, aunque también puede ser de la manera más autoritaria si es que no totalitaria.

Poder político y poder civil, vistos por la oposición, no tienen ningún punto en común en lo que se refiere a su naturaleza: el primero es consecuencia de la voluntad popular, el segundo es propiedad particular y por consiguiente se ejerce dentro de los límites legales sin tener obligación alguna de recurrir a la legitimidad conferida por la voluntad popular. Las elecciones y la democracia se reducen, pues, al ámbito del Estado y quedan excluidas de la organización social. No podía ser de otra manera con una cultura política autoritaria, donde la democracia es vista como una propiedad de clase, añagaza en la que han caído todos los partidos, aunque por razones distintas y diferentes. La elección de los cargos populares se convierte por consiguiente en un arma y no en un método de selección: se busca la renovación de las élites gobernantes y a la vez se quiere mostrar lo endeble de la base legitimadora del gobierno. Es la revancha de una sociedad civil autoritaria, expresada por partidos autoritarios sobre un gobierno igualmente autoritario.

Los reglamentos internos de partidos y sindicatos, la historia de sus conflictos, la composición de sus directivos son una confirmación de lo anterior: lo primero es conservar el poder conquistado; viene luego el ejercicio de tal poder, ejercicio siempre sometido a su conservación. Resulta normal que, en estas condiciones, las elecciones internas sean un mal necesario y las externas —nacionales, locales— causa de divisiones y escisiones al ponerse, así sólo sea de manera aparente, el poder del grupo dirigente en juego, pues victoria o derrota son causa de nuevas ambiciones de los grupos y élites hasta entonces excluidos. Renovar una dirección sindical, una ejecutiva partidista o la dirección de una empresa periodística o el comité director de una academia es siempre motivo de insatisfacción para quienes se encuentran en los cargos de decisión.

Si ya se ha visto la embarazosa situación de los políticos profesionales ante el hecho electoral, queda por ver la posición igualmente imposible de los intelectuales.

La profesionalización de la política mexicana y la falta de popularización de la misma o, si se quiere, la vinculación de las masas a la política por una vía no electoral, ha confirmado el papel de demiurgo concedido al intelectual, por dos razones principales, entre otras secundarias.

El intelectual es, ante todo, el racionalizador y explicitador del hecho político ante el público. El ciudadano, por falta de preparación o por encontrarse en un mundo ajeno al juego político, no entiende las complejidades de éste más que a través de una ordenación y simplificación introducida por el escritor político, que suele, además, añadir la crítica coincidente con las ideas generales del público buscado. Tiene una capacidad de generalización desconocida por el político, no digamos nada del tecnócrata. Es dueño, pues, de un lenguaje comprensible y no está sometido —al menos en primera instancia— a la disciplina de partido o de gobierno. Claridad y libertad son sus cartas credenciales.

Esta envidiable postura, dado el elitismo de la sociedad mexicana, encuentra sus cortapisas. Le resulta indispensable encontrar una información que está en manos políticas, y cualquier confidencia, dato o indiscreción no aparecida en la prensa, al ser entregado, lleva una contrapartida. Ser iniciado y recibido por un círculo político implica una fidelidad que no tarda en convertirse en clientelismo, aunque éste pueda ser indirecto. Tampoco es ajeno siempre al mundo de los negocios y menos aún está ausente en él el deseo de transformar su carrera académica en una política. Su libertad está tan limitada, en los hechos reales, como la de cualquier ciudadano. Sólo sus peculiaridades, su habilidad exclusiva —el lenguaje— hace de él un hombre distinto. Y se podría añadir: distinto del político. Incluso su carrera académica depende si no de la gracia, sí de la buena voluntad del político en turno.

Su peculiar inserción social, la imposible independencia absoluta, la claridad de los límites del juego aunque negados constantemente le llevan con frecuencia a suavizar su posición o a mitigar su oposición de principio, su crítica, pero es más frecuente aún buscar la vinculación con un grupo político capaz de ofrecer una protección desinteresada. Siempre se encuentra un político ilustrado, y por él suele el intelectual entrar en el juego. Quizá la generalidad de sus ideas, su vinculación no formalizada con una clientela específica, le permitan una latitud elegante y casi desdeñosa.

La participación en la vida política arrastra al campo electoral y, si para un intelectual es un pecado meterse en una campaña, también es una afrenta no ser invitado, así se rechace la invitación. Los males no quedan ahí: los meses que preceden a una elección obligan también a tomar partido, a definirse, pues cuanto más clara sea la definición mayores serán las recompensas esperadas en caso de triunfo del candidato elegido. Si el compromiso del intelectual no tiene la fuerza del adquirido por su político, su reputación de independencia sale de todos modos bastante maltrecha.

Divagaciones finales

Cincuenta y siete años de monopolio del poder ejercido por un solo y proteico partido y 67 —desde la llegada de Obregón a la Presidencia— de mantener este mismo poder dentro de un solo y perpetuo grupo, son razones sobradas para explicar el desgaste de su legitimidad que, con todo, no encuentra sustituto. Esto implica, además, una forma especial de legitimidad, pues no es posible pensar en una continuidad tal sin un hecho extraño al fenómeno electoral. Dicho muy brevemente, el mexicano y, de manera particular, los gobiernos revolucionarios y posrevolucionarios, se consideran la encarnación de un proyecto histórico fincado en la necesidad de modernizar a la nación y defenderla no sólo de la acechanza del extranjero sino de una parte de los propios nacionales.

La historia los absolverá o condenará pero estos gobiernos no aceptan, de hecho, otro tribunal. Si las elecciones aparecen con una regularidad de metrónomo es por hallarse inscritas precisamente en el proceso modernizador de la nación que, en nuestros días, no puede concluir más que en un sistema político democrático, del cual, por una parte, se recela por desconocer la verdadera cara del adversario.

Otra vez aparecen las elecciones como un mal necesario, como un vencimiento inexorable para una parte sustancial de la clase política, obligada a abandonar un proyecto particular subsumido en uno nacional. No sólo es una situación política azarosa a la que se enfrentan, sino a un juicio ya no histórico sino casi siempre periodístico y a una ola de rumores desorbitados. Supervivencia y elecciones rara vez coinciden.

Las angustias y los temores del mañana han sido no sólo superados sino que se ha llegado, por parte de los gobiernos posrevolucionarios, a una nueva política electoral que juega abierta y necesariamente en su contra. Apertura democrática y reforma política fueron una respuesta al 68, pero tomando un camino inédito mientras se seguían al mismo tiempo vías conocidas y probadas.

Al encerrar el juego político en el juego electoral, los gobiernos de Echeverría y López Portillo sabían cómo acotaban su campo de maniobra dentro de un terreno inseguro del que malamente podía escaparse. La vía democrática había sido poco y mal explorada; el llamado a las urnas o no se había escuchado o se había desdeñado; se ignoraba cuál sería la respuesta de los electores y, cosa natural, las apuestas fallaron. Las elecciones, más que nunca, resultaron un mal menor, pero un mal. Y un bien, a la par, al hacer de los comicios un camino imposible de abandonar: la legitimidad electoral se impone, quizá con demasiada lentitud para la oposición conservadora y de derecha, sobre la legitimidad histórica. La ambición de la izquierda mexicana —suceder a la derecha que llegará antes que ella al gobierno— es seguramente tan descabellada como suponer que sucederían directamente al PRI. De cualquier modo, las reglas del juego han cambiado, una vez más, por voluntad de los gobiernos.

Queda un último punto que señalar. Cualquier juego político impone un cambio. La pregunta implícita se refiere a las fronteras del cambio.

Los herederos de la creación histórica de la nación no pueden aceptar con toda tranquilidad la destrucción de lo por ellos constituido. De ahí el interés y, más que el interés, la voluntad de preservar el sistema político. El monopolio del poder político es un hecho indiscutible en cuanto hace a su ejercicio, pero es más diversificado en su constitución de lo que se puede suponer a primera vista, pese a los procesos de coopción: las entradas son mucho más anchas de lo que comúnmente se dice y quienes se han precipitado en tropel —y han entrado— son ahora críticos de las estructuras que los acogieron. La socialización previa falló de modo lamentable; las reglas se cambiaron, quizá, antes de tiempo.

No ha habido una actitud suicida de los gobiernos revolucionarios al plantear un problema no querido —el electoral— en el centro del ajedrez político. La misma necesidad histórica que los empujó a mantenerse en el poder en momentos cruciales empujó en la década de los setenta a llamar a un electorado que no respondió a lo que de él se esperaba. Pero la historia y, más aún, la política, son así.

"El fastidio electoral", en Soledad Loaeza y Rafael Segovia, *La vida política mexicana en la crisis*, El Colegio de México, 1987.

Cuarta Parte
LAPIDARIA POLÍTICA (1988-1994)

LAS PLATAFORMAS ELECTORALES

Son más las diferencias que las similitudes entre las designaciones y campañas electorales de Miguel de la Madrid y Carlos Salinas. De acuerdo con la tradición "revolucionaria" la candidatura del primero se mantuvo "tapada" hasta el último momento, pese a perfilarse como un candidato no sólo viable sino fuerte; Carlos Salinas hubo de competir con cinco "distinguidos" priístas, de los cuales dos —Manuel Bartlett y Alfredo del Mazo— se mantuvieron hasta el final en la contienda. Quizá esto no fue sino una manera de hacer visible lo hasta entonces escondido, sin alterar en nada la capacidad decisoria del Presidente de la República. De cualquier modo, este nuevo procedimiento no favoreció ni a Carlos Salinas ni al PRI, por haber acarreado una serie de divisiones dentro del personal político y haber consolidado y alentado las esperanzas de las clientelas políticas. La posibilidad de futuras oposiciones internas, secesiones individuales y colectivas, y las exclusiones abiertas o escondidas, quedó planteada desde que se conoció la candidatura de Carlos Salinas.

Las preguntas que planteaba la inevitable llegada del antiguo secretario de Programación y Presupuesto fueron contestadas, de manera clara, en su discurso de aceptación de su candidatura. La promesa no sólo de excluir todo rencor o espíritu vengativo sino de mantener espacios abiertos y seguros para los cinco priístas "distinguidos" no calmó los ánimos ni tranquilizó a los hombres políticos. Las primeras designaciones, sin ser una sorpresa, añadieron nuevas inquietudes y suspicacias.

Desde los primeros momentos de su designación, Miguel de la Madrid estableció lo que Samuel del Villar, con una frase feliz, llamó gabinete de campaña. Carlos Salinas en el IEPES, Manuel Bartlett en la secretaría general del PRI, Bernardo Sepúlveda de embajador en Washington, se perfilaban de manera inequívoca hacia las secretarías de Estado que ocuparían durante el sexenio. Ramón Aguirre, Francisco Rojas se veían como hombres del Presidente, del futuro Presidente. No ha sido éste el caso en la campaña actual.

Son conocidos los hombres más cercanos a Salinas: Manuel Camacho, Patricio Chirinos, Otto Granados Roldán, Enrique González Pedrero, José Córdoba son, sin lugar a dudas, los hombres del futuro Presidente, aunque no ocupen en el equipo director de la campaña puestos con la misma nitidez de los ocupados por sus antecesores. Al parecer esto se debe al papel secundario atribuido al PRI. Ni De la Vega Domínguez ni Lugo Gil son políticos de primera magnitud pese a sus carreras típicamente "políticas" y, cosa aún más grave, no fueron designados por el candidato. Cargan con la rémora de su papel en la creación de la candidatura de Salinas y son vistos como hombres del Presidente actual, lo que les resta posibilidad de influencia y acción en el próximo sexenio. No pueden, por esto, aportar clientelas personales y, cuando tal cosa puede darse, sólo llevan tras sí individuos menores y en escaso número.

Debe destacarse también la relación personal de Miguel de la Madrid y Carlos Salinas. La carrera política y administrativa del segundo está tan estrechamente vinculada a la del primero que la posibilidad de una ruptura queda descartada. La visión pública es la de la continuidad de una sola empresa o proyecto de gobierno, expresado con la frase "más de lo mismo" rechazada por Salinas en más de una ocasión así su plataforma no ofrezca tal ruptura, aunque quedan todas las puertas abiertas para pasar a una nueva política.

El panorama nacional, octubre 1987-marzo 1988

Los días siguientes al 4 de octubre de 1987 fueron caracterizados por una subida desorbitada de la bolsa de valores, seguida por una caída estrepitosa, al parecer incontenible. La especulación arrastró al abismo una auténtica horda de pequeños ahorradores que, deslumbrados por el alza, entraron tarde y mal en un mercado especulativo. Ni qué decir de cuál fue la actitud de estos ahorradores, típicos hombres de la clase media urbana: el culpable de la catástrofe era el gobierno por haber permitido una especulación y unos manejos escondidos con los cuales esperaban enriquecerse en unos meses. Con este solo hecho el ambiente de crisis quedó aún más enrarecido y hostil.

Lo que parecía haber tocado fondo encontró que el fondo estaba aún más abajo. El mes de diciembre vio el nacimiento del Pacto de Solidaridad Económica, resultado de una inflación pegada ya al borde de la hiperinflación. Con otro nombre se impuso un plan de choque: alza de los energéticos y de todos los servicios del gobierno, subida de los productos básicos y, desde luego, de los que no lo son; a cambio, mejora leve de los salarios que, ni qué decir tiene, no equiparan los ingresos fijos con la inflación, todo esto acompañado por una devaluación drástica del peso. Medidas así no pueden ser populares, por más que se prometa un futuro dorado. La reticencia cuando no abierta oposición del sector obrero y del movimiento obrero en general al PSE apareció encabezando la protesta, para agravar más la situación. La clase media había mostrado su indignación con el *crack* bursátil. A fines de 1987, el panorama no podía ser más sombrío para el candidato del PRI.

Las huelgas en las instituciones de educación superior fueron una respuesta que en términos nacionales puede verse como poco importante, al mantener los sindicatos obreros, tanto de los sectores estatal y paraestatal como los privados, una vez más, la más perfecta disciplina y obediencia a sus líderes. Las manifestaciones públicas contra la "reetiquetación", si bien llevaron cantidades importantes de inconformes, probaron dos cosas: la disposición popular a no alterar el orden público y el rechazo a los partidos, a *todos* los partidos.

Finalmente, las dificultades halladas por la diplomacia mexicana en Centroamérica terminaron por deslucir la política de este gobierno.

La oposición

En la coyuntura política actual en México, podría hablarse de una oposición concreta y de una oposición difusa, la primera encarnada en líderes y partidos; la segunda manifestada por un rechazo absoluto de los partidos y del gobierno, quizá incluso —aunque esto no es seguro— del sistema político. Estas dos formas de oposición no suelen encabalgarse, así sean coincidentes en algunos escasos puntos.

La oposición partidista o concreta no puede medirse en términos cuantificados, pues cualquier estimación electoral no puede calcularse a partir de la asistencia a manifestaciones o mítines: las apreciaciones de la prensa o la televisión no van más allá de los varios miles o cientos y, aun en este caso, suelen ser más cercanas a la realidad que los "más de 40 000" o "60 000", siempre desmentidas por la policía. Cualquier apreciación es puramente cualitativa. Interesa, aquí, desde el punto de vista del PRI y de su candidato, más que como oposición en sí.

El cuadro tradicional, donde aparecía un partido organizado con continuidad histórica, ocupando casi todo el espacio opositor, dueño del voto de protesta, ha sufrido modificaciones esenciales en esta campaña. No sólo el Partido Demócrata Mexicano asienta sus reales también a la derecha del PRI sino que, por primera vez, la izquierda se convierte en una oposición real. Frente al neopanismo surge un neocardenismo de vigor indudable, así no se conozca su audiencia ni su real implantación geográfica. Su real enemigo no es el PRI sino el Partido Mexicano Socialista, más preocupado por la presencia de un Cuauhtémoc Cárdenas que de un Carlos Salinas. Lo que está en disputa entre ellos no es el gobierno de la nación sino el terreno que habrá de ocupar la izquierda y cuáles serán el signo y contenido de ésta: ¿izquierda socialista o izquierda desgajada del PRI? La ventaja del Frente Cardenista de Reconstrucción Nacional radica, por ahora, en una experiencia política más amplia, en una precisión ideológica más moderna y en un haber histórico de un peso y calidad envidiables.

Si, para los fines perseguidos por estas páginas, nos preguntamos por los contenidos programáticos de las plataformas electorales de estos partidos y de su posible influencia en el futuro gobierno de Carlos Salinas, la respuesta debe ser tan ambigua como ambiguas son las plataformas, con la sola excepción de la del Partido Revolucionario de los Trabajadores, expresión de su radicalismo verbal montado sobre los escombros de un partido que no llegó a cuajar nunca.

Todas las plataformas electorales se dicotomizan en una primera parte utópica e ilusa —qué harían de llegar al poder— y una segunda que entra de lleno en el posibilismo o afán reformista. Olvidemos la primera y centrémonos en la segunda. Las peticiones comunes o, al menos, las más frecuentemente repetidas, son: *a)* disminución del poder presidencial y restauración de la Cámara de Diputados del Congreso de la Unión en la capacidad que le es señalada por la Constitución o, yendo más allá, aumento de esta capacidad a expensas del Poder Ejecutivo; *b)* lucha contra la corrupción pública y, en algunas plataformas, privada; *c)* respeto a las libertades y derechos individuales, y *d)* respeto al voto.

Parece haber un acuerdo no explícito sobre la forma de gobierno —republicano, presidencial—; con leves acotaciones aceptan el sistema electoral en vigor; se pide un Estado más grande a la izquierda y más pequeño a la derecha.

En las plataformas electorales opositoras, sorprende la falta de un plan concreto y de proposiciones concretas sobre la solución posible de la crisis económica. La intención es política en todos los casos y no quiere ir más allá.

LAS "IDEAS FUERZA" DE CARLOS SALINAS

Por primera vez desde la elección de Lázaro Cárdenas, la oposición se ha convertido en un elemento de presión sobre el futuro poder; los espacios políticos del PRI se han reducido, situándole de paso en una posición más centrista y más incómoda.

Acostumbrado el PRI a no encontrar ningún rival en el centro izquierda, hoy se encuentra con este espacio ocupado por el neocardenismo, mientras el PAN se corre más hacia la derecha, dejando un campo, en el centro derecha, vacío. Lógicamente el PRI debería expandirse sobre este terreno, pues en la física de los partidos, como en la medieval, existe un "horror al vacío". Carlos Salinas parece haber tomado una doble opción: buscar a la clientela electoral del centro derecha, de clase media urbana, sin aceptar una ideología conservadora. La solución buscada ante esta fórmula ha sido la modernidad.

Encerrado por el momento en el problema electoral, sabedor de que la principal y más terrible oposición se origina en la clase media urbana, la atención a estos hombres y mujeres es inevitable y las concesiones indispensables. No queriendo ni pudiendo ofrecerles una postura ideológica de derecha —la izquierda del PRI no lo hubiera tolerado— encontró una salida en la modernidad. El problema está en la idea misma de modernidad.

Este término dice todo y nada. Moderno, al menos en filosofía, se opone a tradicional y nos remite al siglo XVII. Moderno es lo opuesto a lo clásico, moderno es sinónimo de racional. El nudo gordiano mexicano tiene cuerdas modernas y tradicionales que Salinas no ha podido desatar y, al no poder aceptarlo, tradicional y moderno se consideran complementarios, con lo cual moderno es todo.

Si esta confusión no puede resolverse en el plano del pensamiento y tampoco en el discurso, la intención del candidato priísta trasluce a través de las confusiones. Moderna es una economía desembarazada de subsidios, empresas estatales y paraestatales en quiebra o, por lo menos, en números rojos, con libertad de precios y, en general, con libertad para todos los factores de la producción; moderna es una economía que ha logrado dominar la inflación, moderna es la productividad y la competitividad. Es decir, usando los términos *a contrario*, la economía mexicana no es moderna. Pero tampoco lo es la sociedad, o toda la sociedad, vinculada a, y dominada por las formas tradicionales de organización. Carlos Salinas ve ante él una sociedad tradicional, nacionalista, conservadora y, cosa sorprendente, deseosa de cambios, pero con un miedo cerval a la aventura política. Piensa en una sociedad apática y despolitizada: de ahí los llamados casi patéticos a la participación.

Unos meses bastaron para que Carlos Salinas tomara conciencia no de los problemas de México, que conocía, sino de las dificultades de la campaña pues de "alegre y ruidosa", como la califica en un principio, pasa a ser "dura". Para ganar las elecciones hay que convencer. Y con las elecciones entró en el tema crucial.

Despolitización, apatía y abstención se debieron a la falta de respeto al voto y, como consecuencia, "en algunos estados del norte de México [...] hemos salido raspados del lance electoral", declaración que causó una auténtica conmoción al aceptar no sólo la existencia de la corrupción electoral, sino al ir mucho más adelante:

La credibilidad en la democracia electoral ha sufrido importantes reveses en esta región del país. Venimos con ánimo de ganar, pero de ganar limpiamente. Quiero ganar y también que la gente crea en nuestra victoria... aunque suframos algunas derrotas.

Esta afirmación será corregida en varias ocasiones posteriores pero queda dicha. Encontrará, dentro del PRI, como veremos, muchas más resistencias que apoyos.

Contestar a la oposición en un plano general no es mayor problema y, para ello, el PRI se aferra a la Constitución: independencia y soberanía; división de poderes, libertades individuales y derechos sociales: pacto federal y extensión "a todo nuestro territorio" de "la participación como norma de la modernidad".

Los silencios, las omisiones voluntarias se producen cuando la materia es controvertida, cuando se advierte que la sola mención producirá posiciones abiertamente encontradas. Pedirá, siguiendo esta línea, que la inflación no se convierta en un tema de debate, cuando ésta, cosa natural y casi obligada, es planteada tanto por Heberto Castillo, como por Clouthier y Cárdenas. De la misma manera que pretende ignorar la inflación, procura dejar de lado la controversia sobre el laicismo o confesionalidad de la educación, el aborto, los derechos políticos de los ministros de culto, etcétera.

La maniobra política de Salinas no deja de ser ingeniosa: escuchar y no hablar. Tal cosa es imposible: en una campaña política no se puede mantener un silencio permanente y los *lapsus linguae* aparecerán.

Hacer de la aplicación estricta de la Constitución el programa político del PRI es negarse a manifestar cuál será el programa de gobierno, ampararse en la seguridad de conquistar el poder y no dar a conocer sus armas, que saldrían por fuerza melladas de la lucha.

Los límites de un poder

La política de un secretario de Estado no es la de un Presidente; el propio nombre de secretario indica la posición de subordinación de éste. Si la ruptura esperada del candidato respecto al Presidente en funciones es siempre esperada, en este caso las esperanzas han sido defraudadas: no ha habido ruptura. Antes bien, aparecen amplios puntos de acuerdo y, el más importante, parece ser que De la Madrid y Salinas están convencidos de la necesidad de reducir el tamaño del Estado mexicano. Menos Estado y más fuerte. No todo el mundo comparte este convencimiento.

Los sindicatos de las empresas estatales y paraestatales son partidarios convencidos de un Estado grande, capaz de englobar cuanto sector económico aparezca en el horizonte. La seguridad de empleo, los derechos sindicales plenos y respetados, un nivel salarial envidiable por un lado, y un cacicazgo lideril por otro fueron un mundo casi maravilloso en los años de desarrollo. El manejo de las empresas, las pérdidas impresionantes, no fueron nunca problema del mundo obrero. La crisis económica cambió de arriba a abajo estas condiciones y, en consecuencia inevitable, las caídas en el poder adquisitivo, el desempleo y el cierre o venta de empresas del Estado impuso un distanciamiento del sector obrero de quienes conducían la economía mexicana. Si la disciplina sindical se mantuvo, el liderazgo obrero supo y sabe expresar su inconformidad. Su propia existencia, su supervivencia, están en juego.

Clase política, liderazgo obrero son términos con frecuencia equivalentes desde la aparición de los técnicos y tecnócratas en el gobierno, pese a ser el segundo más pequeño en magnitud, lo que compensa con un poder directo, inmediato y real. Su configuración burocrática no le impide o limita su efectividad. El liderazgo obrero no puede ser ignorado, aunque la sutileza de este pacto Estado-clase obrera permita en un juego de suma cero llegar a acumular pérdidas estratosféricas en uno y otro contendiente. La caída del salario obrero es una prueba. Pero hay más. O, más precisamente, hay compensaciones. Una de ellas, las cámaras del Congreso de la Unión.

Obligado a compensar las pérdidas económicas del sector laboral, Carlos Salinas, identificando dirigencia obrera y clase política, ha dado entrada al Senado de la República a un personal político envejecido y desacreditado. La lista de nombres es algo así como un anuario de los años cuarenta y sesenta. Blas Chumacero, Joaquín Gamboa Pascoe, Emilio C. González, Martínez Domínguez serán futuros padres conscriptos. La Cámara de Diputados no está mejor servida.

El cementerio de elefantes puede indicar la consideración y respeto relativos que el candidato del PRI tiene por el Poder Legislativo. En el Senado no ha habido oposición —hasta ahora— pero nada garantiza que no la habrá en el futuro inmediato. Los diputados verán, después de las últimas reformas electorales, nutridos y combativos grupos parlamentarios de la oposición. El presidencialismo, el poder presidencial habrá de afirmarse, si el PRI y sobre todo el futuro Poder Ejecutivo quiere seguir gobernando. Respetar la división de poderes no podrá, en ningún caso, implicar una disminución de las atribuciones —por lo demás constitucionales— del poder del Presidente en el campo económico o político. Puede añadirse que Carlos Salinas no tiene la menor intención de entrar en la voluntad de los partidos de oposición, que reclaman precisamente recortar el poder presidencial. La primacía de un poder sobre otro no ha podido ser expresada, por el candidato priísta, de manera más taxativa:

> El Presidente y el Congreso representan a la Nación, y constituyen la instancia que suma el consenso y legitima la acción política. Sin embargo, como se ha dicho, el jefe del Ejecutivo tiene como electorado a la República entera, mientras que los miembros de ambas cámaras representan parte de dicho electorado. Incluso en tiempos de crisis, el Presidente es el símbolo y la encarnación de la Nación.

Que los señores senadores y diputados se lo tengan por dicho.

"Las plataformas electorales", *Nexos*, núm. 126, junio de 1988.

EL REGRESO DE LA POLÍTICA

Más que ante unas elecciones en el sentido preciso del término, el 6 de julio se halló un plebiscito. Cinco candidatos —de hecho tres— se disputaron el voto, sin contar con un apoyo real de los partidos que, en principio, los apoyaban. No era una novedad que se ignoraran los nombres de los candidatos al Senado o a la Cámara de Diputados. Cuanta investigación o encuesta se ha hecho, ahora o antes, prueba esta ignorancia, atribuible al sometimiento del Poder Legislativo. Apenas si sonó el nombre de Joaquín Gamboa Pascoe en el Distrito Federal, con un efecto negativo. La caída del PRI en la capital de la República sacó a flote otros nombres por las mismas razones. La derrota de un líder de la CTM con un innegable prestigio, Arturo Romo, causó una sorpresa general y reveló la amplitud del desastre. Fuera de casos aislados, las candidaturas de senadores y diputados, sus triunfos o caídas se esconden o desaparecen tras un asunto mayor, el plebiscito presidencial. Como en todos los plebiscitos, los partidos cuentan poco ante los nombres.

Esta situación no fue consecuencia de una intención precisa: los partidos, su casi inexistencia, fueron la causa originaria y obligada de la verdadera naturaleza de la elección. Lo que estaba en juego quedó al margen de ellos, así los haya afectado en lo más profundo de su precaria existencia. El mapa electoral de la República se transformó y, lo que se consideraba una tendencia —la subida del voto panista— hoy se antoja un incidente o una coyuntura. El PRI pierde el Distrito Federal, donde ya era minoritario, pero gana Nuevo León sin encontrar una oposición panista de mediana envergadura, golpe inesperado y de consecuencias incalculables para el PAN. De Veracruz a Guerrero fructifica el voto cardenista, incapaz de encontrar un lugar en el norte de México, si se ignora —lo que cuesta trabajo— Baja California, donde el PAN paga otra vez las consecuencias de este avance. Al bajar de 73 a 50% entre 1982 y 1988, el PRI no puede alegar haberse mantenido; en el mejor de los casos puede decir que ha resistido. Queda considerar el avance cardenista como una escisión de la clase política del PRI y, por tanto, pensar en la posibilidad de recuperación de la misma. El más somero análisis de los resultados muestra cómo los tiempos y avances cardenistas se dieron de manera exclusiva a costa del PRI y la resistencia de éste se logró a costillas del PAN. En cualquier caso, voto de protesta en principio, una vez más.

El cardenismo o, más precisamente, el *heredocardenismo*, no puede asentarse en un programa. La coalición de partidos agrupados en desorden tras Cuauhtémoc Cárdenas mantuvieron sus plataformas electorales, donde se leía una gama de posiciones que iban desde el liberalismo confuso del PARM a las promesas socializantes más que socialistas del PMS o la confusión logorreica del PPS. Por encima de todos ellos, estaba el candidato que les daba fuerza y razón electorales, apoyado directamente y sin mediatización alguna por la Corriente Democrática —que no es ni puede ser un partido de masas— y por los políticos profesionales huidos del PRI.

Si los partidos mostraron su endeblez y sus carencias políticas organizativas, los políticos profesionales unidos al cardenismo mostraron su oficio, un oficio frecuentemente olvidado por el PRI, donde se formaron y aprendieron cómo se hace una campaña electoral. Sin ellos y sin el triunfo en el Distrito Federal, el cardenismo actual no hubiera pasado de ser un incidente.

Desde la aparición de *The Dilemma of Mexico*, de Raymond Vernon, se ha venido debatiendo la posición cada vez más alejada de políticos y técnicos, convirtiéndose éstos, con el paso del tiempo, en tecnócratas. No es éste el lugar ni tampoco es el momento de regresar sobre este punto. La obra de Peter Smith, los trabajos de E. Schoenfield en Inglaterra y de Rogelio Hernández en México comprobaron con una claridad absoluta y apoyados en evidencias irrefutables lo anunciado por Vernon, trabajos que no fueron leídos quizá por todo el mundo —aunque se vendieron, en un abrir y cerrar de ojos, 10 000 ejemplares del libro de Smith— pero que a través de la prensa y del teléfono árabe-político lograron instalarse en la opinión pública. Una parte de la clase política intentó buscar mejor suerte en el mar revuelto del cardenismo. Debe reconocerse su oficio, su lectura certera de la situación electoral y su capacidad de maniobra. Probaron, una vez más, ser indispensables.

El vacío imperante entre el ciudadano y el poder —la ausencia de un sistema de partidos desde la fundación del PNR— fue llenado por los profesionales de la política, grupo o clase sin contornos precisos, sin formación específica, carente a veces de un mediano barniz teórico, incluso ideológico, aunque, para sorpresa de muchos, más leídos de lo que el orgullo intelectual permite admitir a más de uno. Sus análisis y predicciones suelen ser de una precisión sorprendente, por apoyarse en un conocimiento empírico y cotidiano de la vida política, ajeno a quien no tiene otras ocupaciones y se guía por su simple olfato, elevado a la categoría de inteligencia. El PRI dejó de ser el camino obligado y único hacia el alto funcionario, la tecnificación de la administración resultó y resulta obligatoria, se rompió el frágil acuerdo entre técnicos y políticos: las deserciones fueron inevitables, sin que se les concediera mayor importancia.

La campaña electoral cardenista fue de una precisión militar. Aprovechó el cardenismo el último momento de las ofensivas priísta y panista —el mes de junio— para lanzarse en los terrenos previamente elegidos (el Distrito Federal, Veracruz, Puebla, Morelos, Guerrero). Supo utilizar las encuestas *(band-wagon effect)*, recurrió a la ambigüedad, agitó el mito de la edad de oro, se centró en los defectos de los adversarios escondiendo con todo cuidado los propios, prometió todo y nada: la democracia. Encontró un lenguaje intelectual y político, además de tener a su servicio escritores de primer orden.

Sólo se puede especular sobre la composición del electorado cardenista. Futuros trabajos dirán quiénes se sintieron llamados por el hijo del general, quiénes vieron en él un guía y una esperanza. Lo que desde este momento se puede afirmar es el papel secundario, de comparsas, cumplido por los partidos coaligados tras y bajo Cuauhtémoc Cárdenas, aunque debe señalarse la excepción del PMS —último en los resultados electorales— como una organización política sólida, sabedora de su lugar, experimentada por 70 años de historia nacional e internacional, pues a nadie engañan las fusiones y transformaciones donde fue ingrediente y eje decisivo el PCM. Sin él, las movilizaciones posteriores a la elección no hubieran tenido la importancia que tuvieron; sin él no hay negociación posible. En la próxima legislatura, será también la pieza indispensable de la oposición junto con el PAN. Los partidos carecen de fuerza y de seguidores pero son indispensables.

Una elección plebiscitaria, un conjunto de partidos que no ha cuajado en un sistema, una oposición que se ha definido exclusivamente por la negación, han tenido como resultado una disposición de actores y fuerzas que se mantienen por un juego de chantajes mutuos y cruzados. Las cabezas de la oposición empiezan por ser víctimas de las imágenes creadas, fundadas en la intransigencia absoluta: su negación permanente les impide cualquier negociación —base de cualquier acto político— y, de separarse un ápice de su hieratismo obligado, los electores movilizados están presentes en sus mítines para recordárselo. Formar un frente común para defender el voto es atacado con toda violencia por los panistas manifestantes tan pronto como es propuesto por Manuel Clouthier; Cárdenas es proclamado Presidente por sus bases contra toda lógica y evidencia. Las movilizaciones no se pueden ni iniciar sin el acuerdo y voluntad de los partidos (PAN y PMS), beneficiarios hasta el 6 de julio del llamado de Clouthier y de Cárdenas, y hoy dispuestos al juego parlamentario y propiamente político, ajeno a las exigencias de unos votantes que se niegan a comprender las necesidades de un mundo político en pleno cambio. Algo parecido ocurre con la opinión pública opositora.

El apoyo otorgado por los medios de comunicación extranjeros —de manera muy particular los españoles y franceses— al cardenismo fue masivo e incondicional. La prensa nacional mantuvo una posición equidistante, mientras la televisión pública y privada se inclinaba abiertamente por el PRI y su candidato. Unos y otros ayudaron a personalizar las elecciones, lo que resulta esperado de unos corresponsales de ideas someras sobre la historia y la vida política mexicanas y ansiosos de sensación y titulares, dominados por el mito de Lázaro Cárdenas y quizá inconscientemente deseosos de cobrarse los 40 años sin relaciones diplomáticas entre España y México, además de querer lucir la democracia sin fallas de España. La prensa nacional, poco deseosa de entrar en la *melée*, fue la boca de ganso de la prensa extranjera. En cualquier caso pudo ejercer una crítica total del sistema político mexicano y con toda particularidad del PRI.

El partido dominante cometió el error de utilizar un discurso político conservador. Salió dispuesto a disputarle su clientela política a la derecha y sólo al final de la campaña admitió la presencia rival de la izquierda.

La oratoria política priísta históricamente se dirigió a la izquierda. El tono fue populista y nacionalista: los destinatarios fueron siempre los obreros y los campesinos; las clases medias urbanas no fueron consideradas actores políticos reales: se les ofreció un espacio que iba de la oposición a la abstención, pero desde el gobierno de Luis Echeverría se abrieron camino hasta alzarse al primer plano en las elecciones y conquistar un papel de actor indiscutible en los conflictos económicos y sociales. Es más, su presencia o lo que se creyó su presencia se atribuyó al llamado del PAN, a la seducción de la derecha; se pensó en que por primera vez desde el triunfo de la Revolución de 1910, habría un partido capaz de sacar al elector urbano de su pasividad.

En 1985, se hizo un *test case* de Ciudad Juárez y, por extensión, de Chihuahua. La derecha entrevió el mejor de los mundos posibles en un bipartidismo PRI-PAN, que acentuaría el carácter conservador ya presente en el PRI, quedando una única salida hacia el PAN. No se supo ver la falta de armonía de estas clases medias, ni sus conflictos internos, ni las fallas de sus dirigentes, del mismo modo que ahora se mantienen los ojos cerrados ante el pasado de los cardenistas, todos salvados por el acto de contrición implícito en su conversión. El camino de Damasco pasa hoy por el Frente Cardenista de Reconstrucción Nacional.

Pero no por ello el PRI encontró ni a su auditorio ni a todos sus antiguos electores. La clase media urbana no respondió a esta solicitud discursiva y mostró una inestabilidad total. El voto obrero tampoco mantuvo una fidelidad supuestamente inquebrantable, aunque éste tenía razones reales —léase económicas— para cambiar sus preferencias. Más que un voto de protesta fue un voto de castigo y de temor, como lo fue el de una parte de la burocracia gubernamental. Actuar con la verdad no trae beneficio alguno en estas coyunturas, como se pudo advertir en el valor del silencio opositor frente al anuncio de una política del PRI que no puede resultar del agrado de las "grandes mayorías", así se sepa que no hay otra posible.

Uno de los hechos sorprendentes de esta elección plebiscitaria es la falta de renovación del personal político. PMS, PST, PPS, PARM y FCRN, la propia Corriente Democrática, están encabezados por los líderes de siempre, por profesionales atentos desde luego a su supervivencia y esto no es una ventaja para el entendimiento.

La violencia verbal en el Colegio Electoral no debe engañar; la toma de las tribunas, los plantones y manifestaciones terminaron por hastiar a los diputados de los partidos opositores. Los parlamentos se han opuesto siempre a la calle y piensan más en términos de soberanía nacional que de soberanía popular; se saben representantes y, por lo mismo, rechazan la idea de mandato obligatorio. Los partidos quieren dirigir al pueblo, no seguirlo. Cosa aún más importante, no toleran la idea del líder carismático, siempre imprevisible y a veces voluble.

La situación política presente se origina precisamente en la pluralidad aparecida en el cuerpo electoral, que se refleja en lo inapropiado de las reglas del juego aún en vigor. Pero no existe un acuerdo manifiesto y aceptado sobre las reglas futuras. Apenas si se sabe que ningún grupo parlamentario tendrá la mayoría necesaria para reformar la Constitución, lo que será una ventaja para todos; o se llega a un acuerdo pactado entre los grupos o se mantendrán los reglamentos y normas vigentes. La parte esencial del Código Electoral está hoy inscrita en la Constitución. ¿A cambio de qué puede aceptar la diputación priísta su reforma? ¿En qué condiciones? ¿Hasta dónde puede reformarse? Es un caso de vida o muerte para la oposición y no será por las presiones directas, por las movilizaciones como se logrará un cambio de esta ley.

Carlos Salinas podrá gobernar sin hacer más cambios a la ley fundamental de la República. Ésta le proporciona los instrumentos suficientes para poder ignorar a la oposición, si se sitúa en un plano estrictamente técnico. Todo indica una voluntad contraria; todo nos permite suponer un sexenio político con una recuperación de la discusión, el debate y, por qué no, el enfrentamiento. Del mismo modo que la economía se impuso sobre cualquier consideración en el curso de los últimos 20 años, la política recuperará sus derechos, por ser el único campo posible de entendimiento.

"El regreso de la política", *Cuaderno de Nexos*, núm. 2, septiembre de 1988.

MODERNIZACIÓN Y RESTAURACIÓN POLÍTICA

No es fácil señalar dónde se dio la ruptura o dónde se produjo una inflexión en la curva del desarrollo político de México. Situar este punto en 1968 o en las elecciones de Chihuahua de 1985 no permite encontrar una explicación del 6 de julio de 1988. La sorpresa generada por sus resultados, las consecuencias del propio hecho electoral, independientemente de las que pueda tener en el futuro próximo y lejano, el desconcierto de líderes y partidos, todo llevó a la idea de "nueva situación" y de estar ante un fenómeno irreversible. Para no complicar este confuso panorama aún más, limitémonos al hecho electoral escueto.

La subida de la oposición puede fecharse en 1973, al renovarse la Cámara de Diputados. El voto panista se manifiesta en las ciudades de más de 100 000 habitantes y, desde luego, en el Distrito Federal; la oposición de izquierda, quizá debido a la ley electoral en vigor en aquel momento, casi no aparece en los resultados. Por lo demás, no se podían ver partidos capaces de captar ese voto. Los resultados, con todo, eran "otros": la oposición existía y sólo elecciones futuras podrían decir si aquellas cifras se mantendrían, desaparecerían o crecerían.

La elección de José López Portillo (1976), con un solo candidato, permitía suponer un retroceso casi absoluto. Desde la elección de Obregón (1924) no se había producido una situación análoga. La pluralidad, ficticia o no, había sido una constante y el PAN, a partir de los años cuarenta, era otra, y esta tradición se había roto, ya fuera como consecuencia de los problemas internos de Acción Nacional o de la rigidez de la ley electoral, de manera especial por la estrechez del capítulo sobre los partidos nacionales.

Ante este panorama, Jesús Reyes Heroles, secretario de Gobernación de José López Portillo, emprendió y llevó a feliz término una nueva ley electoral, la Ley Federal de Organizaciones Políticas y Procesos Electorales. En su espíritu se buscaba encerrar los problemas políticos dentro del Parlamento —más precisamente dentro de la Cámara de Diputados— para sacarlos tanto de las universidades —refugio de la izquierda— como de la calle. Abrir un espacio a la izquierda exigió que se pactara con ella y, contra toda suposición, fue la derecha quien pudo capitalizar esta reforma. En 1982, al llevarse a cabo las elecciones constitucionales para renovar los poderes federales, el PAN volvió a mostrar su vigor, esta vez ya con su nuevo aspecto, que se conoce como neopanismo. Su agresividad política, su planteamiento nuevo reducido al terreno electoral, fueron una señal de alarma más, convertida esta alarma en un conflicto en el estado de Chihuahua.

Dos lecciones se desprendieron de Chihuahua: en primer lugar, el PAN mantenía su carácter regional, pero este regionalismo se manifestaba y asentaba en el norte de la República, en los estados más modernos y desarrollados de México, y, en segundo lugar el voto panista aparecía como un voto de protesta, evidenciado por su escasa capacidad movilizadora poselectoral. El problema real para el PRI se situaba en fenómenos propiamente extraelectorales como el apoyo dado al PAN por la prensa extranjera, la actitud militante y combativa de la Iglesia, las reticencias y censuras abiertas de grupos intelectuales y que la atención de la opinión pública se enfocara insistentemente en el caso. Por primera vez el PRI debió enfrentar un peligro real, capaz de propagarse por todo el país. Si a esto se sumaba la crisis económica, la situación podía concluir en un desastre.

La respuesta del presidente De la Madrid fue prometer más elecciones nacionales transparentes en 1988, tema recurrente de su discurso político en los dos últimos años de su gobierno. El Código Electoral de 1986, bien leído, estaba hecho para perder el PRI o, más exactamente, para minimizar sus pérdidas, consideradas inevitables desde ese año. La apertura daba los pasos necesarios para concretarse.

La selección

En 1987 el PRI debió "destapar" a su candidato. Rompiendo con la tradición de este partido, no se esperó hasta el mes de octubre para dar a conocer al agraciado por la consulta interna. Se designó a seis "priístas distinguidos" y se les llamó a comparecer ante extraños cónclaves —no ante el Comité Ejecutivo Nacional— para exponer posibles programas de gobierno. Esta operación, supuestamente democrática, consolidó los planos de ruptura que fracturaban al PRI y confirmó las clientelas políticas. Las opciones e intereses debieron hacerse públicos y manifiestos: la frágil unidad del partido, amenazada en el ala izquierda por el surgimiento de la Corriente Democrática, terminó por desaparecer. La candidatura de Carlos Salinas, combatida hasta la misma mañana del día del "destape", se anunciaba conflictiva y no podía arrastrar la unanimidad acostumbrada. No sólo la izquierda —o pretendida izquierda— del partido se desgajaba para constituir el núcleo en torno al cual se aglutinaría el cardenismo, sino que evidenciaba el conflicto latente entre políticos y tecnócratas.

Raymond Vernon describió en 1963 las divisiones que se podían observar dentro del gobierno mexicano, con una agudeza aún no superada, aunque esta línea de investigación se haya seguido trabajando. Su separación se fincaba en la concepción y uso del poder para extenderse a lo largo y a lo ancho no sólo del gobierno sino de todo el sistema político. Por ser en ese momento la escuela de pensamiento político dominante, se interpretó a través y con ayuda de la teoría de la modernización. México se modernizaba, los papeles políticos se concretaban, la sociedad corría hacia el laicismo y la economía hacia la industrialización. En resumen, México se hacía moderno. De seguir este razonamiento —y todo parecía confirmarlo— México se modernizaba. Las presidencias de López Portillo y De la Madrid fueron un triunfo incontenible de la tecnocracia que alcanzó niveles hasta entonces insospechados. Los hombres del México nuevo y moderno eran los economistas y los ingenieros, en una palabra, los *técnicos* de Vernon. Y siguiendo, por otro lado, a Juan Linz y su teoría sobre el autoritarismo —también utilizada casi de manera exclusiva para explicar el sistema político mexicano—, *el partido* (léase el PRI) se depauperizaba y corría el riesgo de desaparecer, por ser la pieza inservible en esta clase de sistemas, lo que confirmaba Peter Smith en *Los laberintos del poder:* cualquier camino era superior al PRI si se quería una carrera política.

La teoría política rara vez acierta al predecir una situación concreta, lo que no le quita capacidad para crear un clima intelectual capaz de enraizarse en la prensa, la televisión, el radio, los estudios políticos, hasta convertirse en un sistema de creencias. Tal fue, nos parece, la consecuencia en México de estas obras norteamericanas, unas veces simplificadoras, otras agudas y profundas hasta convertirse en una *self-fulfilling profecy* al ser aceptadas como dinero contante y sonante por los interesados —en este caso los políticos—, por lo demás aterrados ante una tendencia que podía prescindir de los libros en inglés o en español por observarse en la realidad política cotidiana. La tecnocracia había ganado el campo y la jornada.

La campaña

Campañas electorales de ocho meses, en la era electrónica, son un anacronismo y un estorbo. Candidatos obligados a pronunciar 1 500 discursos, por cortos que sean, terminan por desgastarse y contradecirse; sus intenciones políticas se diluyen, sus plataformas y programas se desvanecen para dejar una pura imagen física junto con un conjunto de intenciones resultado del rumor y de la suposición. No hay atención ni humana ni política capaz de mantenerse durante más de 200 días, pese al bombardeo de los medios; de ahí la reducción del espacio político al mundo de los que hacen de la política una profesión. Se pueden esperar los efectos más inesperados y las ignorancias más crasas. El papel del político profesional, la imaginación puesta al servicio de la conquista y mantenimiento del poder, resultará crucial. Pensar en términos políticos, mantener una posición intelectual frente al hecho político puede conducir a la confusión absoluta, a los errores más rotundos; razonar por analogía culminará en la aberración. Es claro que el intelectual encontrará siempre una explicación de su error, que se convertirá en acierto. Para él no existen los "efectos perversos".

Los documentos escritos, resultado de las elucubraciones de los estados mayores de los partidos, son, durante las campañas electorales, ignorados cuando no despreciados. Las plataformas mínimas de los partidos así lo probaron. Sus incoherencias, el desprecio e ignorancia de la economía, los silencios y omisiones, la generalidad y la generalización, por abundantes que sean no serán siquiera repercutidos por la prensa, el radio y la televisión. Sólo dos o tres ideas claves —no pago de la deuda, reducción de los poderes de la Presidencia— se propagarán de un programa a otro y perfilarán los bloques en presencia. La lectura a toro pasado de estas plataformas revelará ciertas intenciones como, por ejemplo, el deseo manifestado por el PMS de eliminar cualquier enemigo a su izquierda o lograr una candidatura de unidad —el viejo y familiar demonio del Frente Popular—.

El PRI se impuso una estrategia desde el principio de la campaña, consecuencia de una lectura de la realidad social y política que a la larga fue errada, aunque, debe decirse en su descargo, esa lectura era compartida por la inmensa mayoría de quienes se ocupaban de estos temas. Se pensó en primer lugar en la subida de una clase media conservadora, católica y no partidista, que votaba por el PAN ante la ausencia de una organización política más atractiva. Chihuahua así pareció confirmarlo. Ante la pasividad de los grupos obreros y campesinos, el auténtico voto, el sufragio en disputa venía de la clase media urbana. El discurso se hizo para ella.

El tema se centró en la modernización —una sociedad dominada por la clase media es siempre moderna— pero, ante la presencia de otras clases, por pasivas que fueran, este tema central hubo de arreglarse para convertirlo en un discurso interclasista y globalizador. Moderno resultó todo; el concepto se disolvió y quedó una imagen decisiva por encima de la idea modernizadora: la Presidencia de la República no abadonaría ninguna de sus prerrogativas, que era una de las ideas más combatidas por la oposición tanto de izquierdas como de derechas.

Los cuatro discursos fundamentadores del futuro gobierno de Carlos

Salinas recalcaron el papel central del Estado en la vida de México. No importó que se ofreciera un gobierno de otro tipo e incluso de otro contenido. La atención se fijó en el papel central y único del Estado.

Las ofertas de las oposiciones no fueron tales. El protagonismo de Cuauhtémoc Cárdenas y de Manuel Clouthier oscureció el contenido de sus programas —de por sí ignorados— y condujo la atención pública hacia sus personas en primer lugar y la lucha contra el PRI en segundo. De tono esencialmente negativo, con sorprendentes tendencias hacia un utopismo rayano a veces en lo ridículo, encontraron una contestación afirmativa cuando condenaron una situación económica y social de imposible defensa. Los puntos cruciales se simplificaron hasta la exageración: la economía, el futuro programa económico no iba, en su asiento real, más allá de no pagar la deuda. La respuesta antimperialista fue un reflejo condicionado.

El contenido de los programas, conviene insistir, sólo tuvo un efecto secundario. Fueron mucho más importantes los momentos, los tiempos y los lugares donde se habló. En estas condiciones, la elección o, con mayor exactitud, las elecciones se convirtieron en un plebiscito. Candidatos a senadores y diputados desaparecieron ante los cinco contendientes por la Presidencia, que de hecho sólo fueron tres. Cuando algún candidato a una senaduría o una diputación destacó, fue con un efecto negativo, como en el caso de Joaquín Gamboa Pascoe, propuesto por el PRI en el Distrito Federal y que arrastró un voto en contra de consecuencias incalculables. Por lo demás, estos hombres y mujeres no fueron percibidos más que difuminados en un telón de fondo, sin relieve ni perfil.

LOS PARTIDOS

No hay democracia sin partidos. Gran parte de la situación confusa originada por las elecciones del 6 de julio se debió a las carencias históricas de los partidos políticos mexicanos. Sesenta años de dominio del partido revolucionario destruyó cualquier intento de constitución de un *sistema* de partidos. Con todo, la incipiente organización partidista, más sólida a la derecha que a la izquierda, se fue abriendo paso gracias a lo que se puede llamar una *democracia otorgada*. Las leyes electorales sucesivas, restrictivas siempre, permitieron una presencia electoral también restringida, donde destacó abiertamente el PAN. La imposibilidad de un juego abierto, donde los contendientes estuvieran en igualdad de condiciones, más los vicios intelectuales e ideológicos, empujó a la izquierda hacia los *ghettos* universitarios, centro del debate político de México y coto de trotskistas, estalinistas y otras formas de manifestación del socialismo. Estas condiciones y estos resultados estuvieron presentes en las últimas elecciones.

El PAN pudo presentar un frente unido, con un candidato indiscutible, tanto en lo interno como en lo externo, que, pese a su tono violento y populachero, captó la imaginación de la derecha mexicana, por más que ésta se fuera convenciendo, con el andar de la campaña electoral, de la incapacidad natural y cultural de Manuel Clouthier para gobernar a la nación. Pero cumplió a las mil maravillas su papel de protesta, de oposición y de negación. Si el PAN mantiene rasgos notorios de partido tribunicio, su candidato a la Presidencia fue un tribuno de la plebe más tribunicio y más plebeyo que el de la izquierda, pacato y contenido, distante y desangelado.

El cuadro de la derecha se completó con la presencia de los herederos del sinarquismo, agrupados tras el gallo emblemático del Partido Demócrata Mexicano. Excesivamente arcaico, plagado de querellas internas y personales, su antiguo llamado en las que fueron zonas cristeras se sabía en peligro desde un principio.

El capítulo sobre los partidos en las leyes electorales mexicanas no ha encontrado jamás la proporción exacta. Si por un lado se quería un juego manejable y, por ende, previsible, por otro se quería abrir la mano y dejar a los contendientes reducirse a sus auténticas proporciones a través de sus confrontaciones. Para el PAN, el PDM era un fastidio menor; a la izquierda la proliferación de organizaciones políticas era mucho más grave y, por lo mismo, el ajuste de cuentas debía ser más sangriento.

Ya en el programa del Partido Mexicano Socialista se pide un umbral electoral más alto. No se puede dudar que tan pía intención llevaba nombre y apellido: lo que se pedía era la liquidación del Partido Revolucionario de los Trabajadores, amparo de los trotskistas. Un partido dominado internamente por los comunistas no soporta herejías socialistas en ningún lugar y menos aún a su izquierda, y de ninguna manera cuando se trata de una una escisión histórica. La selección del candidato del PMS era un conflicto interno más. Ante la presencia de Cuauhtémoc Cárdenas y sus éxitos iniciales, un candidato del PMS iba a tener poco peso y el partido podía ir derecho al desastre en caso de quedar aislado. La selección de Heberto Castillo a través de unas elecciones internas fue en contra del núcleo duro del partido. Castillo era demasiado independiente, sus ideas eran excesivamente personales y su rigidez resultaba exagerada para una futura negociación con vista a una candidatura única. Queda aún por conocerse qué razones llevaron a los aliados tradicionales, a las criaturas del PRI —PARM, PST y PPS—, a cambiar de bando y unirse al movimiento cardenista. Puede suponerse que fueron las mismas que escindieron al PRI.

Sesenta años de poder ininterrumpidos redujeron la maquinaria político-electoral priísta, máxime que los viejos profesionales quedaron al margen, a la rutina. Carlos Salinas no encontró, frente a las críticas de la oposición, el tono justo y necesario para hablar a un país en crisis. La modernidad y la modernización se oyeron como una nueva forma de austeridad o, peor aún, como una confirmación de la misma. La oposición no ofrecía un programa económico: se limitaba a negar la política económica del régimen del presidente De la Madrid y a criticar al candidato del PRI, cuyas proposiciones se consideraban "más de lo mismo".

El despliegue propagandista, una prensa neutral y una televisión volcada por el PRI tuvieron un efecto *boomerang*. Si a esto se añade el Pacto de Solidaridad Económica y la quiebra bursátil de octubre de 1987, las consecuencias electorales de estos dos hechos económicos se podían suponer catastróficos en el Distrito Federal o, para mayor exactitud, en el Valle de México, cuyos habitantes habían sido las víctimas propiciatorias de la política económica del gobierno.

No romper con su predecesor fue también una carga para Carlos Salinas. Defender su actuación tenía costos adicionales, pues si bien Salinas fue uno de los autores de esta política económica, aceptar una responsabilidad proporcional rompía con la tradición. Echeverría no dudó en cargar todas las culpas de la represión del 68 sobre los hombros de Díaz Ordaz, lanzar una política populista y llamar a la misma juventud que había reprimido meses antes. La moral política no tiene nada que ver con la moral burguesa.

LA SORPRESA ELECTORAL

La batalla de las cifras, ante la opinión pública, no está aún resuelta. Si en el plano legal no hay ya problema alguno respecto a quién es Presidente de los Estados Unidos Mexicanos, la oposición seguirá agitando quizá durante todo el sexenio. Por ser precisamente un conflicto que la oposición quiere dirimir ante la opinión pública y el pueblo, el PRI intenta reducirlo a proporciones legales de procedimiento. No habrá jamás un vencedor absoluto. Todos los partidos perderán en esta confrontación.

La primera gran sorpresa fue el nuevo orden de los partidos que, para este caso preciso, más conviene llamar movimientos. Ya no se está ante un dilema PRI-PAN sino ante un conflicto triangular centro-izquierda-derecha, donde la derecha, antiguo rival privilegiado y único del PRI, pasa a un modestísimo tercer lugar, aventajada por una izquierda que obtiene el doble de votos que ella. El 31% obtenido por el cardenismo sigue siendo el misterio de esta elección.

Cuauhtémoc Cárdenas encabeza un frente, una coalición heteróclita de partidos, un movimiento. Cualquier cosa menos un partido. No podía, por tanto, tener una unidad de mando ni una voluntad única; en cualquier caso, incluso si no quería negociar con sus seguidores no podía ignorar su voluntad. La formación de las listas electorales de los partidos, la designación de candidatos, era ajena a cuanto pensara. Por ejemplo, su fiel aliado y *âme damnêe* Porfirio Muñoz Ledo, candidato a senador por el Distrito Federal, encontrará ante sí otro candidato del PMS que se negará a retirarse. No es pues en este segundo nivel, de senadores y diputados, donde Cárdenas encuentre su fuerza, sino en una elección personalizada, en una elección plebiscitaria. Manuel Clouthier se hallará en una situación análoga: el PAN será él; los otros candidatos panistas contarán poco. La misma situación, con contadas excepciones, surgirá en el PRI.

En esa coyuntura, las maquinarias de los partidos van a mostrar sus fuerzas y sus debilidades. El PRI cubre al país entero, desde el Bravo hasta el Suchiate. Cuenta con el apoyo del gobierno federal y de los gobiernos locales, con el radio y la televisión, con un sostén logístico ilimitado. Sus cuadros medios, en cambio, le siguen a duras penas: en el Distrito Federal las defecciones son de una abundancia alarmante. Sólo en las zonas rurales mantiene una presencia no compartida, pero en algunos estados, incluso en estas regiones encontrará problemas. Sólo un hecho le detiene: la voluntad expresada en una infinidad de ocasiones por el presidente De la Madrid y por el candidato Carlos Salinas de llegar a unas elecciones "transparentes". El PRI no montará los tradicionales "operativos", se negará a preparar fraudes. Su convencimiento de ser aún dueño del escenario político, la fe en su misión histórica, una mala lectura de la voluntad y orientación de una parte muy importante —la mitad— del electorado, le situarán en una postura peligrosa el 6 de julio.

No se conoce aún la composición del electorado cardenista. Sólo futuros estudios explicarán su distribución dentro de la sociedad mexicana y, por el momento, nada más pueden aventurarse burdas hipótesis, apoyadas en cifras demasiado gruesas para establecer correlaciones precisas. Pese a esta falta de precisión puede decirse que las ganancias del cardenismo se logran a expensas del PRI o de electores refugiados en la abstención hasta 1988.

La campaña electoral del Frente fue de una precisión militar. Aprovechó el punto máximo de la ofensiva priísta y panista para lanzarse sobre los estados donde aparecía una clientela disponible: una franja que va de Veracruz a Guerrero, cuyo centro es el Valle de México. El norte le volvió la espalda con la notable excepción de Baja California, y Michoacán, por razones obvias, se volcó hacia el hijo del general. Su clientela está tan regionalizada como lo estuvo la del PAN. ¿Respondió a las mismas razones?

Los resultados del 6 de julio quedaron limitados por la naturaleza de los partidos pero, más aún, por la falta de renovación del personal político. Buscando terrenos más propicios, los antiguos aliados y subordinados del PRI se pasaron con armas y bagajes a la oposición. De hecho, entre aquellos que ocuparon las primeras filas y los primeros lugares de las listas en las elecciones proporcionales, todos los nombres eran conocidos: fue el Gotha de la antigua política priísta y aliados con raras excepciones. La más notoria, la de Heberto Castillo. Opositor incondicional, escritor de prestigio, inflexible y apocalíptico en sus posiciones, supo ganar en una elección interna la candidatura del PMS a la Presidencia de la República, contra la opinión y voluntad del núcleo duro de este partido, si bien no pudo mantenerla. Los políticos, más aún los del antiguo PMS, se sintieron tentados desde un primer momento por un demonio familiar: el Frente Popular. Tres candidatos de la izquierda eran demasiados y el PMS sacrificó al suyo en aras de la unidad. Los demás partidos, amparados tras el nombre y la figura de Cárdenas, defendían a sus hombres más que sus ideas.

Desde un punto de vista estrictamente político, el PMS acertó: no se estaba frente a una situación que pudiera resolver la "moral burguesa". Los intereses de la formación más sólida y consistente de la izquierda, la posibilidad de abandonar el *ghetto* social y político donde vivía encerrada y sobre todo la posibilidad de encabezar una posible coalición, federación o nueva fusión era demasiado tentadora. Lógicamente, Heberto Castillo, desde su espléndido aislamiento, no podía contrabalancear la decisión del partido más antiguo de México, el mejor organizado y dueño de los políticos más experimentados, así sus resultados electorales sean siempre desastrosos. Frente al PMS, los antiguos satélites del PRI, temerosos hasta el mismo día de la elección, sintieron las cifras del 6 de julio como un alivio y una posibilidad inesperada. Fue la divina sorpresa. La otra cara de la medalla fue la perpetuación de las dirigencias de estos partidos. Primero, jamás habían tenido una verdadera autonomía: sus decisiones o seudodecisiones dependían tanto de la voluntad como de los apoyos económicos del gobierno de la República; segundo, carecían de una auténtica experiencia en el campo parlamentario; tercero, los intereses de estos partidos y los de sus líderes no se distinguían. La consecuencia de toda esta situación se traducirá más adelante en situaciones a veces cómicas, a veces intolerables.

El PAN cometió nuevos errores. Entregar la candidatura a Manuel Clouthier implicaba romper con la tradición de respetabilidad y formalismo, con la "decencia" que tanto seduce al elector panista. Implicaba también estar representado ante la opinión pública por una sola imagen, cuando Acción Nacional ha sido siempre un partido estricto, jerarquizado, respetuoso de la dirección colegiada y las decisiones mayoritarias y colectivas. En resumen, evitando la violencia espiritual del neopanismo, se empantanaba en la confusión programática y en una verborrea repelente para el típico votante panista.

La vieja guardia, los Vicencio Tovar, González Hinojosa, Bátiz y demás políticos, rodados en los conflictos y en el debate, no pudieron contenerle ni orientarle. El anuncio de su posible gabinete, constituido por hombres que en su inmensa mayoría no pertenecían al PAN (¡ofrecía a Rosario Ibarra un cargo de *ombusman* u *ombuswoman!*) terminó por desconcertar a sus fieles.

El líder carismático se impuso sobre el profesional y, si bien es cierto que en las filas del PAN hay pocos profesionales, sobre quienes tienen una formación política sólida, adquirida en la calle, los comités, la prensa y los libros. Dominado por una voluntad incontenible de hablar, la repetición y la contradicción llegaron al aburrimiento. Es cierto, por lo demás, que no fue el único que hizo bostezar a su auditorio.

La historia de este último sexenio impulsó al PRI hacia una posición defensiva. El hecho de encontrar por primera vez en su historia una oposición en verdad amenazante, pero sobre todo la crisis que permeaba al país de punta a punta, no autorizaba una campaña triunfalista. Carlos Salinas buscó un tono racional y racionalista; sus discursos fundamentales fueron leídos; sus declaraciones más importantes aparecieron en las conferencias de prensa; no se hizo acompañar por oradores ni cedió la palabra a nadie. Fincar su futura política de gobierno en cuatro discursos, basados a su vez en la idea de modernidad y modernización, hizo de ellos un programa económico mas no político; declarar al PRI un partido de centro progresista equivalía a reconocer la defección de la izquierda del partido en el gobierno. La derecha del PRI se mostró encantada, los restos del ala liberal, menos; el autoritarismo gremial, asentado sobre unas bases cada vez más reticentes, sintió que su candidato cedía todo; las bases, en cambio, creyeron su suerte abandonada a un futuro en el cual creían poco.

¿Un desastre electoral?

Acostumbrado a ganar, durante más de 60 años, con mayorías que fueron de 99 a 70%, encontrarse ante menos de 51%, fue para el PRI una sorpresa mayúscula. Otra fue el orden de los factores, que en esta ocasión sí alteró el producto. Situarse Cuauhtémoc Cárdenas ante

Manuel Clouthier por más de diez puntos introducía en la política mexicana elementos insospechados. O, más exactamente, introducía uno nuevo e inesperado: el electorado.

El voto por la oposición, sea ésta de izquierda o de derecha, supera a sus candidatos y partidos; es, ante todo, un voto de protesta, un voto en contra del PRI y, en este caso, un voto de castigo. La endeblez, cuando no la contradicción interna o la vaguedad absoluta, de los programas y plataformas de los partidos en liza, permiten suponer que la orientación del voto de los ciudadanos —cuando no es cautivo— responde a motivaciones ajenas a las posiciones doctrinarias. Este fenómeno se venía observando en los triunfos panistas, así Acción Nacional tenga una tradición tras ella y una presencia en la opinión pública. Es, junto con el PRI, el único partido identificable por el electorado, incluso por niños y adolescentes. ¿Por qué entonces su retroceso, incluso en sus baluartes?

Las clientelas electorales mostraron, el 6 de julio, una inestabilidad comprobable sobre todo en el voto urbano. La mayoría de las ciudades se dividieron en lo que a la oposición hace, dando un premio al cardenismo y abandonando al panismo donde menos se esperaba. En Nuevo León, por ejemplo. La experiencia había mostrado la incapacidad del PAN para movilizar a sus votantes después de unos comicios. Sólo una parte de éstos, los auténticos fieles, seguían las consignas y consejos —el PAN rara vez da órdenes— y la agitación en la calle, además de ir contra el espíritu y principios, fue seguida con entusiasmo sólo por este puñado de convencidos. La protesta, cuando se expresaba, era individual, razonada y siempre en los límites del sacrificio.

El neopanismo cambió la conducta panista. El populismo, la agitación, la toma de calles y plazas vino tras Clouthier; el tono del discurso también fue otro. Al debate e incluso conflicto interno se sobrepuso el cambio de estilo político. Más que ver una postura democrática en la vida interna de este partido, el electorado vio un populismo de derecha, una agitación tardía y un desgano frente al poder. Pertenecer a una derecha tradicional —por más que lo niegue— dentro de una nación y de un sistema político donde la derecha se desacreditó durante el siglo pasado fue cargada con todos los pecados durante éste, le restó en 1988 las posibilidades que, en principio, esperaba se convertirían en hechos electorales y políticos. Si de calle y agitación se trataba, el cardenismo, con su nombre, sus políticas de asfalto y su tradición de lucha y sacrificio —el PCM ha pagado siempre las consecuencias de los movimientos sociales—, su imagen progresista y generosa, le ganó la mano. No importó el pasado dudoso de los jefes de partido que formaron la coalición, ni la inexistencia de programas, ni las *vendettas* internas o externas. El resentimiento y el interés personal se olvidaron ante uno de los héroes indiscutidos de la Revolución mexicana. El símbolo, el santón construido por la historia oficial fue raptado y cambió de bando. Lo que no era sino *heredocardenismo* para la opinión pública, se convirtió en cardenismo a secas. Los cuadros de los partidos políticos, las organizaciones parapolíticas hicieron el resto. Lo que se pensó un voto fiel cayó en manos de los escindidos.

El cambio de orientación de 30% de los electores, el surgimiento de abstencionistas convertidos en participacionistas, respondía no sólo a maniobras sabias y calculadas de estados mayores políticos o a símbolos nacionales. Una crisis económica inacabable, una inseguridad que alcanzaba cotas intolerables, el inexplicado *crack* de la bolsa de valores, los despidos de burócratas, la inflación, la congelación de salarios hacían de la protesta algo inevitable. El Valle de México, víctima de todo esto y, además, sede casi única, Meca de todos los partidos, cayó como una fruta madura del lado de la oposición. De que el desastre no fuera absoluto para el PRI en esta región mexicana, sólo la izquierda es culpable. De haberse unido, sólo le hubiera quedado un distrito al PRI en la ciudad de México. Sólo uno.

La caída del PRI estuvo limitada por el control sobre el voto rural, el único en verdad gremial, y por la rivalidad PAN-FCRN.

La protesta

Baste un ejemplo. El PPS vio aumentar sus votos de una elección a otra en 680%, situación casi inimaginable en un sistema político estable. La composición de este partido, la falta de una sólida armazón permanente, la carencia de militantes le colocó frente a una situación tanto en la Comisión Federal Electoral como en el Colegio Electoral en que no tuvo ni los medios ni los hombres para resolverla. Lo mismo puede decirse de los demás partidos cardenistas con la excepción del PMS y, parcialmente, del PFCRN.

El Código Federal Electoral, aprobado en 1986, tuvo dos objetivos políticos: primero, mantener la calificación de las elecciones en manos del PRI y segundo, limitar las pérdidas de este partido. De hecho, es una nueva ley electoral pensada con la vista puesta en la inconformidad y en los resultados electorales que esta inconformidad tendría por fuerza que arrojar. Conferir automáticamente la mayoría de la Cámara de Diputados a la mayoría relativa más alta, le aseguraba al PRI una posición privilegiada, privilegio que se habría de multiplicar al enfrentarse a una serie de partidos menores y no a dos bloques. Con todo, al aumentar a 200 la parte de la oposición —y la suya también— a través de la elección proporcional, satisfacía los anhelos de los partidos. La liquidación del PRT, abiertamente solicitada por el PMS, y la del PMS, caro deseo del PAN, no levantó más protesta que la de los interesados.

La inconformidad de la oposición, tanto en la CFE como en el Colegio Electoral, resultó más fuerte de lo esperado. El PRI careció de habilidad en el debate y redujo su postura a la reproducción del voto mayoritario en su poder. La mayor parte de las protestas de la oposición se fincaron en una argumentación que apelaba a principios de filosofía política, al espíritu de las leyes y a principios de equidad. La letra de la ley se impuso.

Por primera vez desde el henriquismo, la calle, las manifestaciones populares y la prensa reprodujeron la protesta. Los manifestantes cardenistas, en número, aplastaron a los panistas y a los priístas. Estos últimos, de hecho, abandonaron el espacio físico público. Esto no era sino un aspecto más de la batalla librada para ganar la opinión pública.

Uno de los puntos inexplicados de la elección del 6 de julio es la derrota del PRI en el campo de la creencia, la simpatía popular y la opinión pública de varios estados de la República. La televisión probó ser de una inefectividad jamás pensada; la prensa, en México, apenas si cubre las élites nacionales. La reacción contra la televisión manifestada por la oposición no encuentra, por ahora, una explicación satisfactoria. De cualquier modo, su descrédito fue absoluto. No puede decirse lo mismo de la prensa diaria: la subida de *La Jornada*, órgano imparcial pero abierto a la oposición, replanteó el problema de la credibilidad en otros cotidianos y semanarios.

No fueron los medios impresos quienes crearon el clima de opinión, por populares que fueran los articulistas, editorialistas y cronistas simpatizantes o seguidores de Cuauhtémoc Cárdenas. Hubo canales de comunicación inesperados que suplieron a los canales formales. Aún están por descubrirse, aunque, desde ahora, no puede perderse de vista y menos aún ignorarse la politización de algunas ciudades. Y esta politización jugó contra el PRI.

¿Qué se puede esperar?

La diferencia entre la protesta almazanista o la henriquista y la actual, no es de grado sino de naturaleza. Sería difícil probar que fue la popularidad innegable de Cuauhtémoc Cárdenas y Manuel Clouthier la base y motor de la inconformidad. Los partidos, indispensables como nunca, desempeñaron un papel menor, sobre todo a la izquierda. El nuevo actor fue —¿será?— el elector urbano, libre de ataduras partidistas e ideológicas, medianamente informado y con dificultades aún para concretar su voluntad política. De ahí su vinculación con el líder carismático —hoy, la popularidad se confunde con el carisma—. Las líneas marcadas por los intereses de clase, de grupo o regionales no están definidas y, desde luego, no corresponden para nada con las vaga y confusamente marcadas por los partidos. Si el PRI, pese a su situación defensiva, tiene montado un aparato aún formidable, la oposición, exceptuando al PAN, vive inmersa en un magma incomprensible.

A la izquierda hay una sola figura, la de Cuauhtémoc Cárdenas. Pero es un político puesto en duda por los partidos, deseosos de conservar sus inesperadas conquistas y aumentarlas en todos los terrenos, de ser tal cosa factible. Los llamados a la unidad, a la federación de todas estas formaciones políticas, por salir del PMS, no sólo son vistas con recelo sino que son abiertamente rechazadas. La desunión, la ruptura velada que no tardará en ser abierta dominan. La desconfianza es el factor que determina a una izquierda que, sin embargo, sabe que su única posibilidad de continuidad parlamentaria y de presencia política está en Cárdenas. Una vez más corre hacia el precipicio sin preocuparse más que de los tres años que durará esta Legislatura.

Asimilar su retroceso, analizarlo es, en el porvenir previsible, la función principal del PAN. Haber incurrido en el populismo tuvo ventajas —por primera vez encontró un auténtico eco popular—; los inconvenientes fueron, bien visto, mayores. La figura de Clouthier resulta excesiva, exagerada incluso, para el cuadro panista. Quizá no para el elector. Y ahí se encuentra el dilema de este partido.

Las protestas callejeras del candidato panista contrastan con el cuidado político y el oficio parlamentario de "sus" diputados. Prueba de modernidad, de asimilación a la democracia europea más que a la norteamericana, son estas diferencias entre grupo parlamentario, directiva, afiliado, simpatizante y elector. Entre estos grupos habrá que decidir quién es el que en verdad domina en Acción Nacional. Tiene, desde este momento, la ventaja de saber callar sus diferencias, no hacer un debate público donde intervendrían elementos ajenos.

El temor a la izquierda difusa e inconcreta aparecida con Cárdenas hijo, es una boya más en favor del PAN. La derecha societaria mexicana ha mostrado más temor ante ella que rechazo del PRI. Cualquier unión entre la derecha y la izquierda oposicionistas se antoja imposible, en las condiciones actuales. Queda el que ante la desunión de la izquierda, origen de toda inefectividad, el elector de protesta vuelva su mirada al PAN, si no se refugia otra vez en el abstencionismo. El Congreso de la Unión será el agua regia de la oposición.

"Modernización y restauración política". Ponencia presentada en la conferencia "La sucesión presidencial: reflexiones binacionales", Universidad de California, Riverside, octubre de 1988.

DIFICULTADES Y POSIBILIDADES ANTE CARLOS SALINAS

EN EL mundo universitario y en general intelectual de México es una moda y un lugar común de señalar el desfase que media entre la economía, la cultura y la vida social por un lado y el sistema político por el otro. El gobierno de De la Madrid aceptó la idea. Es más, la impulsó. Renovar el sistema político, de manera especial las leyes y procedimientos electorales, se planteó como una necesidad inaplazable; llevar a cabo esta renovación en plena crisis económica es harina de otro costal. El cambio de las leyes electorales habría de redundar en contra del PRI, lo que en efecto sucedió, y en proporciones muy superiores a las previsibles. Lo imprevisible era el nuevo mapa político de la nación.

Una distribución de la fuerza electoral entre un PRI dominante, un PAN fuerte y amenazador, y una izquierda minúscula y dividida se antojaba una situación ideal donde, de darse un cambio, éste caería a la derecha. El electorado fue el elemento perturbador. Mandó al PAN a un poco glorioso tercer lugar y manifestó un talante mucho más liberal y mucho más a la izquierda de lo que los partidos políticos de esta orientación —corruptos, supeditados al poder y carentes de clientelas— permitían suponer. El utopismo cardenista hizo lo inesperado y planteó una situación de difícil si no imposible solución en el plano político.

Salinas y su equipo montaron su campaña electoral sobre el tema de la modernidad, término éste demasiado ambiguo y amplio para encontrar una definición precisa de las intenciones futuras del nuevo gobierno. Hoy, tres días antes de la toma de posesión, la voluntad del nuevo Presidente se concentra y cristaliza ante un solo punto: reconocer a las fuerzas reales del país y negociar con ellas. El *quid* está en la oposición de estas fuerzas entre ellas, oposición histórica e irreductible. El México que hereda Salinas de Gortari es consecuencia de una sociedad dividida y polarizada, aferrada a ideologías tan opuestas como inconcretas. De ahí la dificultad de la negociación social y política.

La derecha mexicana, la auténtica derecha, no se manifiesta a través del PAN, partido antiguo, conocedor de las buenas costumbres parlamentarias y un tanto iluso en materia de poder. La nueva clase empresarial y una Iglesia católica, fustigada por el integrismo de Juan Pablo II y los incesantes avances del protestantismo en México, forman, junto con parte de una clase media semidestrozada por la crisis económica, el núcleo duro de un conservadurismo moderno, si por moderno entendemos la defensa a ultranza del individualismo y las posiciones antisociales. Fuera del juego de partidos y elecciones, todopoderosos en materia de dinero, su fuerza recaerá directamente sobre el gobierno, junto con sus amenazas y exigencias: liquidar a la izquierda política e intelectual, suprimir cualquier injerencia del Estado en materia económica, libertad absoluta de enseñanza.

Cuauhtémoc Cárdenas se debate en este momento con un conjunto de partidos de izquierda que no son partidos y rara vez son de izquierda. Después de entrar en tromba en la Cámara de Diputados, los intereses de unos líderes que son ejemplo de corrupción se han convertido en el falso eje del debate político. Entre la masa que votó cardenista pero tuvo que hacerlo a través de esos partidos y Cárdenas no hay posibilidad de organización ni efectividad. La única efectividad posible, hoy por hoy, sigue pasando por el PRI. Lo demás es ilusión y utopismo, al menos en el plano político.

Las posibilidades gubernamentales de Carlos Salinas encuentran otros inconvenientes en las divisiones internas del PRI. Si este partido ha vivido casi toda su historia plagado por las corrientes y el fraccionalismo, los presidentes de la República sabían mantener una apariencia de unidad a través de la autoridad presidencial. El principio mismo de la modernidad, la existencia de seis precandidatos, la eliminación o defección de una parte decisiva de la clase política han dado vida a una multitud de facciones dentro del PRI, hipócritamente unidas por la esfera de beneficios y prebendas. Grupo de los 23, corriente crítica, petroleros, al amparo de un patriotismo o nacionalismo de guardarropía esperan asaltar el poder, tanto como la izquierda y la derecha.

La soledad de Carlos Salinas es innegable. Cuenta, eso sí, con un equipo decidido, compacto y valiente. No le va a ser fácil recomponer las piezas del poder. Sólo triunfos inmediatos en el terreno económico, una voluntad inmediata e incluso violenta capaz de enfrentarse a problemas como el de la inseguridad, la justicia y la deshonestidad administrativa le pueden consolidar y legitimar en el sillón presidencial.

"Dificultades y posibilidades ante Carlos Salinas", inédito, 1988.

LOS HECHOS IMPACIENTES

EN 1959, al hablar de Francia, el general De Gaulle definió involuntariamente la situación del México que ha de encontrar Carlos Salinas. "La izquierda está contra el Estado, la derecha contra la nación y al poder le gusta demasiado el dinero", decía el general. La descripción no es muy halagadora, pero es precisa y exacta. En ella se encierran los dilemas y opciones del nuevo Presidente y de ellos no podrá escaparse. Ahí está su tragedia.

La derecha nacional auténtica, instituciones como la Iglesia y los empresarios —aunque entre ellos haya diferencias— han advertido la fragilidad del Estado, fragilidad que, por otro lado, el propio Estado creó al querer acelerar un proceso de cambio en una coyuntura más que difícil. Cualquier apoyo ofrecido a Salinas vendrá condicionado y etiquetado, si es que no llega retiquetado. La Iglesia católica no sólo reclama una revisión general de la situación y principios educativos mexicanos sino incluso solicita una actitud beligerante de parte del gobierno frente a las organizaciones protestantes. Los empresarios, por su parte, adoptan una postura belicosa frente a cuento huela no sólo a izquierda, sino a Estado. La moda está en negarle su rectoría económica y en pedirle se transforme en un ente manchesteriano, en el gendarme de unas relaciones desiguales que median entre el capital y el trabajo. En cualquier caso, el Estado perdería, de seguir la orientación indicada por estas presiones, su papel de árbitro social y dejaría el campo preparado para un enfrentamiento clasista abierto, situación hasta ahora evitada, lo que nos ha distinguido de los países latinoamericanos. Colocar a la nación en un terreno lo más neutral posible, no polarizado, libre de enfrentamientos directos, flexible pero no frágil, ha sido consecuencia de la autonomía estatal, hoy combatida en todos los frentes, pues el otro está a la izquierda.

Con un vocabulario distinto y una intención semejante, la izquierda electoral y partidista, aprogramática las más de las veces, reclama la limitación del poder del Presidente, léase el del Estado, en beneficio de un Congreso donde el 50% dice representar a la sociedad civil entera. Alcanzar el poder pasa por la destrucción de un Ejecutivo fuerte, por anular la capacidad arbitral del gobierno y por la liberación de las fuerzas no organizadas deseosas de dar el asalto. Su voluntad, en última instancia, es la aniquilación no sólo del Estado actual; quiere, además, reducir a la impotencia a la clase contraria.

¿Cómo unir a un país donde las elecciones pusieron de manifiesto las diferencias abismales que separan, hoy por hoy, a sus clases? No hay recetas mágicas, pero, de haberlas, están en manos del futuro gobierno. Durante la campaña electoral las peticiones se plasmaron en unos cuantos puntos, en poquísimos: honestidad gubernamental, seguridad ciudadana, impartición expedita y equitativa de la justicia. Democracia, participación política, respeto al sufragio vienen después, casi como un lujo inalcanzable. Por lo demás, la endeblez del aparato político de la izquierda y de la derecha puso de manifiesto que el cambio, de haberlo, no pasa por una revolución política, por una transformación de la naturaleza y origen del poder.

El programa anunciado por Carlos Salinas en el transcurso de la campaña —después ha guardado silencio— se montó sobre la idea de la modernización. No es esto algo conseguible ni siquiera en un sexenio, si por modernización entendemos poner al país a la altura de los países industrializados, que no se construyeron en seis años, sino en siglos. La modernización sólo puede ser parcial o puntual, como está de moda decir. Modernización de la justicia, de la seguridad y del aparato del Estado pasan por su moralización más que por su capacitación, pues en México no faltan las cabezas claras e imaginativas. Además, es lo que se espera del nuevo Presidente. Salir de la crisis es algo a lo que se ha renunciado en el corto plazo. El mexicano está resignado a vivir en ella y con ella, pero no ha renunciado a lo que Huizinga llamaba "la nostalgia de una vida más bella". En esa nostalgia montó su campaña el cardenismo —no el panismo— y en ella sigue apoyando su fuerza y su llamado.

Más atento que a las soluciones económicas, México detendrá su atención en las reformas y cambios sociales inmediatos, en los que el hombre común y corriente siente la mejora de su dignidad y, aunque parezca exagerado, la confianza en su nación.

El hombre de Estado tiene la obligación de asentar las bases de un futuro casi siempre incierto por el juego de los factores sociales y económicos, de los políticos sobre todo; el hombre de gobierno debe acudir, en la medida de lo posible, a resolver los problemas más urgentes, capaces de dislocar una situación social por lo que ésta, siempre, puede generar como protesta y como disrupción. Hay hechos que no saben esperar.

"Los hechos impacientes", *Cuaderno de Nexos,* núm. 5, diciembre de 1988.

"LES LIAISONS DANGEREUSES"

Cualquier relación tiene un precio, a veces desorbitado y sin proporción con la relación misma. No otra cosa puede pensar en este momento Cuauhtémoc Cárdenas sobre sus devaneos, que fueron mucho más allá de una sencilla *liaison,* con Aguilar Talamantes y el PFCRN. Si bien es cierto que este último, por medios aún desconocidos pero sospechados por todo el mundo, pudo aportarle al FDN diputados y, aún peor para el PRI, seis ciudades petroleras, la factura política por pagar supera con mucho estas victorias electorales. Es posible que descalabros irreparables del FDN y de Cuauhtémoc Cárdenas en Michoacán y Baja California sean sólo parte del costo de estos vínculos, pues la ruptura interna de la izquierda es incluso más grave y peligrosa que un retroceso electoral para quienes en ella militan.

La querella del PFCRN con Cárdenas y sus seguidores, donde el PARM y el PPS mantienen una actitud ambigua, y en el campo propiamente político desmienten día tras día los retóricos llamados a la unidad, ha tenido repercusiones nada deseadas por la oposición de izquierda en Michoacán. No importa tanto quiénes han sido vencedores en las elecciones internas o primarias en ese estado; lo sorprendente fueron las acusaciones mutuas de fraude e imposición y, llamativa como pocas cosas, la desorganización y la falta de los resultados de ese proceso, cuando uno de los renglones de los que no quitaba el dedo la oposición era exigir la entrega del proceso electoral a los partidos políticos y el retraimiento del Estado de la preparación y verificación electorales. La pregunta inevitable ante el espectáculo michoacano es: ¿cómo podrían esos partidos y estos aparatos políticos tomar en sus manos y llevar a puerto una acción de la magnitud y complejidad de las elecciones nacionales? ¿Se atreverían a crear una situación caótica donde no habría más que vencidos?

El PFCRN ha abierto en la izquierda un verdadero frente interno; ha impuesto un campo cerrado donde los enfrentamientos son permanentes, cada vez más enconados. El olvido de su posición parlamentaria y más allá de la parlamentaria, social y política, pasan a un segundo plano, cuando no son olvidados de plano. La postura cardenista se deshilacha ante los ojos de sus antiguos votantes y sostenedores. La política del gobierno no le va a ayudar a soldar las fracturas ni a cerrar las heridas.

Una de las críticas que con mayor frecuencia se oyen sobre dicha política se refiere a su espectacularidad. Los golpes contra Hernández Galicia, A. Legorreta y Miguel Ángel Félix Gallardo, ocupan las primeras planas de los periódicos y los espacios de los noticiarios radiofónicos o televisados, distraen al público con su tono peliculesco, sus dispositivos hollywoodenses y, por fuerza, con las deformaciones inevitables de los medios de comunicación. ¿Sensacionalismo pues? Sí, pero sólo en cierta medida. ¿Deseo de ganar tiempo? También, pero sólo en parte.

Es natural que la restauración del poder del Estado sorprenda e irrite a quienes pensaban en una transformación inmediata de éste. Los reproches y acusaciones —recuérdese la reacción de Aguilar Talamantes ante la detención de Joaquín Hernández Galicia— revelan en más de una ocasión el temor de "descubrimientos" que no serían nada del agrado de esta oposición. Yendo más adelante se advierte cómo estos reproches y acusaciones revierten en quienes los formulan: la política del gobierno —esta política "espectacular"— responde sin lugar a dudas a deseos latentes no sólo de los electorados de izquierda y derecha, sino de la nación entera. La corrupción sindical, el escándalo bursátil, la impunidad de los traficantes de drogas, entre otra multitud de quejas más que justificadas, se pensaban insuperables. Responder a estas quejas es un acto de estricta justicia social y es, además, una decisión política ante la cual no hay objeción ni crítica que valga. Se puede alegar que el gobierno no hace sino cumplir con disposiciones legales, pero no se puede simultáneamente negar la reacción de apoyo que engendra y las esperanzas que surgen.

Tan pronto como uno de estos casos queda concluido —la espectacularidad es por naturaleza efímera— la atención popular e incluso la elitista mira hacia otro punto del horizonte, a uno cualquiera, donde hallará sin duda motivo sobrado para otra queja. La oposición ha intentado restarle valor a todas estas acciones, y tal es su derecho y hasta su papel. Sin embargo, esto no quita la separación progresiva entre su electorado —menos el irreductible, en el buen sentido del término—, sobre todo su electorado coyuntural o flotante y los partidos que dicen darle una forma concreta a su voluntad inexpresada. Las reticencias entre quienes votaron contra el PRI el 6 de julio de 1988 y el poder persisten. Persisten pero se van diluyendo, van perdiendo aristas y virulencia.

Sin caer en el populismo ni en la demagogia, la *liaison* directa, por encima de los partidos, incluso del suyo, establecida por el Presidente con los electores que no votaron por él, e incluso con aquellos que sí lo hicieron, conlleva tantos peligros como el vínculo inventado entre Cárdenas y Aguilar Talamantes. Los hechos ocurridos en los cinco primeros meses de gobierno de Salinas de Gortari ahí están y, hasta ahí, santo y bueno. El problema que de ellos deriva es la esperanza y el deseo de ver correrse esta espectacularidad a terrenos donde lo espectacular no tiene cabida. Ésta es la auténtica *liaison dangereuse*.

"Les liaisons dangereuses", *Cuaderno de Nexos*, núm. 10, mayo de 1989.

BIPARTIDISMO CONTRA PLURIPARTIDISMO

Cuando un partido se ha mantenido en el poder durante 60 años, ya sea como partido hegemónico o dominante, resulta natural que todo el sistema político y de manera especial el subsistema de partidos sea más el resultado de una reacción frente a este elemento central que consecuencia de un movimiento parlamentario. Y será natural también que un futuro sistema político lleve la impronta de la distribución del poder ahora existente, pues no se está ante un cambio de régimen político global sino ante una redistribución del poder y reacomodo de las principales organizaciones políticas nacionales. Dicho más claramente y ejemplificando, el cambio vivido por México en estas fechas no busca su origen y modelo en lo sucedido en España a la muerte del general Franco o en Argentina con el súbito hundimiento de un régimen militar *de facto*. Los actores en presencia en México tienen, al menos la mayoría de ellos, un largo proceso de consolidación que, también debe señalarse, no se ha traducido en una presencia electoral segura, amplia y confirmada a través de varios comicios. Las condiciones, pues, del panorama político mexicano, revisten caracteres particulares y, podría decirse, únicos; de ahí la dificultad de no digamos predecir sino suponer o hipotetizar el sentido y profundidad del cambio.

El primer e hipotético dilema se presenta ante la posible división de las organizaciones políticas ahora en presencia. ¿Bipartidismo o tripartidismo? ¿Pulverización del Parlamento o formación y consolidación de bloques o alianzas o coaliciones? El segundo problema está en la capacidad aún real en el PRI para aceptar o rechazar las propuestas de la oposición, que distan mucho de tener una plataforma común y un mínimo de homogeneidad. Tercero y no menos importante es el posible respaldo popular que consigan, y la extensión de este respaldo, el compromiso de la parte partidistamente politizada de la nación con partidos y líderes, siendo estos últimos quienes, aquí y ahora, parecen imponerse sobre las maquinarias políticas y sobre todo electorales, balbuceantes en materia parlamentaria e indisciplinadas en el terreno electoral.

El modelo bipartidista inglés o norteamericano tuvo una vida azarosa en el siglo XIX. Divisiones internas en lo que hace casi dos siglos era *mutatis mutandi* la izquierda y la derecha mostraron la necesidad que se tradujo en términos históricos en la concentración del poder —paso inevitable y obligatorio para lograr la modernidad política— y en la ampliación de la participación (la incorporación) de las masas a la vida política. Participación dirigida y limitada, cristalizada en la creación del Partido de la Revolución Mexicana en 1938. Participación, debe añadirse, limitada socialmente —obreros, campesinos, burócratas y militares—, voluntariamente olvidadiza del resto de la sociedad a quien se le concedía también una posibilidad en algunos momentos coartada y en otros simplemente obstaculizada de organizarse con miras a intervenir de manera distante en un debate más de ideas que de realidades. El poder conoció una concentración absoluta, lo que no pudo de todos modos evitar fisuras internas, corrientes y alas, tendencias y clientelas. Si el principio hegemónico se imponía con cierta facilidad frente a la sociedad, las líneas de fracturas que se observaban dentro del PRM anunciaban la imposibilidad de no reconocer las presiones externas e internas que empujaban hacia el multipartidismo. La opción PRM-PAN era hipotéticamente viable si se aceptaban los conflictos civiles del siglo anterior como una *verdad* histórica; si se miraba hacia el futuro, las líneas de ruptura podían vencer fácilmente a las fuerzas cohesivas, si los elementos dejados fuera de la organización del PRM intervenían gradualmente o irrumpían en la escena política.

Los intereses de la derecha se aglutinaron dentro y en torno al PAN, restándole fuerza y plazos los intereses económicos, sociales y culturales de la parte conservadora de la nación, afín al somero programa del PAN pero deseosa de encontrar un campo donde pactar con los detentadores del poder. El pacto —no formalizado— se dio y el PAN se redujo a un ostracismo voluntario. Su papel fue testimonial y tribunicio: su intención educativa; su llamado casi nulo. Las rupturas se dieron en el PRM y en su sucesor, el Partido Revolucionario Institucional, con la presencia de partidos coyunturales que, pese a sus nombres más o menos rimbombantes, fueron y son conocidos por los de sus líderes. Almazanismo, padillismo, henriquismo eran el nombre de un hombre de prestigio y, además, signo de una inconformidad, creada por la distribución posible de los despojos de una elección y una atribución de poderes que se consideraba inadmisible.

Pese a enmiendas electorales e incluso a una nueva concepción de la función de las elecciones, la marcha hacia el pluripartidismo, un momento detenida, avanzaba y se imponía en el espíritu del elector. La modernidad y, si no se quiere hablar de modernidad, el crecimiento y desarrollo del país, pedía una variedad de opciones que la simple ley electoral no podía reducir a unas cuantas expresiones etiquetadas de antemano.

La debilidad de este fraccionamiento esperado radicaba en su origen precisamente fraccionalista, en el hecho de que no había un llamado claro y definido al elector y menos aún a las masas. Las diferencias entre las directivas, en algunos casos ideológicas, en otros sencillamente familiares, en toda la gama de rupturas y conciliaciones que recorre el mundo de la política nacional entre 1940 (y antes) y 1988, no pueden establecer una categorización globalizadora. Cada elección de Presidente de la República tiene su historia particular, intransferible y única. Tiene sus nombres principales, sus seguidores, sus anécdotas, su fin y un estilo peculiar de negociar la muerte de la corriente más que partido. Con todas las variantes en intensidad y forma que se propongan —todas de alguna manera son aceptables— no encontramos más que un hecho central y repetitivo: el intento de desplazar al PRI de su posición. Los métodos han variado constantemente, la intención ha sido una sola. Lo interesante, por ello, han sido más los métodos y su expresión, donde multipartidismo y bipartidismo no han querido manifestarse de manera abierta como preferencias de una u otra oposición.

Queda, por consiguiente, el segundo punto. ¿Hasta qué grado el PRI prefiere tener un solo opositor enfrente y no varios? A cada nación, su filosofía política; a cada partido, su interés político. Puede verse en las leyes electorales esta voluntad por conseguir la situación óptima que, en cuanto puede leerse hoy, ya no es para el PRI una posición hegemónica o dominante, al menos de manera abierta.

La ley electoral de 1946 consagraba la primera posición, el hegemonismo; la entrada de diputados de partido en la Cámara reconocía la existencia y necesidad de una oposición limitada y admitida por el sistema; con la Ley Federal de Organizaciones y Procesos Electorales (1977) se pactaba por primera vez con una oposición —la izquierda—; finalmente, el Código Federal Electoral de 1985 manifestaba a las claras en su articulado la necesidad de limitar las pérdidas inevitables que se anunciaban en el horizonte. El porvenir dirá la capacidad del PRI para sacar en el Congreso una ley que garantice, así sea en lo mínimo, su papel como partido de gobierno.

Todas estas leyes, en su espíritu, han buscado un multipartidismo, donde el PRI mantuviera un papel central tanto en el abanico político como en la fuerza relativa de los partidos. El PRI no ha querido encontrarse en un diálogo con la sola izquierda o con la sola derecha, que le obligaría a quitar la mano del fiel de la balanza y le llevaría inevitablemente a transformarse en una formación de izquierda o de derecha, cosa deseada e incluso exigida por corrientes internas de uno u otro signo. Las consecuencias de dejarse llevar por este dilema irían mucho más allá, serían mucho más graves que las producidas por una escisión; lo que quedaría en juego sería la naturaleza misma de la relación entre el PRI y el gobierno y, es más, las posibilidades de éste.

El PNR, al imponer su dominio sobre las cámaras, dejó en manos de los gobiernos mexicanos la posibilidad de decidir qué tipo de orientación económica y social impondrían a la nación. Las opciones fueron totales, abiertas y absolutas; en más de una ocasión se pudo cambiar en medio de un cuatrienio o de un sexenio la política de un gobierno determinado sin haber encontrado oposición alguna entre los diputados o senadores. Desde 1988 algunas decisiones del Ejecutivo están fuera de esta posibilidad: todo lo que sea materia constitucional debe ser pactado con la oposición, consensuado en la Cámara de Diputados. Por la disposición actual de las fuerzas políticas presentes parece casi imposible gobernar con el acuerdo manifiesto o tácito de los partidos opositores. Queda por consiguiente actuar desde el principio de mayoría, que es el principio parlamentario por excelencia.

Poder y oposición se antojan dos bloques, cuando, en realidad, se está frente a una multitud de partidos de oposición que sólo en contadas ocasiones encuentran la posibilidad de dar con un consenso exclusivamente negativo, que refuerza la posición central del PRI. Hallarse confrontado con un solo y auténtico bloque sería multiplicar los problemas ya de por sí complicados del PRI en la Cámara Baja. Las propuestas de la oposición se reducen a una sola, que se manifiesta en el campo electoral: elecciones controladas fuera de las instancias gubernamentales. Pero aun en esta propuesta, no hay acuerdo general de la oposición y las posturas e intenciones varían entre los partidos de izquierda y entre éstos y la derecha.

La opinión pública no parece involucrarse en el conflicto planteado por la futura ley electoral. Los partidos, en primer lugar, no han planteado el problema ante el elector. Es más, lo evitan. Los intereses de las cúpulas partidistas no son materia presentable: los intereses personales no pueden defenderse ante quienes no son afectados y no pueden por lo mismo constituir un elemento de movilización. El juego político de la nueva reforma política queda cerrado, encapsulado, en las maquinarias de los partidos, en el Parlamento y en una prensa de escasa circulación y de dudosas y discutibles interpretaciones.

La atracción que los líderes políticos pueden provocar no puede hacerse extensiva a sus partidarios. Es más, la distancia que los líderes suelen imponer, la manera de situarse al margen de las luchas intrapartidarias, son magnificadas por la opinión pública, que no ve en los partidos sino motivos de desconfianza. El político profesional nunca ha gozado de especial simpatía por razón de su actividad semisecreta, su disposición al compromiso y su falta de apego a las promesas electorales o discursivas. Comparada constantemente con otras actividades sociales, la política se antoja engaño y trampa. Esta visión negativa se corre hasta los partidos, donde sólo los fieles absolutos mantienen un apego total a la verdad del momento. Luego, ¿cómo convencer al elector de la importancia de la apuesta sobre la que decide?

Independientemente de la distancia que separa al partido del elector, la estructura social y sobre todo las corrientes de información, el sentido y calidad de ésta, que la atraviesan, refuerzan la separación y, con frecuencia, pulverizan los intereses y demandas sociales. La falta de proyectos concretos y específicos en educación, salud, trabajo, salarios y en general de cuanto afecta y determina la vida cotidiana, contribuye también a la creación de corrientes opuestas, a veces confluyentes en una coyuntura electoral, confluencia que, como se ha visto, es de corta duración. Se ha llegado a suponer que la oferta de un programa social estructurado, donde las prioridades queden debidamente jerarquizadas, puede ser causa de un desastre en las urnas. Sólo pues la oposición por la oposición tiene un llamado y una capacidad de convencimiento asegurada. En resumen, lo concreto separa y lo general une. Los partidos políticos, al plantear claramente las opciones posibles o deseadas, enajenan a una parte de su electorado potencial. El pluripartidismo, por lo expuesto, se antoja una tendencia inevitable en México y en todo el mundo. Corolario inevitable, el reparto proporcional se abre camino.

Queda en manos del gobierno, pactando de manera inevitable con las oposiciones, proponer una nueva ley, que debe esperarse de vida más larga que la vigente, aunque ésta, de no llegarse a un acuerdo entre poder y oposición, podría regir las elecciones mucho más allá de lo supuesto. Téngase además presente la complejidad del problema agravada por el principio federal de la República Mexicana.

El carácter plebiscitario de la elección del Presidente de la República simplifica, hasta donde cabe, el problema, al hacerse de hecho por encima y al margen de los partidos, simples maquinarias de apoyo a una persona de carne y hueso. Las opciones en juego son pocas y claras pese a la retórica inevitable, e incluso necesaria, que una campaña impone. El ser elegido por el principio de mayoría relativa reduce aún más el juego de los partidos: alianzas y coaliciones carecen de efectividad real en esta elección. Si consideramos, además, la fuerza del PRI, la extensión de su aparato electoral, la implantación de este partido, su composición interclasista y su capacidad de movilización, pocas son las oportunidades reales de destronar a su candidato. No ocurre lo mismo con los otros partidos.

1988, fecha clave en la historia electoral mexicana, vio una subida inesperada e impresionante de la oposición, que vino a modificar una disposición de fuerzas más o menos estables, entregando a los partidos de oposición una actoría central poco acorde con el tipo de campaña desarrollada. Su porvenir ha de decidirse en la presente Legislatura y en la ley electoral en juego. Aquí los intereses particulares no son compaginables y el consenso es un hecho tan lejano como hipotético. El juego es de suma cero: lo que gane uno lo perdería otro y, para más de uno, la suma puede ser cero, es decir, lisa y llanamente la pérdida de registro y su desaparición. El dilema reside, pues, en encontrar un acuerdo para sobrevivir o aceptar un reto del cual puede salir herido de muerte. La elección de una alianza equivocada puede ser de consecuencias fatales o, por lo contrario, puede colocarlo en una situación de dependencia más grave que cualquiera de las conocidas. Tienen que medir con precisión absoluta hasta dónde puede llegar la obstrucción en la Cámara, en el entendido de que de continuar en vigencia el Código Federal Electoral de 1985, éste jugará, a pesar de su liberalidad, en contra de los más pequeños, como ya sucedió en 1988. Por otro lado, la redacción y aprobación de una nueva ley resultado de una alianza PRI-PAN iría en desdoro de este último y sería incomprensible para el panista medio, que sólo vería un contubernio y una ruptura del frente opositor.

El porvenir de los partidos, el pluripartidismo inevitable y deseable por un lado y la desigualdad de los partidos de oposición por otro, así como la capacidad de decisión del PRI en tercer lugar, está abierto o más bien entreabierto. El juego va a darse en un campo acotado y plagado de peligros para todos.

La proporción de las fuerzas dentro del sistema político quedó alterada y transformada en 1988. El PAN pasó a ocupar el tercer lugar, cayendo de un segundo lugar que se suponía inconmovible. Este retroceso replanteó la estrategia de este partido, que puede haber cambiado incluso sus metas a largo plazo.

Partido testimonial o tribunicio, cuando el PAN decide entrar de lleno en la arena electoral, lo hace seguro de ser la única alternativa lejana pero real para el decenio siguiente. Apuesta ante todo sobre el conservadurismo del electorado, el desgaste y defectos del PRI más que sobre su programa, cargado de equívocos y zonas de oscuridad. Sabe que muchos de sus principios no provocan ni la unanimidad ni el entusiasmo y prefiere guardar un silencio embarazado sobre ellos.

Clouthier, con su violencia verbal y su exageración no es el hombre que represente al partido aunque reúna seguidores entusiastas; es más una carga a largo plazo que un valor constante. Tan pronto como pase la elección su estrella empieza a apagarse y la vieja y mediana guardia recuperan el poder dentro del aparato, para plantear la nueva estrategia. Es una estrategia de gobierno; ya no se trata de testimonialismo ni tribunismo. Tiene, ante todo, que recuperar el segundo lugar, cosa que las elecciones locales —estatales, municipales— no parecen confirmar.

Baja California Norte, en cambio, sí señala ese lugar ansiado y esconde de paso el descalabro de Chihuahua. Avances y retrocesos no son una indicación inequívoca del futuro del PAN en lo que se refiere a su futuro electoral. Queda, de cualquier modo, un cambio sustancial y decisivo: el PAN se plantea como un partido de gobierno, dispuesto a aceptar las reglas del juego con tal de que éstas no sean draconianas y su meta ya no es un futuro hipotético sino que su plazo se contrae. Su dispositivo encuentra obstáculos mayores, el PRI en primer lugar, pero no puede ignorar a la oposición de izquierda, aunque ésta esté inmersa en una guerra intestina de consecuencias incalculables.

La derecha ha sido tradicionalmente más afecta al liderazgo personalizado que la izquierda, cuyos partidos, más organizados y disciplinados —cuando han sido partidos de masas— han podido imponerse sobre los hombres providenciales. No es el caso de estos partidos mexicanos. Las antipatías personales, los conflictos doctrinarios, las alianzas equívocas, la desconfianza de los electores y la corrupción rampante echaron por la borda una posición que, dadas las condiciones del país, debió ser privilegiada. Partidos satélites y confusiones ideológicas fueron superadas por el liderazgo de Cuauhtémoc Cárdenas en el periodo electoral. Pero su presencia vive la endeblez de los hombres vistos como providenciales. Entre él y sus seguidores está el vacío, y en estas situaciones el populismo resulta inevitable.

El peligro más acuciante para los partidos de izquierda reside en este liderazgo, que puede arrastrar a la izquierda a una catástrofe electoral, puesto que este hombre es visto como un inconveniente decisivo para el florecimiento y autonomía de los partidos que le apoyan en algunos momentos y le censuran en otros. Incluso quienes se dicen miembros de su partido (PRD) dudan en aceptar su estrategia política que se les antoja personal y personalista. Puede esperarse que su presencia contenga un desastre electoral, y puede esperarse también que tan pronto como los partidos cardenistas o seudocardenistas vean su posición confirmada, reinicien sus querellas internas.

Esta situación presenta alguna novedad. Existe, desde luego, el antecedente lombardista, que pesó sobre el desarrollo de la izquierda durante más de dos décadas; y existe también el vacío de liderazgo que se dio cuando Lombardo Toledano desapareció. La imagen de Cárdenas, la del neocardenismo, no es dogmática ni doctrinaria, lo que contribuye a deformarla un tanto y situarla entre la de los líderes populistas que deben, por carecer de instrumentos políticos efectivos, asumir un papel testimonial y tribunicio. La inversión de los papeles entre el PAN ansioso de efectividad y logros y el neocardenismo y su juego paciente y a largo plazo parece haberse consumado.

La política nacional, aun habiéndose modificado más de un factor, está en manos del PRI. Para este partido el encontrar apoyo y sustento en el Presidente de la República es una razón de ser. Partido de gobierno, sus márgenes de autonomía son estrechos y, con frecuencia, cambiantes; la flexibilidad estratégica fue y es una condición indispensable para su mantenimiento en el poder. Pese a estas condicionantes el PRI ha limitado su papel y lo sigue haciendo: camina de manera al parecer ineluctable a convertirse en un partido y deja de ser un movimiento un tanto amorfo. La búsqueda de un nuevo tipo de político más acorde con la estructura social y cultural del gobierno tiene forzosamente que variar las relaciones humanas y políticas no sólo dentro de la organización sino las relaciones exteriores del partido —no las internacionales—. Su función electoral seguirá siendo el eje en torno al cual giren las otras funciones, últimamente abandonadas, aunque éstas seguirán disminuidas, por la indispensable obligación de convertirse en una maquinaria de competencia en el terreno electoral, donde la presencia de los otros partidos, a pesar de sus limitaciones, puede mantenerse.

Sistema pluripartidista, disputa por el segundo lugar, relación distante entre electores y elegidos, dominio de los líderes nacionales, tal parece ser la forma que la modernización política de México está adoptando.

"Bipartidismo contra pluripartidismo", ponencia en el IEPES, octubre de 1989.

DERECHOS POLÍTICOS Y REPRESENTACIÓN NACIONAL

Si de derechos políticos y de representación nacional se trata, puede decirse desde el primer momento que los derechos políticos figuran hoy prácticamente en todas las Constituciones democráticas del mundo: derecho de expresión, de asociación, libertad de pensamiento y libertad de movimiento; pero no puede decirse lo mismo del problema que es en sí la representación, base, sin embargo, de toda forma democrática de gobierno. ¿Cómo representar a todos los individuos que componen una nación, incluso a aquellos que no han alcanzado la edad ciudadana?, es una pregunta sin respuesta o, peor aún, con una variedad tal de contestaciones que resulta de hecho imposible elegir entre ellas.

Ha sido la práctica política, el consenso constitucional, lo que ha resuelto histórica y a veces momentáneamente este problema. Partamos pues de que no hay una teoría capaz de animar, sin equivocación alguna, una doctrina de representación nacional. Tomemos un punto relativamente sencillo: ¿a quién representa el elegido, a un distrito, a un estado o a la nación entera? Los legisladores franceses en la época revolucionaria contestaron en favor de una representación nacional e indivisa, lo que hoy se reproduce en nuestra Ley Electoral, pero no debemos perder de vista que prefirieron depositar la soberanía en la nación y no en el pueblo, hecho que decide el porvenir y la forma de la organización política de un país determinado. No se nos olvide tampoco que en la época de las revoluciones, entre 1774 y 1802, la idea de un partido era una idea aborrecida, que el partido era considerado como una forma viciosa de la representación popular y que se buscó encontrar el nexo más directo entre el elector y el elegido. Tengamos presente también que todo el siglo XIX, México incluido, estableció sistemas electorales cuya intención fundamental era limitar la representación nacional y especialmente la popular. La elección en varios grados es una manera, quizá un poco burda, de desviar y transformar la decisión del elector y su voluntad. La exclusión de determinado tipo de votante era clara y legal, así se puedan discutir hasta el cansancio sus fundamentos; el establecimiento del sufragio universal fue por lo contrario el catalizador que reveló el desinterés político de una parte de la población y por otro lado vino a probar y hasta donde cabe a magnificar la difícil relación que se da entre el partido, el elector y el poder.

La representación nacional, si bien constitucionalmente está definida, en el plano político desborda a las instancias legalmente constituidas. No se pueden ignorar las representaciones corporativas —profesionales, de intereses particulares, religiosas o estrictamente culturales—. Existe un acuerdo constitucional que quiere que de todas ellas sólo las elegidas en una elección fundada en el sufragio universal, es decir, abiertas a todos los ciudadanos, sean las constituyentes de autoridades depositarias del poder ejercido en nombre de la soberanía del pueblo.

Volvemos aquí al problema que creo nos preocupa a todos por igual: reclamar para sólo los partidos el proceso de formación y vigilancia de la representación no puede sustentarse en ninguna premisa constitucional y, me atrevo a decir, en la voluntad general de la nación. Invocar la voluntad política de los partidos no basta, menos aun su situación mediadora entre la sociedad civil y el Estado. Con la excepción de la reciente teoría del profesor español Carlos Ollero, no conozco a nadie ni nada que defienda la formación y desarrollo de una democracia basada estrictamente en el dominio de los partidos. Sólo los regímenes totalitarios identifican al partido, siempre único, con el poder y alegan en algunos casos una ilusoria democracia interna para defender tal teoría.

En los regímenes democráticos los partidos políticos son de hecho organizaciones privadas desde el momento en que deciden quién puede participar en él y quien no. Afiliarse a un partido, entrar en él, exige la aceptación de una serie de principios que, cosa natural, discrimina a quienes los rechazan y, así pues, si la afiliación está abierta, lo está solamente para un grupo determinado social e ideológicamente. Los partidos pues pueden ser nacionales, como dice la Ley, en la medida que cubran a una parte de la opinión pública nacional pero de ninguna manera a la nación entera. Su afiliación lo demuestra y la votación también. Concurren con la formación del poder pero no pueden alegar un derecho cualquiera a mediatizar éste, y lo mismo se puede decir en lo que hace a la representación.

Olvidemos de momento el problema del abstencionismo y felicitémonos de que si el votar en México es un deber y una obligación, se hayan suprimido las sanciones que pesaban sobre el abstencionismo, por representar una intolerable coerción sobre lo que debe ser un derecho político libremente ejercido. Partamos de la base de que la representación debe responder en primera y última instancia al elector y no al órgano mediador entre éste y el poder. Si bien no es en esta sesión donde se debe discutir el sistema electoral que vaya a adoptar: mayoritario, proporcional o mixto, en cualquier situación donde se debate el problema de la representación no puede ignorarse cómo se va a hacer ésta; reducirnos a los muy estrechos términos de qué es la representación nos llevaría a una inacabable discusión que terminaría por caer en el peor bizantinismo.

La mejor elección es aquella capaz de reducir la distancia entre el elector y el candidato, insisto, y por consiguiente reducir las instancias mediadoras a un papel instrumental y no decisorio. Por ser indispensable un principio equitativo se introdujo un reparto proporcional, para posibilitar así la representación de los votos "desperdiciados" que es lo mismo que no representados. Los extremos en este caso no se tocan: una representación estrictamente mayoritaria conduce a desperdiciar lo que es parte de la voluntad de los electores; un sistema puramente proporcional lleva a sustituir o al menos a adulterar esta misma voluntad.

Quizá, con independencia del sistema que se adopte, el partido va en mayor o menor proporción a convertir su papel medidor en un papel decisorio. En más de un caso la directiva de un partido, lo que se ha dado en llamar la cúpula, ha tomado decisiones contrarias a la voluntad expresa de sus afiliados. Los partidos ejercen su voluntad interna de manera poco democrática como sucede con los gobiernos, porque la política, la estrategia y la táctica políticas, así lo exigen, no se puede someter en todos los casos la efectividad a los principios democráticos.

Rousseau escribió, cuando los partidos de la Gran Bretaña viven en un estado embrionario: "Los ingleses piensan que son libres; cometen un error total; los ingleses sólo son libres en el momento de elegir". No tengo la menor intención de empantanarme en lo que él planteó de manera magistral, en la relación inexplicable entre tamaño y democracia, en la inevitable desviación de la voluntad general y menos aún en la política-ficción que se desprende de querer gobernar a través de la encuesta de opinión. Aun llegando al extremo de que medios electrónicos nos permitieran a todos los ciudadanos votar en lugar de los parlamentos, forma extrema y absurda de la elección proporcional, nos encontraríamos ante la imposición de una representación mayoritaria de la voluntad nacional.

Dado lo expuesto creo que los partidos son un mal necesario de la democracia y como todos los males deben ser sometidos, dado que no hay vacuna contra ellos, a la vigilancia ciudadana permanente y no sólo a la del voto. Por ello me atrevo a adelantar algunas ideas. La primera es la necesidad de dar una oportunidad de votar fuera de los estrechos límites del partido. Hay voces aisladas, populares, pero no por ello menos reales, que son ajenas a la disciplina y libres. Aunque pareciera contradictorio, creo en la necesidad de reducir el número de partidos de manera tal que la representación nacional no se convierta en una cacofonía y permita en cambio una auténtica expresión de la voluntad individual de los electores, cosa imposible sin una posición del gobierno.

Creo también que el conjunto del proceso electoral no debe quedar de manera exclusiva en manos de los partidos, precisamente por ser éstos representantes de sólo una parte de la opinión pública. Puede alegarse la bondad de dos instancias: por un lado, el Estado a través de una postura pública que se quisiera neutral en el proceso; por otro, la ciudadanía cuya neutralidad está garantizada de antemano por su multiplicidad y pluralidad; y finalmente, los partidos en cuanto cristalización de una parcialidad. Esta composición se manifestaría en todos los pasos del proceso desde la formación del padrón electoral hasta el contencioso también electoral. El más superficial examen de los presupuestos contenciosos de otras naciones nos lleva a suponer que el mejor procedimiento es acudir a la justicia civil, así se corra el peligro de politizar a la judicatura.

"Derechos políticos y representación nacional", *Memoria de la consulta pública sobre reforma electoral*, 1989.

LA LÓGICA DE UNA APUESTA

Puede contestarse a quienes dudan de las reformas electorales, citando una fecha: 1977. También en ese momento se negó el avance que la nueva ley representaba y, sin ella, los escépticos actuales no estarían sesionando en la Cámara de Diputados. Tampoco habría una oposición real ni espacios políticos como los de ahora. Vale la pena tratar de asentar algunas ideas antes de especular sobre las posibles consecuencias de las enmiendas constitucionales en materia electoral.

La ley no es nunca la elección, aunque ésta esté limitada por el marco legal en el que se inscribe. Distribución mayoritaria o proporcional, proporcional integral o corregida, el hábito no hace al monje a menos que no sea un hábito sino un disfraz y, si se leen las proposiciones de todos los partidos en la Comisión de Gobernación, cada uno quería ya no un disfraz sino un traje a la medida. No son condenables estas intenciones pues los partidos no tienen una condición angélica sino humana, y así no extraña que el PRD pidiera que para ser candidato a la Presidencia de la República se hubiera ocupado previamente un cargo de elección popular. Hubiese sido más sencillo resumir: un tecnócrata no puede en ningún caso ser candidato a la Presidencia. En el mismo tenor para el PFCRN esta elección, la de Presidente, debería tener una segunda vuelta en caso de que ningún candidato obtenga la mayoría absoluta en la primera: los grandes se ven obligados a negociar en una posición de desventaja con los pequeños. El PPS pide la supresión del Senado por jacobinismo trasnochado y porque su entrada en él es de lo más improbable.

El tan ansiado consenso no apareció por ninguna parte, la unanimidad brilló por su ausencia y no hubo lo que algunos dieron en llamar una postura nacional. Debe insistirse en que las cámaras son cuerpos fraccionados, compuestos por corrientes y partidos que en ningún momento representan a toda la nación. Cuando hablan del pueblo y en nombre del pueblo todos sabemos que estamos ante una figura retórica. En el mejor de los casos las dos cámaras juntas pueden pretender representar a toda la nación, a quienes votaron por quienes en ellas sesionan y a quienes no votaron, pero la idea de que un partido puede representar a todo México es pretensiosa y ridícula. Queda, pues, un principio de mayoría, expresado por la votación dentro de la Cámara y lo expresado por esa mayoría es el origen de la ley. De no aceptar el principio de la existencia de una mayoría, vale más disolver a los cuerpos representativos y deliberantes, y proceder por insaculación a la elección de diputados y senadores.

Las enmiendas constitucionales se votaron por una mayoría calificada. No creo que nadie lo ponga en duda. Atacar al PAN por haberlo hecho, considerar una traición la especulación política y la negociación frente al futuro, manifiesta más la decepción de no haber conseguido la oposición de izquierda el ansiado bloqueo. Una vez más, todo o nada: la reforma como nosotros decimos o la contrarreforma. El PAN apostó contra esta obcecación para ganar lo posible. La apuesta política de los panistas tiene riesgos gigantescos, de la misma manera que puede ser un paso fundamental para sanear y de verdad todo el procedimiento electoral, poniendo límites claros y precisos. El realismo político se aceptó con todas sus consecuencias. Y el realismo nunca es tan hermoso como el idealismo, aunque funcione mejor.

La trampa para el PRI, y más allá del PRI, para el gobierno, está precisamente en esta aceptación panista de una ley que, bien vista, no favorece a la oposición. El candado de abajo, también llamado principio de gobernabilidad, puede llevar una distorsión del sufragio popular y a una inequidad flagrante, lo mismo que el candado de arriba, puesto para proteger a las minorías. Todos estos instrumentos de seguridad, lamentables porque revelan la falta de imaginación, son aún más tristes porque expresan, además, temor e inseguridad. Ahora bien, no son la garantía de un éxito indebido, que es contra lo que apostó el PAN. El PAN se la jugó, además, a la buena fe del poder. Los maquiavelismos no parecen entrar en su razonamiento ni en su proyección.

El campo electoral quedó acotado, estrechamente acotado, el juego de alguna manera restringido. Restringido para todo el mundo porque el candado de abajo más que cerrar el paso a nadie quiere evitar una Cámara donde coaliciones y alianzas se hagan y deshagan de acuerdo con el humor y voluntad de las minorías —el haber aceptado el mínimo de 2.5% para tener una representación hubiera sido sano—. Juego restringido pues, pero donde va comprometido algo más que un texto legal: la buena fe, el respeto y el cumplimiento a la palabra dada por parte del PRI y del gobierno.

Mover las barreras y romper los candados, donde quiera que se pongan, tiene un solo camino, la participación, sin la cual no hay juego político posible. La clase media es, sin duda, quien más acude a las urnas. Es un problema de educación, de dinero, de comunicación y de una serie de variables que nos sabemos de memoria. Los partidos de izquierda se hicieron para que el pueblo votara, para enseñarle el valor del voto y para que se lo diera a la izquierda. Si estos partidos se mantienen encerrados en las cámaras lamiéndose las heridas, llegará un momento en que éstas les causen la muerte. El PRD hizo un diagnóstico certero y valiente de sus enfermedades, le toca curarlas sin lamentos ni más desgarramientos de conciencia. De no ser así, estaremos dentro de poco camino al bipartidismo. A pesar de los peligros que en este momento atraviesa el PAN, su postura era la correcta entre otras cosas por ser la única posible. Era jugar dentro de la política real y no en el terreno de las verdades eternas, que rara vez cuajan en este bajo mundo. En el mundo de la política.

"La lógica de una apuesta", *Unomásuno*, 23 de octubre de 1989.

SEGUNDO ACTO

Estamos ante una victoria y, más que victoria, un logro del Partido Revolucionario Institucional y del Partido Acción Nacional que no ha dejado satisfecho a nadie. El futuro político no se ha aclarado, los problemas internos de los partidos se acumulan y una posible desintegración, o al menos una crisis insuperable, queda planteada. Es un problema interno de los partidos donde las personas encarnan el malestar sordo que corroe a las organizaciones políticas.

González Schmall, una de las estrellas panistas durante la campaña presidencial, envuelto en un manto de pureza y doctrina, pone sobre el tapete cuentas pendientes. Con razón o sin ella nadie le quita de la cabeza el haber sido sacrificado por su propio partido en beneficio de Porfirio Muñoz Ledo y haber perdido en aras de las concesiones de último momento la senaduría del Distrito Federal, una de las más disputadas. Con su inconformidad actual lleva agua a no se sabe qué molino que, desde luego, no es suyo ni del PAN. Como la mayor parte de los políticos jóvenes de origen universitario, su condición intelectual se hace impaciencia. Sus agravios, reales o imaginarios, los lanza contra su propio partido, demostrando así la naturaleza inevitablemente política del PAN con sus juegos y rejuegos personales.

Poder entrar en el campo político sin tener los conflictos internos de los partidos que, en principio, apoyarían de modo incondicional la acción de los grupos parlamentarios, es algo inexistente desde la ruptura de la disciplina interna y su cauda de purgas y expulsiones de los partidos comunistas. La actividad política hoy es manifiesta dentro y fuera del partido, la inseguridad de las directivas se vuelve casi absoluta y las negociaciones internas y externas son interminables. Nadie está seguro del suelo que pisa. La situación es grave para el PAN. No lo es menos para el PRD y la izquierda en general. Tampoco el PRI se encuentra en el mejor de los mundos posibles.

No dejan de sorprender las críticas que hoy se vierten sobre el PRD. Son desahogos a amantes despechados. Esperaron todo de él para encontrarse ahora con un partido como todos, devorado por los mismos problemas que el PAN o quizá peores, problemas que no se quisieron ver en su momento por carencias graves en el análisis o por ilusiones descomedidas. Saber que 1988 no le sirvió sino para muy poco sólo puede llevar a la amargura o a la rabia. O a actitudes pretendidamente superiores, donde el consejo paternal se mezcla con una piedad distante y farisea. Estas distancias que hoy imponen quienes fueron sus máximos devotos redundarán en beneficio del PRD y le ayudarán a ver más claro y a oír con mayor acuidad, una vez que el coro de plañideras se calle y el polvo de la derrota vuelva al suelo.

En unos días ha surgido el convencimiento de que la izquierda estaba liquidada en México. La torpeza parlamentaria del PRD tuvo en gran parte la culpa de su aislamiento. La soberbia y los cálculos erróneos terminaron en desastre. No parece, sin embargo, un desastre tan definitivo como secretamente se anhela y alguna mano caritativa y necesitada de su presencia vendrá en su ayuda. Y todos volverán a subirse al carro, cada vez más vacío en estos días.

El PRI no puede caer en el bipartidismo sin perder su posición privilegiada. En un abanico político donde el centro es un lugar de privilegio por no exigir precisión ideológica y permitir una política interclasista, verse empujado por la inercia hacia la izquierda, plantaría los gérmenes de un conflicto inevitable a corto plazo entre el PRI y el gobierno, a menos que el PRI pretendiera disputarle al PAN un espacio en la derecha del espectro, cosa ridícula pese a algunos asomos neopriístas, ridículos e irritantes para el común de los militantes del Revolucionario Institucional. Para ocupar, pues, el lugar que le resulta indispensable en su doble juego electoral y de apoyo al gobierno, necesita tener un contrapeso a la izquierda. Y éste sólo puede venir del PRD.

El descrédito que linda con lo cómico de los otros partidos llamados de izquierda, el antimperialismo de guardarropía, sus ataques contra un capitalismo desconocido y una Iglesia cristera, ya no llaman la atención de nadie. El PRI podrá usarlos cuando mejor le convenga —no los ataques sino los partidos—, después de castigar debidamente a quienes fueron a buscar alianzas punto menos que indecentes. Pero eso no sirve para nada. Sólo aquel partido capaz de tener una presencia auténtica en el campo electoral y una consistencia interna de propósito puede ser un verdadero balancín.

Las consecuencias del acuerdo PAN-PRI para votar las reformas constitucionales sólo podrán ser equilibradas en 1991. Las elecciones locales no son prueba real alguna: la abstención enmascara el juego. Y será en 1991 cuando se sepa cuál es la fuerza de una tercera parte del electorado que votó por Cuauhtémoc Cárdenas en 1988. Por ahora y juzgando sin mayores instrumentos de medición, este electorado —¿cuánto voto de protesta se fue por el hijo del general?— tiende a retraerse, a disminuir, a disolverse en la desilusión y el hastío. Nos agrade o no, son electores en acto o en potencia, su palabra y su voluntad, expresada o silenciosa, cuenta, como lo hemos visto en la política y actitudes del presidente Salinas de Gortari, que no ha caído por un momento en el aristocrático aburrimiento de quienes fueron entusiastas neocardenistas. Es probable que la mano capaz de sacar al PRD del pozo sea la suya.

"Segundo acto", *Unomásuno*, 30 de octubre de 1989.

LOS LÍMITES DEL ESTADO

No es habitual anunciar una reforma del Estado. Cuando ésta se produce suele pasar inadvertida, a menos que sea resultado de una revolución armada; si no hay disrupción violenta, el cambio suele percibirse como un simple cambio de gobierno, la presentación de un nuevo programa político o económico. Las instituciones son demasiado resistentes para transformarse ante la vista de los hombres y, de no producirse esta transformación, se piensa en un relevo de personal.

Qué llevó al presidente Salinas de Gortari a presentar ante el Congreso de la nación y ante la nación a manifestar su intención transformadora, aparece a primera vista bastante claro: los últimos 20 años habían transformado al país y el papel del Estado, al menos en los principios, no se había modificado un ápice. Modernizar, cosa obligatoria, exigía un esfuerzo de adecuación que no se había querido emprender, pensando que un sistema político capaz de resistir durante 60 años había dado pruebas bastantes de su virtud para conservarlo intacto. Que la economía no respondiera de la misma manera, que, por lo contrario, fuera siempre rezagada respecto a la sociedad y las exigencias del presente, implicaba una visión parcial, analítica en el mal sentido de la palabra, según la cual economía y política corrían por caminos divergentes cuando no opuestos. Es más, no queriendo aceptar que política y economía están fatal e indisolublemente vinculadas, se pensaba en que un sistema podía hacerle aportes gratuitos —o a una tasa de interés muy baja— al otro. La crisis económica se ha podido resistir sin adentrarnos en un caos social porque el sistema político ha resistido: visión simplista, un tanto militar, donde un bastión asediado es cubierto por el fuego del bastión vecino.

La inadecuación de la economía, las aberraciones cometidas con anterioridad, han venido a mostrarnos que no sólo la economía era vulnerable, sino que el sistema político también empezaba a hacer agua. Si la economía no había seguido a los cambios sociales, a la nueva cultura nacional, la disposición de los actores y fuerzas políticas seguían congeladas en una disposición imaginada medio siglo antes y que se suponía era invulnerable. Por ejemplo, la división sectorial del PRI, respuesta a los conflictos de los años treinta pero no a los de este fin de siglo. El temor al cambio, cosa curiosa en un Estado que se autodenomina revolucionario, prefería dejar las cosas como estaban antes de enfrentar un riesgo, precisamente en un mundo donde esa manera de plantear los problemas ha conducido al hundimiento de más de un Estado. Modernizar, adecuarse, cambiar es un riesgo, un peligro, pero más lo es la política del avestruz, practicada con una constancia digna de mejor suerte por su empecinamiento en los países socialistas.

El planteamiento hecho por el Presidente de la República el 1º de noviembre y antes, durante su campaña electoral, en más de un sentido es impecable, precisamente porque corre riesgos, porque no es la seguridad y la tranquilidad del inmovilismo en un mundo donde quedarse parado asegura el desastre. Enfrentar los riesgos ahora significa evitar o amortiguar los riesgos futuros. Recuérdese, por ejemplo, la voluntad de mantener la paridad del peso —la cifra sagrada de 12.50— a cualquier costo, que durante años fue la obsesión de los gobiernos mexicanos. Cambiar ahora, cambiar precisamente cuando aún es tiempo.

Un cambio de esta naturaleza sólo puede ser encabezado por el Estado, empezando el cambio por él mismo. Reducir su campo de acción económica llevará a reducir también su campo de acción política, privatizando —la palabra está de moda— la actividad del partido que le ha apoyado y obedecido hasta ahora. Repercutir las ideas y hasta las consignas gubernamentales no puede ser una actividad partidista única. El Presidente y su gobierno pueden hoy dirigirse directamente a la nación sin verse obligatoriamente mediatizados por un organismo que por su posición mimética pierde toda fuerza y hasta credibilidad. Llevar su acción siempre de arriba a abajo es contrario incluso a la concepción del partido democrático, capaz de moverse en un país que quiere tener una economía abierta y una sociedad liberada y por consiguiente libre.

Se puede estar seguro de que esta proposición reformadora y transformadora encontrará resistencias sobre todo en la idolatrada sociedad civil. Tenemos hasta el exceso la costumbre y la seguridad de vivir con un Estado protector y omnipresente, que ha conformado no sólo a la sociedad, sino a la nación toda. Aceptar la libertad, exigirla parece un reclamo general; visto más de cerca esta exigencia tiene otro aspecto. La libertad se piensa como una liberación de las trabas burocráticas, del peso de una administración quisquillosa y cicatera, con la garantía de que el Estado seguirá acudiendo a remediar o proporcionar la base de la vida: salud, transporte, agua, electricidad, educación, productos importados para la clase media, el gran lujo para la alta y los precios subvencionados para las eufemísticamente llamadas populares, además de garantizar la seguridad del empleo y ser responsable de que éste se cree. Nada de esto se admitirá ver transformado o cambiado; menos aún se quiere enfrentar un mercado que, de manera inevitable, es cruel por naturaleza. Si el Estado existe, se piensa, es para limitar y corregir la crueldad, el salvajismo natural de la sociedad civil, que de civil tiene poco.

El proyecto del Estado y el de la sociedad —si es que la sociedad tiene un proyecto, uno solo— se enfrentan en una multitud de momentos. Más aún en una coyuntura crítica, donde cualquier decisión afecta adversamente a alguien. Pensar en un mundo ajeno al conflicto y a la necesidad, creer en una sociedad utópica donde todo sea armonía y generosidad, amor al prójimo y bondad no puede ser sino hipocresía o, peor aún, cinismo. El Estado nació para mediar en esos conflictos, aunque su función y su necesidad se proyectan de modo interminable. El poder le pertenece, la violencia legítima está en sus manos y sólo en sus manos. Hemos ido aún más allá porque la sociedad no supo autorregularse ni autodisciplinarse, y se confió al tan temido y vilipendiado monstruo bíblico todo cuando la sociedad debió haber tenido en sus manos.

Ante el anuncio de su retiro, se ha producido un pánico palpable y no tardarán en afluir las peticiones para que regrese, para que ocupe su lugar central y su acción insustituible durante siglos. Mucha fuerza de carácter, una madera no de gobernante sino de auténtico estadista ha de tener el Presidente para resistir esos llamados y mantener la acción del Estado encerrada en los límites marcados el 1º de noviembre.

"Los límites del Estado", *Unomásuno*, 13 de noviembre de 1989.

LA DISPUTA DE UNA HERENCIA

En el plano de las ideas confrontadas nos encontramos con una querella por una herencia. ¿Quién es el heredero legítimo de la Revolución mexicana? La descendencia del hecho capital de la historia mexicana del siglo XX es numerosa y mal avenida, como con frecuencia ocurre entre quienes, aunque sea de manera distante, están emparentados.

Reclamar los bienes originales de la Revolución es pedir al mismo tiempo el derecho a juzgar sus logros y fracasos, poder interpretar su estado presente y disfrutar de un capital amasado durante generaciones. El inventario aparecido recientemente, resultado del trabajo de Héctor Aguilar y de Lorenzo Meyer, plantea más problemas a los herederos de los que éstos quisieran. Al menos uno de ellos, el Presidente de la República, ya ha juzgado a su vez a quienes mediaron entre él y los creadores de la fortuna inicial, acrecentada durante décadas y dilapidada después en unos cuantos años, encontrándose con más deudas que las esperadas y menos disponibilidades de las que en estricto derecho hubiera podido exigir. Pero se vive de lo que se tiene.

La visión del Presidente de la República fue triste y desencantada, pese a lo cual y, bajo la condición de transformaciones radicales, buscó la defensa e ilustración de una Revolución inicial, primigenia y, por tanto, no transformada o desviada de sus intenciones. El juicio es un nuevo proyecto, capaz de restaurar las metas originales. De hecho, asimilando el valor simbólico de la Revolución se propone un programa donde el primer punto es la transformación de algunas —pueden ser las más importantes— estructuras y funciones del Estado mexicano.

Parece haber otra razón para anclar el proyecto modernizador en el levantamiento de 1910. La Revolución fue un acto violento y destructor, pero sus consecuencias culminaron en un proceso modernizador, de desigual fortuna, así no pueda dudarse de su capacidad transformadora respecto al régimen anterior. La innovación política de 1929 y las décadas de crecimiento económico acelerado, de tasas sorprendentes, el "milagro" que se vivió en los años posteriores a la guerra concluyeron en una serie de contradicciones agravadas que desembocaron en la crisis de 1982. Pero el valor simbólico de una tradición no uniforme de casi 80 años sigue siendo un valor, no fuera más que por la imagen creada y sumida por la mayor parte del pueblo mexicano.

La Revolución no se aprecia como un factor divisivo, como un hecho que partiera en dos a la nación. Si los enfrentamientos militares se siguen en apretada teoría durante una década y las convulsiones armadas siguen apareciendo hasta 1939, la fuerza revolucionaria se piensa unitiva: la Revolución creó la nación mexicana actual, que no se ve dividida, al menos en lo que son sus símbolos fundamentales.

La herencia es, pues, de consideración y se comprenden por ello las demandas introducidas por otros descendientes, aunque su pleito tiene un defecto de base. Invitados a discutir, las proposiciones de esta rama proclaman un legitimismo afincado en una concepción de la nación que, como todos los legítimos, tiene mucho de ilusorio. Las propuestas del PRD, la agenda que proponen para iniciar cualquier diálogo, aun en su vaguedad que no es apertura, parten de un radicalismo imposible de cumplir. Esta vez es todo. No es un proyecto donde las metas estén jerarquizadas, ordenadas por un sistema de posibilidades y probabilidades, sino que se propone el regreso a 1935, cosa a todas luces imposible. Lleva, además, el carácter de ultimátum: en mis términos y sólo en mis términos, me avendré a discutir. Es, una vez más, encerrarse en el orgullo y soledad del legitimismo. El conde de Chambord, en 1875, en Francia, no hizo otra cosa, y en Francia se acabaron para siempre las posibilidades de una restauración monárquica.

Le queda, pues, a la rama mayor —primogenitura heredada política y no naturalmente— enfrentar al otro partido que lucha por la conquista del poder. El PAN no se erige descendiente de la Revolución, aunque no la rechace y condene. No le gusta pero sabe hasta qué punto este fenómeno histórico ha penetrado en la conciencia nacional, qué profundidad espiritual e histórica se afirma hoy. Renegar, le sería fatal. La escuela, la cultura compartida así no sea sino en zonas cada vez más estrechas entre les élites y el pueblo, la tan combatida historia oficial —que sale directamente de la *Evolución política del pueblo mexicano* de don Justo Sierra— no toleraría ver sobre la Revolución la misma condena que pesa sobre el conservadurismo y el liberalismo porfirista del siglo pasado. Así las cosas, Acción Nacional rechaza gran parte del contenido social de la Revolución y sus principios educativos; pone también en duda a una rengueante reforma agraria y los principios de organización del PRI. No es todo, por fortuna, y, además, desde una intransigencia mal disimulada y una aceptación del juego político como punto de partida, se plantea en un terreno posibilista, pragmático y realista. Fue un examen de conciencia doloroso y por momentos desgarrador. Ya es hora de que el PRI haga lo mismo.

"La disputa de una herencia", *Unomásuno*, 27 de noviembre de 1989.

PARTIDOS A LA DERIVA

La primera pregunta sería: ¿es un partido capaz de autorreformarse? El espectáculo que tenemos ante los ojos nos llevaría a decir no, contestando, en cambio, que un partido sólo puede adentrarse en el cambio cuando las presiones internas le obligan a hacerlo, lo que suele producir en medio de fracturas, corrientes y oposiciones. Creo que lo dicho se aplica tanto al PRI como a los partidos de oposición. Es más, creo que los cambios vistos por todo el mundo a través de una información demasiado periodística y televisiva no han sido expuestos de raíz, sino que nos hemos limitado a ver la apariencia del fenómeno político nacional en curso.

Los sucesos de Culiacán, por ejemplo, y los que el PRD prepara en Michoacán van más allá de ser un problema de orden público. Afectan a toda la vida política nacional y, en primer lugar, a estos partidos, PAN y PRD.

La pérdida de poder de lo que en los estados se llama el centro —punto crucial de la modernización— es patente en Sinaloa. El PAN nacional es, por ejemplo, completamente ajeno al motín que culminó en el incendio del palacio municipal de Culiacán. El neopanismo, virulento y desarticulado que se da en aquella capital, pero también aunque con menor violencia en Puebla, es consecuencia inevitable de la debilidad del PAN nacional —consecuencia negativa— y a la vez de la autonomía creciente de las fuerzas política locales. Iguales signos, que pueden llevarle al borde de la disolución interna, se observan en el PRD, donde los centros de poder están de tal manera pulverizados que cabe preguntarse si ese partido tiene una orientación nacional, unitiva y disciplinada.

Es de sobra conocida la distancia que separa, en cualquier partido, a los comités directivos de las representaciones parlamentarias. Los primeros, para imponer sus decisiones, cuentan con el aparato del partido y con el control financiero. ¿Qué ocurre cuando tales cosas no existen? El PRD no tiene más cuadros experimentados y dinámicos que los heredados del PCM y se sabe que éstos no están conformes con la multitud de fusiones y transformaciones padecidas por el antiguo Partido Comunista Mexicano. Las finanzas de los partidos son siempre un misterio. No se necesita, con todo, ser muy imaginativo para saber que las del PRD no están demasiado boyantes. Cuenta el PRD con el subsidio gubernamental, con donativos de simpatizantes y, en principio, con las cesiones que de sus dietas hagan sus parlamentarios. ¿Las hacen? Nadie lo sabe y es problema de ellos, que no tienen por qué ventilar en público. Todo esto, por lo demás, aun teniendo su importancia, no es crucial.

Para la izquierda perredista, como para la derecha panista, el punto vital está en la toma de decisiones y en la obediencia que se les preste.

El PRD es Cuauhtémoc Cardenas. La peor encuesta de opinión nos enseña la popularidad del segundo y la indiferencia del público cuando del primero se trata. No digamos nada de los resultados electorales recientes y menos recientes: el PRD no logra romper el techo electoral del antiguo PCM... a menos que Cárdenas Solórzano eche su espada sobre la balanza. Lo malo para ellos es el estar perfectamente impuestos, el líder y el partido, de esta situación, que los paraliza y enfrenta simultáneamente. Mientras, como condición de diálogo, el PRD pide el mantenimiento intacto de los artículos 3, 27 y 123 de la Constitución, el diálogo pasa por el respeto irrestricto de los resultados electorales, añadiendo, acto seguido, una serie de dudas sobre la elección presidencial del año pasado, lo que en buen español quiere decir: no quiero diálogo.

La situación recuerda de manera sorprendente la postura de De Gaulle fuera del poder: la legitimidad yo la encarno, los partidos son deleznables y politiqueros, son presas de ambiciones particulares inconfesables, la política es un charco de ranas, *ergo* o se me entrega el poder, a mí y a los míos —nunca a un partido—, o vamos al desastre. El caso está en que al poder sólo se llega por medio de los partidos y de las elecciones o con ayuda de una sedición. El problema, antes de ser nacional, debe ser resuelto dentro de la izquierda. De no hacerlo, no trascenderá y, mientras, la popularidad del líder se irá disolviendo y la del partido bajará a cero para que la izquierda tenga tiempo de sobra para ventilar las querellas internas.

El PAN paga otras culpas, que se traducirán en una pérdida de votos y en desobediencias locales asumidas a regañadientes por un comité nacional más avanzado política y culturalmente que los locales. Soportar las intemperancias y desafíos de los empresarios poblanos —no de todos, por fortuna— debe ser bastante amargo. La unidad panista lo impone; asumirlo es prueba de madurez y de conocimiento histórico. Pero queda el riesgo ya sea de una ocupación todo lo democrática que se quiera del Comité Nacional por un ala dispuesta a la confrontación cotidiana y callejera o del surgimiento de fracciones locales cuyas conductas impongan una modificación violenta.

Las elecciones parecen encaminarse hacia consecuencias extraelectorales. El calendario político mexicano, sin un día libre, va a permitir más que enfrentamientos en las urnas, un estado de desazón permanente. Por una u otra razón, los partidos se antojan rebasados. En todo esto, el PRI inicia un cambio. Es el tema político del próximo trimestre.

"Partidos a la deriva", *Unomásuno*, 4 de diciembre de 1989.

LECCIONES DE LAS ELECCIONES

Las elecciones —ahora locales— siguen enviándonos un reflejo bastante fidedigno de los senderos por donde camina ahora la política nacional.

El país no está desmovilizado aunque las aguas hayan vuelto a su cauce. La participación en las elecciones locales sigue siendo baja, incluso muy baja, y la culpa siguen echándosela unos a otros con una constancia que encontraría terrenos más fértiles en otros temas. Para la oposición, la no frecuentación de las urnas se debe a los fraudes; para el PRI a la incapacidad y falta de llamado de la oposición. Quizá oposición y poder encuentren consuelo en el ausentismo electoral venezolano, igual o superior al nuestro. Y puede encontrarse también en el europeo y en el norteamericano, donde, con la excepción de las consultas nacionales, la participación declina lentamente. Hay, dicen quienes saben de esto, demasiadas elecciones. El elector potencial termina por aburrirse. El meollo del problema está en saber quién vota más que cómo vota.

En Michoacán, por ejemplo, sus habitantes con derechos ciudadanos han sido llamados tres veces en año y medio a votar. La participación, pese a algunas noticias no muy fundamentadas al parecer, sigue cuesta abajo. El gran entusiasmo de julio de 1988 parece haberse refugiado en unos cuantos, en lo que se podría llamar los incondicionales de los partidos. Los hombres y mujeres politizados y, también seguramente, los clientes de grupos políticos locales. Política local, y a la vez política profesional, que nos muestra una faceta más del juego actual.

Ver en la política la actividad de todos está muy bien en los libros de texto. Pero estos mismos libros nos hablan de clase política, de ciudadanos participantes, de indiferentes y de abstencionistas. Nos explican además la política como profesión, como una actividad que exige destreza, conocimientos, tiempo, vocación y una serie interminable de virtudes adquiridas y, en casos determinados, heredadas. Los profesionales de la política están obligados, en primer término, a vivir de su actividad, sin que esto tenga nada de derogatorio: ganarse la vida con su oficio es lo que todos hacemos. El profesional, independientemente de su filiación partidista, busca el cargo, el lugar donde puede potenciar y multiplicar su actividad, que intenta ensanchar hasta lo imposible; de ahí su imperativo de encontrar los medios de acción, su obligación de no soltarlos, y para el caso vale, no igual pero vale, una secretaría de Estado, una senaduría o una presidencia municipal. Lo visto en Michoacán, en Guerrero y lo que se verá en el Distrito Federal en 1991, es una lucha entre fracciones de la clase política, pero el caso michoacano es en este sentido revelador de la aspereza de los enfrentamientos.

Con la excepción de núcleos irreductibles por ser viveros de políticos profesionales —como la universidad nicolaíta—, en el estado tarasco la clase política se mantenía unida bajo la tradición cardenista y las siglas inconmovibles del PRI. Núcleos opositores se daban en algunas ciudades, como Zamora, proclives al PAN. No en balde anduvieron los cristeros por allá. Michoacán fue un baluarte priísta destruido por algunos gobernadores incompetentes, seudotecnócratas cerrados a cuanto significara un juego político. El estado empezó a gravitar hacia Jalisco o hacia estados del Bajío, fue erosionando su capital político y los cambios introducidos en su economía por la política de desarrollo industrial planteó nuevos problemas poco y mal atendidos. La ruptura de Cuauhtémoc Cárdenas con el PRI terminó por enajenar a la clase política, a los políticos profesionales de todos los niveles, que ya se sentían amenazados por los cambios que se sucedían en el plano nacional. Una nueva política puede ser un argumento y un alegato esgrimido para justificar su postura; decir que ante todo esperan mantenerse en actividad es acercarse más a la verdad. Los candidatos a las municipalidades michoacanas no representan un cambio de personal, manifiestan el conflicto intraclasista: la mayoría procede del PRI, cosa que nos puede explicar la agudeza del enfrentamiento.

Cuando el pan nuestro de cada día está en juego, las normas de no agresión se olvidan y la democracia, el *fair play* inglés, pasa a un segundo plano. En el primero está la victoria; para obtenerla se utilizan métodos que, pese a su aspecto violento, son políticos: ocupación de palacios municipales, plantones, huelgas de hambre y cortes de carreteras. PRI y PRD se combaten con apoyos seudocientíficos, como esas encuestas que mueven a risa, pues en ellas no creen ni sus autores. Aceptemos estas nuevas reglas de la política que, dicho sea de paso, confluyen en su descrédito. Dado el origen común de los contendientes, tiene que tenerse presente la importancia de las personas, sus intereses y su afán de sobrevivir por encima de cualquier ideología. Otra cosa son los intereses de quienes en ellos confían y los legitiman con su voto y ahora con su presencia militante.

El contraste interno que se da entre los comités directivos centrales de los partidos y los candidatos y militantes locales es cada vez más visible. El carácter nacional y global de los partidos parlamentarios —aunque no logren deshacerse de su ganga regional— los obliga a reducir el conflicto a proporciones manejables. No son ellos los que están en juego, su vida política está asegurada y su control sobre el aparato corre pocos riesgos. Es más, los riesgos aumentan con la escalada del enfrentamiento. Todo queda, pues, en el fraccionamiento interno, regional, de las formaciones políticas, dispuestas las fracciones a incrementar su autonomía y los órganos centrales, cuyo poder y autoridad disminuye día tras día.

"Lecciones de las elecciones", *Unomásuno*, 11 de diciembre de 1989.

EL PRIMER PASO

PUEDE ser sólo un globo sonda, un experimento controlado o una falsa provocación para conocer el reaccionar de los afectados. En cualquier caso es un paso que, de ser seguido por otros en el mismo sentido, puede iniciar la reforma del Partido Revolucionario Institucional, empezando por su base más sólida, hasta hoy inconmovible, es decir, el sector obrero.

Está fuera de dudas la inteligencia natural de Hernández Juárez, su habilidad política, su paciencia y su capacidad de convencimiento. Cómo supo sortear los peligros en el Sindicato Mexicano de Telefonistas y llevarlo de una oposición total y cerrada a la política del gobierno a la mesa de negociación y después al entendimiento, hicieron de él un líder nacional y un hombre con el que, a partir de ese momento, habría que contar. No tiene, pues, nada de extraño verle encabezar y guiar el experimento.

La desproporción de los sectores dentro del PRI no sólo es notoria, sino que ha venido aumentando en detrimento de campesinos y populares y en beneficio del sector obrero. Inútil volver sobre estos cambios, llevados a cabo sin tapujos ni misterios. Disciplina, habilidad y una buena dosis de chantaje hicieron de los obreros la primera fuerza política organizada de México, hasta la crisis, cuando los imperativos económicos redujeron su influencia y sus salarios, poniendo en evidencia las fallas estructurales de los sindicatos, no sólo en el terreno laboral sino en el político. Las elecciones de 1988 fueron un desastre para sus candidatos. Si a una cabeza política de primera magnitud como Arturo Romo la enviaron a suicidarse en un mal distrito de esta ciudad, otros candidatos, no de su misma calidad, pero igualmente obreros, vinieron a probar su incapacidad a lo largo y ancho de la República, de los candidatos obreros del PRI, tan pronto como salían de sus *safeseats*. La selección dentro del PRI se planteaba como un problema impostergable y, consecuencia inevitable, también se necesitaba reformar la estructura misma del partido.

Todo esto no puede ya evitarse teniendo presente los peligros electorales que amenazan al PRI por un lado y, por otro, la necesidad histórica, ideológica y política de no enajenarse al movimiento obrero que, contra las opiniones en boga, sigue siendo pieza central y a la par disfuncional del sistema político.

Intentar sujetar dentro de tres grandes sectores a toda o casi toda la población trabajadora de México se antoja hoy inútil. La variedad de ocupaciones, las abismales diferencias salariales, la oposición de intereses y culturas no permiten, por ejemplo, mantener dentro de un mismo sector al sindicato de pilotos aviadores y a los albañiles. Pero es hoy obligación del PRI, como de cualquier otro partido, articular estos intereses contrapuestos, dar con un terreno de entendimiento y hallar una difícil pero posible acción común.

El Partido Revolucionario Institucional, con el paso dado por Hernández Juárez, con la creación de la Federación de Sindicatos de Empresas de Bienes y Servicios Públicos, inicia una reforma que puede culminar en una transformación, de continuar en el mismo camino y alcanzar los objetivos propuestos aunque por el momento silenciados. Entre los fundadores de esta federación se cuentan sindicatos que, por la naturaleza social de sus componentes, forman parte de una aristocracia del trabajo. Muy especializados, bien pagados, dueños de un nivel cultural netamente situado por encima del promedio nacional, puede entenderse que desde ahora negociarán de manera distinta, que para ellos el salario mínimo no es base para nada y que sus reivindicaciones son ajenas a las del movimiento obrero por no ser ellos obreros —así a veces lo sean por su ocupación—, sino miembros claramente distinguidos de la clase media.

Nada garantiza por el momento su fidelidad al PRI; es más que probable la dispersión de su voto; aparecerán líneas de fractura ideológica entre sindicatos e incluso dentro de éstos; tampoco se puede esperar un espíritu gremial más allá de las fronteras de los sindicatos especializados. Habrán de pasar meses y quizá años antes de saber dónde encuentran un asiento político permanente, y esto sólo podrá conocerse cuando el PRI acometa una refundición de sus estructuras generales. La libertad de movimiento introducida desde ahora, junto con el reconocimiento de sus auténticos intereses, no ahogados en una masa indiferenciada de reivindicaciones obreras, indica la voluntad de conquistar a una clase media políticamente enajenada, y no reconquistada o recuperada, por no haber tenido nunca un movimiento colectivo de simpatía por el PRI, le haya dado éste todo y más.

Las reacciones no van a tardar, pese a las promesas de Hernández Juárez. Si, como dice, no tiene la menor intención de atacar a la CTM —y no hay por qué no creerle—, de todos modos el conflicto resulta inevitable: nadie acepta perder sus clientelas con una sonrisa de satisfacción. La CTM va a contratacar, ¿pero con qué? Su debilidad actual debería obligarla, en principio, a transar y a pactar, lo que le permitirá, acto seguido, reforzar su autoridad y competencia dentro de un campo más restringido y manejable. No debe esperarse, sin embargo, que estas reformas, por ahora simple y tímido reordenamiento, encuentre un camino tranquilo.

El PRI debería recurrir a la habilidad y a la autoridad; Hernández Juárez a lo mismo, más la suerte. Ojalá la tenga.

"El primer paso", *Unomásuno*, 18 de diciembre de 1989.

LA CRISIS QUE NO CESA.
LOS PARTIDOS EN MÉXICO

Pese a las críticas recibidas —lo que hace de él un clásico— el estudio de Maurice Duverger sobre los partidos políticos sigue siendo la referencia y la guía indispensable en el estudio de estas organizaciones. Partiendo de su idea básica —los partidos o son de origen parlamentario y su organización conduce a la formación de partidos de cuadros, o son de origen extraparlamentario y se traducen por partidos de masas— podemos aproximarnos, precisamente por escaparse a estas reglas casi universales, al muy peculiar funcionamiento del sistema de partidos en México.

El PNR pretende ser, al crearse en 1929, una federación de organizaciones partidarias que, por la naturaleza de quienes en ella ingresan en ese momento, por su fragmentación y escasas clientelas, no pueden ser ni por separado ni en conjunto un partido de masas. Más bien el PNR surge como un partido de cuadros —la tan traída y llevada Familia Revolucionaria—. Al menos esa es su intención y su voluntad, pero nace acompañado de un vicio de origen para ser un auténtico almácigo de dirigentes políticos unidos por una ideología común: no nace en el seno de un parlamento sino como voluntad expresa de un grupo dentro de la Familia Revolucionaria vinculado por la decisión de un hombre, Plutarco Elías Calles, de crear un partido cuyo modelo, de haberlo, es un modelo compuesto de elementos extraídos de partidos a veces opuestos cuando no irreconciliables.

Como consecuencia de sus orígenes, el PNR y sus sucesores legítimos vivirán una ambigüedad permanente respecto a los modelos duvergerianos. Ni son plenamente partidos de masas, ni son tampoco partidos de cuadros, parlamentarios. Oscilan el PNR, el PRM y el PRI entre estos dos posibles extremos, de acuerdo con las coyunturas políticas, en una ambigüedad constante, hallando en su desarrollo histórico inconvenientes mayores para definir su papel dentro del sistema político mexicano.

Si los cuadros políticos, las directivas, quedan más o menos definidos antes del cambio de piel de 1938, la incorporación de las masas —obreros, campesinos, ejército y burócratas— plantea un nuevo problema de orden metodológico. Las masas no se conocen por su especialización, aunque por su origen son siempre obreras, mientras que el PRM las clasifica, ordena y separa, reconociendo así sus intereses particulares y la especificidad de su papel dentro de la sociedad, acompañado todo esto por un correlato político, como es aquilatar su fuerza respectiva dentro de las cámaras legislativas.

Partidos de masas y partidos de cuadros no pueden explicar su existencia sin el marco decisivo que es el sufragio universal. Los partidos nacen para ganar elecciones, al menos antes de la segunda Guerra Mundial, antes por consiguiente de la aparición de los frentes nacionales, olvidadizos o enemigos abiertos de los resultados electorales. PNR y PRM no hicieron del sufragio un punto central de su programa así el primero haya nacido en medio de una crisis donde lo que estaba en juego era precisamente el sufragio.

Los partidos revolucionarios mexicanos nacen y se desarrollan con un objetivo distinto. Primero, purgar y unificar a la clase política y, segundo, incorporar las masas a la política a través de una sectorización gremial. Sólo después, cuando la legitimidad revolucionaria empiece a declinar, asumirán, ya como PRI, plenamente la función electoral ante la crisis que supuso el almazanismo, resuelta con relativa facilidad. Saltar a la fase electoral no implicó, como lógicamente hubiera podido esperarse, un abandono de la sectorización y de su inevitable contenido y definición clasista, así fueran un contenido y una definición que justificaban una forma de dominación.

El surgimiento de movimientos más que partidos coyunturales al calor de elecciones nacionales no afectó esta composición ni palió la ausencia de la marginada clase media o clases medias —no importa que se tomen en cuenta sus fracturas o se la considere una clase con una sola expresión política—. La clase media creó un hueco de donde saldrían los problemas presentes.

Durante las décadas de dominación única de los partidos revolucionarios, éstos respondieron a una concepción del poder establecida por el Ejecutivo, que no admitía ni compartir el mando ni ver su política juzgada o desviada por el cuerpo legislador. Su función quedaba íntimamente anexada a la de la Presidencia, a su proyecto e incluso a sus cambios. Los partidos revolucionarios, el partido, no era una fuerza para sí o para una clase —pese a su composición— sino una fuerza para la Presidencia, como lo demuestra la libre remoción de su presidente y de su Comité Ejecutivo tan pronto como se presentaba una crisis o una situación peligrosa. No quiere esto decir que el partido fuera una fuerza nula. Sin enfrentarse abiertamente al Ejecutivo, tenía poder de presentación, y el debate, al menos en la cúpula, existió. Pero la decisión no estuvo en él.

Partido de cuadros y partido de masas, pues. La influencia de la primera forma, el partido de cuadros, implica, sobre todo en el periodo llamado posrevolucionario —de Ávila Camacho en adelante—, la presencia de hombres de la clase media, aunque no la clase media como tal. La coopción, medio tradicional en México de reclutamiento de las élites políticas, no podía ni puede hacerse ignorando a la clase media. Basta leer a Peter Smith, Rogelio Hernández o Roderic Camp; basta con hojear el diccionario publicado por la Crónica presidencial para conocer el origen social y cultural de este grupo gobernante y representante. Las consecuencias son las que tenemos hoy a la vista.

Los partidos parlamentarios —quedan excluidos por lo tanto fascistas y comunistas— tienen siempre una composición, en sus instancias directivas y parlamentarias, que se extrae de la clase media (la socialdemocracia alemana y el partido laborista inglés de principios de siglo son las excepciones), clase que no tarda en defender abiertamente sus propios intereses. Si los gobiernos mexicanos revolucionarios —Obregón, Calles— previeron este peligro, es materia de discusión, aunque creo que el segundo, al menos durante su presidencia, estuvo perfectamente consciente de lo que esta clase podía obstaculizar un proyecto donde el monopolio del poder por un solo grupo constituía el núcleo irreductible. Un parlamento fuerte, apoyado en una constitución donde la separación y equilibrio de poderes quedaban establecidos, hubiera significado la muerte del sistema autoritario que se buscaba establecer. Y el parlamento hubiera significado, quiérase que no, el poder de la clase media en cuanto tal.

Recurriendo a la filosofía del despotismo ilustrado, omnipresente en México desde finales del siglo XVIII, se pensó, quizá subconscientemente, quizá con el pleno sentido de lo que se hacía en la mano, gobernar en nombre de obreros y campesinos para la clase media. Todo para la clase media pero sin la clase media. Cargada de todos los pecados, vista como la encarnación reaccionaria de un pasado aborrecido, no se le concederá lugar alguno tan pronto como se atreva a anunciar su nombre. Su desarrollo y su crecimiento, las facilidades y prebendas ofrecidas por los gobiernos, el espacio creciente ocupado por esta clase se aceptaron a cambio de su renuncia a solicitar una parcela del poder formal. Como individuos, todo; como clase, nada.

Los partidos de oposición, a partir de la fundación del PAN e incluso antes, determinan su existencia y actividad en función de la presencia de un partido central, dominante y, para los efectos reales, único. El espacio social ocupado por el PRI limita de salida la acción partidista e ideológica opositora. La inclusión de obreros y campesinos en el partido de gobierno deja sólo movimientos marginales, mal organizados, como clientelas posibles de la oposición. Antiguos cristeros y grupos urbanos dominados más por Acción Católica que por el propio PAN en el Bajío, Jalisco y Michoacán, además de enclaves importantes en la ciudad de México y posteriormente en el norte de la República, asociaciones obreras y campesinas que por tradición histórica o por líderes separados voluntaria o involuntariamente del PRI, son las clientelas pasivas, de afiliación dudosa y participación inconstante, que forman los grupos de apoyo de la oposición. Más que propositiva, su actividad es sólo opositora.

La derecha mexicana no ha sido menos proteica que la izquierda. El Partido de Acción Nacional ha sido, y esta es la gran diferencia, un ancla política inconmovible, pese a las corrientes internas que la atraviesan desde hace 15 años. Por tener enfrente un partido interclasista, su oferta política también debe serlo, estando por consiguiente obligado a moderar un programa conservador, buscando el voto en todos los estratos y convirtiéndose en un *all-vote catcher*, con todos los inconvenientes que esto implica, de los cuales una forma de inmovilismo no es el menor. Tener una competencia permanente dentro de la sociedad conservadora sólo pudo equilibrarse y dominarse gracias a la pobreza del liderazgo del Partido Demócrata Mexicano, herencia del sinarquismo totalmente anacrónica y apoyada sólo por los grupos marginados campesinos —aunque con un llamado sorprendente entre los artesanos— del centro y occidente de México.

El PAN aparece hoy como la única gran fuerza conservadora, mantenida por un fenómeno relativamente nuevo: el voto útil, la destreza adquirida por el elector en el uso de su sufragio. La duración del PAN, su presencia permanente, han hecho de él una gran opción electoral aunque no un gran partido. Como todos, mantiene las cifras de afiliación en el mayor secreto y se ampara exclusivamente en los resultados electorales, con lo que se presenta, por no tener ya sus antiguas opciones, como un partido plenamente parlamentario, obligado a participar en los juegos de poder, no del agrado de todos sus votantes, afiliados y dirigentes.

El voto útil acarrea, para este partido, tantos inconvenientes como ventajas. Si le permite ganar la candidatura de Baja California Norte con una tranquilidad inesperada, enfrentar un desastre simultáneamente en Chihuahua, al ir el voto útil más allá de su utilidad de protesta y convertirse en un verdadero voto negociado: mi voto irá al que más me ofrezca. Ya no son sólo los ejidos o las colonias marginadas quienes así piensan y actúan; el voto negociado se da en estados enteros, como Nuevo León, cuando el 6 de julio se volcó por Salinas de Gortari.

Los triunfos panistas más importantes aparecen en las ciudades y regiones más desarrolladas del país, manteniendo su carácter de voto útil y por consiguiente volátil. Escolaridad, empleo, comunicación sitúan al elector entre opciones comprensibles, ajenas a fidelidades históricas y retóricas. El partido no es ya el símbolo indispensable y orientador, no es la mediación indispensable entre el ciudadano y el poder.

La indefinición de los partidos aparece también a la izquierda, con un agravante: va a disputarle al PRI la herencia simbólica de la Revolución. Esta voluntad restauradora parte de la imposibilidad de hacer del socialismo, incluso de la socialdemocracia, su fundamento ideológico. Los programas electorales no pueden apelar al marxismo, los modelos extranjeros —la Unión Soviética, Cuba— están agotados y desacreditados. Incluso el Tercer Mundo ya no tiene el llamado de los años cincuenta y sesenta. La izquierda tuvo que replegarse sobre la nación y hubo de renunciar al internacionalismo, para perder así la razón de ser aparecida con la I Internacional. Cuauhtémoc Cárdenas fue en esta crisis providencial, por encarnar parte de la herencia revolucionaria en juego. Pero, a través de organizaciones embrionarias o fosilizadas, el PRI aparece por transparencia.

El fraccionamiento de la corriente de izquierda en México se corresponde punto por punto con la dispersión de la izquierda latinoamericana en general, y por las mismas razones. Refugiado durante años en las universidades tanto por la represión estatal como por no poder enfrentar a los sindicatos del PRI ni apoderarse de una parte de sus miembros, fue esta izquierda incapaz de adaptarse a las nuevas reglas ofrecidas por un mundo político más abierto. Las distancias entre las posibles bases y los partidos son abismales, y dentro de los partidos el juego y la decisión quedan encerrados en los comités ejecutivos y burós políticos. Por lo demás, hay una indecisión entre la vía parlamentaria y la acción directa, del mismo modo que no hallan la entrada de las organizaciones de base —los maestros de educación básica, por ejemplo—, alérgicas a cualquier consigna o intención que no sea gremial.

Reducirse a los principios de la Revolución, como ha demostrado Ilán Bizberg, reduce su clientela a los grupos obreros y campesinos marginados, que los cambios en el Estado han dejado más atrás de lo que estaban. La izquierda se manifiesta, quizá por necesidades tácticas, contra la modernidad y la modernización —y de paso contra la parte del país que se beneficia de ellas—, cayendo así en una forma de protesta testimonial o tribunicia, análoga a la de los partidos comunistas de Europa occidental, hoy representantes de los olvidados del desarrollo de aquel continente.

La unión carismática con el líder viene a demostrar no sólo la inanidad de este grupo de partidos sino su función perturbadora. Los beneficios obtenidos de la campaña de Cuauhtémoc Cárdenas quieren ser mantenidos tanto a través de una oposición negociada y negociadora como de la obstrucción parlamentaria.

El problema planteado a la izquierda el 6 de julio sigue sin un asomo de solución. Someterse al liderazgo cardenista supondría su muerte como partidos; alejarse de él, también. Este dilema afecta asimismo al líder de la izquierda: si los partidos se le someten puede seguir manteniendo una posición central en el espectro político; si le abandonan, se hundirá de manera irreversible. Entre el voto por Cárdenas y Cárdenas se levanta más una barrera partidaria que un aparato político de apoyo. Ese voto no está representado por los partidos que de él se beneficiaron.

Queda, para terminar con esto, una pregunta: ¿qué cantidad del voto cardenista fue también voto de protesta? El caso de Baja California suscita la pregunta sin responderla. El voto masivo por Cuauhtémoc Cárdenas el 6 de julio de 1988 se convirtió en otro voto masivo por Ruffo Appel unos meses después. ¿Otra vez el voto útil? Sería una confirmación más del reducido y secundario papel desempeñado por los partidos de oposición.

Haberse encontrado con menos de 51% de la votación en unas elecciones nacionales fue, para el PRI, tener que descender a la cruda realidad de las cifras. Puede alegarse la crisis y el descontento producido por una reducción general del nivel de vida de la inmensa mayoría de los mexicanos, lo que no explica en conjunto el tono populista de la protesta. Inseguridad, corrupción, desigualdad, son temas que caben en el programa de cualquier partido de oposición, pero son temas con más arrastre electoral que el de los programas propositivos. La ruptura con el populismo, planteada y cumplida desde el gobierno del presidente De la Madrid, dejó al PRI en el desamparo ideológico. Abandonar no sólo los puntos medulares que durante casi medio siglo habían constituido el subsuelo político del partido del gobierno replanteó la necesidad de dar con un nuevo programa que, por fuerza, no podía convencer a los sectores, entendiendo por sectores obreros, campesinos y burócratas, favorecidos hasta el planteamiento abierto de la crisis económica por políticas de empleo y subvenciones capaces de paliar una creciente desigualdad. El programa de rigor y austeridad, con su cauda de desempleo y abatimiento del bienestar, por necesario que fuera y sea, no podía tener una imagen favorable entre los votantes tradicionalmente fieles al PRI. Por otro lado, las clases medias también habían perdido muchas de las ventajas comparativas de las que hasta 1982 habían disfrutado. La inflación, entre otros fenómenos económicos, lanzó una duda sobre el mantenimiento del *status* social de estas clases que, además, ya sienten su situación social amenazada por la inseguridad y la corrupción, el bloqueo de las entradas a la administración pública. Mantenerse como clases fuera de la política les había reportado una posición de privilegio. Al romperse este pacto sintieron la necesidad de irrumpir en la escena electoral, apostando un voto de castigo, fabricado en parte por una fracción disidente de la clase política hasta entonces progubernamental, al que se debe sumar el voto pactado entre un partido de oposición y un sindicato —más bien un líder obrero— abiertamente enfrentado con el candidato presidencial del PRI.

Una primera lección se puede extraer. La pérdida de fuerza electoral del Partido Revolucionario no implicaba la desaparición de la disciplina de voto del sindicato petrolero, aunque cabe preguntarse si esa disciplina puede hacerse extensiva a los otros grandes sindicatos de las empresas del Estado. Podría asegurarse, con algún viso de acertar, que los sindicatos siguen manteniendo una cohesión interna y una unificación de liderazgo que no puede observarse en el PRI. En una sociedad más moderna, con intereses más definidos y específicos, la estructura monolítica y en principio aclasista del PRI no encuentra un asiento natural. El nacionalismo no tiene el llamado del pasado, porque hay una crisis mundial del Estado-nación y, también, porque las élites culturales mexicanas ya no son las portadoras de los temas unitarios nacionalistas.

La respuesta a la conmoción electoral del 6 de julio no vino del PRI, tomado por sorpresa e incapaz de reaccionar con la prontitud debida. El Estado fue el encargado de contestar, de manera principal el Presidente de la República, asumiendo la protesta populista. Respuesta parcial si se quiere, aunque capaz de aportar un capital de confianza si no eterno sí con valor suficiente para enfrentar su primer año de gobierno.

La inercia política de los partidos políticos les ha impedido seguir el cambio social, la diferenciación interna del país, la penetración de nuevas formas de demanda. El discurso político no se adelanta hoy a la disgregación de las ideologías; la decrepitud de los símbolos hace que éstos sólo conserven una eficacia —y relativa— en grupos cada vez más reducidos; las formas de organización superadas abandonan al ciudadano a su suerte individual. Los partidos viven una situación de crisis permanente que refuerza su alejamiento de un electorado al que temen más que halagan o buscan.

En 1929 el general Calles creía haber creado el instrumento que llevaría al país de caudillos a convertirse en uno de instituciones. No pensó, porque no era el tema esencial entonces, en la rapidez de los avances tecnológicos y en la obsolescencia de las máquinas, de los instrumentos y de las herramientas. En 1989, 60 años después, los hombres, los líderes, se siguen imponiendo sobre los partidos.

"La crisis que no cesa. Los partidos en México", *Nexos*, núm. 144, diciembre de 1989.

MANCHESTER NO ESTÁ EN MÉXICO

Es CASI un lugar común entre los sociólogos y politólogos ver en los procesos de modernización, en primer lugar, una especialización y una diversificación de las acciones y papeles sociales y políticos. Si este fenómeno es relativamente fácil de observar en las sociedades y sistemas políticos que inician la marcha hacia la modernidad, en sociedades más complejas resulta en algunos casos imposible distinguir los elementos que inician el proceso de los que por su situación encuentran mayores dificultades para incorporarse a él. Desde una óptica histórica hallaríamos que en la época contemporánea la modernización ha sido alentada y en algunos casos impuesta por el Estado, por tener éste una concentración de recursos materiales y no materiales superior a la de cualquier individuo.

La palabra modernización, por otra parte, resulta ambigua y poco precisa. La multitud de modelos y experiencias que desde el siglo XVIII se han venido sucediendo nos lleva a una confusión aún mayor, de ahí que, pese a los esfuerzos llevados a cabo por quienes trabajan en las ciencias sociales desde la aparición del libro de Daniel Lerner, *The Passing of Traditional Society*, no haya acuerdo alguno sobre qué quiere entenderse por modernidad. Aceptamos, porque resulta obligatorio, que modernización es el camino que conduce a la modernidad.

Se dan, en el muy peculiar y singular proceso de modernización propuesto por el Presidente de la República, elementos que son asimilables o pueden compararse con experiencias históricas y algunos que no encuentran correspondencia alguna. Por lo demás, en un movimiento que se quiere global, son naturales las diferencias que surgen entre la economía, la cultura, la política y cuanto campo de observación se pueda descubrir. Las interrelaciones entre estos campos no son menos importantes que los campos mismos. El primer objeto, el objeto político por excelencia, es el Estado: modernizar al instrumento modernizador, tarea que, de no cumplirse, todas las demás están fallidas de antemano.

Concentrar las fuerzas dispersas ahora implica por un lado una renuncia a la intervención directa y permanente del Estado en todos los campos de la actividad humana, como había venido ejerciéndose hasta ahora. Omnipresente y omnisciente, el Estado dirigía la economía, la política, la cultura, los medios de comunicación, la investigación científica, es decir, más o menos todo. Y donde no dirigía arbitraba sin apelación posible.

Resultado esta situación de una acción permanente durante más de medio siglo, determinó el vínculo entre el ciudadano y el Estado, manifestado por una cultura general de la nación, frente a la cual se manifestaban resistencias más formales que reales. Incluso los inconformes actuaban de acuerdo con las pautas establecidas y aquello que por una u otra razón no se podía conseguir por una persona o grupo determinado terminaba transformándose en una petición dirigida a alguna instancia estatal. Ante una visión y una experiencia tan prolongada, era de esperarse la angustia manifestada por grupos cada vez más numerosos que se niegan a verse abandonados a su suerte. Si no de bienestar —aunque lo fue en la medida de su capacidad— el Estado era protector y mantenedor de las relaciones intrasociales. Verle renunciar a esa hegemonía lleva a enfrentarse con una sociedad futura donde el conflicto no será larvado y rampante como era la tradición sino abierto y directo entre grupos y clases. De ahí, junto con la modernización del aparato modernizador, la exigencia de una transformación de las relaciones políticas y de la cultura política.

El fracaso del sistema de partidos se debe, además de a taras históricas, a la lentitud de la adecuación de los organismos partidarios a una nueva relación inter e intrapartidista.

Una sociedad moderna pide organismos mediatizadores del conflicto social, con el fin de hacer del enfrentamiento —por otro lado necesario— una situación manejable y no disruptiva. La tan anhelada nueva cultura traería nuevas normas, reglas de juego más claras y menos peligrosas que las actuales, donde la mediación del Estado es indispensable.

El camino es hacia afuera. En la perspectiva de relajar la carga de la descapitalización inducida sobre nuestra economía, no parece haber más sendero que reducir, gradual pero valerosamente, el flujo negativo de divisas que ahora remitimos a la banca comercial, principalmente. Ello implica adicionar a la actual conciliación negociadora una activa presión por reducir la magnitud de nuestros adeudos con el exterior, aprovechando la excepcional posición política de México frente a los Estados Unidos.

Es sin duda objetivo compartido entre los Estados Unidos y México lograr el crecimiento económico en ambos países, y todo indica que aislados el uno del otro el propósito parecería, si no inviable, al menos distante.

Esto es así para bien o para mal y es una realidad que es preciso aprovechar maximizando las ventajas que nos ofrece la necesidad de crecimiento de la economía norteamericana, sin perder conciencia sobre las profundas diferencias culturales e históricas que existen entre nosotros.

La localización geopolítica de nuestro país es singular respecto a los

Estados Unidos y, dadas las diferencias y las coincidencias, es posible confeccionar un traje a la medida que sirva a México, e incluso asegurar que sea cosido por sastre mexicano.

Precisamente, la singularidad mexicana frente a los Estados Unidos permite desplegar modalidades de política económica *sui generis*. Por ejemplo, da cabida a explotar modalidades de gasto social productivo que confiera a la inversión pública una nueva naturaleza generadora de empleos y de productos para atender preferentemente el mercado interno.

La búsqueda de nuevas formas de ejercer la intervención del Estado en la economía no es por ahora una disputa ideológica sino una exigencia instrumental en la medida que no existen otras fuerzas económicas que detenten la capacidad de conducir el proceso de reformas al Estado o de avance a la modernización planteadas como meta.

La ineptitud de encontrar esas nuevas vías para garantizar el proceso de acumulación de capital conlleva el riesgo de volver a volcar masivamente dineros públicos hacia erogaciones sociales de corte convencional abandonando los espacios de la producción.

Tal ejercicio es consabidamente ineficiente porque a fin de cuentas poco o nada llega a los destinatarios más necesitados y demasiado se queda en bolsillos intermedios. Está visto que nada sustituye al Estado como iniciador del proceso de inversiones productivas. Ni modo.

Queda en el aire un actor sustantivo para el proceso de modernización que conlleva la reforma del Estado: el capitalista mexicano. El rol del empresario nativo sigue siendo una incógnita, más aún si se propone una modernización productiva de naturaleza nacionalista y popular.

En efecto, sea o no nacionalista y popular, es responsabilidad —teórica para algunos, plena de certidumbre para otros— del empresario mexicano producir, invertir, pagar impuestos, reinvertir y consumir. Habrá de hacerlo para enfrentar retos tales como hacer compatible la consolidación y eficiencia manufacturera con la desindustrialización y el desplazamiento hacia los servicios que conlleva la modernidad más competitiva.

Además, habrá de operar el empresario mexicano con disciplina política y sensibilidad social. De esa misma responsabilidad que forma parte consustancial de los demás *entrepreneurs* del planeta y que, hasta ahora, salvo excepciones, no parece tener antecedentes promisorios en México.

En esa tesitura, el entorno puede ser tan favorable para México como estemos dispuestos a encarar activamente y con éxito el doble reto de tomar ventaja de las potencias y debilidades de nuestro vecino norteño, lo cual nos obliga a conocer cabalmente lo que a él y al mundo acontece; y, al mismo tiempo, atacar con imaginación productiva y beneficio social los problemas de la economía interior.

Para ser susceptible de reformas con vocación nacionalista y popular, el Estado mexicano no podría optar, aunque quisiera, entre el mundo o los mexicanos. Ambos espacios operan indisolublemente, pero primero es menester atender a los mexicanos. Además, sólo son aceptables soluciones históricas donde todos tengamos cabida.

No es apetecible a los mexicanos una modernidad luminosa para minorías con miseria modernizada para el resto. Tampoco existe la posibilidad, si se han de perseguir reformas nacionalistas y populares, de optar entre la justicia o la propiedad como fines estatales opuestos. Como categorías son incluso incomparables.

Si la justicia es fin, la propiedad es sólo medio. Si la justicia es fin, el Estado debe emplear todos aquellos medios que desemboquen su propósito principal.

Así pues, el entorno que nos envuelve puede ser muy favorable y debemos aprovechar la coyuntura para acelerar el paso hacia una renovada, fresca, imaginativa reforma del Estado que sea producto del debate nacional; que *asegure* el tránsito efectivo hacia una modernidad nacionalista y popular.

Hasta ahora, se trata de un proyecto que atañe a todos los mexicanos en común, que no se da por generación espontánea o por demanda social sino por decisión del gobierno y cuyo alcance, en consecuencia y por lo pronto, es de exclusiva responsabilidad pública conducir. Hasta ahora, es una propuesta que los mexicanos observan.

"Manchester no está en México", *Nexos*, núm. 145, enero de 1990.

POR ENCIMA DE CONFLICTOS

EL DECORADO respondía a la intención. Ese presidium gigantesco, de aspecto soviético, que indicaba la ruptura entre los militares y los dirigentes fue, por primera vez, suprimido. No era sólo abandonar a través de su símbolo la autocracia de un partido capaz de exagerarla hasta el delirio; se trataba de encontrar, por medio de un aislamiento absoluto, al Presidente de la República, como es exigido por un sistema político que se moderniza.

Las oscilaciones inacabables en que se ha movido el sistema político mexicano parecen, también por primera vez, decidirse por uno de los polos de atracción que es, seguramente para bien, el modelo europeo.

El presidente de los Estados Unidos no es sólo jefe de Estado y primer ministro, sino que a estos dos cargos suma el de cabeza de partido. Con esta acumulación desmesurada —misma que se da, en principio y en los hechos, en México— se convierte en una figura vulnerable, sujeta a las críticas y censuras del tono más violento que se le ocurra a la oposición, quien tiene pleno derecho a comportarse así, pues no puede haber un político cubierto por un estatus especial y particular. Como jefe y encarnación del Estado, el presidente debe estar expuesto a una crítica cuidadosa en las formas; como jefe de gobierno o primer ministro, la exposición y el peligro aumentan. Al fin y al cabo, el jefe de gobierno es quien dirige e impone la política cotidiana y rara vez popular. Nadie aplaude ante un aumento de la carga impositiva, por más que se comprendan, acepten y se consideren justas las razones que llevaron al aumento. En cuanto al jefe de partido, éste se encuentra envuelto en la maraña de intereses personales y públicos debatidos dentro de este tipo de organización y se puede esperar cualquier ataque personal.

Por tanto, la escenografía del LXI aniversario del PRI mostraba la voluntad de alejarse de los conflictos intrapartidarios, mientras señalaba las líneas generales de las modificaciones necesarias por el momento y anunciaba la próxima asamblea donde habrá de debatirse la reforma total de un partido en busca de una nueva identidad.

Ya es un lugar común señalar la distancia que media entre la vida cultural y política de México y las instituciones encargadas de albergarla. Los partidos no han logrado colmar esa distancia ni en el sentido vertical ni en el horizontal. No importa la superficie que ocupen: la mayor parte del territorio está abandonado y las relaciones con las bases —como puede verse en Guerrero y Michoacán— son de franca y abierta insubordinación. Esta relación no es de mando, pues no es siquiera de colaboración entre fuerzas locales y cúpulas nacionales. Lo dañino de esta situación es evidente.

No sólo la oposición se debate en críticas, semiescisiones y fraccionalismos internos. El PRI ve también desarrollarse una inconformidad en sus filas que sólo en su caso ha tomado un nombre, el de *Corriente crítica*, organizada y dirigida por Rodolfo González Guevara. Existe y se manifiesta, sin alcanzar una audiencia capaz de inquietar al Comité Ejecutivo Nacional, dueño aún de un control indiscutible sobre su aparato nacional. Quizá por razones tácticas, la *Corriente crítica* se utiliza —con inteligencia— como un absceso de fijación de la inconformidad.

El fraccionalismo en el PRI ha tenido siempre nombre y apellido, casi siempre los de un antiguo presidente de la República con fuerza suficiente para mantener una clientela después de salir de la Presidencia. Es una forma un tanto primitiva de la política. la clientela particular dominada por un vago y confuso horizonte ideológico, pero no se conoce por ahora otra forma de organización intrapartidista: una corriente va siempre encabezada por un hombre, casi siempre por un inconforme algo marginado. Cuando se habló de ala derecha, ala izquierda y ortodoxos, no se supo —en la mayoría de los casos— dónde caían los hombres más visibles. Es más, no se sabía si participaban en algo más que las celebraciones. Se mire como se mire, como organización y juego político, había una efectividad limitada y una disciplina aparentemente impecable. Pero esta forma de actuar no respondía a lo esperado de un partido moderno. La información y la comunicación, hacia adentro y hacia afuera, no existían: el *Nacional Revolucionario* perdió el adjetivo y *La República* nadie sabe si vive o ha muerto; *Línea* se disolvió en el aburrimiento y un doctrinarismo trasnochado; *Examen*, todavía en sus primeros pasos, parece tener una capacidad de adaptación que le promete una posibilidad mayor de perduración y penetración. El debate real, interno y externo, no se daba. La unidad era todo, sobre ella se montaba el partido. Ya no es el caso, pese a la falta de peso relativo y específico de las facciones.

Las líneas de fractura ya manifiestas obligan al Presidente a mantener una distancia respecto a oposiciones internas y discusiones. Intervenir en esas querellas reduciría la imagen presidencial, empañaría su postura, arrojaría una sombra sobre lo que es la política del Ejecutivo, que no puede ni debe ser partidaria. En el mejor —que aun así sería malo— de los casos, su autoridad debe mantener la acción colectiva de los militantes y evitar el estallamiento de la cohesión y disciplina mínimas necesarias para mantener en vida a una organización política.

El discurso del LXI aniversario debió de caer como un balde de agua fría sobre el ardor de algunos priístas. Pedir la transparencia de las finanzas del partido, por ejemplo, debió de tomarse como una pura declaración retórica y, sin embargo, no queda sino aceptarla para no prestar el flanco a una oposición que se ensaña en esa herida. Ningún partido en el mundo tiene una transparencia absoluta en sus transacciones financieras. El costo de las campañas es desmedido, los gastos internos aumentan exponencialmente, las relaciones públicas y políticas son más caras que las de cualquier empresa, por boyante que ésta esté. Reducir los gastos del PRI a proporciones normales, sobre todo creíbles; suprimir los estrados montados por compañías de publicidad y de *design*, sólo puede favorecer su imagen y reducir la distancia entre quienes están de espaldas al escenario y quienes están de frente.

Las escuelas de cuadros han sido siempre un fracaso. O forman *aparatchikis* ciegos y sordos, atentos a sus logros personales en la burocracia partidista, o son origen de oligarquías intolerables y disolventes, una vez triunfantes. Simplificadoras, congeladas y hieráticas, han sido la causa de las peores rupturas dentro de los partidos, especialmente de los comunistas.

Menos disciplina y más discusión, dejar sobre todo libertad de movimiento y de creación, no condenar la espontaneidad, es procedimiento más seguro para aumentar la participación y convencer a los militantes de su valor y a los votantes de no votar por una máquina desalmada y absurda.

Para el Presidente, lo mejor es mantenerse lejos de los aparatos políticos. Un jefe de Estado está, en principio, por encima de la política.

"Por encima de conflictos", *Unomásuno,* 19 de marzo de 1990.

LAS COMEDIAS DE ENREDO

En el teatro, cuando un personaje quiere hacerse pasar por otro, se pone un antifaz que sólo engaña al que quiere engañar. El público sabe perfectamente de quién se trata, qué quiere esconder y por qué. Por ese simple truco el espectador no sale del juego, sigue la trama de la obra y comprende la intención del autor y de sus creaciones. Si alguna vez los señores Conchello, González Schmall o Pablo Emilio Madero tuvieron a bien distraerse de sus ocupaciones mercantiles o jurídicas para leer alguna obra de Lope de Vega o de Beaumarchais, tendrían conciencia de que un juego escénico no confunde de verdad a nadie.

No sucede lo mismo en el cine, donde con ayuda de todas las malas artes del maquillaje, sí se dan travestimientos absolutos. Los hombres parecen mujeres de verdad y un actor de 20 años puede tener la cara de uno de 60. Por eso, entre otras cosas, el cine no es un arte y, de serlo, es un arte bárbaro y abusivo: se dispone simplemente del espectador, se le condiciona y se le engaña como a un niño de tres años. Sucede que el mexicano de nuestros días dejó los tres años atrás hace mucho y, por consiguiente, las mascaradas sólo le divierten a medias, cuando no le fastidian del todo.

Resulta ahora que los tradicionalistas son los antiguos neopanistas y los neopanistas son llamados tradicionalistas. Nadie sabe el porqué de este enroque o trastocamiento, de esta intención de confundir. Y más complicado de entender es por qué lo que se defendió hace 10 años se condena en este momento con saña y con virulencia. Sólo una explicación puede darse: no se condena un modo de ser y de pensar, no se juzga una política: se anatematiza a un grupo de hombres y mujeres, a unas personas.

El PAN vivió demasiados años en una oposición donde no sólo la conquista del poder sino el simple trato con él era algo tan lejano e hipotético que este partido —sus hombres más que el partido propiamente dicho— empezó a creer seriamente en la naturaleza angélica de la política, a confundir moral pública con moral privada y a pensar que las reglas del juego político estaban establecidas en el código de procedimientos mercantiles. Al entrar de lleno en la arena, se terminó el torero de salón, la naturaleza angélica de la política y las cortesanas reglas que regían el comportamiento de un grupo de amigos. Y empezó a imperar un hecho al que concedían poca o ninguna importancia: la imposición, el triunfo del más inteligente, del más hábil, del más político.

No ha carecido el PAN de hombres inteligentes, pero, en esto como en todo, hay diferencias gigantescas. Además, la inteligencia tiene su momento y los momentos pasan. Se da, por si esto fuera poco, que la inteligencia en algunas ocasiones se retira, sabe callarse y esperar, dejando a los más torpes el proscenio. Cuando regresa, lo mejor es no oponerse.

Sería torpe negar la capacidad política de Bernardo Bátiz, como sería igualmente de mal gusto y revelaría una incapacidad política congénita no aceptar la calidad de sus artículos, la seguridad de sus análisis y su voluntad de convencer. No quiere esto manifestar un acuerdo con sus ideas, con su imagen de la sociedad o de la concepción del poder. Es, simple y sencillamente, un homenaje a su inteligencia y a lo que está tras ella, su cultura y su honestidad personal, que no puede —también hay que decirlo— hacerse extensivo a todos quienes están con él.

Sin ilusión alguna, después de las elecciones del 88, se corrieron voces pidiendo la formación de un gabinete donde estuvieran representados todos los partidos. Era una concepción absurda del presidencialismo que ni se tomó en cuenta; se quería, por un bies ridículo por lo obvio, pasar del presidencialismo al parlamentarismo sin cambio de la Constitución de la República. Ahora se pretende lo mismo dentro del PAN, seguramente para inmovilizar a este partido y abandonarse al placer de las luchas intestinas, al chalaneo de los cargos y de las candidaturas, al recurso de introducir esta o aquella moción en el reglamento o en el programa. Pero tal cosa, y con razón, no se ha dado. A los minoritarios se les ofreció un rincón en la sombra y ya.

La creación de un Foro Doctrinario y Democrático no es plantear un campo abierto a la discusión: es una amenaza de secesión, es una disidencia de hecho, fundadas en el despecho y la rabia. Los señores Conchello, Madero y González Schmal sienten que su partido les debe a ellos más que ellos a su partido, que los primeros impulsos de modernización —cuando aparecen como neopanistas— son su obra, que los primeros resultados electorales serios se les deben y que su partido adquiere una responsabilidad en el terreno de la política real hasta entonces desconocida gracias a su trabajo. Se les olvida, en cambio, su colonización sistemática del partido, su manipulación de las federaciones y la utilización sistemática de la minoría de bloqueo. Acusan ahora a sus hermanos rivales de lo mismo que hicieron mientras mantuvieron una posición hegemónica dentro de la organización; no pueden entender cómo una manera de actuar supuestamente inventada por el grupo ahora se les revierte; no les cabe en la cabeza la presencia en el PAN de hombres más hábiles e inteligentes, con mayor popularidad, más dignos de respeto.

La incipiente pero auténtica vida democrática de México tiene que encontrarse con este tipo de problemas, reflejados sobre todo en los partidos, los instrumentos indispensables pero también los más frágiles en una democracia. El partido, para los militantes por los cuadros, se quiere ver como un laboratorio político, como un foro democrático libre de obligaciones, ajeno a cualquier forma de disciplina y de obligaciones. Situarse en la minoría resulta intolerable, se considera un insulto a la capacidad y visión del disidente en ciernes, quien sólo ve conspiraciones contra su real valer: las directivas son, para él, una conjura de los mediocres.

Dejando a un lado las posturas personales, los alcances particulares de los actores políticos, puede observarse que la situación del PAN es la de todos los partidos mayores mexicanos. La fragmentación del PRD es tal que, de no ser por la autoridad —por lo demás no ejercida— de Cuauhtémoc Cárdenas, hace tiempo que no sería un partido sino tres o cuatro. Saber que sin él los demás no existirían, les obliga a mantener una apariencia de unidad ficticia y mal soportada. La *Corriente crítica*, por su parte, es una madriguera de topos, más camaleónicos que tricolores, ansiosos de cambiar de domicilio.

Los rejuegos de los partidos pueden prolongarse. Deben saber, sin que les quepan dudas, el porvenir prometido a aquellos incapaces de tener presente el calendario electoral inexorable.

"Las comedias de enredo", *Unomásuno*, 2 de abril de 1990.

PRI: LOS SEIS VIENTOS CONTRARIOS

No TENER como meta la conquista del poder por estar ya instalado en él, cambia la naturaleza de un partido. En estas condiciones, sobre todo cuando se han mantenido durante más de 60 años, la función primordial de una organización partidista —la conquista del poder— se anquilosa hasta desaparecer. Su situación se hace aún más complicada si mientras es un partido dominante el sistema político en conjunto cambia para convertirse en un sistema competitivo o semicompetitivo, formado por partidos que sí tienen como meta primera desplazar al que domina.

La posición central del PRI dentro del sistema político mexicano ha hecho de él un partido más atento a su inserción, a través del Estado mexicano, en las transformaciones del mundo actual que a su relación con los demás partidos nacionales. No se pretende decir con esto que ignore voluntariamente su entorno inmediato, sino señalar el relieve de un campo internacional al que presta una atención singular. Pero algo parecido puede decirse en cuanto a sus preocupaciones nacionales.

Como partido dominante el PRI se halla, en cierta manera, obligado a posponer los enfrentamientos interpartidistas y modificar su estrategia. Los problemas de gobierno son asumidos por el partido para ser planteados como problemas propios. Al menos así se lo pidió el Presidente de la República con motivo del LXI aniversario de su fundación: desempleo, bienestar, y sí, cambiar las prácticas políticas, actividad propiamente partidista, aunque su regulación deba venir de una instancia exterior cuando esta actividad trascienda los estrictos límites del partido.

Dicho de manera más sencilla y en palabras del propio Salinas de Gortari, el PRI es un partido con "vocación de gobierno", que le impone como obligación "acercar a gobernantes y gobernados".

Mantener su papel dominante en un sistema en plena transformación impone un reajuste tanto de su papel como del sistema, y esto —reajustarse transformándose— parece evidente y puede ser consecuencia tanto de presiones internas, de militantes, simpatizantes y directivos, como de una exigencia externa —el gobierno en que se apoya y le apoya—; la recomposición del sistema político mexicano no puede darse por las mismas causas y por la misma voluntad. Modernizarlo es una operación sólo medianamente previsible. En el mejor de los casos puede colocarse al PRI en las condiciones más favorables si se tiene la capacidad para prever las posibles reacciones del electorado nacional, por un lado y, por el otro, las modificaciones —quizá transformaciones— de los partidos de oposición.

Las proposiciones de reforma del Presidente de la República van montadas en un análisis y una crítica generales. Resumidas en seis puntos se podrían interpretar de la manera siguiente:

1º. El PRI ha presentado malos candidatos, consecuencia de su división sectorial y de las *posiciones* propiedad hasta ahora de organizaciones gremiales. Sólo introducir mecanismos democráticos puede acercar al candidato del elector.

2º. Un partido del tamaño del PRI, resultado del crecimiento demográfico y cultural de la nación, que al mismo tiempo se diversifica y se urbaniza, refleja estos cambios en corrientes más o menos visibles. Eliminarlas es perder votos. Deben, pues, ser respetadas y armonizadas en lo posible.

3º. Las críticas más consistentes y extendidas se han centrado en el misterio —que no lo es para nadie— de sus finanzas. Puede añadirse que ningún partido, en ningún lugar del mundo, tiene una transparencia fiscal absoluta, pero tampoco puede transgredir alegremente la ley. Es hora de acercarse a la transparencia.

4º. El PRI ha sido un partido excesivamente centralizado. Cuando las decisiones de su Comité Ejecutivo Nacional no han sido respetadas, esto se ha debido a que los gobernadores las han cambiado por interés propio y personal, y no las organizaciones estatales. Debe desplazarse el poder de decisión hacia y para las organizaciones locales del PRI y no hacia y para los ejecutivos de los estados de la Federación.

5º. Sesenta años en el poder hicieron perder de vista la función electoral. La oposición ha sabido crear un competente personal electoral. Las deserciones terminaron de dañar un aparato ya tocado por la rutina y el abandono. Una concepción centralista y unas directrices igualmente centralizadas llevaron a situaciones conflictivas que en algún momento rozaron la catástrofe. El ICAP no puede ya cumplir con la misión asignada. Deben crearse los cuadros del partido de otra manera, *in situ*.

6º. Corolario de todo lo anterior. Nueva forma de organización que limita o liquida la organización sectorial. Creación de un órgano colegiado donde se puedan expresar las corrientes y, de manera especial, la fuerza de las organizaciones locales, más partidistas que gremiales.

Los cambios propuestos son cambios de naturaleza. La experiencia de 1988, la subida de las oposiciones y el no haberse desarmado éstas pese a sus conflictos internos y su pérdida de autoridad en los estados, hacen del escenario electoral de 1991 una palestra donde no hay vencedor seguro. Los problemas internos y externos del PRI no son menores que los de la oposición: tiranteces cuando no rupturas con amplios sectores obreros y burocráticos, desgaste permanente en conflictos locales, obligación de asumir la protesta inevitable engendrada por la política de modernización y austeridad. La respuesta, frente a esta situación, no puede ser el control gremial, pues si puede mantenerse un semicontrol de las cúpulas sindicales resulta imposible ya extenderlo hasta el ejercicio del voto obrero, campesino o burocrático. Si, además, se toman en cuenta los fracasos del PRI, resultados de la existencia de "feudos" electorales, y "feudos" históricos que no responden a la composición social actual, es casi obligatorio concluir en el desfase palpable entre organización partidista-electoral y electorado. La función del PRI debe modificarse e incluso desaparecer al menos parcialmente para dar paso a una nueva que, a falta de mejor nombre, llamaremos moderna.

El gobierno necesita un filtro capaz de mediar entre él y la sociedad. Desde 1929 las distintas formas del partido oficial tuvieron capacidad para absorber, filtrar y apaciguar los choques más fuertes entre gobierno y opinión pública, capacidad en proceso de desvanecimiento a medida que las fronteras entre el PRI y el gobierno se fueron borrando. Los conflictos comiciales cayeron de lleno sobre el Ejecutivo con consecuencias previsibles: la baja en la confianza en las cifras de las elecciones se corrieron a cualquier decisión gubernamental. Las oposiciones pudieron pescar en cualquier río revuelto o tranquilo.

Ser un partido de gobierno pero no en el gobierno se antoja inevitable; tener una mayoría —así sea relativa— es indispensable para gobernar: en un régimen puramente presidencial no se puede imaginar siquiera una cohabitación a la francesa V República. De todos modos, la distancia entre gobierno y partido tiene que aumentar. Un partido con la sola misión de aprobar las leyes y medidas del Ejecutivo habrá de desgastarse en un plazo corto ante la opinión pública.

Siempre se corre un riesgo cuando se apuesta a los conflictos internos de los partidos de oposición y no al valor del partido al que se apoya o se pertenece. Las reacciones de los electores son imprevisibles y los sabios instrumentos de medición de la orientación del voto han probado su falta de precisión en Nicaragua y en la República Democrática Alemana. La desconfianza del elector puede deberse en estos dos casos al temor justificado de ver la encuesta de opinión utilizada como un instrumento de identificación y represión de la inconformidad. Los partidos de oposición basan su fuerza en su aparente inocuidad, en la supuesta de acceder al poder y, también, en un electorado que sólo les concede su confianza y apoyo en el último pero decisivo momento. Voto de protesta o no, los sitúa en el poder contra toda previsión.

El punto final que el PRI está obligado a tener presente es el grado de aceptación de la política modernizadora del gobierno. Las protestas manifestadas por los habitantes de la ciudad de México no deben ser consideradas globales y definitorias de una posición política inconmovible. Pero es igualmente cierto el que las manifestaciones de la opinión pública son puntuales. Cristalizan y aparecen ante un hecho preciso y no ante un proyecto general. Puede apoyarse al segundo y rechazar el primero. Un individuo aprobará la baja de la inflación y rechazará el pacto de solidaridad, viéndolos como hechos desvinculados entre sí. De no encontrar una explicación generada por un partido, mantendrá su incongruencia y retirará el apoyo, así sea silencioso y pasivo, concedido a la medida considerada benéfica.

La lucha por el poder encarna en los individuos, en la función desempeñada por éstos. La pasividad y la falta de oficio de la mayoría priísta en la Cámara de Diputados es resultado de una selección de candidatos donde no se tuvo en cuenta el nuevo papel del Legislativo. Se creyó aún en la fuerza de los sectores. Su indolencia, su confianza menguada en el partido arrojaron las cifras más bajas padecidas por el PRI en toda su historia. Queda pensar en los individuos y no en sus organizaciones —piénsese en Nicaragua y en la RDA otra vez—, pues el voto reaccionará en el sentido que el hombre particular, el individuo, considere más favorable a sus intereses, también particulares.

"PRI: Los seis vientos contrarios", *Nexos*, núm. 148, abril de 1990.

UN EXAMEN DIFÍCIL

En algunos momentos se puede pensar en un detenimiento de la actividad política en la nación. Es, de hecho, un compás de espera, un reconcentrar el esfuerzo para darse después con mayor energía a nuestras tareas y, también en ciertos campos, una situación de desconcierto, de callejón sin salida. Esta última situación es la que parece privar ahora.

Estar a un año de la renovación de la Cámara de Diputados no parece preocupar a nadie, o al menos a quienes debería preocupar en primer lugar, es decir, a los partidos políticos. Más atentos a sus querellas internas que a su relación con el elector, vemos cómo se ventilan los orgullos, las antipatías y las inconstancias. La lección va a ser mucho más amarga de lo esperado ahora.

El abstencionismo es visto como la causa fundamental de nuestra imperfecta democracia. La indiferencia o el rechazo del elector ha sido casi siempre cargada a la cuenta del PRI, a sus imposiciones y, en varios casos, a los fraudes. Todo esto tuvo su verdad, pero también su momento. Tan fue así que se constituyó en una coartada de la oposición, en una justificación de la apatía y a la espera desesperanzada, cosa que fue dominada por un despertar del interés político, una subida de la participación electoral y un pasar al primer plano de dos partidos opositores, el PAN y el PRD, que presentaban un reto tan serio para el PRI que éste se vio obligado a plantear una autorreforma, hasta ahora no plenamente definida. Se percibió la necesidad de encontrar nuevas formas de actividad política y, al mismo tiempo, se careció de imaginación. El silencio, la insistencia en un tema y el miedo pánico a ejercer la auténtica función política, la negociación con el adversario, fueron las posturas dominantes. Reconcentrada en el problema electoral, la oposición tuvo una respuesta decepcionante, corregida de modo parcial por la negociación PRI-PAN, que tuvo un efecto contrario al esperado.

Obsesionada hasta el delirio por este solo y único problema, la izquierda se sintió traicionada por sus aliados circunstanciales, los panistas, dispuestos a salir del atolladero y encontrar el camino capaz no sólo de reformar los principios electorales del sistema político mexicano, sino de poder abordar nuevas tareas que oscuramente sentían eran interesantes e incluso indispensables para quienes habían tenido confianza en su partido. Esta apertura no sólo rompió un frente frágil e inestable, sino que dio al traste con la cohesión interna de los partidos de oposición, poca tranquilidad —otro hecho negativo— del PRI.

En 1975-1976 ya se podían observar líneas de fractura dentro del PAN, aceptadas por sus seguidores como una simple consecuencia de la renovación del blanquiazul, de un cambio de piel e incluso de alma. El PAN dejaba su carácter contemplativo y entraba de lleno en la pelea por el poder. Los jaloneos por una piel que él no tenía aún puesta, se revirtieron de todas las virtudes de la vida doméstica. Tradición, honestidad, devoción y generosidad eran las bases del partido. Quien no era heredero en línea directa de Gómez Morín creía ser el intérprete único y fiel de su pensamiento, y alegaba un inconcreto derecho histórico para orientar y definir al partido. La escisión, pues estamos ante una real escisión, no tardó en producirse, y será pues en orden disperso como se presenten en las próximas elecciones.

Las acusaciones sobre unos fondos recibidos del extranjero o unos millones del erario destinados a una campaña electoral, son poco serias y valdría más ignorarlas, de ser ciertas. Nadie está limpio. De la misma manera que se nos habla de la globalización de la economía, se nos puede sermonear con la globalización de la política. El mundo está lleno de ejemplos. Las democracias más consolidadas se ven sacudidas por seudoescándalos sobre el financiamiento de campañas, candidatos y partidos. Todas las leyes votadas con gran solemnidad y ningún convencimiento sobre la regulación del dinero político no han servido para nada. Buscarle las pulgas al PAN es triste, pero más lo es ver cómo una fracción se ha lanzado sobre la otra, en un intento de desacreditar a las personas y no a lo que representan; canibalismo puro, cosa que se suponía era un privilegio del PRI.

Tenemos por otro lado casi evidencias de una posible escisión del PRD. Para nadie es un secreto la misma existencia de rivalidades y antipatías personales insuperables. De llegar unidos a las elecciones, la ruptura vendrá de inmediato, o porque progresaron o porque retrocedieron. Oposiciones, de izquierda o de derecha, se parecen como gotas de agua.

El PRI, aunque por razones diferentes, no camina mejor. De las críticas y censuras que sobre el partido dominante buscaba desde 1929, no supo hacer una virtud y menos una política. El PRI ha sido incapaz de saber tomar la curva, de encontrar la respuesta a una nueva política. A tres meses de su asamblea sigue enfrascado en una actividad detallista, encerrado entre los vendedores ambulantes y la *miscelánea fiscal*. Cumple, es cierto, su papel de gestor, pero nada más. Ganará votos, de eso parece no caber duda, o al menos detendrá su caída, lo que no es igual a ser un partido capaz de aglutinar voluntades dispersas y encontrar una plataforma mínima pero sólida. Dominado por la inquietud, desalentado, espera el milagro, el hecho sobrenatural, capaz de sacarlo de este mal paso.

Si el abstencionismo electoral sube en julio del 91, no debe buscarse la causa sino, y exclusivamente, en los partidos. La democracia les resultó una prueba excesiva, que no han sabido resolver. Ya veremos qué piensan los examinadores.

"Un examen difícil", *Unomásuno,* 23 de abril de 1990.

LA DESTRUCCIÓN DE LOS MITOS

La izquierda protesta mientras la derecha aplaude, como era de esperarse. No parece, al menos por el momento, que estas expresiones de disgusto o alegría se deban a la medida en sí, sino a principios llamados básicos de posiciones políticas, donde la forma y extensión del Estado se supone determinan la vida y porvenir de la nación; no ha habido, en las críticas manifestadas, un análisis, por somero que fuera, de la medida en sí, y esto nos recuerda otras situaciones.

Cuando Joaquín Hernández Galicia fue encarcelado respondiendo a una indignación colectiva ante los desmanes del líder petrolero, la izquierda lanzó un grito de indignación ante lo que consideró un atropello a las garantías individuales. Triste es decirlo, el grito tuvo un eco amortiguado en la CTM y otras centrales obreras: no sólo no se habían respetado las formas legales sino que se perfilaba una nueva relación con la clase obrera, inscrita en una nueva política, por lo demás ya anunciada; es más, hoy ya en marcha. Se estaba ante la ruptura de un mito.

No se puede dudar de la necesidad de los mitos. Sobre todo cuando éstos son nacionales, punto de unión de una comunidad, por más que su contenido no tenga comprobación histórica. Mito era *la Quina* y mito la nacionalización de los bancos, aunque costosos, más construidos para satisfacción de un gremio obrero y de una izquierda aferrada a una concepción de la economía nacida hace medio siglo y que exige seguir en vigor pese a los ejemplos en contra vistos ya en todos los rincones del mundo. Son deseos recónditos de mantener un estatismo con ribetes socialistas que llevó a la economía mexicana al desastre. Los bancos en manos del Estado podían no satisfacer las necesidades de la economía nacional, pero eran uno de los últimos ecos del populismo cardenista y poscardenista.

La derecha siempre pedirá más —mayor libertad de acción y mayor protección del Estado—, buscando una posición privilegiada, defendida por la acción política del gobierno, cuyos costos no quiere compartir. La muy católica y sedicente cristiana economía social de mercado, llevada a la realidad cotidiana, se queda exclusivamente con el mercado y abandona el adjetivo social a quien lo quiera recoger. Sólo el Estado puede y quiere hacerlo. Hasta ahora no se conocía una actividad realmente social de la derecha mexicana, a menos de conducirla y entregarla con una carga ideológica tan extrema que se vuelve inaceptable para el común de la población que, en términos generales, no comparte maneras muy precisas —y conservadoras— de pensar.

Frente a posiciones como las de la izquierda y la derecha extremas, cristalizadas hasta impedir cualquier juego, la movilidad necesaria de la política encuentra un terreno reducido en gran parte por la supervivencia de los mitos que impiden la auténtica manifestación y defensa de lo que se piensa en verdad necesario. De ser una necesidad estratégica, como se dice del petróleo y de la electricidad, estas dos industrias deben seguir siendo propiedad de la nación y administradas por el Estado; mantener esta situación porque representaron una acción política coyuntural mitificada en el tiempo, contra lo que ahora, en una coyuntura diferente, puede revertirse en contra también de la nación, la racionalidad debe imponerse sobre cualquier creencia. De otra manera no se puede entender la modernización. La posible impopularidad de medidas como la reprivatización de los bancos a un precio a pagar en este momento. No hay gobierno en el mundo que en uno u otro momento no se haya visto en la obligación de arrostrar situaciones análogas.

La defensa del interés nacional no se puede juzgar por un hecho aislado, ni puede tampoco ser resultado de una actividad unilateral y monotemática, como la privatización o reprivatización de sectores económicos enteros. Lo imperdonable sería la falta de congruencia y abandonar las metas finales. La congruencia ha existido en las relaciones que aparecen entre privatización, nueva política obrera, reforma educativa, integración a los mercados internacionales, destrucción de feudos en algunos estados, aceptación de una crítica parlamentaria y partidaria. Se puede estar en contra, cualquier censura o negativa tendría siempre alguna base, así sea en más de un caso la nostalgia y en otros muchos una oposición de principio. La fuerza de esta posición radica en formar un todo, un conjunto cuyas partes se sujetan unas a otras. Conquistar la meta final es, a su vez, un mito.

Los resultados del proyecto económico y político serán parciales. Ni la riqueza va a llegar a todos los hogares ni el PRI, o una forma análoga a él, va a desaparecer por arte de magia. No vamos a transformarnos en una sociedad *igualitaria*, como se dijo hace ocho años, cuando en realidad querían decir más igual. Las metas utópicas —míticas— son un refugio de gobernantes porque, de antemano, todo el mundo sabe que no se van a alcanzar; cuando, por lo contrario, los fines postulados son demasiado modestos, la crítica estalla de inmediato. El punto medio y sensato, lo realmente posible, cuando tiene un costo que se resiente en verdad, se hace creíble, por más que sea visto con antipatía.

Queda un último punto, a mi modo de ver decisivo, la auténtica prueba del programa del gobierno actual. Todas estas medidas, desde la miscelánea fiscal hasta la privatización, son caras para el conjunto de la población. Si su resultado es sacar a los marginados de la miseria, la congruencia sería patente. De no cumplirse con ello, habrá sido un sacrificio vano, que habrá de justificarse con nuevos mitos.

"La destrucción de los mitos", *Unomásuno*, 7 de mayo de 1990.

LA BARRERA ANTIDEMOCRÁTICA

Decir que no hay democracia sin partidos es una verdad tan evidente que no pasa ya de ser un lugar común. La descomposición de los partidos, en nuestro sistema político, parece como si fuera el resultado de un virus de inusitada fuerza, capaz de instalarse y destruir cualquier organización. No sólo los partidos están infectados, las organizaciones empresariales padecen la misma enfermedad. Inconformidad, conflicto, fraccionalismo, todas las formas de enfrentamiento se albergan en la sociedad mexicana. La democracia no parece estar a la vuelta de la esquina.

La ilusión callista —pasar de un país de caudillos a uno de instituciones— tuvo sus efectos perversos. Si es innegable el crecimiento y multiplicación de un ordenamiento institucional a partir de los años treinta, las formaciones sociales y políticas, las culturales incluso, nacieron y se consolidaron a imagen del Estado. Fueron autoritarias por necesidad. Para poder insertarse en un sistema político regido por un Estado autoritario debieron mimetizarse y adoptar los mismos principios rectores: no distribución del poder, coopción, exclusión de los disidentes, dominio oligárquico, conformismo ideológico. Creadas en un momento de retroceso general de la democracia, herederas de una tradición cultural católica y, por lo mismo, autoritaria, maceradas en un caldo de cultivo donde socialismo estalinista, hitlerismo y fascismo constituían un medio totalitario, las instituciones mexicanas contemporáneas son, por herencia y por necesidad, autoritarias.

Partidos, grupos de presión, iglesias, actúan como grupos dirigidos de manera estrecha y desconfiada. La lealtad, el clientelismo, la relación personal son las normas no escritas pero universalmente aceptadas dentro de la organización. En este contexto parece imposible hallar una salida para el programa de Carlos Salinas. Reformar al Estado y democratizar la sociedad de manera simultánea, acabar o al menos aminorar las formas autoritarias del poder, se bloquean tan pronto como los dos proyectos se cruzan. Una sociedad autoritaria reclama un Estado democrático y un Estado autoritario exige una sociedad democrática, sin que ninguno encuentre la salida.

Las formas de la autoridad, en México, son autoritarias. Desde la familia hasta la empresa pública o privada, el orden jerárquico, vertical, se impone, por ser imposible romper esta forma de organización y funcionamiento, expresión de la desigualdad. Aquí nos topamos con la consagración del individualismo, la defensa de los grupos dominantes y el interés de clase. Se busca mantener el privilegio fundándose en la intolerancia y, más allá, en la irracionalidad.

El Estado es la evidencia del poder soberano de la nación, de toda la nación y, por esta razón, en el dilema siempre presente de autoridad y libertad, encuentra un obstáculo insalvable para el florecimiento del pluralismo. Si el gobierno puede justificarse y apoyarse en una decisión mayoritaria, tal cosa le está vedada al Estado, a menos de remontarse a los mitos fundacionales, entre ellos el constitucional. Al gobierno no le queda, en un régimen presidencial, sino asumir su doble papel —gobierno y Estado—, defender su primacía con un proyecto nacional frente a una oposición cuyo papel es fácilmente entendible en el plano del gobierno —Ejecutivo y Legislativo confundidos—, papel que se complica cuando del Estado se trata. En la disposición actual de las fuerzas políticas, es imprescindible encontrar una nueva ecuación donde Estado, gobierno, mayoría y oposición puedan armonizarse, cosa imposible en este momento.

La modernización implica una redistribución del poder, un nuevo reparto de los naipes, y no sólo del poder en su forma inmediata, sino en su forma secundaria, la influencia. Pero, antes de proceder a la transformación modernizadora, debería saberse qué quiere la oposición. El programa modernizador del gobierno es claro, lo que no quiere decir que sea aceptado por todos. Privatización, crecimiento capitalista, neoliberalismo, integración a los mercados internacionales, lo que debe tragarse como una pócima amarga para alcanzar el crecimiento y poder atender los problemas aferentes a un desarrollo distorsionado, como son la marginación, la pobreza, la desigualdad flagrante.

Todo el programa —al menos como es conocido— es una apuesta riesgosa, así tenga la virtud de un juego donde las cartas están boca arriba. La peculiaridad de este extraño juego es ver cerradas las cartas en manos de la oposición, empeñada en jugar una sola, la electoral. Qué quiere en el terreno económico, social, político, cultural, religioso, etcétera, no lo sabemos. No se puede pensar en una economía dirigida después del fracaso de ésta en los países socialistas, a menos que nos prometan las delicias de los sistemas soviético o cubano, que podría ser el resultado del delirio de algunas mentalidades de izquierda. Tampoco puede ser, si aún creen en el tapujo del bien común y en la economía social de mercado, una economía sin rienda, ideal de algunos empresarios afiliados por ahora sin compromiso abierto con la derecha política. Mantener el equilibrio, afinar y a veces intervenir sin contemplaciones ni paños calientes, ha sido política del gobierno. En todo ello, algo se ha andado: han aumentado las libertades públicas, se ha dominado la espiral hiperinflacionaria, ha habido un moderado repunte de la economía, las inversiones no se han olvidado de los marginados. Quedan en pie los desmanes policiacos y la seguridad pública, patitos horrendos y dañinos; la reforma y modernización de la administración pública, la prepotencia del burócrata, no son materia de atención especial.

Es probable y desde luego posible una solución más rápida de haber un orden institucional en las filas de la oposición. Los partidos han sido incapaces de democratizarse mientras reclaman la democracia a grito herido. Dudan y trampean en sus alianzas formales, ejemplifican a 80 años de haber sido descubierta la ley de bronce de las oligarquías de Roberto Michels, muestran una indiferencia y un desprecio absoluto por simpatizantes, afiliados —¿los hay?—, ciudadanos y electores. La falta de democracia interna consigue, en primer lugar, alejar de las urnas al hombre de la calle. ¿Con quién quedarse, con Ángel Conchello o con Cecilia Romero?, es la pregunta que debe hacerse el votante panista; ¿por qué llamar a priístas, panistas y a todos cuando las "corrientes" no estarán nunca representadas en las instancias directivas del PRD? Mientras los partidos de oposición crean oposiciones internas y escisiones, el PRI, como un coro de ópera, canta a media voz: ¡adelante!, ¡avancemos!, sin moverse de su sitio. ¿Y la democracia en todo esto? Bien, gracias.

La falla de los partidos acarrea un defecto mayor en el sistema político mexicano: es un sistema sin representación o con una representación simbólica, de protesta difusa e inconcreta. La presión sobre el Ejecutivo toma otro camino mucho más peligroso —la parlamentaria, organizada y partidista, no lo es—, es anómica, directa, inorgánica y, como se ha visto últimamente, vive en la tentación continua de la violencia.

Como ya es costumbre, los partidos esperan dos cosas: los subsidios y la democracia otorgada, la concesión política. El juego, en estos momentos, es puramente político, elitista y cerrado, no es social porque la sociedad no se puede representar sin mediaciones, sin partidos o grupos de presión o interés.

Liquidado el populismo económico, el político seguirá imperando mientras los partidos sigan como están. Quizá, bien pensado, sea lo mejor.

"La barrera antidemocrática", *Unomásuno*, 2 de julio de 1990.

LA APUESTA

La estabilidad de los gobiernos mexicanos parece estar en abierta contradicción con las leyes electorales del país. Puede decirse que no ha habido dos elecciones presidenciales regidas por una misma ley. Las modificaciones de detalle en un principio, pensadas de la manera más empírica para atender situaciones particulares, se convierten en los últimos 30 años en transformaciones decisivas de elección en elección.

En principio, el sistema político mexicano exige un método mayoritario, análogo al inglés o al estadunidense. El presidencialismo es ajeno, por naturaleza, a los gobiernos de coalición y pide, por tanto, una mayoría clara, que permita gobernar sin vivir en una negociación permanente con los grupos parlamentarios de oposición.

No ha sido éste el caso siempre. En los Estados Unidos, el presidente suele encontrarse ante una Cámara de Representantes y un Senado de signo contrario. La naturaleza no ideológica de estos partidos, su inclinación natural hacia el centro, permite este tipo de situaciones en principio insolubles. En el caso de los Estados Unidos, los partidos son partidos de gobierno y no de oposición incondicional y absoluta como fueron la mayoría de las veces en México. Por fortuna, en medio de conflictos y recriminaciones, esta postura empieza a modificarse entre nosotros.

El nuevo código electoral fue aprobado en la Cámara de Diputados por una mayoría más que confortable para el gobierno: sólo un partido, el PRD, y el grupo independiente estuvieron en contra y así lo manifestaron con su voto. Es natural que así sea, que un partido se plantee la no aceptación de una ley. El inconveniente, lo incomprensible incluso, está en el principio fundador del rechazo. Pedir una organización de las elecciones donde se elimine en todos los niveles la presencia de autoridades elegidas o designadas, es pedir que no haya posibilidad alguna de tener un proceso electoral más o menos ordenado. Cuando no se tiene capacidad para estar representando en todas las casillas en una elección federal, no se puede exigir sustituirse al aparato estatal en la organización de una elección. ¿Se considera el PRD con fuerza, representación y afiliados suficientes para hacer el nuevo padrón, incluso con el apoyo incondicional de los demás partidos de oposición? ¿Puede, excepto en algunos puntos de la República, vigilar el proceso?

Posibilismo es una palabra desprestigiada. Se asimila a arribismo y transacción, y más allá, a entreguismo. Pese a su mala fama, el posibilismo hizo posible la modificación sustancial del nuevo código, innecesario en más de un punto, pero gaje entregado a quienes piden un nuevo comportamiento electoral. La posibilidad presente, implícita en esta nueva ley, es precisamente eso, una posibilidad. No es aún una realidad. La apuesta de la oposición es la búsqueda de un nuevo comportamiento y de una nueva cultura política, apuesta doble, pues por un lado se confía en la sociedad y por otro en el gobierno y en el Presidente de la República.

Las encuestas de opinión, valiendo lo que valen, es decir, muy poco en nuestro caso, nos indican una situación aparentemente contradictoria en sus términos: mientras la imagen del Presidente y la de su política se consolidan, su partido no logra despegar de los peldaños más bajos, donde repta junto con las demás organizaciones político-electorales. Por si esto fuera poco, los partidos dan al electorado un espectáculo poco apreciado: divisiones, acusaciones, intentos de rebeliones palaciegas, reclamos de pureza doctrinaria inexistente. El horizonte electoral de 1991 está cargado de nubarrones y de abstención. El plebiscito, las elecciones plebiscitarias, se imponen por encima de los partidos: Salinas, Cárdenas y... falta un Clouthier. La honestidad de Luis H. Álvarez se ve compensada, en sentido negativo, por el aburrimiento que emana de sus discursos y de su presencia. ¿De dónde saldrán pues los hombres que en los 300 distritos del país llamarán al elector? Voluntarios no faltan desde este momento, aunque nada asegura ni que sean aceptados por los partidos ni que puedan cumplir con la misión encomendada a un candidato.

Sobre el Presidente gravita la mayor parte de la esperanzas y de las exigencias políticas de la nación. En sus últimos discursos no ha podido ser más claro: su único compromiso —asegura— es con la democracia, lo que plantea una inevitable distancia con su partido, sumido en el desamparo en este momento. Pero su relación con el PRI, aunque crucial, pasa a segundo término si se tiene presente la confianza depositada en su persona y en su palabra por la oposición, que votó la ley electoral sin estar plenamente convencida, pensando en su fuero interno en una jugada personal y personificada.

Las ganancias, en espera de cuanto suceda en 1991, son importantes. Con la excepción del PRD, los partidos no pueden presentarse hablando de antemano del fraude gigantesco y de padrones rasurados. Deberán abandonar la ristra de recriminaciones que ya no pasan de ser tópicos: tienen que encarar la responsabilidad consecuencia del nuevo código electoral, del cual son coautores. Por otro lado, está el compromiso del Presidente, garantía de la aplicación de la ley.

Un último punto: recriminaciones habrá. Los fraudes locales, de uno y otro signo, no se pueden suprimir radicalmente desde Los Pinos. Todo descansa en restaurar la credibilidad que no quiere decir unanimidad ni consenso universal.

"La apuesta", *Unomásuno,* 23 de julio de 1990.

LAPIDARIA POLÍTICA

Con excepción de los comunistas, no hay partidos monolíticos. La estructura vertical y autoritaria exigida por el centralismo democrático es hoy una reliquia; todos los partidos, sin excepción, están atravesados por corrientes y disidencias, se componen de fracciones y oposiciones internas. Si la democracia y la pluralidad son las ideologías dominantes, resulta inevitable que extiendan su radio de acción hasta los partidos políticos, rompiendo en su marcha con la idea de unidad, tan ansiosamente defendida por consejos ejecutivos, directivas y otros comités centrales.

El principio de la *purga permanente* también quedó atrás y ha sido sustituido por la cohabitación de los contrarios y el eclecticismo ideológico. Más allá aún nos encontramos con la ambigüedad verbal y la convergencia inercial: PAN y PRI están hoy más cerca que hace 15 años; sus puntos de entendimiento se han multiplicado; la discusión se ha hecho posible y, cosa aún más inesperada, sin llegar a la coincidencia —después de enmiendas controvertidas y aceptadas a regañadientes— han votado un mismo proyecto.

Estas coincidencias han salido caras. La concertación con el rival, incluso con el *enemigo*, se pagó en nuevas fracturas internas, fáciles de percibir. Los politólogos estadunidenses utilizaron una palabra francesa, *clivages,* para designar estos planos de rompimiento que se dan en todas las organizaciones sociales. Tomada de la cristalografía, esta palabra designa esos planos que vemos dentro de los cristales. A veces son absolutamente planos como en la sal, pero en otras están tan enmarañados, son tan caprichosos, que se habla de jardines. Tal es el caso, por ejemplo, de las esmeraldas. Pues bien, si el PAN parece tener un *clivage* —perdón por el galicismo— tan nítido y claro como un cristal de sal, el PRI, observado sin instrumento alguno, nos ofrece la vista de un jardín que sería la envidia de la mejor esmeralda colombiana. El PRD, si se asemeja a un diamante amarillo, no sólo presenta una fractura interna impresionante, sino que está plagado de lo que los lapidarios llaman *carbones,* puntos negros de carbono no cristalizado que afean la piedra y disminuyen su valor.

Desde que los partidos en México, los de oposición en primer lugar, dejaron de ser órdenes contemplativas y pasaron a vivir en el *siglo,* es decir, se secularizaron, regresaron al mundo de los hombres de carne y hueso, cayeron en la peor tentación: se sintieron atraídos por el poder y los juegos por él impuestos. La confrontación política acarreó el recurso a las malas artes o artes políticas, a la argucia y mala fe, siempre presentes en las relaciones humanas y, más todavía, en la vida política.

La apertura de una actividad parlamentaria, con todos los defectos y torpezas de un juego de novicios, impuso en los dos últimos años reglas no escritas y medianamente o mal respetadas en cuanto hace a la relación entre las fracciones parlamentarias, a cambio de abrir las cajas de Pandora, cuidadosamente conservadas por directivas y comités. De ellas salieron las rivalidades y odios personales, la envidia y la indisciplina. Salió sobre todo la soberbia, el deseo de imponerse, el convencimiento de tener la verdad en la mano. Salió, en definitiva, lo que son las relaciones internas, los *clivages* —otra vez perdón— y la pluralidad a la que no estábamos acostumbrados.

Nuestra cultura política, debida al PRI en proporciones gigantescas, impuso sus formas, empezando por una manera de expresión oscura, alusiva, cerrada. Nuestro lenguaje político es sólo para iniciados, para el escudriñador de columnas políticas donde se debe encontrar la clave secreta capaz de explicar la alusión leída una semana antes en la columna de un periódico diferente. Nada es claro: entender un hecho político cualquiera requiere un oficio que exige aprendizaje y sagacidad, pide mala intención y un don de doble vista. Pide además información no disponible para el vulgo. Para entrar en la vida y pensamiento políticos mexicanos, hay que ser un iniciado.

Da grima el desconcierto del político, del cuadro medio del PRI. Inteligencia no le falta, es más, le sobra; disciplina ha tenido a raudales; la voluntad de triunfo está siempre presente en él. Pero en un partido, aun claramente dominante, las órdenes y contraórdenes han terminado por marear a ese militante fiel, dispuesto a acatar cuanto venga de arriba. Y, consecuencia de todo esto, la sensación más difundida es el temor, el cual crece a medida que se acerca la asamblea. ¿Va a cambiar la organización interna? ¿Pasará de ser una organización de masas a convertirse en un partido de cuadros? ¿La función electoral dominará a todas las demás? ¿Hay tensiones manifiestas entre el PRI nacional y el del Distrito Federal? Otra vez la historia de la fotografía, del que *se mueve* y del que *se agacha*. Pero, ante todo, ¿por dónde pasan los planos de ruptura?, ¿dónde colocarse?, y —como en el poema de García Lorca—: "¿pero quién vendrá y por dónde?".

El misterio, el silencio, tienen virtudes. Mantienen la atención y obligan a la concentración; el temor al futuro refuerza la obediencia y tensa al individuo, le hace más agudo, más inteligente. Todos hemos vivido la angustia ante lo desconocido, hemos pasado más de un examen ante un profesor con fama de *fiera* y hemos esperado un cargo que llegó o se esfumó. Sabemos, puesto que acudimos a las expresiones francesas, qué es *la huida hacia adelante* por no soportar la espera de lo temido.

Y para terminar con los lapidarios, cuando uno de estos artífices tiene que cortar una piedra preciosa, la mira durante horas, buscando dónde están los planos de cristalización y de ruptura. Los va dibujando y transformando, retocando milímetro a milímetro hasta que, aguantándose el miedo, toma un cincel y un martillo para de un solo golpe dividir la piedra en bruto con el máximo aprovechamiento. Pero, eso sí, de equivocarse la puede convertir en polvo.

"Lapidaria política", *Unomásuno*, 30 de julio de 1990.

LA SOLEDAD DE LA MISERIA

Ante los enfermos y la pobreza, no se sabe nunca qué actitud asumir. El enfermo se siente culpable de su padecimiento y el pobre de su indigencia. Hay algo pecaminoso en ambas situaciones; se tiene la impresión de expiar una falta cuando en realidad se trata de lo contrario, de una injusticia. La humildad que acompaña a la pobreza nos resulta intolerable por ser una manera de asumir una culpa inexistente de la que nos sentimos partícipes. Lo mejor frente a la pobreza, nuestro reflejo instintivo, es cerrar los ojos, ignorarla o racionalizarla, dejar que antropólogos, sociólogos y psicólogos la expliquen y desvirtúen al mismo tiempo, liberándonos de cargos de conciencia al hacer de ella una fatalidad histórica.

Se debe, pues, tener valor para mirarla de frente. Es un paso que pocos dan sin ser tildados de hipócritas y demagogos, cuando no de ridículos y cursis, de damas de san Vicente de Paúl. Al crear el Programa de Solidaridad, el Presidente de la República sabía que habría de enfrentar esas críticas y otras peores. Dado el calendario político, se consideraría una compra barata de votos para el PRI, una manera cómoda de presentar las reformas del partido oficial, si reformas hay. En efecto así fue. La mayor parte de los comentarios han sido adversos, lanzados desde la comodidad de nuestras casas. Van acompañados —como era de esperarse— de exigencias salariales originadas en todos los horizontes. Pero hay un ataque en verdad insidioso: la mala conciencia, la culpabilidad del gobierno le lleva a prodigar los paños calientes y a entonar palinodias. Considerar que en dos años se ha sumido a la mitad del país por debajo de la línea de la pobreza es absurdo, y también lo es pensar que el nivel de vida de los mexicanos se ha degradado paulatinamente desde 1940, fecha mágica. Es tan cómodo y tan carente de sentido como pensar que en la Conquista se dieron todos los males, no pudiéndose hacer nada durante cinco siglos para remediarlos o paliarlos, cuando todos sabemos que los beneficiarios de esos males somos nosotros, aunque no todos en igual medida. El inmovilismo queda justificado, el quietismo es confortable: las cosas son como son.

Alguien debía romper la inercia y la buena conciencia, de izquierdas y derechas —al fin y al cabo argumentos sobran—. Arrostrar la crítica y no desbocarse, saber hablar sin rasgarse las vestiduras, mantener un equilibrio entre la necesidad de un gasto contenido y una ayuda eficaz en la medida de lo posible, ayuda que por desgracia no llega a todos, es una manera más de arrostrar una pérdida de prestigio personal de imagen, como dicen los comunicólogos. La figura distante, el misterio del poder no operan en estas condiciones. Ante las carencias absolutas, el desprecio y el racismo, el saber que los hijos de esos hombres y mujeres seguirán la triste condición de sus padres, el discurso es poco eficaz y, en última instancia, viene a revolver ideas bien asentadas. Tratar con la pobreza es iniciar el desorden. El buen político empieza a resolver un problema no planteándolo.

Hay un peligro al mover este tema. El pobre toma conciencia de su mundo. La corrupción, la violencia, el robo, la incompetencia culpable de la judicatura son cotidianos en el mundo rural, forman parte del tejido social de los grupos marginados, casi siempre indígenas. Resulta natural que, ausentes de las grandes corrientes del pensamiento moderno, se aferren a un patético discurso, claro y oscuro a la vez, torpe de expresión —la palabra solidaridad la trabucan siempre—, donde los símbolos de la protesta se toman prestados a un vocabulario que no forma parte en esas culturas. Perdieron para siempre las propias y se les dio en cambio retazos de otras, carentes de sentido, que no tienen manera de utilizar. El desamparo empieza ahí, en el aislamiento cultural, en la imposibilidad de entrar en el mundo moderno. ("Se nos devuelven documentos, —decía un mazahua—, porque tienen faltas de ortografía, o van mal presentados.") El escudo cultural, el bueno, es invencible para satisfacción de muchos, que no siempre están del mismo lado. El indígena se siente protegido en su mundo y el criollo —de alguna manera hay que llamarle— se alegra de no verle entrar en el suyo, donde sería un incordio constante. Los pobres en su rincón y no moviéndose por toda la casa.

Solidaridad no ha sido la derrama clásica, a fondos perdidos, forma de caridad paternalista que, incluso en su peor sentido, vale más que la indiferencia y el egoísmo racional. Una escuela es una escuela y, además, una manera de empezar a salir del túnel de la miseria; refaccionar una siembra ha sido casi duplicar la cosecha de frijol; un drenaje es evitar no sabemos cuántas enfermedades. Todo esto puede ser demagogia para quien puede enviar sin mayores problemas a sus hijos a la escuela, comprar frijoles en la tienda de la esquina y no se moja siquiera los pies los días de aguacero porque para eso está el drenaje profundo de esta ciudad; para quien la comida es escasa y cara, la escuela inexistente y las inundaciones son cotidianas, no hay demagogia que valga, son bienes recibidos y es subir un peldaño en un mundo que hasta ahora le ha negado todo.

Puede haber —ha habido, de hecho— una crítica más: la exposición permanente de Carlos Salinas. Hay quienes lamentan la falta de unas murallas como las del Kremlin o una ciudad prohibida para el común de los mortales; hay quienes quisieran reducirle a tres discursos anuales e impedir los tres o cinco diarios. Difícil decir si tienen o no razón, pero, como la miseria, esa manera de gobernar es ancestral en México. Ni modo.

"La soledad de la miseria", *Unomásuno*, 13 de agosto de 1990.

EL PRI: LAS NUEVAS CIRCUNSTANCIAS

La conveniencia de una asamblea del PRI parece ahora ponerse en duda en algunos sectores de este partido. Toda reunión de este tipo suscita enfrentamientos así no sean más que de ideas, manifiestas corrientes internas evidentes o subterráneas y cuestiona lo en apariencia inconmovible. Se considera pues una catarsis gratuita, un juego peligroso, precisamente cuando los peligros, se piensa, ya han pasado. Los dos últimos años han conocido una consolidación relativa, un repunte de su fuerza electoral, también relativa. Esta autosatisfacción puede desembocar en situaciones más graves que las conocidas en 1988.

Extender el comportamiento electoral de San Luis Potosí a toda la República sería un error de consecuencias incontrolables en un futuro bastante cercano. San Luis fue una victoria por omisión, fue la consecuencia de un abstencionismo histórico y malsano. Y esto nos lleva a replantear el papel del PRI, central sin lugar a dudas, en la vida política nacional.

No puede negar nadie el papel crucial desempeñado por el PRI o, con mayor precisión, por el partido revolucionario desde 1929. Sin su presencia y la de la escuela oficial, México sería hoy una nación diferente: para algunos, los menos, peor, pero para la mayoría, pese a sus defectos que, como todo partido, los tiene, estuvo presente en una construcción nacional donde la totalidad de los mexicanos se reconocen. Si alguna virtud debe destacarse de este partido es que ayudó a la conformación de un México más integrado y, perdonen la redundancia, más nacional. Sin haber logrado un ideal de igualdad y de justicia, la entrada de las masas obreras y campesinas en la vida nacional se hizo a través del PNR-PRM-PRI. Su desempeño como aglutinador nacional, el haber hecho una nación más nacional tuvo efectos saludables y planteó una nueva forma de organización política nacional que fue el factor decisivo para que la XIV Asamblea fuera convocada.

El PRI ha perdido parte de sus funciones por el crecimiento de nuevos factores de poder y de organización que ya no pueden ser ignorados y, menos aún, menospreciados. El PRI es hoy parte de un sistema político donde los partidos, todos los partidos, no son sino componentes en competencia con otros de igual peso. La relativa simplicidad de su función en el momento de su creación ha adquirido tal grado de complejidad que su simple análisis no puede ser unilineal ni responder a categorías de manual o de tratado de ciencia política. Pero por mor de comprensión, podemos ver cuatro vertientes que reclaman nuestra atención.

La primera es la organización interna. Los retoques añadidos después de la transformación de 1938 no han cambiado los principios organizativos. El PRI sigue siendo una organización sectorial, de base en principio obrera y campesina, con un añadido clasemediero llamado púdicamente popular. Pero la clase media, individualista y atomizada, no se ha constituido en el sustento de este sector y, hoy, la clase media es el eje electoral del país.

Renunciar a la forma organizativa sectorial se antoja imposible por las condiciones económicas presentes. Carecer de un interlocutor seguro sería para el Estado un doble inconveniente. Sin él no hay disciplina laboral alguna y, peor aún, el Estado no encontraría el apoyo indispensable para contener a una iniciativa privada dispuesta a obtener las máximas ventajas de una sobreoferta de mano de obra.

Encontrar una solución temporal e indispensable para un problema económico no resuelve el problema político. Surge un condicionamiento temporal; se conoce, sin fechas precisas, hasta dónde puede sostenerse la disposición presente. La apuesta es riesgosa, aunque no extraña la amenaza dormida en las clases medias, ajenas hasta ahora a cualquier encuadramiento político.

El voto de las clases medias —pues distan de ser homogéneas— ha sido errático. Baja California fue un caso y San Luis otro diferente. El Distrito Federal es la espada de Damocles que pende sobre el PRI y resulta más amenazador e imprevisible que Guerrero o Michoacán. Carece de sentido permanente este voto pero no carece de intención. Es tan pronto un voto de castigo como un voto de censura como un voto de protesta. Pero es siempre efectivo por venir de donde viene —la clase escolarizada, culta e inconforme de donde sale lo mejor y más lúcido del pensamiento nacional—.

Si la reforma interna del sector obrero se antoja inaplazable, la del llamado sector popular es crucial. El obrero manifiesta su inconformidad dentro de su sindicato. Su mundo político tiene límites precisos y formas de disciplina y protestas ajenas al comportamiento siempre electoral de las clases medias. La organización no puede ser la misma desde el momento en que la cultura y su expresión hablada difieren radicalmente. Las formas establecidas, los principios del sector obrero son un revulsivo para la pequeña burguesía, siempre en busca de una estructura donde su voluntad se transforme en norma y sus privilegios sean los principios mismos de la organización.

Así, pues, encontrar una salida ordenada e independiente a ese voto; armonizarlo con el voto auténticamente popular, es decir, obrero y campesino, se antoja tarea de romanos o, mejor aún, de políticos.

La relación entre organización interna y voto está presente en cuanto paso dé el partido revolucionario. Pero nos parece haber acotado demasiado el tema electoral al tener presente siempre una relación del partido con el simpatizante y el votante fiel.

La gran mayoría de la nación es ajena cuando no contraria a los partidos. Éstos son los culpables de la situación, de esa ruptura entre organización política y ciudadano. Pero al menos una parte de los ciudadanos vota, y lo hace de acuerdo con su libre saber y entender o, con mayor frecuencia, de acuerdo con sus intereses individuales, de grupo, de gremio, de religión o de clase. Los partidos, para la inmensa mayoría, son un símbolo o un conjunto de símbolos tras los que traslucen vagos principios. La fidelidad al símbolo del partido no es siempre clara; por lo contrario, suele ser confusa. Pese a las negativas reiteradas de las directivas, el PRI es la Revolución, el reparto agrario, la escuela obligatoria, el laicismo —a veces avergonzado— y el aparato del Estado; el PAN es el catolicismo y la gente decente, la iniciativa y las escuelas privadas; el PRD es una izquierda inconcreta y un grupo de políticos profesionales e intelectuales inconformes. Imágenes demasiado burdas, de contornos demasiado gruesos e imprecisos, injustas y equívocas, pero no por todo esto son menos efectivas al guiar la selección hecha por el votante.

El Partido Revolucionario Institucional se identifica en la visión popular con el aparato del Estado y, por consiguiente, con su brazo actuante, la autoridad que puede radicar en el gobierno federal o en un comisariado ejidal. El inconveniente mayor reside en las sinapsis, en las reuniones de los ejes de las células nerviosas que transmiten las órdenes dadas por el cerebro: la administración pública topa con una serie de soluciones de continuidad que la agotan en sí, sin posibilidad de trascendencia real, de inducir un movimiento.

Seamos honestos y digamos que pese a las críticas mucho se ha hecho. La administración, vista por el ciudadano a pie, no es la Secretaría de Hacienda o su titular; la administración es el empleado de ventanilla, el policía o el empleado de Pemex que distribuye el gas. Ahí ve al Partido Revolucionario Institucional en primer lugar. Contra todo lo dicho, mucho han mejorado los servicios públicos en algunos sectores pero, es fuerza reconocerlo, en otros vivimos una situación intolerable, y ésa también se le achaca al Partido Revolucionario Institucional.

La pequeña administración pública es un factor electoral de una importancia decisiva. Una queja no atendida es un voto en contra y una aducción de agua es un voto potencial positivo. La administración pública cotidiana, de ser incompetente, es el peor enemigo del Estado y, por extensión, del Partido Revolucionario Institucional.

Desde 1929, el partido creado por Plutarco Elías Calles ha sido un partido en el gobierno, para el gobierno y del gobierno. Es su gloria y condena, negarlo le pone en una situación ridícula, porque lo evidente no puede ser negado. Tratar de inventar unas distancias imaginarias no lleva sino a subrayar lo que todos conocen. Esto, sin embargo, no quita una oportunidad real, hoy presente, de aceptar una nueva función producto de la redisposición de las fuerzas políticas, una de las cuales, y no de las menores, es la presencia de una vida parlamentaria todavía torpe pero que, si la miramos sin demasiado apasionamiento, se ha consolidado de manera sorprendente en los últimos dos años. Todos tenemos que aprender nuestro oficio.

Partido del gobierno y para el gobierno, éste no puede hoy prescindir de una auténtica organización política, de una estructura de encuadramiento de sus partidarios. El antiguo partido de masas ha refinado, al perder parte de éstas, su vida parlamentaria, quizá ante la presión y exigencias de una oposición con quien comparte virtudes y defectos. No le ha dado la espalda a un nuevo quehacer político y, de haberlo hecho, el gobierno federal se encontraría hoy con obstáculos insuperables. En estos dos años se ha podido legislar en materias donde el acuerdo parecía inalcanzable. No hay duda de la intervención del gobierno federal en la negociación parlamentaria sobre la nueva ley electoral, pero el PRI cumplió su parte junto, justo es reconocerlo, con las fracciones de la oposición dispuestas a organizar una recomposición de las fuerzas políticas nacionales.

La competencia lanzada por la oposición de izquierda, sobre todo en el campo, fue enfrentada por el PRI más tradicional, por el sector agrario, en una confusión que oscureció qué estaba en juego. Intereses locales y nacionales se confundieron y mezclaron sin lograr más que un resultado: el guante tuvo que recogerlo el Presidente de la República y contestar personalmente el reto. Este hecho, a título de ejemplo, nos ilustra sobre el crecimiento y la mengua de dos imágenes públicas: mientras sube la del Presidente baja la del partido. No debe ser materia de desesperación, entre otras razones, porque el poder se ha personalizado siempre en proporciones superiores a las de otras naciones. Pero tampoco se puede ignorar que un partido fuerte siempre tiene un líder fuerte y popular. Miremos donde miremos, encontraremos siempre esa simbiosis entre hombre y organización.

El PRI es parte de México, es una pieza central de su sistema político y en la medida en que el país se transforme, este partido habrá de adaptarse a las nuevas circunstancias políticas, lo que no significa ir a remolque o jugar al camaleón. Nuevas competencias, incluso nuevas concepciones del partido, están presentes: algunas deben ser desechadas; otras, en cambio, entrañan una posibilidad de adaptación, de cambio y de renovación. Veremos qué decide la XIV Asamblea.

"El PRI: las nuevas circunstancias", *Cuaderno de Nexos*, núm. 27, septiembre de 1990.

DECIR DÓNDE SE ESTÁ

AL QUERER cambiar las relaciones de poder no queda sino cambiar también el estilo, de manera de expresarse. El énfasis no aparece ya en las interminables relaciones de obras terminadas o en proyecto, en kilómetros de carreteras o de caminos vecinales, en comuneros con derechos a salvo o en la cantidad de niños egresados de la primaria. Las cifras no son siempre muy seguras y, por lo demás, nada como una estadística para mentir o, al menos, para esconderse y, en primer lugar, escamotear las intenciones reales de un gobernante. Mucho más difícil, por lo tanto, es decir qué se quiere y cómo se pretende conseguir lo deseado.

El segundo informe de gobierno de Carlos Salinas se separó de las pautas tradicionales y transcurrió por lo que se puede llamar una filosofía de gobierno y se ausentó tanto en manifestación de intenciones como en respuestas a las críticas de la oposición. Temas nacionales fundamentales fueron la reforma política y el Programa de Solidaridad, situados en un contexto que desborda el mero debate parlamentario y la acción de los partidos. La reforma electoral cae de lleno en la reforma del Estado, al estar las elecciones en el centro de la formación del poder y, más allá, en la naturaleza de la soberanía nacional. Modernizar el Estado es, para el Presidente de la República, transformar sus instituciones para adecuarlas a una sociedad en plena mutación. De ser la transformación social homogénea, el problema planteado en el terreno social sería menor, pero el caso es que, en México, el cambio se da en direcciones divergentes cuanto no contrarias, de donde deriva el papel central del Estado y de su intervención. El Estado puede *adelgazar* y abandonar parcialmente su papel de productor económico; no puede, en cambio, olvidar su función arbitral cuando no rectora, no sólo en materia económica sino además social. De ahí Solidaridad.

Este programa ha sido visto como una actividad estrictamente política, orientada a la búsqueda del voto y a la constitución de clientelas. Como señaló Santiago Oñate en el programa de *Nexos*, no hay gobierno en el mundo ni partido en el poder que no busque el voto para mantenerse en el gobierno y, por consiguiente, no utilice su capacidad para atraer al elector. Un gobierno químicamente puro y ajeno a cualquier actividad política no se ha conocido. Pero si Solidaridad está a la vista de todo el mundo, esta presencia encierra más de un conflicto desde el ángulo de la filosofía de gobierno.

El triunfo casi universal del liberalismo económico y político, matizado por la caída de los gobiernos socialistas y por la lucha abierta contra el Estado de bienestar, no es tan claro como se puede antojar en un primer y superficial examen.

El mercado político no encontraría reglas de convivencia en caso de seguir las normas del mercado económico. La corrección de las desigualdades, injusticias e inseguridades sociales no aparece por el libre juego de los actores. De ser así, la revolución armada sería la naturaleza misma del juego de las fuerzas sociales y, para evitar tal cosa, no queda sino la recuperación del papel central del Estado y el restablecimiento de una autoridad indispensable de la que se quiere alegre y estúpidamente prescindir, sin prever las consecuencias acarreadas por este vacío.

La soberanía, tema central en el discurso político mexicano y de manera especial y enfática en el del actual Presidente, está hoy en plena revisión, no sólo porque utilizamos conceptos decimonónicos creados en el momento de máximo apogeo del Estado-nación y del imperialismo sino por el surgimiento de nuevas formas de organización regional e internacional, que son un reto para el antiguo concepto de soberanía.

La formación de bloques políticos y económicos no ha terminado con la caída de la organización de los Estados socialistas europeos, sino que, al contrario, parece desarrollarse como un ímpetu incontenible y amenaza sin contemplaciones a las naciones que decidan mantenerse en un aislamiento soberano por lo demás imaginario. Pactar, en la plena acepción de la palabra, implica mantener un acuerdo o un principio de manera voluntaria pero en la imposibilidad de retirarse o retrotraerse tan pronto como el firmante se siente a disgusto.

En un momento en el que la idea misma de superación de la nación se abre camino dentro de los bloques económicos más poderosos del mundo, mantener los principios de hace un siglo no va a resultar una posición cómoda, la realidad económica internacional puede enfrentarse en un porvenir no muy lejano con el hermetismo nacional. Nuevas formas de imperialismo y de colonialismo si se quiere, pero ante las cuales la simple negativa o el cerrar los ojos no conduce a ninguna parte.

El ideal de una unidad económica, política, cultural y social de América Latina quedó, al menos para un futuro más o menos previsible, atrás. La economía nos empuja hacia donde, de haber habido otras opciones, no nos hubiéramos dirigido. Pero el caso es que no hubo ni hay otras.

El segundo informe ha manifestado todo esto y mucho más. Las opciones planteadas a un gobierno no son infinitas, es decir, no hay voluntarismo posible. El Presidente está obligado a jugar en un campo acotado y estrecho, en un campo no parejo. Está obligado a tomar en cuenta la presión de los grupos sociales nacionales, a las empresas extranjeras, a los mercados y a los actores políticos. No quedaba, no le quedaba sino tomar una posición clara, sin pesimismo y sin triunfalismo. Así lo hizo. Ahora seguirán los gritos destemplados.

"Decir dónde se está", *Unomásuno*, 5 de noviembre de 1990.

EL COMPORTAMIENTO PARLAMENTARIO

Los diputados de la oposición y de manera especial los de la oposición de izquierda y, dentro de ésta, los del PRD, quizá se hayan divertido durante la lectura del informe presidencial, además de sentirse íntimamente satisfechos de sus gritos, gestos y exhibición de pancartas. Cuando se tiene la posibilidad de ser visto, no debe desaprovecharse la ocasión, más aún si se es un triste, que no ilustre, desconocido. Cómo salir del anonimato absoluto es una operación, para estos hombres y mujeres, más difícil que encontrar la cuadratura del círculo. Se debe aprovechar, pues, el menor resquicio para salir en las pantallas, y estos resquicios aparecen cuando el Ejecutivo acude ante el Legislativo. Puede tratarse de la comparecencia de un secretario de Estado o de la lectura del informe presidencial, y es mejor la segunda que la primera. En los dos casos la televisión está allá.

Las preguntas-discurso lanzadas a los secretarios con un afán de protagonismo mal disimulado, muestran los complejos de los diputados y revelan la idea que de sí mismos tienen. Se advierte sobre todo su aislamiento.

Culpar a la prensa de esta situación es una acusación imposible de mantener, menos aún de probar. Cuando ha habido un debate interesante en la Cámara, los periódicos han dado cuenta de él; ignoran, naturalmente, las interminables sesiones donde lo trivial corre parejo con el desorden y la oratoria más ramplona. ¿De quién es la culpa? Despersonalicemos el caso y pongamos las culpas en la cuenta del reglamento interno, envejecido, pensado en y para una Cámara carente de importancia, donde prevalecía la idea del discurso interminable pronunciado por la sagrada persona de un diputado al que no se podía interrumpir. La posibilidad del auténtico debate está clausurada por la voluntad de no elaborar unas nuevas reglas del juego parlamentario, de donde la intención de acudir a la presencia no parlamentaria, al mitin ante un público cautivo y, la verdad sea dicha, hostil. Pero lo más sorpresivo es la exigencia de mantener la interpelación donde ésta no cabe. Y más sorprendente aún es no admitir —porque no lo admitirían— el ser los obcecados de la interpelación interrumpidos cuando se posesionan de la tribuna.

No es, pues, sólo el papel reducido y sobajado de la Cámara lo que empuja hacia estas actitudes destempladas, es una concepción errónea del Parlamento el motivo de raíz.

La igualdad formal de los tres poderes empieza por ser negada por la propia Constitución federal. La lectura más somera así nos lo indica. Las razones históricas a las que se puede apelar para justificar tal distorsión también están en la mente de todos. El caso es que no hay igualdad real entre los poderes. Ahora bien, el requilibrar los poderes no significa, como pretende parte de la oposición, saltar a un régimen parlamentario, donde se establecería una superioridad del Legislativo sobre el Ejecutivo. El hecho mismo de no disponer el PRI de una mayoría calificada ha sido un primer paso de consecuencias mayores de las por lo general aceptadas. No hay enmienda constitucional posible de no existir un acuerdo con una minoría y así fue, por ejemplo, el caso de la aprobación del Cofipe. No aceptado por el PRD, su legalidad absoluta no puede ser puesta en duda, sin que esto signifique el pleno derecho de los perredistas a rechazarlo como instrumento político, jamás como código legal.

Es a todas luces inaceptable ver en el desenfreno parlamentario una prueba de libertad y una manifestación de la voluntad popular. Recurrir a los procedimientos de la IV República francesa o a los desmanes e indisciplina del Parlamento italiano son el camino más seguro para llevar a la clase política al descrédito absoluto, con las consecuencias previsibles: el golpe de Estado permanente o la inefectividad total, con la transferencia del poder a los grupos y personas ajenos a la organización legal de la sociedad.

Cuando el poder parlamentario no se reforma solo, es reformado —y de paso limitado— desde fuera. Termina por encontrarse con un orden del día impuesto por el gobierno, con el voto bloqueado y, más allá, con la célebre guillotina de la Cámara de los Comunes.

La confusión actual, reina de nuestra Cámara de Diputados, se origina en una indisciplina anterior, en la de los partidos. Si el PRD firma un acuerdo sobre el comportamiento a seguir durante la lectura del Informe pero resulta que éste no es vinculatorio para todos los diputados de esta facción, puede uno preguntarse a quién representan unos señores que empiezan por no representar a su propio partido. La libertad absoluta, la multiplicación de las corrientes y facciones dentro de un solo partido, la proliferación de cabecillas y cabezotas, todo esto da una imagen de democracia de dieta polaca, y de incompetencia política.

Saber contenerse, autodisciplinarse, saber ser breve y claro, nos conduciría a un auténtico parlamento y terminaría con una situación donde los diputados se ven obligados a exponer sus ideas en artículos y editoriales de prensa, donde el tiempo y el espacio son impuestos por un jefe de redacción que no se anda con paños calientes.

"El comportamiento parlamentario", *Unomásuno*, 12 de noviembre de 1990.

VUELTA A LAS ANDADAS

EL MIEDO es mal consejero y la actitud del PRI en el Estado de México no fue sino consecuencia del pánico que le producen las elecciones allá donde las oposiciones muestran una cierta —por lo general limitada— capacidad. El temor a perder unos municipios le lleva de nueva cuenta a la política del *carro completo;* no quiere ganar sino arrasar, reducir al rival a posiciones ridículas que, en el corto plazo, se vuelven en su contra. Admitir en principio la pluralidad para, tan pronto como se pasa a un plano concreto, negarla en los hechos, le conduce a un callejón sin salida.

No se puede suponer siquiera que no haya sino tres tristes municipios donde el voto no le haya favorecido y, al no poderse siquiera suponer, la famosa credibilidad se desvanece. Llegamos así a un juego donde nadie cree a nadie, y nadie cree en nada. Nos adentramos en un mundo sin verdad, donde las posiciones se polarizan y radicalizan, dejando que las apuestas las ganen o pierdan las directivas de los partidos ante la mirada entre sorprendida e indiferente del abstencionista.

Pero en este juego sin verdad ni auténtico ganador, las culpas no caen en un solo lado; no sólo el PRI debe cargar con el muerto. El PAN supo encajar un golpe serio, que sería capaz —de repetirse— de dejarlo fuera de combate. Su más ferviente deseo —recuperar el segundo lugar en las preferencias del electorado— se vio otra vez frustrado. Haber alcanzado un techo que no se puede por el momento romper, le empantana en las disensiones internas, en la lucha de facciones. Es casi seguro que la facción hasta ahora ajena —o ajena a medias— a la dirección del partido, volverá a la carga ofreciendo una posición de relevo fundada en el maximalismo, el falso triunfalismo y en una ideología rampante de extrema derecha ansiosa de hallar todos los apoyos externos por ahora a la expectativa y no muy convencidos del apoyo condicionado pero efectivo dado por el PAN a algunas iniciativas del gobierno. Se le reprochará no lo que ha ganado sino lo que no ha ganado, considerando esto último como un bien seguro y desperdiciado. Lo hecho por el PRI el domingo 11 de noviembre puede tener ese costo; perder el diálogo del partido más serio y mejor organizado de la oposición.

En medio de una cacofonía llevada a la histeria, en el PRD se han escuchado algunas voces sensatas y, cosa aún más importante, políticas. Reconocer los errores internos es dar el primer paso para remediarlos y, además, un comportamiento optimista; es apostar al futuro con confianza. Sosamontes dio el ejemplo y también una lección de cómo un auténtico militante sabe controlar sus propios nervios cuando sus compañeros pierden esto, la cabeza y la verdad.

Cuauhtémoc Cárdenas, en cambio, perdió una oportunidad más de mostrarse como auténtico jefe de un partido nacional, al dudar entre mantener su popularidad personal o darse a la consolidación de un partido que se le va trozo a trozo de las manos; optó por dejarse llevar por la ola. La pluralidad interna del PRD es tal y el número de fracciones que lo componen están tan alejadas unas de las otras que, en resumidas cuentas, no se sabe en este momento dónde se van a situar ni qué van a decidir. Las propuestas se han multiplicado, de tal manera que el partido desaparece. No puede haber diálogo ni discusión con un fantasma de mil caras y diez mil pareceres.

La protesta ante las irregularidades planteadas por el PRD debe ser atendida de la misma manera que las quejas del PAN, si en verdad se quiere seguir por un camino prometido e indispensable. La pluralidad es un hecho que para nada pone en peligro la estabilidad del gobierno. Es más, la refuerza.

La situación presente permite suponer la existencia de una mayoría en favor del PRI, así se haya estrechado su base social y política. Era de esperarse, pues no en balde han pasado más de 60 años en el poder. Negarlo carece de seriedad. Ahora bien, su fuerza relativa ha dependido de su capacidad de adaptación, de su muy peculiar manera de aceptar la oposición, de la negociación permanente con todos los sectores sociales, a los que ha sabido aislar y moderar, y ha dependido también de las debilidades manifiestas de sus rivales.

Hace 15 años suponíamos que México era un país inclinado por razones históricas, culturales y religiosas a la derecha. En julio de 1988 apareció lo contrario: la mayoría de la oposición se volcó a la izquierda porque había encontrado un líder capaz de enfrentarse con el candidato del PRI y con el de la derecha. Líder carismático, si se quiere, aunque torpe como político, incapaz como hombre de partido y poco prometedor como hombre de Estado. Vino con una idea fija, desde luego heredada: hablar lo menos posible, llamar con el gesto y la presencia, no con la voz. Esto le ha costado al PRD, y de paso a él, un millón de votos sólo en el Estado de México. Ya veremos cómo se lo explica a sus seguidores.

El PRI ha cambiado no sólo la forma de su comité directivo, sino a los hombres y mujeres que en él estaban. Nuestro mayor deseo es que cambien también las ideas que en ellos deben agitarse en este momento.

"Vuelta a las andadas", *Unomásuno*, 19 de noviembre de 1990.

UNA POSICIÓN DIFÍCIL

Habrá que volver sobre el tema. No se puede leer en unas horas un paquete de documentos prolijos y no siempre muy claros, donde se esconden las ambiciones y las pasiones, la voluntad y el abandono, la esperanza y el cansancio. La XIV Asamblea del PRI mostró todo esto y más; puso a la luz una vida partidista mucho más fuerte que lo esperado, mientras mostraba los defectos clásicos de un partido capaz de mantenerse en el poder más de 60 años.

No haber conocido jamás qué es vivir en la oposición, le confiere al PRI un lugar aparte en la historia de los partidos. Su longevidad le hace único, y su metamorfosis, a veces irreconocible. Creado desde el poder y para el poder, su presencia no tendría sentido fuera de éste. Su capacidad de adaptación crea la fidelidad de clientelas constantes y al mismo tiempo inconscientes de su pertenencia. Cambia de piel, otra vez, como las serpientes, pero su esqueleto no varía.

Un partido nacido de la sede misma del poder tiene dificultades insuperables para entenderse con la oposición. Su colonización repentina de la vida mexicana le permitió organizar a una parte decisiva de la sociedad incapaz, hasta el momento presente, de ofrecer nuevas formas de relación social y política. La oposición nace en las franjas externas de la sociedad, en aquellos terrenos no cultivados por el PRI (la clase media, por ejemplo). El realismo político ejercido por sus cuadros le lleva a sorprenderse ante un debatir constante de las ideas por parte de una oposición acantonada en el Distrito Federal, mientras la oposición en los estados de la República pasa a la acción directa con sus cortes de carreteras y toma de sedes municipales, secuela ya inevitable de cualquier confrontación electoral.

Los hados políticos de los años treinta le destinaron a mantener el poder y estos hados no le han abandonado. El monopolio ejercido durante 60 años le han configurado de manera tan profunda que, fuera del poder, su existencia no tendría sentido; es más, sería absurda, pues si los partidos se crean para la conquista y mantenimiento del poder, al PRI le falta el primer término. Su habilidad infinita para la conservación tiene como contrapartida inevitable rechazar la igualdad de los contendientes, así se trate sólo de una igualdad puramente formal.

Si el Estado mexicano se proclama rector de la economía, el PRI, sin ponerlo abiertamente en sus estatutos, se proclama a su vez rector de la vida política. Recoge en sus documentos las exigencias vociferadas en algunos casos durante la XIV Asamblea, pero habla en nombre de la sociedad, a la cual, se supone, representa en su totalidad y justifica con ello su relación simbiótica con el gobierno, cuyo programa incluye plenamente en el suyo. Aceptará, pues, un sistema de partidos sin renunciar a su posición central, y determinante incluso de la naturaleza y funciones de los partidos opositores.

Esta posición de privilegio, el no competir por el poder, ha hecho del PRI una organización política donde los rasgos del partido clásicos, de cuadros o de masas, son poco discernibles. Movimiento, frente, en cualquier definición casa mejor que en la de partido. No clasista, hasta hace poco gremial, ideológicamente ajeno a los grandes movimientos tradicionales, esto comienza a plantearle serios problemas electorales. ¿A qué parte del electorado dirigirse? Los sectores tradicionales que le brindaban un apoyo punto que incondicional —obreros y campesinos— dudan ante el castigo padecido por la crisis y la clase media, nacida al calor y amparo de la política del PRI, vota contra sí misma. Por si esto fuera poco, ni en el discurso ni en la acción política y social, el PRI tiene dónde acogerla. Su lucha futura, la más difícil de todas, está ahí.

Restablecer la credibilidad, otro punto levantado por Luis Donaldo Colosio, es un inconveniente mayúsculo en la coyuntura actual. Sólo en un acuerdo con la oposición, con toda la oposición, podría infundir en la sociedad un principio de confianza en el discurso político-electoral partidista. Por desgracia esto no parece asequible. Ante algunas voces aisladas de la oposición que llaman por su parte al diálogo y al acuerdo, las más importantes insisten machaconamente en la ruptura o pretenden imponer de salida condiciones imposibles de aceptar. Los partidos tendrán que seguir jugando con una apuesta total, donde lo primero que se juega es la mismísima existencia del adversario, mientras no pacten nuevas reglas.

Una nueva disposición y relación de fuerzas no aparece por ningún lado y las confrontaciones, sobre todo con la izquierda, mantendrán el tono ríspido habitual. Aparece, en el lado contrario, es decir, dentro del PRI, una apertura hacia una mejor representación tanto regional como nacional del conjunto de corrientes, de hombres y de tendencias, que lo conforman. De ser respetada, uno de sus puntos débiles más obvios —los conflictos larvados— irá siendo superado.

Estamos ya en una velada de armas. Las elecciones del año que viene mostrarán el camino recorrido por cada partido. El PRI, con todo y sus dudas, busca después de la XIV Asamblea una consolidación interna; la oposición se autodestruye, porque al no poder llamar al electorado resuelve el fracaso a dentelladas contra los más cercanos. No de otra manera se puede entender la posición del puñado de diputados del PRD que propone la reforma de la Constitución para darle a la Iglesia unos derechos que ni ella misma reclama. Cegados por la ira, deben pensar que los obispos son tontos.

"Una posición difícil", *Unomásuno,* 3 de diciembre de 1990.

DOCUMENTOS BÁSICOS

Son tres documentos desiguales en todos los sentidos. La declaración de principios se funda en una ambigüedad ya tradicional en la historia del PNR-PRM-PRI: la Revolución mexicana, donde cabe casi un siglo de historia de México. El panteón sincrético y la mitología revolucionaria siguen corriendo parejas como el panteón griego: dioses, semidioses y héroes que se aman, se reproducen, se disfrazan y se asesinan, en algunos casos sin motivo aparente, pero casi siempre con elegancia. Ahora bien, ahí cabe todo porque, como auténtica localización abierta, la ampliación no tiene límites y sus habitantes siguen entrando desde hace 80 años equipados de ideas nuevas de vez en cuando y contradictorias con las aceptadas y establecidas casi siempre. La Revolución mexicana hoy es más una figura literaria que un programa político.

El programa de acción presenta inconvenientes aún mayores, incluso insuperables, partiendo de la propia definición que el PRI da. "Definido hoy, inequívocamente, como un partido de la sociedad, el PRI reformado supone la asunción de un compromiso también inequívoco con las causas sociales." Permítame, el autor de la idea y de la redacción, exponer mis dudas sobre tal definición.

Proponerse como representante, defensor y adelantado de la sociedad, de toda la sociedad, huele a totalitarismo, frente único o nacional. Con ello dice, aunque no sea ésta su intención, que en México la sociedad tiene una sola voluntad, una sola meta, lo cual niega al tan traído y llevado pluralismo, la necesidad de encontrar los caminos indispensables para expresarlo, es decir, necesita varias partes, varios partidos, unos o uno en el poder, y otros en la oposición. Matizar la definición con el compromiso con las causas sociales empieza por no aclarar nada, pues de ser el partido de la sociedad deriva el deber de defender todas sus causas, a menos que sociedad y causas sociales sean términos antitéticos en este texto.

Un partido en el poder no tiene por qué andar cantando el *mea culpa* por todas partes y menos aún debe renegar de su papel que, bien visto, ha sido su gloria y su razón de ser. Entre el Estado y la sociedad —nos dice—, se ubica del lado de la segunda. ¿Contra el Estado? No, desde luego, fuera de él, lo que no define tampoco su localización en el espectro político mexicano. Se va hacia un vago limbo llamado sociedad.

Asumir en un programa de acción cuanta crítica le hace la oposición conduce a la parálisis. Otra cosa es tener siempre presente la actitud —siempre dividida, pues de partidos estamos hablando— de los electores, de quienes le apoyan con su voto o quienes le niegan el suyo y, para aprovechar estas lecciones, no queda sino partir de una definición más clara y, en última instancia, analítica. Dejar de lado la base clasista o interclasista de los partidos porque el socialismo ha fracasado estrepitosamente —y que no vengan con que sólo el real salió destrozado— es un error y una solución de facilidad. Y, peor aún, es regresar a lo negado en un principio: a la identificación con el Estado, obligado, éste sí, a buscar una armonización y un equilibrio entre las clases sociales.

La autocrítica no puede ser nunca un programa electoral y menos todavía un programa de acción. Un partido encuentra su finalidad en la proporción, nunca en la justificación. Poner las culpas en el pasado tampoco ayuda porque, entre otras cosas, la justificación se viene abajo al haberse mantenido en el poder año tras año durante más de medio siglo. Esta humildad franciscana minimiza incluso lo que la propia oposición, lo que los más encarnizados enemigos, están obligados a reconocer: crecimiento, estabilidad, equipamiento, educación y salud. ¿Que no se han logrado máximos quizá posibles? Dejemos a economistas, curas y opositores desarrollar el tema. La crítica es libre y no ha encontrado, en lo que hace sobre todo al PRI, la menor cortapisa. Es un deporte nacional del que el PRI no debe participar.

Podríamos seguir con la crítica de este documento, pero vale más ignorarlo y pasar a los estatutos, donde todo cambia. Empecemos por felicitar a su o sus autores.

Responden a dos o quizá tres tradiciones, igualmente valiosas. En primer lugar a la antigua lengua jurídica mexicana, siempre precisa y elegante, económica y sutil, hoy camino de perderse. Unamuno escribía que el latín era una lengua de conquistadores y de juristas, donde la ambigüedad y el alambicamiento no cabían. Esta tradición latina de nuestra cultura no se ha perdido en los estatutos aprobados, como también se mantiene el rigor del PRI y de sus antecesores, que desde 1929 han sido de una claridad meridiana cuando se trataba de establecer un reglamento inequívoco.

Tres documentos tan diferentes no casan en una sola publicación y son reveladores de corrientes y oposiciones internas, entre las cuales hay una dominante. La democracia interna de un partido puede aparecer en los debates de los conjuros, convenciones, comités y asambleas, no en los documentos propositivos dados a los afiliados y al público en general. Un programa de acción debe evidenciar una voluntad de acción, y no un torbellino de ideas o de divagaciones. El asambleísmo es una enfermedad de la democracia. No hay, por tanto, razón alguna para convertirla en una virtud.

El PRI —resumiendo— es todavía el instrumento político más fuerte y templado de México. Falta saber a qué meta dirigirlo.

"Documentos básicos", *Unomásuno*, 17 de diciembre de 1990.

EL ESTANCAMIENTO POLÍTICO

El calendario natural, fuera de arruinarnos durante las fiestas, que por fortuna ya terminaron, no cambia nada pese a su carácter mágico o considerado tal. Los problemas de la primera semana de enero son iguales a los de la última de noviembre. Los hombres son los mismos y, para fortuna nuestra, no tenemos problemas en el golfo Pérsico, aunque su conflicto armado en el Oriente Medio pueda tener repercusiones en todo el mundo. Sigamos con todo la corriente y pensemos en un nuevo amanecer, en un replanteamiento de nuestra situación, contra la idea de un Enrique Florescano convencido de que las continuidades deben prevalecer sobre las rupturas, cuando se plantea la comprensión histórica de una nación.

El gobierno actual ni puede ni quiere romper con su propio pasado, breve —dos años— pero repleto de rupturas con los gobiernos anteriores, lo que se suma a su haber. Las rémoras acumuladas por inercia y por temores infundados, el aferrarse a doctrinas inconcretas y a santos tutelares, llevaron a los gobiernos mexicanos a una parálisis donde todo se agravaba y todo se temía. La ruptura apareció en el discurso de Monterrey, durante la campaña electoral, y sus consecuencias son irreversibles a menos que surja un colapso general del sistema político, que sólo es posible si se produce antes una crisis económica generalizada. La ambigüedad donde se instaló una crisis económica rampante y permanente pidió un nuevo enfoque económico que se produjo en los hechos sin querer adoptar abiertamente el nuevo apelativo exigido por la nueva política económica: México entraba de lleno y sin tapujos en una fase de desarrollo capitalista, liberal, donde las fuerzas del mercado determinan el acomodo de las fuerzas productivas. Una operación de esta envergadura no podía concretarse sin conflictos. Acostumbrados a vivir durante siglos en una nación ordenada desde arriba, donde la voluntad organizadora del Estado no se había topado con resistencias mayores, fue natural la oposición de los intereses creados al amparo del Estado. Romper con todos ellos era a todas luces imposible y hubo que contemporizar para no introducir de golpe una cadena de enfrentamientos sin solución. La política resultaba así el eslabón más débil del nuevo programa, al descansar sobre ella la indispensable armonización de la acción del gobierno y las demandas sociales. Los enfrentamientos no se daban sólo con la oposición sino que los más virulentos se dieron dentro de la corriente de opinión y del partido progubernamentales. Hubo intereses lesos pero aun así la política del gobierno se sostuvo y en sus grandes lineamientos fue aceptada.

La continuidad se mantendrá. Se seguirá buscando la inversión nacional y extranjera, continuarán las privatizaciones, se mantendrá la lucha contra la inflación y contra la evasión fiscal y se intentará concluir en el plazo más breve posible el Acuerdo de Libre Comercio con los Estados Unidos. La cara política de todas estas acciones será el campo de enfrentamiento: sindicatos, asociaciones patronales y profesionales tienen inevitablemente que defender intereses con frecuencia irracionales mantenidos por la simple tradición. Lo que favorece, pongamos, por ser un caso real, a los importadores de vinos, va contra los vinicultores nacionales, y el PECE, remedio inevitable contra la inflación, incide directamente en el nivel de vida de los asalariados. Todo esto llama a las decisiones políticas del Estado que, por ahora y en el porvenir inmediato y aun en el lejano no puede escamotear su presencia ni su responsabilidad.

En la agudización de los conflictos no pueden extrañar las defecciones y retraimientos. Las secesiones se dan para defender intereses particulares escondidos tras una apariencia de lucha por el interés colectivo. El nacimiento de partidos microscópicos responde a intereses igualmente microscópicos y, por lo tanto, tan peligrosos como los virus, capaces de destruir organismos muy superiores en organización en la escala biológica, en este caso política. Sin embargo, la amenaza principal no radica en lo ínfimo, sino en una descomposición acelerada de la oposición de izquierdas que puede cambiar la distribución de las cartas en este juego político.

Frente a la política económica del gobierno no ha aparecido una propuesta alternativa con fuerza suficiente para originar un debate. Negar rotundamente no altera un diseño original sobre el que no puede hincar el diente la pura negativa. En ese sentido estamos sin alternativa. La excomunión, el interdicto son armas absolutas que, como las atómicas, no pueden ser utilizadas: la amenaza total desemboca en la impotencia total. Más aún cuando las dimensiones del ultimátum —la desaparición del sistema político— no son aceptadas por nadie.

Sin negar el trabajo de la Cámara de Diputados que, poco a poco, va entendiendo su papel, no aparece aún el tipo de crítica indispensable en un régimen presidencial. El discurso dirigido por un lado a la presidencia o al ejecutivo *in toto* y por el otro al elector, no es una habilidad de los diputados, ya estén en el partido del poder o en la oposición. Por ahora permanecen acantonados en una política y un discurso puramente partidistas y, por consiguiente, inefectivos.

Al renovarse la Cámara sería en verdad deseable encontrar no forzosamente nuevas caras, sino un espíritu renovador, dispuesto a trascender los debates asendereados, de argumentos y respuestas ya sabidos por todos. Decir, como se repite constantemente, que la economía se moderniza mientras la política se encierra en sus formas tradicionales, tiene mucho de verdad, pero está en manos de un personal político visto con desconfianza al ponerse a tono con una nación que se les escapa y se adentra en nuevas formas de relación y de vida sin tomar en cuenta a quienes dicen representarla.

"El estancamiento político", *Unomásuno*, 7 de enero de 1991.

¿LABORATORIO DE LA REPÚBLICA?

SORPRENDE la actitud asumida por las oposiciones a medida que se acortan los plazos electorales. El triunfo del PRI en Nuevo León ha redistribuido las cartas. Nuevas formas han aparecido en el diálogo forzado entre los partidos, los temas han cambiado, los resultados del 18 de agosto se ven con inquietud cuando no con temor.

El 60% del PRI en Nuevo León no es, pese a las encuestas, un avance de los resultados generales esperados por este partido. Este estado no es prueba alguna de lo que puede suceder en la República dentro de un mes: la cantidad de factores no comunes que incidieron en Nuevo León fue previsible aunque no es de ninguna manera habitual.

La relación entre Nuevo León y el Presidente de la República es de todos conocida. Originario de aquel estado, ha mantenido a través de su padre un contacto permanente con Agualeguas, donde nació don Raúl; el discurso más importante de su campaña fue pronunciado allá; las visitas han sido constantes; es su lugar de descanso. No es sólo una relación personal o una sucesión de actos de simpatía. Debe contarse también con un hecho que de una u otra manera debe afectar a los norteños: desde la presidencia de Abelardo Rodríguez nadie del norte ha ocupado la silla presidencial y puede alegarse que Carlos Salinas, tal como se presentan hoy las cosas, es tan o más de Nuevo León que Porfirio Muñoz Ledo de Guanajuato, así hayan nacido ambos en el Distrito Federal.

Sócrates Rizo, sin duda alguna, es neoleonés. Su militancia en la extrema izquierda durante sus años de estudiante fue conocida por toda la Universidad de Nuevo León y por todos cuantos le trataron en su juventud. Reprocharle hoy haber cambiado de militancia e incluso de ideas se acepta en la medida que en una confrontación todo es permisible —incluso lo en principio no permitido—, aunque no se puede olvidar los jerebeques ideológicos de la mayor parte de las figuras centrales del PRD y de los partidos menores. En los últimos 10 años la izquierda tradicional ha pasado al menos por tres partidos y los priístas desgajados no convencen a nadie cuando alegan que fue el partido oficial y no ellos quienes cambiaron. Sócrates Rizo, por consiguiente, no es considerado un tránsfuga o tránsfugas son todos; nadie nace puro y se mantiene puro toda su vida y, de pretenderlo, debe encerrarse en una de las cartujas que aún subsisten.

Más que las influencias personales, en Nuevo León jugó una disposición de las fuerzas políticas tradicional y ya. Es un estado conservador, industrial, urbano, apoyado por una clase media dependiente, dueña de un nivel de vida más aceptable. La política del gobierno actual es pues aceptada y apoyada. Tanto el PECE como el TLC coinciden con el interés general de aquella entidad y más aún con el interés particular de los hombres de empresa, siempre renuentes al cambio y a la aventura. Son pescadores de aguas mansas. Los sindicatos blancos abundan, las condiciones de trabajo son superiores al promedio de la República.

La izquierda no encontró una base social electoral. Al recuerdo de la lucha armada de los años setenta se suma la desconfianza en cualquier política originada en la universidad y en los estudiantes. No era tal la intención de Lucas de la Garza, candidato del PRD a la gubernatura, hasta hace nada secretario de gobierno, priísta y excelente profesor universitario, además de un tanto sibarista, auténtico conocedor de arte, sobre todo de pintura. Lucas de la Garza no representaba personalmente al PRD, cuya base campesina —recuerdos del general— es cada vez más evidente. Su desastre electoral era esperado y se cumplió. Sorprende de todas maneras la miseria de las cifras obtenidas. ¿Premonición de un panorama general?

Como se desconfía de la política universitaria se sospecha de la empresarial. El PAN cometió el error garrafal de sacar a un hombre de empresa de sus negocios para lanzarlo a la lid. Por más experiencia que haya adquirido en sus años de lucha política, un buen empresario no coincide con un buen gobernante. El buen empresario es egoísta por principio: salvar a su empresa, engrandecerla en su misión que confunde con una obra nacional cuando no universal y religiosa. El conservadurismo profundo de Nuevo León le situó, para tranquilidad del PAN, en un honorabilísimo segundo lugar, con un *score* más que satisfactorio.

¿Todos contentos menos el PRD? El PRI en un primer lugar que en cualquier sistema político se consideraría aplastante para la oposición; el PAN recuperando a pasos agigantados las estrepitosas pérdidas de 1988; Cárdenas pagando sus errores de cabeza de partido y los eternos conflictos internos de la izquierda. Nuevo León no es el laboratorio electoral de México. Los resultados obtenidos en un tubo de ensayo o en un matraz son con frecuencia inaplicables en el terreno industrial. Guanajuato y San Luis, el propio Distrito Federal, presentan horizontes muy diferentes, oscuros para el PRI y un poco más claros para la oposición: debilidad de algunos candidatos, arraigo en algunos casos de los opositores, sentimiento de olvido en las poblaciones, retraso de la industrialización y una multitud de factores imponderables plantean una situación electoral que no le permite al PRI cantar victoria desde este momento, desde el momento de Nuevo León.

"¿Laboratorio de la República?", *Unomásuno*, 14 de julio de 1991.

LA AMERICANIZACIÓN

EL MIEDO es un tanto injustificado, pero ahí está: el Tratado de Libre Comercio se considera una amenaza para la cultura mexicana. Puestas frente a frente, la cultura norteamericana aplastaría a la nuestra. Estaríamos, pues, ante una nueva conquista.

Las culturas no cambian ni desaparecen con la facilidad que este miedo supone. De cuantos hechos ha creado el hombre, son lo que mejor resiste y perdura, lo que no cae ante un ataque frontal y directo, sin que esto evite los cambios constantes, difíciles de percibir a veces por la lentitud propia del cambio.

Quien haya tenido la suerte de vivir en México en las últimas cinco décadas habrá sentido, al mirar hacia atrás, las modificaciones de nuestras costumbres y de nuestra forma de pensar. Cuando se pregunta por el cambio, la contestación es casi unánime: nos hemos americanizado. A decir verdad nos hemos americanizado antes de que siquiera se pensara en el TLC, así éste haya venido a sembrar súbitamente la alarma.

Nuestros gustos y preferencias pueden orientarse hacia todos los puntos de la rosa de los vientos. La brújula, sin embargo, apunta siempre hacia el norte, incluso para aquellos que no sienten simpatía alguna por los Estados Unidos.

Olvidemos por un momento el bombardeo norteamericano de las televisoras privada y pública, la presencia de revistas como *Time*, *Newsweek* y *Selecciones*, el respeto supersticioso por cuanto impriman el *New York Times* y el *Washington Post*, el dominio absoluto de Hollywood en las pantallas; olvidémonos incluso de Disneylandia para divertirnos y de Houston para curarnos; olvidémonos del rock y los MacDonald's, es decir, olvidemos a la ciudad de México con sus automóviles americanos, japoneses y alemanes.

Encontrar ahora productos de nuestro vecino en los supermercados no altera de manera radical la balanza de pagos ni aumenta los grados de americanización, por lo demás presente en Europa y Asia, con la misma intensidad, la misma amplitud. Olvidado sin olvidar todo esto, quedémonos en un mundo que para bien o para mal es el mío. El mundo de los profesores e investigadores, poetas y novelistas, pintores y escultores, científicos y, en general, quienes más y mejor contribuyen al crecimiento, cambio y transformación de la cultura mexicana, de esa parte de la cultura llamada superior por ser la más visible.

La influencia norteamericana empieza ahí, y se afinca en una predisposición favorable. Primero porque es americana y se distingue de la europea, siempre vista con desconfianza y, después, porque el alud es de tal tamaño que ni siquiera se distingue de la cultura cotidiana. Lo norteamericano se lleva ya en la sangre y, más aún, en la voluntad: el pintor y el escultor quieren exponer y vender en Nueva York o en San Francisco porque el mercado nacional es pobre y estrecho; para un novelista ser traducido es lo mismo que ser consagrado; enseñar así sea un triste trimestre en una triste universidad de Arizona es tener un currículum con algo serio; un científico lee el *Citation Index* con la misma angustia y esperanza que la nobleza europea devoraba el *Gotha* (léase lo escrito por Ruy Pérez Tamayo); un doctorado de la UNAM no se considera serio comparado con uno de las *Top Ten*. Pero esa disposición no termina ahí. Las vías de esa cultura son infinitas; las disculpas ofrecidas por las víctimas o beneficiarios, también.

A los norteamericanos los hacemos jueces de nuestra situación política y las quejas se exponen en Chicago o en Austin. Allá alegamos falta de nacionalismo —entre los hombres y mujeres del pueblo, naturalmente— mientras gozamos de sus becas, laboratorios, bibliotecas y profesores; atacamos al imperialismo cultural y al mismo tiempo solicitamos la ayuda de alguna fundación. En resumen, los constituimos en tribunal —con su idioma, con sus leyes, con su manera de pensar— y nos ponemos furiosos al conocer sus fallos, si éstos no nos favorecen.

Una cultura sólo cae cuando quienes viven de ella y en ella se rinden al pensar en otra superior a la propia, frente a la cual no encuentran defensa. Estudiarla, escudriñarla, "meterse en el pellejo del otro" no es una manera de defenderse, es una forma un tanto hipócrita de aceptar.

No se trata de mantener la ignorancia del otro, pero —y creo que aquí se plantea el problema— no se sabe, no sabemos, al menos por ahora, dónde poner la frontera. No hay una esencia nacional indestructible, una forma de ser capaz de resistir cualquier embate, no hay nada que nos asegure la supervivencia. Refugiarnos en el pasado no conduce al futuro; en el mejor de los casos nos aparta de la lucha, que dejamos a otros más valientes y audaces. No queda más que la voluntad. La nación no está dada, se construye todos los días.

La americanización de la cultura mexicana ha sido un proceso paulatino, lento e incontenible. Es, si se quiere, un movimiento universal, como lo fue la romanización de Europa. Si la historia nos enseña algo, creeremos que en una Europa dominada militar, científica, técnica y filosóficamente, hubo pueblos que, romanizados hasta el tuétano, después conquistaron a la propia Roma.

Soñar no cuesta nada y, mientras soñamos, sigamos como los bárbaros, haciéndonos pedazos entre nosotros, con las espadas y los escudos que tengan a bien vendernos los nuevos romanos. La justificación está ya dada: todas nuestras desgracias están en el Tratado de Libre Comercio.

"La americanización", *Unomásuno*, 28 de julio de 1991.

ANTE EL 18 DE AGOSTO

Desde el punto de vista de la legalidad y la legitimidad, es una herejía pensar que los resultados numéricos de las elecciones del próximo 18 de agosto no son tan importantes como la creación de una nueva credibilidad en estas mismas elecciones. A menos de surgir una ola destructora de la actual distribución del voto, el poder no se verá afectado para seguir gobernando desde la legitimidad electoral. Tal cosa no es probable que se dé en las condiciones actuales.

Lo triste en estas elecciones es la abulia de los electores que, con un mínimo de análisis, se explica fácilmente. Lo que está realmente en juego, la credibilidad, no se percibe y el monto de la apuesta política no interesa mayormente. La abstención será grande, como, por lo demás, siempre lo ha sido en las elecciones de medio sexenio.

El desconcierto y la indiferencia se deben en parte a la falta de empuje de los partidos, al perfil borroso de los candidatos y a la ignorancia de los programas. La anécdota se ha impuesto una vez más sobre la realidad política. Este anecdotario transparenta qué se está cociendo dentro de todo el sistema de partidos y permite esperar, si no un final feliz, sí más nuevas bases que, esperemos, modifiquen al menos este desabrido panorama.

Todos los partidos menos uno han mostrado buena fe y han confiado hasta el momento en los posibles resultados del esfuerzo innegable del IFE. Se admiten incluso las fallas inevitables de un nuevo padrón que, no sólo para los partidos sino para los propios electores, es el mejor de cuantos han existido. La disposición abierta y positiva no garantiza una participación elevada. Se observa, sin embargo, una voluntad para ejercer su función de partidos, por razones no siempre de suprema nobleza.

Medir la democracia por el número de partidos presentes en una elección no puede aceptarse. Como señalaba hace unos días Adolfo Sánchez Rebolledo, el ciudadano no percibe los matices que separan a los programas, cuando se conoce el programa. Comprometer el voto por un partido menor puede ser estético, pero jamás político: quien vota desea que su participación cuente, tenga un reflejo posterior en la política nacional, desea —así sólo sea esto— verse incluido en un grupo con capacidad para influir, aunque sea desde la oposición.

Reducir el número de partidos es indispensable. El 1.5% es una muestra de subdesarrollo político y un inconveniente inexplicable para la instauración de un auténtico sistema de partidos. Las mismas razones que llevaron a negarle el registro a los ecologistas se pueden aplicar a casi la mitad de los contendientes en estas elecciones. No sólo no aumentan la participación; son un peso muerto para las grandes organizaciones a las que corroen por los bordes; son, en resumidas cuentas, un refugio para los fracasados y los inconformes permanentes.

No sólo los partiditos impiden tener una radiografía clara del cuerpo electoral; la campaña de uno grande, el PRD, juega plenamente contra la participación, al introducir la desconfianza y la sospecha como base de su propaganda, y lleva a sus posibles electores a instalarse en el abstencionismo, arrastrando de paso a ciudadanos indecisos, también desconfiados, para quienes las declaraciones de un líder siempre cuentan.

Descalificar de plano todo el proceso electoral es una estrategia política y, en cuanto tal, se comprende. El IFE no tiene autoridad alguna para decidir que se puede decir y qué no.

Los resultados adversos del PRD en el Estado de México y en Nuevo León —los primeros sorpresivos y los segundos esperados— han reforzado una corriente abstencionista entre los seguidores de Cuauhtémoc Cárdenas: antes que enfrentar un nuevo desastre, el retiro del PRD de los comicios o el planteamiento de una duda absoluta sobre todo el proceso, impugnando los resultados de antemano, puede ser una salida poco convincente pero airosa. Retirarse por completo de las elecciones tiene costos inmensos. El PAN se abstuvo parcialmente en 1976 y el experimento le convenció de lo absurdo del error cometido. Los políticos añejos del PRD, que han arrastrado el sarape en muchas elecciones, no parecen dispuestos a dejarse llevar por esta estrategia de las cosas; han de ponerse mucho peor antes de que mejoren.

La Constitución hace del voto una obligación. Las leyes electorales, hasta 1976, imponían una serie de penas para quien no se sometiera a este precepto, sin que tal cosa llevara a los electores a las urnas. La abstención, con o sin penas, fue masiva hasta esos años, y sigue teniendo niveles muy altos. La ventaja es el carácter voluntario del voto, adquirido después de la LOPPE. Pese a los críticos, fue una confianza paliada lo que subió los niveles de participación. Las razones de la abstención son infinitas y desconocidas: nadie puede hablar en nombre de quienes no han manifestado su voluntad. No hay un partido con derecho a sumarse un voto que no existe.

La participación —la cara contraria de la abstención— no es la democracia. Con frecuencia se ha visto cómo un aumento súbito del número de votantes obedece a una situación de crisis, a una ruptura del pacto político. Naciones cuya democracia no se puede poner en duda, al menos en las concepciones dominantes de lo que es y debe ser la democracia, como los Estados Unidos y Suiza, tiene unos índices de abstención impresionantes, sin que sus sistemas políticos se vean afectados.

El día 18 de este mes estará en juego no la base del sistema —la continuidad de un sistema no se juega en unas elecciones legislativas—, sino el dar un paso más, un paso auténtico en la modernización política de México. El PRI tiene la obligación, más que los partidos de oposición, de poner el ejemplo, consecuencia de una voluntad sin cortapisas, de lo que pueden ser unas elecciones capaces de dejar satisfechos a todos los que fueron a las urnas.

"Ante el 18 de agosto", *Unomásuno*, 4 de agosto de 1991.

IMPRESIONES DEL MOMENTO

Con algunas voces disonantes, el acuerdo se antoja perfecto: la elección la ganaron el presidente Salinas y Solidaridad; las infracciones no alteraron el sentido del voto; el PAN se mantiene e incluso crece en cifras globales; la izquierda se hunde mientras los ecologistas se benefician con una parte del antiguo voto neocardenista.

Las voces disonantes. Cárdenas, Castillo, Vicencio Tovar en el Distrito Federal, sin que se crea en lo que dicen. Quienes votamos pudimos ver un orden desacostumbrado en las casillas. En la mía por lo menos vigilaban ocho personas, de discreción absoluta y de una cortesía ejemplar. En menos de dos minutos el voto estaba en la urna y los documentos devueltos. Ni asomo de protesta ni menos aún de violencia. ¿Caso excepcional? Puede ser. De cualquier modo no había un policía a la vista. Ni falta hacía.

Decir, como el ingeniero Castillo, que hubo un fraude colosal, no se lo cree ni él mismo, puesto que es un hombre inteligente, que por serlo, ve las dificultades acumulándose para su partido. Es normal, hasta donde cabe, esa denuncia indiscriminada, sin más sentido que el puramente partidista. No es el caso de Vicencio Tovar, frenético según la prensa.

Los candidatos saben de sobra que no hubo rellenos, ni tacos de votos. Los tamales no empujaron varios millones de papeletas. Cuando pase lo desagradable de la sorpresa el análisis será más cuidadoso y equilibrado, con resultados más angustiosos que los dictados por la furia del momento.

La tontería también tuvo su lugar: la CIA organizó las elecciones para que Salinas de Gortari se reelija. Esto en Guanajuato y aquí, dicho por otro partido, las elecciones en el Distrito Federal se hicieron como se hicieron para preparar la candidatura de Manuel Camacho.

San Luis y Guanajuato no simplifican el panorama, tranquilo en casi toda la República. La magnitud de las diferencias no permite suponer su origen en el fraude, en la presión directa o en la compra de la conciencia. ¿Por qué entonces este empeño en denunciar lo que no tiene prueba alguna? Fox pide nuevas elecciones y el doctor Nava rechaza todo el proceso de San Luis, sin que ninguno de los dos crean tales cosas posibles.

Del mismo modo que en 1988 nos encontramos con una solución atípica, la de 1991 también lo es. Pueden verse principios de explicación, por ejemplo, en el voto ecologista, el más antipolítico de todos.

El reducir el amplísimo campo político a un solo tema, o un tema dominante o hegemónico, tiene mucho de mandato imperativo, de mundo y sociedad reducidos a una sola variable. Le suprimen las taxonomías, se ignora a la izquierda y a la derecha, se ignora de hecho todo para centrarse en un solo problema que al parecer dictamina a todos los demás.

Nadie puede negar la contaminación no sólo de la ciudad de México, sino la de los ríos y mares, la tala indiscriminada y bárbara de los bosques, la erosión de los suelos agrícolas, la lluvia ácida, los basureros a cielo abierto. Todo eso y más está presente, sin tener una solución independiente de la mala distribución de la riqueza, la pauperización progresiva de franjas de población cada vez más amplia, el analfabetismo, la explotación sistemática de una naturaleza cansada por no decir extenuada. De haber un posible remedio éste pasa por una política global, partidista por consiguiente.

El voto ecologista —los futuros análisis seguramente lo probarán— salió de quienes se inclinaron por el neocardenismo hace tres años y quedaron decepcionados por las querellas internas del PRD. La ilusión terminó en un descorazonamiento que se negó al refugio abstencionista.

Otro problema para el PRD: la existencia del PFCRN. Aguilar Talamantes se adelantó y se quedó con el mito y el símbolo. No sólo tenía pleno derecho, la izquierda agrupada en el PRD, aunque el nombre hubiera quedado vacante, no hubiera podido utilizarlo: las acusaciones de caudillismo, personalismo y suplantación habrían salido de todos los lados, incluso de sus propios afiliados. Hubo en algunos casos confusiones que redundaron en contra del ingeniero Castillo en el Distrito Federal y de los otros candidatos al Senado y a la Cámara de Diputados en toda la República.

Son detalles con importancia, incapaces por lo demás de dar razón de la caída vertiginosa de su partido, al que le queda hacer un examen de conciencia serio.

La menor sensatez impide alegrarse del golpe propinado a la izquierda mexicana, por más que se lo haya buscado. Quedar frente a frente con una derecha dispuesta a endurecerse, a reflejarse en las posiciones más conservadoras, no es ventaja alguna para el PRI. Se sabe cómo hay un equipo de relevo en la extrema derecha, dispuesto a desplazar al comité actual e imponer tesis e ideas que irán en su contra. Filosofía de *bunker*, de plaza sitiada. No importa encontrar en el grupo rupturista hombres tan inteligentes como Bátiz y otros que lo son menos como González Schmall. No es un problema de personas sino de concepción de la acción política.

El PAN, elección tras elección, parece haber llegado a su techo, situado en 20% del sufragio emitido. No cubre, como partido, a toda la nación; hay más zonas abandonadas que trabajadas, empezando por casi todo el México rural. Pero incluso en sus baluartes citadinos, se hallan demasiadas exigencias implícitas en sus posturas para llamar a un electorado que no es el de los años cuarenta y cincuenta. Sus coqueteos con Pro-vida y organizaciones análogas repugnan al votante joven. Se desprende todavía del PAN un tufo religioso, negado por lo demás, poco o nada convincente. Mezclar religión y política es un recurso desesperado: los partidos que anteponen la religión o una moral religiosa a la actividad propiamente política pierden de manera automática a parte importante de su clientela afín por razones políticas, sociales o económicas.

¿Habrá cambio de guardia en los dos grandes partidos de la oposición? La lucha parece inevitable: en el PAN el relevo parece estar listo y sólo espera termine la batahola de protestas. No así en el PRD, donde Cuauhtémoc Cárdenas es indispensable y un engorro a la vez.

Una ventaja parece salir de este triunfo aplastante, en el plano electoral: el campo político va a despejarse. Las miniformaciones de izquierda, siempre a la greña por principios doctrinarios, están a punto de desaparecer. Sus afiliados presentes seguirán aferrados a sus quimeras y a sus principios; sus votantes se irán hacia el voto útil, el voto que cuenta y puede mucho cuando se piensa con la cabeza y no con el hígado.

Al PAN conviene recordarle la frase de Chesterton: "Cuando entro en la iglesia, debo quitarme el sombrero, no la cabeza".

De mis lectores —si los tengo— me despido de momento. Regresaré dentro de tres semanas.

"Impresiones del momento", *Unomásuno*, 25 de agosto de 1991.

PROLEGÓMENOS DE UNA BATALLA

La DISCIPLINA y organización de los comunistas fueron decisivas en dar una forma al PRD sin poder darle de manera simultánea un contenido programático: el marxismo sigue siendo un quiste inoperable. Mientras ese problema esté presente, no podrá el PRD salir de la calle de Monterrey y por ende tener una auténtica y asentada actividad nacional. Por lo demás, permanecer asido al marxismo le saca del juego político que parece perfilarse.

Guanajuato y San Luis siguen, a su vez, embrollando el panorama y adquieren una atención que distrae del juego auténtico del momento. Fueron operaciones necesarias para dar una prenda de buena fe y apertura, operaciones de un costo elevadísimo para el PRI y, pese al costo, quizá redituables, no así las intervenciones intempestivas de los empresarios de la Coparmex, incapaces de moverse fuera de un corral estrecho y monótono.

La nueva operación política se resume a primera vista en aislar a los extremos. Ni la extrema derecha ni la extrema izquierda parecen haber recibido naipes para esta mano: de ahí la posición de la izquierda perredista en la Cámara de Diputados, cosa sorprendente pues hasta ahora parecían ser los más abiertos al diálogo y a la negociación. Su defensa del castrismo levanta sospechas en todos los demás partidos, con la eterna excepción del PPS, atacado por todas las enfermedades de la vejez prematura.

La calificación final de las elecciones de diputados no va a ser sencilla ni se va a dar en un ambiente de euforia. Las negociaciones ante las cúpulas de los partidos van a ser un nuevo motivo de discordia inter e intrapartidista. Los jefes de la mayoría y de las minorías son ahora demasiado visibles y su deseo de disciplina resulta evidente. Quieren ante todo una homogeneidad en sus grupos y desean que sus decisiones sean acatadas sin resistencias ni pasividades. Buscan una Cámara ordenada y diputaciones sometidas a directivas inapelables.

La reforma política parece estar en marcha. No en el sentido de la demanda más solicitada, la electoral; las transformaciones toman otra dirección, más segura y más inesperada, que concluirá en un fortalecimiento de los partidos, sin los cuales no hay democracia posible.

En las elecciones de los últimos 15 años la oposición se encerró en sus fuertes para denunciar cualquier proceso electoral o atacar al PRI y su sistema intrapartidista, olvidando la transformación interna que los propios partidos opositores necesitaban no sólo para competir por los votos sino, además, para poder organizar una acción parlamentaria. En medio de dificultades en apariencia insuperables, el PAN logró consolidar un equipo directivo homogéneo y competente, pese a las amenazas surgidas de su propia ala derecha, aferrada a una posición maximalista e intransigente. No ocurrió lo mismo en el resto de los partidos opositores.

Desde el mismo momento de constituirse como partido, el PRD mostraba sus debilidades organizativas. Partido inclusivo, abierto, fueron a caer dentro de él todas las agrupaciones de izquierda, con la excepción de los irreductibles e inasimilables trotskistas, ajenos a cualquier integración en un frente situado a la izquierda del PRI. Tener al Partido Comunista Mexicano en sus filas era y es el problema mayor, de hecho un problema insoluble.

La liquidación de los partidos comunistas en Europa del Este y del Oeste —con la consabida excepción del Partido Comunista Francés— indicó de manera clara y contundente la nueva línea a seguir: la unidad "popular" a cualquier costo, incluso llegando a la renuncia a los símbolos exteriores y desde luego al nombre. Hubo que subsumirse en un maremágnum de organizaciones anárquicas, donde el individualismo y los conflictos personales fueron las reglas generales.

El PRI va a encontrarse con proposiciones de ley que para muchos de sus diputados serán desgarradoras. Las reformas al ejido, de la Ley Federal del Trabajo van contra lo siempre defendido por la CNC y la CTM. ¿Las votarán sin más? La resistencia es comprensible pero lo deseable, al menos para el PRI, es dar una imagen de unidad y disciplina. Un partido dividido es un partido acabado. La multiplicidad y variedad de intereses inmersos en este partido no pueden armonizarse cuando los cambios en la ordenación económica del país los sacan a la superficie. La tan reclamada reforma política encontrará una oposición incondicional tan pronto como los sectores obrero y campesino entiendan —y ya lo han entendido— la amplitud del cambio. De transformarse la propiedad ejidal y de reformarse una ley del trabajo con más de 50 años a cuestas, el porvenir de la CTM y de la CNC está no en entredicho, sino determinado.

Las reformas de los sistemas políticos no se abordan de frente. Pensar en el caso español es equivocarse de antemano: en España, desaparecido el general Franco, no hubo una reforma sino la creación de un nuevo sistema político. No es para nada el caso mexicano, por más que una parte de la oposición pida una nueva construcción que empiece por los cimientos.

La marcha oblicua de los ejércitos evita bajas y permite abordar al enemigo con más fuerza que si se avanza desplegado y expuesto al fuego. La marcha económica hacia la reforma política pone en manos del gobierno y del PRI un manejo más seguro de la operación. El PRI va a tener bajas, muchas y dolorosas, pero podrá salir triunfador. El resultado final no será del agrado de todos y, por tanto, se impondrá quien mejor aguante el fuego y muestre mayor disciplina. Ortiz Arana tiene materia para divertirse durante tres años.

"Prolegómenos de una batalla", *Unomásuno*, 20 de octubre de 1991.

EL FIN DE LOS MITOS

HACER las cosas por sus tiempos. Elegir el momento. Estar a punto. Tenemos una colección interminable de frases hechas para designar ese momento preciso en el que lo buscado tiene las oportunidades máximas para producirse. Un político incapaz de medir el tiempo fracasará siempre.

Esperar tres años no debió resultarle fácil. Lo considerado necesario debía madurar y por consiguiente esperar. El riesgo estaba en la precipitación. La aceptación de lo propuesto justificó la espera.

El ejido, la educación y las iglesias opacaron el resto del informe presidencial. Dos tabúes —el ejido y las iglesias— solos, marcan un nuevo estilo político, si recorremos cuanto se ha escrito sobre supuestas normas básicas del quehacer político mexicano. Quedan muchos otros en espera, pero la muestra está ya presente.

Lo permanente, lo inalterable puede tener una razón de ser siempre y cuando se demuestre esta razón. Resulta, al contrario, una carga insoportable cuando se acepta porque sí, porque siempre se hizo o, peor aún, porque fue algo creado por un hombre mítico y mitificado.

Contra toda evidencia el ejido se considera una creación del general Lázaro Cárdenas. Reparto agrario y ejido se consideran una sola y misma cosa. Los millones de hectáreas repartidas durante el sexenio 1934-1940, y los otros muchos millones entregados a los campesinos en sexenios subsiguientes, fueron vistos como intocables, pese a la situación desastrosa de multitud de ejidos sumidos en la miseria, en el minifundismo, en la ausencia de créditos. El mito se impuso sobre la realidad, la verdad recibida sobre la verdad evidente. Expertos y menos expertos estaban de acuerdo sobre la necesidad de una nueva reforma sin llegar al menor acuerdo sobre la forma y contenido de la nueva e indispensable reforma. La base misma del acuerdo no podía darse porque la confusión sobre lo que podría considerarse la propiedad original no aparecía clara. Arnaldo Córdova ha escrito con una claridad excepcional sobre el tema, desde el punto de vista de la izquierda. Manuel González Hinojosa desde un ángulo diferente, sin haber caído ninguno de los dos en dogmatismo alguno. El debate sigue abierto en todos los planos.

La iniciativa del Ejecutivo tiene una presencia total en un hecho puramente social y político en primer lugar: el ejidatario deja de ser un menor de edad en el plano jurídico. Durante siglos la mujer estuvo en las mismas condiciones por las mismas razones: no podía poseer porque carecía de la fuerza y de la inteligencia necesarias para proteger lo poseído. Por consiguiente era indispensable protegerla y, de paso, situarla en una categoría jurídica donde se mezclaba con los menores, los locos y otros desamparados, privados por razones siempre hipócritas de lo que disfrutaban los demás.

Encontramos riesgos, y grandes. El campo va a expulsar a una parte de los campesinos. ¿Podrán ser absorbidos por la industria y los servicios? ¿Encontrarán una vida mejor en las ciudades? Sería una posición cínica decir que ya los está expulsando y que la emigración es la mejor prueba. Topar con una situación de hecho no es justificarla, aunque aceptar el riesgo sea inevitable, cuando se quiere superar el nivel de vida injustificable de la mayor parte de la población rural.

Lo importante en verdad está en haber roto con el sacrosanto mito. Un país de 18 millones de habitantes y el mismo país con más de 80 no puede vivir con instituciones fijas e inalterables. Nada es igual cuando la presión sobre la tierra es insostenible y las carencias rurales son el problema decisivo en política.

Valor para proponer la reforma del artículo 27 de la Constitución no ha faltado: uno de los pilares fundamentales del PRI desaparece; el campesino deja de ser un votante cautivo. La mayoría de edad trae aparejada la libertad política. La ruptura de las constricciones legales en materia agraria es una aventura política mucho más importante que una reforma electoral más. Los riesgos para el PRI son infinitamente superiores y, si se ha pedido con machacona insistencia la desaparición del Estado-partido, el primer paso está dado.

La relación con las iglesias se plantea en otro terreno. Sólo parcialmente coincide con la reforma del ejido, y es en el campo de la libertad. La fuerza de una de las iglesias, la católica, es muy superior a la de la mayoría de las instituciones sociales mexicanas. Pero no estamos en el siglo XIX, por fortuna.

El catolicismo basa su fuerza en su universalidad por un lado y en una implantación nacional por el otro. Se apoya también en una tradición de 20 siglos en el primer caso y de cinco en el segundo. Llegó a México cuando en Europa se producía la Reforma, a la que combatió con éxito durante 400 años en lo que a este país se refiere. No es hoy el caso: las llamadas despectivamente sectas se han implantado con una fuerza insospechada y el combate se antoja desigual, pues el protestantismo avanza mientras el catolicismo se estanca. De ahí los llamados a una nueva evangelización hechos por Juan Pablo II en Brasil y en otros muchos lugares, sin pensar en que el único culpable de este estancamiento cuando no retroceso se debe a la intolerancia histórica del propio catolicismo, a su rechazo de un aperturismo surgido con Juan XXIII, a su combate ciego contra el mundo de hoy.

La Iglesia católica mexicana va a encontrar nuevas salidas sociales y económicas, por no decir nada de las culturales y de manera muy especial de las educativas. No se sabe qué hará con ellas. Si por ahora la intención tanto del Estado como, por lo que dice, de la Iglesia católica es la no participación de ésta en política, tendríamos de todos modos que encontrarnos con un nuevo decálogo que especificara qué entiende por política.

Por lo pronto los mitos se hunden y las creencias también.

"El fin de los mitos", *Unomásuno*, 10 de noviembre de 1991.

LAS CÁMARAS Y LAS REFORMAS

El Congreso de la Unión, diputados y senadores, han sido los primeros en comprender la amplitud de los cambios en puerta. Antes que los partidos han tomado conciencia de las consecuencias posibles de las reformas propuestas por el Ejecutivo y han esbozado un principio de contestación, de contrapropuesta o de oposición. Este salir del letargo perfila el posible reacomodo del sistema político, hasta ahora encerrado en el tema electoral, obsesión de los partidos y, hasta donde cabe, de la opinión pública interesada en la vida política. A diputados y senadores les espera un trabajo que, por momentos, se antoja superior a sus fuerzas. Al menos a las que han mostrado hasta ahora.

Reformas de los artículos 3º, 27 y 130 para empezar. Más todos los que afecten a la educación, la propiedad de la tierra y las iglesias. Media Constitución va a quedar sometida a examen. Las relaciones económicas, sociales y educativas —bien mirado, toda la vida nacional— van a cambiar de una u otra manera. Pensar que con los cambios legales sólo se reconocen y confirman estados de hecho, situaciones prexistentes, es quedarse corto. Poner en la Constitución los derechos civiles de los ministros de los diferentes cultos es aceptar la legalidad de la intervención de estos hombres en la vida política nacional y, partiendo de esta situación, nos vamos a hallar ante situaciones difíciles de imaginar aquí y ahora. Por ejemplo: si un sacerdote decide usar el púlpito para hacer propaganda en favor de este o aquel partido, ¿podrá redactarse un nuevo artículo 130 que se lo prohíba? Si es un ciudadano con todos los derechos civiles, con los mismos, pongamos, que un profesor universitario, ¿se le prohibirá al sacerdote ejercer una actividad política que ya ejerce el profesor universitario? ¿Qué diferencia podrá encontrarse entre la libertad de cátedra y la libertad de púlpito?

La construcción nacional encontró su más firme y seguro asiento en la educación proporcionada por el Estado. Laica, universal, igual en la medida de las fuerzas de éste. Los cambios en la distribución del ingreso, el dominio de las clases sociales más poderosas, la proletarización progresiva redujeron el impulso igualitario; la decadencia del magisterio nacional empujó a los hijos e hijas de las clases medias y superiores hacia las escuelas privadas (léase religiosas); la decadencia por no decir la caída vertical de algunas facultades de la UNAM fue la principal causa del auge de las universidades privadas. La educación cayó en una desigualdad brutal de la que se debe salir ya, si no queremos un país no de clases —cosa inevitable— sino de castas.

Hacer de la libertad el principio de toda acción jurídica es algo que no se puede atacar. La desigualdad de derechos es intolerable en cualquier nación que se pretenda moderna y justa. Pero el Estado no puede olvidar su papel equilibrador y su voluntad de equidad; no puede ignorar que si México es un país vivible es porque supo arbitrar conflictos sociales con una autoridad que llegó a ser absoluta. Ver sólo la cara negra del innegable autoritarismo que prevaleció, es ignorar con toda mala intención los correctivos impuestos ante fuerzas sociales y económicas de disparidad flagrante. La reforma agraria cardenista fue en su momento un hecho arbitrario —así fuera todo lo legal que se quiera—; tan arbitrario como necesario. La fuerza del presidencialismo nos parece intolerable cuando va contra nuestros muy particulares intereses y de origen divino cuando los protege.

De origen divino en el gobierno de los hombres no hay nada. Ni la igualdad, ni el bienestar, ni la justicia, ni la propiedad. En ello no creyó ni Inocencio III ni Hobbes. Quizá algún emperador o algún rey, sobre todo cuando hablaban en público. Hoy sabemos de partidos, parlamentos y presidentes. Y de clases sociales, empresas, grupos de presión y televisión. La localización del poder está a la vista de todos, así a veces lo expliquemos mal.

Las elecciones de 1988 mostraron la pobreza de los partidos cuando miraban al país. Por conveniencia o por estrategia política presentaron al electorado unos programas y unas plataformas electorales escritas sobre la rodilla. Alguna que otra idea hubo, es cierto, aunque mal expuesta y no destacada. Hombres de valor y de inteligencia siempre los ha habido, olvidados o arrinconados por las maquinarias o las oligarquías de los partidos. ¿Quién duda de la capacidad de Manuel González Hinojosa en materia agraria? ¿Quién no ha advertido la mano de Heberto Castillo en el capítulo sobre universidades en el programa del PRD?

En el proceso de modernización de México los partidos políticos son incapaces de seguir el movimiento general de la sociedad y del Estado. Siguen encerrados en sus querellas de campanario, disputándose un poder ilusorio. ¿Pero tienen grupos de trabajo y de estudio, seminarios capaces de proporcionar a los grupos parlamentarios las ideas y los materiales indispensables para el debate? Tienen hombres, algunos hombres, que seguramente no serán escuchados por no coincidir con la línea general establecida por comités ajenos a los problemas. No hay en esto exageración alguna: basta abrir los periódicos para comprobarlo. La Cámara de Diputados y el Senado de la República han sentido la necesidad de entregarse a su labor legislativa. Puede temerse la oratoria inflamada y paseísta, el deseo de lucir y de subir unos cuantos peldaños, es de esperarse las defensas irracionales y torpes de los proyectos. Pero algo se mueve. Se advierte una responsabilidad hasta ahora desconocida, un saber que les pueden pedir cuentas.

En una Cámara plural, donde las alianzas son indispensables, el juego está abierto y la negociación presente. Y las sorpresas también. La negación por la negación ya no tiene sentido.

"Las cámaras y las reformas", *Unomásuno*, 1º de diciembre de 1991.

EL AGRIO OLOR DEL DINERO

EL TEMA del momento se presentó, como era de esperarse, con las consecuencias previsibles: el dinero y los partidos. En un tiempo especialmente hipócrita como el nuestro, la mojigatería ocupa el lugar de honor: el dinero y la política no deben tener nada que ver el uno con la otra, el voto no debe ser resultado de un cálculo frío y racional, interesado, sino un impulso del corazón y el partido un hogar cálido y acogedor, lo contrario de un arma de combate. Toda esa galería de tópicos cursis no sirve para nada así simulemos creer en ella y nos tapemos las narices cuando el problema del financiamiento de partidos y elecciones se pone sobre la mesa.

Las democracias avanzadas se han visto sacudidas por el dinero, sobre todo por esta relación entre la política y el dinero. Francia, Italia y España han estado en primera línea, pero no olvidemos que en Watergate más que un problema de espionaje político hay un desagradable caso de financiamiento oculto. Falsas facturas, mordidas, regalos principescos, etc., etc., son el pan nuestro de cada día en Europa en parte por culpa de una legislación inaplicable exigida a sabiendas de lo absurdo de sus bases que son inevitablemente políticas y por consiguiente se exigen públicas. Como si hubiera una política privada.

Financiamiento público y político, manifiesto y transparente, ante los ojos de todos. El tema no es nuevo: ya don Aurelio Manrique mandó poner un micrófono en su despacho y un altavoz en el balcón para no esconder nada a nadie. Terminó por volver medio locos a sus vecinos, eso sí, sin que se sepa de una persona que se parara a escuchar.

Pero el dinero es un punto sensible para el común de la opinión pública y un buen escándalo llega siempre a tiempo para los medios, que conocen el amor del público por los escándalos. El dinero desacredita siempre; cualquier dinero, se cree, por principio es malhabido. Cuando se propuso discutir el capítulo del financiamiento de los partidos en el IFE se sintieron rondar las acusaciones en contra del PRI; los millones de dólares terminaron por escandalizar a todo el mundo, empezando por los propios priístas. El PRD se las prometió felices, el partido mayoritario de la oposición creyó haber encontrado la falla en la coraza sin pensar que cualquier partido está en la imposibilidad de justificar sus gastos hasta el último centavo y, consecuencia de lo anterior, se encontró encerrado en su propia trampa.

Antes de legislar se debería pensar más en los inconvenientes que en los beneficios de la ley. Las legislaciones restrictivas sobre financiamiento de los partidos han llevado al descrédito de la clase política en conjunto. Diputados, senadores, presidentes municipales, secretarios de Estado, hasta los presidentes de la República se asocian al primer pretexto con la inmoralidad, los fondos secretos, lo inconfesable. Escrutinio hasta el final, hasta el último detalle de la vida privada, montado todo ello en una moral calvinista practicada por descreídos. Se han considerado menos, dentro del mundo político, las necesidades de los partidos que los imperativos morales.

Un político conocedor de su oficio debe pensar en la posibilidad de encontrarse medido por los raseros que le aplica a los demás. La respuesta del PRI ha tomado al PRD por sorpresa. Es cierto que las cantidades confrontadas no son equiparables, pero también es cierto que la desventurada idea del PRI no se llevó a cabo y que antes de recoger el primer dólar la reacción de la opinión pública echó para atrás el dislate. Es posible que el daño esté hecho y que más de un priísta lamente toda la operación. No deben olvidar Cuauhtémoc Cárdenas y el PRD el puntilloso nacionalismo de México: aceptar dinero de los Estados Unidos o de países europeos para las campañas políticas de este o aquel partido es visto como un acto de deslealtad con la nación. No se han aportado pruebas patentes de los apoyos recibidos por los cardenistas, por más que se hayan formulado acusaciones por parte de los diputados del PRI, contestadas con la habitual falta de imaginación e infantilismo político de Cuauhtémoc Cárdenas. Todos han perdido, empezando por la clase política, sin distinción de ideologías o matices, partidos o grupos.

Este incidente, en este momento, augura una campaña más peligrosa que las anteriores. Porfirio Muñoz Ledo amenaza con destapar la cloaca del PRI. ¿Y si el primero en sacar la cabeza por la coladera resultara ser él? El senador del Distrito Federal no puede olvidar sus años de militancia en el PRI y menos aún cómo, siendo presidente de este partido, anunciaba sin faltar un solo votante, los resultados electorales la misma noche de las elecciones. Para bien del sistema debería dar a conocer sus métodos científicos.

"El agrio olor del dinero", *Unomásuno*, 19 de marzo de 1993.

BIS REPETITA

La primera impresión es el desconcierto, al no estar de acuerdo dentro de un mismo partido todos los que hacen declaraciones. Esto puede corresponderse con la libertad de expresión o con los inicios de una disidencia. Corresponda o no con la libertad o la disidencia, se advierte un cambio en el tono, una expresión más cuidadosa y, podría decirse, hasta más temerosa. El disco no sólo está gastado sino que a fuerza de ponerlo aburre y nadie lo escucha: el tema del fraude anunciado no convence como era de esperarse, aburre. Las consecuencias en el largo plazo empiezan a manifestarse cada día con mayor claridad.

El haber situado el tema electoral en la imaginación política del sistema como tema único, condujo a considerarlo forzosamente como la apuesta única, la única capaz de abrir paso a cualquier otra reforma: condenando el poder del Estado, se afincó todo en el poder del Estado. Celebrar a la sociedad civil está muy bien en el discurso partidario mientras el político sepa que el poder del Estado es decisivo y que esta última no ya idea sino obsesión es la que condujo a emprender este combate y llevó a un reduccionismo absoluto del poder, transformado todo exclusivamente en victoria electoral. Perder una elección es adentrarse en la nada, regresar a la impotencia del partido vencido. No se puede admitir la derrota si ésta no es consecuencia de un fraude que se conoce un año antes de la confrontación, lo que ayuda —la previsión— a la descalificación no sólo de una elección precisa, concreta, con nombre y fecha, sino a cualquier actividad política, ilegítima desde el inicio. El efecto inesperado está en la expansión de esta visión que no se limita sólo al poder, sino que corroe a la oposición de paso y establece el muro que separa al hombre de la calle de representantes espurios e impotentes. La inevitable consecuencia es la abstención: ¿para qué participar en lo inútil?

Guerrero, Puebla y San Luis han visto elecciones de gobernadores y de diputados locales donde las cifras de participación son apenas creíbles. Cuando rebasan el 30% se considera una participación aceptable.

Sin poderse establecer con claridad las razones que conducen a esta indiferencia —centralismo, baja o mala percepción de los intereses en juego, campañas electorales mal organizadas, etcétera— se puede comprender al menos el efecto devastador del ataque sistemático de todos los partidos contra los resultados electorales y las actividades ilícitas posteriores a la elección, como la ocupación de alcaldías, corte de carreteras, marchas, anuncios de desobediencia civil para llegar incluso a los enfrentamientos armados. Los líderes de los partidos más importantes se ven obligados a seguir las iniciativas locales, sin entender siempre qué las originó, para no verse desconocidos por los grupos periféricos, siempre desconfiados de las medidas tomadas por un centro mitificado y odiado, visto como una instancia de decisión egoísta e ignorante, carcomida por las rivalidades internas. La manera más sencilla y segura de mantener una apariencia de poder es apoyar decisiones que se saben absurdas y contraproducentes. La elección es un anuncio de disturbios insoportable para quien la participación política se limita al voto, que es la mayoría de la población.

Darle un tono humorístico, otra manera infalible de descalificar unos comicios, ha proliferado en los últimos años. El ratón loco, el carrusel, ahora la marabunta, son la manera de negarle validez a un proceso contra el que no se tienen pruebas. Este último punto, la ausencia de pruebas fehacientes de lo que se asegura, va siempre envuelto de un convencimiento que deriva seguramente de la astrología, puesto que sólo la fe convence, llegando al refinamiento increíble del "ni yo ni mi partido hemos ganado pero el fraude ha existido, por lo que pedimos la anulación de los comicios". Entonces, ¿para qué se cometió el fraude?

La actitud y el discurso de la oposición —toda a la derecha pero dividida en esta oportunidad— son de una confusión cada día más grave, al no reclamar el triunfo y solicitar sin embargo la anulación. El PAN no acostumbraba caer en este tipo de situaciones, que sólo pueden explicarse por la presión que supone el NPP, una forma política ancestral, mezcla de clientelismo, tradicionalismo y sentimentalidad, silencioso sobre programas y plataformas positivas, donde el efecto divisionista resulta patente.

Los partidos políticos, cuando están en la oposición, utilizan la protesta y la censura, más que las proposiciones llamadas constructivas, como sus armas más efectivas. Durante años el PAN hubo de protestar sin haber sido ni siquiera escuchado, no digamos ya tomado en cuenta. Pero la protesta terminó por escucharse gracias a la imaginación y el valor de algunos hombres que de no ser por un rancio olor clerical, hubieran impuesto más rápidamente sus proposiciones y exigencias. Reducirse al papel del PRD es un error. Con su machacona protesta nunca probada, se separa, en el caso de San Luis, de la lucha electoral pensando en un hipotético triunfo del navismo, que llevará a un silencioso enfrentamiento entre el PAN y el PRD, en espera de que estos dos partidos caigan en una inevitable derrota. Sólo queda un enfrentamiento decisivo entre el PAN y los doctrinarios para llegar a la confusión total. Las condiciones están dadas para que no quede un partido de oposición sin dividir y pulverizar lo que creían bloques coherentes.

"Bis repetita", *Unomásuno,* 26 de abril de 1993.

DE PARTIDOS

Las leyes suceden a las leyes, las reformas a las reformas y las enmiendas a las enmiendas. Los mexicanos saben que no votarán nunca dos veces bajo una misma ley, que los partidos no aceptarán nunca un acuerdo en materia electoral, mientras reconocen su incompetencia incluso en la organización de unas tristes elecciones internas. No buscan, conscientes de sus limitaciones, ser los agentes materiales de la organización de los comicios, desean ser unos críticos permanentes y algo así como los gerentes de la empresa, dispuestos a resolver cualquier problema en el restaurante.

La propuesta del PRI es insatisfactoria, aunque merece la pena analizarla. El espectáculo ofrecido por el PARM es grotesco y ridículo, indigno de un sistema político en plena evolución, donde los progresos hacia la democracia y el respeto por el electorado son hechos presentes. Defender a los partidos pequeños e incluso a los minúsculos, parece imposible, después de la comedia parmista. Facilitar la presencia de los minipartidos en la Cámara de Diputados no tendría justificación a no ser la debilidad de los grandes y la distancia que con frecuencia los separa del electorado y, más que del electorado, del pueblo.

El PAN, por lo general inteligente en el debate parlamentario, se muestra demasiado partidario —léase egoísta— en el debate actual. Pedir que se suba el dintel de la votación obtenida a 2% para conservar el registro y a 3% para poder participar en el reparto proporcional, carece de lógica, si lo que se busca es un saneamiento de las elecciones. ¿Para qué mantener partidos minúsculos que las democracias modernas avanzadas rechazan? Si no lo hace es porque estos partidos tienen alguna función, representan una necesidad en el panorama electoral.

Su defensa de las coaliciones se presta tanto a la crítica como a la aprobación. Por un lado el pueblo y los órganos mediadores deben estar en libertad de organizarse como les plazca pero, por otro, las coaliciones han sido nefastas no sólo para la estabilidad de los gobiernos sino para la propia vida de los partidos por tener siempre una razón y un fin negativos. No se coaligan para gobernar —véase Italia—, estas amalgamas se hacen siempre contra alguien o algo, van en contra de los comunistas, de los católicos o de los protestantes, de lo que sea. Las coaliciones no duran y viven sólo mientras destruyen.

Por boca de su antiguo presidente —el actual no tiene nada que decir— el PRD mantiene su ya tradicional ambigüedad, consecuencia de su origen —una coalición disfrazada de fusión— y critica las propuestas sin ir al fondo del tema. No le parecen y punto. Para qué meterse en honduras.

Los minipartidos deben luchar por su vida y, por sus primeros movimientos, parecen buscar la sombra protectora del PRI, que encontrará en ellos unos cuantos votos en la Cámara para aprobar su proyecto y no aparecer demasiado solo al sacar la reforma adelante. Prometerles seis años de vida es una oferta demasiado tentadora para rechazarla de primeras.

Es inevitable el debate sobre la reforma. Ni el PRI va a imponer su proyecto íntegro, ni las objeciones de la oposición van a ser aceptadas sin mayor discusión. Qué van a ceder unos y otros no puede preverse en estos momentos, cuando apenas se han cruzado las espadas. Las amenazas son demasiado conocidas para ser tomadas en serio: de mantenerse las propuestas priístas nos retiraremos de la comisión. La oposición debe tener un Aventino para su uso particular. Por lo demás, estos partidos saben perfectamente que su porvenir no está tan amenazado como se quiere pensar y sobre todo decir.

Los partidos minúsculos tienen una razón de ser: para mantener su existencia, se preocupan, buscan y exponen situaciones desesperadas entre marginados y olvidados que no se pueden hacer oír ni por Solidaridad. Son un vehículo para desesperados, que a veces llega a la estación; pueden ser una oficina del PRI o pueden abrir la puerta de la oficina de un gobernador. Son nulos en cuanto parlamentarios: el marxismo trasnochado del PPS termina por inspirar compasión, las maniobras más audaces de todos terminan en unos cuantos arreglos crematísticos. La vida les será perdonada si no pretenden ir más allá del papel que les ha sido asignado. El sistema de partidos no se va a alterar de manera radical.

"De partidos", *Unomásuno*, 17 de junio de 1993.

REFORMA POLÍTICA, REFORMA DEL D. F.

La insistencia sobre la poca atención prestada por el Ejecutivo federal a los problemas políticos no parece ser una apreciación cierta si se mira a lo sucedido en estos últimos meses. La nueva reforma política exigida por la oposición está ya en la Cámara de Diputados y el anteproyecto de reforma política del Distrito Federal ha sido dado a conocer. En ambos casos, como era de esperarse, los partidos de oposición no se han mostrado conformes con los documentos presentados.

El caso de las ciudades capitales es siempre difícil de resolver, por la coexistencia de los poderes nacionales o federales con los locales. Repartir las competencias entre autoridades obviamente desiguales sería de por sí origen de conflictos, por tenerse ejemplos de ciudades no capitales que se puedan gobernar sin entrar en divisiones del poder. La ciudad de México, tradicionalmente y de manera especial desde los años cuarenta, ha sido, primero por conservadora y después por su crecimiento desbocado, conflictiva en todos los aspectos. No puede haber servicios urbanos capaces de satisfacer a sus habitantes.

Esta situación ha tenido una traducción política, presente a través de un comportamiento electoral errático. Los partidos políticos han encontrado en esta ciudad los votos necesarios para mantenerse como partidos nacionales y también acá los manifestantes necesarios para protestar contra el director de una escuela o las deficiencias del transporte urbano. Consecuencia de estas situaciones y otras más graves fue la supresión de las autoridades elegidas y el nombramiento de un funcionario que la gobernara directamente.

El monstruo tiene hoy tales dimensiones que resulta absurdo intentar gobernarlo sin una participación de sus pobladores. La falta de participación produjo una irresponsabilidad creciente. Además, con una población de aluvión, es de hecho imposible mantener un sistema de tradiciones capaz de sustituir a la participación. Esta enajenación tuvo sus ventajas y favores: a cambio de la supresión de los derechos políticos hombres y mujeres del Distrito Federal tuvieron cargas impositivas mucho menores que sus vecinos del Estado de México y de Morelos.

Como empieza a ser costumbre, el gobierno ha negociado para aventajar a los partidos políticos. El referéndum convocado por el PRD mostró la indiferencia de los ciudadanos ante la convocatoria lanzada por la izquierda: el tema no les interesó como pudo verse en los resultados. Debe tomarse en cuenta que, una vez más, el PRD se pasó de listo y se metió en camisa de once varas. Cuando no se sabe técnicamente hacer un referéndum lo mejor es estarse quieto. Colocar una teoría de preguntas, muchas sin la menor relación entre ellas, llevaba de manera directa al fracaso: sólo los simpatizantes y afiliados al PRD contestaron porque confían en el partido, no porque entendieran el galimatías aquel. Pareció, y seguramente es cierto, que al habitante de esta ciudad le interesa ver resueltos sus problemas, independientemente de quién se encargue de hacerlo y, esto es más difícil de probar, confía más en la capacidad del gobierno que en la de los partidos. Pero el gobierno ha aprovechado la ocasión para reforzar el sistema de partidos, siempre tambaleante.

La propuesta de reforma del gobierno del Distrito Federal democratiza la elección del jefe del Distrito Federal al sacarlo de la Cámara de Representantes, cuerpo elegido. Si los representantes son elegidos de acuerdo con los procedimientos que rigen para las elecciones nacionales, queda en manos del Ejecutivo federal el nombramiento del jefe del Distrito Federal. Los plazos fijados para llegar a una aplicación plena de la reforma, cosa que molesta a la oposición, no pueden justificarse punto por punto. La desconfianza que esta ciudad inspira es palpable, no se sabe de dónde saldrá su futuro gobierno, ni cómo actuará: la imprevisibilidad del voto del Distrito Federal es absoluta, se está frente a un voto cambiante, no sólo por la orientación partidaria, sino por el desplazamiento dentro de la geografía urbana.

Este cambio en la selección de la autoridad del Distrito Federal parece ser el decisivo, así como la vigilancia y tutela ejercida por el Senado y, en última instancia por el Presidente de la República.

No se puede saber si se trata de redundancia o de equívocos del proyecto de reforma política del Distrito Federal, cuando se propone una redacción del artículo 122 de la Constitución que diga: "El gobierno del Distrito Federal será republicano, representativo y democrático..." El republicano sale sobrando, pues si la Constitución dice que el gobierno de los Estados Unidos Mexicanos será republicano, no cabe imaginar que el Distrito Federal sea monárquico. De la misma manera, cuesta trabajo entender la redacción del artículo 44, donde se propone: "La ciudad de México es el Distrito Federal..." ¿Quiere esto decir que todos los pueblos del Distrito Federal no tendrán autoridades municipales para quedar sometidos a la Asamblea de Representantes y al futuro jefe del Distrito Federal? Finalmente, después de haber expuesto el modo de elección, de distritación y de calificación de la elección de las autoridades del Distrito Federal, entre las facultades de la Asamblea de Representantes aparece el presentar iniciativas de leyes o decretos relativos al

Distrito Federal ante el Congreso de la Unión, sobre procesos electorales y participación ciudadana. ¿Legislar sobre lo legislado?

Hay puntos —unos cuantos, pocos— oscuros, pero el proyecto recorre un buen trecho hacia formas de autogobierno. Lo único que no se sabe es si los habitantes de este valle de esmog realmente desean esta reforma. Se sabrá cuando se llame a elecciones y se tenga el juicio decisivo emitido por la participación, con lo que volveremos al caso de los partidos.

"Reforma política, reforma del D. F.", *Unomásuno*, 25 de junio de 1993.

CABOS SUELTOS

No SERÁ fácil discutir y alcanzar un consenso. Las propuestas son claras y, además, están abiertas. Los contenidos, acotados por lo que han sido demandas permanentes de la oposición, no están especificados, pueden debatirse cuanto se quiera, se puede contraponer incluso un modelo diferente de reforma. Se está, pues, ante el inicio de lo que debe culminar en un nuevo sistema electoral, aunque el anterior, encerrado en el COFIPE, ofrece una estructura perfectamente aprovechable.

Dadas las características fundamentales de la opinión pública nacional y sus líneas de ruptura, dado el tripartidismo que parece consolidarse y el acuerdo para mantener a los partidos menores, el sistema electoral mixto parece por el momento y para los años por venir, el mejor posible. Si favorece una representación plural a través de los 200 diputados proporcionales, los 300 de mayoría crean un núcleo sólido, garantía de gobernabilidad superior incluso al candado de abajo, puesto en duda por todo el mundo político y origen de posibles distorsiones que por fortuna no se han dado todavía.

El problema no está pues en el método electoral en sí, en el aspecto puramente técnico de la elección, sino en el financiamiento de las campañas electorales de modo especial, y en el de los partidos en general. Viene en seguida el tiempo y modo de la publicidad y propaganda política. Y aquí el problema planteado es en verdad grave porque la propuesta priísta va demasiado lejos. Puede llegar a lo que es un terreno prohibido para los partidos y para el gobierno. El PRI, por boca de su presidente, declara: "asimismo está abierto a considerar aquellas ideas que permitan mejorar el manejo de información en materia electoral en los noticieros que se transmitan por los medios electrónicos de comunicación". La televisión comercial mexicana, hasta ahora, es privada. Por si esto fuera poco, el Estado piensa privatizar su canal de televisión. Quedarían el 11 y el 22 —que por cierto tiene una programación ejemplar— en manos oficiales, aunque gozando de alguna autonomía cultural y política. ¿Qué vía podrán utilizar los partidos, aun si alcanzan un consenso angélico, para intervenir en un asunto de interés público pero privado? ¿Podrán cambiar o, sencillamente, modificar la redacción de los noticieros? ¿Podrán exigir el despido de un locutor? En resumen, ¿podrán censurar?

La información es central, sobre todo cuando se trata de noticieros televisivos que, por ahora y mientras no se modifique la Constitución y la legislación reglamentaria, son asimilados a la prensa y a sus libertades. No hay un periodista en México capaz de considerarse censurado porque estaría mintiéndose. Un periodista periodista, de los que escriben en la prensa, se entiende. La información televisiva, por su importancia, es harina de otro costal.

No se ha creado un cuerpo autónomo, ajeno al Estado y a los dueños de las empresas de televisión públicas y privadas, capaz de mantener tanto la independencia de estas fuentes de información y diversión *(entertainment,* para quienes trabajan allá dentro) como de vigilar el cumplimiento de la ley y de lo que es más importante que la ley, el acuerdo que existe entre el público de lo que debe ser la televisión. El ejemplo es la admirable *Royal Commision* de la Gran Bretaña, protegida por la autoridad de la Corona, muy superior a las comisiones francesa y española, politizadas por su origen y actuación hasta el tuétano. En México no tenemos, y es una suerte, este tipo de hipocresías. La regulación está en manos de la Dirección de Radio, Televisión y Cinematografía, que debe limitarse a cuidar que se apliquen leyes y reglamentos sin entrar en mayores averiguaciones. Podrá esta dirección vigilar la distribución del tiempo comercial. Se sabe el desastre de estos programas, donde la única duda es a quién atribuir la palma del aburrimiento.

Desde este momento se puede adivinar el conflicto que se va a presentar con la apertura del Senado a la representación minoritaria. Dependiendo de donde se ponga la barra —10, 15%— el PAN tendrá un número de representantes que oscilará entre 10 y 20, el PRD entre tres y cuatro y los demás nada. El chalaneo del PAN en este punto y en la cláusula de gobernabilidad que en los hechos se pueden fundir en el caso más general de la representación, no va a ser aceptado sin mayores concesiones por su parte ni por el PRI ni por el PRD. Menos aún por los menores.

No son éstos los únicos puntos y temas del debate que se aproxima. La agenda priísta es demasiado larga y abierta para que haya podido dar una respuesta a lo ofrecido como una base de discusión y quizá, pero sólo quizá, de acuerdo. La oposición saldrá con alguna sorpresa. Es lo único seguro.

"Cabos sueltos", *Unomásuno,* 19 de julio de 1993.

ESPERANDO EL ENCANTO

A LA espera del gran debate sobre la novísima reforma electoral se llena la actividad política con la elección de Porfirio Muñoz Ledo como presidente del PRD y los silencios del PAN sobre la propuesta priísta, aunque ya apareció una contrapropuesta donde sólo se habló de la posible enmienda del 82 constitucional, cosa a la que por ahora se niega el PRI.

Vista desde la galería, la elección de Muñoz Ledo parece un beneficio para el PRD como partido opositor y para la política nacional en términos generales. Hábil, atrevido, imaginativo y profesional, puede, si le dejan, desempantanar un movimiento que parece haber perdido la brújula o, peor aún, que se ha propuesto desde su fundación ganar la elección presidencial para Cuauhtémoc Cárdenas, con olvido de todo lo demás. Hace sólo unos meses el PRD se ha planteado la necesidad de tener un programa y una plataforma electorales. Se temía, aunque se niegue tal temor, que el candidato se encontrara maniatado y no pudiera maniobrar de acuerdo con su voluntad o capricho. La comodidad de tal situación es innegable: vivir sin compromisos ni obligaciones es ideal, pero irrita a quienes esperan algo más que una victoria electoral.

Muñoz Ledo estaba demasiado seguro de su triunfo para agradar a todos los gustos presentes en un partido de aluvión, donde los limos ni siquiera se han asentado. Tuvieron pues que atarle las manos, primero en el Consejo, después con el nombramiento de un secretario general.

La operación fue demasiado burda. Tan burda que resulta grotesca, cuando se advierte la mano que mueve todo esto, pues proponer a los miembros del Consejo fue un privilegio de Cárdenas, quien no tuvo un secretario general mirando qué hacia el presidente, como un inquisidor. Esta operación fue aún más lejos en la farsa, cuando Mario Saucedo fue elegido por aclamación, como en el Bajo Imperio romano. Sólo le faltaron unas legiones sublevadas. La asamblea de barrios hizo las veces de un pueblo romano. Lo malo está en las pretensiones democráticas de este partido, donde la demagogia rampante y rencorosa resulta obvia.

La segunda operación consistió en liquidar, o intentar liquidar, a los restos del Partido Comunista Mexicano refugiados en el PRD y encarnados ahora en la persona de Pablo Gómez. El miserable puñado de votos recibidos por su lista mostraba la intención de la maniobra que, fuerza es reconocerlo, tuvo éxito, así las consecuencias puedan resultar caras de verdad para el PRD, pues los comunistas dentro de su dogmatismo brutal y estrecho, han sido siempre hombres y mujeres disciplinados y obedientes, exactamente lo contrario del dilettantismo manifiesto en los foros perredistas. Mantener a Rosalbina Garabito al frente de la bancada del PRD cerraba el ramillete ofrecido a Muñoz Ledo para celebrar su llegada a la cabeza de ese partido.

Queda, pese a tan lamentable actitud, un hecho contra el cual, en política, todo el mundo es impotente: el profesionalismo, y Porfirio Muñoz Ledo es un profesional, cosa que no es Cárdenas, y lo sabe y lo teme y le teme.

Así han quedado distribuidas las cartas de la izquierda.

El PAN intenta moverse por la misma vía: lo decisivo, piensa, es el candidato a la Presidencia. Para abrir el abanico necesita modificar el artículo 82 constitucional que elimina a algunos de sus candidatos posibles, y esto le ha conducido a asumir un papel que no es el suyo.

Los panistas, en la Cámara, han sido sinónimo de seriedad, pese a haber utilizado letreritos y otras manifestaciones que ponían esta seriedad en duda. Su intervención en los debates, sus iniciativas eran con frecuencia un modelo de fundamentación y de conocimiento. La vida entre diputados les ha contagiado hábitos poco recomendables.

La Constitución de 1917 está enferma de modificaciones. La última edición no ha salido todavía al público cuando ya está atrasada por haber una nueva enmienda. Sin caer en beaterías sobre los textos constitucionales, éstos no deben ser coyunturales ni circunstanciales. Pedir que el 82 sea cambiado para que Fox pueda ser el candidato del PAN revela la escasez de hombres en las filas de este partido y evidencia también hasta qué punto un hecho particular arrastra a los panistas a la falta de respeto por los textos constitucionales. El PRI que ha traído la Constitución a mal traer, aparece como su espejo de sensatez cuando se opone a la reforma inmediata que sería una reforma *ad hominem*, y quiere posponerla hasta la próxima legislatura. Podría también evitarla hasta el momento en que no favoreciera a ninguno de los que han bajado o pudieran bajar a la liza.

Estos escarceos son signos premonitorios de las actividades futuras de los partidos. No auguran nada fácil. Ni consensos milagrosos ni generosidades patrióticas. La política, contra las buenas intenciones y los impulsos de la amistad, nació porque los hombres estaban divididos y lo siguen estando. Por fortuna.

"Esperando el encanto", *Unomásuno*, 30 de julio de 1993.

TRISTE CÁMARA

¿Por qué la furia? ¿Por qué el insulto? No se puede dar la menor explicación a la brutalidad de un diputado del PARM que, cuando se envía a comisión la modificación del artículo 82, grita: "Extranjeros a la ch..." Debe suponerse que la cortedad de su inteligencia y en su expresión de Neanderthal le impidieron advertir que seguramente estaban presentes en la Cámara algunos diputados hijos de extranjeros.

El español es una lengua ambigua, cosa que el señor diputado del PARM no debe ignorar dada la elegancia y justeza de su expresión, y así resulta que no se puede saber a quién mandó a la ch..., si al extranjero que tuvo la osadía de engendrar un hijo en México, o de parirlo, si se trata de una extranjera, o al hijo nacido en México, producto del pecado original. Por nacer en México este último es mexicano y, por si fuera poco, es mexicano por nacimiento, lo que le enchina el cuero al diputado Castillo Mota —éste del PRI—.

Que la Cámara está plagada de señores de este tipo no es un misterio. Pero también hay hombres y mujeres inteligentes, cultos y ecuánimes. De ahí la sorpresa de ver a estos últimos en cierta manera encabezar el movimiento contra la enmienda constitucional.

A Luis Dantón Rodríguez lo conozco desde hace casi 20 años. Siempre se presentó como un hombre cortés, culto, sonriente y de una amabilidad conmovedora. Por un lado es un priísta convencido, que en su momento hubo de tragar sapos y culebras pero se manifestó leal a su partido y a su sistema político; por otro es hijo de Luis I. Rodríguez, quien tuvo las mismas cualidades y quizá algunas más. La postura de Luis Dantón resulta, por sus orígenes y su carrera, incomprensible.

No cabe en la cabeza de nadie el que se oponga un partido entero, una coalición momentánea o incluso un solo diputado a una modificación constitucional por causa de una sola persona que saldría dañada o beneficiada de dicha modificación. El PAN pareció adoptar esta causa cuando se perfiló la figura de Vicente Fox tras su proposición. No se comprende la violencia y las desobediencias dentro del PRI, a menos de buscar por otro lado.

La prensa nacional ha visto en el origen de la rebelión de los diputados del PRI un hartazgo de disciplina y quizá de desdén, venidos del Ejecutivo. Los casos en verdad graves, aquellos que han sido cambios radicales, como la reforma del 27 y del 130, fueron pactados y votados con toda tranquilidad por la mayoría priísta. La inconformidad actual, cuando estamos al borde de la sucesión, da a los rebeldes un aire de valientes de cantina. Y algo peor, se levantaron cuando encontraron un tema cargado de demagogia, el tema de los extranjeros y la extranjería. "La cuerda se rompe siempre por lo más forastero", escribió Vélez de Guevara, con su gracia inimitable, en *El diablo cojuelo*.

Si el voto imperativo que no tuvo que emitir respondía a un razonamiento jurídico, Luis Dantón fue el primero en saber la capacidad legal del Congreso de la Unión para enmendar cualquier artículo constitucional. Respondió, pues, su intención a razones históricas y/o sociológicas.

Las primeras son tan conocidas que sería inútil volver sobre ellas; el posible razonamiento sociológico, sobre todo psicosociológico, si es tal, resulta grave, porque revela una desconfianza lamentable de la nación.

Aunque la ley dice que se nace mexicano, nadie nace tal, porque no hay en el recién nacido conciencia de nada y por ahora la genética no ha encontrado el genoma de la nacionalidad. Aunque algunos creyeron en esto.

Todo racismo se funda en la transmisión de la raza a través de la sangre, no a través de la cultura. Pero en el nazismo y, triste es decirlo, en la tradición alemana, se nacía alemán y por consiguiente ario, o se nacía en otras razas que no tendrían nunca la nacionalidad alemana. Los opositores feroces a la modificación del 82 no son nazis, no son racistas, así se apoyen, quizá involuntariamente, en teorías que derivan de Gobineau, Chamberlain y Rosenberg. No es sólo el salvaje "Extranjeros a la ch...", es la entrevista del señor Castillo Mota que, quizá en un momento de obnubilación, declara que se le enchina el cuero cuando se entera de que la Constitución de 1917 confiere la nacionalidad mexicana a todos los nacidos en México. Se le puede preguntar si también se le enchina cuando la ley norteamericana confiere la nacionalidad estadunidense a todos —los hijos de mexicanos incluidos— los nacidos en los Estados Unidos. Quizá piense, con su lógica escalofriada, que valdría más un artículo que los excluyera de ese beneficio igualitario. ¿Con qué palabras, con qué cara se va a levantar a defender a los mexicanos de California contra las barbaridades del gobernador Wilson?

Los mexicanos se hacen, pues, se hacen desde luego con sus padres, pero también con sus maestros, con sus amigos, con sus hermanos y con todos aquellos que tratan. Se hacen con sus periódicos y su televisión, con sus libros y revistas, con su cine y hasta con su futbol. Es un proceso hasta ahora vigilado por el Estado que se ha venido preocupando en primerísimo lugar de la formación de la nacionalidad. Digamos que en esta empresa tuvo éxito y esperamos siga teniéndolo. No estamos ya en el momento del grito de Guadalajara del general Calles. La tesonera labor de la escuela lo ha hecho innecesario y permitió reformar el artículo 130 y dar una existencia legal a la Iglesia católica —y a las protestantes y de otras confesiones también— sin que la nacionalidad e incluso el nacionalismo de los niños y adolescentes mexicanos se vaya a desmoronar ante un empuje ultramontano.

La nacionalidad, el sentimiento nacional se forma también con la edad. No creo que esto tenga duda y quien la tenga debe leer a Piaget. El problema, pues, estaría en los agentes socializadores, que son la nación y su cultura en conjunto, la historia de la nación y una imagen compartida, además de los símbolos y mitos aceptados por la sociedad e interiorizados por los niños. El proceso de socialización política es diferente de un país a otro, los agentes varían en lo que se refiere a su capacidad, las figuras políticas cambian —lamento decir que los diputados en México son transparentes para los niños: muy pocos los ven— pero la idea de nación es casi siempre la misma, ya se trate de niños franceses, australianos o mexicanos.

Los diputados no tienen por qué dedicarse a los estudios psicosociales ni pasarse la vida leyendo a Greenstein, a Dahl o a Piaget, porque estos investigadores sólo han puesto en claro lo que todos sabemos.

Pero algunos diputados parecen no saberlo. Desconfiados y recelosos, no aceptan la verdad de los procesos sociales, educativos y, en resumidas cuentas, culturales. Siguen aferrados a una oscura metafísica donde baila una naturaleza inconmovible, y me pregunto si no ven, con un alma católica, un pecado original que sólo bautizos sucesivos pueden borrar para redimir al culpable.

La imagen proyectada por estos diputados y diputadas es en conjunto desvaída y triste. Responde esto a infinitas razones, como todo fenómeno psicológico, pero una razón de peso es el inmovilismo, el deseo de mantener las cosas como están, porque se sientan amenzados tan pronto como se mueve una hoja.

"Triste Cámara", *Unomásuno*, 3 de septiembre de 1993.

EL SALTO A LA MODERNIDAD

Es un triunfo, de eso no hay duda. Es un triunfo en el terreno internacional, en el político y en el social. Es un triunfo del gobierno de México y es un triunfo de la sociedad que lo deseaba. A las ocho de la noche las calles estaban vacías, con todo el mundo ante los televisores esperando la confirmación de una noticia conocida desde las nueve de la mañana. Carlos Salinas ha obtenido la victoria más aparente de su presidencia, porque si no es la única, sí es la más llamativa, en cierta manera porque era la más ansiada, la que hace unos días se antojaba imposible, ante los embates constantes fuera y dentro del país. El voto favorable al TLC de la Cámara de Representantes de los Estados Unidos es un triunfo de la voluntad. De la de Clinton y la de Salinas.

No se deben echar las campanas a vuelo. La aplicación del Tratado será más costosa aún de lo temido, sin más seguridad por ahora que la de estar ante una ruptura decisiva, ante un vuelco histórico necesario que nadie se había atrevido a asumir. En eso el optimismo debe ser aceptado: la opinión pública, siempre indecisa, estuvo, por primera vez, con cifras impresionantes, tras el gobierno. El cansancio de las crisis de final de sexenio, de las inflaciones incontenibles, de los proteccionismos generadores de carestías y escaseces, se ve ahora como cosa del pasado. Nadie puede ocultarse la necesidad de mantener una disciplina sin falla y de aceptar enormes cambios que pueden violentar conciencias y hábitos de vida.

La rutina y la seguridad, la ausencia de competencia, son seguramente también situaciones del pasado. No que desaparezcan de inmediato, como por arte de magia, sino que serán vistas como rezagos inaceptables con consecuencias individuales pero que pueden incluso llegar a ser nacionales de no ser erradicados. Es probable que estemos en el umbral de una vida más áspera y más dura: el bienestar lleva aparejadas exigencias en un primer momento intolerables. Llegar a más educación, a más salud, a mejores transportes y menos contaminación, hacer de la calidad un principio y de la productividad una norma, no se alcanza a la primera. Las sociedades hoy instaladas en ese mundo de hospitales modelo y de universidades ejemplares, de obreros con 12 o 15 años de escolaridad, y con profesionistas aterrados por sus responsabilidades legales son, no se nos olvide, consecuencia de un mundo de cárceles salvajes y de patíbulos siempre ocupados. El costo pagado por quienes hoy disfrutan de todas las bendiciones de la cultura, la civilización y la justicia fue aterrador. Quizá tarde, hacia él vamos.

El tema siempre presente en el TLC ha sido el de la soberanía. Se la considera, por causas históricas, como de origen divino. Inmaculada, perfecta, ilimitada. Así la consideraron las monarquías absolutas y no es de extrañar que si Luis XIV se identificaba punto por punto con el Estado, la menor introspección le dijera su perfección absoluta. Las monarquías absolutas desaparecieron y vino una soberanía popular igualmente idolatrada: el pueblo nunca se equivoca. Menos cuando se equivoca, claro está. No aceptar la falibilidad de las acciones humanas es no aceptar los límites de la soberanía; es también la guerra total y, por consiguiente, intolerable e inaceptable. Se puede, por lo contrario, renunciar voluntariamente a una serie de privilegios soberanos; es la muestra de la madurez nacional, de la tan deseada modernidad. La Unión Europea es la más amplia limitación de soberanías que jamás se haya hecho en la historia humana. Naciones soberanas han desaparecido; renuncias voluntarias tan amplias jamás se habían producido. Viviremos, de ahora en adelante, dentro de un mundo que no es sólo el TLC, sino una globalización de la economía y de la cultura, entendida ésta en su más amplia acepción. La dureza del mundo moderno es a ciencia cierta despiadada e ignorante de las relaciones entre hombres templadas por la piedad y la caridad. Dentro de nada estaremos en la espiral de la competencia y de sus destrucciones permanentes y aceleradas.

Había otra opción que nadie quería: el inmovilismo, el refugio en el aislamiento, con nuestra desigualdad de castas, ancestral y triste. Nadie la quería pero nadie la enfrentaba; no aparecía la menor rebelión contra ese mundo y esas condiciones. La inercia se ha roto, y es una obligación agradecérselo a quien tuvo el valor de abandonar el yugo del pasado.

"El salto a la modernidad", *Unomásuno*, 19 de noviembre de 1993.

INTENCIONES Y PALABRAS

Hay quienes no pueden ocultar su satisfacción: el primer pero definitivo paso ha sido dado al poner en evidencia los puntos débiles del sistema político. Lo esperado y temido quedó atrás, el flechazo en el talón de Aquiles no pudo ser más certero. Lo esperado y temido al mismo tiempo no era el surgimiento de un movimiento guerrillero sino la consolidación de una política liberal, la terminación de un sexenio refomista que sólo había enfrentado y resuelto problemas menores.

La imagen de la oposición daba paso a hipótesis de un pesimismo absoluto: la figura de Cuauhtémoc Cárdenas se había agotado en un sexenio de oposición personal y personalizada después de abandonar a un PRD plagado de protestas y amenazas de cismas; cismas que son una realidad en el PAN. La candidatura de Luis Donaldo Colosio se antojaba invencible después de la firma y aprobación del TLC. De no intervenir un hecho violento e imprevisible, la consolidación de la política iniciada por el gobierno de Miguel de la Madrid era inevitable. La figura de Colosio había prendido para desesperación de quienes hoy ponen toda su esperanza en la guerrilla.

Este panorama era un riesgo mortal para los huérfanos del socialismo, desamparados ante la disolución de un mundo que se suponía eterno. La reunificación alemana, la desaparición de la Unión Soviética, la anulación económica de Cuba, la situación desesperada de Vietnam, dejaba a la extrema izquierda nacional e internacional sin modelos. El regreso al maoísmo es la última carta de una baraja perdedora.

Al decidirse por la guerrilla se buscó desde el primer instante crear una situación irreversible. No importa lo descabellado del proyecto: se le declara la guerra al ejército federal, conociendo de antemano la desproporción de las fuerzas; se asesina a unos policías y, habiéndose vertido la primera sangre, se espera la reacción de las fuerzas armadas, con la convicción de encontrar apoyo en sectores conocidos de los intelectuales mexicanos y extranjeros. El mundo político en el que quiérase que no se inscribe no sólo el poder sino la oposición legal, es de inmediato desbordado por la izquierda que se coloca en posición insostenible: o condena el movimiento o se sitúa fuera de la legalidad. Pero aun las innegables ganancias de la oposición en el terreno político corren el riesgo de perderse de golpe, en un mundo que se sabe de antemano no permitiría un gobierno revolucionario en México.

La guerrilla en ninguna hipótesis puede ser ganadora: su única función es aportar la sangre que permitirá negociar a otros. Los delirios revolucionarios revelan, en primerísimo lugar, una ignorancia supina de la historia y de la geografía, al hacer comparaciones con lo que fue la lucha de Vietnam e incluso con la actividad de Sendero Luminoso. La meta final, supuestamente redentora —aunque el socialismo, como se ha manifestado en la historia, no ha redimido a nadie— necesita una serie de pasos terribles e inevitables, de acuerdo con los ideólogos consagrados de la revolución.

Sin manifestarlo más que en unas declaraciones que parecen apócrifas, la destrucción del sistema político imperante en México, amén del sistema social, parece ser, al menos en el papel, el fin último del EZLN o de quienes lo manejan. Esto no afecta sólo al gobierno mexicano, al PRI y a las organizaciones vinculadas con ese partido. El PRD, o al menos la gente inteligente que en él milita, sabe mejor que nadie que no sólo en caso de una imposible victoria de estos novísimos y sedicentes zapatistas, sino en la simple prolongación de este conflicto, su situación ambigua los conduciría a una interminable serie de rupturas, escisiones, excomuniones y venganzas que destruirían un edificio de por sí frágil. No es necesario señalar que el PAN no encontraría acomodo posible en una situación política donde la extrema izquierda acaparara el poder. Pero no sólo los partidos están desde ahora en entredicho; todas las instituciones se ven amenazadas, empezando por la prensa, las universidades, las editoriales y todos aquellos lugares donde se manifiesta la libertad. Es inútil tirar la piedra y esconder la mano. Hasta el estallido de la rebelión se hizo un tema del ejército y del movimiento del 68. El licenciado Burgoa puso orden en el asunto. Se habló, como era de esperarse, de genocidio, con la plena conciencia de que la matanza de Tlatelolco no lo fue y que, sin embargo, convenía declararlo tal porque los crímenes contra la humanidad no prescriben. Ahora unas desconocidas asociaciones bolivianas hablan de etnocidio. No importa el valor de las asociaciones y la verdad de sus declaraciones. En las revoluciones las palabras cambian de significado. La confusión, la desmedida ayuda cuando se sabe manejarla, es un arma más, y no la menor. Forma parte de un arsenal que apenas ahora quiere mostrarse. Lo encontramos por todas partes, empezando por las más esperadas.

"Intenciones y palabras", *El Financiero*, 10 de enero de 1994.

LOS SILENCIOS ÚTILES

Las piezas del rompecabezas no coinciden. Imposible adivinar qué figura aparecerá cuando se pueda poner un mínimo de orden en toda la información fragmentaria y sesgada que se ofrece a un público sorprendentemente silencioso. La rebelión es indígena y chiapaneca, sus jefes son desconocidos, sus fines contradictorios y descabellados en muchos casos, incomprensibles en otros. Sus apoyos se concentran en la *intelligentsia* mexicana y, con una sorprendente unanimidad y univocidad, en periodistas, articulistas y profesores.

Las peticiones de unos y otros son las mismas desde el momento en que se inicia la sublevación: alto al fuego del ejército, sin demandar siquiera que esta detención de las hostilidades se aplique también a los alzados. Se pide además que el llamado Ejército Zapatista de Liberación Nacional (EZLN) sea considerado tal, es decir, un ejército y, por consiguiente, sea amparado por la Convención de Ginebra; se niega cualquier presencia extranjera; se acepta sin pestañear siquiera las incoherencias de los partes y manifiestos de los neozapatistas. Extraña unanimidad y univocidad donde se renuncia de antemano a cualquier crítica, donde no se proponen nuevas interpretaciones, donde no se examinan intenciones, donde todo es claro y contundente como las ruedas de molino con las que se debe comulgar.

La llamada Comisión de la Verdad, por su intención y tono, fue un desafío directo y gratuito al ejército, al que se acusaba ni más ni menos que de genocidio, rodeando tan brutal insulto de una serie de circunloquios reveladores de un más que justificado miedo. Después de la trágica por disparatada declaración de guerra de los levantados, se pidió que el ejército no interviniera, que se quedase expuesto al fuego de un enemigo que en verdad no parecía ser en el momento inicial demasiado temible, pero que en las inevitables baladronadas de quien se sabe inferior daba unas cifras fantasiosas de muertos, heridos y prisioneros que nadie creía aunque sí ayudaban a desprestigiar a los militares. Se juega con fuego, se provoca en el convencimiento con la esperanza y más que en el convencimiento con la esperanza de que nada tendrá consecuencias. La esperanza de la *intelligentsia* nacional, o de una parte significativa de ella, para ser justos, es la de una guerra limpia, una guerra dieciochesca, donde los oficiales enemigos se saludaban tricornio en mano antes de ordenar disparar.

Los primeros asomos de terrorismo urbano han sembrado pánico entre los más denodados sostenedores de la revolución. Han llegado a la impudicia más descarada: el terrorismo urbano, alegan, les puede impedir ir tranquilamente al café o les puede amargar la película si van al cine. Peor aún, va a traer aparejadas las brutalidades inimaginables que se dieron en Argentina, Uruguay, Brasil y Chile; los intelectuales van a ser las primeras víctimas de la represión; la libertad será erradicada de cuajo. Se exige pues un conflicto armado donde no intervenga la aviación, localizado, donde no mueran más que los combatientes debidamente identificados, los indios chiapanecos por un lado y la tropa del ejército nacional por el otro, lo que permitirá... ¿Qué permitirá?

Ésa es, creo, la pregunta que nos debemos hacer todos. No se puede quedar nadie satisfecho con las explicaciones que se han dado hasta ahora, por más cierta que sea la miseria ancestral y la salvaje explotación a la que se sometió y somete a los indígenas chiapanecos. Aceptemos incluso que la rebelión era inevitable. Aceptemos todo lo que se ha dicho y repetido, y se volverá a decir y repetir porque el discurso se agota y se necesita echar mano de unos increíbles artículos donde no se sabe si se quiere desacreditar para siempre a *El País*, a los antiguos y nuevos comunistas o a los españoles en general. Aceptado todo, hasta lo ridículo y lamentablemente divertido, las preguntas siguen ahí, se amontonan y se apelmazan.

¿Por qué se da la sublevación el primero de enero de 1994? ¿Por ser el año electoral? ¿Porque el TLC entraría en vigor en este mes? ¿Se quiso parar la campaña electoral de Colosio y, de paso, todas las demás? Todos estos interrogantes son elementales y se contestan solos. Pero no se puede responder con la misma facilidad cuando se pregunta por las complicidades que hubo dentro y fuera de México. Las armas no llegaron solas hasta las manos de los alzados. Aceptar que las compraron con los ahorros de los futuros miembros del EZLN es una contradicción si antes se había hablado de su miseria. No se puede aceptar que el fin último de la rebelión es estrictamente el expuesto en los manifiestos y proclamas. De sólo ser ése, se puede pensar que el movimiento chiapaneco está perdido desde ahora.

Los nuevos actores están en la escena. Algunos no son tan nuevos: una *intelligentsia* en parte renovada por jóvenes ajenos a las experiencias del 68 y a las disciplinas impuestas por el pensamiento marxista, seducidos sin decirlo por la aventura revolucionaria, que no tardarán en desmandarse. La Iglesia es también un viejo, un antiquísimo actor, que desde la guerra cristera se mantenía al margen de los enfrentamientos civiles y de la violencia política. Y está el ejército, unido, modernizado y silencioso desde 1929, desde la rebelión escobarista. Cuando hable no habrá de asustarse ante las respuestas, que pueden ser más duras de lo esperado.

En medio de todo esto está Manuel Camacho, como un antiguo y nuevo actor, al que hay que desearle toda la suerte del mundo. Casi todo depende de él y de la antigua política.

"Los silencios útiles", *El Financiero*, 13 de enero de 1994.

HACIA LA VIOLENCIA

La negociación se empantana, sin que se sepa por qué. El único punto alegado por Manuel Camacho se refiere a la amnistía, aparentemente rechazada por el EZLN, pues según éste no hay nada que amnistiar y según Camacho porque ve en ella una camisa de fuerza.

Fuera de estas dos instancias concretas y precisas, el negociador nombrado por el Ejecutivo federal y los neozapatistas, existe una nebulosa de organizaciones poco conocidas que, por su parte, presentan solicitudes y establecen demandas por su cuenta. Esta confusión ha suprimido cualquier límite, cualquier posibilidad de entendimiento. Sin saber en qué términos y sobre qué bases se está discutiendo, puede adivinarse la dificultad insuperable de llegar a un acuerdo sobre qué es negociable y qué no lo es.

La amnistía, para convertirse en una realidad y no ser sólo una ley aprobada por el Legislativo, exige a los guerrilleros entregar las armas y cesar las hostilidades. Esta exigencia indigna a muchos de los que desde la ciudad de México apoyan al EZLN, por ser una condición equivalente a una rendición. Y de hecho lo es. No puede ser de otra manera.

Quizá no sea el momento de acudir a los teóricos del Estado ni a citas de ningún libro ni de ningún escritor, por importantes que sean. Sin embargo, tenemos la obligación de recurrir a quienes han establecido verdades difíciles de rebatir por confirmarse día tras día, sin que nada los sustituya o rebase.

El Estado, dice Max Weber, es el monopolio de la violencia legítima en un territorio determinado. Desde el momento que pierde este monopolio, la mismísima naturaleza del Estado se pone en duda. Un Estado envuelto en una guerra civil no es propiamente tal si acepta la legitimidad de una rebelión armada; reconocería al admitir la legitimidad de la rebelión su propia ilegitimidad y, en buena lógica, debería disolverse para que el rival construyera un nuevo Estado.

En varios países europeos se hallan grupos armados con los cuales los gobiernos buscan una negociación para poner fin al conflicto que los opone, pero en ningún caso aceptan reconocerlos como grupos beligerantes. ETA e IRA, GRAPOS y Frentes Rojos no tienen ninguna aceptación legal y, cuando son capturados sus miembros, son presentados ante tribunales civiles y no ante militares, como debería hacerse de reconocérseles un estatus beligerante. Deponer las armas y cesar los ataques son, pues, el principio de todas las negociaciones intentadas y, fuerza es decirlo, fracasadas.

Francia y Alemania e Italia hace unos cuantos años, pudieron soportar y derrotar las olas terroristas gracias a la fuerza de las instituciones y al terreno democrático donde se asientan. No es nuestro caso. La fragilidad de los intentos democráticos del sistema político mexicano y la frecuente incapacidad administrativa de las instituciones no van a conducir, a través de la crisis chiapaneca, hacia un aumento de las formas democráticas de gobierno. Lo que apunta en el horizonte es un refuerzo del control autoritario. Todo el mundo pide a gritos la negociación y rechaza el uso de las armas, sin que nadie diga de manera clara e inequívoca qué se desea. El gobierno propuso la amnistía; el EZLN contestó a través del llamado subcomandante Marcos con una carta de humor menos que dudoso donde la rechazaba.

Se cree hoy en una victoria de la izquierda mexicana en el campo de la opinión pública, ante el silencio de quienes no encuentran cómo expresarse. Esa victoria que hoy se festeja no es tal. De seguir el empantanamiento surgirá de nueva cuenta el terrorismo urbano, con todo lo que de violencia ciega supone, de contraviolencia y represión. La mesa está puesta, sólo falta servir.

"Hacia la violencia", *El Financiero,* 27 de enero 1994.

LA INCONMOVIBLE POLÍTICA

LA APARENTE pérdida de interés en el conflicto de Chiapas es una sorpresa más. Dejando por el momento el problema militar, las posiciones políticas del gobierno y de los alzados parecen no dar con un terreno de encuentro, a menos que se haya alcanzado un primer acuerdo para establecer entre las partes un silencio total sobre las negociaciones y evitar así los ruidos e interferencias de personas ajenas que pueden entorpecer las discusiones.

La batalla de los medios de comunicación parece amainar, las intervenciones abiertamente partidarias se restringen, la información busca colocarse en la imparcialidad. De la lucha militar se pasa a la búsqueda de la racionalidad del conflicto y a las posibilidades y tipo de arreglo que pueden surgir de las gestiones de Manuel Camacho, con ese enemigo de rostro colectivo y anónimo por lo mismo, que tan bien funciona como imagen de la rebelión. El primer enfoque, que presentaba el enfrentamiento como un ajuste de cuentas por medio de las armas y soñaba con una victoria del EZLN, ha dado paso a un sorprendente comedimiento tras el que apunta una angustia cada día más clara, resultado del temor a que todo esto no sea más que un sacrificio gratuito. El país no estaba tras del alzamiento porque en México, con la excepción de una minoría sobrerrepresentada, nadie está por las soluciones violentas. Baste para convencerse el reclamo electoral permanente acerca de la seguridad ciudadana o, más precisamente, sobre la falta de seguridad ciudadana.

Pensar que la violencia en Chiapas no es tal por la lejanía de este estado de la capital de la República o por las razones alegadas por los partes de los alzados, fue una idea que pudo prender en los primeros días, cuando todo se podía creer.

Se ha vuelto a la política, pese a los esfuerzos de los neozapatistas para desacreditarla globalmente. El haber metido en el mismo saco al PRI, al PAN y al PRD, buscando de paso acabar con el proceso electoral, puso en evidencia la falta de consistencia de los jefes rebeldes, al menos en el terreno político, pues la admiración beata por la carta de las interrogaciones, no justifica todos los errores cometidos. La pasión literaria va por un camino muy apartado, a fines del siglo XX, del de los desalmados análisis políticos. Frente a la rebelión se ha conseguido lo que se antojaba imposible: una reacción unánime de los partidos políticos y de quienes los dirigen y militan en ellos. Dicho de otra manera, un frente político y ciudadano empieza a consolidarse para evitar la destrucción de todo lo ganado en el curso de los últimos 20 años. O la vida y la cultura política desembocan en las elecciones de agosto de este año, o no habrá ni vida ni cultura políticas.

Partidos y candidatos no dieron en un primer momento con sus intereses tanto inmediatos como a largo plazo. La tentación y la demagogia mostraron la punta de la oreja, se adivinó el deseo de aprovecharse de la ocasión, pero se impuso la razón sobre los afanes radicales y las ganas de liquidar una situación odiada. Por caminos diferentes, la clase política comprendió pronto que el arribismo y el posibilismo acabaría con ella. Sería la principal perdedora en caso de prolongarse la lucha armada; la guerrilla se situaría en el centro del debate nacional, el terrorismo urbano volvería a resurgir y la política sería relegada al desván donde se acumulan las buenas intenciones fallidas.

Para recuperar la acción política, los partidos políticos se han visto obligados a cambiar el tono del debate y a aprobar medidas del rival que hace un mes hubieran descalificado sin contemplaciones. Opacados por el movimiento armado que se interpuso entre ellos y sus simpatizadores, afiliados y votantes, tuvieron que recuperar primero la posibilidad de la política antes de recuperar a unas tropas perdidas. La tarea para ellos no es fácil porque la política y los políticos no son populares en ningún país del mundo, aunque sean indispensables.

El movimiento chiapaneco vino a descubrir las líneas de ruptura de la sociedad mexicana y llevó a manifestarse a quienes parecían resignados a unas decisiones que en su fuero interno rechazaban. Fue también ocasión para ventilar viejos rencores o para manifestar su odio por una disciplina que habían tenido que aceptar por conveniencia. Pero todo esto fueron presencias testimoniales y fugaces, reveladores de un malestar no siempre consecuencia del conflicto presente. El desacuerdo iba desde el TLC hasta Televisa y desde el PRI hasta el neoliberalismo, pasando por los sueldos universitarios y la intención modernizadora del gobierno.

En México no tenemos un descontento sino una retahíla de descontentos de clase y de grupos de consistencia variable, que esperan respuestas individualizadas y siempre positivas a sus exigencias.

Si el sector más importante de la opinión pública cayó en la trampa emotiva y bien manejada de los primeros días del levantamiento, la naturaleza misma de la política, la falta de transparencia de las decisiones y la falta de coherencia y claridad de las racionalizaciones de la acción política se han pasado al campo contrario. Las explicaciones del subcomandante Marcos, su aparente buen humor y el desenfado forzado no corresponden con un movimiento armado originado por el hambre, la enfermedad y la humillación permanentes. Cómo él también se ha hundido en la trampa, es cada día más evidente.

"La inconmovible política", *El Financiero*, 3 de febrero de 1994.

LOS IMPOSIBLES

El voluntarismo y el lirismo han acompañado en todo momento a la crisis política actual. Todos los grupos marginados, abandonados y atrasados plantean sus peticiones, exigen que sean atendidos de inmediato y amenazan con levantarse o, al menos, apoyan a los alzados si no son escuchados y obedecidos. Por todas partes se levantan voces y se escriben artículos apoyando la razón que acompaña a las demandas y exigencias. Lo que no se pudo hacer en cinco siglos debe hacerse antes del 21 de agosto de este año. ¿Cómo? A ese cómo no se le da nunca contestación.

La oposición y de manera señalada el PRD, y más aún que el PRD el ingeniero Cárdenas, se vieron sorprendidos como el PRI y el gobierno por los primeros movimientos armados y las declaraciones del EZLN. Las respuestas fueron confusas y contradictorias. De una primera afirmación contra la intervención del ejército federal se llega a otra, completamente opuesta, donde se asegura que este ejército es indispensable, sin mencionar cuál debe ser su papel de ahora en adelante. Se quiere dar seguridades a los empresarios y financieros alejándose de un partido radicalizado que no encuentra ya una salida al menos ideológica de la coyuntura política actual y se confía en una amalgama amorfa. Sin voluntad y sin capacidad de movilización. La ADN es una fantasmagoría ridícula, pero por eso mismo le resulta útil a Cuauhtémoc Cárdenas, que no quiere ni verse maniatado en el momento de distribuir cargos y honores, ni tener que someterse a las disposiciones de un partido incontrolado en estos días, desconfiado de sus líderes y dispuesto a recuperar una autonomía anárquica dominada malamente por Porfirio Muñoz Ledo y los suyos en la Asamblea y en la Cámara de Diputados. Cárdenas, pues, no quiere ni arriesgar una imagen ya deteriorada ni compartir el poder con quienes lo encumbraron.

El EZLN ha resultado tan dañino a Cárdenas como a los otros candidatos, como era de esperarse. La desconfianza en los procesos y resultados electorales manifestada por los alzados, el deseo de implantar una democracia rousseauniana afincada en el mandato imperativo y en el control permanente de los representantes por las asambleas de ciudadanos, el disparate político, la ingobernabilidad transformada en principio de gobierno, no pueden ser utilizados por un hombre político a menos de hundirse en la demagogia y la incoherencia. No hay manera de cabalgar una ola indefinida para alcanzar un resultado electoral reconocido por la ley. Desde luego no se puede presentar un programa electoral, una plataforma, donde se articula PRD, EZLN y elecciones, más el delicado equilibrio que media entre las promesas electorales y las posibilidades de cumplirlas.

El mapa político y económico del país, las estadísticas más elementales y la situación internacional de México muestran de manera contundente la necesidad de continuar las políticas actualmente en vigor. Cambiar la orientación de la economía nacional, abandonar el TLC, intentar crecer y repartir al mismo tiempo, desarrollar todas las regiones atrasadas, recuperar el rezago educativo es a todas luces imposible a menos de volver a lanzar la inflación, aumentar la deuda externa y entrar en el círculo infernal que conocimos en décadas anteriores. Se podría, en el mejor de los casos, limar algunas de las asperezas entre el trato entre los funcionarios y el público, paliar algunas de las diferencias sociales más hirientes, mejorar en algunos puntos la educación. En las grandes opciones no caben cambios decisivos. No queda sino seguir la dura ruta de la modernidad, tratando de conseguir la meta lo antes posible para no regresar de nueva cuenta a un tercermundismo del cual sería imposible salir.

En un momento de confusión y duda, no queda sino hablar con la verdad, reconocer los límites del campo del Estado y la imposibilidad de conquistar el paraíso en unos meses e incluso en unos años.

"Los imposibles", *El Financiero*, 10 de febrero de 1994.

LA ODIADA MODERNIDAD

La popularidad es caprichosa y volátil. Resulta difícil que un hombre público mantenga índices de aceptación elevados durante meses: durante años sólo unos cuantos han logrado sostenerlos, seguidos por caídas estrepitosas y ejemplares. El caso de Bush es paradigmático: llegó a niveles históricos durante la guerra del Golfo, para ser derrotado por Clinton, con la ayuda de Perot, poco después. Unos indicadores económicos negativos bastaron para eliminarlo. La popularidad se fue como vino, inesperadamente y contra toda lógica.

Carlos Salinas de Gortari como Presidente de la República ha impuesto récords de popularidad. No hay mucho con qué comparar. Las encuestas electorales y de popularidad son recientes entre nosotros y, en una sociedad y en un sistema político autoritarios, la desconfianza imperante introduce siempre un punto de sospecha sobre los resultados ofrecidos. Y las encuestas nos dicen día tras día que la popularidad y la aceptación de Carlos Salinas de Gortari se sitúa en niveles inverosímiles pero ciertos, de alrededor de 70-80%. Niveles que desde luego no tiene el Partido Revolucionario Institucional, por citar un solo punto de comparación.

Para la oposición política esto no sería grave si la imagen presidencial no estuviera vinculada con una política de modernidad y modernización del país. El Tratado de Libre Comercio se ve, en algunos sectores, como el símbolo de este proceso: rompe brutalmente con una política económica proteccionista y populista, paternalista a más no poder, para entrar en una competencia vista con pavor por más de un grupo. Con ella se triunfa o se muere. El empresario incompetente no soportará la agresividad del estadunidense o del canadiense y se verá obligado a salir del mercado; el artista perderá la protección oficial y estatal que le permite seguir existiendo sin vender un cuadro ni poder estrenar una obra de teatro o un concierto. Estos riesgos amenazan a masas de profesionistas que eran cardenistas *avant la lettre*, junto con los políticos desplazados, que lo eran antes de que surgiera la nación mexicana.

Pusieron sus esperanzas en el Congreso de los Estados Unidos, donde se vio una última instancia ante la cual apelar; sólo él podía liquidar al temido TLC. Pero pasó y la amenaza en ciernes se convirtió en un huracán tropical. Por si el TLC fuera poco, pasó la candidatura de Luis

Donaldo Colosio, un representante de esta política que, por lo demás, es la única posible y así lo entiende la mayoría de la gente.

Un ataque frontal contra la modernidad no es factible. Levantarse al grito de religión y fueros se antojaría ridículo a primera vista. No tanto si uno se detiene ante un lema que ha sido compartido por los pueblos marginados social y políticamente: el cura Santa Cruz y sus navarros en España, Lozada y sus indígenas en México.

Los marginados totales han sido la última reserva, la carta que de perderse permitirá el triunfo avasallador del mundo moderno. El último muro de contención contra la racionalidad de los Estados contemporáneos ha sido el fundamentalismo, cuando se trata del mundo islámico, y el integrismo en los países católicos.

El integrismo católico ha logrado vencer al *aggiornamento* del Concilio Vaticano II. Victorioso en la lucha contra la Unión Soviética y su bloque socialista, Juan Pablo II regresa a una política de restauración absoluta del dogma y de los principios más combatidos de la Iglesia

Condenados por Roma, los teólogos de la liberación no son menos integristas y menos tradicionalistas a su modo. Ven en Cristo a un socialista y encuentran en el Evangelio una coincidencia absoluta con el marxismo. Así le parece a Ernesto Cardenal, que sería un caso de psiquiatra si no afectara a la historia presente. Los teólogos de la liberación, los sacerdotes de la nueva doctrina no soportan las ideas de las iglesias tradicionalistas ni a la jerarquía que las defiende e impone. El conservadurismo de las iglesias española, francesa, belga, holandesa, alemana, italiana, polaca, de las iglesias europeas en general, su identificación, con raras excepciones, con la política conservadora de estos países, desplazó a una pléyade de sacerdotes ansiosos de pureza evangélica y dispuestos, llegado el caso, a imponer sus ideas por las armas. Su afán protector de los desvalidos los conduce a añorar las misiones jesuíticas de las primeras fases del mundo colonial americano: en un espacio cerrado y con el tiempo abolido no hay pecado ni contagio del mundo moderno. La autonomía es indispensable si se quiere llegar a esa situación ideal, donde la modernidad desaparece.

La nueva comunidad de marginados y la antigua izquierda marxista aliada a los tradicionalistas del PAN, que han completado un giro de 180 grados para quedar bajo la égida cardenista, sumados a los curas de la Teología de la Liberación apegados a Samuel Ruiz, harán cuanto esté en su poder para enfrentarse e intentar detener el avance de la modernidad. Es una lucha para ellos perdida de antemano. Podrán ganar un combate de retaguardia, costoso y momentáneo, pero están destinados a ser ignorados tan pronto como las armas se callen y se advierta que sólo hablan en nombre propio sin representar a nadie. Son unos extraños demócratas que piensan haber recibido un mandato por el camino místico, ajeno a cualquier designación pública clara y manifiesta. La democracia tiene estos días unos sorprendentes apologistas: la grey más reaccionaria del país.

"La odiada modernidad", *El Financiero*, 17 de febrero de 1994.

LA ATENCIÓN DISTRAÍDA

Chiapas parece no dar más de sí. El efecto mediático, es decir publicitario, se agota por falta de noticias sensacionales, capaces de mantener tensa a la opinión pública. Los intentos y esfuerzos por hacer del problema un paso más de una campaña contra el PRI no fructifican: el PRI no es popular, es sabido de sobra, pero no lo es ningún partido y, por el momento, no se quieren personalizar los ataques, se acepta una tregua entre los candidatos que se amagan sin tirarse a fondo, por miedo a la respuesta. Dejan pasar el tiempo en movimientos complicados y peticiones de más reformas y contrarreformas ajenas al interés del público. En resumidas cuentas, la campaña no ha arrancado, los temas-eje no se han planteado y la atención se centra en torno a las encuestas sobre la intención del voto, todas favorables a Luis Donaldo Colosio. El PRD ocupa un lejano segundo lugar y el PAN se pierde en unos porcentajes jamás vistos y a todas luces desastrosos para Fernández de Cevallos. Esta campaña en tono menor, mesurada y aburrida, temerosa, le concede todavía un lugar en la prensa y en la televisión a los avatares chiapanecos.

La teatralidad, de puro repetirse, termina por aburrir o, peor aún, por pasar inadvertida. El pasamontañas está muy choteado, no es más que una extensión de la máscara del *Santo*, ahora de *Superbarrio*. Dentro de poco lo usarán los niños en sus juegos, como ya lo utilizan los asaltantes de bancos. De la misma manera, el lenguaje delirante o jocoso ya no sorprende. En 50 días todo es epígono del primero de enero: las cartas a la redacción apoyando al programa neozapatista (aunque siempre con salvedades), los paliacates que no aparecen por ningún lado, las entrevistas por televisión donde se repiten hasta la saciedad los temas conocidos por todo el mundo, pasada la primera semana del levantamiento. En el imaginario popular quedan el subcomandante Marcos y el obispo Samuel Ruiz, aunque desgastados.

Una figura súbitamente popular no tiene una vida pública garantizada, más aún cuando se advierten la intolerancia y la pretensión política, acompañadas por un chantaje sin rebozo. Exigir una reforma, cuando no una transformación de pies a cabeza de las instituciones políticas y sociales sin más mandato ni representación que la metralleta y la capucha, o es un acto desesperado o es la intención de mantener el neozapatismo vivo al costo de reducirlo a una discusión eterna donde se irá desde la ley inquilinaria de Tamaulipas hasta el costo de los fletes marítimos en Salina Cruz, sin dar nunca un acuerdo mínimo. Dependerá de la atención prestada por los medios a los bizantinismos de los encuentros el que éstos duren. Pero ni las páginas pletóricas de nimiedades ni los minutos de pantalla con fondo de selva, pueden fijar la atención del público.

El problema chiapaneco se reduce a un problema de especialistas, de expertos instantáneos. Sociólogos, psicólogos y psiquiatras de distintas observancias, historiadores y sobre todo antropólogos tienen tema para varios años. Los investigadores extranjeros van a encontrar material de observación participante y las fundaciones estadunidenses podrán orientar sus donativos con mayor tranquilidad. Todos estos profesionistas y filántropos van a partir de una plataforma común: la obligatoria conservación de las lenguas indígenas, el respeto absoluto por la identidad de cuanto grupo se identifique como etnia y el mantenimiento y dotación de las plazas necesarias para llevar la tarea a un buen puerto.

Este programa sólo tiene un defecto, pero es insuperable. México, mayoritariamente, ultramayoritariamente, está más atento a la construcción nacional, a la integración de todos sus habitantes en una cultura nacional y a crear un destino compartido, que a fomentar la fragmentación cultural, étnica, regional, etc. Levantarse contra el nacionalismo es una moda, resulta incluso elegante. Los defectos del nacionalismo son incontables; su ausencia conduce a situaciones como la de los rusos hoy o, aún más significativo, la de los rusos ucranianos. ¿Hay alguien que quiera ser chiapaneco antes que mexicano?

"La atención distraída", *El Financiero*, 24 de febrero de 1994.

VANITAS VANITATUM

Mientras una negociación languidece, otra llega a su fin en un tiempo récord: los intereses de los primeros —los neozapatistas— son opuestos a los de los segundos —los partidos políticos—, de ahí las diferencias en las discusiones, propuestas y contrapropuestas.

El subcomandante Marcos debe pensar con incontenible angustia en la conclusión de su encuentro con Manuel Camacho, en un marco que tiene mucho de ópera italiana, con sus enmascarados, sus curas y sus testigos que cantan en el coro. Dejar ese mundo donde es alguien le debe resultar intolerable. Volver a las conversaciones de café resulta inadmisible para quien lleva dos meses en las primeras planas de los periódicos y en las pantallas de televisión. Lo que antes escuchaban sus amigos sin mayor interés, llegó a costar 4 000 dólares oírlo y grabarlo. Las increíbles cartas y comunicados, mezcla de cursilería y ramplonería, ponían en trance a las señoras de Polanco y la clase media encontró por fin una filosofía a su alcance.

El movimiento neozapatista es una cosa y la explotación en los medios, otra. Si han ganado los planteamientos iniciales —salud, educación, plan de desarrollo, recursos—, exigir, nos comunica el *subcomandante*, la renuncia del Presidente de la República, no sería un punto de ruptura en las discusiones: bastará con que, siguiendo sus instrucciones, se imponga una democracia en México. Más adelante dirá cómo. En otro tema se da un plazo de 180 días, con lo que espera seguir gozando de los medios. Seis meses más en la televisión no está nada mal.

El triunfo publicitario del subcomandante Marcos es un triunfo de la mediocridad, de la suya y de la de un público beocio, resultado de fracasos universitarios, intelectuales y espirituales. Pero este público pasmado aumenta con el temor mal disimulado de los políticos agobiados por la popularidad del guerrillero. La carta enviada por el PRD es un modelo de discurso de partido fracasado. Intentando mantener la figura, solicitan del bondadoso corazón del *subcomandante* que no los incluya entre quienes pretendieron arrebatarle cámara, crimen de lesa revolución. La mediocridad del *subcomandante* va al parejo de la del señor Bejarano, quien también aprovecha la situación para levantar la cabeza que lleva al ras del suelo.

Montesquieu señalaba en *El espíritu de las leyes* la necesidad de que las monarquías —la forma usual de gobierno en toda Europa en el siglo

XVIII— estuvieran pobladas de mediocres, término con el que se designaba al hombre medio, al hombre de la calle como diríamos hoy. Éstas son la mismísima base sobre la que se edificó la democracia americana, y la mayor parte de las europeas, incluso la japonesa.

El problema se presenta cuando estos hombres sin calificaciones pero retacados de resentimientos, abrazan las causas heroicas, levantan la bandera rebelde y se convierten en imágenes populares. Por mantener la atención de los demás, por esa vanidad satisfecha una sola vez en sus vidas, descarriarán todo lo demás. Son humanos, qué le vamos a hacer.

Los partidos y los candidatos olieron el peligro y mantuvieron la esperanza de la transitoriedad del fenómeno. Su perduración, los análisis y evaluaciones equivocadas, condujeron a las declaraciones contradictorias, a los equívocos, a buscar refugio en esa zona gris donde todos los gatos son pardos. Cuauhtémoc Cárdenas dijo una cosa y su contrario en plazos de 24 horas; el PFCRN intentó todo lo posible, hasta la peor indignidad, con tal de dar con alguna notoriedad política; el candidato ecologista, más elemental, es afecto al disfraz. El espectáculo fue trágico.

El sentido político, variedad del sentido común, ha regresado. La posibilidad de un cuarto candidato, presente en todos los partidos, los convenció de la urgencia de un acuerdo. Pasando por encima y por debajo de sus conciencias, lo rechazado con indignación unos días antes, ha sido aceptado en el pacto de los nueve que permite acotar el campo de lo político. Estas fronteras dejan a los neozapatistas o, más exactamente, a sus representantes y comandantes fuera. Menos mal.

"Vanitas vanitatum", *El Financiero,* 3 de marzo de 1994.

LA ELECCIÓN CUADRANGULAR

Los registros de la semana pasada regresaron las aguas a su cauce. Después de dos meses o más de escarceos y amagos, las campañas electorales empiezan a adquirir perfiles propios y los candidatos van centrando sus discursos. Chiapas está ya en un segundo plano; se trata, como dice la burocracia, de un problema de seguimiento, lo que traducido al español significa no olvidarlo, manteniendo en la medida de lo posible los tiempos fijados.

El caso trágico de la rebelión terminó en sainete, con el poema en verso libre, libérrimo, de la señora Margarita López Portillo y unas declaraciones incomprensibles de Irma Serrano, neocardenista impenitente. Esto en lo que se refiere a los anecdotarios políticos, nemotecnia indispensable para fijar los tiempos y recordar a personas y situaciones. El caso chiapaneco ha dado de sí todo lo que podía dar; se necesita un tema, otro, capaz de fijar el interés del lector. Sin haber mediado media palabra del interesado, Manuel Camacho, ya no como comisionado del gobierno mexicano ante los alzados, sino transformado en un hecho publicitario, mediático, es lanzado ante el público con vista a generar el tema del momento.

La noticia, el *scoop*, tiene más importancia que la intención política. En diciembre de 1993, la izquierda perredista mostraba más interés en quién sería el candidato del PRI que en el suyo. Sus simpatías por Camacho eran tan evidentes que no es difícil imaginar el trago amargo de Cuauhtémoc Cárdenas. Su antipatía por el PRD se hizo evidente. Peor fueron los días de rebelión chiapaneca: las declaraciones del *subcomandante* le tuvieron temblando al encontrarse con la indiferencia de lo que en principio podría ser un apoyo o, al menos, una actitud de simpatía. Las pretensiones del señor *Marcos,* su desdén, terminaron por hundir al PRD, a la ADN y a su candidato en el desconcierto absoluto. Ya registrado, puede respirar y sentir la legalidad emanada de las instituciones, despreciables según él y sus seguidores, pero única garantía en situaciones de desequilibrio y ambigüedad. Lo imprevisible y angustioso sigue siendo Camacho, aunque no sólo para él, así sea el que mayores peligros corre.

El fantasma recorre todo el mundo político. El PAN se refugia en la legalidad sin falla que ha sido la suya desde su fundación. Legalidad exagerada por su pureza y por consiguiente rígida, excelente cuando se está en la oposición intransigente, pero que se soporta con dificultad cuando se intenta jugar con los otros partidos. Hasta el inicio de la lucha electoral el PAN ha sido un rival noble e inefectivo. Su campaña, el tono mesurado de las ideas no va acompañado del mordiente indispensable para alimentar al discurso político. Las contradicciones originadas por su vinculación con la Iglesia católica le llevan a encerrarse en silencios reveladores de culpas y miedos. En México no se puede estar callado ante la natalidad galopante y no proponer frente al SIDA más remedios que la abstinencia y la castidad. El PAN debe dar su opinión o, ante el escamoteo de puntos decisivos de cualquier programa o plataforma, mostraría su falta de modernidad y de valor. Manuel Camacho no es un problema para el PAN: están claramente deslindados los campos y su clientela no puede ser la del antiguo canciller, como algunos han dado en llamarle.

Camacho es el problema del PRI y el PRI es el problema de Camacho. Después de la jornada de Colosio en el Monumento de la Revolución, la situación está más clara, aunque no del todo.

La posibilidad de una escisión más se desvanece. El PRI vuelve a demostrar su capacidad de movilización, a recuperar parte del ámbito nacional donde se mueve, a mantener el control de su aparato administrativo y también del electoral y a reunificar a las corrientes. Demuestra, por si fuera necesario, que hay priístas, cosa negada por costumbre; más complicado es probar las fronteras de su clientela electoral, pues nadie puede asegurar la permanencia de unas intenciones de voto que pueden modificarse, como sucede en todos los países.

La presencia de Manuel Camacho en las elecciones traería aparejado un peligro de muerte para el sistema político o, dado que por sistema político ya se entiende cualquier cosa, para la organización jerárquica de las instituciones del Estado mexicano.

La historia del siglo XX mexicano ha sido clara en cuanto al PNR-PRM-PRI se refiere. La unidad ha sido una obsesión, ya fuera unidad revolucionaria o unidad nacional. Lázaro Cárdenas y Manuel Ávila Camacho ganaron con el 99 y pico por ciento de los votos; Álvaro Obregón en su segunda elección y José López Portillo fueron candidatos únicos, etc. Quien gane con menos de 50% del sufragio emitido será visto como un presidente dudoso. No somos Francia o Alemania, donde 100 votos, después de todos los recuentos que se quiera, dan el triunfo. En México, una cultura electoral incipiente, equívoca, sumada a una permanente campaña de denigración del sistema electoral, no permitirá que de una elección cuadrangular salga un triunfador claro e inobjetable, así se vengan todos los profesores escandinavos a vigilar la elección. La tan anhelada legitimidad se ahogaría en el número de candidatos. El fraccionamiento del electorado será un mal menor comparado con los seis años que seguirían: la obra de 65 años del Partido Revolucionario Institucional se vendrá al suelo, para alegría de muchos. Lo que éstos no saben es que en este caso preciso, en una elección cuadrangular, los escombros los van a enterrar.

"La elección cuadrangular", *El Financiero*, 10 de marzo de 1994.

MANTENER PARA GANAR

Que tiene sus partidarios, nadie lo pone en duda. Manuel Camacho luchó con energía y valor para ser el candidato del PRI a la Presidencia de la República. Fue un combate sordo y oculto, despiadado e inteligente como todos los que se libran dentro de ese partido, en muchos de los cuales tomó parte y salió victorioso o, al menos, triunfó su campeón. En el último, el en apariencia decisivo, Carlos Salinas de Gortari fue designado candidato frente a otros que de buena o mala gana se inclinaron ante el veredicto: conocían las reglas del juego, las habían aceptado y defendido.

La habilidad, el atrevimiento y la inteligencia habían ganado: no quedaba sino apoyar al sucesor. Aunque hubo un mal perdedor, los demás guardaron silencio o se lanzaron a sostener el combate de Carlos Salinas. Nadie puede dudar del empeño de Manuel Camacho en la campaña y elección de 1987-1988: fue el consejero de Salinas, el político profesional, el hombre ajeno a las dudas. Lo mismo puede decirse de su gestión en el Distrito Federal, cuando acudió a resolver cuanto conflicto aparecía. Casi siempre tuvo éxito y, además, tuvo suerte, es decir, supo leer y aquilatar las situaciones, tuvo capacidad para convencer a hombres y mujeres y sacó una voluntad de hierro para llevar su carrera adelante. Se sabe, pues, de memoria las reglas del sistema.

No fueron muchos, pero tuvo enemigos. Las razones que originaron antipatías, diferencias y aun odios fueron las mismas que motivaron sus triunfos. En política siempre es así. La actividad incesante, la voluntad intransigente, el deseo de imponerse le llevaron a chocar con otras actividades, voluntades y deseos a los que no se dignó tomar en cuenta, tan convencido estaba de tener la razón de su lado. Resulta ahora difícil pensar si dudó en algún momento de su fuerza y de su estrella; dudó incluso de lo que veía, de lo que se antojaba inevitable; dudó de que el destino le hicera una jugarreta. De lo que no dudó fue de él. Es posible que siga convencido de su futuro y crea que la situación presente no sea sino un mero accidente.

La voluntad y la inteligencia no bastan. Dominarse es absolutamente necesario, en este juego donde las fintas, los amagos y las amenazas veladas son más efectivos que los golpes. Pero para que estos movimientos cobren fuerza, deben tener una posibilidad, por pequeña que sea, de cumplir lo que insinúan. El tiempo es decisivo y hoy el tiempo pasado no puede recuperarse. Luis Donaldo Colosio es, dentro del PRI, inamovible, y el 21 de agosto seguirá siendo el candidato del Partido Revolucionario Institucional. Ni un golpe interno podría eliminarlo en estos meses.

Quien intentara cambiar a Luis Donaldo Colosio se estaría eliminando a sí mismo. La ofensa sería demasiado grande no sólo para los militantes y simpatizantes, a los que se buscaría cínicamente cambiar la orientación y la decisión del apoyo hasta ahora manifestado, sino que el votante sin mayores compromisos partidistas consideraría un insulto el verse tratado como un menor de edad, casi como un oligofrénico. El voto priísta se disolvería en el aire como por encanto, no para irse a otro lado, sino para desaparecer por décadas.

La oposición, de manera principal el Partido de la Revolución Democrática, a sido un crítico feroz de los métodos priístas de designación de candidatos. *Dedazos, tapados*, han sido temas que le permitían ejercer un ingenio y un humor no siempre universalmente aceptados. Todos sabemos cómo van a ser designados sus candidatos en la calle de Monterrey, convertida en el puerto de arrebatacapas, y los trances que provocan los pasamontañas y los solideos. Todos también hemos leído la resignación del ingeniero Cárdenas ante una improbable anulación de su candidatura por una imposible tercera convención perredista. ¿Recuerdo de Heberto Castillo? ¿Qué dicen las organizaciones auxiliares? ¿Han sido siquiera consultadas?

Las encuestas son reveladoras, aunque no tengan ni la precisión ni la capacidad predictiva supuesta por quienes las confeccionan.

Manifiestan estados de ánimo, intenciones, deseos y generalidades de difícil interpretación. Dentro de estas limitaciones y aceptando todo tipo de salvedades, la candidatura de Luis Donaldo Colosio parece ir más allá de la simple postulación para convertirse en la de un ganador virtual. Sería una razón más para no tocarla, lo que, por lo demás, sólo algunos periodistas y una fracción de la oposición, predicen.

No es sólo contar con el único aparato electoral del país y con el único partido nacional —en el sentido de las zonas cubiertas— de cuantos están registrados o sin registrar en México. La rebelión chiapaneca, mantenida a estas alturas a fuerza de papel, ha sido una advertencia sobre la miseria y la injusticia, pero también sobre la intolerancia que late en quienes se dicen dispuestos a dar la vida por la democracia. Más que hablar de elecciones o de ejercerla, se pide se silencie a quienes no aceptan las homilías de monseñor Ruiz o los delirios del subcomandante Marcos, exigiendo de paso el primero un gobierno interno provisional —¿nombrado por quién?, ¿por él?—. Este conjunto de dislates o de disparates, la negativa de abandonar un mundo donde la mediocridad sirve de patente de corso, el defender el inmovilismo y la tradición como bienes supremos, todo esto es la mejor carta de Colosio. Después de 65 años no se ha propuesto nada mejor que su programa. Quizá sea una lástima, pero así es.

"Mantener para ganar", *El Financiero,* 17 de marzo de 1994.

EL HEREDERO Y EL POLÍTICO

ESTAMOS ante un caso de manual de política: la izquierda necesita dividirse cada equis tiempo para purgarse de los malos elementos que la infectan y se van acumulando en sus filas, rompiendo la unidad programática e introduciendo dudas sobre la autoridad del jefe. Es una historia y un comportamiento originado durante la Revolución francesa que llega a nuestros días, descrito por cuantos autores se han interesado por la historia de los partidos políticos, quienes, en resumen, llegan siempre a la misma conclusión: la izquierda tiene ideologías y la derecha intereses, por eso la derecha acostumbra estar en el gobierno.

Una vez más el PRD está a punto de dividirse. Era previsible e inevitable. En el combate de jefes que opone a Cuauhtémoc Cárdenas a Porfirio Muñoz Ledo, no se enfrentan sólo dos hombres, sino dos concepciones de la política, concepciones incompatibles, donde uno de los dos ha de ser eliminado del mundo de la izquierda mexicana.

Pasado el torbellino revolucionario, la herencia recupera su capacidad decisoria. Los hijos de los médicos son médicos; los de los empresarios, empresarios; los de los obreros, obreros, y los de los políticos, políticos. En los últimos años hemos visto los principales puestos del Estado encargados a hombres cuyos padres ya estaban en el *Gotha* de la política nacional. La ventaja comparativa no siempre ha sido para ellos un simple privilegio: una minoría, guiada desde luego por la ambición, estudió, viajó, trabajó e intrigó cuando fue necesario para alcanzar cargos cada vez más altos. Peter Smith estudió hace tiempo qué *cursus honorum* debía seguir un joven de estos para llegar a la cúspide. Las reglas expuestas a *los laberintos del poder* ya no tienen validez. El país es otro y su política es otra. La meritocracia se abre paso y el saber se impone; las carreras se diversifican; la especialización se impone lentamente; políticos y tecnócratas cuidan las distancias y vigilan sus respectivos terrenos. La concepción del poder es opuesta a la dinastía sonorense y sus epígonos michoacanos, y también a la de los veracruzanos y defeños del civilismo. Pero todavía hay muchas rémoras.

El gobierno federal y los estatales están plagados de nombres sorpresivos por lo conocido. Cuántas veces nos hemos preguntado "¿pero qué le han visto a ese retrasado mental para nombrarle tal cosa?". La respuesta es clara: le han visto el apellido y eso bastó y sobró para designarlo embajador, gobernador, senador, subsecretario e incluso secretario. Era y es un escándalo santificado por la tradición y el clientelismo frente a los que nos inclinamos de mala gana.

Cuauhtémoc Cárdenas tiene un apellido, uno de los más ilustres del santoral político mexicano y del panteón de la izquierda internacional. Eso le bastó y le sobró para ser senador, subsecretario y gobernador. Además de ocupar sus cargos que más parecían empleos no se le conocen milagros de ningún tipo. Quiere ser Presidente, cosas a todas luces imposible: la oportunidad que tuvo hace seis años desapareció. Su desgaste ha sido total por no renovarse las ideas y por mostrar una grave endeblez intelectual y política durante la campaña. Cárdenas lo sabe, lo ve día tras día. Los fracasos son palpables; el discurso no es escuchado; las contradicciones, los cambios de dirección son permanentes. No le queda sino salirse del juego, pero en eso también se equivoca. Desautorizar a Muñoz Ledo fue un error doble. No se puede romper públicamente con el jefe de un partido, de su partido, y dejar de paso en mala situación al CEN. Fue un rasgo de despotismo y de autoritarismo revelador de una egolatría ilimitada. Fue además exponer de antemano su miedo a los resultados de agosto. No sólo a perder, sino a perder con un *score* escandaloso. Los candidatos encastillados en sus ideas, en su vanidad, rodeados por unos cuantos fieles dispuestos a obedecer sin murmurar, ven cómo el voto por ellos va bajando mientras el voto por el partido que los apoya se va por otro lado. Puede subir o puede bajar, pero ya no son votaciones solidarias, unidas en cualquier circunstancia. La soberbia no tiene nunca justificación, pero en algunos casos es ridícula.

Ya no importa si el PRD va a volar en favor o contra nuevas reformas a la ley electoral. Las exigencias están descalificadas de antemano por ser inaplicables. El caso de Morelos las ejemplifica antes de existir.

El PRD y el PAN plantean sus quejas por la organización electoral. Falta de papelería, ausencia de funcionarios, retraso en la apertura de las casillas, lentitud en el conteo. No parece haber habido mala fe ni dolo. Hubo torpeza, falta de oficio, indiferencia y otras características de la administración pública, como sabemos, siempre devorada por el amateurismo. El problema radica en que estos amateurs son profesionales. Actúan torpemente pero actúan, obedecen a ciertas necesidades determinadas por su propio oficio. Si son sustituidas por esos ciudadanos perfectos, apartidistas, todo generosidad, digamos de antemano que iremos a unas elecciones de tipo porfirista (Díaz). Y Porfirio Muñoz Ledo lo sabe por haber sido presidente del PRI en una de las elecciones más desastrosas que se recuerden en ese partido. Y sabe también que no hay ciudadanos químicamente puros, ajenos a simpatías políticas, inmunes al discurso. De haberlos, deberá prescindirse de ellos porque su misma firmeza los inutiliza, los sume en una incompetencia irremediable. La simple lectura del periódico contamina —la de algunos periódicos pervierte—, hojear la ley electoral podría ser considerado un delito. Y Porfirio también sabe que no encontrarán ni en broma los 88 000 representantes necesarios para vigilar la elección. Cárdenas, más que saber todo esto, lo sospecha y lo teme. Tiene que dejar la puerta abierta para poder gritar contra el fraude el 21 de agosto a las seis de la tarde. Es más, lo está haciendo desde ahora.

No es fácil justificar una derrota, pero es aún más difícil manejar un partido, mantenerlo vivo en la adversidad, convencerlo de que un bache no es la muerte y sobre todo mostrar que una organización política no puede depender de un solo hombre, si éste pretende manejarla a su antojo. No basta con heredar un apellido. Esto tiene obligaciones, por ejemplo, pensar en el conflicto Calles-Cárdenas para enterarse de cómo un partido puede hartarse de unas exigencias injustificadas y de cómo la soberbia es la peor enemiga de un político.

"El heredero y el político", *El Financiero,* 24 de marzo de 1994.

LA INDIGNIDAD

La irrupción del absurdo en la vida diaria produce una intolerable sensación de inseguridad. Se puede esperar cualquier cosa: lo que se antojaba un orden natural y previsible, encerrado en la tranquilidad, se convierte en una desazón que no ancla en nada y se manifiesta sin parar. Leer el periódico, oír la radio o ver la televisión aumenta la angustia, al contagiarnos el terror de los demás.

Nadie quería la violencia: se quería sólo sus consecuencias. Tan pronto como se pudo asimilar el crimen, encontrar un culpable y una justificación, el deseo recuperó su lugar. No se puede vivir sintiéndose culpable en mayor o menor medida de un asesinato; por consiguiente, para liberar por completo la propia conciencia resulta indispensable encontrar al culpable y, si no se le encuentra, se le inventa. La menor sospecha, el mayor disparate sirve para dar con el asesino y sus razones. Montado sobre nada, sobre un vago rumor, el criminal es un antiguo policía al que enseñaron a torturar y a matar. El auténtico culpable es pues el gobierno, responsable de la descomposición social. Se puede seguir durmiendo tranquilo.

Los teatros se caen. El EZLN llama "cobarde" al asesino, y en un acto de atroz cinismo el *subcomandante* se pregunta por qué no mataron a uno de los suyos. Sus asesinatos no fueron tales, fueron obra de la Providencia. Los policías que cayeron no merecían vivir; fueron a toparse con un destino establecido por su propia criminalidad y los indígenas muertos por otros indígenas no merecieron ni una palabra del obispo Ruiz, que pide ahora no se propaguen rumores ridículos sobre bombardeos inexistentes, pero mantenía hace unas semanas una postura y un discurso ambiguos cuando se afirmaba que San Cristóbal había sido bombardeado. Pertenecer al clero no quita la mala conciencia.

La catarsis nacional del primer momento se empieza ya a olvidar. Se debe regresar a la realidad, a la política nuestra de todos los días. La ola de simpatía que levantó el martirio del candidato del PRI debe ser reducida a sus justas proporciones, no vaya a votar el elector movido por un sentimentalismo injustificado. Pero vale más un obispo vigilante de sus intereses políticos que el mar de lágrimas de cocodrilo donde chapoteamos.

No ha habido jamás en México un hombre más querido que Luis

Donaldo Colosio. Tuvo, si nos atenemos a los medios de comunicación donde se ha manifestado un alud de declaraciones, cartas y comunicados del más variado origen, una popularidad muy superior a la del *subcomandante*. Quien lo conoció fue su amigo. Al menos eso nos dicen: admiraban a su persona, compartían la mayor parte de su programa, entendían sus ideas a la perfección, bastaba verlo para saber la perfección que en él anidaba. De haber llegado al 21 de agosto, de no haber sido asesinado antes, hubiera sido elegido abrumadoramente. Las ovaciones, los aplausos medidos en minutos y segundos sirven ahora para olvidar los artículos vitriólicos y los insultos, los chistes de mal gusto y el desprecio absoluto. El haber insultado con la misma cobardía a Manuel Camacho, seguramente por quienes en algún momento fueron sus partidarios, revela los temores y ambiciones que soltó el crimen. No se ha levantado una voz para defenderle: a sus antiguos seguidores y simpatizadores no les ahoga la gallardía.

Encontrar un sustituto a Colosio no es fácil. Razones constitucionales y la política del día cierran el panorama. Las conjuraciones de la mediocridad, los Hugo Andrés Araujo y los Augusto Gómez Villanueva, el "¡Arriba y adelante!" de triste memoria oscurecen un juego de por sí enredado, de insinuaciones estúpidas y murmuraciones atemorizadas.

Los cálculos erróneos vinieron a probar las esperanzas de la oposición, pero también las de grupos del PRI conscientes de su inevitable eliminación y, si no eliminación, arrinconamiento. Apostaron unos y otros contra el presidente Salinas de Gortari, apostaron a su desgaste, apostaron contra el poder de la Presidencia, apostaron contra los cinco años de sumisión y apostaron, corolario lógico, contra la designación del sucesor de Colosio. Si, como nos vienen a contar ahora, con el gesto deshecho y la voz entrecortada por la emoción, en Colosio se resumían las virtudes cardinales y teologales sumadas, si la designación fue perfecta, no se puede nadie explicar por qué aparecen unos señores que quieren hablar, opinar, decidir, porque nos dice Augusto Gómez Villanueva, están autorizados por los estatutos del Partido Revolucionario Institucional.

Es comprensible la resistencia opuesta por los viejos aparatos priístas; es comprensible también que se defiendan los imperativos de la política. Un gobierno puramente tecnocrático puede ser un desastre político como lo sería entregar el país a los viejos aparatos partidistas. Colosio tuvo la ventaja de situarse en un punto equidistante de ambos grupos, su imagen popular le acercaba a las masas y una vida universitaria, conocedora de los misterios administrativos y económicos inspiraba confianza en los medios financieros, industriales y bancarios. El proyecto modernizador podía considerarse. Por eso hubo la necesidad de asesinarlo.

Este artículo lo escribí unas horas antes de la designación de Ernesto Zedillo. Lo dejo tal como estaba.

"La indignidad", *El Financiero*, 31 de marzo de 1994.

FINAL DE CACERÍA

Por fin lo lograron. Se salieron con la suya, que era sacar a José Córdoba de Los Pinos. Era una herida abierta en el flanco de la oposición y de una retahíla de priístas; dentro del gobierno tuvo también enemigos jurados. Al final fue un símbolo: no se podía con él; resistente como un mito, con el simple silencio acabó con los ataques, hasta que el asesinato de Colosio lo arrastró, como arrastró a Camacho y como arrastró a Cárdenas.

No fue acusado de corrupto, ni de inepto, ni de desleal, ni de perverso. Quienes le trataron salían sorprendidos de la claridad de su palabra, de su cortesía, incluso de su modestia. Fue el valido como lo describen las crónicas e historias castellanas y rehabilitan hoy los historiadores franceses.

El autoritarismo social no encuentra ninguna autoridad política confiable. Asentado en la sospecha, el temor al poder y el rechazo del gobierno guían una acción que, en y por principio, no yerra jamás. Necesita condenar y afirmar para fundar una legitimidad inexistente e imposible de crear por ser autodesignado. Las reglas que pretende imponer a la autoridad constituida las rechaza cuando se trata de su esfera de acción. Como la Iglesia posterior a la segunda Guerra Mundial pide la democracia para el gobierno de los hombres y la rechaza cuando se trata de su organización interna. No de otra manera actúan las llamadas organizaciones no gubernamentales y los medios de comunicación masiva.

Las reglas que se imaginaron contra Córdoba no se apoyaron en un sólo principio legal, por discutible que éste fuera. Hubieron de recurrir sus enemigos a la costumbre que dijeron existía, a una especie de limpieza de sangre inventada para las necesidades de la situación. Los más democráticos en apariencia fueron los más agresivos, los dueños del insulto más bajo al no hallar un punto dónde apoyarse para fundar sus ataques. Escribir Joseph en vez de José, acentuar la "a" de Córdoba, todo el mal gusto estuvo permitido hasta llegar al *monsieur* del señor *subcomandante*. Debe señalarse el cuidado y la finura espiritual de Fernández de Cevallos, que contrasta con la vulgaridad inimitable y la ignorancia del señor González Torres.

Dejando a un lado la xenofobia y el rencor, sigue en pie un fenómeno político: cualquier visión o interpretación del sistema político mexicano se reduce a un problema de personas. El culto a Colosio es la última prueba. El pueblo cayó en la idolatría tan pronto como fue asesinado; al movimiento de las masas se sumaron de inmediato los partidos, todos los partidos, la Iglesia participó también en el jaloneo. No digamos nada de los medios de comunicación, las esquelas sacaron a varios periódicos del mal año, y la televisión y el radio tuvieron algo interesante que enseñar y decir. Inútil preguntar por el programa y la intención de Colosio. En el mejor de los casos se contestará que iba hacia la democracia.

Si hacemos memoria, recodaremos cómo, tan pronto como se conoció su candidatura, el ahora añorado resultó ser una criatura de Carlos Salinas; no pasaba de ser un hombre dependiente; su gobierno iba a ser "más de lo mismo". Para salvarse sólo una solución: romper con el presidente, declarar una independencia absoluta de los principios políticos y económicos del salinismo. Nadie sabía qué debía proponer, qué solución alternativa podría ofrecer. El socialismo es imposible en México y los primeros en reconocerlo fueron los antiguos comunistas; el populismo es un fracaso absoluto; un parlamentarismo que gobierne improvisado todos los días no lo desea ni el PRD. Se empezó a confiar en él, en Colosio, poco antes de su muerte y se cayó en la desesperación cuando ésta se produjo, pues se supuso que ya había empezado la tan anhelada ruptura entre el candidato del PRI y el Presidente. Había que aislar a éste. Colosio era una amenaza si se miraba al futuro; Córdoba era el problema del momento. Más que una esperanza, la caída de este último se transformó en un imperativo psicológico, en una prueba de fuerza.

Las fuerzas del mal, como algunos dicen, no son tales fuerzas. No son ideas, programas o proyectos; son hombres de carne y hueso donde se anida el mal. No hay exorcismo que valga; están condenados desde el momento de nacer. Cuando el señor González Torres habla del mal que Córdoba le ha hecho a México, es incapaz de citar una situación, un caso, un hecho revelador del mal. Se deja llevar dulcemente por las ideas que flotan en el aire. Es cierto, además, que fuera de la mariposa Monarca no sabe por lo general de qué hablar y, por eso, a veces baila. Lo que es mejor para todos.

La cacería del hombre terminó halagando el orgullo de ciertas personas del periodismo y de la política. Su triunfo momentáneo no los conducirá a nada. Primero, porque la política de este sexenio, pese a tropiezos finales creados con toda mala fe, no fue obra de José Córdoba. Fue del Presidente, fueron sus ideas y su voluntad las que ganaron. Ya a punto de terminar su mandato, algunos bravucones de periódico de barrio hacen *rounds* de sombra delante de su retrato.

Hoy más que nunca se identifica a la política con los hombres o, más precisamente, con el hombre. Desaparecido Colosio, los ataques del PRD y de sus corifeos se han centrado en Zedillo, en su tecnocracia, en su carrera. No es, en efecto, el candidato de su predilección. Desearían los revolucionarios democráticos un candidato de conciliación, por llamarlo de alguna manera. Quieren a alguien que, así no sea más que de manera marginal, los represente también a ellos, pues saben de la imposibilidad de una victoria en las urnas. El que Zedillo haya estudiado en el IPN no les garantiza nada. Sólo se puede compadecerlos.

"Final de cacería", *El Financiero*, 7 de abril de 1994.

EL NUEVO APOCALIPSIS

SE NECESITA un nuevo San Juan para describir el nuevo Apocalipsis prometido por el rumor dominante en una sociedad devorada por el milenarismo. Como ya no se cree en el fin del mundo se supone la terminación del sistema, que no es sólo político sino general. Así, 1994 arrastrará todo, la debacle será absoluta: el PRI, la moneda, el TLC, las elecciones y el IFE, el ejército nacional y la Presidencia de la República serán borrados de la faz de México. Como nos lo anuncia la nueva águila de Patmos, en un amanecer radiante veremos llegar al *subcomandante,* encuadrado a la izquierda por el EZLN y a la derecha por las ONG y los ecologistas. Regresaremos a la pureza original, nos liberaremos de siglos de historia y de la escoria creada por ésta.

En la crisis que culmina con el asesinato de Luis Donaldo Colosio y se inicia con la aprobación del TLC por parte del Legislativo de los Estados Unidos, se puso en evidencia, para desesperación de muchos, la solidez de las instituciones nacionales. El ejército fue tan silencioso como disciplinado; los movimientos dentro del PRI fueron de corta duración; la Presidencia no mostró debilidad alguna; el proceso de transición siguió los cauces habituales. La bolsa cayó en proporciones aceptables; el peso resistió los embates de la especulación si es que se intentó algún ataque contra la moneda. Sin estar aún en la plena normalidad —el asesinato aún está en el ánimo de medio mundo— la vida política recupera su camino para situarse, en este momento, como el fenómeno crucial. La campaña electoral reemprende su marcha.

Los agoreros, dispuestos a ver catástrofes en todos los cruceros de la ciudad —la provincia está tranquila—, adivinan en la campaña electoral signos premonitorios del fin del sistema, pues sólo va a durar cuatro meses. El deseo de regresar a un pasado mítico, a una Arcadia sonorense o cardenista, les lleva a tomar las giras electorales del general Cárdenas como el modelo de propaganda y presencia electorales. Recorrer pueblo a pueblo y kilómetro a kilómetro la superficie de la República durante un año conmueve, pero 1993 no es 1994. El camino andado ha hecho un nuevo país. La radio, la televisión, las carreteras, los aviones y los helicópteros, incluso la nueva forma de la prensa, han revolucionado el espectáculo político. Tres meses valen por tres años de la década de los treinta; la información de un ciudadano actual debe ser 20 a 30 veces superior así lea la mitad o la tercera parte que su ancestro.

La presencia es indispensable, pero para eso se tiene la televisión. El caso es saber usarla, porque la "caja idiota" no perdona; desde el maquillaje hasta la palabra, no hay defecto o torpeza que no se presente multiplicado por 10. Así pues, la brevedad de la campaña junto con el poder de los medios es un factor positivo cuando se posee la habilidad necesaria.

Nadie está libre de errores y, por consiguiente, si sólo se pronuncian 20 discursos en vez de 200, la posibilidad del error disminuye, y disminuye también la repetición y el aburrimiento. Y, más que nada, la contradicción encuentra pocos espacios dónde manifestarse. Ernesto Zedillo tiene pues una ventaja comparativa si sabe encontrar el discurso preciso, exacto y renovado. Es decir, exactamente lo contrario del discurso de Cuauhtémoc Cárdenas, repetido con una monotonía exasperante durante seis años. Las contradicciones han sido incontables y las repeticiones llevan a no escuchar ya.

Luis Donaldo Colosio fue un candidato cuidadosamente preparado. La carrera política, sin falla, parecía salir de un manual del perfecto político mexicano y su conducta se ajustaba a un tratado del siglo XVII *ad usum delpleini*. Su paso resultó incontenible. No es el caso de Ernesto Zedillo: el tiempo se ha acelerado con una brutalidad inesperada para él. La urgencia es una virtud, es una obligación de actuar con más energía, de recurrir a la imaginación y al atrevimiento, es la necesidad de sorprender. Para lograr todo esto es indispensable un espíritu deportivo. Dicen que lo tiene. Debe empezar por ignorar a la bestia del Apocalipsis.

"El nuevo Apocalipsis", *El Financiero*, 14 de abril de 1994.

LOS PARTIDOS:
PROFESIONALES Y AMATEURS

Los candidatos desilusionaron en conjunto pero mucho más lo hicieron los sedicentes comunicadores profesionales que no aparecen en la pantalla. La sonrisa estereotipada de Zedillo, la violencia incontenible de Fernández de Cevallos y el ilimitado desastre cardenista no pudieron esconder lo que un público atento al debate, como si se tratara de un partido de futbol, ignoró tranquilamente, como si no fuera con él la ausencia total de los partidos políticos en un debate electoral.

Pasar de un mundo sin elecciones a un sistema político construido sobre las urnas sin haber establecido previamente un subsistema de partidos, puede considerarse un avance histórico, pero puede considerarse también la causa de la endeblez de las instituciones electorales, más atentas, en principio, a unos partidos fantasmagóricos que a los candidatos.

Más que en cualquier otra elección, los partidos han sido voluntariamente ignorados por los candidatos. Sólo Cevallos se apoyó y defendió al suyo, pasando en silencio los conflictos internos, y los desprendimientos que le afectan tanto como a los demás. La palabra PRI fue pronunciada por la oposición, y el elogio del PRD intentado por Cárdenas terminó en una diatriba contra el PRD.

Es natural que no se mencionaran los problemas y conflictos; no lo es simular la inexistencia de un partido que apoya a un candidato y para la opinión pública que se identifica con éste. Ya Colosio había intentado dejar de lado al PRI. En las bardas se leía su nombre, pero sólo en algunas, en muy pocas, estaban escritas las siglas del partido. La imagen que se inventó después de su asesinato se separaba de la del PRI: un mártir no se vincula con una organización tan dudosa como la de estas organizaciones políticas contemporáneas. La pureza así lo exige.

Cárdenas no se ha quedado atrás en el repudio de su partido, destrozado por las querellas y las ambiciones de unos fieles que cada vez lo son menos. Hubo, para las necesidades de la causa, de inventar una Asociación Democrática Nacional, evitando con todo cuidado la palabra partido, desacreditada, y ofrecer con ello un terreno más acogedor para ciudadanos ajenos a la inmundicia del mundo político. La desgarradora carta de Bátiz, perdido en un PRD donde no se le ha perdido nada, él, el conservador y fiel panista, él, el doctrinario aglutinado en una fórmula con un antiguo y virulento comunista, revela la confusión de las organizaciones partidistas, pues si muestra el cajón de sastre que es el PRD, dice también las dolorosas amputaciones del PAN.

PRD y su apendicular ADN y PAN, por razones originadas en su historia reciente, carecen de aparato y auténtica organización. Muchas regiones, estados enteros del país son tierras de misión, pobladas por infieles priístas. Evangelizar en tres meses es imposible para el PAN y para Fernández de Cevallos; en los antiguos dominios perredistas los abandonos y las desilusiones deben contarse por centenares, sobre todo después de la petulante bronca del *subcomandante,* al que no le conforma nada ni nadie, pero no sólo no le conforma sino que le asquea el PRD, distinto, proclama, de Cárdenas. Pero, cabe preguntar, ¿con qué cree este buen señor que se ganan las elecciones?

La lamentable exhibición del ingeniero puso en el primer plano, una vez más, por si fuera necesario, la necesidad de confiar en los profesionales, en los que menos errores cometen, en los experimentados, en los que encuentran la palabra y el gesto exactos. A Porfirio Muñoz Ledo, podemos estar seguros, no le hubieran sacudido el esqueleto de manera tan despiadada y es muy probable que Fernández de Cevallos no hubiera ganado tan fácilmente el encuentro. Pero el hombre del PAN, con su bravuconería y desenfado, encontró, tan pronto como hubo de enfrentarse con los maestros, la horma de su zapato y perdió, aunque sólo de momento, la discusión, que salvó el hombre de la cortesía y agudeza, Carlos Castillo Peraza. Puede ser que se completen, que uno corrija los errores del otro, incluso que tengan públicos distintos. Cevallos se quedará con panistas ramplones, resentidos y amargados, mientras Castillo Peraza busca en el mundo intelectual a quienes tengan el valor de declararse públicamente panistas. Cabrán todos en la sala de su casa.

Si el profesional es indispensable en la vida política, igual lo es el aparato del partido, compuesto por profesionales, voluntarios y un cuerpo de funcionarios y de simpatizantes. Sólo el PRI lo tiene. Es el único partido presente en todos los puntos y rincones de la República, menos en el territorio ocupado por los zapatistas, que no saben si es una misión o una reserva. Esa presencia y la capacidad de manejar situaciones como las electorales garantizan el triunfo del PRI. Todo el dinero de los Estados Unidos no sirve para nada si tras él no se halla la competencia indispensable para darle un sentido. La oposición debe meterse en la cabeza que la política pide conocimientos y experiencia, que es un asunto de profesionales, y no de falsos amateurs.

"Los partidos: profesionales y amateurs", *El Financiero,* 19 de mayo de 1994.

LA NEGACIÓN DEL PENSAMIENTO

Las nuevas reglas del debate político no pueden esconder los contenidos reales de los programas. El deseo de prolongar un triunfo televisivo o de superar y olvidar un fracaso en el foro aumenta más que disminuye el poder de los medios de comunicación, convertidos por los candidatos en el becerro de oro. El alejamiento del público de los medios escritos reduce la confrontación política a una serie de imágenes sucesivas o a frases sacadas de contexto. El votante cambia de naturaleza, resulta más dúctil, imprevisible y caprichoso. Por primera vez en México nos acercamos a una elección de masas, con el inevitable peligro demagógico y populista, presente en toda situación donde el individuo desaparece para beneficio de un modo de sentir y de una acción colectiva masiva, conducidos por la emotividad y la irracionalidad, guiados por una idea negativa.

La caída vertical de Cuauhtémoc Cárdenas vino a poner en evidencia no sólo su capacidad política, sino la endeblez de los cuadros intelectuales del PRD, la inanidad de la ADN y la errónea visión histórica que alimenta a la izquierda mexicana, incapaz de superar el espíritu de campanario y dar fin a unas disputas ridículas, que los han desconsiderado ante la opinión pública y sus posibles votantes y seguidores. No podrá el candidato del PRD, de ahora en adelante, quejarse de acosos y agresiones: la falta de imaginación y la soberbia acabaron con su campaña. Como se me ha señalado con la agudeza que con tanta frecuencia aparece en los juicios políticos mexicanos, Cárdenas fue víctima de su cultura política, adquirida y adentrada en él durante sus años de gobernante priísta, en los que se acostumbró a que nadie chistara ante su voluntad y su palabra. No tiene recursos oratorios y queda desarmado y desconcertado ante la crítica, por no decir nada de la imagen patética que presenta ante la agresión. No tiene nada de particular que quien ha pasado años agrediendo con una saña inaudita a toda la clase política mexicana se considere víctima de un linchamiento, tan pronto como debe ponerse a la defensiva.

No importa el tamaño del ataque ni la violencia de la palabra de Diego Fernández de Cevallos; lo importante son sus contenidos. Su intención demagógica no teme caer en una contradicción ni mostrar una ignorancia supina en materia de economía o sociología: su imagen es la del vencedor del debate, es un nuevo tribuno de la plebe frente a la que se siente confiado, ajeno a los tiquis miquis intelectuales, buscando en los temas y ejemplos más gruesos y primarios el apoyo para unas tesis que, tan pronto se detiene uno ante ellas, resultan más que inquietantes.

Pese a sus declaraciones sobre sus intenciones democráticas, su conducta prueba lo contrario. Un abogado que se opone a cumplir con las disposiciones del Estado en materia de registro civil no puede considerarse un hombre capaz de dirigir y encabezar a ese Estado, pues si tiene una medianísima lógica aceptará que cualquier individuo que en su fuero interno no acepte una disposición estatal, podrá tranquilamente rechazarla. De haber una congruencia en su actuar, es de suponer que de la misma manera que se negó al matrimonio civil, se habrá negado a registrar a sus hijos en una institución también civil y se habrá limitado a bautizarlos; con lo que se arriesga a que no tengan pasaporte ni puedan inscribirse en el Registro Federal de Electores, que tanto parece preocuparle. Pero todo esto es menor ante el pensamiento subyacente del candidato panista. De hecho, la mentalidad de Fernández de Cevallos coincide con la del franquismo incipiente: don Diego añora y practica un nacional-catolicismo donde el Estado niega su naturaleza laica y se atiene a los principios no evangélicos, sino al pensamiento más elemental de la Iglesia católica más reaccionaria, a Jaime Balmes y a Donoso Cortés, a Veuillot y a Albert de Mun, al *Syllabus* y a San Sulpicio, a la milagrería y al culto de las reliquias. No se encuentra un programa de gobierno en sus discursos porque no es necesario: la vaguedad, en este caso, se impone sobre el discurso racional; la emoción —base de su actividad política— se apoya en la presencia y la comunicación directa, en el líder que aspira a ser caudillo.

Izquierda y derecha han coincidido en México para enfrentarse a la modernidad. No tiene nada de particular por ser un modo de pensamiento o, más exactamente, de no pensamiento extendido en cuanto país debe hacer frente a las temibles dificultades y a los costos del paso a un mundo moderno. En él se conjugan el miedo y los intereses inconfesables, el deseo de quedarse al margen del camino, en una sociedad guiada por unas élites plebeyas y unas seudodoctrinas de protección social que reducen a los amparados a la condición de asistidos permanentes, de ciudadanos a medias.

Estos nuevos redentores buscan en principio un México justo y sin conflictos —al menos eso predican— abrigado por una tradición retardataria, que nos mantendrá tranquilamente lejos de la historia.

"La negación del pensamiento", *El Financiero*, 26 de mayo de 1994.

LA REPRESENTACIÓN

La lucha, el esfuerzo, es en principio por la democracia representativa. Quizá haya partidos, grupos y todo tipo de organizaciones, partidarios decididos de esta forma de gobierno. Pero no todos, ni todos son representativos de algo o alguien más allá de quienes los dirigen, ni todos son partidarios de intentar resolver los problemas políticos por la la vía de la legalidad y del voto. Pasado el entusiasmo de las reformas, se oyen voces proponiendo, es posible que de buena fe, formas de representación —popular, indígena, nacional— que no pasan por la vía electoral.

La gravedad de los problemas nacionales es de tal magnitud, se alega, que el voto partidista no puede formar un sistema político capaz de resolverlos. Debe, pues, buscarse un frente amplio, un movimiento nacional producto de un consenso lo más inclusivo posible, encabezado por un hombre que recoja el sentir nacional y genere una aceptación nacional de la política propuesta por este hombre providencial.

Para cualquiera resulta obvio que la eliminación de los partidos, por desastrosos que éstos sean, nos llevaría irremediablemente a un gobierno infinitamente más autoritario que todos los conocidos en México desde la Independencia. No es esto, con todo, lo peor. Lo grave está en la desconfianza en las elecciones, en las amenazas permanentes contra los resultados y, en última instancia, en negar cualquier validez a la voluntad popular si no favorece a un grupo determinado. Se debe recurrir a los frentes y a los caudillos, capaces de expresar por una vía mística el proyecto de nación inscrito desde siempre en la historia.

Se ha buscado crear una crisis de representatividad donde pudiera montarse una legitimidad ajena a cualquier elección y a cualquier confianza. Entre quienes más han contribuido a crear esta forma de desconfianza están los propios partidos, autoritarios y oligárquicos por naturaleza y por necesidad, cerrados a cualquier impulso procedente del exterior y negados a cualquier renovación. Aun así, son más confiables que las llamadas organizaciones no gubernamentales, indefinidas por principio. Definirse por una pura negación es no definirse. Decir que no se pertenece al gobierno lo pueden decir una banda de ladrones, de narcotraficantes o los adoradores del Sagrado Corazón. No define nada a estas pretendidas organizaciones y por consiguiente actúan con una ilimitada impunidad, con una impunidad casi tan grande como sus exigencias, pues mientras los partidos políticos están sometidos a una legislación cada día más restrictiva y se vigilan mutuamente con un celo extraordinario, las ONG, sin actuar muchas veces de concierto, sin representatividad alguna —las sociedades anónimas al menos tienen que tener, si no me equivoco mucho, cinco accionistas— son, en muchos casos la persona que dice hablar en nombre de la sociedad civil.

Se ha cambiado de nombre pero no de métodos, intenciones y contenidos: las ONG siguen siendo grupos de presión o de interés, que han cambiado de apelativo por estar el de grupo de presión del todo desacreditado y, en cierta manera, vigilado.

Los grupos de presión han existido desde los tiempos más remotos, aunque no es sino a principios de este siglo cuando al parecer un periodista estadunidense, Mitchel, les pone nombre y, no está muy claro, los define por primera vez: los grupos de presión nacen para corregir la monstruosa igualdad del sufragio universal.

Insistir en la defensa del voto *per se* es mentir de salida. Se defiende siempre un voto particular, con una orientación determinada, para lograr una acción previamente imaginada y conseguir una meta establecida al menos en la imaginación de los cruzados de la elección. Sería preferible para ellos plantear sus intenciones con toda claridad; de no hacerlo puede suponerse que actúan por un puro interés personal o incluso de grupo. En cualquiera de estos dos últimos casos, entre el discurso y la acción se abre una zanja infranqueable.

Buscar la derrota del PRI es perfectamente lícito, está en la Constitución y en la ley electoral. Contarnos que es por el amor de Dios y la redención de nuestras ánimas es venir a tomarnos el pelo. Es preferible el civismo absoluto de Rodríguez Prats, su transformación instantánea en panista tan pronto como se sabe excluido de las listas del PRI, que las desgarraduras de las vestiduras priístas de Sodi de la Tijera días antes de ver terminado su mandato electoral. Rodríguez Prats quiere ir al Senado por encima de partidos, doctrinas y asambleas o palomeos; el otro es un niño de lento aprendizaje que tardó años en percibir la perversidad del partido al que sirvió. Por favor, un poco de seriedad.

"La representación", *El Financiero*, 14 de julio de 1994.

LAS ENCUESTAS FINALES

Nuestra premodernidad nos lleva a no creer en las encuestas de opinión cuando no nos favorecen. En ese caso siempre las consideramos amañadas, tramposas e inventadas.

Si bien es cierto que todas las encuestas tienen un sesgo, también lo es que con un mínimo de respeto por una serie de reglas probadas y comprobadas desde hace años, se puede predecir con una certeza bastante grande los resultados futuros de una elección. Otra cosa resulta cuando no hay un mínimo de honestidad o de profesionalismo, cuando la encuesta se convierte en un arma electoral. En México hemos tenido de todo este año y no todo se ha perdido: algunos deben andar encantados con esta nueva industria que va de lo comercial a lo intelectual —pasando por lo político— dejando beneficios bastante sustanciosos.

Si hay dudas por parte de candidatos y partidos sobre estos sondeos de opinión pública, el grueso de la población confía más en la intuición, en el olfateo al aire, en la atmósfera política, es decir, en una mezcla de creencias, suposiciones y deseos, no siempre irracionales aunque sí voluntarios. Por otro lado se ha insistido hasta el cansancio sobre la falta de credibilidad de la población en las elecciones, aunque convendría ampliar los temas o el terreno de la incredulidad a la política en general, con lo cual nos situaremos en una corriente universal. Gobierne quien gobierne no se creerá en las promesas de las campañas electorales, por más que los candidatos limiten sus ofertas y se comprometan lo menos posible. Con todo, si estos días hiciéramos la lista de las ofertas, veríamos asombrados la clase de país que se nos promete. Todos, en el fondo de nosotros mismos, sabemos que el paraíso está fuera de este mundo y que el juego político, sobre todo el juego democrático, lleva a intentar superar las promesas del adversario, con plena conciencia por parte de unos y otros de la imposibilidad absoluta de cumplir lo en principio asegurado. ¿Qué nos lleva, pues, a inclinarnos a un candidato determinado?

Puestos ante la disyuntiva dominan los impulsos negativos. Si no queremos excesivamente a un hombre preciso y concreto, sí detestamos a otro igual de preciso y concreto: "ése, ni regalado", "si gana Fulano yo me voy a vivir a Australia", etcétera. Al eliminarlo o eliminarlos, nos quedamos finalmente con uno, precisamente por eliminación, sin fijarnos demasiado en sus prendas positivas: sabemos que no podrá darnos el cielo prometido; nos conformamos con que las cosas sigan igual. Posición conservadora, que responde a la pregunta de *El lobo estepario*, ¿a cuántos pájaros en mano equivalen 125 volando? Los hombres del cambio —y las mujeres, naturalmente— y los revolucionarios son casi siempre, por no escribir siempre, minoritarios. Por necesidad no creen en la opinión pública, ni en los resultados de las elecciones, y menos aún en las encuestas de opinión. Para ellos todo es fraude, manipulación y engaños de las inconcretas fuerzas del mal, a veces encarnadas en un rival. En el mundo de hoy el ejemplo por antonomasia es Fidel Castro: nadie rechaza con más vehemencia cualquier forma democrática de expresión; un comportamiento libre es una canallada imperialista; separarse de la norma impuesta por el Partido Comunista de Cuba es una conducta asocial. Aquí no hemos llegado a eso, pero todo se andará.

Las encuestas señalan la caída vertical de la popularidad del PRD y, más grave aún para este partido, la de Cuauhtémoc Cárdenas. El repunte final esperado (la sociología electoral estadunidense lo llama *underdog effect*), no cambia gran cosa las intenciones de voto. Sólo queda, pues, un camino: negar todo aquello capaz de indicar por dónde anda el electorado. Encuestas, prensa, televisión, radio, todos mienten, todos están conjurados y, ante la traición y mala fe, debe recurrirse a la resistencia llamada civil, aún no especificada en lo referente a sus formas. ¿Se convertirá en Gandhi y se pondrá a tejer?

Quedan dos semanas de campaña electoral. Se piensa en un *sprint* o cierre final, en un esfuerzo donde se echa el alma por la boca y el candidato se vacía de todo. Los *sprinters* no son sino ganadores de etapas, sin consistencia real, sin cabeza para imponerse en la carrera, a la que sólo animan, convencidos de ser incapaces de administrarse. Cuauhtémoc Cárdenas y Diego Fernández de Cevallos han agotado sus programas y sus discursos, han vaciado, desde hace semanas, el saco político y en estos últimos días se limitan a comentar el periódico. No es lo más divertido y no van con ello a sorprender a nadie.

"Las encuestas finales", *El Financiero*, 28 de julio de 1994.

LA CONDENACIÓN DE LA DEMOCRACIA

El silencio es tan espeso, tan sostenido, que todos lo oímos. Dos veces, mejor dicho dos plumas, se han atrevido a romperlo, la de Jorge Hernández Campos, como de costumbre, y la de Fernando del Paso, que resuelve el caso en dos párrafos. Es un vicio donde resuena la mala conciencia de los intelectuales, temor a equivocarse y el miedo a quedarse fuera de la corriente.

La entrevista del *Miami Herald*, lo que de ella se conoce por unos resúmenes de prensa, es tan grave que sólo el silencio puede ayudar a salir del trance, pues una sola referencia o una simple alusión a las palabras del sedicente *subcomandante* sólo pueden ser condenatorias. La logorrea guerrillera debía obligatoriamente culminar en la contradicción más flagrante: una lucha emprendida en principio en defensa de la democracia concluyó en la negación de la misma. No se aceptará la voluntad de la mayoría en ningún caso. Tan brutal afirmación va envuelta en una retórica romántica de tonos lúgubres, adornada aquí y allá con salpicaduras guevaristas y bañada por un supuesto sentido del humor que sólo él entiende. De paso, se echa unas cuantas flores: es un poeta, un soñador. Pero el daño está hecho y no se puede volver atrás: sabemos que para el EZLN el voto no cuenta, o sólo es válido cuando los resultados coinciden con sus apetencias. No hay la menor intención de avanzar hacia una democracia plena así no fuera en un principio sino electoral; se busca sólo la destrucción del PRI por cualquier método, los votos, las armas, la obstrucción permanente y la calumnia si resulta necesario. Es obvio que se intenta ir más allá de la simple eliminación del PRI. La meta anhelada es la destrucción de todo, la implantación de las antiguas misiones jesuitas que gobernaron con una mano de hierro el noroeste de la Nueva España hasta la sabia disolución de la Compañía. Utopía, sacrificio, sangre, muerte, justifican y ensalzan el proyecto. ¿Junto a esto qué es, qué vale el voto?

Disgregada la Unión Soviética, desacreditado el marxismo y aborrecido el socialismo real, las nuevas reformas de irracionalidad política superan por su vacío a las peores fórmulas de suslovismo de los años cuarenta y cincuenta. No tardaremos en escuchar otra vez los discursos sobre las democracias corruptas, plutocráticas y decadentes: "una victoria del PRI sería equiparable a un fraude, incluso si ese triunfo fuera reconocido por la oposición", se atreve a decirle Marcos a un periodista estadunidense, pero lo que él manifiesta en voz alta no sabemos cuántos lo piensan sin decirlo. La lucha por la instauración de la democracia no es más que una máscara más, un pasamontañas de usos múltiples. Palabras más, palabras menos, en el discurso de Starace, vicesecretario del Partido Fascista Italiano, antes de unas elecciones, cuando proclamaba que el voto de los italianos no importaba absolutamente nada y que se pronunciaran como se pronunciaran, Mussolini seguiría en el poder, y que por tanto lo mejor para ellos sería votar por el Duce. Cuando Jorge Hernández Campos ve en la entrevista del *Miami Herald* un anuncio de fascismo no dice más que la verdad. Una verdad ante la cual no cabe sino la condenación sin paliativos o el recochineo intelectual del silencio vergonzante.

No todo puede y debe ser catastrófico. La violencia verbal ha puesto a Cárdenas en un predicamento insuperable, que también intenta vencer con el silencio. No puede aprobar un ataque sin medida contra la democracia y tampoco puede condenar a quien es un aliado objetivo o al menos así quiere suponerse. Y no sólo es este dilema lo que perturba su fin de campaña, puesto que la Convención Nacional Democrática, una usurpación más a la mitología histórica mexicana, habrá de llegar a conclusiones que deberá seguir el PRI so pena de topar con "un gobierno en rebelión, un gobierno en paralelo". ¿Qué puede hacer, pues, el PRD en la novísima convención? ¿Participar en la elaboración de un programa para el PRI que, dado el caso, se convertiría en un programa para él, sometido a las mismas amenazas? ¿Puede Cárdenas aceptar el papel ancilar que le ofrece el *subcomandante?*

Dentro del propio PRD, en lo que no es sólo una lucha de dos hombres sino un enfrentamiento entre dos concepciones de la política, entre una política caudillista, de culto de la personalidad, de grupo oligárquico cerrado, y una política de partido, de comité y de reclutamiento, dentro de estos dos modelos encontramos el conflicto de la tradición con la modernidad, el conflicto que ha impedido desde la fundación del Partido Comunista Mexicano la presencia de una izquierda política en México. No se ha consolidado nunca un partido político de izquierda en cuanto partido de gobierno. Cuando más cerca se estuvo de conseguirlo, con Lombardo Toledano y el PP, el personalismo ciego de éste acabó con la posibilidad, misma que recaerá en Porfirio Muñoz Ledo, si Cuauhtémoc Cárdenas entiende que su papel histórico ya está liquidado.

"La condenación de la democracia", *El Financiero*, 4 de agosto de 1994.

EL DESCRÉDITO

A MEDIDA que se acerca el día 21 la confusión aumenta, la mentira campea por sus respetos, el descrédito del otro adquiere proporciones hasta ahora inimaginables y las auténticas intenciones empiezan a mostrar la oreja. Todo esto bañado en una Convención tan caótica como la primera, aunque en aquélla el psicodrama no estaba en el programa de los jefes revolucionarios y por consiguiente el discurso no alcanzaba la profundidad dramática que provoca el lirismo desbordado de los intelectuales.

La Convención se disuelve bajo la lluvia después de haber cumplido con sus intenciones. Se separan los participantes escuchando las amenazas del *subcomandante*, ya creídas por pocos. No sabemos, no lo sabremos nunca, quién armó la mano del asesino de Colosio; será una de tantas muertes inexplicables por tantas explicaciones posibles. Las razones del EZLN y de la sublevación del primero de enero, en cambio, se conocerán pronto por estar inscritas en la historia de las semanas próximas.

Dejemos esta historia futura para cuando se haya cumplido y atengámonos a un presente un tanto repulsivo y canallesco, construido sobre la difamación y el ansia de desacreditar con ayuda de verdades a medias y acusaciones sin confirmación posible. Pero todo ello con una intención final: mantener la desconfianza en las elecciones, impedirlas de ser posible, generar una confusión permanente entre la ciudadanía, que es quien ha de votar en primera y última instancia.

El *subcomandante* acusa a Manuel Camacho de haber intentado sobornarle a costa de poner en peligro al Estado, pues el dinero ofrecido, según el señor Marcos, era para llegar a una rendición simulada, dado que el EZLN no tendría que desarmarse. Es un atentado contra el honor de Camacho al que éste debe responder con toda la energía exigida por una ofensa inadmisible. El momento del insulto, pues no se trata de otra cosa, no es gratuito: estamos a 10 días de las elecciones y no está de más, para un jefe guerrillero, quitarse un rival a la izquierda, sobre todo cuando el *subcomandante* anuncia su paso a la lucha política.

Es un inicio de una lucha previsible, donde resulta imposible identificar el papel de los actores, sus intenciones y su capacidad. Las facciones no están bien delimitadas, son fluctuantes y poco seguras. La desbandada de los convencionistas ayudó al EZLN en la medida que pudo enmascarar las divisiones insuperables entre los asistentes y, peor aún, la inanidad de los discursos y de las propuestas de quienes pudieron intervenir. Una convención que dura un año es demencial, pero una que sólo dura tres horas no es nada, ni siquiera ridícula. Es, eso sí, de provecho para quienes la convocaron, enviaron unas propuestas y las declararon aprobadas. Haber ido a través de la selva a la Nueva Aguascalientes o treparse al cerro del Cubilete no se diferencia gran cosa: son actos de fe.

Primer ataque, pues, contra Manuel Camacho. De manera simultánea, Fernández de Cevallos se anula sin ayuda de nadie. No cuesta trabajo imaginar el desconcierto de los panistas —líderes, afiliados, simpatizantes— al saber que su candidato a la Presidencia de la República había ofrecido a Porfirio Muñoz Ledo renunciar si Cuauhtémoc Cárdenas hacía lo mismo, para apoyar a una tercera persona, un nuevo candidato superior necesariamente a los postulados por el PAN y el PRD. Sacar de la negativa de Muñoz Ledo que el PRD es un partido "caudillista" es un disparate insostenible en el más elemental plano de la más elemental lógica. Que el PRD es un partido caudillista, montado por ahora sobre la sola figura de Cárdenas, pocos lo dudan. Pero muy diferente es proponer un chalaneo ofensivo para todos, para los candidatos y para los electores, negocio de feria o de exposición agrícola-ganadera, donde se compran, cambian o venden candidaturas. Se supone no haber un cargo superior a la Presidencia de la República y, se supone también, un convencimiento absoluto del valor e importancia de la presidencia en quien aspira a ella. Muñoz Ledo mantuvo un silencio absoluto sobre la propuesta de Fernández de Cevallos, indigna desde cualquier ángulo. ¿La discutió con la directiva del PAN antes de dirigirse al presidente del PRD? ¿Fue aceptada por Castillo Peraza y Luis H. Álvarez, si fueron informados? Me cuesta trabajo creerlo. Sería, además, el principio del fin del PAN.

Todo este ambiente deletéreo, donde se ataca no ya al partido, a los programas, a las ideas e incluso a las personas —todo válido en las luchas políticas—, sino que se acude a difamar las conductas personales, los comportamientos individuales, llevan agua al molino de quienes ven en la política un chiquero donde hozan unos cuantos aprovechados. No vale luego asombrarse ante las tasas de abstención que provocan estas actitudes.

"El descrédito", *El Financiero*, 11 de agosto de 1994.

ANTE ZEDILLO

Si INTENTARA juzgar el sexenio de Carlos Salinas, empezaría por escribir que no fue exactamente un sexenio sino cinco años más uno, 1988-1993 más 1994. No tengo explicación alguna para 1994, sin querer decir con ello que 1994 fue una fatalidad, un año donde se amontonaron las desgracias, un *annus horribilis*, para hablar en términos de Isabel II.

Puedo suponer que 1994 fue consecuencia de 1988-1993, sin poder decir cómo se fue tejiendo este año final, este cúmulo de ataques y esta explosión de problemas que parece no detenerse. La primera pregunta sería, pues, ¿se detendrá este encadenamiento de catástrofes en 1994? ¿Se podrá revertir la tendencia? ¿Tendrá siquiera Ernesto Zedillo la luna de miel de 100 días de que goza el Presidente de los Estados Unidos?

Pero no sé quién es Zedillo. Le oímos poco en su campaña y, después de una elección victoriosa, triunfal en más de un aspecto, sólo en rarísimas ocasiones le hemos escuchado, lo que ha llevado también al silencio a los medios de comunicación, reforzándose así el misterio del hombre llamado a gobernarnos. Prudencia, respeto a lo establecido y discreción absoluta parecen por ahora ser los puntos cardinales de su conducta. En ese sentido podemos esperar una forma política —el tan traído y llevado estilo personal de gobernar— distinta a la del presidente Salinas, con, eso sí creo que se puede asegurar, la imposibilidad de un regreso al populismo, pudiéndose esperar con ello una negociación diferente al tira y afloja tradicional, sin el chalaneo donde el perdedor real debe aparecer como un ganador aparente para no envenenar el juego.

En la simple lectura de los periódicos advertimos por qué en México, después del 21 de agosto, no se puede hablar ya de la oposición de manera genérica e indefinida. El PAN y el PRD están en posiciones radicalmente distintas en la Cámara de Diputados, en el Senado y en las declaraciones personales o del partido. La calidad de los líderes de una y otra fracciones parlamentarias es un indicio también del orden de prioridades de los partidos en el Congreso de la Unión, y de qué temas saldrán a relucir desde el primer momento.

El PAN parece gozar de una unidad interna imperturbable y de una conformidad sin falla con los liderazgos del momento. Cuidadosamente guiado, no ha descubierto sus cartas y espera a quien será directa o indirectamente su interlocutor obligado, es decir, a Ernesto Zedillo. Por lo contrario, el PRD se debate entre dudas insuperables. Eliminado Cárdenas de la jefatura de este partido por unos resultados electorales catastróficos, el poder debió lógicamente haber caído en manos de Porfirio Muñoz Ledo, lo que no parece ser el caso, por un fraccionalismo dominante que ya no se molesta siquiera en disimular la antipatía insuperable de las facciones. Jesús Ortega, coordinador de la diputación perredista, enfrenta una tarea quizá superior a sus fuerzas, mientras los diputados del PRD de la anterior Legislatura intentan transferir al seno del partido el debate político, para monopolizar la discusión con el PRI e imponer su propia reforma política.

La separación del PRI y del Estado será un tema prioritario, el punto político donde se detendrá la atención de las oposiciones, sin que el partido "oficial" atienda prioritariamente a este tema. Tiene otras preocupaciones de solución casi imposible, que no son sus relaciones con los otros elementos del sistema de partidos sino el conflicto interno que parece devorarlo.

Conflicto interno y externo, pues los inconformes van abandonando las filas priístas sin decidirse aún a construir un nuevo partido, sin constituirse en un nuevo desprendimiento que concrete en una nueva formación política. El calendario no se presta, y de lanzarse los inconformes a la aventura, no podrán hacerlo antes de 1997, cuando haya elecciones para el Congreso de la Unión.

Parece, por otro lado, inevitable una posposición de la tan exigida por la oposición de izquierdas reforma de las relaciones PRI-gobierno. La adversidad de la coyuntura impide cualquier movimiento, que podría manifestar nuevas inconformidades. La renovación del CEN del PRI podrá decirnos algo sobre las intenciones de Zedillo respecto al futuro del partido.

De intentar una lista de los problemas a que habrá de enfrentarse el gobierno que entrará mañana en funciones, lo más cómodo y sensato sería hacer una lista de 19 secretarías de Estado y de las principales agencias descentralizadas y empresas del Estado y analizar sus problemas después de haberlos puesto en orden. Sería también perder el tiempo.

La fuerza de un nuevo gobierno, los más de 17 millones de votos no pueden imponer una jerarquía a los problemas que habrán de enfrentarse. Puede esperarse por consiguiente una continuidad momentánea de la política de Carlos Salinas, con hombres diferentes. La prudencia aconseja esperar, la sensatez pide pies de plomo. Una cierta prensa pide cambios drásticos desde mañana —la intención escondida tras esa urgencia no parece ser muy generosa para el próximo Presidente—. Zedillo deberá librar su primera y decisiva batalla como ordenaba Napoleón las suyas: *s'engager et voir venir*.

La primera ocupación del nuevo Presidente queda, a mi manera de ver, clara: explicarse y explicarnos 1994. Este año no pudo ser un simple accidente, una acumulación de desastres, de rupturas y de agresiones surgidos espontáneamente. No puedo pensar en una voluntad continuista de Carlos Salinas: sabe demasiada historia contemporánea de México para caer en tan absurda tentación, si es que tentación hubo. Lo que, por lo contrario, sí hemos visto es el convencimiento de antiguos priístas que tienen una seguridad de poder conquistar el poder por vías ajenas a las tradicionales, y siguen pensando en la practicabilidad de esos caminos. Es decir, hay quienes piensan en la factibilidad de una ruptura que desembocaría en una situación nueva y malamente delineada por el momento, donde el PRI sería eliminado y el orden constitucional forzado a reconocer una situación de hecho, con un presidente provisional que convocaría a unas nuevas elecciones, donde se originaría un nuevo sistema político. Un drama calderoniano, en resumidas cuentas. Soñemos, alma, soñemos...

No importan mucho estas elucubraciones, lo novedoso está en los medios empleados, mal empleados, y su relación con hechos no originados por el grupo duro opuesto a Zedillo, que van de todos modos a mezclarse y producir una sensación de descontrol e incertidumbre. No es este grupo el que manda asesinar a Colosio y a Ruiz Massieu, pero el subprocurador aprovecha para lanzar acusaciones monstruosas en un discurso que podría pronunciarlo cualquiera menos él. Fue una confesión absoluta de la intención política y no legal de su acción, fue una última patada de ahogado.

Aclarar, apoyado en un nuevo gobierno, este aire enrarecido, es una necesidad absoluta de Ernesto Zedillo. Su silencio no nos indica qué camino tomará y todas las suposiciones están permitidas: la mía es que no será el de la contemporización y los paños calientes.

Las tareas más urgentes e indispensables de los próximos tres años no fueron planteadas durante la campaña por razones obvias. Tomo una al azar, que no forma parte de los reclamos ciudadanos más insistentes: la reforma del artículo 123 de la Constitución y de la Ley Federal del Trabajo. Esta ley y el TLC son por completo incompatibles. Zedillo habrá de cambiarla en un inevitable enfrentamiento con el movimiento obrero, aferrado por la costumbre a la cláusula de exclusión, la titularidad del contrato de trabajo y las huelgas con pago de los salarios caídos. Pensada para los años treinta y un empresariado tan conservador como el actual, pero temeroso y políticamente incompetente en aquel entonces, hoy resulta intolerable para una economía que quiere ser moderna.

¿Problemas, pues, para el futuro inmediato? Todos: desigualdad, pobreza extrema, indigenismo, neozapatismo, educación, salud, vivienda, comercio exterior, inflación, comunicaciones, el que se nos antoje, el que mencionemos. Otra vez podemos decirlo, todos. Pero ante todo una situación política que no es precisamente la señalada y examinada por los medios. De producirse la separación PRI-gobierno, la igualación de las condiciones para los partidos, el control por los partidos de los medios de comunicación, una equidad total en los gastos de campaña, las soluciones no serán fáciles pero serán posibles, pese a la confusión imperante en estas materias y en estos momentos. El problema se ha agravado en 1994 e intenta gangrenar al cuerpo político. La pregunta final, para mí, es: ¿será Zedillo el cirujano que el país pide o acudirá a la medicina homeopática solicitada por una parte de la oposición?

"Ante Zedillo", *El Financiero*, 2 de diciembre de 1994.

PRIMEROS DÍAS Y PRIMERAS IMPRESIONES

El misterio está en no haberlo: el gabinete, con algunas, contadas excepciones, es el esperado. Nombres y cargos han coincidido en conversaciones donde no había pasión y el interés se disolvía en eso que se llama profesionalismo. La política de grupos estaba ausente; una cierta homogeneidad se desprendía de los equipos zedillistas, de hombres procedentes de muchos horizontes, agrupados en unos cuantos meses y compactados por la brevedad de la campaña.

Los movimientos de última hora se convierten en nada. Las acusaciones tremendistas de Mario Ruiz Massieu terminan en agua de borrajas. Son unos cuantos recortes de prensa a los que se llaman pruebas, de las que ahora ya nadie hace caso. No se puede pensar en una operación más torpe, peor montada, de una mala fe insigne. Tampoco puede siquiera suponerse que el nombramiento de un procurador general panista se deba a los "casos" de Pichardo y María de los Ángeles Moreno. Resulta sorprendente la facilidad de la solución del problema del antiguo subprocurador, aunque el misterio de los asesinatos de Luis Donaldo Colosio y José Francisco Ruiz Massieu sigue intacto. De ser crímenes políticos, el nuevo procurador se encontrará en la situación de sus antecesores, ante un muro de silencios y complejidades inexplicables. Un auténtico asesinato político no se desentraña jamás. Los ejemplos se amontonan: los Kennedy, Martin Luther King, y antes Álvaro Obregón y Pancho Villa en México. Sólo cuando se encuentra una organización política que de una u otra manera se beneficia con el crimen y lo reivindica se comprende el porqué del acto. No queda sino desearle suerte al licenciado Lozano.

Las consecuencias de la muerte de Colosio y de Ruiz Massieu, sin embargo, no se han extinguido. Pichardo parece deberle su secretaría de Estado a los ataques gratuitos de Mario Ruiz Massieu, y María de los Ángeles Moreno fue —otra consecuencia— a dar al PRI, que no es, aquí y ahora, el primer premio del año. De poder el presidente Ernesto Zedillo retirarse de cualquier actividad partidista, la senadora Moreno tendrá trabajo para meses con sólo convocar e intentar controlar, así sólo sea mínimamente, la próxima asamblea del PRI, no digamos nada de orientar la reforma de este partido.

La política nacional parece cambiar de naturaleza. Tal parece ser al menos la intención del nuevo Presidente. El simple hecho de referirse a sí mismo, en su primer discurso, como Jefe de Estado y no como Presidente de la República, va cargado de intenciones originales.

El Jefe del Estado, en principio, se sitúa por encima de los conflictos partidistas, electorales, de los enfrentamientos de personas y de las intenciones buenas o malas de los medios de comunicación. Pero sólo en principio, y más en México, donde la Constitución acumula los cargos y el Jefe del Estado es al mismo tiempo el presidente del gobierno y, por consiguiente, es el hombre encargado de dirigir la política del Estado y la acción diaria del gobierno, lo que le somete a la crítica de los medios y de los partidos. Su discurso se dispara por todos los lados, aunque, en este primero, supo aprovechar la oportunidad única, la que no volverá a tener, para llevar a cabo una operación indispensable, por lo demás lograda.

Al aceptar entramar el discurso con las demandas más inmediatas de la población, calmó algunas angustias demasiado persistentes y restableció una confianza indispensable para sus primeros meses de gobierno. Más importante aún fue eliminar la crispación del mundo político. La protesta inconsecuente, la negativa infundada, el rechazo del diálogo posible cedieron ante el compás de espera y un caudal de confianza que, fuerza es decirlo, se puede retirar en cualquier momento. Los partidos, los de oposición en primer lugar, sienten la responsabilidad de millones de votos y han tomado conciencia de las posibilidades futuras. Pueden exigir, y más que exigir plantear, una nueva organización del combate político y de las reglas necesarias para eliminar precisamente las situaciones sin salida, el discurso sin efectividad ni auditorio. Saben que es necesario ampliar el mundo de la participación, y que esta ampliación es la tarea más difícil de todas cuantas enfrenta el político y, de no ser completamente romos, habrán visto en el discurso del 1º de diciembre un modelo de la mejor manera de acercarse a la gente.

Se han abierto campos nuevos, aún no dominados por nadie, donde la política vendrá a asentarse. En el aire flotaba una seguridad extraña, que nada justificaba: todo lo que en una reforma política abandone el PRI será ganado por las oposiciones. Craso error. Mucho de lo que el PRI usufructuaba por obra y gracia del Estado puede ser recuperado por el PRI como partido si sabe aprovechar sus cuadros y sus recientes triunfos, sus inversiones políticas de 65 años y una experiencia incomparable. En su capital cuentan los 17 millones de votos del 21 de agosto y cuenta ser el partido que ganó la Presidencia de la República, la Cámara de Diputados, el Senado y la Asamblea de Representantes del Distrito Federal. Su suerte queda vinculada a estas instituciones, además de depender de su propio trabajo y de ser la ruta y el instrumento que puede conducir al poder, pues ante el a veces incomprensible por sus exigencias y frecuentes contradicciones discurso de las oposiciones, se puede seguir esperando que los partidos, todos y no sólo las oposiciones, competirán por el poder con cuanto esté a su alcance, y esto es lo que se ha de discutir en los próximos meses. Las ganas de igualar lo desigual está en los planes de algunos partidos. Hay que ver cómo se les dice que no.

"Primeros días y primeras impresiones", *El Financiero,* 8 de diciembre de 1994.

LA REFORMA DEL PRI

SON raros los casos de los partidos políticos que plantean una reforma interna cuando alcanzan el poder. Por lo general son los partidos derrotados quienes se preguntan por su necesidad e incluso llevan a cabo en algunos casos los cambios necesarios para eliminar las causas aparentes o reales de los resultados adversos de la organización.

La consolidación y los triunfos ininterrumpidos de la corriente neoliberal dentro de la Unión Europea, los desastres electorales de los demócratas en Inglaterra, Francia, España, Italia y Alemania no se compensan con la recuperación de los socialistas suecos y, con todo, no se habla de reforma radical en estos partidos. En ciertos casos se contempla un cambio de personas o de equipos, una reconsideración de algunos puntos programáticos conflictivos y un refuerzo de las campañas de convencimiento dirigidas a los afiliados y a los simpatizantes, así como buscar una mayor y mejor presencia ante los electores. La imagen del partido resulta difícil cuando no imposible de cambiar por un acto de voluntad, pues esta imagen no se crea voluntariamente, más bien se origina en un imaginario colectivo resistente a las modificaciones.

La inercia de los medios de comunicación perpetúa las visiones populares, reforzadas por los adversarios políticos, empeñados en mantener las imágenes negativas. Sólo una auténtica refundación, reconstruida sobre las cenizas de un partido de hecho destruido, puede modificar el estereotipo integrado a la visión colectiva. El Partido Socialista conquistado y recreado por François Mitterrand sería un ejemplo, el PSOE de Felipe González otro, y contra estos casos que se podrían calificar de ejemplares, desfila ante nosotros una procesión de cambios fallidos, en los antiguos partidos comunistas de la Europa occidental y oriental, de los latinoamericanos y en general de todo el mundo, con excepción de los asiáticos.

Los ejemplos ofrecidos están, en casi todos los casos, tomados de partidos comunistas históricamente rebasados por un cambio de sistema y de régimen político, en los cuales no encuentran ni el espacio ni el tipo de interrelación social que les permitirían desarrollar una nueva función. Las modificaciones doctrinarias y organizativas, las nuevas formas de propaganda, la anhelada transformación de su apariencia, las renuncias más trágicas a los principios más sagrados los condujeron a fracasos tan sonados como los de Italia, Francia y España. Fracasos electorales, ideológicos y sociales, en una palabra históricos. No puede nadie buscar engañarse intentando ver al antiguo Partido Comunista de España en Izquierda Unida; equivaldría a considerar al PRD como una prolongación del Partido Comunista Mexicano.

La quiebra de un sistema económico implica la destrucción y desaparición de un partido. No estoy refiriéndome a una crisis, por profunda que ésta pueda ser; hablo de una quiebra como la sufrida por la Unión Soviética durante el gobierno de Brejnev, donde todos los elementos del sistema entraron a su vez en crisis, manteniéndose unidos durante una década por la sola presencia y acción de algunos cuerpos del Estado, como las policías y otros órganos represivos. Pero el Partido Comunista salió herido de muerte de un enfrentamiento económico con el mundo occidental, donde se advirtió la incapacidad de la economía soviética de mantener el paso impuesto por los Estados Unidos y la Comunidad Económica Europea. Fue el Partido Comunista de la URSS quien hubo de pagar la factura. Las peripecias de su muerte son parte de un espectáculo repetido hasta el cansancio. Sus transformaciones aparentes, sus también aparentes repuntes electorales no pueden esconder su eliminación del escenario interno y externo de Rusia.

Los triunfos electorales de los partidos situados a la derecha no parecen, por ahora, detenerse; por consiguiente, no se reforman. Las nuevas formas de la economía, el crecimiento de la riqueza de las naciones posindustriales, el mantenimiento de unas tasas de desempleo hasta hace unos años intolerables, no han afectado para nada ni su crecimiento, ni su implantación, ni su conquista de grupos sociales en principio refractarios, a los gobiernos de derecha. Su nuevo aspecto, su conservadurismo modernizado y un nacionalismo puramente discursivo —el virulento se lo han confiado a la extrema derecha— les ha permitido implantarse en terrenos antes reservados para la izquierda moderada, de origen más reciente y por tanto más dominada por los problemas ya superados a su derecha. Los conflictos intrapartidistas, las querellas de personas y facciones, la presencia obsesionante de la ideología y los intentos de gobierno programático, sobre todo en los años inmediatamente posteriores a la conquista del poder, han sido capitalizados por una derecha de un pragmatismo apabullante, dueña de partidos consolidados, donde las divisiones internas resultan impensables.

No hay respuesta clara al porqué de la caída de la izquierda moderada o incluso del centro-izquierda. El desafecto del electorado, de una parte del electorado, se puede deber precisamente a la distancia que media entre los partidos situados a la izquierda y los gobiernos emanados de estos partidos, que se sitúan mucho más a la derecha y adoptan políticas mucho más cercanas a las posiciones neoliberales que a los socialistas. La contradicción originada por el pragmatismo gubernamental enajena al ala más afectada económicamente, obligada a recurrir al voto de castigo para ser oída. De mantenerse en esa posición la división doctrinaria de los partidos de izquierda no puede ser superada ni por el reparto proporcional. La presencia de un sistema mayoritario magnifica el desastre en proporciones francesas. Intentar reformar al partido dominante o simplemente mayoritario hasta el momento de la derrota sólo agrava el problema al acentuar las divisiones internas y oscurecerse e incluso impide un examen racional de la elección y de la política que la precedió. Sólo el desgajamiento de un grupo puede soldar a quienes se mantienen fieles a la línea de la directiva del partido.

En resumen de lo hasta aquí dicho, los partidos no pueden ser en verdad reformados sino cuando han sido previamente destruidos. De hecho no hay una auténtica reforma o una reforma a secas, sino una recreación de una organización política en el espacio dejado vacante por la organización desaparecida.

La continuidad es, en la historia del PRI, más retórica que real. Un análisis, por somero que sea, del paso del PNR al PRM muestra la eliminación organizativa e ideológica del partido callista y la creación de uno cardenista sobre bases diferentes. La simple organización sectorial muestra de manera inequívoca no la reforma sino la ruptura, la solución de continuidad que se dio en 1938. La purga de 1935 suprimió cualquier intento de resistencia a la creación de un partido distinto y diferente al creado en 1929, partido al que por lo demás se le encargó una nueva tarea, llevada a cabo por sólo una parte del personal político que había reformado la élite callista.

Sólo en un gobierno personal llevado al paroxismo se puede eliminar al partido que permitió o al menos coadyuvó al triunfo del hombre providencial y carismático. Juan Linz planteó mejor y antes que nadie los rasgos definitorios del autoritarismo, uno de los cuales es la muerte del partido. Debería haber señalado, para darle mayor y más amplia aplicabilidad a su modelo —el franquismo— el carácter o al menos el deseo de totalitarismo del partido original, la Falange Española. No se suele hallar esta intención en los partidos de los regímenes autoritarios iberoamericanos, y cuando la hubo quedó en eso, en intención, como por ejemplo en el caso del justicialismo peronista. Los partidos latinoamericanos y, por consiguiente, los mexicanos, no están en trance de desaparecer, por causa de autoritarismo, antes bien, con la ampliación del espacio democrático en los sistemas políticos del continente, se advierte una consolidación y ampliación del sistema de partidos. El reconocimiento legal de su existencia y su necesidad para la vida democrática trajo aparejado en México, con las reformas constitucionales de Reyes Heroles en 1976, una serie de medidas destinadas a ampliar su acción en el terreno político, social y cultural. No viene al caso exponerlas de nueva cuenta, puesto que en la LOPPE y en la Constitución pueden leerse.

La falta de un sistema de partidos auténticos más circunstancias históricas especiales como la Guerra Fría y el poder internacional de los Estados Unidos habían impuesto en 1946 condiciones limitantes al registro de los partidos políticos. Fue una intrusión de la ley en la vida interna de estas organizaciones vista con toda razón como un atentado contra las libertades necesarias para una auténtica participación en la vida política —especialmente en la electoral— del país.

El legislador puede imponer limitaciones externas a los partidos. Pongamos por caso, es facultad del Legislativo establecer un límite por debajo del cual un partido queda excluido del Congreso de la Unión. De hecho esta limitante existe y pueden, quienes tienen iniciativa de ley, solicitar que sea abolido este límite o subirlo.

La ley de partidos incluida ahora en el COFIPE sigue señalando unos requisitos sin los cuales el Instituto Federal Electoral está en la obligación de negar o retirar el registro en caso de no cumplirlos una organización determinada. Todo cuanto sea materia exterior debe ser legislado y reglamentado. No debe serlo, en cambio, sino en casos extremos, inaceptables para la ley, como los programas racistas, discriminatorios, fascistas, etcétera, cuanto se refiere a la vida interna de las organizaciones políticas.

Esta fastidiosa exposición viene a concluir en el extraño debate que se da en estos momentos, tanto en los medios de comunicación como dentro de los partidos, sobre la llamada necesaria reforma del PRI, considerada una necesidad nacional y, cosa más sorprendente aún, como un mandato que según los órganos de prensa favorables a la oposición procede de 50% que votó precisamente por los grandes partidos opositores, PAN y PRD, mientras algunas voces que reclaman una autoridad nacional ven en los 17 millones de votos priístas una exigencia de reforma, precisamente del PRI. Ha resultado hasta ahora imposible demostrar en qué se fundan estas interpretaciones, además de en los deseos de quienes las hacen.

Un mínimo de lógica llevaría a pensar que quienes dieron su voto a la oposición deseaban ver al PAN o al PRD acceder al poder, conquistar la Presidencia de la República y las cámaras, terminar así con la relación entre el gobierno y el PRI. Si éste se reformaba o no, no estaba en las preocupaciones ni en los deseos de la oposición. Esta posición se pudo oír y leer en personas y medios autorizados. Es una manifestación más de la libertad de expresión, sin ser esta opinión vinculante para el Partido Revolucionario Institucional.

Pedir el apego a la ley en cuanto hace a la relación gobierno-PRI es algo diferente. Condenar la utilización de fondos públicos para financiar las actividades de un partido no debe ser una simple condenación, sino un compromiso público del partido y, desde luego, del gobierno, obligado a vigilar el cumplimiento de la ley.

Lo mismo puede decirse sobre un reparto más equitativo y justo del tiempo de los medios de comunicación entre los diferentes partidos, aunque de inmediato salta la pregunta: ¿de qué medios? La prensa, es conocido, no puede ser neutral y, en el mejor de los casos, sólo se puede exigir la no difusión de falsas informaciones y que no se acuda a la difamación. Guiada, como va, la oposición mexicana, por las leyes, usos y costumbres de los Estados Unidos, puede decirse de inmediato que entre nuestros vecinos de allende el Bravo la prensa no entra en repartos ni equidades, que toma abiertamente partido sin que nadie se escandalice. El uso del radio y de la televisión está determinado, de manera fundamental, por los fondos puestos a la disposición de los partidos. Este dinero, es de sobra conocido, está limitado por la ley, por una ley extremada, exageradamente severa. Merecería la pena detenerse en este tema.

En los Estados Unidos y en la mayoría de los países de Europa occidental se dan incontables casos de financiación fraudulenta de los partidos. Los límites impuestos por estos mismos partidos a sus gastos de funcionamiento y de campaña electoral, por su parquedad, sitúa a sus tesoreros permanentemente en la puerta de la cárcel y, cuando bien les va, en el banco de los acusados de los tribunales de justicia. El fraude en la contabilidad es una práctica consuetudinaria y como consecuencia se produce una intervención constante del Poder Judicial en la vida política. Se llega a hablar de una política de los jueces, quienes en un intento de sanear las finanzas públicas se convierten en los árbitros de situaciones que, en el principio de la separación de los poderes, deberían ser resueltos por los órganos competentes de cada uno de los tres poderes.

El apego a la ley, en estos casos y en otros presentes, no es competencia de los partidos ni puede ser objeto de negociación entre ellos. Es materia de los tribunales de justicia y del Legislativo, cuando se da la necesidad de reformar la ley o de cambiarla. El Congreso de la Unión es el lugar único donde se pueden tomar estas decisiones y los partidos como tales no pueden intervenir sino por medio de sus representantes, que antes lo son del pueblo. Diputados y senadores son elegidos precisamente para hacer la ley, ante la cual deben inclinarse los partidos. Pero aquí se presenta, una vez más, un conflicto.

Son de sobra conocidas las diferencias, cuando no las insuperables divergencias, que se producen entre los representantes elegidos y las directivas de los partidos. La legitimidad conferida por la elección popular no puede ser enfrentada por la coopción de secretarios y otros cargos partidistas. De ahí la libertad de diputados y senadores, que sólo encuentra un freno real en la expulsión del partido o en el retiro del apoyo, cuando hay posibilidad de reelección. De no poderse usar este elemento coercitivo, no son los coordinadores de los grupos parlamentarios quienes pueden imponer una disciplina de intervención y de voto en las cámaras. El arbitraje de instancias superiores —en México del Presidente de la República— o los castigos financieros puestos a disposición de los partidos son el instrumento indispensable para el mantenimiento de una coherencia en constante peligro de desaparecer. Las cámaras viven roídas por la tentación de anarquía, cuando no hay una fuerza exterior, una amenaza extraparlamentaria capaz de mantener un mínimo de orden y de previsibilidad en las relaciones entre el partido, el grupo parlamentario y el gobierno.

Abandonar a un partido, en este caso concreto al PRI, a su destino, a un destino fijado por él solo, conduciría en un plazo brevísimo a la ingobernabilidad. La interpenetración del personal del partido con el personal gubernamental y el personal parlamentario es la mejor garantía de estabilidad. En la opinión pública mexicana, la oposición ha logrado difundir una idea que ha arraigado tanto en los medios de comunicación como en una opinión pública difusa: entre el partido y el gobierno debe imponerse una separación clara, absoluta y permanente. Que el ministro de relaciones exteriores de Francia, el señor Alain Juppé, sea simultáneamente secretario general del RPR, no es en aquel país motivo de escándalo para nadie, como tampoco lo es en España la vinculación absoluta del señor Felipe González con el PSOE, ni la del señor Major con el Partido Conservador de la Gran Bretaña. Una situación así, en México, es impensable. Que el señor Tello fuera, además de canciller, secretario del PRI, se consideraría un ataque directo a la democracia. Que se esté ante gobiernos parlamentarios como es el caso de España y la Gran Bretaña, o ante un gobierno mixto, orleanista, como el francés, no hace al caso, pues en cualquier sistema, sobre todo si se trata de un sistema democrático, el gobierno es un partido en el poder. Las incrustaciones tecnocráticas no afectan esta situación y, cuando se ha intentado dar un tono técnico, apartidista, personal, el partido no ha tardado en recuperar su indispensable presencia.

La impopularidad de los partidos es un hecho imposible de superar con la ayuda de reformas más o menos profundas. La naturaleza oligárquica de estas formaciones políticas no puede modificarse por medio de declaraciones democráticas; situado a la izquierda, al centro o a la derecha del espectro político, un partido no puede funcionar sobre bases democráticas estrictas; una pura democracia interna le conduciría al inmovilismo y a la inanición, lo transformarían en eso que los franceses llaman un *club de Pensée*, grupo de personas dominadas por temas e ideas comunes, es decir, por una forma de organización con metas situadas en las antípodas de un partido.

Todo esto nos sitúa ante un problema insoluble: el equilibrio buscado entre participación interna, disciplina y eficacia, no suele darse a entera satisfacción de todos cuantos se hallan dentro de un partido. La participación es orientada y se sujeta, siempre, a límites establecidos previamente, a los cuales debe someterse quien solicita afiliarse. Las formas de comunicación no pueden alterarse, las promociones y nombramientos responden a reglamentos, usos y costumbres cuidadosamente vigilados por los responsables. No se trata de hacer una caricatura inspirada en el funcionamiento de los antiguos partidos comunistas. Los partidos modernos mencionados en estas páginas no son comunistas, pero los hemos visto cambiar sus élites a través de auténticos golpes palaciegos, conjuras y traiciones sin cuento; los nombramientos de la jerarquía superior no han sido resultado de asambleas democráticas. Podríamos referirnos a estos movimientos de ascenso y descenso con el vocabulario político mexicano: el dedazo, la quemada, el autodestape, el tapado, la cargada se dan tanto en Francia como en Italia, en los Estados Unidos y, no digamos, en Perú y Argentina.

La reforma del PRI es pues asunto de la estricta competencia de este partido, como lo es, de igual manera, su relación con el gobierno y el Estado, cuando se trate de materias no prohibidas por la legislación vigente. Su vida interna no tiene por qué ser objeto de los consejos incluso benevolentes de otros partidos. Las últimas declaraciones de los grandes partidos de oposición parecen inclinarse por este parecer. Finalmente, el sentido común indica la necesidad de llevar el debate sobre las relaciones de los partidos entre ellos y de los partidos con el Estado a la palestra natural, es decir, al Congreso de la Unión. Encerrarse entre ellos para arreglar sus diferencias y coincidencias sólo puede producir una degradación aún más grave de su imagen pública.

"La reforma del PRI", *La reforma del PRI y el cambio democrático en México,* Comisión Nacional de Ideología/Fundación Mexicana Cambio XXI, Luis Donaldo Colosio, A. C., 1994.

Quinta Parte
UNIVERSIDADES E INTELECTUALES

LA SEGUNDA CAÍDA DE LUZBEL

Resulta en verdad patética la aceptación, por parte de don Manuel Moreno Sánchez, de la oferta del Partido Social Demócrata que encabeza y sigue el licenciado Luis Sánchez Aguilar. Y decimos que encabeza y sigue por no haber en todo el panorama político de este país una información política más extraña e inexplicable. Sólo los servicios de policía pueden explicar de dónde sale el PSD, quién lo financia y quiénes forman en sus filas —si es que puede hallarse todavía iluminados o tontilocos bastantes para llenar un salón de medianas dimensiones, cosa que empezaría a inquietar a las fuerzas del orden—.

El PSD es lo que aparenta; Moreno Sánchez es lo que ha sido y lo que aún representa. En él se resume una parte de la historia política del México posrevolucionario; en sus ensayos se puede conocer qué fue la vida y el pensamiento políticos de los años cuarenta y cincuenta; en sus virtudes se entiende por qué surgió una clase política; en sus defectos se puede leer la carencia decisiva del político. Pero más que echar mano de la ciencia política o de la psicología, para entender a Moreno Sánchez deberíamos recurrir a la teología y al Antiguo Testamento. Su carencia mayúscula es la humildad y su pecado mortal, la soberbia. Por lo demás, ya sabemos que Júpiter ciega a los que quiere perder. Y don Manuel ha sido cegado por la soberbia, aunque en este momento se sienta dentro de la piel de un patricio romano dispuesto a sacrificarse por la República.

Como buen vasconcelista no se tragó el aplastamiento de un hombre bien intencionado, honesto y políticamente inútil por unas de las cumbres de la ineptitud mexicana. Nos referimos, claro está, a don Pascual Ortiz Rubio, pues sería ofensivo para cualquier lector señalar al hombre más esencialmente político de México, el general Plutarco Elías Calles, como una montaña de ineptitud, cuando fue precisamente todo lo contrario. Queda que aquella generación jamás aceptó ver imponerse a los políticos sobre los intelectuales en el terreno político. Pecando de orgullo y de soberbia, pensaron que la inteligencia podía imponerse siempre, en cualquier circunstancia y contra cualquier hombre. Error funesto que los relegó al ostracismo hasta que, de manera inesperada, encontraron una oportunidad de revancha con la llegada a la Presidencia de don Adolfo López Mateos. Es una exageración hablar de ostracismo. La

Cámara de Diputados, el gobierno, las embajadas y las editoriales les estuvieron abiertas: todos sabemos cuál es el poder de coopción del sistema político mexicano y cómo este sistema prefiere ver a la oposición dentro de sus filas que agrupándose fuera de sus fronteras.

La presidencia del Senado le fue dada a don Manuel y, más que una presidencia puramente nominal, en sus manos tuvo el control de la Cámara Alta. De su cabeza salió la primera reforma electoral —los diputados de partido— y de su boca salió la justificación de la represión de la huelga ferrocarrilera de 1958, que no se caracterizó por andar con paños calientes. Pese a esto, su presencia en el Legislativo se significó por sus intenciones liberales, por su voluntad de abrir —en la medida de lo posible y sin poner nada en peligro— las decisiones del gobierno a la participación popular. Los conflictos que plagaron aquel sexenio inclinaron la decisión última, la sucesión presidencial, en favor de don Gustavo Díaz Ordaz. Como Luzbel, don Manuel se sublevó al ver que se le prefería a un ángel más bello y, desde ese momento, empezó a descender lentamente hacia la sima.

Algo se ganó con ello: su crítica. Lástima grande fue que viniera de donde venía, pues siempre se toma con reticencia la crítica del poder de quien ha transitado por él, sobre todo cuando la crítica adquiere un tono de autodenigración y se censura aquello que se hizo o, al menos, se toleró. No dejó pasar tribuna en la que pudiera encaramarse para renegar de su pasado y de su partido. Pensar, como ya empieza a ser una moda, que sólo se salva el Presidente al que se sirvió se cae por su propio peso. Más aún cuando se sirvió a varios.

Lo preocupante es saber qué quiere ahora el antiguo senador. Nadie en sus cinco sentidos piensa en la aparición de un nuevo Vasconcelos, en una campaña que arrastre a las multitudes y a los intelectuales envueltos en una llama sagrada. Ni siquiera podrá organizar una campaña para aclarar el pasado y el presente por todo cuanto pende de su pasado, de un pasado del que fue actor fundamental. La izquierda no va a perdonarle jamás su intervención en 1958; la derecha aborrece sus ideas liberales y su antigua militancia en el PRI, así como su antidiazordacismo. Nadie puede tomar en serio al PSD y todos se preguntan ya por qué esa alianza contra natura, quién está tras ella, pues en un hombre que ha atravesado los mejores y los peores momentos de la política nacional no todo puede explicarse por la soberbia, la rabia o la senilidad.

Queda una última explicación: el oportunismo, en el buen y en el mal sentido de la palabra. La distancia que una fracción de la clase política está colocando entre el gobierno y sus temores, se piensa, es un grieta por donde puede colarse un grupo que se siente injustamente desplazado. El resentimiento, pues, no es lo que falta. Quizá un político inteligente, joven, decidido y con llamado pudiera capitalizar ese resentimiento. Don Manuel, en este momento, no es más que inteligente. Es lo que le queda de su pasado.

"La segunda caída de Luzbel", *Razones*, núm. 55, 8-21 de febrero de 1982.

HUELGAS DE TIPO POLÍTICO

A FUERZA de repetirse las situaciones dejan de ser comedias para convertirse en sainetes. Tal es el caso, una vez más, de las anunciadas huelgas universitarias, que de universitarias tienen poco y mucho de políticas, aunque conviene no perder de vista el primer aspecto.

Todos los mexicanos relacionados directa o indirectamente con los centros de educación superior conocen la situación de éstos. Crecimiento desorbitado, pases más o menos automáticos que se hacen pasar por democratización, exigencias de paridades inadmisibles, pretendidos gobiernos de asamblea y otras lindezas que atentan contra la calidad de la enseñanza, así se insista en lo contrario. Frente a esta situación que empieza a acercarse a lo caótico, ha habido siempre una universidad distinta, trabajadora, consciente y nacionalista que se empeña en su trabajo y lo lleva adelante en medio de dificultades infinitas para justificar el sacrificio y la necesidad que la universidad supone.

El peor problema de la situación presente es el crecimiento desorbitado de la matrícula universitaria y por ende de los presupuestos de la educación superior, que no siempre lo es, pues con frecuencia se hace pasar por superior lo que es educación media superior, o sea preparatoria. Algunas universidades —Guerrero y Sinaloa destacan en este caso— han inflado sus matrículas de preparatorianos para obtener por este medio las subvenciones que les presta el gobierno federal. La Universidad de Guerrero llega a becar a sus estudiantes de preparatoria cuando no lo hace con los de licenciatura. ¿Tiene esto algo que ver con la democratización de la enseñanza? Nada, pero es de primordial importancia para cumplir con el papel político que se ha autoasignado. Ignoremos de momento sus programas, que en ciencias sociales, de manera especial, son un auténtico disparate, aunque no tenga que dar cuentas a nadie en nombre de una autonomía que en castellano común debería llamarse impunidad y despilfarro. Ambas cosas pueden llevarse al límite si sigue inflándose de estudiantes. Guerrero es un caso ejemplar, pero no es el único ni mucho menos.

Todo esto ha llevado a las clases medias, que son la clientela más abundante de las universidades, a un hartazgo total. El sindicalismo universitario lo ha entendido y por ello busca ahora una entrada vergonzante en el Congreso del Trabajo. Los mismos sindicatos que hace apenas cinco años eran charros, patronales y vendidos deben convertirse, según el SUNTU, en sus protectores y aliados.

Sería un tremendo error del Congreso del Trabajo y de su espina dorsal, la CTM, caer en el garlito, pues nada menos trabajador en el sentido social de la palabra que un empleado universitario, protegido por toda clase de reglamentos y sujeto de todo tipo de prestaciones. El SUNTU no se desvirtuaría, pues de ello se encargaría el partido que los mueve, y el Congreso del Trabajo se encontraría con un Caballo de Troya que sería imposible de domar.

Las huelgas que de manera sabiamente escalonada están estallando responden a móviles políticos —medir la resistencia del gobierno— y no sindicales, pues habiendo aceptado el movimiento obrero el terrible 25%, no se entiende qué derechos incuban las universidades para reclamar más de ciento por ciento. Son huelgas perdidas para los sindicatos pero ganadas para los partidos de la oposición de izquierda.

"Huelgas de tipo político", *Excélsior*, 4 de febrero de 1983.

INSTITUCIONES DE EXCELENCIA Y UNIVERSIDADES DE MASAS

Los sistemas de educación superior se han ido diferenciando internamente de tal manera que hoy nos encontramos, debido a los cambios sociales y demográficos, ante dos subsistemas que, teniendo una meta común, utilizan métodos muy distintos en la formación de los profesionistas. La llegada a partir de los años cincuenta de un número de crecimiento casi exponencial de estudiantes al sistema de educación superior, halló desprevenidos a los centros de información y se vieron obligados éstos a atender a una demanda sin tener los medios económicos, financieros e incluso físicos necesarios. El fenómeno no es privativamente mexicano; todas las universidades del mundo se encontraron en situaciones análogas y esto fue lo que determinó la acentuación de los dos subsistemas, pues de hecho en los países industrializados ya existían estos dos caminos para acceder a los grados terminales universitarios.

La experiencia internacional ofrece variantes que deben ser tomadas en cuenta, así su aplicación inmediata y mecánica resultaría contraproducente. El sistema de grandes escuelas que existe en Francia y que tiene dos siglos de existencia no puede ser un ejemplo absoluto para nosotros debido en primer lugar a las circunstancias históricas que rodearon la fundación de estas escuelas y en segundo lugar por los costos gigantescos que su mantenimiento exige. El modelo anglosajón, inglés o norteamericano, que consiste en mantener dos tipos de universidades basadas casi exclusivamente en un sistema de prestigio, pero con posibilidades prácticamente absolutas de determinar el ingreso de un número *clausus* de estudiantes, presentaría los mismos inconvenientes que los señalados en el sistema anglosajón. Lo mismo puede decirse del sistema soviético, donde el prestigio universal de algunas de sus universidades es compensado por el desprestigio de otras.

En México el Estado se vio en la obligación de atender una demanda de educación superior más abundante de lo esperado y la consecuencia normal fue la masificación que, como se dijo antes, tuvo como consecuencia dislocar parcialmente el sistema universitario nacional. Hablar incluso de sistema universitario nacional resulta inexacto, pues la autonomía de que gozan la mayor parte de las universidades existentes en el país impide una planificación nacional. Quizá por esta razón se desarrolló de manera paralela un conjunto de instituciones públicas y privadas, a veces dentro y otras fuera de las universidades, dependientes ya sea del gobierno federal y del de los estados, donde se intentó crear, y a veces se logró, centros de excelencia.

La existencia de estos centros, públicos o privados, se obtuvo a través de un conjunto de principios que intentaremos exponer a continuación.

1) Dado que la excelencia de un centro de educación superior depende en primerísimo lugar del cuerpo de profesores y/o investigadores que en él laboran, fue preocupación primera de estos centros la selección y formación de dicho cuerpo. Un sistema de becas manejado por instituciones federales como el Conacyt desempeñó un papel indispensable y a esto deben añadirse los acuerdos con estados y universidades extranjeras que permitieron la formación de una élite intelectual y científica cuyos efectos fueron claros y perceptibles en este tipo de instituciones. Debe añadirse que si bien una parte sustancial de estos profesores e investigadores trabaja en lo que podríamos llamar instituciones de excelencia, otra fue naturalmente absorbida por el sector público y por el sector privado dada la calidad de estos profesionistas. Las diferencias en las retribuciones son de tal magnitud que resulta difícil explicar cómo el sistema de educación superior pudo retener a una parte de este cuerpo docente y de investigación.

2) La excelencia no depende exclusivamente del cuerpo docente, así sea éste esencial para mantener los más altos niveles en la enseñanza y en la investigación. La excelencia se encuentra también en la preparación y selección de los estudiantes que ingresan al nivel superior de la enseñanza. Las deficiencias que los niveles medios de la enseñanza padecen no pueden ser remediadas exclusivamente por los años propedéuticos o de preparación para acceder a este nivel superior. Estas deficiencias deben imponer forzosamente el principio de la selección, que de una manera u otra siempre se da, ya sea a través de los exámenes de admisión, ya sea a través de las materias criba. Pero este principio no es más que la apariencia de la selección, su aspecto externo y hasta donde cabe legal. De hecho, estadísticamente, la selección puede darse a través del dinero, como suele suceder en las instituciones de educación superior privadas, o de una meritocracia que los procedimientos descritos pueden establecer con mayor justicia que la situación económica de la familia del estudiante. Por esta razón resulta absolutamente necesario que: *a)* haya un procedimiento de selección de la inteligencia real del país antes de que los dueños de esta inteligencia lleguen a las puertas de las universidades, y *b)* que haya un apoyo desde la educación media para este tipo excepcional de estudiantes, pues de no haberlo será siempre el dinero quien en última instancia decida en la inmensa mayoría de los casos.

3) El profesor sólo puede tener una acción limitada, incluso si ha sido seleccionado y formado con todo cuidado. La biblioteca es mucho más formadora que la palabra de un docente, forzosamente limitada. Hoy día el costo de mantener una biblioteca especializada y al día es, en nuestra particular circunstancia, prácticamente imposible. Con rarísimas excepciones se puede encontrar en México una sola biblioteca capaz de proporcionar los elementos necesarios para la investigación; es el investigador quien debe "arreglárselas" y buscar ya sea por préstamos de bibliotecas privadas o por copias de bibliotecas extranjeras los materiales necesarios para mantenerse al día y sobre todo para conocer las puntas de la investigación. La inmensa mayoría de las bibliotecas nacionales son —dentro de una desigualdad patente— bibliotecas de estudio, aptas en algunos casos para formar estudiantes, pero es absolutamente necesario dotarlas de medios muy superiores a los que disponen en este momento para llevar la investigación adelante. La creación de una auténtica biblioteca nacional resulta a todas luces indispensable y los recursos que a ella se destinen serán los mejor aprovechados de todo sistema de educación.

4) Los programas de estudio han sido tradicionalmente materia de debates bizantinos. Frente a los programas seriados, donde una materia condiciona forzosamente a otra y de esta otra a otros superior, se planteó la necesidad de encontrar programas flexibles con capacidad para alentar una formación "especializada" del estudiante. Esto se llevó a veces a la formación de seudoespecialistas, ignorantes de los principios básicos de su terreno. Las licenciaturas en especial deben adaptar sus programas al avance de las ciencias, pero esto no debe implicar que se abandone lo general o las visiones de conjunto por las llamadas áreas de estudio, que en términos generales se reducen a un empirismo bastante ramplón. La licenciatura, inclusive en las instituciones de excelencia, debe preparar al futuro profesionista precisamente para lo que su nombre señala, el ejercicio de una profesión; debe tener un conocimiento general de la materia a la que se ha abocado y de manera muy particular debe tener la visión necesaria para manejar con toda seguridad los materiales de una biblioteca o de un centro de documentación. Intentar formar especialistas en el nivel de licenciatura raya en lo imposible y destruye la auténtica naturaleza de este nivel de enseñanza.

5) Las instituciones de excelencia parecen y deben estar destinadas a los estudios de posgrado, maestrías y doctorados, auténticos niveles para la formación de los futuros especialistas, debiéndose siempre tener presente que en la mayor parte de los países del mundo y de sus sistemas de educación superior el doctorado es un título académico cuya finalidad primera es preparar profesores para enseñar en los centros de educación superior y no, como se exige hoy, para mostrar una permanencia en este sistema, lo que ha llevado a un abaratamiento de este título y por consiguiente a su otorgamiento en condiciones con frecuencia dudosas. La multiplicación de las maestrías, primer grado de especialización, ha conducido por su parte a una dispersión que confina con lo ridículo y que desde luego no cumple con los propósitos iniciales. Las maestrías deben reducir su número y ampliar el campo de su conocimiento. No es posible, por ejemplo, hacer una maestría en conflictos de clase sin poner en evidencia la falta de sensatez o por lo contrario la perversidad de quien pensó en tal materia.

6) Una institución de excelencia no podrá serlo si el estudiante se encuentra ante la necesidad de ganarse la vida. El sistema de becas debe estar siempre presente, como una necesidad ineludible y condición indispensable para que el estudiante en estos últimos años formativos pueda disponer de todo su tiempo para lo que es su única obligación: estudiar.

La educación superior en México se encuentra ante un problema sin solución posible por las razones políticas que lo informan y plantean ante una sociedad que desea la modernidad pero no encuentra la manera de acceder a ella. La ausencia de una definición clara y de programas concretos que preparen al egresado de la educación media superior para el mercado de trabajo y la diferencia que separa a la educación superior de la media superior ha hecho que la masificación de la enseñanza superior sea un fenómeno irreversible y degradado.

La relación entre la masificación y la mala calidad académica se antoja indiscutible. Los intentos de algunas universidades nacionales por escaparse de esta relación con la creación de los llamados grupos piloto no tuvieron las consecuencias esperadas, entre otras razones porque no se puede crear una universidad dentro de otra universidad. Los procedimientos de selección se han visto constantemente anulados o transgredidos por esta simbiosis entre educación media superior y superior. El pase automático ha terminado por anular cualquier principio de selección y, lo que es aún peor, por establecer una desigualdad entre los estudiantes que no tiene su origen en el mérito o en el dinero sino en las presiones políticas directas sobre las universidades. Por si esto fuera poco, el intento de establecer los grupos piloto no contó con las condiciones y el apoyo necesarios para haber hecho de ellos un elemento capaz de anular los efectos de la masificación y la injusticia implícita en ella. Por tanto, parecerían necesarios los siguientes aspectos.

Primero, proceder a una evaluación justa, equitativa y ajena por lo mismo a cualquier tipo de presión gremial o política del cuerpo de profesores. Los procesos de autoevaluación por ser precisamente democráticos están expuestos a este tipo de presiones y derivan obligatoriamente hacia conflictos de grupos de interés cuando no hacia auténticas banderías. Una evaluación certera del cuerpo docente en las universidades masificadas debe ser acompañado por una distribución de las tareas asignadas a cada profesor, debiendo ser los mejores profesores, aquellos más altamente calificados por las instancias encargadas de esta discriminación y por los propios estudiantes, destinados a los cursos introductorios, a aquellas materias que ponen por primera vez al estudiante en contacto con el mundo del conocimiento que debe hacer suyo y serán estos mismos profesores quienes estén presentes en los seminarios de maestría y doctorado. Una redistribución de las tareas encargadas al cuerpo docente obliga a una redistribución de éste, así como a su revaloración. Dados los obstáculos gremiales y políticos existentes en las universidades masivas debe procederse también al perfeccionamiento de aquellos profesores cuyas carencias sean notorias, utilizando el mayor rigor para decidir, después del periodo de perfeccionamiento, de su permanencia en la universidad.

Segundo, la no selección o selección atenuada de los estudiantes en los sistemas masivos sólo puede ser eliminada por una auténtica criba de quienes pretenden acceder a los estudios de posgrado. Resulta ridículo que se encuentren estudiantes inscritos y cursando las materias de un doctorado sin haber presentado la tesis de licenciatura. Este vicio presente en todo tipo de instituciones sólo conduce a la degradación de los estudios de posgrado y a hacer de las becas concedidas en estos cursos un auténtico *modus vivendi* ajeno a cualquier necesidad real. Pero no sólo debe el sistema de posgrado liquidar estos vicios: debe darse a una auténtica selección de los estudiantes que a lo largo de la licenciatura hayan mostrado una capacidad académica innegable, pues resulta la única posibilidad concreta de introducir la excelencia en la universidad de masas.

Tercero, suponer que las universidades de masas no cuentan entre sus estudiantes con una auténtica inteligencia sería cometer un error gigantesco. Estas universidades, a pesar de sus condiciones adversas, deben seleccionar con apoyo en procedimientos estrictamente académicos a aquellos estudiantes cuyo mérito sea evidente y deben ofrecerles una ayuda económica tan pronto como hayan mostrado esta capacidad. No defender a la auténtica inteligencia es castigar al país.

Cuarto, institución de excelencia o institución de masas, la biblioteca sigue siendo el centro de la enseñanza. Resulta en consecuencia indispensable la consolidación y ampliación de las bibliotecas de estudio, no especializadas, aunque con capacidad para ofrecer al estudiante de licenciatura no sólo los libros indispensables sino aquellos que una curiosidad natural, provocada por la enseñanza, pueda llevarle a pedir. La visita más superficial a una biblioteca de facultad nos señala de inmediato cómo esto rara vez se cumple, pues al lado de los libros que podríamos considerar fundamentales se encuentran rarezas bibliográficas que no pueden interesar sino a un puñado de especialistas.

"Instituciones de excelencia y universidades de masas", Foro de Consulta Nacional para la Modernización de los Espacios Educativos, El Colegio de México, abril de 1989.

POLÍTICA INTELECTUAL, I

Las teorías sobre el intelectual suelen concluir en estereotipos inconmovibles. En México, por ejemplo, el intelectual tiene que ser independiente, aunque no se dice claramente de quién, así no sea difícil saber cuáles son las fuerzas misteriosas conjuradas contra la independencia del intelectual. Gobierno y partidos son las dos limitantes del intelectual, fuentes de dinero e ideas que le impiden actuar con libertad, actuar idealmente siguiendo de manera exclusiva y excluyente su conciencia y su saber.

Este estereotipo, este lugar común ha sido vulgarizado más que popularizado tomando como base las ideas de Max Weber sobre el sabio. De leerse con algún cuidado *El sabio y el político*, como se conoce a este libro en lengua española, nos encontraríamos con que nunca estuvo Weber más involucrado con la política que en esta pequeña obra. No importa qué haya escrito el sociólogo e historiador alemán, la idea del intelectual como un hombre que responde sólo a los valores se abrió paso y se utilizó para oponer al político —hombre de fines— al intelectual.

Escrito en los años veinte, en los cuarenta *El sabio y el político* halló enfrente la idea del intelectual comprometido, defendida por Jean Paul Sartre hasta la saciedad, a veces escondida tras confirmar que el filósofo francés la defendía con una habilidad desconcertante y deslumbradora. El compromiso propuesto, el único válido, lo era con la izquierda, pese a los conflictos que se dieron entre Sartre y el Partido Comunista Francés. ¿Quién no recuerda su polémica con Kanapa?

Weberianos y sartreanos, siempre quedaba un telón de fondo difícil de comprender. ¿Qué ideas y qué valores debían ser aceptados, ensalzados y, cuando los sociólogos y politólogos norteamericanos se entremetieron en el pleito, interiorizados? Al enfrentarse a este tema se hundían todas las independencias intelectuales y nos quedábamos ante las dudas partidistas e ideológicas. Compromiso, de acuerdo, ¿pero cuál? ¿Ser un obrero de la inteligencia? ¿Convertirse en un exquisito al margen de los problemas sociales y económicos, de la condición obrera?

En los años cuarenta y cincuenta, incluso hasta el 68, el entorno político nacional imposibilitaba la decisión clara y definitiva. Dominio aplastante y no disputado del PRI, tufo eclesiástico y archiconservador del PAN, querellas internas de la izquierda y sumisión a la Unión Soviética borraban las opciones. La política se quedaba en manos de los profesionales y cualquiera que tomara partido perdía en ese mismo momento la calidad de intelectual. Por lo demás, como decía a finales de los años cuarenta mi maestro Edmundo O'Gorman: "En México no sentimos aún el peso del Estado".

Añádase a todo esto, al panorama que se vivió en esa época, la precencia poco advertida pero consistente de las ciencias sociales norteamericanas, que empezaban tarde a descubrir a Weber. La ciencia social era *value free* (libre de valores) si quería ser ciencia. Ejemplo, Watson y el behaviorismo o conductismo. Pensar que las ciencias sociales en los Estados Unidos tenían una base doctrinaria y pragmática era una herejía o, peor aún, una posición dogmática y malevolente, fruto de la ignorancia, hasta el día en que los propios investigadores norteamericanos nos dijeron que, en efecto, sus ciencias sociales estaban tan ideologizadas como las argentinas o las francesas.

El año 68 acabó con la neutralidad de las ciencias sociales y de los intelectuales. La desgracia —para algunos— es que el 68 coincide —año más, año menos— con la pérdida de lustre del marxismo, con el referente obligado de los intelectuales latinoamericanos progresistas. Encontrar un cuerpo de doctrina que nos explique qué somos es, hoy por hoy, imposible. De ahí la necesidad de recurrir otra vez a la independencia, pero una independencia comprometida contra una situación política y económica, quizá también cultural —aunque este último punto presenta inconvenientes mayores—.

No se puede meter a intelectuales en la cárcel con toda impunidad. La separación del poder, en dicho caso, se hace inevitable. La ruptura se da de hecho, pero no hay un fondo donde anclar: el referente del intelectual es el propio intelectual, su conciencia y su inteligencia, y la autoridad que esto pueda concederle. No está excluido que entre ellos se recurra al temor intelectual, a la descalificación personal y moral de quien encarna las ideas: la práctica es ya antigua y, por lo mismo, de efectos previsibles y seguros. Pero seguros sólo a corto plazo.

¿Independientes, pues? ¿Comprometidos por necesidad o rabia? Creo que, hoy, ya no estamos ante sólo esas categorías. Lo que sucede en México tenía que reflejarse tarde o temprano en la cabeza de los intelectuales. Así fue.

"Política intelectual, I", *Unomásuno*, 9 de octubre de 1989.

POLÍTICA INTELECTUAL, II

El intelectual mexicano, después de 1968, establece una nueva relación con el Estado, que va desde la ruptura hasta formas de colaboración más o menos disimuladas, mal aceptadas pero efectivas. El papel indispensable desempeñado por el Estado en el terreno de la cultura establece, aun sin quererlo, las condiciones de esta forma de entendimiento sumergido. La subvención a cualquier forma de acción cultural proviene en México —no hay cifras precisas— de las arcas gubernamentales en proporciones crecientes. Las aportaciones privadas son pequeñas y puntuales, por más que su presencia publicitaria quiera hacer suponer lo contrario. Orquestas, exposiciones, festivales, tras estas actividades siempre se encontrará, de una u otra manera, el dinero del gobierno. La publicidad del gobierno mantiene vivas a las revistas y periódicos con raras excepciones, y la educación superior, media y básica se convertiría en la propiedad de unos cuantos individuos de no estar presentes la federación y los estados. La relación intelectual-gobierno, aun en los casos de ruptura, se complica por esta omnipresencia estatal.

Pero la crítica existe y la libertad también. Mirar estrictamente, con la severidad del censor implacable, a los casos conflictivos es necesario. Lo que ya no lo es tanto es hacerlos paradigmáticos y tratar de derivar normas generales que de hecho no son normas sino situaciones particulares. Raros, tan raros que no se conocen, son los casos de escritores que se sepan censurados. El caso de la infortunada exposición del Museo de Arte Moderno que le costó la renuncia a un hombre de la competencia y buena fe de Jorge Alberto Manrique fue más una querella insuperable entre un universitario y asociaciones de una cerrilidad cavernícola donde estas últimas se lograron imponer. La mediación —mala mediación— del Estado quiso evitar la extensión de un conflicto siempre latente que se inscribe dentro de la sociedad y sólo después de darse dentro de ésta se extiende hacia las relaciones políticas. Fuera de esta crisis, importante tanto por lo que estaba en juego como por la persona contra la que se centraban las iras de unos cuantos, no muchos pero importantes, sobre todo por su capacidad de violencia, pocas situaciones análogas se pueden encontrar y contadas, cuando se encuentran, en el terreno de la crítica política.

Todos, en un momento dado, hemos oído decir: "A éste —no importa el nombre— se le está pasando la mano", para que en el artículo siguiente del mismo autor se le vuelva a pasar, y a pasar aún más. Y también hemos oído la versión contraria: "No es posible que se gobierne en función de la crítica de estos señores". Algo hay pues de importante en la existencia de las posiciones críticas, antagónicas hasta el absoluto, negativas sin más, y ese algo es que son leídas, pensadas y contestadas, en un mundo intelectual donde se debate poco, se rehúye el enfrentamiento y no se personaliza casi nunca. Cada quien sigue su sendero que no se encuentra jamás con otro y afirma sus convicciones en algunos casos frente a personajes inexistentes. Han aparecido, con todo y el estilo tradicional, escritores que nombran a las cosas por su nombre y a los hombres por su nombre y apellido. Son seguramente los más leídos y aceptados. El malestar sordo y casi secreto de una parte importante de la población ha encontrado en ellos a sus portavoces y, ante la evidencia mantenida año tras año de que la libertad de expresión es un hecho, cada día hay más críticos y más virulentos.

Que se sepa, las posibles venganzas y castigos no han ocurrido sino en la mente de quienes inconsciente o conscientemente los deseaban. Ver negar el papel a un periódico o la publicidad del gobierno a una revista hubiera llenado a algunos de regocijo. No ha sido así. Es más, cuando ese azote de la prensa y martillo de periodistas que se veía en Pipsa amenaza con cambiar su condición, la crítica se silencia y el vituperio se convierte en alabanza: es la garantía de la libertad de prensa. Esto no es problema del intelectual sino de manera secundaria, aunque sea una prueba más de la garantía de su independencia, garantía que siente más segura cuando está en manos del Estado que cuando se encuentra en manos privadas.

¿Quién querría ver al Instituto de Bellas Artes convertido en una sociedad anónima o a la dirección de extensión universitaria de la UNAM transferida a una compañía privada? ¿Puede realmente la vida cultural de México prescindir de la presencia de su Estado? ¿Es capaz la vida política de eliminar la injerencia del gobierno? La contestación está dada desde, pongamos, la presencia de Vasconcelos. Lo que una fracción del mundo intelectual pide es la conquista del Estado por una clase intelectual, lo que, a corto plazo, sería el fin de los intelectuales, que dejarían de una vez por todas de ser independientes.

No estamos, seguramente, en el mejor de los mundos, pero de lo que sí podemos estar seguros es de que, en el caso del mundo intelectual, los hay mucho peores.

"Política intelectual, II", *Unomásuno*, 16 de octubre de 1989.

TERCERA Y ÚLTIMA LLAMADA

¿Hasta dónde puede llegar el Congreso Universitario? ¿Estamos ante una auténtica posibilidad de reforma integral? Las respuestas quisieran ser optimistas, dadas las propuestas de los propios universitarios, y sin embargo...

La presencia de los partidos políticos, por organizaciones interpuestas, tiene la capacidad de desviar el congreso de las intenciones que flotan en el aire y se afincan en la mente de los profesores, investigadores y de una parte —la mejor— del estudiantado. Replantear el problema de la universidad en términos políticos es sacar los malos demonios de la palestra y cargar a la universidad con pecados que para nada le corresponden, o corresponden a la debilidad congénita de un cuerpo profesional que, pese a su nombre, no goza de plena autonomía y, menos aún, no es una dependencia estatal. La ambigüedad de su *status* real aparece ahora con su cauda de inconvenientes.

De tener la capacidad plena para decidir sobre su organización y funcionamiento, la mayoría de los universitarios apoyaría en forma incondicional la propuesta del doctor Salmerón de abandonar la educación media y media superior, el peor lastre que arrastra la UNAM. Los sectores "políticos" se aferraron a masas de escolares para aumentar así su presencia y su superficie de acción. Hablaron en nombre de 500 000 personas, mismas que, no fuera sino por cantidad, se convertían en una masa temible como se vio en las manifestaciones del 68 o en las más recientes del CEU. Una universidad más pequeña sería más competente y eficaz, tendría un número de graduados superior al actual, egresados titulados que no encontrarían dificultades para abrirse camino en el mercado de trabajo. A estos argumentos se opone un razonamiento llamado social, donde las jeremiadas hipócritas y las lágrimas de cocodrilo, la demagogia ante todo, anulan cualquier intento de reducir el ámbito universitario a proporciones manejables y eficaces. Si hay en México un problema educativo, la cuenta se le carga al sistema universitario.

Nadie pone en duda el fracaso que la falta de selección y el número introducen. Que en la Facultad de Economía terminen sus estudios dos de cada diez estudiantes de nuevo ingreso se considera normal, y normal será también —consecuencia inevitable— la preferencia de que gozan las universidades privadas en ese campo. Al fracaso institucional se suma, en este particular caso, el individual. Quien se salva es de milagro, por un esfuerzo que nada tiene que ver con aulas, maestros y bibliotecas. No será un problema que la oposición permita plantear. La intención es otra y bien clara.

Se acusa, no sin razón, al aparato administrativo de la universidad de lentitud y desorden, de crecimiento innecesario, de devorar el presupuesto. Crecimiento y centralización son culpables de esta situación imposible. El crecimiento viene de fuera, de una presión demográfica incontenible y de una demanda desmedida y no controlada; la centralización se origina en la necesidad de vigilar, en la medida de lo posible, el gasto y su aplicación. Se puede alegar la honestidad de la mayor parte de los directores, de los administradores profesionales o improvisados, pero no puede olvidarse a quienes no andan por facultades e institutos y, por incompetencia, por aburrimiento o por simple falta de honestidad, no manejan el dinero universitario con el debido cuidado. Sin una administración central, la UNAM no podría darse cuentas ni a sí misma. Por lo demás, administrar a cientos de miles de personas de todos los niveles y formaciones, introduce deformaciones inevitables. El espíritu gremial e igualitario de profesores e investigadores, la negación de las disparidades de todo tipo que corren y se multiplican dentro de los claustros, es una razón más para reclamar y rechazar a la vez la administración central.

El caso del origen, razón de ser y límites de la autoridad dentro de la universidad será otro tema de debate. Los vientos libertarios que vienen de la Europa oriental se convierten, tan pronto como llegan al Golfo, en vientos nacionales. Las preparatorias populares se sienten asentadas a las orillas del Báltico y los institutos —algunos— se comparan con Armenia —sin alusión alguna al respetabilísimo rector—. Se pide, es más, se exige, una autoridad creada y manifestada en la voluntad popular, sin considerar que, en casi todo el mundo, los cuerpos representativos universitarios sí son elegidos, pero no quienes son depositarios de las facultades ejecutivas. En cualquier caso, de ser elegidos, deben serlo por un procedimiento diferente a como son elegidos los cuerpos representativos. De coincidir los dos procedimientos —sufragio universal, directo, ilimitado— no tiene sentido tener dos cuerpos, uno ejecutivo y otro representativo, porque, en pura lógica, habían de coincidir plenamente. Por otro lado, pensemos en la demagogia que iba a desatarse y en la corrupción que la sostendría.

Olvidemos los augurios pesimistas y pensemos por un momento en un congreso auténticamente universitario. Las opciones son claras y más que serlo, deben serlo. ¿Se quiere una universidad de masas o una universidad de calidad? Decir que se quieren ambas cosas es mentirse de salida y, por consiguiente, mantenerse en la ambigüedad, aplazar el problema hasta que se resuelva por sí solo. ¿Se quiere en verdad la autonomía? ¿Bajo qué condiciones? ¿O se quiere simplemente el derecho de administrar fondos públicos sin vigilancia externa? Hace unos días el rector de la Universidad de Guadalajara, el doctor Padilla, pedía en la asamblea de la ANUIES la creación de una secretaría de universidades. No dijo para qué la quería, aunque la intención se lee en el simple enunciado de la propuesta. Esta secretaría se limitaría a presionar dentro del gobierno para obtener más fondos destinados a un conjunto de instituciones autónomas —con excepciones como la suya y el IPN, la Pedagógica— celosas de su autoadministración. Algo así como una Secretaría de Hacienda imposibilitada de intervenir en sus delegaciones.

Los casos que se presenten en el congreso universitario deben contestar a estas preguntas entre otras muchas, como cuáles son los límites de la libertad de cátedra, el poder de los comités de todo tipo, color y tamaño que fomentan el amiguismo, la incompetencia y se utilizan para solapar el ausentismo, la haraganería y las promociones incomprensibles, por ser resultado de elecciones "democráticas". Lo que se diga y haga en el congreso universitario de la UNAM, como señalaba hace unos días Gastón García Cantú, repercutirá en toda la educación superior de México. Es la instancia decisiva y es el modelo. De ahí la responsabilidad que le incumbe.

Hablar claramente, abandonar la retórica —vicio universitario por excelencia— es, más que nunca, una obligación. No importa salir derrotado, lo importante es poner ante todo el mundo la función deseada para la universidad y los métodos y reglamentos indispensables para lograrlo. Se requiere honestidad y sensatez.

Cuando se habla y se escribe sobre el papel revolucionario que corresponde a la educación superior, se está hablando de una multitud de hechos con unas cuantas palabras. Quien lo hace puede pensar en la formación de cuadros revolucionarios que los partidos, como lo han demostrado, no saben crear; pueden pensar también en la fuerza de las ideas que se encarnan en la *intelligentsia* de una nación; pueden pensar también en la organización y peso de los universitarios como masa. Pueden pensar en todo, el caso es decir en qué, concretamente en qué, y no ganar la arquetípica declaración general, vacía de contenido, con la intención de irla llenando de lo que no se puede decir abierta y claramente. En el plano político está permitido, en el universitario es una desvergüenza.

Dudar ahora de la importancia del congreso es perder, también desde ahora, la última batalla. Todo apunta hacia la privatización de la educación superior. Que haya campos donde no se interese —como la investigación— no importa por el momento. Ya vendrá. Pero está produciendo los cuadros del Estado. No es cosa lamentable: el Estado —es su obligación— busca los cuadros y funcionarios más efectivos, donde estén. No se ignora la importancia fundamental del pensamiento de estos hombres, pero más que su pensamiento cuenta su efectividad. Francia, una vez más, puede servir de ejemplo. La Escuela Nacional de Administración aportó el contingente entero de los gobiernos de la derecha, gaullista, pompidolista o giscardiana, y fueron y son también los egresados de esa escuela quienes formaron los batallones superselectos del gobierno socialista, sus élites. Empezando por el primer ministro, Rocard. Y si el caso francés nos parece lejano y paradigmático, miremos donde se nos antoje para encontrarnos con la misma situación.

La universidad decide, pues, su suerte y en cierta medida —mucho mayor de lo comúnmente supuesto— la de todo el país. De no haber sido por el fracaso estrepitoso de la Facultad de Economía, ¿sería el mismo gabinete económico? Que lo contesten sus profesores, aún encerrados en un marxismo de célula de base, devoradores impenitentes de Bibitines y Rosenthales. Éstos, con otros, con todos, deben ahora enfrentar el problema. La solución es clara: ahora o nunca.

"Tercera y última llamada", *Unomásuno*, 26 de febrero de 1990.

ESTADO Y EDUCACIÓN

Tienen razón cuantos quieren hacer de la educación —de la básica en primer lugar— un botín de guerra. Quien pueda y sepa educar tiene en sus manos el auténtico proyecto nacional, no impuesto, no ofrecido, sino internalizado por la nación, que lo considerará parte de su propia naturaleza con la misma seguridad que se siente respirar. Las naciones modernas son las que confirieron un papel especial y único a sus maestros y a sus niños. Bismark declaraba después de haber derrotado a Francia en 1870: "Es una victoria del maestro de escuela prusiano". Wellington, tras vencer a Napoleón de manera definitiva, decía a un grupo de amigos: "La batalla de Waterloo se ganó en los campos deportivos de Eaton". Y la restauración Meiji, al enviar 2 000 estudiantes al extranjero a conocer qué era la ciencia de ese momento, sentaba las bases del Japón moderno. Los ejemplos podrían multiplicarse hasta el infinito. Lo que se desprende de todos ellos es el papel central, clave, determinante de todos los demás, desempeñado por la educación.

El inconveniente mayor (se sabe de sobra) es el no estar ante un fenómeno social único, desprovisto de posibles elecciones y oposiciones. Todo el mundo tiene conciencia de que el destino de la nación, en lo general y el muy particular de sus hijos, se juega en la escuela. De ella salen los vencidos y los vencedores, sin apelación posible. Y también todo el mundo sabe que ese destino se hereda de manera inescapable.

En primer lugar, pues, la calidad de la enseñanza y, en segundo, sus fines. La calidad es un problema de especialistas, de quienes han hecho materia de investigación los métodos y contenidos de lo que debe ser enseñado y por quién; de la formación de maestros; de la presentación de los libros; del tipo de letra que se debe enseñar al niño. El contenido es, en cambio, tema de todo el mundo. Incluso aquellos ajenos en principio a la vida política asumirán posiciones claras, absolutas, sobre qué se debe enseñar y qué no debe ser tratado en las aulas.

La polémica sobre instrucción y educación fue abandonada hace tiempo, cuando se comprendió su inanidad: toda enseñanza educa, es decir, dirige, orienta, convence o intenta convencer, guía hacia una meta determinada de antemano; en una palabra, educa. La neutralidad es ilusoria. Queda por consiguiente intacta la respuesta esperada: ¿quién debe educar?, ¿quién tiene derecho a hacerlo?

En nuestra época de individualismo, de atrincheramiento en el entorno más cercano y estrecho —familia, amigos—, se defiende con una pasión manifiesta el derecho de los padres a disponer libremente del futuro de sus hijos, ignorando hasta las disposiciones legales más elementales. Pero esto que puede aparecer como una verdad evidente, no lo resulta tanto si se planean no sólo los derechos sociales, colectivos, sino los derechos de la nación y del Estado, que también los tienen.

Hacer de la educación una manera de segregación social determinada por el dinero es confirmar las desigualdades existentes, romper con la solidaridad indispensable y tirar por la borda el cemento que une a la nación. Sin una educación nacional, capaz de afirmar los principios que unen a los individuos con independencia de raza, religión, política y fortuna, es ir de cabeza a la disgregación, a la negación de la colectividad nacional. Privilegiar uno de esos elementos es mantener y defender una política educativa de clase —no importa que sea de clase alta, media o baja—, es hacer de la escuela un instrumento de socialización en el *statu quo*, la inmovilidad y el demérito. Ya bastantes fracturas presenta la sociedad mexicana para que se añadan más por medio de la escolaridad.

El Estado tiene límites y la modernización consiste, en primer lugar, en marcar cuáles son y en no transgredirlos, máxime cuando hay una idea clara de las posibilidades del Estado y de los resultados de los apetitos desaforados de gobiernos anteriores.

Una evaluación imparcial y objetiva del avance o retroceso de la educación en México resulta imposible. Siempre nos encontraremos con algún sesgo en el análisis, alguna falla en las cifras presentadas. No queda sino acudir a la apreciación global y ésta es positiva. La calidad de la medicina, la poesía, la ingeniería y la tipografía ha ido constantemente en ascenso y esta subida ha ido acompañada de una distribución cada vez más inequitativa. Como se ha concentrado el dinero, se ha concentrado el saber. Hay más periódicos y también hay más individuos que leen cinco o seis todos los días; encontramos a quien compra diez o veinte libros todos los meses y al que no ha tenido nunca un libro en las manos, todo esto no por indiferencia ante la cultura, sino porque la cultura no llegó a él, porque suman millones los que tienen dificultades insuperables para leer.

El Estado revolucionario fue bastante hipócrita ante esta situación. Dejó que cada niño fuera educado y socializado para ocupar un lugar estadísticamente asignado en la sociedad. Deserción escolar, programas disparatados y envejecidos antes de ver la luz, libros confusos, hasta cambios en la grafía pescados aquí y allá que llevaban al niño a no saber qué letra usar, hicieron insalvables las diferencias entre las clases sociales. Unos cuantos maestros devotos, apegados a su trabajo, formados por cuenta propia, no podían arreglar una situación educativa sin salida. Superar las deficiencias irremediables de las escuelas normales era obra individual y voluntaria. Junto a esto, la escuela privada, religiosa o no, se quedaba con la parte del león. El problema se ampliaba a proporciones gigantescas a medida que los ya adolescentes se adentraban en el mundo complejo y exigente de la educación media y superior. La universidad resentía las consecuencias y sólo podía medir su impotencia ante una situación recibida e impuesta.

La opción del Estado es clara: el esfuerzo principal se hará en la educación básica. Principio éste de justicia social, inmediata, al que pocos se opondrán, aunque no deben olvidarse posibles oposiciones fincadas en un ultraliberalismo conservador y cerril que, tras una defensa de la libertad, lanzan un reto abierto al derecho del Estado y de la sociedad —pero de la sociedad entera, no sólo de una fracción— a dirigir la educación.

La visita de Juan Pablo II sólo puede agravar el conflicto. Es seguro que, con su imprudencia habitual, exigirá una anulación de las obligaciones del Estado en materia educativa. Es seguro también que tal cosa será oída con la cortesía debida y, esperamos, no será admitida. Pese a los embates actuales contra el Estado-nación en Europa, Asia y África —en América, para su fortuna, el Estado y la nación están más consolidados—, pese a estos ataques contra la unidad nacional, no parece el Estado dispuesto a renunciar y olvidar que atentarían contra su misión de guardián de la soberanía nacional y a su misión rectora. De la economía en primer lugar, pero también de la educación, si quiere seguir ocupando el lugar asignado por su pasado y su presente.

"Estado y educación", *Unomásuno*, 9 de abril de 1990.

EXIGENCIAS DE LA INVESTIGACIÓN

Cuando los organizadores de estas conferencias me pidieron que participara en el sector investigación supuse que se trataba de los problemas propios de ésta. Las conferencias anteriores han mostrado que no se trata de la investigación en sí, sino de su relación con la universidad, el Estado y, en general, el mundo de la política y de la sociedad. Intentaré seguir lo iniciado por otros profesores e investigadores.

Quiero señalar, en primer lugar, mi imposibilidad de hablar de la investigación en general. Qué se hace en biología, química o ingeniería es para mí completamente desconocido. Ignoro sus métodos y sus fines; no sé tampoco cuáles son sus necesidades y su organización. El único campo para mí más o menos familiar es el de las ciencias sociales y por lo mismo me quedaré en él.

Antes de entrar propiamente en materia, me siento obligado a señalar un punto: los estudios publicados en el curso de los últimos 20 años son muy superiores a cuanto se había publicado antes. Hay en ellos más inteligencia, más rigor y son de mayor interés tanto para la universidad y el mundo de la investigación como, se puede pensar, para la nación en general. No parto, pues, de un punto de vista negativo o pesimista. Creo, al contrario, que se ha avanzado y se ha ganado en cantidad y calidad.

La investigación de la política y de la sociedad es, en México, materia casi exclusiva de las instituciones de educación superior del sector oficial. Existen algunas fuera de este ámbito, bien o regularmente dotadas, con investigadores de calidad, pero son una gota de agua en un mar infinito. No tienen, por lo mismo, capacidad para afectar ni la orientación ni los contenidos del conocimiento de la sociedad. El problema de la investigación queda circunscrito a los recintos universitarios.

No se puede negar el papel desempeñado por el financiamiento en el caso que nos ocupa. Saber cuesta dinero y saber es indispensable: no hay acción social ni política si no hay un mapa preciso del terreno donde ha de llevarse a cabo la acción. Lanzarse a ciegas es lanzarse al fracaso, a un fracaso asegurado de antemano. Y aquí aparece el Estado en primer plano.

Los actores sociales son multitud, de peso y fuerza variables en el espacio y en el tiempo, su ponderación es siempre equívoca, incierta y va manchada de subjetivismo y de voluntarismo. Si la universidad, ésta, la UNAM, tiene mayor o menor peso que éste o aquél partido, es materia de debate constante, sin poder llegarse a un acuerdo montado en una verdad aceptada y compartida por los interesados en el tema. Por lo contrario, cuando del mundo político se trata, la polémica —si polémica hay— sobre quién es el actor dominante, termina antes de empezar: el primer actor, el elemento dominante, es el Estado. Su recurso, su monopolio de la violencia legítima, el control de la comunicación, le confieren una posición privilegiada. A estos componentes, hoy, debemos añadir otro: el Estado es cada vez más dueño de la información y del conocimiento, del que genera y del que se apropia. Tomemos un ejemplo.

No hay ninguna instancia en el mundo universitario mexicano capaz de compararse con el INEGI, el Instituto Nacional de Estadística, Geografía e Informática. Sus estadísticas, consecuencia, resumen y ordenación de toda la investigación y recolección de datos generados por las oficinas del gobierno, no tienen rival porque éste, sencillamente, no existe. No hay más estadísticas que las suyas ni más mapas confiables que los por él impresos.

Todo esto está pensado y hecho por universitarios, pero fuera de la universidad, con intenciones y objetivos no marcados por una casa de estudio e investigación sino por un instrumento político como es el Estado. Y el Estado no sólo tiene necesidad de información y de conocimiento, sino de un conocimiento especial para sus propósitos.

Nos encontramos aquí con una primera oposición, con un divorcio entre el Estado y la universidad. O, mejor dicho, nos encontramos con algo peor, con un matrimonio de conveniencia, donde la antipatía y el fastidio se imponen sobre y desplazan a la comprensión y el entusiasmo. Al Estado no le interesan muchas de las investigaciones de la universidad y ésta ve en el Estado un manipulador de los valores auténticos de la investigación, una desviación dolosa de la verdad. Se aprovechan, por parte de ambos, productos marginales del conocimiento creado; no se aceptan las metas. Las posturas respectivas rebasan a los actores. Regresamos al financiamiento no sólo de la investigación, sino al de la universidad, como cuerpo constituido. Es insuficiente, totalmente de acuerdo, sobre todo si acudimos a cualquier comparación internacional. No es sólo el nivel de los sueldos y salarios universitarios, es el hecho de carecer de los recursos necesarios para la inversión a futuro que la universidad requiere y es, también, el gasto corriente exigido por la investigación.

Aquí, cabe señalar algunos puntos que pueden no ser del agrado de todos. La universidad tiene excelentes investigadores de ciencias sociales que, sin recurso alguno o con recursos exiguos, han producido una obra de primera magnitud. Las bibliotecas carecen con frecuencia de los títulos y revistas indispensables, los centros de documentación están en la indigencia. Aun así, han trabajado con éxito, han publicado y son igualmente apreciados, leídos y respetados tanto dentro como fuera del país. Otros, en cambio, forman un grupo parásito e incompetente, que vive a expensas de quienes trabajan y se esfuerzan por un sueldo que podemos considerar, sin equivocarnos, no es una retribución a lo por ellos aportado.

Cruzarse de brazos porque no se tiene la computadora requerida es una posición de comodidad y cinismo; pedir presupuestos estratosféricos para estudios de dudosa calidad, es inadmisible; requerir la situación de un profesor norteamericano antes de lanzarse a trabajar, es utópico. Si en la literatura que todos debemos frecuentar algunos de los autores son considerados clásicos, no lo son sólo por las aperturas a innovaciones que hicieron, por las nuevas visiones que nos entregaron, lo son también como ejemplo de profesores, de investigadores y, más que nada, como ejemplo moral.

Un libro como *El suicidio* de E. Durkheim, que todo estudiante y no digamos investigador debe saberse de memoria porque es el ejemplo de los ejemplos, fundado en las comparaciones estadísticas y en la imaginación resultado de lecturas impresionantes, se escribió sin ayuda de computadoras ni de máquina alguna, entre otras razones, porque no se habían inventado. Durkheim debió de tener, en el mejor de los casos, una regla de cálculo, supongo, y la obra magistral está ahí. Los mejores trabajos de la UNAM, las aportaciones reales a la cultura mexicana han sido consecuencia de ese tipo de esfuerzo individual, muchas veces aislado, lo que no es recomendable.

No son muchos los investigadores auténticos que forman estudiantes y discípulos. La pasión del saber lleva con frecuencia a un dilema de difícil por no decir imposible solución: el tiempo dedicado a un estudiante es tiempo restado a la lectura e incluso a la reflexión; las clases, los seminarios obligan al gran investigador a abandonar el mundo del pensamiento de punta para situarse en el nivel de comprensión de la clase. No digamos nada del corregir trabajos y preparar bibliografías. Sin embargo, es en esa tarea generosa y humilde, en las lecturas de cientos cuando no miles de páginas que no descubren nada nuevo donde el investigador incipiente aprende a reconocer sus errores y a superarlos.

El investigador universitario, en México, cuando lo es en verdad, cumple con tareas que no le corresponden. Va desde enseñar ortografía hasta mostrar cómo se maneja el catálogo de una biblioteca, cómo se hace una ficha y cómo se cita un libro o una revista. Para resumir, tiene que subsanar deficiencias educativas que, en muchos casos, no se pueden subsanar. Lo que es una carga injusta, es al mismo tiempo su fuerza.

Hoy, se combate y niega la selectividad por ser socialmente injusta, lo que es cierto. La ortografía castellana, con su simplificación dieciochesca, es una barrera de clase: quien tiene una ortografía correcta revela, en términos generales, su clase. Lo mismo se puede decir no de la ortografía, sino de la simple grafía. No entremos, por ahora, en lo que un estudiante universitario debería haber leído antes de ser admitido en una facultad, las matemáticas que debería conocer o la biología que debería también serle familiar. Todo esto es resultado de una clase social a la que se pertenece, en la que se nace. La universidad debe de aportarlo, pero no es, en puridad, su tarea esencial. Confieso, por caso, que a mí me enseñó a acentuar en español un profesor de la Facultad de Filosofía y Letras. Cuando ya estaba en segundo año.

Estas cargas son la fuerza del profesor y del investigador. Como cuerpo, la universidad no puede imponer una selectividad efectiva, despiadada y rigurosa. Quienes lo hacen son el profesor y el investigador, porque no hay ley ni reglamento humano ni divino que los obligue a ocuparse con una atención y esmero preferentes de tal o cual estudiante. Es más, dispone de un poder limitado sobre el porvenir de un estudiante, del final con éxito o del fracaso irremediable de éste. Cuando no está reglamentada, cuando no hay acuerdo posible sobre la entrada a la universidad, el poder de un profesor se vuelve algo incontrolado. ¿A qué investigador de prestigio se le puede imponer la presencia de alguien indeseado en su seminario, laboratorio o grupo de trabajo? Ahí está otra vez la selectividad que se expulsó por la puerta y regresó por la ventana; ahí están el elitismo, que fuera del nombre en sí no es malo, y algo que sí lo es: el caciquismo, el mandarinato y el germen de una inconformidad y una protesta difíciles de contener. La universidad está destinada a resistir los embates de un conflicto social generado extramuros y cuya solución no está en sus manos.

El cacique ha sido definido como alguien que es dueño de la ilegalidad. No sólo arbitra a su antojo los escasos recursos de que se dispone para la investigación, manda comprar los libros necesarios para su trabajo personal, otorga de hecho becas, abre y cierra puertas no sólo de su seminario y prácticamente de su aula, pone ceros o dieces de acuerdo con su mejor parecer; lo temible del cacique es que impone una manera de pensar, una ideología, incluso una metodología y una manera para él perfecta de redactar. El cacique cierra el campo de la innovación; es la uniformidad y la rutina; sobre todo es el temor de ver su mundo puesto en duda. El cacique, el mandarín universitario es nocivo por su capacidad de crear falsas élites y tiene los medios que posibilitan su perpetuación.

No es ésta una situación privativa de la universidad mexicana, es un fenómeno universal descrito en innumerables ocasiones. Pero que esté presente en todo el mundo no impide que se le deban buscar soluciones. Hace unos días, el doctor Sánchez Vázquez pedía en su conferencia la generación de un nuevo poder político en la universidad e indicaba las condiciones prevalecientes hoy día, sus temores y sus esperanzas.

Se requiere un replanteamiento de las bases para la investigación, dejando desarrollarse la que hoy se da y que, no me cansaré de repetirlo, se debe en gran medida al esfuerzo personal.

No todo estudiante es un investigador en potencia, menos debe orientarse obligatoriamente hacia la investigación. Excelentes profesores no se sienten llamados por ella, su espíritu está enfocado hacia la propagación y reproducción de la cultura, su labor es más difusora que creadora, y de la misma manera indispensable. El no tener una auténtica escuela normal superior, ajena a la universidad, impone una carga más: la de formar profesores de educación media y media superior. El modelo no es ni debe ser la Escuela Normal Superior de Francia, completamente separada del propósito original.

Es inútil negar que los fondos disponibles para la investigación, pocos o muchos —en México escasos—, son destinados a proyectos establecidos de una manera no democrática, si por democrático entendemos, mediante el sufragio, sea éste directo o indirecto. Profesor, comité o cualquiera otra instancia de decisión tendrá siempre un carácter restringido u oligárquico. El conocimiento así lo exige y no hay otro procedimiento, desde el momento en que sabemos que el conocimiento no es algo uniformemente repartido. Antes bien, el conocimiento, la capacidad para la investigación auténtica está concentrada en unas cuantas personas que por razones políticas, personales, psicológicas, no son en muchos casos las depositarias de la autoridad y, más que de la autoridad, del poder de decidir.

Con frecuencia oímos y leemos críticas más o menos violentas sobre la organización del llamado subsistema de investigación de la universidad. Se rechaza al mandarín y se busca imponer al comité o a la comisión. Si el primero, el profesor mandarín, puede crear falsas élites en su afán de seguir sus métodos e inclinaciones, incluso sus gustos, es regla casi general que el comité busca el mantenimiento del poder entre sus miembros y su reproducción al infinito. Entre la dictadura personal y la de un comité no se puede elegir, al no haber norma que nos diga cuál es peor. Podemos decir, eso sí, que el profesor omnipotente suele ser menos demagogo que el comité, dependiente en cualquier momento y circunstancia de sus electores. La estructura organizativa de la universidad tiene los mismos inconvenientes que la de los partidos políticos: control, coopción, secreto, fraccionalismo, llamados inútiles a la democratización. Pero también como los partidos políticos su éxito se mide, en primer lugar, por sus éxitos externos, por su imagen y no por el grado de satisfacción de quienes en ella o en ellos militan.

El cambio de naturaleza registrado desde los años sesenta por la llegada de nuevas generaciones y, más importante aún, nuevas clases a la educación superior replanteó el problema de la investigación que podríamos llamar institucional, que, dicho en términos más claros, es la investigación pagada por la propia universidad. Hemos visto cómo se han multiplicado los institutos, se han equipado, cómo viajan ahora profesores e incluso quienes no lo son, cómo han crecido las bibliotecas. Un mínimo de honestidad nos debe llevar a reconocer el esfuerzo hecho en ese campo. En 1948, cuando ingresé a la Facultad de Filosofía y Letras, no había más de mil libros adquiridos después de 1910 en su biblioteca. La Nacional no andaba mejor. Nos amparábamos en la del INAH, ejemplar, o así nos parecía, en aquel momento. Hoy encontraremos deficiencias y ausencias, pero el progreso ha sido gigantesco.

Queremos una universidad de excelencia, masiva y democrática, rica y libertaria, queremos, en una palabra, lo imposible, porque, entre otras cosas, no queremos una selección constante, no sólo de estudiantes, sino de profesores e investigadores. Ver la facultad suprema con la que una universidad anglosajona liquida a un profesor o un investigador juzgado incompetente o estéril es algo tan ajeno a nosotros que nos resulta inaceptable. Nuestras estructuras se han inventado, o las hemos heredado, para conservar, para conservarnos. La selección la consideramos de un solo sentido: sirve para entrar, nunca para salir. Nos negamos a aceptar cualquier juicio que nos sea adverso, así venga de nuestros pares. Los investigadores auténticos, y son muchos, deben someterse a la ley del número y a una peor, que es la ley de la influencia política. ¿Cuántos investigadores hay que no han publicado nunca nada? ¿Cuántos hay cuya obra más valiera que no se hubiera publicado nunca? ¿Cuántos que merecerían estar dentro han sido vetados por los comités y comisiones? No todo es un problema de sueldos, pese a la importancia de éstos.

La democracia no es la solución al problema de la investigación. Al menos para mí. El caciquismo y el mandarinato la frenan. ¿Qué queda, pues? En primer lugar, creo, terminar con el método de selección actual, al menos mientras la universidad tenga, en México o en los estados, el tamaño actual. Los nombramientos y los concursos cerrados, con programas confeccionados para éste o aquel candidato son un auténtico escándalo. El concurso abierto, universal, puede ser desviado por un jurado o tribunal parcial e interesado, partidista, pero un concurso abierto, donde incluso los exámenes escritos estén a la disposición de todos los interesados, tendrá siempre una imparcialidad y una objetividad superiores a la de los concursos actuales. Nada puede garantizar la ecuanimidad y la justicia absolutas; se trata de eliminar, por ahora, los aspectos más hirientes y más nocivos.

Debe mantenerse, acto seguido, un control constante sobre la producción de los investigadores, buscando, de la misma manera que en la entrada, la mayor imparcialidad y equidad, que aceptamos gustosos cuando la decisión viene de una revista o facultad extranjera, pero raras veces cuando procede de nuestros iguales.

Las presiones externas, el SNI pongamos el caso, con sus premios, incentivos y castigos, ha sido un factor importante en el aumento de la cantidad en la investigación. No creo que haya sido igualmente importante en lo que se refiere a la calidad. Nos ha llevado un poco a la máxima de *publish or perish* de la universidad norteamericana y ha tenido efectos desastrosos en la calidad de la enseñanza. Son pocos los profesores-investigadores que aceptan una clase, sobre todo un curso introductorio, general, básico, de buena gana. Es, se considera no sin razón, tiempo que se resta a la investigación, base y origen de cualquier promoción y premio. El curso aparece como algo secundario, como un engorro, cuando es, como todos lo sabemos, la única manera de crear un vivero de investigadores. En cuanto a la tarea de administrar a la propia universidad, se ve con horror, cuando no con desprecio, mientras exigimos que la marcha administrativa funcione sin la menor falla. El profesor, tanto como el investigador, debe enfrentar sacrificios que son, en el fondo, su vocación.

La universidad debe eliminar a cuanto profesor o investigador no cumpla con las tareas que ya sea ha elegido libremente o le han sido impuestas. Los muy desagradables mecanismos necesarios para tal operación deben ser ideados por la propia universidad.

Queda un problema capaz de corroer cualquier sistema de investigación y es el que hay que enfrentar. Cómo se puede tener lo que se conoce como un sistema de posgrado, es decir, en nuestra lengua, un doctorado o una maestría, grado espúreo en nuestra organización, sin ir al extranjero, donde se aprende a investigar. La universidad sabe investigar, de eso no hay la menor duda; el caso está en la confianza que se puede tener en sí mismo.

No saldremos adelante mientras no confiemos en nosotros mismos, en nuestros juicios, sin nacionalismos extremados y ridículos, pero confiados en el esfuerzo de uno mismo. Errores comete todo el mundo y, con confianza, se pueden vender, al menos en nuestro campo, en todo el mundo. No se trata de eso, de vender errores, pero sí de confianza en nosotros, y no en nosotros, sino en uno. En no caer en trampas. Seamos los investigadores posibles, quizá no los ideales. Lo mejor del extranjero

—los nombres serían infinitos— puede y debe ser asimilado, aprovechado, asumido. Tampoco aquí faltan profesores e investigadores. La solución no nos la va a ofrecer nadie. Sólo nuestra honestidad, mirarnos a fondo, en el fondo, puede darnos algo.

"Exigencias de la investigación", ponencia leída en el Congreso Universitario, 1990.

CONTRA EL ABSURDO

Para quien no asiste a las sesiones del Congreso Universitario e intenta conocer cuanto allá ocurre a través de la prensa, no hay comprensión posible. Aquello se antoja una cacofonía intencional y voluntaria, un desbarajuste donde lo secundario se impone sobre lo principal. Puede ser el resultado de una presentación desordenada, sin hilo conductor ni instancias periodísticas interpretativas. Todo parece ser *ambiente* y quizá así sea. El jueves 24, contra todo cuanto había sucedido, se planteó súbitamente el tema central, escondido hasta ese momento por una cáscara de discusiones bizantinas que, a la luz de lo ocurrido el citado jueves 24, mostraron cuánto está en juego. No todo, pero el planteamiento ya no puede ser escamoteado.

Contra la idea compartida por los universitarios y quienes en mayor o menor grado participan en la vida de la UNAM, ésta no tiene una imagen pública irreprochable. El valor de sus institutos, el de una mayoría de sus profesores, la capacidad de también parte de sus egresados está opacado por los desórdenes callejeros, la corrupción rampante, el caos de las preparatorias populares y los fósiles, los estudiantes sempiternos, carga inútil y a veces siniestra. La imagen universitaria dominante entre los hombres y mujeres de la calle no es la que el profesor y el investigador serios se hacen de su propia universidad. Es, más bien, una imagen de *ghetto*, de consumo interno.

El Congreso se reunió precisamente para romper con una tradición insoportable y dañina, derogatoria de lo que una universidad —y más una universidad nacional— debe ser, es indispensable que sea. Si la modernización no es una palabra vana, la educación superior es la pieza central, la rueda capaz de hacer girar a las demás, el alma del mecanismo. Lo revelado nos muestra a toda un ala dispuesta a plantear situaciones reales, nacionales incluso, sociales y económicas desde luego, sin solución posible en el marco universitario, pero que utiliza este ambiente para manifestarse, por no tener otro. Si en México el juego político se abre, el fracaso de una izquierda política conduce a volver a encerrar el problema en los recintos universitarios. Su disgusto con el poder y su impotencia la conduce a reducir su voluntad y su deseo a las proporciones de su capacidad y alcance, a hacer de la universidad símbolo de lo que no es.

Ante una sociedad cerrada, donde la situación de un individuo parece determinada por el nacimiento y la vida de un joven se antoja más una condena que un porvenir no determinado, la universidad sigue siendo la única puerta abierta, la posibilidad de escaparse de un destino predeterminado. Entrar en la universidad es, de manera ilusoria, la salvación. ¿Realmente lo es? Si miramos las tristes cifras no es tan seguro como se cree. Al CEU parece obsesionarle sólo la entrada. La salida —que lo digan sus líderes— les tiene sin cuidado. Al menos la salida universitaria, porque siempre hay una puerta lateral con un letrero donde se lee la palabra política. Quizás en este momento esta salida forma parte de sus procupaciones y, por lo tanto, se pretenda ampliar la puerta suprimiendo las tesis, inconveniente mayor para quienes no saben redactar, como los estudiantes de arquitectura. José Dávalos *dixit*.

Pase automático, prepartorias ajenas a cualquier control, supresión de tesis, capacidad de expresión escrita deficiente o nula. ¿Se tiene, en las filas del CEU y del CAU, conciencia de cuanto va implicado en sus posiciones? Seguramente en muchos está presente no sólo esto, sino sus consecuencias inmediatas en un mercado de trabajo despiadado y exigente. Si la universidad no debe formar profesionales eficientes, ¿dónde irán a parar estos hombres y mujeres formados para cualquier cosa menos para competir? ¿A los partidos revolucionarios? La situación no parece muy favorable para ellos.- Al menos en la coyuntura presente.

El ala radical —de alguna manera hay que designarla— lleva, a través de sus propuestas, ganadas a veces con ayuda de una práctica asambleísta ajena a los auténticos universitarios, embaucados todavía por la buena fe, a la obstrucción: quieren desbarrancar al Congreso, llevarlo al absurdo y conducir a la universidad al enfentamiento abierto con el Estado, lo que parece inevitable si las propuestas ganadas llegan al Congreso de la Unión.

El camino parece trazado para el radicalismo: destruir las instancias unitivas de la UNAM; destruir al rector y a la rectoría, al transformarlos en figuras decorativas, sometidos a los mandatos imperativos de unas asambleas minúsculas y fragmentadas, botín seguro de los partidos políticos. De todos los partidos políticos. Y anulación, también por cualquier medio —ampliación, reducción de poderes, simple supresión— de la junta de gobierno, quedando así cualquier capacidad de gobierno pulverizada y, por lo mismo, anulada.

La misma universidad se encaminaba a reformar las bases de su gobierno, pero esto no pareció bastante. El principio de la *tabula rasa* busca imponerse y no se acepta nada que no sea el salto al vacio o, mejor aun, la confrontación abierta, la democracia radical, absoluta e imposible: un hombre, un voto. Todos elegidos y responsables ante sus electores, mandatos imperativos, cuerpos soberanos. En resumidas cuentas, revolución cultural maoísta.

En todo esto hay un olvido. La universidad es autónoma, pero también es nacional, pertenece a la nación y no sólo a los universitarios, considerando universitarios incluso a quienes en una definición estricta no lo son. Sus votos, los exabruptos tienen un límite más estrecho de lo supuesto. No se le entrega el 10% del presupuesto de educación para que haga con él lo que una asamblea decida. La universidad, por ser nacional, responde ante la nación y las instituciones legales creadas por la Constitución. El Congreso de la Unión no va a aceptar sin mayores cuidados cuanto salga de unos votos congresiles mayoritarios, incapaces de traducir lo que el país exige y necesita.

La situación se enreda día tras día. El maximalismo vive ahora sus momentos de gloria. Debe aprovecharlos, porque no van a durar. Puede tener, eso sí, un triunfo pirotécnico con la destrucción de la UNAM; puede reducirla no a cenizas, sino en un resumidero político donde cualquier vida del conocimiento y del saber se empantane no sabemos por cuánto tiempo. Incluso *el Pino* puede llegar a ser rector, de seguir por este camino. Soñar no cuesta nada.

Pero todo esto debe quedar en las mentes de los falsos universitarios; no debe pasar de su gesticulación. La UNAM no es, no puede ser la Universidad de Guerrero.

"Contra el absurdo", *Unomásuno*, 28 de mayo de 1990.

LAS VOCES Y EL RUIDO

TREINTA profesores de la UNAM se decidieron a presentar sin tapujos el problema central del Congreso Universitario, sin temor a ser acusados de reaccionarios o de conservadores. Este problema se resume en tres palabras: *pase automático* y *populismo*. Lo demás sería lo en verdad importante, de poder ser abordado por el Congreso, cosa imposible en las condiciones presentes. Como todos, tuvieron que reconocer la imposibilidad de suprimir por ahora el privilegio populista y aberrante de igualar la ignorancia con el saber, propiedad durante siglos de las clases dominantes. Discriminación al revés, revancha amasada durante años, que sólo la destruccion de la universidad puede satisfacer.

Quien se ha dedicado durante décadas a la educación superior sabe que el origen social de un individuo, de manera específica, de un estudiante, nada tiene que ver con su capacidad intelectual. No hablo en términos estadísticos, sino individuales. Claro está que la pregunta, al encontrarse con uno de esos hombres o mujeres hechos a fuerza de voluntad, de manera inevitable, es ¿cómo pudo salvarse?, ¿cómo pudo llegar a donde está y ser como es? Las contestaciones, cuando uno se atreve a preguntar, varían hasta el infinito. Un padre o una madre leídos, una buen profesor —aunque sea uno solo—, el haber caído en un grupo de amigos o con un solo amigo, preocupados por los libros, las revistas, el cine o cualquier hecho de cultura. Podría irse más allá; lo importante es encontrar siempre un fenómeno singular capaz de poner en marcha ese proceso de salvación individual. En otros casos todo ayuda a la elevación del estudiante: el padre es un gran médico, hay una biblioteca familiar, ha viajado, sabe inglés y francés, pasó por colegios de primera o de primera bis. La injusticia es flagrante, pero el resultado es el mismo: lo diferente es el mérito personal.

Si, por el contrario, nos atenemos a los números o a su expresión gráfica, en columnas de altura diferente o en líneas que suben y bajan, el panorama cambia. La marginación y la pobreza son correlatos exactos del fracaso. Todo reside en qué respuestas darle. En estricta justicia, en una justicia al parecer inscrita en los astros, habría que destruir la sociedad y sus instituciones de arriba abajo, hacer efectiva la letra de la *Internacional*. Pero sabemos que tal cosa es imposible.

Hay quien apuesta visceralmente por la ruptura absoluta con el pasado, sin haberse planteado siquiera en el plano del pensamiento racional la conveniencia de hacerlo. Y también se encuentra al que sabe defenderse en las condiciones adversas de su sociedad. La tercera categoría está formada por aquellos que, con ayuda de un discurso aparentemente racional y objetivo, saben construirse una carrera y un porvenir montados en la ira de los primeros. ¿El costo de estas carreras? Para ellos es lo de menos; todo *cursus honorum* político lleva dosis muy apreciables de oportunismo y éste no repara en precios.

La universidad, estos días, está prensada entre la ira de unos y el oportunismo de los beneficiarios de la inconformidad. Los profesores e investigadores, divididos interiormente entre una idea de justicia social, presente en casi todos, y la necesidad de la reforma y la modernización consiguiente de lo que es su casa, su trabajo, su vocación y, en una palabra, su vida, estuvieron casi inmóviles. En estas crisis, la conciencia es una carga, al menos en los primeros momentos. Fue esta conciencia, el proceso de conciencia, el cargo de conciencia, lo que llevó a mostrar un valor civil e intelectual hasta ayer miércoles notorio por su ausencia.

La intimidación, la profanación, el insulto, la insoportable presión de la galería, la amenaza directa, no tienen respuesta. El menor gesto se convierte en provocación, en violencia injustificada, en fascismo o en ataques contra la libertad de expresión. De hecho se busca situar a los profesores e investigadores en condiciones de inferioridad psicológica. Las *conquistas universitarias*, los *derechos universitarios*, no pueden ser materia de discusión y menos de rechazo. Son un privilegio —como se señaló y se pretendió confirmar a sofismazos— también universitario. Los privilegios no se razonan, se ejercen. De otra manera, la posición del CEU sería, como es, insostenible.

La mayoría de los profesores del CCH y de los líderes del CEU, *histórico* o actual, el radicalismo universitario o, para mayor precisión, dentro de la universidad, conoce la inanidad de su victoria, temporal y por lo mismo inútil. La entrada en la universidad no conduce a ninguna parte, si no se tiene con qué responder a sus exigencias. La universidad discrimina, es cierto, y es su obligación. Es la garantía del conocimiento y del ejercicio de un conjunto de actividades sociales y humanas indispensables para todos, que deben ser llevadas a cabo con el menor número de errores posible. Un mal médico es un peligro social y un abogado sin conocimiento acabará con un acusado o con una empresa. Trotsky escribió que un líder que hace faltas de ortografía es un traidor al proletariado.

El estudiante masa —se puede alegar— no molesta. No asiste a clases, no presenta exámenes, no ocupa un lugar en las bibliotecas, no distrae a los profesores. Tiene un número y eso es todo. Las cosas, en la realidad de nuestra universidad, no suceden así, aunque se den algunos casos extremos. Ciertas facultades como Filosofía y Letras, Ciencias Políticas y Economía se han convertido en auténticos aparcaderos donde el peso del número y una preparación menos que deficiente arrastran a los estudiantes capaces hacia una situación de mediocridad, detienen la marcha de la enseñanza, recargan la tarea docente e imponen un clima de conformismo ramplón. El buen estudiante termina por ser mal visto: será el enemigo en un futuro inmediato. Es incluso capaz de escribir una tesis.

Las soluciones de comodidad, ante esta situación, carecen de sentido. Refugiarse en los posgrados e institutos es, en un breve plazo, aceptar la muerte de la universidad, facultad por facultad. Cuando se dispone de un verdadero sistema de educación superior, la debilidad de una licenciatura en una facultad puede ser tolerada; en México, donde la UNAM cubre un espacio desproporcionado, el fracaso de una carrera específica tiene consecuencias en todas las facultades y universidades del país. La licenciatura es base y razón de la enseñanza superior, pues no sólo permite al Estado autorizar el ejercicio de una profesión, sino que es, además, la formación indispensable para crear, a través del doctorado, los cuadros de la universidad.

En esta triste coyuntura, la decencia intelectual raya en el heroísmo; decir la verdad es arriesgar, es exponerse a la violencia. La presión de la galería busca el apoyo hipócrita y acobardado, el silencio cómplice, e intenta anular el compromiso moral del profesor consigo mismo. Las masas —espero que nadie se ofenda, puesto que el CEU requiere una universidad precisamente de masas— no han permitido presentar las reformas indispensables. Se ha discutido poco y se ha votado mucho, que es un comportamiento de masas. El número se confunde con la democracia, así sepamos qué se esconde tras ese número, como sabemos qué es una voz clara y distinta. Voces han pasado, sin *pase automático*. Nunca se les podrá agradecer lo suficiente su gallardía y honestidad.

"Las voces y el ruido", *Unomásuno,* 4 de junio de 1990.

LA REFORMA EXTERIOR

El Congreso Universitario concluyó en el desánimo, la abstención y el lanzamiento simbólico de avioncitos de papel. Hubo algo más. Por un lado, por el ceuista, un triunfo del radicalismo, de una línea dura dispuesta a jugarse el todo por el todo, al haber comprendido que de hecho fueron derrotados sus líderes ante la opinión pública, pese a haberse impuesto sobre otra línea igual de radical pero, al menos, dispuesta al diálogo. Aprendices de brujo, estos últimos olvidaron lecciones extraídas de los movimientos de protesta: los líderes iniciales siempre serán desbordados por la izquierda, por el radicalismo demagógico, sin más programa ni fuerza que la intransigencia. Simular amenazas (como ahora hacen tantos) resulta triste e incluso infantil: se hace como si se dirigiera un movimiento cuando, en realidad, se le sigue. El CEU en todas sus variedades y formas ha quedado en manos de la fracción más extremista.

Puede pensarse también en un ala dura, situada a la derecha, atrincherada en antiguos y nuevos privilegios, aparentemente combatidos por la izquierda militante. En principio se le puede considerar triunfadora, pese a su carácter ultraminoritario, al tener en sus manos la posibilidad de enderezar la nave hacia el inmovilismo: las reformas aprobadas no van a alterar en nada la situación previa. Se podría, pues, imaginar un empate. No es, bien visto, el caso.

Al margen de discursos y seudodebates, en un grupo de profesores y estudiantes se advirtió una nueva posición, por primera vez manifestada con claridad, donde se pedía atender a los puntos que deberían haber sido centrales para el Congreso y de hecho se escamotearon en votaciones donde campeaban acuerdos —en realidad desacuerdos—. Pase automático, investigación llevada a las facultades, financiamiento de la universidad, en todo hubo una armonía conmovedora. La unanimidad o escamoteaba el problema o simulaba su inexistencia, remitiéndolo a instancias ajenas a la universidad. Pedir un porcentaje del PIB para la educación superior es absurdo y dependerá de que el Congreso de la Unión lo vote. Pueden encontrarse —los autores del proyecto— con que en un momento determinado el Legislativo no vote un centavo para la UNAM sin salirse un centímetro de sus atribuciones constitucionales. Aceptar, también a través de una casi unanimidad, el pase automático era imponer la fuerza numérica de los CCH y preparatorias sobre la universidad propiamente dicha. Como rechazar cualquier evaluación de profesores e investigadores de carrera revelaba el miedo justificado de los profesores de estos CCH ante cualquier examen. Y no sólo de los CCH.

En resumen, la batalla se centró sobre las formas de gobierno. Fue una lucha política y sólo política ("se niegan a compartir el poder", se quejaba con toda claridad un líder estudiantil), que dejó al margen las necesarias reformas académicas. El inmovilismo apareció en los dos extremos de la asamblea, como era de esperarse.

La obligación de reformar todo el sistema educativo mexicano no encuentra opositores abiertos. Los enemigos de la reforma andan siempre embozados en grandes principios y en discursos interminables, donde el Estado es el villano de la obra. El neoliberalismo ambiente ayuda a que la acusación sea aceptada sin mayor examen. En el gremio patronal más de uno está deseando la destrucción de la universidad pública, lo mismo que en la extrema izquierda. A quien no se consulta es, pongamos por caso, a los egresados de la UNAM, entendiendo por egresados a quienes cubren el ciclo completo y cumplen con todos los requisitos.

La creación de una universidad exigente, elitista (con toda clase, en todo grupo hay siempre una élite), competente, es el principio mismo de una reforma educativa global. Nadie quiere, en nuestros días, mantenerse al margen de la acusación, es una de las últimas puertas abiertas en una sociedad cada día más estratificada y con menos movilidad interna. Si esta puerta se hace meritocrática hasta el extremo, veremos, ante la exigencia de los estudiantes y de sus padres, que en este caso cuentan, tanto como sus hijos, cambiar los hábitos desastrosos de la educación media y media superior. No habrá sindicato que valga ante una auténtica presión social; el dinero tendría menos importancia que hoy en la selección auténtica que se da, como es lógico en estas condiciones, durante y sobre todo después de los estudios universitarios.

Decir que las condiciones están dadas para avanzar después del Congreso es pecar de optimismo. El mal sabor de boca dejado por tres semanas de enfrentamientos estériles se ha impuesto por todos lados y las ayudas pensadas para resolver los males y defectos de la educación universitaria hoy tienen alas. La autorreforma, la capacidad para autogobernarse concluyeron en una lucha de facciones donde todo tipo de intereses, empezando por los gremiales, estuvieron presentes. Se concluyó en lo de siempre: nadie tiene capacidad para autorreformarse, ni las iglesias, ni los partidos, ni las universidades, ni los gremios.

Las reformas, el cambio, vienen siempre de fuera. El peso de las iniciativas siempre es combatido por la inercia institucional, los intereses creados y el miedo a lo desconocido. Queda por saber dónde, en este momento, se está gestando la fuerza y la manera de cambiar una situación intolerable.

"La reforma exterior", *Unomásuno*, 11 de junio de 1990.

OTRA VEZ LAS UNIVERSIDADES

No hay un solo partido en México ni una persona sensata que no acepten el papel crucial de las universidades en el cambio *modernizador*, indispensable para el país en general y sus habitantes en particular. La brecha abierta en el curso de los últimos 50 años se agranda y adquiere proporciones que se nos antojan insuperables. El desarrollo incontenible de la ciencia y la tecnología en el mundo occidental es por completo ajeno a nuestros modestos, modestísimos esfuerzos que, para completar un cuadro del todo pesimista, están mal aprovechados y peor orientados.

El trabajo del Conacyt, la presencia de unas pocas instituciones de excelencia, los científicos mexicanos capaces de entenderse con sus colegas norteamericanos, belgas, rusos o ingleses, no compensan el panorama desastroso producto de medio siglo de incuria. Si las raíces de esta situación se encuentran en todo el ciclo educativo y no sólo en el superior, si la explosión demográfica puede explicar e incluso justificar el estado actual de la enseñanza, la parte de las universidades en el desastre supera —y en casi todos los terrenos es peor— a la correspondiente de los ciclos primario y medio.

La autonomía ha conducido a la ruptura de las universidades con cuanto las rodea. Son cotos y feudos cerrados, ajenos a la sociedad donde están inmersos, pero a la que son impermeables por no se sabe —o sí se sabe— qué escondidos procesos. La paz pública pasaba por ellos y se prefería aumentar un presupuesto sin ton ni son ni justificación alguna, a ver una manifestación en la calle. El anuncio de una huelga se consideraba un cataclismo y el chantaje funcionaba con una regularidad cronométrica. De los resultados de lo que era una auténtica extorsión no respondía nadie, así las consecuencias estuvieran a la vista de todo el mundo: aumentaban las clientelas políticas, los equipos deportivos, los grupos de danza e incluso las orquestas sinfónicas. Los laboratorios y las bibliotecas, poco lucidores, venían detrás de las nóminas de empleados —no de profesores— que se inflaban hasta reventar. De un año a otro aparecían mil nombres más en las nóminas de universidades de mediano tamaño y calidad, sin que ni el rector ni el consejo universitario se hubieran enterado. Sumemos a esto la creación de maestrías fantasiosas e inútiles, donde se repetían los programas de la licenciatura y en las que todos los estudiantes eran becados sin que tal prebenda les llevara a lograr el título correspondiente, y el panorama se completa: los fondos necesarios para la investigación no producían más que un puñado de doctores al año, y Conacyt, con recursos más escasos, obtenía mejores resultados en lo que a doctorados se refiere.

Ante esta situación la SEP —como lo anunció en dos ocasiones— toma cartas en el asunto. Los fondos de las universidades concebidos por el gobierno federal dependerán de las autoevaluaciones y de los programas propuestos. Nótese que no se trata de los resultados logrados, lo que pondría a algunas de estas universidades contra la pared. No, por ahora se pide sólo una presentación racional del estado de una universidad y de los proyectos a futuro, y tan medida solicitud ha provocado una auténtica conmoción.

ANUIES sigue siendo un punto de encuentro y de confrontación de todos los centros de educación superior de la República. El doctor Casillas, con una paciencia y una mano izquierda dignas de mejor causa, supo armonizar intereses tan distantes como los de la UNAM y la Universidad de Guerrero, buscando crear una imagen y —hasta donde es posible— un frente de la educación superior, sin creer en, ni defender, los extremismos autonomistas. Antiguo rector de la UAM, sabe hasta la perfección de qué pie cojeamos todos. Pero tan simple conocimiento parece ser un pecado. La prueba está en las reuniones misteriosas, de carácter conspirativo de comedia barata, convocadas en Guadalajara. A puerta cerrada, las primeras, como debe ser.

El encuentro con el Presidente resultó contraproducente para la mayoría de los rectores, puesto que les leyeron la cartilla: no quedaba sino la evaluación, y los fondos dependerían de los resultados de esta operación. La respuesta a la para ellos extraña contestación salió de la boca del rector Padilla, de la Universidad de Guadalajara: son demasiadas condiciones, las universidades están capacitadas para establecer su presupuesto y sus programas. Acepta —no hay de otra— la evaluación y la presencia de la SEP en todo el proceso de modernización, dejando entrever la posibilidad de formar otra asociación, ajena a la ANUIES. Y con ello mostraron su debilidad todos los rectores —con la excepción señalada del rector Sarukhán— y donde radica el problema por resolver.

El rector Padilla, independientemente de sus cualidades personales, que nadie puede poner en duda, encabeza un centro de estudios gobernado por una mafia capaz de recurrir a las armas tan pronto siente su poder puesto en entredicho. Esta mafia controla las facultades, los nombramientos, promociones, preparatorias y, en una palabra, el presupuesto. Frente a ellos no hay defensa, y el rector, para salvar lo salvable —que es poco— no tiene más remedio que contemporizar y aceptar en la mayoría de los casos. Por eso la Universidad de Guadalajara va de cabeza, como tantas. ¿Dónde está pues el remedio?

Acusar al gobierno federal de injerencia excesiva, hablar de centralización exagerada, es querer descargarse de las culpas propias en una instancia ajena. No es el gobierno federal quien desacreditó a las universidades públicas, sino el juez inapelable que es una opinión pública generalizada y difusa; fueron y son los propios estudiantes, siempre los jueces más severos, y fueron también los profesores e investigadores, hartos de mafias incompetentes y ladronas. Formar, pues, una nueva asociación sería señal inequívoca de querer mantener una situación intolerable, contraria a los intereses nacionales que empiezan por los de los estudiantes y profesores. Querer reforzar una autonomía que ya en nada ayuda a las universidades, huir del juicio público es, precisamente, plantarle cara a lo moderno. Es la postura más negativa de todas, es la búsqueda del privilegio intolerable. Uno más de los que se están cayendo.

"Otra vez las universidades", *Unomásuno*, 26 de noviembre de 1990.

ÍNDICE

Agradecimientos 9
Prólogo 11

Primera Parte
FORMAS Y REFORMAS
DEL SISTEMA POLÍTICO MEXICANO

Cambios estructurales (1968) 19
El nacionalismo mexicano (1968) 28
Pablo González Casanova, Daniel Cosío Villegas y Rafael Segovia: los temas de la democratización mexicana (1965, 1973) 40
La crisis del autoritarismo modernizador (1974) 50
Tendencias políticas en México (1976) 56
El México electoral en 1982 64
La vida política de México dentro de 25 años (1987) 77
La democracia mexicana (1987) 84

Segunda Parte
REFORMAS EN BUSCA
DE UN REFORMISMO (1974-1982)

La reforma política: el Ejecutivo federal, el PRI y las elecciones de 1973. 91
    La reforma política 93
    Las reformas 94
    La Ley Federal Electoral de 1973 96
    El PRI y la reforma política 97
    La oposición electoral 100
    Participación y abstención 101
    El voto por el PRI 112
    El voto panista 115
    Los partidos menores 115
La política nacional 119
    Las elecciones 119
    Los partidos 121

    El gobierno 123
    La violencia 125
La difícil disyuntiva política 127
La reforma necesaria 133
Los partidos inexistentes 140
Las elecciones federales de 1979 145
    Algunas razones de la abstención 145
    Los resultados del PRI 147
    El voto por el PAN 148
    Las razones del norte 150
    El caso del PCM 152
    Los otros partidos minoritarios 153
    Un problema decisivo: el voto urbano 155
    La representación proporcional 158
La supervivencia del sistema 160
    El pacto con la oposición 160
    Del PRI-PAN al PRI-PAN-PCM 162
    La caída de la universidad de Estado 163
    Proyectos incompatibles 165
    La reacción de las clases medias 166
De la reforma política a la transa partidista 168
¿Va a triunfar el reformismo? 171
    De los pesebres de Donceles al ceremonial de Veracruz. 171
    La seguridad del político 172
    La verborrea del temor 173
    Del consenso nacional al parcial 173
Autoritarismo de la clase obrera 175
Partidos que dependen de sindicatos 178
    El dominio real sobre los partidos 178
    La izquierda sin masas 180
    El vacío peligroso 180
Caída lenta pero segura 183
Problemas del PRI 185
Una reforma trascendente 187
Oposición contagiada 189
Dilema para oposicionistas 191
Miedo a la violencia 193
Como panes y peces 195
Muy triste panorama 197
Petróleo y sucesión 199
Un partido malhumorado 201
La LOPE, instrumento perfectible 203

Fuerza y justicia 205
Los juegos del PAN 207
Apatía de los candidatos 210
Campañas interminables 212
Cargos y descargos. 214
Acto de conciencia. 216
Incógnitas electorales 218
Compromisos del PRI 222
¿Otra reforma del PRI*?*. 224
Subida de la derecha. 226
La izquierda, empantanada 228
Bailando en el volcán 230
Las crisis como sistema. 232
La izquierda que no aprende 234
Una huelga política 236
Se inició la partida. 238

Tercera Parte
Cambio de piel (1983-1987)

Elecciones y electores 243
   La función de las elecciones en el sistema político mexicano . . 244
   Las elecciones de 1983. 247
   El futuro electoral 251
Las instituciones políticas ante la crisis. 254
Reacciones en contra 258
Liquidación del populismo 260
Adiós al despilfarro 262
Volver al Estado 264
Consecuencias de la crisis 266
Pérdidas y ganancias 268
Una defensa sorprendente. 270
Asalto a la autoridad 272
Regalo a priístas 274
La crisis del sistema de partidos 276
El fastidio electoral 282
   El primer plano 282
   El fondo del espejo 284
   Los ansiosos de fuera 285
   La verdad del asunto. 287
   Divagaciones finales 290

Cuarta Parte
LAPIDARIA POLÍTICA (1988-1994)

Las plataformas electorales 295
   El panorama nacional, octubre 1987-marzo 1988 296
   La oposición. 297
   Las "ideas fuerza" de Carlos Salinas 298
   Los límites de un poder 300
El regreso de la política 303
Modernización y restauración política 309
   La selección 310
   La campaña 311
   Los partidos 313
   La sorpresa electoral 315
   ¿Un desastre electoral? 318
   La protesta 320
   ¿Qué se puede esperar? 321
Dificultades y posibilidades ante Carlos Salinas 323
Los hechos impacientes 325
"Les liaisons dangereuses" 327
Bipartidismo contra pluripartidismo 330
Derechos políticos y representación nacional 338
La lógica de una apuesta 342
Segundo acto 345
Los límites del Estado 348
La disputa de una herencia 351
Partidos a la deriva 353
Lecciones de las elecciones 355
El primer paso 358
La crisis que no cesa. Los partidos en México 361
Manchester no está en México 368
Por encima de conflictos 372
Las comedias de enredo 375
PRI: *los seis vientos contrarios* 378
Un examen difícil 382
La destrucción de los mitos 385
La barrera antidemocrática 388
La apuesta 391
Lapidaria política 394
La soledad de la miseria 397
El PRI: *las nuevas circunstancias* 400
Decir dónde se está 405
El comportamiento parlamentario 408

ÍNDICE

Vuelta a las andadas	410
Una posición difícil	412
Documentos básicos	415
El estancamiento político	418
¿Laboratorio de la República?	421
La americanización	423
Ante el 18 de agosto	426
Impresiones del momento	429
Prolegómenos de una batalla	432
El fin de los mitos	435
Las Cámaras y las reformas	438
El agrio olor del dinero	441
Bis repetita	443
De partidos	446
Reforma política, reforma del D. F.	448
Cabos sueltos	451
Esperando el encanto	453
Triste Cámara	455
El salto a la modernidad	458
Intenciones y palabras	460
Los silencios inútiles	462
Hacia la violencia	465
La inconmovible política	467
Los imposibles	470
La odiada modernidad	472
La atención distraída	475
Vanitas vanitatum	477
La elección cuadrangular	479
Mantener para ganar	482
El heredero y el político	485
La indignidad	488
Final de cacería	491
El nuevo Apocalipsis	494
Los partidos: profesionales y amateurs	496
La negación del pensamiento	498
La representación	500
Las encuestas finales	502
La condenación de la democracia	504
El descrédito	506
Ante Zedillo	508
Primeros días y primeras impresiones	512
La reforma del PRI	515

Quinta Parte
Universidades e intelectuales

La segunda caída de Luzbel. 525
Huelgas de tipo político 528
Instituciones de excelencia y universidades de masas 530
Política intelectual, I 536
Política intelectual, II 538
Tercera y última llamada 540
Estado y educación 544
Exigencias de la investigación 547
Contra el absurdo 555
Las voces y el ruido 558
La reforma exterior 561
Otra vez las universidades 564

Este libro se terminó de imprimir en mayo de 1996 en los talleres de Impresora y Encuadernadora Progreso, S. A. de C. V. (IEPSA), Calz. de San Lorenzo, 244; 09830 México, D. F. En su composición se usaron tipos New Aster de 30, 14, 12 10:12 y 8:9 puntos. La edición estuvo al cuidado de *Manlio Fabio Fonseca Sánchez*. El tiro consta de 2 000 ejemplares.

OTROS TÍTULOS DE LA
SECCIÓN DE OBRAS DE POLÍTICA Y DERECHO

Almino, João. *La edad del presente. Tiempo, autonomía y representación en la política.*
Bobbio, Norberto. *El futuro de la democracia.*
Bobbio, Norberto. *La teoría de las formas de gobierno en la historia del pensamiento político. Año académico 1975-1976.*
Borja, Rodrigo. *Derecho político y constitucional.*
Brailsford, Henry Noel. *Shelley, Godwin y su círculo.*
Brodie, Bernard. *Guerra y política.*
Camp, Roderic Ai. *Los empresarios y la política en México: una visión contemporánea.*
Camp, Roderic Ai. *Los intelectuales y el Estado en el México del siglo xx.*
Camp, Roderic Ai. *Memorias de un político mexicano.*
Carlyle, Alexander James. *La libertad política. Historia de su concepto en la Edad Media y en los tiempos modernos.*
Castañeda, Jorge; Jorge Witker V. y Javier López Moreno (comps.). *Derecho económico internacional. Análisis jurídico de la Carta de Derechos y Deberes Económicos de los Estados.*
Collier, David. *El nuevo autoritarismo en América Latina.*
Collini, Stefan, Donald Winch y John Burrow. *La política, ciencia noble. Un estudio de la historia intelectual en el siglo xix.*
Comisión sobre el Futuro de las Relaciones México-Estados Unidos. *El desafío de la interdependencia: México y Estados Unidos.*
Davis, J. C. *Utopía y la sociedad ideal. Estudio de la literatura utópica inglesa, 1516-1700.*
Deutsch, Karl Wolfgang. *Las naciones en crisis.*
Díaz Müller, Luis. *América Latina: Relaciones internacionales y derechos humanos.*
Dror, Yehezkel. *Enfrentando el futuro.*
Duch, Juan Pablo y Carlos Tello (comps.). *La polémica en la URSS. La perestroika seis años después.*
Ferry, Luc. *Filosofía política, I. El derecho: la nueva querella de los antiguos y los modernos.*
Ferry, Luc. *Filosofía política, II. El sistema de las filosofías de la historia.*
Ferry, Luc, y Alain Renaut. *Filosofía política, III. De los derechos del hombre a la idea republicana.*
Finer, S. E. (comp.). *Política de adversarios y reforma electoral.*
Flores Olea, Víctor. *Relación de Contadora.*
Gleijeses, Piero. *La crisis dominicana.*
Hamilton, Alexander; James Madison y John Jay. *El federalista.*
Harrington, James. *La República de Oceana.*
Havel, Václav. *La responsabilidad como destino.*
Heller, Hermann. *Teoría del Estado.*

Hermet, Guy (comp.). *Totalitarismos.*
Hobbes, Thomas. *Leviatán. O la materia, forma y poder de una república eclesiástica y civil.*
Holbraad, Carsten. *Las potencias medias en la política internacional.*
Houn, Franklin Willington. *Breve historia del comunismo chino.*
Humboldt, Wilhelm von. *Escritos políticos.*
Jardin, André. *Alexis de Tocqueville, 1805-1859.*
Jardin, André. *Historia del liberalismo político. De la crisis del absolutismo a la Constitución de 1875.*
Kelsen, Hans. *Derecho y paz en las relaciones internacionales.*
Kelley, Robert Lloyd. *El modelo cultural en la política norteamericana. El primer siglo.*
Lacroix, Bernard. *Durkheim y lo político.*
Lachs, Manfred. *El derecho del espacio ultraterrestre.*
Lipset, Seymour Martin, y Earl Raab. *La política de la sinrazón. El extremismo de derecha en los Estados Unidos, 1790-1977.*
Mangabeira Unger, Roberto. *Conocimiento y política.*
Merriam, Charles Edward. *Prólogo a la ciencia política.*
Meyer, Jean (comp.). *Perestroika, I.*
Meyer, Jean (comp.). *Perestroika, II.*
Paine, Thomas. *Los derechos del hombre.*
Pempel, T. J. (comp.). *Democracias diferentes. Los regímenes con un partido dominante.*
Reyes Heroles, Jesús. *El liberalismo mexicano.* (3 vols.)
Rolland, Denis. *América Latina. Guía de las organizaciones internacionales y de sus publicaciones.*
Rose, Gillian. *Dialéctica del nihilismo. La idea de la ley en el pensamiento postestructuralista.*
Sartori, Giovanni. *La política. Lógica y método en las ciencias sociales.*
Schleifer, James T. *Cómo nació* La democracia en América *de Tocqueville.*
Skocpol, Theda Ruth. *Los Estados y las revoluciones sociales. Un análisis comparativo de Francia, Rusia y China.*
Soler, Sebastián. *Las palabras de la ley.*
Waldheim, Kurt. *El desafío de la paz.*
Wich, Richard. *La crisis política chino-soviética. Un estudio del cambio político y la comunicación.*